Susanne Raillard

Die See- und Küstenfischerei Mecklenburgs und Vorpommerns 1918 bis 1960

Quellen und Darstellungen zur Zeitgeschichte

Herausgegeben vom Institut für Zeitgeschichte

Band 87

Oldenbourg Verlag München 2012

Susanne Raillard

Die See- und Küstenfischerei Mecklenburgs und Vorpommerns 1918 bis 1960

Traditionelles Gewerbe unter ökonomischem und politischem Wandlungsdruck

Veröffentlichungen zur SBZ-/DDR-Forschung im Institut für Zeitgeschichte

Oldenbourg Verlag München 2012

Gefördert durch Mittel der DFG

Bibliografische Information der Deutschen Nationalbibliothek

Die Deutsche Nationalbibliothek verzeichnet diese Publikation in der Deutschen Nationalbibliografie; detaillierte bibliografische Daten sind im Internet über http://dnb.d-nb.de abrufbar.

Rosenheimer Straße 145, D-81671 München
Tel: 089 / 45051-0
www.oldenbourg-verlag.de

Einbandgestaltung: hauser lacour
Konzept und Herstellung: Karl Dommer
Satz: Typodata GmbH, München
Druck und Bindung: Memminger MedienCentrum, Memmingen

Dieses Papier ist alterungsbeständig nach DIN/ISO 9706

ISBN 978-3-486-70315-3
ISSN 0481-354

Inhalt

Vorwort

Die vorliegende, für die Veröffentlichung leicht überarbeitete Studie wurde im Wintersemester 2009/2010 von der Fakultät für Geschichte, Kunst- und Orientwissenschaften der Universität Leipzig als Dissertation angenommen und am 28. April 2010 verteidigt. Sie entstand im Rahmen des von der Deutschen Forschungsgemeinschaft geförderten Projekts „Mecklenburg-Vorpommern im 20. Jahrhundert – Lebenswelten im Systemwandel" an der Berliner Abteilung des Instituts für Zeitgeschichte München-Berlin.

Der nicht immer einfache Entstehungsprozess dieser Arbeit wurde von vielen Seiten unterstützend begleitet. Für die ebenso wohlwollende wie geduldige Betreuung gilt mein erster Dank meinem Doktorvater Prof. Dr. Hermann Wentker. Für die Übernahme des Zweitgutachtens danke ich Herrn Prof. Dr. Günther Heydemann. Als Direktor des Instituts für Zeitgeschichte hat Prof. Dr. Dr. h.c. mult. Horst Möller die Arbeit begleitet und gefördert, auch ihm gilt mein Dank.

Von der institutionellen Einbindung in die Berliner Abteilung des Instituts für Zeitgeschichte durfte ich auf vielfache Weise profitieren. So konnte ich in hilfreichen Gesprächen stets auf die Erfahrung und Sachkunde der Kolleginnen und Kollegen der Berliner Abteilung zurückgreifen. Als studentische Hilfskräfte haben Peer Krumrey, Hans Selge, Olga Sparschuh und Daniela Väthjunker zum Fortgang der Arbeit und zur angenehmen Arbeitsatmosphäre beigetragen. Meinem Projektkollegen Dr. Peter Skyba verdankt diese Arbeit nicht zuletzt ihren Titel. Und Henrik Bispinck schließlich wurde während der gemeinsamen Zeit im Projekt vom Kollegen zum Freund, der mich nicht nur in wissenschaftlichen Fragen kritisch und konstruktiv beraten hat. Ihm bin ich besonders dankbar.

An dieser Stelle sollen auch die hilfreichen Mitarbeiterinnen und Mitarbeiter des Bundesarchivs und der mecklenburgischen und vorpommerschen Archive dankbare Erwähnung finden, sie hatten ebenfalls Anteil am Gelingen der Arbeit.

Dafür, dass meine Arbeit nun tatsächlich als fertiges Buch vorliegt, danke ich dem Betreuer der Reihe, Prof. Dr. Udo Wengst, und Gabriele Jaroschka vom Oldenbourg Verlag.

Meine Freunde und meine Familie haben mich bei der Fertigstellung dieser Arbeit auf vielfältige Weise ermutigt und unterstützt. Jörg Roth hat die Höhen und Tiefen des Dissertationsprojekts mit bewundernswerter Langmut „erduldet" und mir insbesondere in der Endphase eine komfortable Arbeitssituation ermöglicht. Meine Eltern haben es auf sich genommen, das gesamte Manuskript einer kritischen Durchsicht zu unterziehen. Schon dafür gebührt ihnen besonderer Dank. Sie haben mich auch auf diesem Weg immer voller Verständnis, Interesse und Liebe begleitet. Ihnen möchte ich dieses Buch widmen.

Berlin, im Februar 2011 Susanne Raillard

I. Einleitung

Anlässlich einer Generalversammlung des Mecklenburgischen Fischereivereins im September 1919 in Güstrow, die sich mit Fragen der Organisation des Berufsfischergewerbes in Mecklenburg befasste, betonte der Vereinsvorsitzende Wilhelm Dröscher, „*dass der geplante Zusammenschluss der Fischer zu Genossenschaften [...] keineswegs die Sozialisierung der Fischerei bedeute: Eine Sozialisierung sei auf dem Gebiete der Küstenfischerei sowieso ein Ding der Unmöglichkeit. Der Fischer müsse a u f d e m W a s s e r selbständig bleiben.*“[1] Vierzig Jahre später standen die letzten verbliebenen Genossenschaften in Mecklenburg kurz vor der Umbildung zur sozialistischen Produktionsgenossenschaft – die von Dröscher für unmöglich gehaltene Kollektivierung der See- und Küstenfischerei wurde 1960 als abgeschlossen erklärt.

Über vier Jahrzehnte und durch drei politische Systeme verfolgt die als historischer Längsschnitt angelegte Studie die Fischerei an der Ostseeküste des heutigen Mecklenburg-Vorpommerns. Sie fragt am Beispiel dieses traditionalen Gewerbes nach dem Verhältnis von Herrschaft und Gesellschaft in Demokratie und Diktatur und nimmt Kontinuität und Wandel über die großen politischen Umbrüche der ersten Hälfte des 20. Jahrhunderts hinweg in den Blick.[2] Die staatlichen Zielsetzungen und damit die jeweiligen politischen, ideologischen und wirtschaftlichen Rahmenbedingungen wechselten im Untersuchungszeitraum in rascher Folge. In den frühen Zwanziger- bis in die Dreißigerjahre hinein unterlag die See- und Küstenfischerei den schwierigen Bedingungen des Marktes. Das NS-Regime unterwarf die gesamte Ernährungswirtschaft im Hinblick auf seine Kriegs- und Eroberungspläne einer umfassenden staatlichen Lenkung. Auch in der sozialistischen Planwirtschaft war der Markt durch Festpreise und Absatzgarantien ersetzt, gleichzeitig wurden nun Sollvorgaben für die Fänge der See- und Küstenfischerei aufgestellt. Die gesellschaftliche und ökonomische Transformation durch das SED-Regime, mit deren Abschluss die Mehrheit der ehemals selbständigen Fischer den Übergang zur sozialistischen Produktionsgenossenschaft vollzogen hatte, scheint den tiefgreifendsten Wandel überkommener Strukturen zu markieren. Wie reagierte die See- und Küstenfischerei auf den – je nach System mehr oder weniger ausgeprägten – staatlichen Steuerungs- und Gestaltungsanspruch und in welchem Ausmaß und unter welchen Bedingungen gelang seine Umsetzung?

[1] Bericht über die Generalversammlung des MFV am 6.9.1919 in Güstrow. (Zeitungsausschnitt unklarer Provenienz). AHW, XVI, 28 IIIa, Bl. 497.

[2] Die vorliegende Studie ist Teil eines Projekts, das mit gemeinsamer Fragestellung unterschiedliche Bereiche der gesellschaftlichen Entwicklung in Mecklenburg-Vorpommern in der ersten Hälfte des 20. Jahrhunderts untersucht. Vgl. Bispinck, Henrik: Bildungsbürger in Demokratie und Diktatur. Lehrer an höheren Schulen in Mecklenburg 1918 bis 1961. München 2011; Brunner, Detlev: Stralsund. Eine Stadt im Systemwandel vom Ende des Kaiserreichs bis in die 1960er Jahre. München 2010.

1. Methodische Überlegungen und Fragestellungen

Alf Lüdtkes Modell von „Herrschaft als sozialer Praxis" folgend, wird die Beziehung zwischen politischer Herrschaft und Gesellschaft nicht als ein lineares Verhältnis von Steuerung und Umsetzung, sondern als ein interaktiver sozialer Prozess aufgefasst, an dem auch die vermeintlich der Herrschaftsausübung unterworfenen Objekte als Akteure teilhaben.[3] Die grundsätzlich asymmetrische Verteilung der Macht darf allerdings auch bei der konstatierten „wechselseitige[n] Abhängigkeit"[4] von Herrschenden und Beherrschten nicht aus den Augen verloren werden.

Aushandlungsprozesse zwischen Herrschaft und Gesellschaft sind das Basisprinzip des pluralistisch-demokratischen Systems. Auch in der Diktatur wird politischer Gestaltungsanspruch mit Formen gesellschaftlicher Beharrung und Interessenbehauptung konfrontiert. Der uneingeschränkte Steuerungs- und Kontrollanspruch, verbunden mit weitreichenden Repressions- und Sanktionsmöglichkeiten, macht die Interessenartikulation und -behauptung hier jedoch ungleich schwieriger. Und doch wird die Annahme, dass die gesellschaftlichen Akteure etwa in der DDR ihrer „politischen Artikulations-, Assoziations- und Handlungschancen"[5] vollständig beraubt worden wären, nur dem unbegrenzten Herrschafts*anspruch,* nicht aber der Herrschafts*wirklichkeit* gerecht.

Die „Grenzen der Diktatur"[6] haben vielfältige Erscheinungsformen. Nicht nur die auf grundsätzliche politische Veränderungen ausgerichteten Verhaltensweisen Widerstand und Opposition wirken herrschaftsbegrenzend, auch überkommene institutionelle, wirtschaftliche und soziale Strukturen, Mentalitäten und nicht zuletzt die inneren Widersprüche und Zielkonflikte der diktatorischen Herrschaft selbst können dem totalen Geltungsanspruch im Weg stehen.

Um das gesamte Spektrum an möglichen Verhaltensweisen gegenüber Herrschaft zu beschreiben, prägte Lüdtke den Begriff „Eigen-Sinn", der nicht explizit negativ auf das jeweilige Herrschaftssystem bezogen ist.[7] Die „eigen-sinnige" Gestaltung der eigenen Lebens- und Arbeitsbedingungen kann unter Umständen sogar die „Defizite diktatorischer Gesellschaftssteuerung kompensieren", andererseits „deren Ziele aber auch durchkreuzen."[8] Michael Schwartz betont, dass Dissens wie auch Konsens zum jeweiligen Herrschaftssystem vor allem an soziale und

[3] Vgl. Lüdtke, Herrschaft als soziale Praxis (1991), S. 9–63.

[4] Lindenberger, Diktatur der Grenzen (1999), S. 22.

[5] Meuschel, Machtmonopol (2000), S. 171, konstatiert dies für die DDR.

[6] Vgl. Bessen/Jessel, Grenzen der Diktatur (1996).

[7] Vgl. Lüdtke, Eigen-Sinn (1993). Vgl. auch Lindenberger, Diktatur der Grenzen (1999), S. 23–26. Der Begriff Eigen-Sinn geht für Lindenberger insofern über den Begriff Interesse hinaus, als er nicht nur zweckrationales Handeln, sondern auch vorgelagerte Bedürfnisse, Emotionen und Identitäten einbeziehe. (S. 25). Diese dürften allerdings schwerlich mit den Methoden der Geschichtswissenschaft zu ermitteln sein. Arnd Bauerkämper, Ländliche Gesellschaft (2002), S. 34, kritisiert die vorschnelle Subsumierung vielfältiger Motive und Formen abweichenden Handelns unter die Kategorie „Eigen-Sinn".

[8] Lindenberger, Diktatur der Grenzen (1999), S. 25.

ökonomische Interessen gebunden ist und dass es sich bei abweichendem Verhalten als Ausdruck von Kompetenz- und Interessenwahrung in der Regel auch in Diktaturen um systemimmanente Konflikte handelt. Nicht jeder auftretende Konflikt ist dementsprechend als politisch motivierte Abwehrhaltung zu interpretieren. Die Befriedigung bestimmter sozialer und ökonomischer Interessen der Beherrschten unterstützt die Legitimität eines politischen Systems. Konzessionen, die sich partiell herrschaftsbegrenzend auswirken, können ein System somit langfristig stabilisieren.[9]

Die Leistungsfähigkeit einer Konzeption von Herrschaft als sozialer Praxis liegt für Thomas Lindenberger in der „erweiterte[n] Erschließung und Beschreibung verschiedenartiger und verstreuter Konstellationen in der historischen Wirklichkeit."[10] Die regional- und lokalhistorische Untersuchungsebene ist dazu im Besonderen geeignet, da hier die zentral getroffenen Entscheidungen ihre konkrete Umsetzung erfahren. Um nicht in einer regionalgeschichtlichen Darstellung zu verharren, müssen die auf der Mikro- bzw. Mesoebene gewonnenen Erkenntnisse jedoch wieder in einen größeren makrohistorischen Zusammenhang eingeordnet werden.[11] Auch die vorliegende Studie strebt eine fruchtbare Verknüpfung der drei Untersuchungsebenen an und bedient sich damit des regionalen Zugriffs, ohne traditionelle Landesgeschichte schreiben zu wollen.[12]

Im historischen Längsschnitt können die systembedingten Unterschiede in Ausmaß und Reichweite des politischen Steuerungsanspruchs ebenso aufgezeigt werden, wie die traditional- oder interessenbedingten Eigengesetzlichkeiten gesellschaftlicher Entwicklung, die eine Herrschaftsdurchsetzung zumindest tendenziell beschränken konnten. Auch wenn der in der Untersuchungsanordnung implizit angelegte Diktaturvergleich nicht das Hauptziel der Arbeit ist, lassen sich hier interessante Erkenntnisse erwarten.

Mit der See- und Küstenfischerei untersucht die vorliegende Studie eine traditional geprägte Wirtschafts- und Lebensform des primären Sektors, die bisher nicht im Fokus des Forschungsinteresses stand. Dies ist bei einer auf das Küstengebiet begrenzten, zahlenmäßig kleinen Berufsgruppe von geringer (gesamt)wirtschaftlicher Bedeutung nicht überraschend, für die vorliegende Untersuchung hat der Befund aber in mehrfacher Hinsicht Konsequenzen. Zum einen sind die Spezifika des Gewerbes See- und Küstenfischerei dem Leser weitgehend unbekannt. Dies wird ausgeglichen, indem in einem zweiten Teil der Einleitung der Untersuchungsgegenstand ausführlicher als gemeinhin üblich vorgestellt wird. Zum anderen kann sich die Untersuchung kaum auf wissenschaftliche Vorarbeiten

[9] Vgl. Schwartz, Regionalgeschichte (1996), der in seinem Beitrag den von Martin Broszat in die Diskussion eingeführten Resistenzbegriff problematisiert und weiterentwickelt.

[10] Lindenberger, Diktatur der Grenzen (1999), S. 26.

[11] Die Bedeutung der methodischen Verknüpfung von makro- und mikrogeschichtlicher Perspektive, von Struktur- und Alltagsgeschichte betont beispielsweise Bauerkämper, Ländliche Gesellschaft (2002), S. 34f.

[12] Einen Überblick zu Tendenzen und Methoden der Regionalforschung bietet Wirsching, Nationalsozialismus in der Region (2000).

stützen.[13] Die Arbeit muss daher zunächst eine Strukturanalyse der See- und Küstenfischerei liefern, um die Voraussetzungen für eine fruchtbare Untersuchung des Verhältnisses von Herrschaft und Gesellschaft zu schaffen. Der damit verbundene Mehraufwand lohnt sich insofern, als eine Analyse dieses bisher unerforschten Ausschnitts der Gesellschaft für die Fragestellung der Studie einen besonderen Erkenntnisgewinn verspricht.

Die wirtschaftliche Lage der Ostseefischerei war entscheidend von staatlichen Interventionen abhängig. Bei der Organisation und Durchsetzung eigener Interessen musste aber gerade eine kleine, unbedeutende Berufsgruppe wie die der See- und Küstenfischer auf besondere Schwierigkeiten gegenüber der politischen Herrschaftsebene stoßen. Aus diesem Nachteil konnte aber auch ein Vorteil werden: Die auf die Gesamtgesellschaft bezogene Randständigkeit bot – gepaart mit der besonders autonomen Form der Arbeit – in den diktatorischen Systemen gute Möglichkeiten, sich dem herrschaftlichen Zugriff zumindest partiell zu entziehen. Es wird zu prüfen sein, ob die politisch vorgegebenen Bedingungen im „toten Winkel" der zentralen Herrschaftsebene bis zu einem gewissen Grad eigensinnig gedeutet und gestaltet werden konnten. Den Fischern wird zudem die mentale Prädisposition zugeschrieben, Neuerungen generell misstrauisch respektive ablehnend gegenüberzustehen. Das Abwehrpotential gegen tiefgreifende Umgestaltungsversuche dürfte in dieser Berufsgruppe besonders hoch gewesen sein. Sie ist somit im Besonderen dazu geeignet, das Weiterleben traditionaler Strukturen zu untersuchen.

Für die Untersuchung drängen sich folgende systemübergreifende Leitfragen auf:
- Welche Bedeutung maßen die jeweiligen politischen Herrschaftsträger der See- und Küstenfischerei zu? Welche Ziele verfolgten sie und welcher Mittel zur Durchsetzung bedienten sie sich dabei? Wo lagen Grenzen des herrschaftlichen Zugriffs?
- Welche Formen und Möglichkeiten von Interessenorganisation gab es für die See- und Küstenfischer in den jeweiligen Systemen? Unter welchen Bedingungen konnte ihnen die Durchsetzung bzw. Behauptung ihrer Interessen gelingen? Gelang umgekehrt den (diktatorischen) Herrschaftssystemen die politische Durchdringung der Organisationen der See- und Küstenfischerei?
- Wie attraktiv waren die wirtschaftlichen und sozialen Rahmenbedingungen des jeweiligen Systems für die See- und Küstenfischerei?
- Wo und warum entstanden Konflikte zwischen Herrschaft und Gesellschaft? Welche Formen abweichenden oder eigensinnigen Verhaltens der See- und Küstenfischer gab es? Wie sind diese zu interpretieren?
- Welche Auswirkungen hatten die politischen Umbrüche von 1918, 1933 und 1945 auf die Organisation der Fischereiverwaltung auf Zentral- und Landesebene? Gab es institutionelle und personelle Kontinuitäten?

[13] Vgl. Forschungsüberblick.

Die dabei in den verschiedenen politischen Systemen in den Blick zu nehmenden Problemkonstellationen und die dazugehörigen Fragestellungen werden hier ebenfalls kurz skizziert:

Die Untersuchung setzt bereits mit dem Ersten Weltkrieg ein, denn die erst 1916 getroffenen kriegswirtschaftlichen Regelungen blieben über das Kriegsende hinaus in Kraft. Während weite Teile der Bevölkerung hungerten, bot die katastrophale Versorgungslage den Fischern ungekannte Verdienstmöglichkeiten. Welche Konflikte resultierten aus dieser besonderen Situation? Wie wirksam konnten die Zwangsbestimmungen einer kurzfristig improvisierten Kriegswirtschaft unter diesen Bedingungen umgesetzt werden?

Der Übergang zur Friedenswirtschaft und die Währungskrise Anfang der Zwanzigerjahre leiteten eine für die See- und Küstenfischerei ausnahmslos von Absatz- und Preisproblemen geprägte Phase des wirtschaftlichen Niedergangs ein. Die Fischer waren während der Weimarer Republik in hohem Maße auf staatliche Zuwendungen angewiesen. Welche Forderungen erhoben sie an den Staat und zu welchen Organisationsformen griffen sie, um sich innerhalb der Konkurrenz der Interessengruppen im pluralistischen System zu behaupten? Inwieweit gelang es ihnen (und ihren Interessenvertretern) Einfluss auf die politischen Entscheidungsträger zu nehmen, während die Republik mehr und mehr in die wirtschaftliche und politische Krise glitt?

Die Nationalsozialisten profilierten sich angesichts dieser Krise unter anderem durch die Forderung nach einer radikalen Abkehr vom „liberalistischen Wirtschaftssystem“ der Weimarer Republik. Welche Identifikationsangebote machte das „Dritte Reich“ den Fischern in wirtschaftlicher und sozialer Hinsicht? Stabilisierte die nationalsozialistische Ernährungspolitik, die Absatz und Preise landwirtschaftlicher Produkte zunehmend regulierte, ihre wirtschaftliche Lage? Welche Herrschaftsinstrumente schuf das NS-Regime zur Kontrolle und Reglementierung der See- und Küstenfischerei, wie setzte es diese ein? Die Berufsorganisationen der See- und Küstenfischerei wurden seit 1933 gleichgeschaltet und in den Reichsnährstand überführt. Gelang dies reibungslos und im intendierten Sinn? Boten sich auch innerhalb der Reichsnährstandsorganisation Chancen der Einflussnahme und Interessendurchsetzung? Inwieweit wurden schließlich Ämter und Funktionen der Fischereiverwaltung durch die Nationalsozialisten politisiert?

Mit Ausbruch des Zweiten Weltkriegs unterlag die See- und Küstenfischerei wieder umfassenden zwangswirtschaftlichen Bestimmungen. Wie gestalteten sich die typischen kriegswirtschaftlichen Konflikte – Verstöße gegen die Ablieferungspflicht und Schwarzhandel – unter nationalsozialistischer Herrschaft? Verfügte das NS-Regime über effektive Kontrollmechanismen oder konnten die Fischer wiederum Vorteile aus der angespannten Versorgungslage ziehen?

Die Bedeutung der Ostseefischerei für die Ernährungsfrage war über das Kriegsende hinaus ungebrochen. Unmittelbar nach dem Ende der Kampfhandlungen wurde die See- und Küstenfischerei an der Ostseeküste im Auftrag der Roten Armee wiederaufgenommen. Anfang 1946 erfuhr das Fischereiwesen in der SBZ durch die sowjetische Besatzungsmacht eine umfassende Neuregelung. Wie reagierten die Fischer auf den wachsenden Druck eines immer enger werdenden Netzes an Kontroll- und Reglementierungsmaßnahmen der deutschen und sowjetischen Verwaltungsstellen? Wo und wie entluden sich die daraus resultierenden Konflikte? Von besonderem Interesse sind in diesem Zusammenhang die Fragen, ob frühere Organisationsformen den politischen Umbruch überdauerten, auf welche Organisationsformen die Besatzungsmacht und die SED für die Fischer setzten und ob und wie lange diese angesichts des Trends zur „Entdifferenzierung“[14] der Gesellschaft die Möglichkeit zur Interessenvertretung boten.

Mit Beginn der Kollektivierung geriet schließlich auch die See- und Küstenfischerei in das politisch induzierte Spannungsfeld von „Zwangsmodernisierung und Traditionalität“, das Arnd Bauerkämper für den Agrarsektor konstatiert hat.[15] Welche Maßnahmen ergriffen Staat und Partei zur Durchsetzung der „sozialistischen Umgestaltung“, die weitreichende Eingriffe in die tradierten Arbeits- und Eigentumsformen der Fischer vorsah? In welchem Verhältnis standen dabei Konzessionen und Zwang?

Die angerissenen Themenbereiche zeigen, dass die Untersuchung – ohne in diesem Sinn komparatistisch angelegt zu sein – bei der Beantwortung ihrer Fragen nicht ganz ohne einen vergleichenden Blick auf die Landwirtschaft auskommt. Traditionell war die Bearbeitung der Fischereiangelegenheiten in der Verwaltung den Landwirtschaftsministerien zugeordnet. Von Seiten der Fischerei selbst wurden meistens zwar mehr die Unterschiede als die Gemeinsamkeiten betont, doch sowohl die Weimarer Demokratie als auch das NS-Regime unternahmen mit unterschiedlichem Erfolg den Versuch, die Fischerei aus pragmatischen Gründen auch organisatorisch mit der Landwirtschaft zusammenzufassen. In der SBZ/DDR wurde die übliche Verwaltungsstruktur durchbrochen und die Fischerei dem Bereich Handel und Versorgung angegliedert. Zur ideologischen Rechtfertigung der Kollektivierung der See- und Küstenfischerei suchte man die Analogien jedoch auch hier in der Landwirtschaft.

Das Untersuchungsgebiet umfasst das gesamte Küstengebiet des heutigen Mecklenburg-Vorpommerns mit gewissen lokalen Schwerpunkten auf Wismar, Rostock-Warnemünde und Stralsund. Die drei Hansestädte verfügen über eine lange Fischereitradition und waren stets wichtige Zentren für die Fischer der ländlichen Umgebung.[16] Die Region Mecklenburg und Vorpommern erfuhr im 20. Jahrhundert mehrere verwaltungsmäßige Umgliederungen. In der heutigen Form existierte das Land erstmals seit dem Ende des Zweiten Weltkrieges. Zum Beginn der Untersuchung gab es auf diesem Gebiet zwei selbständige Verwaltungseinheiten: Das Land Mecklenburg[17] und die preußische Provinz Pommern,

[14] Vgl. Lepsius, Institutionenordnung (1994).

[15] Bauerkämper, Ländliche Gesellschaft (2002), S. 17.

[16] So wurden in der Zeit der DDR die zur Forcierung der Kollektivierung gedachten Fischereifahrzeug- und Gerätestationen (FGS) in Wismar, Warnemünde und Stralsund (und Wolgast) errichtet.

[17] Auf das Großherzogtum Mecklenburg-Schwerin folgte nach 1918 der Freistaat Mecklenburg-Schwerin, der 1934 mit Mecklenburg-Strelitz zu Mecklenburg vereinigt wurde.

deren Regierungsbezirk Stralsund den größten Teil des heutigen Vorpommerns umfasste.[18] Mit der Auflösung der Länder in der DDR entstand 1952 der Küstenbezirk Rostock. Bis 1945 existierten auf Landesebene zwei Verwaltungsstrukturen, somit impliziert die Untersuchungsanordnung einen Vergleich zwischen dem preußischen Vorpommern und Mecklenburg, der jedoch – da quer zum Erkenntnisinteresse liegend – nicht systematisch verfolgt werden kann.

2. Vorgehensweise

Bevor die eigentliche Untersuchung beginnt, führt der zweite Teil der Einleitung in die Besonderheiten des Gewerbes See- und Küstenfischerei ein. Die chronologische Gliederung des Hauptteils der Arbeit folgt weitgehend den üblichen politikhistorischen Zäsuren. Die Weimarer Republik wird unter Einbeziehung der kriegswirtschaftlichen Bestimmungen seit 1916 ebenso in einem eigenen Hauptkapitel behandelt wie die Zeit des Nationalsozialismus. Auch der sowjetischen Besatzungszeit wird ein eigenes Kapitel gewidmet, das allerdings bis in die frühe DDR ausgreift und die entscheidende Zäsur erst 1952 setzt.[19] Das letzte Kapitel zur DDR beleuchtet den Prozess der Kollektivierung der See- und Küstenfischer von den Anfängen 1953 bis zum formalen Abschluss im Jahr 1960, der gleichzeitig den Endpunkt der Untersuchung markiert.[20]

Um das Verhältnis von Herrschaft und Gesellschaft analysieren zu können, müssen die Akteure bestimmt werden. In den seltensten Fällen tritt ein Einzelner den politischen Herrschaftsträgern entgegen. Es sind vielmehr Interessenverbände und Vereine, die den intermediären Bereich zwischen der Lebenswelt des Einzelnen und den politischen Institutionen bilden. Sie vermitteln zwischen beiden Sphären und stellen wechselseitige Beziehungen her.[21] Aus diesen Überlegungen resultiert der dreiteilige Aufbau der Hauptkapitel: Eingangs werden jeweils die staatliche Fischereiverwaltung und weitere für das Fischereiwesen wichtige Institutionen als Akteure auf der Herrschaftsebene skizziert. Ein zweiter Teil nimmt die Entwicklungen im Organisationswesen der See- und Küstenfischerei in den Blick. Dem eigentlichen Interagieren der Akteure widmet sich dann ein dritter, ereignisgeschichtlicher Teil. Diese klare theoretisch-systematische Aufteilung mag bisweilen etwas künstlich wirken und wird auch in der Praxis nicht immer allen auftretenden Besonderheiten gerecht. Angesichts der Tatsache, dass eine Struktur-

[18] Die östlichen Teile Vorpommerns gehörten zum benachbarten RB Stettin, dem der RB Stralsund 1932 zugeschlagen wurde.

[19] Für die See- und Küstenfischerei stellte die Staatsgründung 1949 keine einschneidende Veränderung dar. Das Jahr 1952, in dem der Aufbau des Sozialismus postuliert wurde und die Auflösung der Länder erfolgte, erscheint hier als geeignetere Zäsur.

[20] Die Untersuchung bis in die Siebzigerjahre oder gar über den Umbruch von 1989 hinaus fortzuführen, hätte sicherlich interessante Erkenntnisse gebracht, wäre aber arbeitstechnisch nicht zu bewältigen gewesen. Die Arbeit muss sich hier auf einen kurzen Ausblick beschränken.

[21] Vgl. Ullmann, Interessenverbände (1988), S. 9.

analyse der See- und Küstenfischerei der Ostsee bisher nicht vorlag, erwies sie sich jedoch als am besten geeigneter Weg zur Strukturierung und Erschließung eines weitgehend unbearbeiteten Forschungsgegenstandes. Eine Ausnahme bildet das letzte Kapitel zur Kollektivierung, für das sich eine systematische Binnengliederung, die weitgehend schon im vorangegangenen Kapitel erfolgt ist, als überflüssig erwiesen hat.

3. Forschungsstand und Quellenlage

Systematische Untersuchungen zur Geschichte der See- und Küstenfischerei im 20. Jahrhundert sind nicht vorhanden.[22] Studien von Volkskundlern und Heimatforschern werfen Schlaglichter auf einzelne Aspekte der Fischerei, etwa auf Formen gemeinschaftlicher Arbeit, Fischereivereine und in Ansätzen auch die Sozialstruktur der Gruppe der Fischer.[23] In historischen Lokalstudien finden sich verstreute Hinweise zu Einzelaspekten, etwa zum Politisierungsgrad der Fischer[24] oder zur Integration heimatvertriebener Fischer nach 1945[25]. Der jüngst erschienene Beitrag von Angrit Lorenzen-Schmidt zur sozialen Lage der Warnemünder Fischer 1928 bis 1935 ist ein Einzelfall.[26]

Recht gut dokumentiert sind die rechtlichen und verwaltungsmäßigen Rahmenbedingungen der Fischerei sowie die Entwicklung der Fischereiaufsicht im 20. Jahrhundert.[27] Die 2004 erschienene zweite Auflage der Überblicksdarstellung

[22] Einen knappen Abriss zur Geschichte der See- und Küstenfischerei Mecklenburg-Vorpommerns bietet Wulf-Heinrich Hahlbeck, Kutter- und Küstenfischerei (1998). Daneben liegen einige Veröffentlichungen aus den Zwanziger- und Dreißigerjahren vor. Vgl. Henking, Ostseefischerei (1929). Schnakenbeck, Seefischerei (1939), behandelt in seinem Überblick auch die See- und Küstenfischerei.

[23] Vgl. v.a. Peesch, Fischerkommünen (1961). Eine Reihe von lokalen Studien zur Fischerei der Ostseeküste entstand Ende der Achtzigerjahre. Vgl. zur Geschichte der Fischerei im Gebiet Barth, Zingst, Darß: Rossow, Von Fischern, Fischen und Booten (1988) und Alwardt, Werner: Zur Geschichte der Barther Fischerei (1988). Vgl. auch Rossow, Fischerei der Insel Hiddensee (1987); ders., Fischerei von Warnemünde (1988) und ders., Fischerei von Mönchsgut (1989). Rossow, Michael: Die Fischerei von Warnemünde (Teil 2), in: Seewirtschaft. Fachorgan für Schiffbau, Schiffahrt, Hochseefischerei, Meerestechnik. 20 (1988), 5, S. 245–251. Eine sehr kompakte Zusammenfassung der Geschichte der Rügener Fischerei findet sich bei Döring, Zukunft der Fischerei (2001). Lokalhistorische Studien zur westdeutschen Fischerei blieben weitgehend unberücksichtigt.

[24] Vgl. Faust, Capri von Pommern (2001), S. 156f., 219, 266.

[25] Vgl. zum Neuanfang heimatvertriebener Fischer auf der Insel Rügen die knappen Bemerkungen bei Holz, Insulaner wider Willen (1999) und Holz, Vertriebene und Flüchtlinge (2004). Zur Integration heimatvertriebener Fischer an der Ostseeküste der Bundesrepublik vgl. Braun, Thomas: Ost- und Westpreußische Fischer in Schleswig-Holstein, in: Jahrbuch für ostdeutsche Volkskunde 34 (1991), S. 340–353.

[26] Vgl. Lorenzen-Schmidt, Soziale Lage (2007). Leider beschränkt sich der Beitrag, der auf der Diplomarbeit der Autorin aus dem Jahr 1991 basiert, weitgehend auf eine beschreibende Darstellung.

[27] Vgl. Herold, Fischereirecht (1998), Jennerich, Küstenfischerei (1998); Richter, Fischereiverwaltung (1998). Es handelt sich um jeweils sehr kurze Beiträge aus dem Sammelband 50 Jahre Fischerei in Deutschland (1998).

von Erwin Schütt zur Geschichte der Fischerei und des Fischereirechts im deutschen Ostseeraum hat die in sie gestellten Erwartungen allerdings nicht erfüllt. Obgleich der Veröffentlichung einige Basisinformationen entnommen werden konnten, bietet sie nicht die zuverlässige Grundlage, die der Titel verspricht.[28] Die ökonomischen und agrarwissenschaftlichen Untersuchungen, in der Regel wissenschaftliche Qualifizierungsarbeiten aus der DDR, sind meist stark durch ideologische Interpretationen gekennzeichnet[29] oder liefern kaum relevante Informationen für die Fragestellung des Projekts.[30] Wichtige Hinweise zur Kollektivierung der See- und Küstenfischerei gaben die agrarwissenschaftliche Dissertation von Wolfgang Henning aus dem Jahr 1983 und besonders der Beitrag von Franz Scherer aus dem Jahr 1977.[31] Wenig ergiebig für die vorliegende Studie sind neuere Untersuchungen zur DDR-Fischwirtschaft, die sich hauptsächlich mit der industriellen Fischerei und der Herstellung und dem Absatz von fischwirtschaftlichen Erzeugnissen befassen.[32] Zur Hochseefischerei der DDR, die in dieser Arbeit nur am Rande behandelt wird, liegen vor allem nostalgische Rückblicke vor.[33]

Die dürftige Literaturlage macht es notwendig, auch die für eine Strukturanalyse notwendigen Basisinformationen weitgehend aus Quellen zu ziehen. Auf lokaler Ebene wurden die Archive der Hansestädte Wismar, Rostock und Stralsund konsultiert und die dortigen Bestände zur Fischerei ausgewertet. Im Archiv der Hansestadt Rostock finden sich Akten zur Fischerei bis 1945 insbesondere in den Ratsakten (Handel und Gewerbe, Warnemünde) und im Bestand Gewett Warnemünde. Für die Zeit nach 1945 wurden die Bestände Stadtverordnetenversammlung und Rat der Stadt ausgewertet. Eigene Bestände zur Fischerei bis 1945 finden sich im Stadtarchiv Stralsund (Städtische Fischerei und Amt der Zeesener) und im Archiv der Hansestadt Wismar (Ratsakten Fischerei). Im Bestand Wirtschaftsarchiv findet sich aussagekräftiges Material über die Fischwirtschaftsgenossen-

28 Insgesamt ist die Darstellung eher additiv als analytisch. Vgl. Schütt, Geschichte der Fischerei (2004).

29 Insbesondere gilt dies für die Beiträge von Käte Gries. Prof. Käte Gries war Leiterin der Abteilung Politische Ökonomie des Instituts für Gesellschaftswissenschaften der Universität Rostock. In mehreren Veröffentlichungen, u.a. ihrer Habilitationsschrift von 1957, hat sie sich mit der See- und Küstenfischerei befasst. Vgl. die Zusammenfassung ihrer Habilitationsschrift: Gries, Die werktätigen See- und Küstenfischer (1957/58) und dies.: Zehn Jahre (1958/59).

30 Vgl. etwa die Arbeiten von Ciesla, Reproduktions- und Effektivitätsentwicklung der zentralgeleiteten Fischindustrie (1990) und Buchführer, Probleme der Entwicklung der Neuererbewegung (1977).

31 Vgl. Scherer, Entwicklung der genossenschaftlichen See- und Küstenfischerei (1977). Henning, Die Entwicklung des genossenschaftlichen Sektors (1983), untersucht die Entwicklung der See- und Küstenfischerei bis 1982.

32 Vgl. z.B. Bahr, Fischwirtschaft der DDR (1975); Krohn/Krohn, Markt und Absatz von Fischen und Fischwaren (1963). Ähnliches gilt für die Untersuchungen von Burghard Ciesla, Fischindustrie (1992); ders.: Industrieller Fischfang (1999), S. 205–233; ders./Poutrus, Food Supply (1999). Zur deutschen Fischindustrie 1914 bis 1930 vgl. Sarrazin, German Fishing Industry (2002).

33 Vgl. Adler, Vom Alex zum Eismeer (2000); Strobel/Hahlbeck, Hiev up. (1995); Kotzian, Ein Rostocker Hochseefischer erzählt (2000). Vgl. daneben den knappen Überblick von Hahlbeck, Geschichte der ostdeutschen Hochseefischerei (1998).

schaft Wismar nach 1945. Die Überlieferungen der lokalen Ebene unterscheiden sich zeitlich nach Qualität und Quantität, haben sich aber insgesamt als tragfähig erwiesen.

Die Archivalien der Landesebene sind auf mehrere Archive verstreut. Im Landeshauptarchiv Schwerin befinden sich die relevanten Bestände der Regierung des mecklenburgischen Landesteils für die Zeit von 1918–1945, vor allem der Bestand des für die Fischereiverwaltung zuständigen Ministeriums für Landwirtschaft, Domänen und Forsten. Die Überlieferung umfasst aussagekräftiges Material zum überregionalen Verbands- und Vereinswesen der See- und Küstenfischerei, zur Unterstützung der Fischerei aus Landes- und Reichsmitteln sowie zur Fischereiaufsicht in Mecklenburg. Nicht im Landesarchiv Greifswald, sondern im Stadtarchiv Stralsund findet sich der Bestand Fischmeisterei, der die Überlieferung des preußischen Oberfischmeisteramtes Stralsund seit 1819 enthält. In der preußischen Provinz Pommern waren bis 1945 die Oberfischmeisterämter mit der Durchführung der Fischereiaufsicht und Fischereiverwaltung beauftragt; 1947 wurde das Oberfischmeisteramt für See- und Küstenfischerei als oberste Fischereiaufsichtsstelle für das gesamte Land Mecklenburg wiedererrichtet. Die Akten in Stralsund reichen bis zur „Verwaltungsreform" im Jahr 1952, der umfangreiche Nachfolgebestand wird im Landesarchiv Greifswald verwahrt.

Die Ergebnisse der für die Zeit bis 1945 im Bundesarchiv durchgeführten Recherchen sind weniger zufriedenstellend. Als aufschlussreich für die Kriegswirtschaft im Ersten Weltkrieg erwies sich die Überlieferung des Reichskommissars für Fischversorgung. Die Bestände des Reichsministeriums für Ernährung und Landwirtschaft und des Reichsnährstandes wurden dagegen ergebnislos geprüft. Auch der Bestand des Deutschen Seefischereivereins erfüllte nicht die Erwartungen. Die Überlieferung des Reichsverbandes der deutschen Fischerei umfasst nur eine Akte zur Kriegsfischerei in der Ostsee. Ergiebiger, wenn auch nur für die Zeit ab 1943, ist die Überlieferung der Hauptvereinigung der deutschen Fischwirtschaft.

Aufgrund der in vielen Teilen lückenhaften Überlieferung auf Reichsebene mussten ergänzend gedruckte Quellen herangezogen werden. Zusätzlich zu den Archivrecherchen wurden daher zeitgenössische Fachperiodika systematisch ausgewertet. Zu nennen sind hier insbesondere die vom Reichsministerium für Ernährung und Landwirtschaft herausgegebenen „Jahresberichte über die Deutsche Fischerei" (1924 bis 1939), die „Mitteilungen des Deutschen Seefischerei-Vereins" (1894 bis 1934) sowie die „Deutsche Fischwirtschaft. Zeitschrift des Reichsnährstandes für die deutsche Fischwirtschaft" (1934 bis 1945), die seit 1938 die Beilage „Der Deutsche See- und Küstenfischer" enthielt. Die Jahresberichte über die Deutsche Fischerei liefern überwiegend statistisches Material und Überblicksdarstellungen über die wirtschaftliche Entwicklung der See- und Küstenfischerei. Die genannten Fachzeitschriften enthalten darüber hinaus nicht nur wichtige Sachinformationen, sondern reflektieren die jeweils zeittypischen Probleme und Diskussionen. Für die Zeit der DDR wurden zudem die Jahrgänge der seit 1954 erscheinenden „Deutschen Fischerei-Zeitung" bis 1960 ausgewertet.

Für die Zeit nach 1945 bis zur Auflösung der Länder 1952 sind in Mecklenburg die Akten des Ministeriums für Handel und Versorgung von besonderer Relevanz. Sie sind größtenteils im Bestand des Ministeriums für Wirtschaft im Landeshauptarchiv Schwerin überliefert. Im Landesarchiv Greifswald findet sich die Überlieferung des Rats des Bezirks Rostock, Abteilung See- und Küstenfischerei und ebenso der wichtige Bestand des Verbandes der Genossenschaften werktätiger Küstenfischer Mecklenburgs. In den Landesarchiven wurden außerdem die Bestände der SED-Landesleitung Mecklenburg bzw. der SED-Bezirksleitung Rostock, Abteilung Wirtschaftspolitik und der SED-Kreisleitungen Rostock, Wismar, Stralsund und Rügen konsultiert. In beiden Fällen ist die Überlieferung ab 1952 weitaus ergiebiger. In den Akten der Bezirksleitung findet sich eine auffällige Lücke für den für die Kollektivierung besonders interessanten Zeitraum zwischen 1955 und 1959, die aber teilweise durch die Gegenüberlieferung beim Rat des Bezirks geschlossen werden konnte.

Die Recherchen im Bundesarchiv haben sich angesichts der zahlreichen Umstrukturierungen und Zuständigkeitswechsel auf der zentralen Verwaltungsebene als besonders schwierig erwiesen. Einen durchgehenden Überlieferungsstrang zur Fischwirtschaft gibt es nicht. Die Durchsicht des Bestands des Ministeriums für Handel und Versorgung, das Teile der Überlieferung der Deutschen Verwaltung für Handel und Versorgung der Jahre 1945–1948 enthält, war nur mäßig ergiebig. Der Bestand des Ministeriums für Bezirksgeleitete Industrie und Lebensmittelindustrie, in dem die Überlieferung fast aller zeitweise mit der Fischerei befassten Institutionen der Jahre seit 1945 zusammengefasst ist, erwies sich für den Untersuchungszeitraum insgesamt als enttäuschend.[34] Umfangreicher und ergiebiger war die Überlieferung der Staatlichen Plankommission. Ausgewertet wurden hinsichtlich der zur See- und Küstenfischerei getroffenen Beschlüsse auch die Überlieferung des Ministerrates und parallel dazu die des Sekretariats des Zentralkomitees der SED. Für die Jahre 1946 bis 1948 liegt im Bestand der Abteilung Wirtschaftspolitik der SED nur eine aussagekräftige Akte vor. Anders als in vielen anderen Bereichen kann für die Fischerei in der SBZ/DDR auf zentraler Ebene damit nicht von einer Aktenflut gesprochen werden.

Im Bundesarchiv wurden außerdem die Sammlung der SMAD-Befehle und die aus dem Zentralen Staatsarchiv der Russischen Förderation (GARF) stammenden Reproduktionen der Befehle der SMA Mecklenburg genutzt.[35] Eine Anfang 2005 gestellte sachbezogene Anfrage bei der BStU blieb für die genossenschaftliche organisierte See- und Küstenfischerei im Untersuchungszeitraum ebenso ergebnis-

[34] Der Bestand umfasst weitere Teile der Überlieferung der Deutschen Verwaltung für Handel und Versorgung 1945 bis 1948, der Hauptverwaltung Lebensmittelindustrie und Fischwirtschaft der DWK von 1948 bis 1949, des Ministeriums für Industrie, HA Lebensmittelindustrie und Fischwirtschaft von 1949 bis 1950, des Staatssekretariats für Nahrungs- und Genussmittelindustrie von 1950 bis 1953 und des Ministeriums für Lebensmittelindustrie von 1953 bis 1958. Danach ging die Zuständigkeit zeitweise an die Staatliche Plankommission.

[35] Letztere liegen nur in russischer Sprache vor, für die Übersetzung danke ich den studentischen Hilfskräften von Dr. Jan Foitzik.

los wie eine personenbezogene Anfrage. Erst aus den Siebzigerjahren liegt Material vor.[36] Dies könnte dem Erschließungszustand der Akten ebenso geschuldet sein wie der zunehmenden Ausweitung der Tätigkeit des MfS. Einschlägige Hinweise auf eine Tätigkeit des MfS finden sich in den vorliegenden Quellen nicht.[37]

4. Die See- und Küstenfischerei in Mecklenburg und Vorpommern

Eine Definition der See- und Küstenfischerei zu geben, ist angesichts der vielfältigen Fischereiformen und Fanggebiete, die unter dem Begriff zusammengefasst und im Folgenden kurz vorgestellt werden, nicht einfach. Die See- und Küstenfischerei, so heißt es 1922, umfasse die auf dem Meer mit Einschluss der Küstenzone, der offenen Meeresbuchten und der Wieken, Bodden und Haffe sowie die in den Flussmündungen bis zu einer von den Fischereigesetzen bezeichneten Grenze betriebene Fischerei.[38] Wie fließend die Grenzen dabei nicht nur zur Binnen-, sondern auch zur Hochseefischerei verlaufen, kommt nicht zuletzt in der Bezeichnung Kleine Hochseefischerei für die motorisierte Kutterfischerei zum Ausdruck.

Während die Fischerei in der Nordsee vor allem von den stetig an Ertrag und Bedeutung zunehmenden Formen der Hochseefischerei bestimmt wurde, gehörten nach dieser oben angeführten Definition zu Beginn des Untersuchungszeitraums dieser Arbeit nahezu alle Fischereibetriebe der Ostsee zur See- und Küstenfischerei.[39] Den regionalen Schwerpunkt und die generell eher geringe volkswirtschaftliche Bedeutung verdeutlichen die folgenden Zahlen: Zwei Drittel des Ertrags der deutschen See- und Küstenfischerei entfielen auf die Fischerei des Ostseegebiets, das sich zu diesem Zeitpunkt über Hinterpommern bis nach Ostpreußen erstreckte. Der Anteil der See- und Küstenfischerei der Ostsee am Fangergebnis der gesamten deutschen Seefischerei betrug 1924 20 Prozent. 1938 war er auf 8 Prozent gesunken. 1946 landete die See- und Küstenfischerei unter veränderten Bedingungen 100 Prozent der Seefischereifänge auf dem Gebiet der SBZ an. Durch den Aufbau der Fischkombinate an der Küste sank der Fanganteil bis

[36] Aus den Fünfzigerjahren liegen nur Informationen über den volkseigenen Fischereibetrieb Saßnitz vor, der nicht Gegenstand dieser Untersuchung ist.

[37] Editorische Hinweise: Zitate aus Primärquellen sind im Text kursiv gesetzt. Aus pragmatischen Gründen wird in den Quellenangaben bei allen Mecklenburgischen Landesministerien auf den Zusatz Mecklenburg verzichtet, ebenso bezeichnet OFMA, wenn nicht anders angegeben, immer das Oberfischmeisteramt Stralsund.

[38] Vgl. Dröscher, Arbeitslosenversicherung (1922), S. 62f. Eine andere Definition bezieht sich auf die Größe der Fangfahrzeuge. Die Küstenfischerei sei die Fischerei der Nord- und Ostseeküste, die von Fahrzeugen von nicht mehr als 50 cbm Bruttoraum ausgeführt würde. Fahrzeuge mit höherem Rauminhalt gehörten zur Hochseefischerei. Vgl. Fürsorge für erwerbslose Seeleute, in: Mitteilungen des DSV, Bd. 40, Nr. 11, November 1924, S. 123.

[39] Im 19. Jahrhundert hatte es vergebliche Versuche gegeben, von Stralsund bzw. Rostock aus Hochseefischerei zu betreiben. Die 1918 gegründete Rostocker Hochsee-Fischerei-AG ging nach wenigen Jahren ein. Vgl. Hahlbeck, Geschichte der ostdeutschen Hochseefischerei (1998), S. 161.

1960 allerdings wieder auf ca. 17 Prozent.[40] Die Bedeutung der See- und Küstenfischerei für Ostseeküste ist gleichwohl nicht zu unterschätzen. Bis heute prägt sie das Bild der Region wohl weit mehr, als es ihrer wirtschaftlichen Bedeutung jemals entsprach.

a) Fanggebiete und Fangmethoden

Das im Zentrum der Untersuchung stehende Küstengebiet des heutigen Bundeslandes Mecklenburg-Vorpommern umfasst die westliche und die mittlere Ostsee. Auf mecklenburgischem Gebiet reicht es vom Dassower See an der Trave im Westen über die Wismarer Bucht bis zum Saaler Bodden, der bis 1945 die Grenze zum preußischen Pommern bildete. Im mecklenburgischen Teil dominiert die offene Küste; es gibt dort nur wenige innere Küstengewässer.[41] Die vorpommersche Küstenregion ist dagegen stark durch die Boddengewässer geprägt, die sich auf den Binnenseiten der Halbinsel Fischland-Darß-Zingst und der Inseln Rügen und Hiddensee erstrecken. Diese flachen, buchtenreichen Gewässer besitzen nur schmale Verbindungen zur eigentlichen Ostsee; mit ihrem schwach salzhaltigen Wasser lassen sie sich weder dem Meer noch den Binnengewässern zuordnen.[42]

Die vorpommerschen Gewässer um Stralsund und Rügen waren nach der Zahl der Fischer und der Vielfalt der Gewässer und Fischereibetriebe stets der bedeutendere Fischereibezirk. 1924 war dieser Bezirk am Gesamtfangertrag der Ostsee mit 31 Prozent beteiligt, der mecklenburgische Bezirk dagegen nur mit 3 Prozent. Zwar stiegen die Fangerträge in beiden Bezirken über die Jahre absolut an, doch sank mit der fortschreitenden Entwicklung der Hochseefischerei der Anteil am Gesamtertrag der Seefischerei.[43]

Aufgrund der vielfältigen Lebensräume findet sich in der Ostsee ein lokal unterschiedliches Gemisch aus Meeres- und Süßwasserfischen. Zu nennen sind die sogenannten Plattfische Scholle, Flunder und Kliesche sowie Dorsch und Hering im Meer, Plötze, Hechte und Zander im Bodden und schließlich die Wanderfische Aal und Lachs.[44] Neben dem Hering entwickelte sich seit den Dreißigerjahren vor allem der Dorsch zum sogenannten „Brotfisch“, das heißt zum wichtigsten Fangfisch der Ostseefischer. Wertmäßig war der Aal der wichtigste Fangfisch.[45]

Die besondere Gestalt der Küstenregion, der Wechsel zwischen Freiwasser und Bodden, prägt die vielfältigen Fangmethoden der Küstenfischerei, die sich zwi-

[40] Vgl. Tabelle 2 und Tabelle 6.
[41] Zu nennen sind hier das Salzhaff, der Ribnitzer Binnensee und der mecklenburgische Teil des Saaler Boddens.
[42] Daher finden sich im Bodden auch Süßwasserfische wie Flussbarsch, Hecht, Zander und Plötz. Der Bodden ist vor allem als Laichgebiet für den Hering von großer Bedeutung. Vgl. Fisch in Ostsee und Bodden (Broschüre des Meeresmuseums Stralsund) und Am Ostseestrand. Die Bodden. Natur und Landschaft im Überblick (Broschüre des Meeresmuseums Stralsund).
[43] Vgl. Fischer, Küstenfischerei, JB 1927, S. 250.
[44] Vgl. Fisch in Ostsee und Bodden (Broschüre des Meeresmuseums Stralsund).
[45] Vgl. Schnakenbeck, Seefischerei (1939), S. 15. Heute ist der Dorsch fast vollständig aus der Ostsee verschwunden.

schen Binnen- und Hochseefischerei bewegen.[46] In den ruhigen, flachen Bodden- und Haffgewässern, den Flussmündungen und vom Strand aus wird auch heute noch mit den typischen Fanggeräten der Binnenfischerei – Bügelreusen und Zugnetzen – gefischt, am offenen Strand mit Stellnetzen, Langleinen und Außenstrandreusen.[47] Diese Fischerei ist als die eigentliche Küstenfischerei zu bezeichnen.

Auf dem offenen Meer kommen hauptsächlich Schleppnetze zum Einsatz. Die Schleppnetzfischerei, bei der in kürzester Zeit möglichst viele Fische gefangen werden sollen, zählt ebenso wie die Zugnetzfischerei zur aktiven Fischerei. Die traditionelle Zeesenfischerei, die auch in Haff und Bodden betrieben wurde, hatte mit zunehmender Motorisierung an Bedeutung verloren und war durch die Grundschleppnetzfischerei auf dem offenen Meer, die Kleine Hochseefischerei abgelöst worden.[48] Wie der Name sagt, ist diese Form der Küstenfischerei eher der Hochsee- als der Binnenfischerei verwandt. Diese intensive Fischerei ist ertragreicher als die sogenannte stille Fischerei mit Reusen und Stellnetzen, letztere bringt jedoch den qualitativ hochwertigeren Fang.[49]

Die unterschiedlichen Betriebsformen und Fangmethoden zeigen, dass es sich bei den See- und Küstenfischern keineswegs um eine homogene Gruppe handelte. Die Interessen und Bedürfnisse eines Fischers, der ein motorisiertes Boot mit Grundschleppnetz unterhielt, unterschieden sich von denen eines kleinen Küstenfischers, der einige Netze und ein Ruderboot besaß. Die Koexistenz von Stellnetz- und Schleppnetzfischern – von passiver und aktiver Fischerei – gestaltete sich bisweilen durchaus konfliktreich. Nicht nur an der Küste zwischen Warnemünde und der Insel Poel zerstörten die beweglichen Schleppnetzfischer häufig die in Küstennähe errichteten Stellnetze. Die Schleppnetzfischerei innerhalb der Dreiseemeilengrenze war zwar an der mecklenburgischen Küste seit 1913 verboten. Doch das Verbot konnte nicht nachhaltig durchgesetzt werden.[50] Bei dieser Form

[46] Die vielfältigen Fangmethoden fanden ihren Ausdruck in einer mannigfaltigen Fischereiflotte. 1924 bestand die Küstenfischereiflotte der Ostsee aus etwa 10 000 äußerst verschiedenartigen Fahrzeugen, vom Motorkutter bis zum Ruderboot. Die wichtigsten Fischereizweige waren 1924 die Schleppnetzfischerei mit Motorkuttern auf Bodenfische, verschiedene Arten der Heringsfischerei, vor allem die Ringwaden-, Zugwaden- und Reusenfischerei sowie die Treibnetz- und Stellnetzfischerei auf Schollen, Heringe und Lachse sowie die Dorschangelei und die Reusenfischerei auf Aale. Vgl. Eichelbaum, Seefischerei, JB 1924, S. 31 f. An der Nordseeküste waren dagegen nur 2000 Fahrzeuge im Einsatz. Vgl. ebd., S. 11.

[47] Vgl. Am Ostseestrand. Die Bodden. Natur und Landschaft im Überblick (Broschüre des Meeresmuseums Stralsund).

[48] Zur Entstehung der Kleinen Hochseefischerei vgl. Dröscher, Fischverwertungsgenossenschaften (1926), S. 398.

[49] Vgl. Am Ostseestrand. Die Bodden. Natur und Landschaft im Überblick (Broschüre des Meeresmuseums Stralsund) und Dröscher, Fischverwertungsgenossenschaften (1926), S. 400.

[50] Eine effektive Aufsicht wurde schmerzlich vermisst. Henking konstatierte 1929 für das eben genannte Gebiet, dass das Verbot aufgrund der hier früher fehlenden regelmäßigen Fischereiaufsicht nicht hätte wirksam werden können. Vgl. Henking, Ostseefischerei (1929), S. 42 und 45. Im Oberfischmeisterbezirk Stralsund wurde ein ähnliches Verbot erst 1925 durchgesetzt, da die Heringsfischerei Hiddensees durch die Motorkutter bedroht wurde. Vgl. Dröscher, Küstenfischerei, JB 1924, S. 262 und 267.

der illegalen Fischerei handelt es sich im Übrigen um ein typisches Delikt, das sich über den gesamten Untersuchungszeitraum nachweisen lässt.

b) Fischereirecht

Das Recht zur Fischerei an der Ostseeküste war nicht grundsätzlich frei, da die innenliegenden Küstengewässer sowohl in Vorpommern als auch in Mecklenburg hauptsächlich in landeseigenem Besitz waren. Daneben besaßen vor allem Städte wie Stralsund, Wismar, Ribnitz, Rostock oder Güter wie die Herrschaft Putbus auf Rügen, aber auch Privatpersonen Fischereirechte und verfügten über eigene Fischereibezirke.[51] Nicht zuletzt aufgrund dieser unterschiedlichen Rechtsverhältnisse war das Fischereiwesen traditionell stark reglementiert. Schon seit dem Mittelalter sollten Fischereiordnungen die Rechte und Interessen der Fischereiberechtigten wahren.

Verwaltung, Gesetzgebung und Fischereiaufsicht lagen in den Händen der Landesverwaltung, der die meisten Fischereiberechtigungen zustanden.[52] Die Ausübung der Fischerei wurde in den fiskalischen Gewässern durch die Ausgabe von Fischereierlaubnisscheinen geregelt, in denen die zulässigen Fanggeräte und Fischereibezirke festgelegt waren. Dafür musste ein bestimmter Pachttarif gezahlt werden, der sich nach Art und Anzahl der verwendeten Fanggeräte richtete.[53] Die Fischer waren demnach in hohem Maße vom eigentlichen Inhaber der Fischereirechte, zumeist dem Land Preußen bzw. Mecklenburg, abhängig.

Anders war es auf dem offenen Meer. Zwar standen auch die territorialen Gewässer an der offenen Küste innerhalb der Dreimeilenzone unter Landeshoheit; die Fischerei war hier jedoch nicht abgabenpflichtig.[54] Außerhalb der Dreimeilenzone stand die Fischerei schließlich jedermann frei. Mit dem Aufkommen der Kleinen Hochseefischerei seit der Jahrhundertwende gewann sie zunehmend an Bedeutung.[55]

[51] In Mecklenburg-Schwerin war die Fischerei in den Binnengewässern bei Wismar einschließlich des Salzhaffs, im Ribnitzer Binnensee und in Teilen des Saaler Boddens abgabepflichtig. Die Stadt Rostock besaß das Fischereirecht im Breitling, die Stadt Wismar in den Hafengewässern. In Vorpommern war die Fischerei in den Binnengewässern der Ostsee hauptsächlich fiskalisch, das heißt in staatlichem Eigentum. Eigene Fischereibezirke oder Mitfischereiberechtigungen besaßen neben der Stadt Stralsund, der Universität Greifswald und der Herrschaft Putbus auch diverse Städte, Dörfer, Gemeinden, Güter, Klöster und Einzelpersonen. Teilweise war das Fischereirecht so zersplittert, dass es eine effektive Gewässernutzung regelrecht verhinderte. Im Greifswalder Bodden etablierte man daher eine genossenschaftliche Nutzung der Gewässer. Freies Fischereirecht gab es nur in wenigen Gebieten Vorpommerns, etwa an der Ostküste Rügens. Vgl. Henking, Ostseefischerei (1929), S. 45 zu Mecklenburg-Schwerin und S. 57 zu Vorpommern. Vgl. auch Richter, Fischereiverwaltung (1998), S. 386 und Dröscher, Landwirtschaftskammer (1929), S. 444. Zum Genossenschaftsrevier Greifswalder Bodden vgl. StAS, Rep. 20, Nr. 29 und Nr. 53 Bd. 1 und 2.

[52] Vgl. Dröscher, Landwirtschaftskammer (1929), S. 444.

[53] Vgl. Richter, Fischereiverwaltung, (1998), S. 385.

[54] Vgl. Henking, Ostseefischerei (1929), S. 45.

[55] Vgl. Dröscher, Landwirtschaftskammer (1929), S. 446 und 448.

c) Arbeitsformen

Der Beruf des Fischers wurde traditionell innerhalb der Familie weitergegeben. Eine geregelte Ausbildung gab es bis Ende der Dreißigerjahre nicht. Um den Beruf zu erlernen, gingen die Söhne üblicherweise nach der Konfirmation bei ihren Vätern in die Lehre und arbeiteten danach als Gehilfen beim Vater oder anderen Fischern. Der Schritt in die Selbständigkeit erfolgte mit dem Erwerb eines eigenen Fahrzeugs oder Fanggerätes oder durch die Übernahme des väterlichen Betriebs. Um sich die notwendigen finanziellen Mittel für einen eigenen Betrieb zu erarbeiten, fuhren viele junge Fischer zunächst einige Jahre zur See. Heirat und Betriebsgründung fielen dann häufig zusammen. Die Ehefrauen der Fischer wurden in der Regel als Hilfskräfte im Betrieb gebraucht: sie waren mit der Ausbesserung der Netze, der Weiterverarbeitung und dem Verkauf des Fanges beschäftigt.[56] Darauf, dass der eigentliche Fischfang eine rein männliche Domäne war, muss wohl kaum eigens hingewiesen werden.

Fischfang war – und ist – von diversen unbeeinflussbaren Faktoren abhängig, etwa den Wetterverhältnissen und dem Vorhandensein von Fischen und Fanggelegenheiten. Wichtige Fischarten wie Hering oder Aal wurden saisonal gefangen. Diese Hauptfangzeiten, die sich teilweise ergänzten, waren Perioden hoher und höchster Erträge, starker Arbeitsanspannung und verlängerter Arbeitszeiten. In den Wintermonaten von November bis Februar musste die Fischerei dagegen zumeist wetterbedingt vollkommen eingestellt werden.[57] Aufgrund dieser Bedingungen entwickelten sich in der Küstenfischerei eine Reihe spezifischer Arbeitsformen.

Auf Rügen und Hiddensee bildeten sich sogenannte Kommünen als besondere Form gemeinschaftlicher Arbeit.[58] Die frühesten schriftlichen Zeugnisse für diese Fanggemeinschaften finden sich Ende des 17. Jahrhunderts, sie sind aber vermutlich älter. Die gefährliche Fischerei auf der offenen See und die schwierige Handhabung bestimmter Fanggeräte machten Gemeinschaftsarbeit erforderlich und sinnvoll. Zumeist wurde saisonal gemeinsam gefischt. In den Kommünen, die sich nach der Art des gemeinsam befischten Geräts in Boots-, Garn- und Reusenkommünen unterscheiden lassen, bildeten sich spezielle Formen des Gemeinschaftseigentums heraus. Zum Gemeineigentum gehörten unteilbare Dinge, etwa Boote, Geräte-

[56] Nicht jeder Sohn eines Fischers wurde wiederum Fischer, aber der Vater jedes Fischers war in der Regel selbst Fischer gewesen. Für das Ende der Zwanzigerjahre des vergangenen Jahrhunderts stellt Angrit Lorenzen-Schmidt fest, dass in Warnemünde etwa die Hälfte der Fischersöhne selbst Fischer wurden. Vgl. Lorenzen-Schmidt, Soziale Lage (2008), S. 81f. Vgl. auch beispielhaft die Lebensläufe, die den Bewerbungsschreiben der Fischer Joachim Saufklever, Kirchdorf auf Poel (28.9.1920), Otto Gagzow, Weitendorf auf Poel (29.9.1920) und Gustav Saufklever, Weitendorf auf Poel (4.10.1920) an das MdI um die Stelle als Fischmeister in Wismar beilagen. LHAS, 5.12-4/2, Nr. 18348. Zur Seefahrt als temporäre Erwerbstätigkeit junger Fischer vgl. die volkskundliche Studie von Reinhard Peesch über die Fischerkommünen auf Rügen und Hiddensee. Peesch, Fischerkommünen (1961), S. 36.

[57] Vgl. Dröscher, Arbeitslosenversicherung (1922), S. 67.

[58] Der Begriff *Kommün* bezeichnet mundartlich *„etwas zusammen machen"*. Die Wendung *„dat is kommün"* auf Rügen drückt den gemeinsamen Besitz aus. Vgl. Peesch, Fischerkommünen (1961), S. 77.

schuppen etc. Dagegen blieben Netze, Zubehör und Werkzeug in privatem Besitz, gekennzeichnet durch die sogenannten Hausmarken. Jedes Mitglied erwarb das Eigentum an den Dingen, die es selbst hergestellt hatte und war für die Instandhaltung verantwortlich. Die Form der Arbeitsteilung variierte nach Art der Kommünen, neben festen Arbeitsplätzen und Aufgaben finden sich periodische Wechsel oder Reihendienste. Die Verteilung der Fangerträge erfolgte nach Abzug der Unkosten zu gleichen Teilen an alle Mitglieder. Die Kommünen waren lokal gebunden, ihre Mitglieder rekrutierten sich meist aus einem Ort, teilweise fielen Dorfgemeinschaft und Fischerkommüne praktisch zusammen. Die Fanggemeinschaften bildeten nach außen abgeschlossene Einheiten, der Mitgliederbestand blieb konstant.[59]

Die Entscheidung über die Aufnahme eines neuen Mitglieds lag allein bei den Mitgliedern der Kommüne und entzog sich jeglichem behördlichen Einfluss.[60] Die Ordnung der Kommünen fußte fast ausschließlich auf mündlicher Tradition, schriftliche Vereinbarungen, die etwa Eintritt und Austritt oder die Rechte und Pflichten der Mitglieder regelten, waren unüblich.[61] Die traditionelle Arbeitsform der Kommüne blieb bis weit in die Fünfzigerjahre hinein erhalten und, dies wird die Arbeit zeigen, lebte in den sozialistischen Produktionsgenossenschaften weiter.

An den Orten, an denen die Fischerei nicht in größeren Gruppen ausgeübt werden musste, hatte sich ein dem periodischen Beschäftigungscharakter angepasstes Arbeitsverhältnis entwickelt, die sogenannte Anteils- oder Partenfischerei. Der Bootsbesitzer führte seinen Betrieb mit einem Mitfischer. Dieser erhielt keinen festen Tageslohn, sondern wurde anteilig an den Fangerträgen beteiligt. Die kurzfristig hohen Einnahmen sollten ihn in die Lage versetzen, sich während der Zwangspausen zu versorgen. Der Ertrag wurde in der Regel nach Abzug der täglichen laufenden Betriebskosten gedrittelt. Ein Teil entfiel auf Investitionen in Fahrzeug und Gerät, die beiden anderen gingen an den Fischer und seinen Gehilfen. Angesichts der nahezu gleichen Verteilung von Ertrag und Geschäftsrisiko wurde die Ansicht vertreten, dass Arbeitgeber und Arbeitnehmer bei dieser Form der Fischerei wirtschaftlich gleichgestellt seien und sich auch in sozialer Hinsicht als gleichstehend anerkennen würden.[62] Die soziale Stellung dieser Anteilsfischer

59 Vgl. zu den Bootskommünen ebd., S. 45–49. Zu den Garnkommünen S. 50–61 und zu den Reusenkommünen S. 61–73, zu den Eigentumsformen S. 115–143.

60 Auch in der SBZ bzw. der frühen DDR war dies nicht anders. So wies der Oberfischmeister im November 1949 daraufhin, dass die Aufnahme von Fischern in die einzelnen Reusenkompanien den einzelnen Kompanien selbst überlassen bleibe. Vgl. OFMA an FAST Lauterbach,14. 11. 1949. LAG, Rep. 250, Nr. 362.

61 Vgl. zu Aufbau und Organisation der Kommünen, Peesch, Fischerkommünen (1961), S. 82–96. Erst aus den Dreißigerjahren liegen schriftliche Zeugnisse vor. In dieser Zeit schlossen sich einige kleinere Fanggemeinschaften eher widerwillig auf behördlichen Druck zu großen Gruppen zusammen. Im Zuge dieser Entwicklung wurden Statuten schriftlich fixiert. Vgl. ebd., S. 72 und Dokumentenanhang, S. 339–343.

62 Unter anderen Bedingungen wäre es kaum möglich gewesen, dauerhaft Gehilfen oder Maaten zu finden, argumentierte etwa Wilhelm Dröscher, Geschäftsführer des Reichsverbandes der deutschen See- und Küstenfischer, in einem Beitrag aus dem Jahr 1922. Vgl. Dröscher, Arbeitslosenversicherung (1922), S. 67f. Da der Mitfischer in der Regel den dritten Teil des Fanges erhielt, wurde er auch als Drittfischer bezeichnet.

wies jedoch regionale Unterschiede auf. In Stralsund hatte sich ein eigener Verein zur Vertretung der Interessen der „nichtselbständigen Berufsfischer" gebildet, um gegen die „Ausbeutung" und schlechte Behandlung der Fischereigehilfen vorzugehen.[63] In weitaus geringerem Umfang, meist bei Fischern, die kleine Landwirtschaften unterhielten, wurden sogenannte Fischerknechte gegen Lohn oder Kost und Logis beschäftigt.[64]

5. Der Aufbau der Fischereiverwaltung

Da sich die Küstenfischerei zunächst hauptsächlich in den küstennahen Gewässern abspielte, fielen Fischereiverwaltung und -gesetzgebung in den Kompetenzbereich der Länder. Jedes Land des Deutschen Reiches hatte seine eigenen Regelungen, ein einheitliches Fischereirecht auf Reichsebene existierte nicht. Die Seefischerei steckte noch in den Kinderschuhen, weshalb es auf Reichsebene zu diesem Zeitpunkt keinen Bedarf für eine Fischereiverwaltung gab.[65]

Preußen und Mecklenburg waren zwei völlig unterschiedlich organisierte Staaten, ein Fakt, der sich auch auf die Verwaltung des Fischereiwesens niederschlug. Da es im preußischen Vorpommern weitaus mehr Fischer gab, war hier das Bedürfnis nach einer professionellen Verwaltung hoch. Während das Fischereirecht innerhalb Preußens mit den Gesetzen von 1874 bzw. 1916 eine einheitliche Regelung erfahren hatte,[66] behalf man sich im Großherzogtum Mecklenburg-Schwerin mit diversen Einzelverordnungen. Insbesondere zu nennen ist hier die landesherrliche „Verordnung betreffend den Fischereibetrieb" von 1891.[67] Die Gesetze und Verordnungen regelten neben den Pachttarifen für die fiskalischen Gewässer, die Ausgabe von Fischereiberechtigungsscheinen, die Organisation der Fischereiaufsicht, Schonzeiten, Mindestgrößen und Fangmethoden. Die umfangreichen Rege-

[63] Vgl. Fischereiverband von Vorpommern und Rügen, in: Mitteilungen des DSV, Bd. 36, Nr. 3/4, März/April 1920, S. 126–127 und Die Not der Arbeiter in der Fischerei, in: Der Vorpommer (7. 6. 1921) sowie Leserbrief zur Fischerei von Max Fank, in: Der Vorpommer (2. 7. 1921).

[64] Vgl. Dröscher, Arbeitslosenversicherung (1922), S. 68. Vgl. die Umfrage des Oberfischmeisters Stralsund 1898, Peesch, Fischerkommünen (1961), Dokumentenanhang S. 325–333.

[65] Bemühungen um eine Vereinheitlichung der verschiedenen Länderrechte gab es allerdings bereits. So schlossen im Jahr 1877 unter anderem Preußen, Thüringen, Oldenburg, Braunschweig, Bremen und Hamburg Staatsverträge, um die Maßnahmen in Fischereischutz und Fischereientwicklung aufeinander abzustimmen. Vgl. Schütt, Geschichte der Fischerei (2004), S. 18.

[66] Zuständig für den Erlass der fischereigesetzlichen Bestimmungen war das Preußische Ministerium für Landwirtschaft, Domänen und Forsten. Die auf die regionalen Bedürfnisse abgestimmten Ausführungsverordnungen zum Fischereigesetz (Fischereipolizeiverordnung) erließen die Oberpräsidenten und Regierungspräsidenten. Vgl. Richter, Fischereiverwaltung (1998), S. 385 und Preußisches Fischereigesetz (1916), § 124.

[67] Vgl. u. a. die Verordnung betreffend den Fischereibetrieb vom 18. 3. 1891, die Ergänzungsverordnung vom 23. 8. 1897, die Verordnung vom 20. 12. 1913 zum Schutze der Fischerei auf Plattfische an der mecklenburgischen Ostseeküste sowie die Bekanntmachung vom 5. 1. 1924 über das Verbot der Ringwaden-Fischerei in den Küstengewässern. Erst 1939 wurde ein Fischereigesetz in Mecklenburg verabschiedet. Vgl. auch Schütt, Geschichte der Fischerei (2004), S. 19f.

lungen und Vorschriften erforderten eine effiziente, gut organisierte Fischereiverwaltung und -aufsicht.

a) Die Fischereiverwaltung in Preußen

An der Küste der preußischen Provinz Pommern lag die Durchführung der Verwaltung und der Fischereiaufsicht in der Zuständigkeit eines eigenen Verwaltungszweiges, den Oberfischmeisterämtern; im Falle des heutigen Vorpommerns in den Händen des Oberfischmeisteramtes des Regierungsbezirks Stralsund mit Sitz in Stralsund.[68] Die Dienststelle, die damals noch Fischmeisteramt hieß, entstand bereits 1815, als Stralsund nach dem Ende der schwedischen Herrschaft mit Neuvorpommern und Rügen an Preußen fiel.[69] Dem Oberfischmeisteramt Stralsund unterstanden 1912 dreizehn lokale Fischereiaufsichtsstellen.[70] Der Bezirksregierung Stralsund als vorgesetzter, weisungsbefugter Behörde musste regelmäßig Bericht erstattet werden. Übergeordnete Dienststelle war das Preußische Ministerium für Landwirtschaft, Domänen und Forsten.[71]

Zu den Aufgaben des Oberfischmeisters und der Fischmeister gehörten die Beratung der Fischer und Behörden in allen die Fischerei betreffenden Angelegenheiten sowie die Überwachung der gesetzlichen und fischereipolizeilichen Vorschriften. Das Oberfischmeisteramt nahm zu diesem Zweck polizeiliche Aufgaben wahr. So verhängte es Strafen und gebührenpflichtige Verwarnungen und war befugt, Fanggeräte zu beschlagnahmen.[72] Die Fischereiaufsichtsbeamten waren Hilfsbeamte der Staatsanwaltschaft; ihre Autorität drückte sich zusätzlich in ihrer Uniformierung und Bewaffnung aus.[73]

Dem Oberfischmeisteramt oblag des Weiteren die Verwaltung des fiskalischen Fischereirechts des preußischen Staates an den Küstengewässern, die Vergabe von Fischereiberechtigungen und die Einziehung der Pachtgebühren. Seit 1916 wurde die Zulassung zur Fischerei in Preußen an den Besitz eines Fischereischeines geknüpft, dessen Erteilung oder Entziehung durch die Fischereibehörden, also die Oberfischmeisterämter, erfolgte.[74] Dieser Fischereischein ermöglichte theoretisch

[68] 1932 wurde der Regierungsbezirk Stralsund aufgelöst und sein Gebiet Stettin zugeschlagen. Erhalten blieb der Oberfischmeisterbezirk Stralsund. Nach 1945 wurden ihm nicht nur die mecklenburgischen Landesteile unterstellt, sondern auch die westlichen Teile des ehemaligen Oberfischmeisterbezirks Swinemünde, die nicht polnisch geworden waren, zugeordnet.

[69] Vgl. zur Geschichte des Oberfischmeisteramtes das Findbuch des Stadtarchivs Stralsund, Rep. 21, Fischmeisterei.

[70] Vgl. die Aufstellungen bei Schütt, Geschichte der Fischerei (2004), S. 20f.

[71] Vgl. Preußisches Fischereigesetz (1916), § 3.

[72] In der Binnenfischerei oblag die Aufsicht den Ortspolizeibehörden. Vgl. Preußisches Fischereigesetz (1916), §§ 2 und 119.

[73] Vgl. Schütt, Geschichte der Fischerei (2004), S. 17.

[74] Beim *Fischereischein* handelte es sich um ein dem Jagdschein nachgebildetes und streng vom Fischereierlaubnisschein zu trennendes Ausweispapier. Es bescheinigte, dass gegen eine Fischereiausübung allgemein keine Einwände bestanden. Dagegen war der *Fischereierlaubnisschein* ein privatrechtliches Legitimationspapier, das vom Fischereiberechtigten ausgegeben und ggf. behördlich beglaubigt wurde. Vgl. Merkblatt über den Fischereischein und Fischereierlaubnisschein, o. D., StAS, Rep. 20, Nr. 1. und Preußisches Fischereigesetz (1916), § 92.

eine umfassende staatliche Kontrolle der Fischereitreibenden, allerdings beschränkt auf die in Eigentum stehenden Gewässer. In den freien Küstengewässern war kein Fischereischein erforderlich.

b) Die Fischereiverwaltung in Mecklenburg-Schwerin

In Mecklenburg-Schwerin war die Fischereiverwaltung bei Weitem nicht so umfassend und professionell organisiert. Die Zuständigkeit lag bis 1918/19 beim Ministerium des Inneren, in dessen Ressort mit der Wirtschafts- und allgemeinen Landwirtschaftsverwaltung auch das Fischereiwesen fiel.[75]

Eine dem preußischen Oberfischmeisteramt vergleichbare Behörde fehlte, daher war man in Fischereifragen auf die Beratung durch bezahlte Sachverständige angewiesen. Seit 1895 übte Dr. Wilhelm Dröscher, der Vorsitzende des Mecklenburger Fischereivereins (MFV), diese Funktion aus.[76] Das Ziel des 1886/87 auf Betreiben des Ökonomierats Dr. Brüssow gegründeten Vereins war die Förderung der Binnen- und Küstenfischerei in Mecklenburg.[77] Der MFV war in beratender Funktion für die Regierung tätig und von deren finanzieller Unterstützung abhängig.[78] Die enge Verquickung zwischen Verein und Verwaltung zeigt sich nicht zuletzt an der korporativen Mitgliedschaft von Städten und Gemeinden.[79] Beim MFV handelte es sich nicht um einen Berufsverein, obwohl einige Fischer und Fischereivereine Mitglieder des Vereins waren.[80] Der überwiegende Teil bestand nicht aus Fischerei*treibenden*, sondern vielmehr aus Fischerei*berechtigten*, wie etwa Gutsbesitzern oder Städten.[81] Langjähriger Vorsitzender des Vereins war der genannte Wilhelm Dröscher, der bis zum Ende der Zwanzigerjahre als die bedeu-

[75] Bis 1918 existierte das Staatsministerium des Großherzogtums Mecklenburg-Schwerin als kollegiales Gremium der Leiter der vier Fachministerien für Auswärtige Angelegenheiten, Inneres, Finanzen, Justiz. Dem Staatsministerium unterlagen unter dem Vorsitz des Staatsministers die Prüfung und Entscheidung in allen Angelegenheiten. Das Innenministerium hatte die Oberaufsicht über die Kommunalbehörden und die landesherrliche Polizeigewalt inne. Vgl. Beständeübersicht Schwerin (1999), S. 387f.

[76] Vgl. MdI an MdF, 13.2.1895, LHAS, 5.12-3/1, Nr. 13342/12. Dröscher erhielt für seine „*Mühewaltung als sachverständiger Beirat in Fischereiangelegenheiten*" 600 Mark im Jahr. Vgl. MdF an MdI, 4.7.1912. LHAS, 512-3/1, Nr. 13342/12.

[77] Vgl. Satzung des Mecklenburgischen Fischerei-Vereins, o.D. LHAS, 5.12-4/2, Nr. 442. § 1 nennt als Zweck des Vereins die Hebung der Fischerei, Fischzucht und Teichwirtschaft in Mecklenburg und die Unterstützung aller die Förderung des Fischereiwesens betreffenden Bestrebungen.

[78] Vgl. beispielhaft MFV an MdI, 19.3.1920 und MFV an MfLDF, 16.7.1926. LHAS, 5.12-4/2, Nr. 442.

[79] Vgl. Kurzer Geschäftsbericht des Mecklenburgischen Fischerei-Vereins für das Jahr 1916. LHAS, 5.12-4/2, Nr. 442, Bl. 101.

[80] Im Vorstand waren im August 1918 auch Fischer vertreten, neben dem Vorsitzenden Fischermeister Kühl aus Parchim, einem Binnenfischer, auch vier Küstenfischer. Vgl. Bericht über die Generalversammlung des Mecklenburgischen Fischerei-Vereins, 24.8.1918. LHAS, 5.12-4/2, Nr. 442.

[81] Vgl. Satzung des Mecklenburgischen Fischerei-Vereins, o.D. MfLDF, 5.12-4/2, Nr. 442 und beispielhaft zum Mitgliederstand von 1917 Kurzer Geschäftsbericht des Mecklenburgischen Fischerei-Vereins für das Jahr 1916. Ebd., Bl. 101.

tendste und rührigste Persönlichkeit für die Interessen der Ostseeküstenfischerei überhaupt gelten kann.

Angesichts seiner immensen Bedeutung für die Ostseefischerei soll Wilhelm Dröscher an dieser Stelle kurz vorgestellt werden. Dröscher, Jahrgang 1860 und gebürtiger Schweriner, war von 1900–1918 Direktor des Mecklenburgischen Statistischen Landesamtes und griff in dieser Funktion aktiv in die Geschicke der Fischerei ein. Seine Aufmerksamkeit galt zunächst der Binnenfischerei. Er war langjähriger Vorsitzender des Mecklenburgischen Fischereivereins, Gründer der Fischerei-Zeitung und von 1892 bis 1920 im Deutschen Fischereiverein zunächst als Vorstandsmitglied, dann in dessen Verwaltungsrat tätig. Seit 1912 gehörte er zudem zum engsten Mitarbeiterkreis des Deutschen Seefischereivereins (DSV). Seit dem Ersten Weltkrieg wandte er sich verstärkt der See- und Küstenfischerei zu. Er, davon wird im Folgenden noch zu sprechen sein, begründete nicht nur das Genossenschaftswesen in der See- und Küstenfischerei, sondern war 1920 maßgeblich an der Schaffung einer unabhängigen Berufsorganisation beteiligt. Sein Engagement schlug sich in unzähligen Veröffentlichungen nieder. Dröscher habe, so heißt es in der offiziellen Würdigung anlässlich seines 70. Geburtstages, die wesentliche Voraussetzung für eine erfolgreiche Tätigkeit mitgebracht, nämlich Verständnis für die Wünsche und Sorgen der fischereitreibenden Bevölkerung.[82] Die in diesen Worten anklingende paternalistische Haltung zeichnete auch die Arbeit des Mecklenburgischen Fischereivereins aus.

Denn der MFV sah sich in der Rolle des Vermittlers zwischen den Interessen der praktischen Fischer und der Regierung und trat als Fürsprecher für die Fischer Mecklenburgs auf, die ihre Interessen nicht selbst formulieren konnten oder wollten.[83] Durch den persönlichen Kontakt und die Nähe zur Verwaltung verfügte der Verein über gute Einflussmöglichkeiten. Faktisch war er aber nicht zuletzt durch die finanzielle Abhängigkeit von der mecklenburgischen Regierung in gewisser Weise in das Herrschaftssystem eingebunden.

Eine flächendeckende staatlich organisierte Fischereiaufsicht, wie sie im preußischen Vorpommern durch ein dichtes Netz lokaler Aufsichtsstellen gewährleistet war, existierte in Mecklenburg-Schwerin nicht. Die Überwachung der Fischereiverordnungen oblag als eine von vielen Aufgaben den örtlichen Polizeibehörden. Das Ministerium des Innern behielt es sich lediglich vor, im Bedarfsfall die Anstellung beeidigter Fischmeister zu veranlassen.[84] Die Wirksamkeit der Aufsicht war dementsprechend begrenzt. Nur an zwei Orten in Mecklenburg-Schwerin waren

[82] Vgl. Zum 70. Geburtstage von Herrn Geheimen Regierungsrat Dr. W. Dröscher von Dr. Hoffmann, Präsident des DSV, in: Mitteilungen des DSV, Bd.46, Nr.11/12, Nov/Dez 1930, S.528f. Nach seiner Promotion an der Universität Leipzig hatte Dröscher zunächst als Oberlehrer in Schwerin gearbeitet. 1903/4 und von 1907 bis 1912 vertrat er als Mitglied des Reichstages für die Deutschkonservative Partei den Wahlkreis Mecklenburg-Schwerin 2 (Schwerin-Wismar). Vgl. auch den Eintrag in Biographien deutscher Parlamentarier 1848 bis heute (BIOPARL) [http://biosop.zhsf.uni-koeln.de/ParlamentarierPortal/index.htm, Stand 4.11.2010].

[83] Vgl. MFV an MdI, 1.7.1921, LHAS, 5.12-4/2 , Nr.442.

[84] Vgl. § 22 der Verordnung betreffend den Fischereibetrieb vom 18.3.1891.

Fischereiaufseher eingestellt, um eine geregelte Ausübung der Fischerei zu gewährleisten. In Wismar ergab sich diese Notwendigkeit aus den bereits erwähnten Querelen zwischen Schleppnetz- und Stellnetzfischern. Dort wurde 1897 eine komplizierte Regelung zur Nutzung der Wismarschen Gewässer eingeführt und gleichzeitig die Stelle eines Fischereiaufsehers neu geschaffen.[85] Aufsichtsführende Behörde war das Polizeiamt Wismar.[86] Im Ribnitzer Binnensee und dem mecklenburgischen Teil des Saaler Boddens wurde der Fischereiaufseher bereits 1888 gemeinsam durch die Fischereiberechtigten – das Großherzogliche Amt und der Magistrat der Stadt Ribnitz – angestellt.[87]

Die Finanzierung der Aufsicht erfolgte hauptsächlich durch die von den Fischmeistern einzuziehenden Pachtgebühren. Dies erklärt auch, warum es an den Küstenorten, an denen die Fischerei im offenen Meer von jeher frei war, nicht zur Einrichtung einer Aufsicht kam. Sie war den Behörden schlichtweg zu teuer. In Ribnitz und Wismar zeitigte sie jedoch Wirkung: Der Deutsche Seefischereiverein führte das Aufblühen der dortigen Fischerei hauptsächlich auf die Tätigkeit der Fischmeister zurück und bemängelte das Fehlen einer grundsätzlichen Regelung für die mecklenburgische Küste.[88]

Die an die Fischmeister gestellten Anforderungen waren nicht verbindlich und zentral festgeschrieben, sondern orientierten sich an den örtlichen Begebenheiten. Die genaue Kenntnis der die Fischerei betreffenden Gesetze und Verordnungen und der speziellen örtlichen Verhältnisse waren für die Ausübung dieser Aufgabe ebenso unverzichtbar, wie praktische Erfahrungen in Fischerei und Seefahrt und Durchsetzungsfähigkeit. Einer Prüfung mussten sich die Aufseher jedoch nicht unterziehen. Die Dienstanweisungen verlangten Unbestechlichkeit, den Verzicht auf Nebentätigkeiten in Fischerei oder Fischhandel und einen gesitteten Lebenswandel. Ebenso wie in Preußen waren die Fischmeister durch besondere Dienstkleidung gekennzeichnet, bewaffnet und mit polizeilichen Befugnissen ausgestattet.[89]

[85] Der wöchentliche Wechsel der Fischereibetriebe in den städtischen Gewässern sollte eine strikte räumliche Trennung von Schleppnetz- und Stellnetzfischern garantieren. Vgl. Henking, Ostseefischerei (1929), S. 45.

[86] Vgl. Dienstanweisung des Fischmeisters für die Ostseegewässer bei Wismar. AHR, 1.1.3.20, Nr. 535. Die oberbehördliche Aufsicht erfolgte durch das Ministerium des Inneren in Schwerin.

[87] In Mecklenburg-Schwerin war die Lokalverwaltung bis 1918 dreigeteilt in domaniales, ritterschaftliches und städtisches Gebiet. Dem Großherzoglichen Amt oblag die Verwaltung des „echten" landeseigenen (also großherzoglichen) Besitzes. Die Domanialverwaltung hatte nicht nur ökonomische Aufgaben, sie erfüllte daneben die Funktion einer obrigkeitlichen Lokalbehörde. Vgl. Hamann, Mecklenburg (1962), S. 109f. Sowohl die Stadt als auch das Amt Ribnitz besaßen Fischereiberechtigungen in den Gewässern des Aufsichtsbezirks, die obrigkeitliche Zuständigkeit wechselte zwischen beiden, je nachdem, wo die Aufsicht ausgeübt wurde. Vgl. Dienstinstruktion für den Fischmeister des Großherzoglichen Amtes und der Stadt Ribnitz. AHR, 1.1.3.20, Nr. 535.

[88] Vgl. Abschrift eines Schreibens des DSV an die Mecklenburg-Schwerinische Landdrostei Wismar, 5. 6. 1923. LHAS, 5.12-4/2, Nr. 460, Bd. 2, Bl. 211.

[89] Vgl. dazu die Dienstinstruktion für den Fischmeister des Großherzoglichen Amtes und der Stadt Ribnitz und die Dienstanweisung des Fischmeisters für die Ostseegewässer bei Wismar. AHR, 1.1.3.20, Nr. 535.

In Mecklenburg-Schwerin war der Beruf des Fischmeisters zu Beginn des Untersuchungszeitraums ein reines Familienunternehmen. 1888 war August Steffen mit dem Amt eines Fischmeisters in Ribnitz betraut worden. Steffen, aufgewachsen in Ribnitz, übernahm die Aufgabe bestens vorbereitet durch eine langjährige Tätigkeit in Fischerei und Fischhandel.[90] 1897 wechselte er auf den neu eingerichteten Aufsichtsposten in Wismar.[91] Die Stelle in Ribnitz erhielt sein Sohn Friedrich Steffen.[92] Besondere Ausbildungsvorschriften hatten sich bisher nicht herausgebildet, offensichtlich wurde Friedrich Steffen durch den Vater angelernt. Ein Verfahren, das für alle Beteiligten Vorteile bot und insbesondere die behördliche Seite entlastete. Die Fischmeisterdynastie Steffen zeichnete sich durch ihren unermüdlichen Einsatz aus: Fünfundsiebzigjährig bat August Steffen 1920 um seine Versetzung in den Ruhestand; sein Sohn Friedrich wiederum nahm während seiner über dreißigjährigen Dienstzeit keinen Tag Erholungsurlaub in Anspruch.[93]

c) Aufgaben und Bedeutung der Fischereiaufsicht

Für die Tätigkeit in der Fischereiaufsicht – sei es im preußischen Vorpommern oder in Mecklenburg – galt grundsätzlich, dass sie dem Fischmeister besondere Loyalität und Einsatzbereitschaft abverlangte. Tägliche und möglichst auch nächtliche Kontrollfahrten gehörten ebenso zu seinen Aufgaben wie die regelmäßige Überprüfung des Fischhandels, die Schlichtung von Konflikten zwischen den Fischern, die Instandhaltung des Dienstfahrzeuges und die Erledigung des anfallenden Schriftverkehrs durch regelmäßige Berichterstattung und das Führen eines Diensttagebuches. Der Fischmeister, dessen Amtsräume häufig in der eigenen Wohnung lagen, war nahezu rund um die Uhr im Dienst.[94]

[90] August Steffen wurde am 15.9.1845 in Damgarten geboren. Sein Vater war Seefahrer. Seine Schulbildung erhielt er von 1852 bis 1860 auf der Stadtschule Ribnitz, danach fuhr er selbst zehn Jahre zur See. Seit 1870 betrieb er die selbständige Fischerei und Fischhandel. Im Oktober 1888 wurde er als Fischmeister in Ribnitz angestellt. Steffen war verheiratet und hatte sieben Kinder. Vgl. Lebenslauf August Steffen, Fischmeister zu Ribnitz, 19.3.1897. LHAS, 5.12-4/2, Nr. 18348.

[91] Vgl. Bestallung als Fischmeister zu Wismar für den Fischmeister zu Ribnitz August Steffen, 31.3.1897. LHAS, 5.12-4/2, Nr. 18348.

[92] Friedrich Steffen, geb. 27.7.1867, war seit 1890 verheiratet und hatte fünf Kinder. Seit März 1898 war er fest angestellt als Fischmeister in Ribnitz. Vgl. Berechnung des Diensteinkommens nach der neuen Besoldungsordnung für Friedrich Steffen, Ribnitz, mit Fragebogen, April 1920. LHAS, 5.12-4/2, Nr. 122, Bl. 73.

[93] Vgl. August Steffen, Fischmeister zu Wismar an MdI, 3.7.1920. LHAS, 5.12-4/2, Nr. 18348, Bl. 19. Zu Friedrich Steffen vgl. Mecklenburgischer Landrat des Kreises Rostock an MfLDF, Schwerin, Weiterleitung eines Antrags des Fischmeisters Ermoneit auf Erholungsurlaub, 14.12.1934. LHAS, 5.12-4/2, Nr. 120, Bl. 33.

[94] Vgl. Dienstinstruktion für den Fischmeister des Großherzoglichen Amtes und der Stadt Ribnitz und Dienstanweisung des Fischmeisters für die Ostseegewässer bei Wismar. AHR, 1.1.3.20, Nr. 535. Dass der Fischmeister eine sehr selbständige und verantwortungsvolle Stellung innehabe, betonte auch die Landdrostei Rostock. Vgl. Mecklenburg-Schwerinische Landdrostei Rostock an MfLDF, 13.1.1928. LHAS, 5.12-4/2, Nr. 122, Bl. 74.

Die Fischmeister standen täglich in engem persönlichen Kontakt mit den Fischern ihres Aufsichtsbezirks. Als gute Kenner der jeweiligen Verhältnisse prüften sie daher in Fragen der Bewilligung von Darlehen und Beihilfen oder der Ermäßigung von Pachttarifen die individuelle Notlage der Betroffenen und erteilten Empfehlungen und Gutachten für die vorgesetzten Behörden. Auch in die Vergabe von Fördermitteln des Reiches durch den Deutschen Seefischerei-Verein waren die Fischmeister involviert. Als „Vertrauensmänner" war ihnen die Beurteilung der Anträge auf Reichsdarlehen für Motoren und damit die Prüfung der Betriebsrentabilität übertragen worden.[95]

Dieser kurze Überblick über die Aufgaben der Fischereiaufsicht zeigt den großen Einfluss, den sie auf Leben und Arbeit der Fischer ausübte. Die Tätigkeit des Fischmeisters bewegte sich stets zwischen Überwachung und Dienstleistung. Die Kontrolle, Beratung und Beurteilung der Fischer sollte dabei in erster Linie in deren Interesse erfolgen. Beispielhaft verdeutlicht dieses Anliegen die Dienstanweisung des Fischmeisters zu Wismar: *„Der Fischmeister hat überhaupt in seiner amtlichen Tätigkeit den Interessen der Fischer seine besondere Aufmerksamkeit zuzuwenden, ihnen nach Kräften Berater und Helfer zu sein, alle Zwistigkeiten und Reibereien zwischen den Fischern nach Möglichkeit vorzubeugen, bezw. auf ihre Schlichtung hinzuwirken"*.[96]

6. Zwischen Verwaltung und Verband: Der Deutsche Seefischereiverein

Eine eigene Fischereiverwaltung auf Reichsebene existierte im Kaiserreich nicht. Erst mit der zunehmenden Entwicklung der Hochseefischerei seit Ende des 19. Jahrhunderts wurde die Zentralregierung mehr und mehr involviert. Die Zuständigkeit wurde vom Reichsamt des Innern wahrgenommen. Dort war die Abteilung III unter anderem mit der See- und Binnenfischerei und der See- und Binnenschifffahrt beschäftigt.[97] Die Aktivitäten des Reiches bestanden bis zum Ersten Weltkrieg vor allem in der Bereitstellung von Mitteln zur Wirtschaftsförde-

[95] Vgl. DSV an MfLDF, Vergütung der Vertrauensmänner des DSV 1925. LHAS, 5.12-4/2, Nr. 440, Bl. 297. Da in Mecklenburg nicht alle Fischer durch einen Fischmeister beaufsichtigt und betreut wurden, mussten einzelne Aufgaben von anderen Stellen übernommen werden. So erledigte etwa der MFV in Person von Wilhelm Dröscher die Ausarbeitung, Einreichung und Begutachtung der Freistellungsgesuche der mecklenburgischen Fischer im Ersten Weltkrieg; in Vorpommern war dies Angelegenheit der Fischereiaufsichtsbehörden. Vgl. Gesuche um Beurlaubung vom Kriegsdienst, um die Fischerei auszuüben. März 1916 bis November 1918. LAG, Rep. 250, Nr. 395 und Kurzer Geschäftsbericht des Mecklenburgischen Fischerei-Vereins für das Jahr 1916. LHAS, 5.12-4/2, Nr. 442, Bl. 101.

[96] § 14 der Dienstanweisung des Fischmeisters für die Ostseegewässer bei Wismar. AHR, 1.1.3.20, Nr. 535.

[97] Vgl. Wirtschaftlicher Verband der deutschen Hochseefischereien an den Reichskanzler, Antrag auf Schaffung eines Reichsfischamtes zur Förderung der deutschen Fischwirtschaft, 10.11. 1917. AHR, 1.1.3.20, Nr. 604, Bl. 6.

rung. Erstmals im Jahr 1885 wurden im Reichshaushalt 100 000 RM zur Förderung der Seefischerei zur Verfügung gestellt, die Summe stieg bis 1919 auf jährlich 500 000 RM. Auf die See- und Küstenfischerei entfielen bis zur Inflation Anfang der Zwanzigerjahre fast 7 Millionen RM, davon etwa die Hälfte auf die seit 1887 vor allem für Fahrzeugneubauten und Motoren vergebenen Darlehen.[98] Den Anstoß zur Bereitstellung von Reichsmitteln für die aufstrebende Seefischerei gab eine Denkschrift, an der insbesondere Mitglieder des Vorläufers des Deutschen Seefischereivereins (DSV) maßgeblich beteiligt waren.

Der DSV hatte seine Ursprünge im 1870 gegründeten Deutschen Fischereiverein, in dem die Landesvereine der Binnenfischerei zusammengeschlossen waren. Der zunehmenden Bedeutung der Seefischerei Rechnung tragend, hatte sich dort 1885 zunächst eine eigene Sektion für Küsten- und Hochseefischerei gebildet, aus der schließlich 1894 der Deutsche Seefischereiverein hervorging.[99] Der Verein, der unter dem Protektorat des seefahrtbegeisterten Kaisers Wilhelm II. stand, entwickelte sich rasch zur wichtigsten überregionalen Institution für Fragen der Seefischerei. [100]

Die Satzung von 1894 nennt die *„Förderung der deutschen Seefischerei (Küsten- und Hochseefischerei) sowie der mit ihr in Zusammenhang stehenden Gewerbe"*, nämlich Fischhandel und Fischindustrie als Zweck des DSV.[101] Seine Ziele waren dementsprechend umfassend, sein Aufgabenfeld weit. Es beinhaltete die Beratung der staatlichen Behörden, die Erhöhung der Sicherheit der Seefischer, die allgemeine Unterstützung des Seegewerbes, die Verbesserung der sozialen Stellung des Seefischerstandes, die Seefischpropaganda und schließlich die Förderung fischereibiologischer Untersuchungen.[102]

Zur Entlastung des Reichsamtes des Innern übernahm der DSV zudem Behördenfunktionen: *„Da der Deutsche Seefischerei-Verein bei dem Fehlen einer besonderen Fischereibehörde im Deutschen Reiche in mancher Beziehung den Ersatz einer solchen bildet, überwiegt bei seiner Tätigkeit der amtliche Charakter. Es handelt sich*

[98] Speziell für die See- und Küstenfischerei wurden zur Beschaffung von Fischereifahrzeugen 476 326 Mark an 850 Fischer, zur Instandsetzung von Fahrzeugen 59 700 Mark an 35 Fischer, für Fischereigerätschaften 76 440 Mark an 78 Fischer, zur Beschaffung von Motoren 515 000 Mark an 200 Fischer und für Wirtschaftsdarlehen 529 700 Mark an 90 Fischer zur Auszahlung gebracht. Insgesamt wurden von 1885 bis zur Geldentwertung für Darlehenszwecke über 3,5 Millionen Mark verausgabt. Vgl. Reckling, Reichsdarlehen, JB 1935, S. 336–344. Reckling stützt sich in seiner Darstellung auf die vom RMEL übernommenen Akten des Reichsamtes des Innern.

[99] Vgl. zur Gründung ausführlich FS 25 Jahre DSV (1910), S. 3–10. Seit 1885 erschienen die „Mittheilungen der Section für Küsten- und Hochseefischerei / Deutscher Fischerei-Verein", ab 1894 dann unter dem Titel „Mitteilungen des deutschen Seefischerei-Vereins".

[100] Vgl. Tätigkeitsbericht DSV 1932/33, S. 46 und FS 25 Jahre DSV (1910), S. 50.

[101] So § 2 der Satzung des DSV, in: Mitteilungen des DSV, Bd. 1, Nr. 1, Januar 1894, S. 242–249, hier 242 f. Die Absicht des DSV, Seefischerei, Fischindustrie und Fischhandel in einer Interessengemeinschaft zu vertreten, konnte in Anbetracht der unterschiedlichen und sogar gegenläufigen Interessen nicht funktionieren. Im Vordergrund der Arbeit stand daher eindeutig die Seefischerei.

[102] Vgl. Satzung des DSV, in: Mitteilungen des DSV, Bd. 1, Nr. 1, Januar 1894, S. 242–249. Zu einer ausführlichen Darstellung des Tätigkeitsfeldes des Vereins vgl. auch FS 25 Jahre DSV (1910).

also nicht um einen Verein im gewöhnlichen Sinne." Im Gegenzug erhielt er materielle Zuwendungen vom Staat, ohne die der selbst nur über geringe Mittel verfügende Verein nicht handlungsfähig gewesen wäre.[103] In den Jahren bis zur Inflationszeit wurden insgesamt über 3 Millionen Mark zur Verfügung gestellt.[104]

Dass Vereine wichtige Aufgaben übernahmen, denen die Verwaltung überhaupt nicht oder nur mit unverhältnismäßigem Aufwand nachkommen konnte, und der Staat im Gegenzug organisatorische und finanzielle Hilfe leistete, war keine untypische Konstellation. Staatliche Förderung versprach einen nicht zu unterschätzenden Startvorteil, eine bessere Berücksichtigung von Wünschen und Forderungen sowie wichtige Hilfe bei der Organisation von Interessen. Natürlich brachte die Nähe zum Staat auch gewisse Nachteile mit sich. Da der DSV mehr oder weniger in den staatlichen Verwaltungsaufbau einbezogen war, konnten die Interessen der Fischereitreibenden nur mit Einschränkungen vertreten werden. Auch die Art und Weise der Interessendurchsetzung musste sich an den herrschenden bürokratischen Regeln orientieren.[105]

In seiner Struktur entsprach der DSV aber einem freien Verein. Die Mitglieder konnten über Mitgliederversammlung, Ausschuss und Vorstand Einfluss auf die Vereinspolitik nehmen.[106] Die Vereinsorgane selbst waren größtenteils mit fischereiinteressierten bürgerlichen Honoratioren besetzt, wie ein Blick auf die Aufstellung der Ausschussmitglieder zeigt.[107] Der DSV war weder ein Berufsverein noch ein öffentlich-rechtliches Organ, wie etwa die Landwirtschaftskammern. Da er nicht als eine Art Spitzenverband bestehender Vereine in den Küstenstaaten entstanden war, existierte kein organisatorischer Unterbau auf Landes- oder lokaler Ebene.[108] Nur wenige Fischer waren selbst Mitglied des DSV – dies lag auch gar nicht im Interesse des Vereins. Die ohnehin schwach ausgeprägte Neigung der Fischer zur Vereinsbildung sei, so hieß es von Seiten des DSV, durch örtliche Fischereivereine ausreichend befriedigt. Zu diesen Vereinen versuchte der DSV gute Beziehungen zu unterhalten, ebenso wie zu den Fischereiaufsichtsbeamten und den Behörden, die dem Verein als Mitglieder beigetreten waren.[109]

103 Vgl. FS 25 Jahre DSV (1910), S. 9f. Diese Unterstützung leisteten vor allem das Reich und Preußen, da sie *„an der Arbeit des Vereines besonderes Interesse"* hatten.

104 Neben der Finanzierung des Vereins an sich wurden u.a Beihilfen geleistet für Fischerschulen, Samariterkurse, Veröffentlichungen, praktische und wissenschaftliche Untersuchungen, Kassen zur Versicherung von Fischereifahrzeugen, wissenschaftliche Institute. Vgl. Reckling, Reichsdarlehen, JB 1935, S. 339.

105 Insbesondere in der Frühphase der Bildung von Interessenorganisationen und in schlecht zu organisierenden Branchen, etwa in der Landwirtschaft, wurde die Nähe zum Staat gesucht. Ein staatliches Übergewicht zeigte sich etwa in den öffentlich-rechtlichen Organisationen wie Handels- oder Landwirtschaftskammern. Vgl. Ullmann, Interessenverbände (1988), S. 58–67.

106 Vgl. Satzungen des DSV, in: Mitteilungen des DSV, Bd. 1, Nr. 1, Januar 1894, S. 242–249.

107 Vgl. FS 25 Jahre DSV (1910), S. 55f.

108 In der besser organisierten Binnenfischerei dagegen waren die Landesvereine und -verbände im Deutschen Fischerei-Verein zusammengeschlossen. Vgl. Jahrbuch der deutschen Binnenfischerei für das Jahr 1912, hg. v. Deutschen Fischereiverein, Berlin 1914.

109 Vgl. FS 25 Jahre DSV (1910), S. 9.

In der Betreuung der Küstenfischer erfüllte der DSV Aufgaben eines Berufsverbandes, seine Tätigkeit hatte dabei durchaus auch einen erzieherischen Charakter. Da es für den Beruf des Küstenfischers keine geregelte Ausbildung gab, übernahm es der DSV, den Fischern auf freiwilliger Basis zusätzliche notwendige Kenntnisse zu vermitteln. In sogenannten Samariterkursen wurde bereits seit 1892 Erste Hilfe gelehrt; die Seefischereikurse vermittelten nautische und navigatorische Kenntnisse, später auch Motorenkunde. Der DSV engagierte sich in sozialen und wirtschaftlichen Fragen durch die Einrichtung von Unterstützungsfonds für Hinterbliebene und Fahrzeugversicherungskassen, für die Einbeziehung der Fischer in die Unfallversicherung und für die Förderung des Genossenschaftswesens. Er unterstützte die Einführung neuer Fanggeräte und Methoden, wie etwa die motorisierte Fischerei.[110] Zudem war der DSV in die Bearbeitung der Anträge auf Darlehen aus Reichsmitteln einbezogen.[111] Der Verein befand sich damit in einer ambivalenten, nicht unproblematischen Stellung. Finanziell in Abhängigkeit vom Reich und Preußen und in deren Diensten stehend, nahm er gleichzeitig Aufgaben eines Berufsverbandes wahr und sah sich als Interessenvertretung der Fischer gegenüber den Regierungsstellen.

7. Das Vereinswesen der See- und Küstenfischerei

Interessenverbände und Vereine, so Hans-Peter Ullmann in der Einleitung seines Standardwerkes, organisieren und vertreten die Interessen bestimmter sozialer Gruppen gegenüber anderen Gruppen und insbesondere gegenüber den Organen politischer Willensbildung.[112] Die bisher im Zusammenhang mit der Fischereiverwaltung vorgestellten Vereine – DSV und MFV – nahmen zwar Interessen der Fischer wahr und fungierten somit in gewisser Weise – wie oben beschrieben – als Mittler zwischen der Lebenswelt des einzelnen Fischers und der herrschaftlichen Sphäre; Berufsfischer suchte man in ihnen jedoch zumeist vergeblich. Erst auf der untersten Ebene waren die Fischer in vielen kleinen lokalen Vereinen entlang der Küste selbst organisiert.

Als älteste bekannte Zusammenschlüsse finden sich in Wismar, Rostock und Stralsund die traditionsreichen Zunftämter, die sich in der Frühen Neuzeit in den alten Hansestädten gebildet hatten und die im Laufe des 19. Jahrhunderts wiederbelebt oder erweitert wurden.[113]

110 Vgl. FS 25 Jahre DSV (1910) und die Tätigkeitsberichte des DSV.

111 Er fungierte als Prüfstelle für die notwendigen Darlehensvoraussetzungen. Vgl. RMEL an MfLDF, 2.2.1933, in der Anlage: Abschrift eines Protokolls der am 24.1.1933 stattgefundenen Sitzung über die Änderung der Darlehensbearbeitung und Abschrift einer Stellungnahme des Geheimen Regierungsrats Romberg an den DSV zu technischen Vorteilen der Zentralisierung der Darlehensbearbeitung vom 24.9.1932. LHAS, 5.12-4/2, Nr. 500, Bd. 8, Bl. 24ff.

112 Vgl. Ullmann, Interessenverbände (1988), S. 9.

113 In der Hansestadt Rostock existierten das Amt der Bruchfischer und das Amt der Straßenfischer, sie betrieben jedoch nur Binnenfischerei auf der Warnow. Vgl. Henking, Ostseefischerei (1929), S. 50.

Die Fischerzunft Wismar ist erstmals 1578 bezeugt und wurde 1608 durch den Rat mit einer Amtsrolle versehen. Nachdem die Zunft *„vermutlich unter dem Gegensatz der Zeesenfischer und der übrigen Fischer“* auseinandergefallen und in Vergessenheit geraten war, wurde sie aufgrund der Ordnungs- und Regellosigkeit in der Fischerei 1825 durch die erneute Verleihung einer Amtsrolle wiederbelebt. Fischereiberechtigungen für den Fischereibezirk der Stadt Wismar durften noch in den Zwanzigerjahren ausschließlich an die Mitglieder der Fischerzunft erteilt werden, die so die Kontrolle über die Zahl der Fischereitreibenden ausüben konnte.[114]

Etwa zur gleichen Zeit wie in Wismar schlossen sich in Stralsund die Zeesenfischer im Amt der Zeesener zusammen; ihre Amtsrolle stammt aus dem Jahr 1601. Das starke Ansteigen der Mitgliederzahl machte dann 1889 ein neues Statut erforderlich. Als Zweck der Vereinigung nennt es *„durch gemeinsame Mittel und Beratungen das Gedeihen der Zeesenfischerei und das persönliche Wohl der einzelnen Amtsgenossen zu fördern.“*[115] In der Stadt Barth gründete sich 1889 ein Fischereiverein, der offenbar auf der Tradition des dortigen Fischereiamtes aufbaute.[116]

Die Bildung von Fischereivereinen zur Vertretung gemeinsamer Interessen lässt sich auf lokaler Ebene Ende des 19. Jahrhunderts vermehrt nachweisen. Das örtliche Vereinswesen entwickelte sich damit in der Fischerei vergleichsweise spät.[117] Sicherlich gingen einige der Gründungen bereits auf ältere Vorläufer zurück. Henking spricht davon, dass es an der Ostseeküste *„seit alters her eine große Anzahl von Fischereivereinen“* gegeben habe.[118] Nicht von allen Vereinen ist ein Gründungsjahr bekannt. Es ist jedoch zu bedenken, dass sich das Vereinswesen auf dem Lande generell später durchsetzte als in den Städten. Zudem verfügten die Fischer bereits über Organisationsformen, die als Zweck- und Sicherungsverbände dem Organisationsprinzip des Vereins nicht allzu fern standen, etwa in den Reusengemeinschaften und Bootskommünen.[119] Ob die Gründungsinitiativen von den Fischern selbst ausgingen oder von außen an sie herangetragen wurden, ist nicht zu klären.[120]

[114] Vgl. die Vorankündigung der Hundertjahrfeier der Fischerzunft, in: Mecklenburger Tageblatt, 20.6.1925 und das Gutachten des Archivrats Techen über die Entwicklung der Fischereigebiete in Wismar und die Rechte des Rates der Stadt über die Vergabe von Fischereiberechtigungen, 1.9.1938. AHW, XVI, 28 IIIa.

[115] Statut des Amtes der Zeesener, 1892. StAS, Rep. 19, Nr. 6.

[116] Ein 1681 mit einer Amtsrolle versehenes Fischereiamt der Stadt Barth galt nach 1871 als aufgelöst. Ein Jahr später verkaufte die Stadt das ihr im Jahr 1325 verliehene Fischerrecht an den preußischen Staat. Vgl. Rossow, Von Fischern, Fischen und Booten (1988), S. 21 und 68.

[117] Zur Entfaltung des bürgerlichen Vereinswesens zwischen 1815 und 1870 vgl. Tenfelde, Vereinswesen (1984).

[118] Henking, Ostseefischerei (1929), S. 147.

[119] Vgl. Tenfelde, Vereinswesen (1984), S. 72.

[120] Im Fall des Warnemünder Vereins von 1896 spricht einiges dafür, dass der MFV in die Gründung involviert war. So sah die Satzung vor, dass das Vermögen im Falle einer Auflösung des Vereins an den MFV fallen würde, während dies bei den anderen Vereinen üblicherweise stets einem guten Zweck, etwa der Rettung Schiffbrüchiger, zukommen sollte. Vgl. Statuten für den Fischerei-Verein zu Warnemünde, o. D., 1896. AHR, 1.1.12.2, Nr. 1280.

Ein wichtiges Merkmal dieser lokalen Zusammenschlüsse ist die ausdrückliche Beschränkung auf Berufsfischer. Dies verdeutlicht ein Blick auf die Satzung des 1898 gegründeten Stralsunder Fischereivereins. Als Mitglied wurde nur zugelassen, wer *„sich gänzlich von der Fischerei ernährt"*.[121] Manche Vereine wie der ebenfalls Ende des 19. Jahrhunderts gegründete Berufsfischereiverein Stralsund führten dieses Merkmal sogar im Namen.[122] Ganz im Gegensatz zum MFV oder DSV waren die lokalen Vereine also berufsständisch organisiert.[123]

Die Zusammenschlüsse zielten im Allgemeinen auf die Förderung der Fischerei, die Vertretung der Interessen der Mitglieder und die Beratung und Unterstützung der Behörden in Fischereifragen, in einigen Fällen auch auf die Unterstützung hilfsbedürftiger Vereinsmitglieder.[124] Es ist schwer zu beurteilen, inwiefern die Vereine diesen klassischen Aufgaben einer Interessenvertretung tatsächlich nachgekommen sind und wie weit ihre Einflussmöglichkeiten reichten. In jedem Fall zogen die kommunalen Behörden die Vereine als Ansprechpartner heran und holten Stellungnahmen ein.[125]

Die Vereinsbildung ist auch Ausdruck einer Interessendifferenzierung, etwa wenn sich – wie in Warnemünde – mit dem Fischereiverein von 1896 ein Verein für die Schleppnetzfischer und daneben ein Küstenfischereiverein, der die Interessen der Kleinfischer vertrat, bildete. Der Verband nichtselbständiger Berufsfischer für Stralsund und Umgebung mag zwar ein Einzelfall gewesen sein, nichtsdestotrotz verdeutlicht seine Existenz, dass es innerhalb der Fischereitreibenden auch

[121] Statuten des Stralsunder Fischerei-Vereins, o. D., nach dem 9. 3. 1898. StAS, Rep. 20, Nr. 61. Eine eindeutige Definition existierte nicht. Üblicherweise galt als Berufsfischer, wer sein Einkommen ausschließlich oder zumindest überwiegend aus der Fischerei erwirtschaftete. Vgl. auch die Niederschrift über die Beratung der Mecklenburger Fischereivertreter über die Einrichtung eines Landesfischerei-Ausschusses in Rostock am 7. 12. 1919. LHAS, 5.12-4/2, Nr. 438.

[122] Vgl. die Mitgliederliste vom Juli 1895. StAS, Rep. 20, Nr. 60. 1891 gründete sich der Verein der Berufsfischer des Kirchspiels Bodstedt zu Pruchten. Vgl. Rossow, Von Fischern, Fischen und Booten (1988), S. 68.

[123] Der Fischereiverein von 1896 in Warnemünde bildete eine Ausnahme der oben genannten Regel. Die Mitgliedschaft war offiziell nicht auf Berufsfischer beschränkt. Laut Satzung konnte jeder selbständige, in gutem Ruf stehende Mann für einen Beitrag von jährlich 1 Mark Mitglied des Vereins werden. In der Praxis waren aber in der Regel nur Fischer Mitglieder. Vgl. Statuten für den Fischerei-Verein zu Warnemünde, o. D., 1896. AHR, 1.1.12.2, Nr. 1280.

[124] Der eben genannte Stralsunder Fischereiverein hatte sich beispielsweise die Hebung der Fischerei im Allgemeinen, die Unterstützung der staatlichen Behörden und der Stadt Stralsund bei Gesetzeserlassen auf dem Gebiet der Fischerei und die Wahrung der Fischereiinteressen der Vereinsmitglieder sowie die Unterstützung hilfsbedürftiger Mitglieder in außerordentlichen Notfällen zum Ziel gesetzt. Vgl. Statuten des Stralsunder Fischerei-Vereins, o. D., nach dem 9. 3. 1898. StAS, Rep. 20, Nr. 61. Vgl. auch § 2 des Statuts des Pruchtener Vereins, abgedruckt in: Rossow, Von Fischern, Fischen und Booten (1988), S. 68. Vgl. auch die Statuten für den Fischerei-Verein zu Warnemünde, o. D., 1896. AHR, 1.1.12.2, Nr. 1280.

[125] Hier sei nur ein Beispiel gegeben: Zur Neueinteilung der Fischereireviere in den Wismarschen Gewässern wurde 1921 nicht nur der Fischmeister Ebert, sondern auch die Fischereizunft Wismar gehört. Als Anfang der Dreißigerjahre erneut eine Neueinteilung anstand, kamen auch die Vereine der Strandnetzfischer zu Wort. Vgl. LHAS, 5.12-4/2, Nr. 513.

unterschiedliche soziale Stellungen gab.[126] Insbesondere an den bedeutenderen Fischereiorten, wie Warnemünde oder Stralsund, bestanden mehrere Fischereivereine nebeneinander. Dort, wo sich Fischer mit verschiedenen Fangmethoden ein Revier teilten, kam es fast zwangsläufig zu Konflikten. Streit um die Vergabe von Reusenplätzen und die Reviereinteilung waren an der Tagesordnung. Die potentiellen Schwierigkeiten einer übergeordneten Aggregierung aller Fischereiinteressen und damit eines über den örtlichen Rahmen erweiterten Wirkungskreises deuten sich hier an. Dies gilt besonders für Mecklenburg, wo sich kein regionaler Zusammenschluss der einzelnen Fischereivereine bildete.

Offener für größere Zusammenschlüsse zeigten sich die Fischer im preußischen Vorpommern. Hier sammelten sich die Fischer aus den Ortschaften der Südküste Rügens im Verein Rügenscher Berufsfischer.[127] Ein Großteil der örtlichen Küstenfischereivereine der gesamten vorpommerschen Region schloss sich 1909 sogar in einem ausschließlich Berufsfischereivereinen vorbehaltenen Dachverband zusammen. An der Spitze des Fischereiverbands der Fischereivereine Vorpommern und Rügen stand ein Stralsunder Fischer.[128] Wenn auch hier wiederum nicht auszuschließen ist, dass die Initiative zu diesem berufsständischen Verband von außen hereingetragen wurde, etwa von Wilhelm Dröscher, dessen unermüdliche Tätigkeit für die Küstenfischerei sich über das ganze Ostseegebiet erstreckte, so ist allein die Art des Zusammenschlusses bemerkenswert, hatte er doch einen völlig anderen Charakter als etwa der Mecklenburger Fischereiverein, in dem die Fischer selbst kaum aktiv waren.[129]

Die Satzung verdeutlicht die hinter dem Verband stehende Idee, die Situation der Fischerei durch gezielte Interessenbündelung zu verbessern: *„Der Verband bezweckt die Hebung der Fischerei im allgemeinen und macht es sich zur Aufgabe, als Zentralpunkt für sämtliche Vereine von Berufsfischern von Vorpommern und Rügen zu dienen und ferner die einschlägige Tätigkeit der staatlichen Behörden bei Gesetzeserlassen auf dem Fischereigebiet in freier Vereinstätigkeit sachkundigerweise durch*

[126] Vgl. die Auskunft des Warnemünder Polizeioberwachtmeisters über die Organisationsstruktur der Warnemünder Fischer vom 14.11.1933. AHR, 1.1.12.2, Nr. 1326. Zum Verband nichtselbständiger Berufsfischer und seinen Forderungen vgl. Fischereiverband von Vorpommern und Rügen, in: Mitteilungen des DSV, Bd. 36, Nr. 3/4, März/April 1920, S. 126–127.

[127] Seit seiner Gründung im Jahr 1887 war seine Mitgliederzahl auf 62 im Jahr 1922 gewachsen. Vgl. Mitteilungen des DSV, Bd. 38, Nr. 2, Februar 1922, S. 44–45 und Nr. 3, März 1922, S. 75–76.

[128] Vgl. Mitteilungen des DSV, Bd. 36, Nr. 1/2, Jan/Feb 1920, S. 45–47, hier S. 45. Mitglieder waren die drei Stralsunder Vereine, außerdem die Fischereivereine der Umgebung, aus Barth, Greifswald, Hiddensee (Vitte) und Rügen. Wegen eines Streits um die Richtpreise für Fische schieden Anfang der Zwanzigerjahre die Rügener Fischereivereine aus dem Verband aus. Vgl. Bericht über die Generalversammlung des Fischereiverbands von Vorpommern und Rügen, in: Mitteilungen des DSV, Bd. 37, Nr. 3, März 1921, S. 70f.

[129] Einen dem MFV vergleichbaren Zusammenschluss gab es in Vorpommern nicht, aufgrund einer professionell organisierten Fischereiverwaltung waren die staatlichen Behörden auch nicht auf die Sachkompetenz eines solchen angewiesen. Vgl. Henking, Ostseefischerei (1929), S. 148.

Hinzuziehen von geeigneten Berufsfischern zu unterstützen.“[130] Offenbar nutzten jedoch die Zweigvereine und einzelne Fischer den Verband schon bald vor allem dazu, ihre eigenen Interessen zu formulieren und vertreten zu lassen, denn schon 1911 wurde die Satzung um den Zusatz, dass *„fortan nur solidarische Angelegenheiten, woran sämtliche Fischereitreibenden gleichviel beteiligt sind, vom Verbande geregelt“* werden, ergänzt.[131] Auch hier deuten sich zersplitterte Interessenlagen an.

Dass der Organisationsgrad der Fischer eher gering war, ist durchaus typisch für Branchen mit kleinen, leistungsschwachen Betrieben. Eine über den lokalen Rahmen hinausgehende, selbst organisierte Interessenvertretung existierte, mit Ausnahme der Ansätze durch den Verband der Fischereivereine Vorpommerns und Rügens, nicht. Die Gründe dafür dürften in der geringen Anzahl der Interessenten, der regionalen Zerstreuung und der mangelnden personellen und finanziellen Ressourcen liegen. Die Voraussetzungen für eine starke Interessenvertretung, wie sie sich etwa im landwirtschaftlichen Bereich entwickelt hatte – eine breite Basis, starke Führung, einheitliche Organisation, gebündelte Interessen, Einflussmöglichkeiten in Verwaltung und Politik, gesellschaftliche Akzeptanz und wirtschaftliche Bedeutung – fehlten in der See- und Küstenfischerei.[132]

8. Zur sozialen und wirtschaftlichen Lage der See- und Küstenfischer

a) Betriebliche und soziale Struktur

Genaue Angaben zur Zahl der See- und Küstenfischer sind schwierig, da es nur wenige und oft nicht vergleichbare Statistiken gibt und die zugrunde liegenden Verwaltungseinheiten sich mehrfach veränderten.[133] Während des gesamten Untersuchungszeitraums bewegt sich die Zahl im Untersuchungsgebiet zwischen 1600 und 2200 direkt in der Fischerei tätigen Personen. Es handelt sich damit um eine relativ kleine Berufsgruppe, die sich in ihrer Kernzusammensetzung kaum veränderte. Auch nach dem Zweiten Weltkrieg blieb die Berufsgruppe zahlen-

[130] Satzung des Fischerei-Verbands der Fischerei-Vereine von Vorpommern und Rügen vom 13.2.1910 mit Zusatz vom 12.2.1911. StAS, Rep.20, Nr.60.

[131] Satzung des Fischerei-Verbands der Fischerei-Vereine von Vorpommern und Rügen vom 13.2.1910 mit Zusatz vom 12.2.1911. StAS, Rep.20, Nr.60.

[132] Vgl. Ullmann, Interessenverbände (1988), S.59.

[133] So bedienen sich etwa Berufszählung und Betriebszählung unterschiedlicher Erhebungskonzepte und führen daher zu unterschiedlichen Ergebnissen. Bei der Berufszählung werden auch die Personen erfasst, die sich zwar selbst als Fischer bezeichnen, aber nicht unbedingt auch im angegebenen Beruf tätig sind. Durch die Betriebszählung lässt sich demnach die tatsächliche Beschäftigtenstruktur besser erfassen. Vgl. auch die unterschiedlichen Ergebnisse der Berufs- bzw. Betriebszählung von 1907. Dröscher, Fischereigewerbe nach der Berufs- und Betriebszählung 1907 (1914), Tabelle 1, S.145 und Tabelle 6a, S.171. Vgl. auch Anmerkungen zu Tabelle 1.

mäßig relativ konstant. Nachdem 1952 im Bezirk Rostock mit 1984 Fischereibetrieben und 3521 Beschäftigten ein Spitzenwert erreicht worden war, pendelte sich die Zahl der Fischereitreibenden in der Folgezeit wieder auf knapp über 2000 ein.[134] Nach Kriegsende hatte die Zahl der Fischereitreibenden im Untersuchungsgebiet auch durch den Zustrom von Fischern aus den östlichen Gebieten zugenommen. Abwanderung und Zuwachs waren ansonsten durch konjunkturelle und auch saisonale Schwankungen bedingt.

Dass es sich bei den Fischern keineswegs um eine homogene Gruppe handelte, ist schon angeklungen. Hinsichtlich der Fangmethoden unterschieden sich die Betriebe der eigentlichen Küstenfischer deutlich von denen der kleinen Hochseefischerei. Gemeinsam war ihnen jedoch an der Ostseeküste der ausschließlich kleingewerbliche Charakter ihrer Betriebe. Dies verdeutlicht die betriebliche und soziale Struktur der See- und Küstenfischerei. Nach der Betriebszählung von 1907 waren die vorherrschenden Betriebsgrößen der Alleinbetrieb und der Betrieb bis drei Personen.[135] Für die Gliederung des erwerbstätigen Personals nach sozialer Stellung im Beruf ist dementsprechend ein starkes Übergewicht der selbständigen Kleinunternehmer und ihrer mitarbeitenden Familienangehörigen kennzeichnend. 63,1 Prozent Unternehmer und Arbeitgeber (davon mehr als die Hälfte in Alleinbetrieben ohne Arbeitnehmer) standen 1907 nur 36,9 Prozent Arbeitnehmer gegenüber (davon rekrutierte sich wiederum fast die Hälfte aus mithelfenden Familienangehörigen). Rechnet man die Familienangehörigen zu den Unternehmern, betrug das Verhältnis Arbeitnehmer zu Unternehmer etwa 20 zu 80 Prozent. Die Betriebszählung von 1933 bestätigt dieses Bild: 58,4 Prozent aller Küstenfischereibetriebe im Deutschen Reich waren Alleinbetriebe, von den 36,7 Prozent Betrieben mit zwei bis drei Beschäftigten waren wiederum 60,3 Prozent reine Familienbetriebe. In insgesamt 82,5 Prozent der Betriebe fischten die Inhaber demnach allein oder mit mithelfenden Angehörigen.[136] Diese Betriebsstruktur blieb bis zur Kollektivierung der See- und Küstenfischerei Mitte der Fünfzigerjahre vorherrschend.

b) Einkommensverhältnisse

Betrachtet man den saisonalen Charakter der Fischerei, die daraus resultierenden schwankenden Einnahmen und die unkalkulierbaren Risiken, so verwundert es nicht, dass die Fischer in ihrer Mehrheit als *„wirtschaftlich schwache Existenzen*

[134] In der Zahl von 1952 sind zudem die Fischer der deutsch gebliebenen Teile des ehemaligen OFMA-Bezirks Swinemünde enthalten, die nach 1945 zum neugegründeten Land Mecklenburg kamen. Vgl. Tabelle 1 und Tabelle 3.

[135] Vgl. Tabelle bei Dröscher, Arbeitslosenversicherung (1922), S. 65. 1907 bis 1939 stieg die Zahl der durchschnittlich Beschäftigten je Fischereibetrieb von 1,3 auf 1,5, im Jahr 1952 schließlich auf 1,8 Beschäftigte an. Der Anstieg ist zurückzuführen auf die wachsende Zahl von Motorkuttern, die in der Regel zwei bis drei Besatzungsmitglieder hatten. Vgl. Tabelle 1 und 3.

[136] Vgl. Dröscher, Arbeitslosenversicherung (1922), S. 65f. Diese Struktur wurde durch die Betriebszählung des Jahres 1933 bestätigt. Vgl. Deutsche Fischwirtschaft im Spiegel der letzten Betriebszählung, S. 279f. und Tabelle 1.

ohne Reserven" bezeichnet wurden.[137] Naturkatastrophen wie die Sturmfluten von 1872 und 1904 konnten über Nacht Fanggerät und Boote zerstören und damit die Existenzgrundlage eines Fischers vernichten. Periodische Unrentabilität führte immer wieder zu Abwanderungsbewegungen in andere Berufe und zwang die Fischer zur Sicherung ihrer Existenz häufig in Nebentätigkeiten. Zusätzliche Einkünfte konnten üblicherweise durch die Weiterverarbeitung des Fanges durch Salzen und Räuchern erzielt werden.[138] Auf Rügen und Hiddensee unterhielten sogenannte Fischerbauern kleine Landwirtschaften, die ihnen ein leidliches Einkommen sicherten.[139] Als weitaus lukrativere Nebentätigkeit erwies sich der zunehmende Fremdenverkehr an der Küste. Durch Zimmervermietung und Segeln von Sommergästen war in den aufstrebenden Badeorten ein höheres Einkommen zu erzielen als durch die ohnehin ertragsschwache Sommerfischerei.[140]

Es liegen nur wenige Angaben zum Einkommen der Fischer vor dem Ersten Weltkrieg vor. Die Angaben stützen sich in der Regel auf die Aussagen der Fischer oder Angaben der Fischmeister und sind vielfach nur geschätzt. Das durchschnittliche Nettojahreseinkommen eines Mönchsguter Fischers im Jahr 1914 betrug nach Angaben bei Peesch 1000 Mark.[141] Für den Fischereibezirk Born wurde der Durchschnittsverdienst 1914 mit nur 414 Mark, für den Bezirk Barth dagegen mit 1842 Mark angegeben.[142] Zum Vergleich: Der jährliche Verdienst eines Hilfarbeiters am unteren Ende der Einkommensskala der Arbeiterschaft lag 1914 bei etwa 1200 Mark.[143] In den Zwanzigerjahren steigerten sich die Einnahmen kaum: Von den 98 Fischern der Dievenower Fischverwertungsgenossenschaft erzielten 1924 38 ein Jahresbruttoeinkommen unter 800 Mark.[144] 1928 gab Wilhelm Dröscher das jährliche „Reineinkommen" des überwiegenden Teils der See- und Küstenfischer mit 1200 bis 2000 Mark an. Nur wenige Schleppnetzfischer verdienten über 2000 Mark, etliche Fischer lägen jedoch unter der Einkommenssteuergrenze von 1200 Mark.[145] Das Einkommen der Fischer variierte nach der Betriebsart. Sichere

137 Dröscher, Arbeitslosenversicherung (1922), S. 68. Vgl. beispielhaft auch die Schilderung der erbärmlichen Lage der Rügener Fischer durch den dortigen Landrat im Jahr 1870. Peesch, Fischerkommünen (1961), S. 24, Fußnote 1.

138 Vgl. zur Fischverarbeitung als Nebenerwerb Peesch, Fischerkommünen (1961), S. 26–33.

139 Weder die Fischerei noch die Landwirtschaft allein boten ausreichende Verdienstmöglichkeiten. Der periodische Charakter der Fischerei und der Einsatz mithelfender Angehöriger ermöglichte diese Mischform. Vgl. Peesch, Fischerkommünen (1961), S. 20–24.

140 Vgl. Peesch, Fischerkommünen (1961), S. 37–41. Der Tourismus veränderte die Lebensverhältnisse und Lebensstandards. In größeren Badeorten sank die Fischerei teilweise zum Nebenerwerb ab. Viele Fischersöhne nahmen nicht mehr den Beruf des Vaters an.

141 Vgl. Peesch im Anhang, S. 338 f. Er zitiert hier einen Bericht des Oberfischmeisters Prutz vom 22. 4. 1914.

142 Unklar ist, ob es sich hier um Brutto- oder Nettoverdienste handelte. Unabhängig davon dürften die Fischer in Born bei einem derart niedrigen Arbeitsverdienst in jedem Fall auf Nebeneinkünfte angewiesen gewesen sein. Vgl. Rossow, Von Fischern, Fischen und Booten (1988), S. 78.

143 Vgl. Wehler, Deutsche Gesellschaftsgeschichte Bd. 4 (2003), S. 82.

144 18 dieser Fischer erzielten ein Jahresbruttoeinkommen von nur 400 Mark. 60 Fischer eines von über 800 Mark. Vgl. Dröscher, Küstenfischerei, JB 1924, S. 259.

145 Vgl. Dröscher, Altersversorgung (1928), S. 77.

Aussagen über die Einkommensverhältnisse sind nicht zu treffen. Ein großer Teil der selbständigen Fischer muss aber als Alleinbetriebsinhaber mit geringen Einkünften zu den proletaroiden Existenzen gezählt werden.[146]

c) Soziale Sicherung

Infolge der Industrialisierung und des damit einhergehenden Wandels der Arbeits- und Lebensverhältnisse wuchs im 19. Jahrhundert das Bedürfnis nach einer Absicherung der Lebensrisiken. Die zunehmende Externalisierung der ökonomischen Sicherungen vom Einzelnen und der Familie auf größere Solidargemeinschaften mündete in der lange als vorbildlich geltenden deutschen Sozialversicherung. Die Gesetze zur Kranken-, Unfall- und Invaliditäts- und Altersversicherung der 1880er Jahre waren vor allem dem politischen Kalkül Bismarcks entsprungen; sie etablierten noch keine umfassende soziale Sicherung, sondern linderten allenfalls das soziale Elend.[147]

Auch in der See- und Küstenfischerei bestand die Notwendigkeit einer Absicherung, waren doch die Fischer in der Ausübung ihres Berufs besonderen Gefahren ausgesetzt und aufgrund ihres geringen Verdiensts kaum in der Lage, privat Vorsorge zu treffen. Der Beruf des Seefischers zählt noch heute zu den risikoreichsten Berufsgruppen. Aufgrund des vorherrschenden Status als selbständige Unternehmer wurden sie jedoch zunächst von keinem der Sozialversicherungszweige erfasst. Die Krankenversicherungs- und Invalidenversicherungspflicht erstreckte sich nur auf die lohnabhängig beschäftigten Arbeiter.[148] Für die Küstenfischerei wurden aufgrund des besonderen Arbeitsverhältnisses in der Anteilsfischerei Ausnahmeregelungen gefunden, so dass die Anteilsfischer vielerorts von der Versicherungspflicht ausgenommen und die Betriebsinhaber somit von der Beitragszahlung befreit waren.[149] Theoretisch möglich war die Absicherung durch eine freiwillige Versicherung der selbständigen Küstenfischer bei den Orts- und Landeskrankenkassen oder bei einer privaten Unterstützungskasse, wie sie in Stralsund existierte.[150] Ebenso bestand innerhalb der gesetzlichen Invalidenversicherung die Möglichkeit zum freiwilligen Beitritt, solange das 40. Lebensjahr noch nicht überschritten war. Allerdings waren die Modalitäten für die See- und Küstenfischer denkbar schlecht. Der Abschluss privater Versicherungen war auf-

[146] Vgl. von Saldern, Mittelstand (1979), S. 10f. und S. 107.

[147] Zur Sozialpolitik im Kaiserreich vgl. Stolleis, Sozialpolitik bis 1945 (2001), S. 223–266.

[148] Vgl. Dröscher, Arbeitslosenversicherung 1922, S. 62–69.

[149] Vgl. Henking, Ostseefischerei (1929), S. 150. U.a. in Hinterpommern und Lübeck waren die Partenfischer als selbständige Unternehmer anerkannt, nicht jedoch in Mecklenburg und Vorpommern. Dennoch mussten sie nicht zur Kranken- und Invalidenversicherung angemeldet werden, sondern nur Unfallversicherungsbeiträge zahlen. Vgl. dazu auch Dröscher, Zur Beurteilung der Krankenversicherungspflicht der Partenfischer, in: Mitteilungen des DSV, Bd. 49, Nr. 2, Juli 1933, S. 55–61.

[150] Gemäß §§ 176 und 1243 der RVO. Vgl. Dröscher, Wohlfahrtswesen (1929), S. 229 und OB Stralsund an RP Stettin, 27. 4. 1934, StAS, Rep. 20, Nr. 66.

grund der hohen Beiträge nur vereinzelt möglich.[151] Viele Fischer waren daher gezwungen, bis ins hohe Alter für ihren Lebensunterhalt zu arbeiten.

Von der gesetzlichen Unfallversicherung wurden die Arbeitnehmer in der See- und Küstenfischerei erst durch das See-Unfallversicherungsgesetz von 1900 erfasst. In dieser Frage hatte sich nicht zuletzt der DSV engagiert.[152] Mit der Reichsversicherungsordnung (RVO) von 1911 wurde die reichsgesetzliche Unfallversicherungspflicht als einziger Versicherungszweig endgültig auf die selbständigen See- und Küstenfischer ausgedehnt.[153]

Die bereits erwähnte Krankenkasse Stralsund war die einzige private Vorsorgeeinrichtung ihrer Art an der Ostsee. Allein die Einrichtung der Sterbekassen findet sich verhältnismäßig zahlreich auch im Untersuchungsgebiet; fast immer wurden diese von Vereinen oder Genossenschaften getragen.[154] Solidarisch organisierte Absicherungssysteme auf lokaler Ebene standen in engem Zusammenhang mit dem Zusammenschluss der Fischer in Vereinen oder Genossenschaften. Besondere Formen der Altersvorsorge und Krankenversicherung fanden sich auch in den Reusen- und Bootsgemeinschaften. Kranke und alte Mitglieder wurden – zumindest auf gewisse Zeit – weiter am Fangerlös beteiligt. Im Todesfall erbte die Witwe des Mitglieds den Anteil ihres Mannes. Diesen konnte sie entweder durch ihren Sohn oder einen Stellvertreter wahrnehmen lassen.[155]

Existenzbedrohend für die Fischer und ihre Familien wirkten sich nicht nur Krankheit, Invalidität oder Tod aus, sondern auch der mögliche Verlust von Fahrzeug und Geräten. Eine Versicherung bei Privatkassen war für die finanziell schlecht gestellten Küstenfischer nicht erschwinglich. Der DSV bemühte sich daher seit seiner Gründung um die Einrichtung von Fahrzeugversicherungskassen an Nord- und Ostsee.[156]

Der Beruf des See- und Küstenfischers war demnach durch einen geringen Verdienst, ein hohes Risiko und eine nur ungenügende Absicherung gegen Berufs- und Lebensrisiken geprägt. Ohne eigene Absicherung waren die Fischer in hohem Grade abhängig von staatlicher Unterstützung, sei es in Form von Beihilfen zur Behebung von Sturmschäden, von Darlehen zum Erwerb eines neuen Bootes oder von staatlichen Fürsorgeleistungen im Fall von Krankheit und Alter.

151 Vgl. Dröscher, Wohlfahrtswesen (1929), S. 229 und ausführlich Dröscher, Altersversorgung (1928), S. 263–276.

152 Vgl. FS 25 Jahre DSV (1910), S. 19.

153 Vgl. §§ 1186ff. und 1058, 1195 sowie 1196 RVO.

154 Vgl. Dröscher, Wohlfahrtswesen (1929), S. 231.

155 Vgl. Peesch, Fischerkommünen (1961), S. 86f. und 121.

156 Die Kassen waren in Rückversicherungsverbänden zusammengeschlossen und wurden aus Reichsmitteln großzügig gefördert, dennoch konnte kein reges Interesse bei den Fischern wachgerufen werden, wie es 1924 rückblickend im Jahresbericht der deutschen Fischerei hieß. Vgl. Zirkel, Versicherungskassen, JB 1924, S. 379. An der Nordsee hatten sich seit der ersten Hälfte des 19. Jahrhunderts aus eigener Initiative mehrere Kassen gegründet. Frühere Versuche im Bereich der Ostsee waren gescheitert. Vgl. auch FS 25 Jahre DSV (1910), S. 18.

9. Die wirtschaftliche Entwicklung bis zum Ersten Weltkrieg

Die unregelmäßigen, in ihrem Umfang stark schwankenden Anlandungen, die Verderblichkeit der Ware und die oft schlechte Verkehrsanbindung beschränkten den Absatzmarkt der Erzeugnisse der See- und Küstenfischerei auf die unmittelbare Umgebung. Dies funktionierte, solange die Fänge die lokale Nachfrage nicht überstiegen. Durch die zunehmende Motorisierung und die daraus resultierende höhere Produktivität seit Beginn des Jahrhunderts verschärfte sich das Absatzproblem jedoch zusehends.[157]

Die Einführung der Motoren war die „*umwälzende Neuerung*" in der Fischerei. Der DSV hatte 1908 mit einem aus Reichsmitteln finanzierten Preisausschreiben die deutsche Motorenindustrie veranlasst, geeignete langsam laufende Motoren für die Seefischerei zu entwickeln.[158] Zwischen 1907 und 1911 stieg die Zahl der motorisierten Fahrzeuge in der Kleinfischerei dann sprunghaft von 49 auf 487 an.[159]

Die leistungsfähigeren Fahrzeuge ermöglichten es, entferntere Fanggebiete aufzusuchen und waren unabhängiger von den Witterungsbedingungen. Um konkurrenzfähig zu bleiben, waren die Fischer gezwungen, ihre Fahrzeuge aufzurüsten oder zu erneuern. Die dazu notwendigen Mittel fehlten ihnen größtenteils. Die Motorisierung der Küstenfischerei wurde daher durch die Vergabe von sogenannten Reichsdarlehen gefördert. Bis zur Inflationszeit wurden insgesamt über 3,5 Millionen Mark für Darlehen an See- und Küstenfischer durch das Reich verausgabt, um „*dem Fischer die Verschaffung geeigneter Fahrzeuge und Motoren aus zuverlässigen Quellen unter wirtschaftlich günstigen Bedingungen zu erleichtern*".[160]

Die Schattenseite dieser Entwicklung war eine Ertragssteigerung, die die Aufnahmefähigkeit des Marktes sprengen musste. Die Fänge konnten häufig nur zu ungenügenden Preisen und nicht vollständig abgesetzt werden, gleichzeitig erhöhten sich durch die Motoren die allgemeinen Betriebskosten durch Ausgaben für Wartung und Treibstoff ebenso wie die unproduktive Arbeitszeit durch lange Fahrten zu den Fangplätzen. Zusätzlich drängte die ausländische Konkurrenz, vor

157 Vgl. Dröscher, Fischverwertungsgenossenschaften (1926), S. 398.

158 Vgl. Henking, Ostseefischerei (1929), S. 123.

159 Seit der Jahrhundertwende fanden Rohölmotoren (Glühkopfmotoren) Eingang in die Kleinfischerei. Zuvor waren nur vereinzelt Benzin- und Benzolmotoren kleinerer Stärken im Einsatz. Die Entwicklung seit 1903 zeigt, wie rasch die Motorisierung in die Kleinfischerei Einzug hielt. Sie verlief von acht Motoren im Jahr 1903 auf 49 im Jahr 1907 über 487 im Jahr 1911 und schließlich auf etwa 1100 Motoren in den Stärken von 3 bis 80 PS im Jahr 1928. Vgl. Motoren in der deutschen See- und Küstenfischerei (Dr. Marquard, Stolpmünde), entnommen aus dem amtlichen Bericht der Tagung der preußischen Oberfischmeister 1928, in: Mitteilungen des DSV, Bd. 44, Nr. 5 Mai 1928, S. 228–229.

160 Reichswirtschaftsamt an die Regierungen der Bundesseestaaten, 19. 7. 1918. LHAS, 5.12-4/2, Nr. 498, Bd. 5, Bl. 31f.

allem aus Dänemark, mit ihrer Ware auf den Markt. Die heimische Produktion war nicht durch Einfuhrzölle geschützt.[161] Aufgrund des Überangebots gerieten die Fischer in wirtschaftliche und finanzielle Abhängigkeit zu den lokalen Aufkaufhändlern, die die Fangüberschüsse an den binnenländischen Groß- und Kleinhandel vermittelten.[162] Der Aufkaufhandel konnte die Preise diktieren, zum Teil mussten die Fischer ihre verderbliche Ware sogar in Kommission verkaufen.[163]

Als Reaktion auf die schlechte wirtschaftliche Situation erfuhr das Organisationswesen der Küstenfischerei vor dem Ersten Weltkrieg eine Erweiterung um wirtschaftliche Zusammenschlüsse; es bildeten sich die ersten Fischverwertungsgenossenschaften.[164] Den geschilderten schlechten Absatzmöglichkeiten und der daraus resultierenden mangelhaften Rentabilität der Betriebe sollte durch eine Verbilligung der Betriebsmittel durch gemeinsamen Einkauf bzw. einer Erhöhung der Preise durch gemeinsam organisierten Verkauf entgegengetreten werden. Die Absatzverwertung sollte durch die Verbesserung der Kühlmöglichkeiten und den Anschluss eigener Verarbeitungsbetriebe, vornehmlich Räuchereien, optimiert werden.[165]

Der Anstoß zum genossenschaftlichen Zusammenschluss der Küstenfischer ging weder von staatlicher Seite noch von den betroffenen Fischern selbst aus, sondern ein weiteres Mal vom Vorsitzenden des MFV, Wilhelm Dröscher. Er interessierte Fischer und Behörden für das Projekt und warb Fördermittel ein. Seinen Anfang nahm das Genossenschaftswesen in der Küstenfischerei daher in Mecklenburg.[166] 1913 gründeten sich in Warnemünde und Ribnitz die ersten kleinen Genossenschaften im Untersuchungsgebiet und im deutschen Ostseegebiet über-

161 Vgl. dazu auch Henking, Ostseefischerei (1929), S. 123. Er verweist auf den Druck durch schwedische und dänische Fischer. Die rasche Motorisierung war demnach notwendig, um die Konkurrenzfähigkeit zu bewahren.

162 Abgesehen von den großen Ostseehäfen in Königsberg, Stettin, Rostock und Kiel konnte stets nur ein kleiner Teil der Anlandungen der Küstenfischerei direkt am Ort und in der unmittelbaren Umgebung untergebracht werden. Ein Hausierhandel versorgte das weitere Hinterland der Küste – größere Dörfer und Kleinstädte in relativer Küstennähe. Überschüsse konnten nur an den größeren binnenländischen Absatzmärkten verwertet werden, dafür benötigt man den binnenländischen Groß- und Kleinhandel. Generell problematisch waren Transport, Lagerung und Weiterverarbeitung der verderblichen Ware. Vgl. Dröscher, Fischverwertungsgenossenschaften (1926), S. 398f.

163 Dröscher zitiert in seinem Beitrag einen Aufkaufhändler mit folgenden Worten: *„Mehr nehme ich euch nicht ab, und mehr zahle ich nicht; wenn ihr das nicht wollt, dann werft euren Dreck auf den Mist.“* Dröscher, Fischverwertungsgenossenschaften (1926), S. 399.

164 Einen kurzen Überblick zur Entwicklung des landwirtschaftlichen Genossenschaftswesens seit Mitte des 19. Jahrhunderts bietet Wehler, Deutsche Gesellschaftsgeschichte Bd. 3 (1995), S. 55.

165 Dröscher, Fischverwertungsgenossenschaften (1926), S. 399.

166 Dröscher wurde daher als Begründer des Genossenschaftswesens gerühmt. Vgl. Zum 70. Geburtstage von Herrn Geheimen Regierungsrat Dr. W. Dröscher von Dr. Hoffmann, Präsident des DSV, in: Mitteilungen, Bd. 46, Nov 1930, Nr. 11/12, S. 528f.

haupt.[167] Die zentrale Rolle, die Dröscher und der MFV bei der Gründung der Genossenschaften spielten, lässt sich am Beispiel der Warnemünder Fischverwertungsgenossenschaft aufzeigen. Zur Gründungsversammlung am 2. März 1913 wurde im Namen des MFV geladen. Dröscher übernahm den Vorsitz der Versammlung. Anwesend waren neben ihm neun Warnemünder Fischer und der Warnemünder Vogt als Vertreter der Verwaltung. Nach eingehender Beratung wurde die Warnemünder Fischverwertungsgenossenschaft als eingetragene Genossenschaft mit beschränkter Haftpflicht gegründet. Den Vorstandsvorsitz übernahm der Vogt, den des Aufsichtsrates Dröscher.[168] Aus dem Großherzoglichen Industriefonds des Mecklenburg-Schwerinischen Ministeriums des Innern und vom Reichsamt des Innern erhielt die Genossenschaft jeweils ein zinsloses Darlehen über 2000 Mark. Dröscher versuchte, auch die Stadt Rostock zur Unterstützung der Genossenschaft zu gewinnen. Die Städte sahen die Genossenschaftsgründungen eher skeptisch, da sie fürchteten, dass damit negative Folgen für den lokalen Absatzmarkt und die Preisentwicklung verbunden wären. In seinem Schreiben an den Stadtrat ging Dröscher daher ausführlich darauf ein, dass die Genossenschaft durch die Ausschaltung des Zwischenhandels letztlich auch die Versorgung der mecklenburgischen Bevölkerung mit *„ganz frischen Ostseefischen"* verbessern und verbilligen werde.[169] Die erbetene Beihilfe von 300 Mark wurde von der Bürgervertretung dennoch abgelehnt.[170]

In Wismar, das als Absatzmarkt auch für die Fischer der Insel Poel und umliegender Ortschaften eine wichtige Rolle spielte, bildete sich 1914 eine größere Genossenschaft mit über 100 Mitgliedern. Nach den erfolgreichen Gründungen in Mecklenburg dehnte Dröscher seine Bemühungen ab 1915 auch auf das benachbarte preußische Gebiet aus, das aus seiner Sicht ein gemeinsames Wirtschaftsgebiet mit Mecklenburg bildete. Er propagierte die Notwendigkeit und den Nutzen einer genossenschaftlichen Organisation wiederholt auf Versammlungen des Fischereiverbands von Vorpommern und Rügen, so dass sich 1916 in Stralsund eine Genossenschaft von zunächst 45 Mitgliedern gründete, die bis Ende 1917 bereits auf 169 Mitglieder angewachsen war.[171] Bei seinen Bemühungen, die Stadt Stralsund für die Genossenschaftsgründung zu interessieren, erhielten Drös-

167 Die überschaubare Mitgliederzahl, in Warnemünde waren es nur 21 Genossen, kam den misstrauischen Fischern entgegen, die einen jederzeit kontrollierbaren Genossenschaftsbetrieb anstrebten. Vgl. Dröscher, Fischverwertungsgenossenschaften (1926), S. 400. Eine Ausnahme bildeten die Genossenschaften in Stralsund und Wismar, da hier viele Ortschaften an denselben Absatzmarkt gebunden waren.

168 Vgl. Abschrift des Protokolls der Gründungsversammlung der Warnemünder Fischverwertungsgenossenschaft durch Warnemünder Fischer und Fischereiinteressenten, 2.3.1913. AHR, 1.1.3.23, Nr. 86, Bl. 18.

169 Vgl. MFV an Stadtverwaltung Rostock, Mai 1913. AHR, 1.1.3.23, Nr. 86, Bl. 18.

170 Vgl. Beschluss der Bürgervertretung, 2.6.1913, AHR, 1.1.3.23, Nr. 86 und MFV an die Vogtei (Gewett Warnemünde), 10.4.1914. AHR, 1.1.12.2, Nr. 1327.

171 Der genossenschaftliche Zusammenschluss war hier nicht allein deshalb sinnvoll, da im Gebiet von Vorpommern und Rügen viele Ortschaften an den Absatzmarkt Stralsund gebunden waren, sondern auch, um an der günstigen Preisentwicklung durch die Warnemünder Genossenschaft zu partizipieren. Warnemünde und Stralsund waren zu diesem Zeitpunkt

cher und der MFV Unterstützung durch den DSV.[172] Weitere Genossenschaftsgründungen außerhalb des Untersuchungsgebietes folgten. Letztlich umfassten die genossenschaftlich organisierten Küstenfischer jedoch nur einen geringen Teil der gesamten Fischereibevölkerung.[173]

die Hauptstützpunkte der Fischerei. Von beiden Häfen aus wurden Überschüsse an den Stettiner Markt geschickt. Vgl. Dröscher, Fischverwertungsgenossenschaften (1926), S. 404f.

172 Vgl. MFV an OB Stralsund, 23.7.1915. StAS, Rep. 20, Nr. 63, Bl. 34f.; DSV an OB Stralsund, 4.8.1915. StAS, Rep. 20, Nr. 63, Bl. 36f.; Aufzeichnung des Präsidenten des DSV über ein Treffen mit dem OB Stralsund zur Vorbereitung der Planung einer Fischerei-Genossenschaft und einen Besuch in Altona zwecks Informationsgewinnung zur Errichtung einer Räucherei, 25.8.1915. StAS, Rep. 20, Nr. 63, Bl. 55-58 sowie DSV an Rat der Stadt Stralsund, 6.7.1916. StAS, Rep. 20, Nr. 63, Bl. 82-83.

173 1916 existierten in Schleswig-Holstein Genossenschaften in Flensburg, Maasholm, Eckernförde und Kiel sowie in Dievenow (Wollin/Usedom) in Pommern. Danach kam es erst wieder ab 1918 zu Gründungen in Pommern und Westpreußen. In Ostpreußen bestand bis 1926 nur eine einzige Genossenschaft. Einige zwischenzeitlich gebildete Genossenschaften mussten wieder aufgelöst werden. Vgl. Dröscher, Fischverwertungsgenossenschaften (1926), S. 388–391.

II. Wirtschaftlicher Niedergang: Die See- und Küstenfischerei in der Weimarer Republik

1. Die Fischereiverwaltung

a) Veränderungen auf Reichsebene

Für die Entwicklung der Reichsverwaltung waren der Erste Weltkrieg und der dort vollzogene Übergang von einer relativ freien Markt- zur staatlich kontrollierten Kriegsverwaltungswirtschaft entscheidend. Die Probleme der Kriegswirtschaft zwangen die Reichsregierung, immer stärker in den Wirtschaftsprozess einzugreifen. Die Folge war nicht nur ein verändertes Verhältnis von Staat und Wirtschaft, sondern auch eine Ausdifferenzierung der Zentralinstanzen.[1]

Hinsichtlich der Ernährungswirtschaft war das Reich völlig unvorbereitet in den Krieg eingetreten. Bis 1916 behalf man sich mit Einzelmaßnahmen, für deren Umsetzung die Länder zuständig waren. Schließlich machte die katastrophale Versorgungslage eine umfassende Organisation der Kriegsernährungswirtschaft unumgänglich. Im Mai 1916 wurde das Kriegsernährungsamt aus dem mit der Fülle seiner Aufgaben überlasteten Reichsamt des Innern ausgegliedert und damit erstmals eine ernährungspolitische Zentralinstanz geschaffen.[2] Produktion und Preisbildung unterlagen von nun an weitgehend staatlicher Reglementierung. Es wurden spezielle Reichsstellen und Kriegsgesellschaften eingerichtet, in denen staatliche Regulierungsstellen und Privatwirtschaft eng zusammenarbeiteten.[3] Im November 1916 erfolgte beim Kriegsernährungsamt die Einrichtung eines Reichskommissariats für Fischversorgung, dem auch die Küstenfischerei unterstand. Bisher hatte der DSV die Versorgung der See- und Küstenfischerei mit Betriebsmitteln organisiert, nun wurde für diese Aufgabe ein Ausschuss für Fischereibedarf beim Reichskommissariat errichtet.[4]

Nach Kriegsende wurde das Kriegsernährungsamt in Reichsernährungsamt umbenannt, seine vorrangige Aufgabe war die Fortführung der Zwangswirtschaft. Unter Wahrung personeller Kontinuität wurde es im März 1919 ins Reichsernährungsministerium überführt. Die zwischenzeitliche Angliederung ans Reichswirtschaftsministerium – ab September 1919 als Abteilung Land- und Forstwirtschaft – erfolgte im Zuge der Diskussionen um das zukünftige wirtschaftspolitische System der Republik. Mit der erneuten Verselbständigung als Reichsministerium für Ernährung und Landwirtschaft (RMEL) fanden die verwaltungsmäßigen Um-

[1] Vgl. Ullmann, Interessenverbände (1988), S. 124f.
[2] Vgl. Skalweit, Kriegsernährungswirtschaft (1927), S. 166–184; 50 Jahre RMEL (1969), S. 8 und Grundriss der deutschen Verwaltungsgeschichte 22, S. 183.
[3] Vgl. dazu ausführlich Skalweit, Kriegsernährungswirtschaft (1927), S. 162–178.
[4] Vgl. Mitteilungen des DSV, Bd. 32, 1916, S. 179 und Tätigkeitsbereich DSV 1917/18, S. 51.

strukturierungen Ende März 1920 ihren Abschluss.[5] Die Zuständigkeit des Ministeriums erstreckte sich auf die Landwirtschaft, die Ernährungswirtschaft, die Forst- und Holzwirtschaft und die Fischerei.

Zwar behielt die Weimarer Republik die föderale Struktur des Reiches grundsätzlich bei, doch wichtige Kompetenzen waren an die Zentralebene übergegangen. Auch hinsichtlich der Zuständigkeiten für die Küstenfischerei gab es eine offizielle Veränderung im Verhältnis von Reich und Ländern. Gemäß der Reichsverfassung erstreckte sich die Gesetzgebungskompetenz des Reiches nicht mehr nur auf die Hochseefischerei, sondern auch auf die See- und Küstenfischerei, soweit sie außerhalb der Hoheitsgrenzen der Länder ausgeübt wurde.[6] Aus praktischen Gründen machte das Reich von diesem Recht jedoch kaum Gebrauch. Mittlerweile war ein Teil der Küstenfischereibetriebe als Kleine Hochseefischerei zu bezeichnen und fischte ganz oder teilweise jenseits der Dreimeilenzone. Eine klare Trennung der Zuständigkeiten von Reich und Ländern wäre kaum möglich gewesen, so dass konkrete Eingriffe in die Fischereiverwaltung der Länder nicht erfolgten.[7]

Mit dem RMEL war Anfang der Zwanzigerjahre eine für Fischereifragen zuständige Verwaltungsstelle auf Reichsebene etabliert worden. Das Ministerium engagierte sich auf dem Gebiet der Fischereiförderung vor allem durch finanzielle Unterstützung in Form von Darlehen und Beihilfen. Mit einer Vielzahl von Verwaltungsaufgaben im Bereich der Seefischerei wurde – nachdem Überlegungen zur Schaffung einer Berufsvertretung, die im Folgenden noch ausführlich vorgestellt werden, gescheitert waren – weiterhin der DSV betraut.

b) Kontinuität auf Länderebene

Die Fischereiverwaltung im preußischen Vorpommern

Die Novemberrevolution 1918 beendete zwar die preußische Monarchie, konnte aber der seit dem 19. Jahrhundert gewachsenen preußischen Verwaltungsorganisation nichts anhaben. Im neugeschaffenen Freistaat und der Provinz Pommern herrschte in dieser Hinsicht strukturelle und personelle Kontinuität.[8]

[5] Vgl. 50 Jahre RMEL (1969), S. 9–13 und Grundriss der deutschen Verwaltungsgeschichte 22 (1983), S. 183. Das Reichwirtschaftsamt war 1917 ebenfalls durch Ausgliederung der Bereiche Wirtschaft und Handel aus dem Reichsamt des Inneren entstanden. Vgl. Grundriss der deutschen Verwaltungsgeschichte 22 (1983), S. 157. Das zunächst weiterbestehende Reichskommissariat für Fischversorgung ging schließlich im August 1921 im RMEL auf. Vgl. Tätigkeitsbericht DSV 1921/22, S. 99 und Kapitel I.3.1.

[6] Vgl. Art. 7 Abs. 18 der Verfassung des Deutschen Reiches vom 11. 8. 1919, RGBL. S. 1383 ff. und Dröscher, Landwirtschaftskammer (1929), S. 446.

[7] Artikel 12 der Reichsverfassung schränkte in diesem Sinne ein. Wenn das Reich keinen Gebrauch von seinen Kompetenzen machte, waren weiterhin die Länder zuständig. Zum Verhältnis Reich-Länder in der Gesetzgebung der Küstenfischerei vgl. Dröscher, Landwirtschaftskammer (1929), S. 439.

[8] Vgl. Jeserich, Deutsche Verwaltungsgeschichte (1985), S. 78; Inachin, Durchbruch (2004), S. 145f. Die mögliche Erweiterung der provinziellen Selbständigkeit wurde von den Provinzen selbst abgelehnt, vermutlich um die Einheit Preußens nicht zu gefährden. Zur personellen Kontinuität

Das Fischereiwesen hatte bereits durch das 1916 erlassene preußische Fischereigesetz eine umfassende Regulierung erfahren. Die Zäsur 1918 blieb ohne Auswirkungen auf die Organisation der Fischereiverwaltung und -aufsicht. Kontinuität herrschte auch in personeller Hinsicht: als zuständiger Fischereibeamter des Regierungsbezirks Stralsund war schon vor dem Krieg und bis 1925 Oberfischmeister Prutz tätig.[9] Ihm folgte 1926 Dr. Rumphorst, der das Amt bis 1945 innehatte.[10]

Die Zahl der dem Oberfischmeisteramt Stralsund unterstellten Aufsichtsstellen verringerte sich im Laufe der Zeit von dreizehn auf neun. Ein Grund dafür dürfte in der besseren Motorisierung der Fischereiaufsichtsstellen gelegen haben, welche die Überwachung größerer Reviere erlaubte.[11] Die 1932 erfolgte Zusammenlegung der Regierungsbezirke Stralsund und Stettin schließlich hatte keine Auswirkungen auf die Fischereiverwaltung. Der Oberfischmeisterbezirk Stralsund blieb erhalten.

Ende der Zwanzigerjahre gab das Preußische Ministerium für Landwirtschaft, Domänen und Forsten Laufbahnbestimmungen und Prüfungsvorschriften für die Fischmeister und Oberfischmeister heraus. Voraussetzung für die Zulassung zur Anwartschaft auf die Fischmeisterlaufbahn waren demnach körperliche Rüstigkeit, gute Schulkenntnisse und praktische Erfahrung in der Fischerei. Üblicherweise ging der Anwärterzeit zunächst eine Tätigkeit als Bootsmann in der Fischereiverwaltung voraus. Mit dem Ablegen einer Vorprüfung erfolgte die Übernahme in den Anwärterdienst, der etwa zwei bis fünf Jahre dauerte. Die Altersgrenze betrug 25 Jahre. Die Ausbildung erfolgte durch erfahrene Fischmeister und wurde durch eine Fachprüfung, bestehend aus schriftlichem, mündlichem und praktischem Teil, abgeschlossen. Für den Oberfischmeister war eine wissenschaftliche Ausbildung mit Promotion im Fach Zoologie vorgesehen. [12]

Die Fischereiverwaltung in Mecklenburg-Schwerin

Für Mecklenburg-Schwerin bedeutete der Umbruch vom November 1918 eine besonders einschneidende Zäsur. Als letzte deutsche Ständestaaten hatten die beiden mecklenburgischen Großherzogtümer ihren Untertanen das Wahlrecht bisher

vgl. Inachin, Durchbruch (2004), S. 153. Vgl. auch Becker, Verwaltung und höhere Beamtenschaft (1999), S. 39–68 und Buchsteiner, Bruch oder gradueller Wandel (1999), S. 69–84.

9 Vgl. Staatshandbuch Preußen 1913, S. 395; 1922, S. 228; 1925, S. 398.

10 Prutz' Nachfolger Dr. Glaue verstarb bereits Anfang 1926. Vgl. Staatshandbuch Preußen 1926, S. 425 und 1927, S. 461 sowie Mitteilungen DSV, Nr. 3, März 1926, S. 71 und Nr. 9, September 1926, S. 327.

11 1934 gab es im Bereich des OFMA Stralsund nur noch neun Aufsichtsstellen: Born, Barth, Schaprode, Breege, Saßnitz, Lauterbach, Stralsund, Stahlbrode, Greifswald/Wiek. Vgl. Richter, Fischereiverwaltung (1998), S. 386.

12 Vgl. Laufbahnbestimmungen für die Fischmeister der landwirtschaftlichen Verwaltung, in: Ministerialblatt der Preußischen Verwaltung für Landwirtschaft, Domänen und Forsten, 1927, Nr. 8, S. 149–151 und Preußisches Ministerium für Landwirtschaft, Domänen und Forsten, Vorschriften für die Prüfung zum Fischmeister der landwirtschaftlichen Verwaltung, 31. 1. 1931. LHAS, 5.12-4/2, Nr. 122, Bl. 92. Zu den Laufbahnbestimmungen für den Oberfischmeister vom 4. März 1929 vgl. Schütt, Geschichte der Fischerei (2004), S. 38.

(weitgehend) verwehrt. Nun erhielt der Freistaat Mecklenburg-Schwerin „eine der progressivsten Verfassungen Deutschlands."[13] Im Verwaltungsaufbau kam es dagegen nur zu geringfügigen Änderungen. Im 1919 neu gebildeten Ministerium für Landwirtschaft, Domänen und Forsten wurden „Aufsicht, Förderung und Verwaltung der landwirtschaftlichen, Fischerei- und Forstangelegenheiten vereinigt".[14] Für Fischereiangelegenheiten war seit Anfang der Zwanzigerjahre Kammerrat Wilhelm Krasemann zuständig.[15]

Im Gegensatz zu Preußen gab es in Mecklenburg-Schwerin etliche Defizite in der Organisation der Fischereiverwaltung und es fehlte zunächst nicht an Bemühungen, diese zu beseitigen. Doch Pläne zur Errichtung eines Landesfischereiamtes und eines Landesfischereiausschusses scheiterten schon Anfang der Zwanzigerjahre, nicht zuletzt aus finanziellen Gründen. Während der Weimarer Zeit wurde keine Verwaltungsstelle eingerichtet, die in fachlicher Kompetenz und personeller Ausstattung den preußischen Oberfischmeisterämtern gleichgekommen wäre. In beratender Funktion war daher auch nach 1918 der Mecklenburgische Fischereiverein (MFV) für das Ministerium tätig.

Eine der überfälligen Neuerungen im Fischereiwesen, die in Mecklenburg nach 1918 in Angriff genommen werden sollten, war die Erarbeitung eines Fischereigesetzes. Forderungen nach einer Revision der vorhandenen Verordnungen waren wiederholt vom MFV erhoben worden, der das gesamte mecklenburgische Fischereiwesen als rückständig bezeichnete.[16] Mit der Ausarbeitung eines modernen Fischereigesetzes wurde schließlich der Verein selbst betraut; er reichte sogar einen Entwurf ein. Letztendlich wurde jedoch das gesamte Gesetzesvorhaben nicht in die Tat umgesetzt.[17] Noch 1927 kündigte das Ministerium die baldige Herausgabe an, doch in der Zeit der Weimarer Republik wurde kein Landesfischereigesetz mehr für Mecklenburg erlassen; man behalf sich weiterhin mit Einzelbestimmungen.[18]

Das zweite Projekt war der Ausbau der Fischereiaufsicht an der mecklenburgischen Ostseeküste. Nur im Saaler Bodden und den Ostseegewässern bei Wismar war bisher überhaupt eine Aufsicht vorhanden. Eine Ausdehnung der Aufsicht auf

[13] Schwabe, Krone und Hakenkreuz (1994), S. 43. Zur Abdankung des Großherzogs zum 14.11.1918 und zur Auflösung der Stände vgl. Inachin, Durchbruch (2004), S. 14f. und zur besonders starken Stellung des Landtags mit dem Recht der Gesetzgebung, der Überwachung der Staatsverwaltung und der Regierung ebd., S. 22f.

[14] Beständeübersicht Schwerin (1999), S. 418.

[15] Kammerrat Krasemann und Ministerialrat Kolbow werden Anfang 1922 als Fischereidezernenten genannt. Vgl. MFV an MfLDF Schwerin, 12.2.1922. LHAS, 5.12-4/2, Nr. 416. Vgl. auch Staatshandbuch Mecklenburg 1923, S. 24f.; Staatshandbuch Mecklenburg 1927, S. 28, Staatshandbuch Mecklenburg 1930, S. 31. Später oblag Krasemann die Gesamtleitung der Abt. Landwirtschaft, Domänen und Forsten. Vgl. Staatshandbuch Mecklenburg 1937, S. 32f. und Staatshandbuch Mecklenburg 1939, S. 168.

[16] Vgl. MFV an MfLDF Schwerin, 12.2.1922. LHAS, 5.12-4/2, Nr. 416. Eigentlich war geplant, dass das Gesetz von einem Landesfischereiausschuss erarbeitet werden sollte, dieser wurde jedoch nie eingerichtet. Dazu und zur Rolle des MFV vgl. Kapitel I.2.3.

[17] Vgl. MdF an MfLDF, 18.10.1922. LHAS, 5.12-4/2, Nr. 442 und MdI, Mecklenburg-Strelitz an MfLDF Schwerin, 28.11.1923. LHAS, 5.12-4/2, Nr. 416.

[18] Vgl. MdI, Mecklenburg-Strelitz an MfLDF, Schwerin, 28.11.1923. LHAS, 5.12-4/2, Nr. 416.

die gesamte Küste war somit überfällig, nicht nur nach Ansicht des DSV, der 1923 die bisherige Organisation der Fischereiaufsicht in Mecklenburg kritisierte. Eine Umlegung der daraus resultierenden Kosten auf die Fischer – wie von Schwerin angedacht – wurde jedoch strikt abgelehnt. Die Fischereiaufsicht sollte zum einen unabhängig von den Fischereitreibenden gehalten werden, zum anderen sei zu befürchten, dass die Fischer eine Übernahme der Kosten ohnehin verweigern würden. Der DSV empfahl daher, die Fischereiaufsicht in Mecklenburg grundsätzlich durch den Staat zu regeln und zu finanzieren.[19] Die Regierung in Schwerin allerdings wollte auf eine Kostenbeteiligung der Ämter und Städte nicht verzichten. So herrschte zwar Einigkeit über die Notwendigkeit einer geregelten Aufsichtsführung für die gesamte Küste, doch die aus der Finanzierungsfrage erwachsenden Unstimmigkeiten erwiesen sich als großes Hindernis auf dem Weg dorthin.[20]

Nachdem 1924 ein erster Vertrag zwischen den Ämtern Doberan, Grevesmühlen, Wismar und der Seestadt Wismar sowie der Wismarschen Landdrostei (als Vertretung des zuständigen Ministeriums) über die Fischereiaufsicht in den Ostseegewässern bei Wismar geschlossen worden war,[21] verzögerte sich die für April 1925 geplante Ausweitung der Aufsicht auf die ganze Küste. Die oben genannten Ämter und die Stadt Wismar waren nicht mehr bereit, weiterhin zur Finanzierung beizutragen, wenn sich nicht auch Amt und Stadt Rostock an den Kosten beteiligen würden. Dort aber sah man die Fischereiaufsicht als eine landespolizeiliche Aufgabe an.[22] Ein nach zähen Verhandlungen 1926 gefundener Kompromiss währte nur ein Jahr.[23] Die Auffassung, dass die alleinige Zuständigkeit und damit auch die Bereitstellung der Mittel dem Land oblagen, setzte sich schließlich endgültig durch.[24] Die Kosten der Fischereiaufsicht für die gesamten Küstengewässer wurden fortan von Mecklenburg-Schwerin getragen.[25]

[19] Als Finanzierungsmöglichkeit war von Seiten Mecklenburgs an die Bildung einer beitragsfinanzierten Berufsgenossenschaft gedacht worden. Vgl. Abschrift eines Schreibens des DSV (Freiherr von Maltzahn) an die Landdrostei Wismar, 5.6.1923. LHAS, 5.12-4/2, Nr.460, Bd.2, Bl.211.

[20] Die dringende Notwendigkeit einer Aufsicht bestätigte etwa Rostock. Vgl. Stadtverwaltung Rostock, Abt. Warnemünde an den Stadtrat Rostock, 20.4.1925. AHR, 1.1.12.2, Nr.1324, Bl.27.

[21] Vgl. Vereinbarung zwischen den Ämtern Doberan, Grevesmühlen, Wismar und dem Rat der Stadt Wismar und der Landdrostei Wismar, in Vertretung des MfLDF über die Fischereiaufsicht in den Ostseegewässern bei Wismar, 1.4.1924. LHAS, 5.12-4/2, Nr.18349, Bl.611.

[22] Vgl. Landdrostei Wismar an MfLDF, 13.6.1925. LHAS, 5.12-4/2, Nr.459, Bd.1, Bl.28.

[23] Vgl. Vereinbarung zwischen den Ämtern Doberan, Grevesmühlen, Rostock und der Seestadt Rostock bzw. den Ämtern Doberan, Grevesmühlen, Rostock, Wismar und den Seestädten Rostock und Wismar einerseits und der Landdrostei Wismar in Vertretung des MfLDF über die Ausübung der Fischereiaufsicht an der mecklenburgischen Küste, 15.3.1926. LHAS, 5.12-4/2, Nr.459, Bd.1, Bl.85 und Landdrostei Wismar an MfLDF, 31.3.1927. LHAS, 5.12-4/2, Nr.459, Bd.1, Bl.110. Die Vertreter der Städte und Ämter stützen sich dabei auch auf die Berichte der betreffenden Fischereivereine.

[24] Diese Auffassung vertraten nicht nur die Ämter und Städte, sondern auch der zuständige Interessenverband der See- und Küstenfischerei. Vgl. Reichsverband See- und Küstenfischer an MfLDF, 24.3.1925. LHAS, 5.12-4/2, Nr.459, Bd.1, Bl.20 und Protokoll einer Verhandlung über die Ordnung der Fischereiaufsicht in den Ostseegewässern bei Wismar ab dem 1.April 1928, 3.2.1928. Ebd., Bl.146.

[25] Vgl. MfLDF an das Hochbauamt Wismar, 18.7.1928. LHAS, 5.12-4/2, Nr.460, Bd.2, Bl.167.

Fraglich bleibt, inwieweit die Erweiterung der Aufsicht auf das gesamte Küstengebiet tatsächlich Wirkung zeitigte, war sie doch nicht mit der Einstellung zusätzlichen Aufsichtspersonals verbunden. Allein der Zuständigkeitsbereich des Wismarer Fischmeisters war erweitert und auf Staatskosten ein neues Aufsichtsboot beschafft worden.[26] Einem Vergleich mit der Aufseherdichte im preußischen Vorpommern konnte die mecklenburgische Fischereiaufsicht weiterhin nicht standhalten.

Die besonderen Probleme dieser mangelhaften Aufsicht lassen sich beispielhaft an der Raubfischerei in den Warnemünder bzw. Rostocker Gewässern aufzeigen. Die Aufsicht oblag hier dem örtlichen Polizeibeamten, der mit dieser Aufgabe schlicht überfordert war. Bereits 1919 wurden daher Überlegungen zur Anstellung eines mit Polizeigewalt ausgestatteten Fischmeisters angestellt, aber nicht umgesetzt.[27] Zu einer nachhaltigen und erfolgreichen Bekämpfung der Raubfischerei seien zwei zusätzliche Beamte und ein schnelles Aufsichtsboot notwendig, so der Warnemünder Beamte 1926. Beides stünde in Warnemünde nicht zur Verfügung. Zudem warne ein „Wachdienst“ die Fischer vor Kontrollen und der Beamte sei den Fischern schließlich auch in Zivil bekannt. Gegen die Fischer, die sich selbst und ihre Bootsnummern unkenntlich machten, gebe es kaum eine Handhabe.[28]

Andererseits wurde gerade von den kleinen Stellnetzfischern, die sich Schutz vor Übergriffen durch die Schleppnetzfischer erhofften, eine bessere Kontrolle durch die Fischereiaufsicht gefordert.[29] Anfang der Dreißigerjahre, während der Weltwirtschaftkrise, erreichte die Raubfischerei einen Höhepunkt.[30] In Wismar drohten die Fischer damit, die Zahlung von Pachtgebühren und Steuern zu verweigern, sollte keine ordentliche Aufsicht gewährleistet sein. Das Ministerium für Landwirtschaft, Domänen und Forsten kam nicht umhin, den Fischmeister durch die Bereitstellung von zwei Beamten der Ordnungspolizei zu unterstützen.[31] Ein

[26] Vgl. Vereinbarung zwischen den Ämtern Doberan, Grevesmühlen, Rostock und der Seestadt Rostock bzw. den Ämtern Doberan, Grevesmühlen, Rostock, Wismar und den Seestädten Rostock und Wismar einerseits und der Landdrostei Wismar in Vertretung des MfLDF über die Ausübung der Fischereiaufsicht an der Mecklenburg.-Schwerinschen Küste, 15.3.1926. LHAS, 5.12-4/2, Nr.459, Bd. 1, Bl. 85.

[27] Vgl. Stadtverwaltung Rostock, Polizeiamt an den Stadtrat, 11.12.1919. AHR, 1.1.3.20, Nr. 535. Es handelte sich hier um den Neuen Strom und den Breitling, ein Binnengewässer bei Rostock.

[28] Der Warnemünder Polizei war von der Rostocker Polizeibehörde ein zu geringer Einsatz im Kampf gegen die Raubfischerei vorgeworfen worden. Vgl. Stellungnahme des zuständigen Beamten beim Polizeiamt Warnemünde, 16.9.1926. AHR, 1.1.12.2, Nr. 1326 und Polizeiamt Warnemünde an Amtsanwaltschaft Rostock, 19.9.1926. AHR, 1.1.12.2, Nr. 1326.

[29] Vgl. beispielsweise die Warnemünder Stellnetzfischer, die sich über die Ringwaden- und Zeesenfischer beschwerten. Vgl. Stadtverwaltung Rostock, Abt. Warnemünde, an den Stadtrat Rostock, 20.4.1925. AHR, 1.1.12.2, Nr. 1324, Bl. 27.

[30] Auch im Oberfischmeisterbezirk Stralsund im preußischen Pommern lässt sich in dieser Zeit ein Anstieg der Fischereivergehen feststellen. Vgl. dazu die Akten LAG, Rep. 250, Nr. 358: Verstöße gegen Fischereibestimmungen 1870–1928; Nr. 403: Anzeigen von Fischereivergehen 1897–1928 und Nr. 402: Aufgedeckte Fischereivergehen 1929–1942.

[31] Vgl. Fischerzunft Wismar, Fischerälteste Blunck und Klein an MfLDF, 29.5.1932, und handschriftliche Antwortnotiz vom 2.6.1932 auf demselben Blatt. LHAS, 5.12-4/2, Nr. 460, Bd. 2,

effektives Vorgehen gegen die Raubfischerei wurde auch dadurch erschwert, dass die verhängten Strafen wenig abschreckend waren und aufgrund der schlechten finanziellen Situation zumeist von den zuständigen Amtsgerichten herabgesetzt oder erlassen wurden.[32]

Auch eine kompetente, übergeordnete Fachaufsicht für die beiden Aufsichtsbeamten fehlte in Mecklenburg. Der Vorschlag, eine Art Oberfischmeister nach preußischem Vorbild zu installieren, wurde über die Jahre mehrfach diskutiert, jedoch nicht umgesetzt.[33] Daher wurden die beiden Fischmeister nach der Auflösung der Landdrosteien den zuständigen Amtshauptleuten unterstellt.[34] Das Amt Wismar verweigerte dies mit der Begründung, dass sich die Fischereiaufsicht auf die gesamte Küste erstrecke; die Dienstaufsicht musste einem Landesbeamten, dem Regierungs- und Baurat Neumann beim Mecklenburg-Schwerinischen Hochbauamt zu Wismar übertragen werden.[35] Ausbildungsrichtlinien oder festgeschriebene Einstellungskriterien gab es weiterhin nicht. Dabei war es in Anbetracht der umfangreichen Aufgaben und einer fehlenden Fachaufsicht besonders wichtig, die frei werdende Fischmeisterstelle kompetent zu besetzen. Der 1920 mit 75 Jahren aus dem Amt scheidende bisherige Fischmeister Steffen wurde deshalb vom Ministerium in die Entscheidungsfindung einbezogen. Steffens Stellungnahme zu den Bewerbern – hauptsächlich Fischern von der Insel Poel – zeigt, nach welchen Vorgaben ausgewählt wurde: Fachkenntnis, Ortskenntnis, natürliche Autorität, körperliche Eignung und möglichst keine verwandtschaftliche Beziehung zu den zu beaufsichtigenden Fischern.[36] Steffen empfahl den ehemaligen

Bl. 231 sowie MfLDF an das MdI, Anlage: Bericht des Hochbauamtes Wismar. 13. 7. 1932. LHAS, 5.12-4/2, Nr. 460, Bd. 2, Bl. 232 und Hochbauamt, Wismar an MfLDF, 4. 8. 1932. LHAS, 5.12-4/2, Nr. 512, Bd. 6, Bl. 705.

[32] Vgl. Hochbauamt Wismar an MfLDF, 3. 5. 1932. LHAS, 5.12-4/2, Nr. 460, Bd. 2, Bl. 230. Auch im Oberfischmeisterbezirk Stralsund gelang es vielen Betroffenen, mit Hinweis auf ihre wirtschaftliche Lage Strafmilderung zu erlangen. Vgl. beispielhaft Franz Brandt an OFMA, 22. 6. 1930; OFMA an FAST Lauterbach, 19. 7. 1930 und FAST Lauterbach an OFMA, 25. 7. 1930. LAG, Rep. 250, Nr. 402.

[33] Bereits Anfang der Zwanzigerjahre hatten Verhandlungen geschwebt, die Fischereiaufsicht wie in den angrenzenden Ländern Preußen und Lübeck einem Fischereiaufsichtsbeamten aus dem Kreis der höheren Beamtenschaft zu übertragen. Auch der MFV hatte sich 1922 für die Anstellung eines Landesoberfischmeisters ausgesprochen. Vgl. MFV an MfLDF, 12. 2. 1922. LHAS, 5.12-4/2, Nr. 416. 1930 schlug der DSV die Betrauung des Regierungs- und Baurats Neumann, Chef des Hochbauamtes Wismar, mit den Dienstobliegenheiten eines Oberfischmeisters vor. Vgl. DSV an MfLDF, 30. 6. 1930, dazu die beigelegte Abschrift eines Schreibens des DSV an die Landdrostei in Wismar vom 5. 6. 1923, das frühere Verhandlungen zu diesem Thema wiedergibt. LHAS, 5.12-4/2, Nr. 460, Bd. 2, Bl. 211.

[34] Vgl. MfLDF an Landdrostei Rostock, 23. 4. 1925. LHAS, 5.12-4/2, Nr. 122, Bl. 75 und MfLDF an Landdrostei Wismar, 22. 4. 1928. LHAS, 5.12-4/2, Nr. 460, Bd. 2, Bl. 151.

[35] Vgl. Hochbauamt Wismar an MfLDF, 2. 7. 1932. LHAS, 5.12-4/2, Nr. 122, Bl. 98 und MfLDF an Amtshauptmann Wismar, 11. 6. 1928. LHAS, 5.12-4/2, Nr. 460, Bd. 2, Bl. 162 sowie Amtshauptmann Wismar an MfLDF, 3. 7. 1928 sowie MfLDF an Hochbauamt Wismar, 18. 7. 1928. Ebd. Bl. 167.

[36] Vgl. August Steffen, Fischmeister zu Wismar, an MfLDF, 8. 5. 1921. LHAS, 5.12-4/2, Nr. 18348, Bl. 30. Alle Bewerber hatten Erfahrungen in der Fischerei. Die mit Lebensläufen versehenen, anschaulichen Bewerbungsschreiben finden sich in LHAS, 5.12-4/2, Nr. 18348, Bl. 21–25.

Wachtmeister Wilhelm Ebert, für den sich auch der Rat der Stadt Wismar ausgesprochen hatte.[37] Ausschlaggebend war, dass Ebert in Wismar gebürtig und Sohn eines Fischers war, er außerdem längere Zeit als Schutzmann gearbeitet hatte und durch die amtliche Tätigkeit mit den Wismarer Verhältnissen und Personen gut vertraut war.[38] Das Ministerium akzeptierte den Vorschlag und bestellte Ebert zum Juli 1921 zum Fischmeister von Wismar.[39] Seit 1926 war er als Fischmeister für die gesamte Ostseeküste eingesetzt. Im Bezirk Ribnitz hatte August Steffens Sohn Friedrich die Stelle des Fischmeisters seit 1897 bis Ende 1932 inne.[40]

Der Umbruch von 1918 wirkte sich weder in Preußen noch in Mecklenburg-Schwerin nachhaltig auf die Fischereiverwaltung aus. Während aber in Preußen im Verlauf der Weimarer Zeit durch die Herausgabe neuer Laufbahnbestimmungen und Prüfungsvorschriften eine weitere Professionalisierung der ohnehin gut organisierten Fischereiverwaltung zu verzeichnen war, blieb die Fischereiverwaltung des Freistaats Mecklenburg-Schwerin durch Provisorien gekennzeichnet. Defizite wie die mangelhafte Fischereiaufsicht oder das fehlende Fischereigesetz wurden trotz anfänglicher Bemühungen nur halbherzig oder gar nicht behoben. In den unruhigen Zeiten der krisengeschüttelten Weimarer Republik gab es auch in Mecklenburg-Schwerin drängendere Probleme.

2. Das Organisationswesen

a) Reichsfischamt, Seefischereikammer oder Deutscher Seefischereiverein? Diskussionen um die Organisation der Seefischerei im Reich

Die Frage nach der künftigen und zweckmäßigen Organisation der Seefischereiangelegenheiten wurde bereits in der Endphase des Ersten Weltkrieges diskutiert. Insbesondere der anstelle einer Reichsbehörde bestehende DSV geriet in die Kritik. Er sei den schwieriger gewordenen Verhältnissen und gestiegenen Anforderungen nicht länger gewachsen. Vor allem die Zwitterstellung des DSV zwischen Verein und Behörde wurde bemängelt. Der Verein verfüge aufgrund der Abhängigkeit vom Reich und Preußen nicht über die Vorzüge eines Vereins – freie Mit-

[37] Wilhelm Ebert wurde am 11.7.1871 in Wismar geboren und war seit der Konfirmation 1886 zur See gefahren. Nach dem Militärdienst war er von 1894 in Fischerei und Seefahrt tätig gewesen und seit 1901 als Polizeioffiziant und seit 1913 als Steuerdiener in Wismar beschäftigt gewesen. Er verwies ausdrücklich darauf, dass gegen sein vorgerücktes Alter von 49 Jahren keine Bedenken bestehen müssten, „*da mit den älteren Fischern schwer umzugehen ist, was an der Eigenart des Fischers liegt und diese einer jüngeren Kraft schwerlich den nötigen Respekt entgegenbringen würden.*" Vgl. Eberts Bewerbungsschreiben vom 30.8.1920. LHAS, 5.12-4/2, Nr. 18348, Bl. 21.

[38] Rat der Stadt Wismar an MfLDF, 3.6.1921. LHAS, 5.12-4/2, Nr. 18348, Bl. 31.

[39] Vgl. Abschrift der Niederschrift über die Bestallung Wilhelm Eberts zum Fischmeister von Wismar, 20.8.1921. LHAS, 5.12-4/2, Nr. 18348, Bl. 42.

[40] Vgl. Amtshauptmann Rostock an das MfLDF, 9.4.1932. LHAS, 5.12-4/2, Nr. 122, Bl. 90.

arbeiterwahl, freie Interessenvertretung, freie Verwendung der Mittel – wohl aber über dessen Nachteile – beschränkte Mittel und keinerlei Vollzugsgewalt. In allen Handlungen sei er an die Weisungen des Reichsamts des Inneren bzw. des Preußischen Landwirtschaftsministeriums gebunden. Der „Wirtschaftliche Verband der deutschen Hochseefischereien" forderte daher im November 1917 eine *„gänzlich selbständige Reichsfischbehörde mit vollen Machtbefugnissen und großen Mitteln"*.[41]

Weitreichendere Pläne hatte der Reichskommissar für Fischversorgung von Flügge.[42] Nach den Erfahrungen der Kriegswirtschaft machte er sich für eine staatlich kontrollierte Gemeinwirtschaft stark und er strebte eine zentrale Organisation der gesamten Fischwirtschaft in Gestalt einer gesetzlich verankerten Kammer an. Fisch aus heimischer Produktion sollte in großen Mengen und zu angemessenen Preisen für die Volksernährung zur Verfügung stehen. Zu diesem Zweck sollten auch staatliche Zwangsmittel eingesetzt werden können.[43] Bei den Betroffenen stießen die Vorschläge Flügges – ebenso wie die Initiative der Verbände der Hochsee- und Heringsfischerei zur Gründung eines Reichsfischamtes – auf Ablehnung.[44] Fischindustrie und –handel arbeiteten auf einen möglichst frühen und vollständigen Abbau jeglicher Zwangsmaßnahmen hin. Auch die Hochseefischerei war an einer staatlichen Lenkung dieses Ausmaßes nicht interessiert. Allein die Kleinfischerei, so Wilhelm Dröscher, stand der Idee aufgeschlossen gegenüber, hatte sie doch *„den großen Vorteil der Absatzorganisation und der sicheren Preisbildung durch die mit Zwangsablieferung verbundene Kriegswirtschaft kennen gelernt"*.[45]

Die Einrichtung einer eigenständigen Reichsfischereibehörde war im Frühjahr 1919 dann allerdings ebenso rasch vom Tisch wie die gemeinwirtschaftlichen Ideen Flügges. Das Reichswirtschaftsministerium bezeichnete *„die Errichtung*

41 Wirtschaftlicher Verband der deutschen Hochseefischereien an Reichskanzler, 10.11.1917. AHR, 1.1.3.20, Nr.604, Bl.6. Einen ähnlichen Antrag auf Einrichtung einer Abteilung für Fischereiwesen beim Reichswirtschaftsamt stellten die „Deutschen Heringsfischereien" im Dezember 1917. Vgl. Tätigkeitsbericht DSV 1917/18, S.53.

42 Vgl. zum Folgenden Flügge, Kriegswirtschaft (1918), S.25–27.

43 Hier zeigt sich die traumatische Wirkung der im Ersten Weltkrieg erfahrenen Importabhängigkeit des Reiches. Die Stärkung der heimischen Produktion sollte durch Ausweitung des Fanges und Schutz vor ausländischer Einfuhr erreicht werden. Um niedrige Verbraucherpreise zu gewährleisten, hielt Flügge auch staatliche Zwangsmaßnahmen im Bereich der Produktionsmittel für notwendig. Vgl. Flügge, Kriegswirtschaft (1918), S.26f. Wirtschaftspolitische Vorstellungen dieser Art waren in dieser Zeit nicht ungewöhnlich; bis in die Frühphase der Republik wurden gemeinwirtschaftliche Modelle durchaus ernsthaft diskutiert. Flügges Ausführungen waren sicherlich von den Ideen Wichard von Moellendorffs inspiriert. Als „konservativer Sozialist" vertrat er die Idee eines Kompromissmodells zwischen kapitalistischer Markt- und sozialistischer Planwirtschaft und prägte die Debatte über das zukünftige wirtschaftspolitische System der Republik. 1919 war er Staatssekretär im Reichswirtschaftsministerium. Seine Schrift über die Deutsche Gemeinwirtschaft war 1916 erschienen. Vgl. Moellendorff, Deutsche Gemeinwirtschaft (1916). Vgl. auch Tätigkeitsbericht DSV 1920/21, S.85.

44 Die Fischindustrie witterte eine stille Syndikatbildung und die *„Verewigung der Zwangswirtschaft"*. FS 25 Jahre Fischindustrie (1928), S.76f. Vgl. auch Aktennotiz über die Generalversammlung des Vereins deutscher Fischhändler, 29.5.1918. BArch R 8838 / 13. Der Zentralisation der Fischwirtschaft wurde eine klare Absage erteilt.

45 Dröscher, Landwirtschaftskammer (1929), S.439.

eines Reichsfischamtes als nicht in seinen Absichten liegend" und erklärte, der Schaffung einer vom Staat mit Vollmachten auszustattenden Interessenvertretung den Vorzug zu geben.

Angesichts seiner unklaren Zukunft war auch der DSV bereits in der Endphase des Krieges aktiv geworden. Bereits im September 1917 hatte man bezüglich eines im Hinblick auf die Bedeutung der Seefischerei notwendigen Vereinsausbaues beim Reichsamt des Innern angefragt und eine Expertenkommission eingesetzt, die Vorschläge zur „*zeitgemäßen Umgestaltung*" des Vereins machen sollte.[46] Am 10. Oktober 1918, nur wenige Tage nach dem deutschen Waffenstillstandsgesuch, wurden auf einer außerordentlichen Generalversammlung die von der Kommission vorgebrachten Vorschläge durch Satzungsänderung angenommen und damit „*die erste Etappe auf dem Weg der Einstellung des Deutschen Seefischerei-Vereins auf die neuen Verhältnisse*" zurückgelegt.[47]

Im DSV hoffte man zudem, dass sich die bisher gepflegten Kontakte in wohlwollenden Stellungnahmen des zu diesem Zeitpunkt zuständigen Reichswirtschaftsamtes und des Reichskommissars für Fischversorgung positiv niederschlagen würden.[48] Damit spielte man fraglos auf die personellen Verflechtungen zwischen Verein und Verwaltung an. Während des Krieges und darüber hinaus war der seit 1910 beim DSV als wissenschaftlicher Mitarbeiter beschäftigte Dr. Eichelbaum zum Dienst beim Reichskommissar für Fischversorgung beurlaubt, später wechselte er ins RMEL, wo er 1938 als Ministerialrat in den Ruhestand versetzt wurde.[49] Der Austausch erfolgte auch in umgekehrter Richtung: Im Mai 1919, nach dem Rücktritt des bisherigen Präsidenten Rose, wurde von Flügge, der Reichskommissar für Fischversorgung, zum Vizepräsidenten des DSV gewählt.[50] Solche Postenrotationen zwischen Bürokratie und Verbänden hatten sich seit der Zeit des Kaiserreichs zu einem beliebten Mittel der Interessenpolitik entwickelt.[51]

[46] Vgl. Tätigkeitsbericht DSV 1917/18, S. 53 und Außerordentliche Generalversammlung des DSV, in: Mitteilungen des DSV, Bd. 34, Nr. 9/11, Sept/Nov 1918, S. 159–163, Zitat S. 159.

[47] Der Satzungsentwurf sah eine Stärkung der Sach- und Fachkompetenz und eine Binnendifferenzierung vor. Es sollten zehn kompetent besetzte Fachausschüsse für die einzelnen Arbeitsgebiete (u. a. Dampfhochseefischerei, Heringsfischerei, Nordseefischerei, Ostseefischerei, Handel, Industrie, Werbung, Technik, Wissenschaft) eingesetzt werden, denen wiederum in der DSV-Geschäftsstelle unter der Leitung eines geschäftsführenden Präsidenten entsprechende Abteilungen zugeordnet waren. Vgl. ebd. S. 159–163, Zitat S. 162.

[48] Vgl. ebd. S. 163.

[49] Vgl. FS 25 Jahre DSV (1910), S. 54; Tätigkeitsbericht DSV 1918/19, S. 54.; Tätigkeitsbericht DSV 1920/21, S. 84 und Ministerialrat Dr. Eichelbaum im Ruhestand, in: DFW, Bd. 5, Heft 17, 24. 4. 1938, S. 290.

[50] Zum Präsidenten wurde im Mai 1919 der bisherige Vizepräsident und damalige Landrat Rügens Freiherr von Maltzahn gewählt. Vgl. Die Wahl der neuen Präsidenten und des Ausschusses des Deutschen Seefischerei-Vereins (Generalversammlung), in: Mitteilungen des DSV, Bd. 35, Nr. 4/7, April/Juli 1919, S. 50–53. Nach dem Tod Maltzahns übernahm im März 1929 mit Dr. Hoffmann ein ehemaliger Staatssekretär des RMEL das Präsidentenamt. Vgl. Tätigkeitsbericht DSV 1928/29, S. 3.

[51] Vgl. Ullmann, Interessenverbände (1988), S. 119.

Die Frage, ob und in welcher Form der DSV erhalten bleiben würde, blieb in dieser Phase lebhafter Diskussionen jedoch zunächst in der Schwebe.[52] Erst als das Reichskommissariat für Fischversorgung im August 1921 im RMEL aufgegangen und damit die Umstrukturierung auf Verwaltungsebene endgültig abgeschlossen war, wurde im November 1921 in einer Beratung des Ministeriums mit den Vertretern der Küstenländer einstimmig beschlossen, den DSV in seiner ursprünglichen Form zu erhalten und weiterhin durch Reichs- und Länderzuschüsse zu finanzieren.[53]

„Zeitgemäße Umgestaltung": Der Deutsche Seefischereiverein in der Weimarer Republik

Ohne Auswirkungen auf die Gestalt des DSV blieben die Diskussionen der Frühzeit der Republik nicht. Die im Februar 1923 staatlich genehmigte neue Satzung enthielt *„gegen früher eine Reihe bemerkenswerter Änderungen"*, die vor allem die Zusammensetzung des Ausschusses und die Regelung der Mitgliedschaft betrafen.[54] Der Ausschuss sollte zukünftig mit Fachleuten der zu vertretenden Wirtschaftszweige besetzt werden. Mit dieser Änderung entsprach man formell einer Forderung, der faktisch schon 1919/20 Rechnung getragen worden war. Dem Wunsch nach einer mehr berufsständisch orientierten, praxiserfahrenen Ausschussbesetzung entsprechend, hatten damals zahlreiche fachfremde Ausschussmitglieder ihre Posten freiwillig zur Verfügung gestellt.[55]

Der Trend zu einer berufsständischen Organisation schlug sich auch in den neuen Bestimmungen zur Mitgliedschaft nieder. Eine ordentliche Mitgliedschaft im DSV war nur noch den übergeordneten Berufsverbänden und, wenn diese nicht bestehen sollten, lokalen Berufsvereinen der Fischwirtschaft vorbehalten. Privatpersonen, juristischen Personen sowie den Reichs-, Staats- und Kommunalbehörden stand nur noch die außerordentliche Mitgliedschaft offen. Im Unterschied zu einer öffentlich-rechtlichen Berufsvertretung wie den Landwirtschaftskammern bestand aber keine Zwangsmitgliedschaft. Der DSV nahm damit nicht mehr nur Aufgaben eines Berufsverbandes wahr, sondern näherte sich auch strukturell seinem Aufbau an. Angesichts der weiterhin bestehenden finanziellen Abhängigkeit vom Reich und von Preußen stellte er aber weder eine unabhängige

52 Ungeachtet der ungeklärten Zukunft wurde der Verein in dieser Zeit weiterhin durch das Reich und Preußen finanziert und ging seinen üblichen Tätigkeiten nach. Vgl. die Tätigkeitsberichte DSV 1918/19; 1919/20; 1920/21.

53 Vgl. Tätigkeitsbericht DSV 1921/22, S. 99f.

54 Die seinerzeit im Oktober 1918 von der außerordentlichen Generalversammlung angenommenen, jedoch nie vollzogenen Änderungen fanden in der damaligen Form keine Berücksichtigung mehr. Vgl. zum Folgenden – wenn nicht anders angegeben – Satzung des DSV vom 7. 1. 1923. LHAS, 5.12-4/2, Nr. 440. V.a. §§ 4–6 sowie § 13 und § 19.

55 Vgl. Tätigkeitsbericht DSV 1919/20, S. 140f. Die Liste der ausgeschiedenen Ausschussmitglieder umfasste vor allem Bürgermeister, Stadträte, Landräte, Regierungsräte und Admirale. Vgl. zur typischen Zusammensetzung des Ausschusses auch FS 25 Jahre DSV (1910), S. 55f.

Interessenvertretung, noch eine öffentlich-rechtliche Berufsvertretung dar, sondern blieb ein Zwitterwesen.[56]

Für die Hochsee- und Heringsfischerei hatte der DSV als Interessenvertretung ohnehin keine Bedeutung mehr. Sie hatten unabhängige Verbände gebildet und waren den Industrie- und Handelskammern angeschlossen.[57] Der Verein verlegte seinen Arbeitsschwerpunkt nun mehr und mehr auf die Interessen der See- und Küstenfischerei: Die Aufgabenbereiche des DSV umfassten wie bisher das Darlehenswesen, die Förderung des Genossenschaftswesens, die Betreuung der Versicherungskassen für Fischereifahrzeuge, die Ausbildung der Fischer und die Erprobung technischer Neuerungen. Die Bearbeitung des Darlehenswesens ging im Februar 1927 sogar vollständig vom RMEL in den Arbeitsbereich des DSV über. Der Verein verteilte die vom Reich zur Verfügung stehenden Mittel selbständig auf die Küstenbezirke, prüfte über die von ihm eingesetzten Vertrauensmänner die Darlehensanträge und legte sie nur noch zur formellen Bewilligung dem RMEL vor.[58]

Der DSV fungierte also weiterhin als verlängerter Arm des RMEL in halbamtlicher Funktion; dies dürfte die aus Sicht der Reichsverwaltung kostengünstigste und unaufwendigste Variante gewesen sein. Dass es letztendlich aber keine dauerhaft zufriedenstellende Lösung darstellte, zeigt sich daran, dass der Wunsch nach einer einheitlichen Kammerorganisation der Seefischerei vor allem in den Kreisen der produktiven Fischerei lebendig blieb.[59] Gerade unter den schwierigen Verhältnissen während der Weltwirtschaftskrise zeigten auch die anderen Zweige der Fischwirtschaft wieder Interesse an einer Zentralisierung, so schlug der Reichsverband deutscher Fischhändler 1932 die Zusammenfassung aller Zweige der Fischwirtschaft in Form einer ohne staatliche Eingriffe selbstverwalteten Reichsfischkammer vor.[60] In der nationalsozialistischen Reichsnährstandsorganisation, die eine Selbstverwaltung nur vortäuschte, sollte diese Konzeption dann allerdings nur vordergründig umgesetzt werden.

[56] Im bedeutenderen und weiterentwickelten Agrarbereich wurden die Landwirtschaftskammern als korporativ-ständische Berufsvertretung durch in ihren Aktionsmöglichkeiten freiere Interessenorganisationen auf Vereinsbasis ergänzt. Vgl. Tenfelde, Vereinswesen (1984), S. 93.

[57] Vgl. Krämer, Berufsvertretung (1930), S. 33.

[58] Vgl. Tätigkeitsbericht DSV 1927/28, S. 3 und RMEL an Mecklenburgisches Staatsministerium, Abt. Landwirtschaft, 2. 2. 1933. In der Anlage die Abschrift eines Protokolls der Sitzung über die Änderung der Darlehensbearbeitung vom 24. 1. 1933 und die Abschrift einer Stellungnahme des Geheimen Regierungsrats Romberg (TU Berlin) zu technischen Fragen der Darlehensbearbeitung vom 24. 9. 1932. LHAS, 5.12-4/2, Nr. 500, Bd. 8, Bl. 24.

[59] Diesbezügliche Anträge und Gesetzentwürfe wurden immer wieder von verschiedener Seite – etwa vom Verband deutscher Hochseefischereien – dem RMEL übergeben. Die Schaffung einer solchen Zentralstelle sei wünschenswert, um eine nachhaltige Wahrnehmung und Förderung der Interessen der Seefischerei zu gewährleisten und nutzloses oder gar schädliches Neben- und Gegeneinanderarbeiten zu verhindern. Sie sei ohne große Kosten durch den Ausbau des DSV möglich. Vgl. Dröscher, Landwirtschaftskammer (1929), S. 439f.

[60] Vgl. Winkler, Reichsfischkammer (1932).

b) Zentrale Interessenbündelung: Der Reichsverband der deutschen See- und Küstenfischer

Die revolutionären Umbrüche vom November 1918 ermöglichten erstmals eine direkte demokratische Mitbestimmung durch die Bevölkerung. An der die Frühphase der Republik prägenden Bewegung der Arbeiter- und Soldatenräte waren die See- und Küstenfischer allerdings nur in geringem Maße beteiligt. Allein die Fischer von Swinemünde und Umgegend hatten sich in einer sogenannten 22er Kommission zusammengeschlossen. In Zusammenarbeit mit dem örtlichen Arbeiter- und Soldatenrat wollte die Kommission die Fischbewirtschaftung kontrollieren.[61] In den Arbeiter- und Soldatenräten an der Küste waren zwar vereinzelt Fischer vertreten und griffen in dieser Funktion in Fragen der Fischerei ein, doch findet sich kein weiterer Hinweis auf die spontane Bildung revolutionärer Gruppen.[62]

Stattdessen wurde der DSV im Interesse der Fischer aktiv. Unmittelbar im Anschluss an die revolutionären Ereignisse hatte er sich an die einzelnen Fischereivereine und Verbände gewandt und sich nach deren Interesse an der Wahl von Vertretern der See- und Küstenfischerei zu den Arbeiter- und Soldatenräten erkundigt.[63] Dieses Engagement entsprang der Erkenntnis, dass *„dem Zuge der Zeit, insbesondere auch den Vorgängen in anderen Erwerbsständen entsprechend [...] die Fischer in Zukunft weit mehr, als bisher der Fall war, ihre Berufsangelegenheiten selbst zu besorgen“* haben würden. Gerade die speziellen Bedürfnisse der See- und Küstenfischerei machten eine besondere Fachvertretung in Form von Fischereiräten notwendig, und der DSV wollte die *„vielfach so abseits wohnenden Seefischer“* bei der Bildung solcher nach Kräften unterstützen.[64] Dass sogar die Beteiligung an der zumindest quasirevolutionären, selbstverwaltenden Räteorganisation von oben in die Fischerkreise hineingetragen wurde, zeigt nicht nur die politische Schwerfälligkeit der Fischer, sondern vor allem den paternalistischen Anspruch des DSV gegenüber seinen Schutzbefohlenen.

Obwohl der DSV unter den Fischern Zustimmung konstatierte, verlief die weitere Entwicklung eher schleppend. Der Reichskommissar für Fischversorgung betrachtete das Vorgehen des DSV als Eingriff in seine Kompetenzen. Er stellte entsprechende Anfragen an seine Vertrauensleute an der Küste; mit dem Ergebnis, dass es weder in Stralsund noch in Wismar im Dezember 1918 zur Bildung von Fischereiräten gekommen war. Auch aus den meisten anderen Bezirken kamen

[61] Vgl. Stralsundische Zeitung (15.12.1918). Sie forderten vor allem die Auflösung der Kriegsfischhandelsgesellschaft. Der Artikel erinnert daran, dass in Swinemünde der Widerstand der Fischer gegen die Kriegsbewirtschaftung besonders groß gewesen war. Vgl. Kapitel II.3.a).

[62] Vertreten waren Fischer beispielsweise in Räten in Cuxhaven an der Nordsee- und in Travemünde an der Ostseeküste. Vgl. Staatliche Fischereidirektion Hamburg an Reichskommissar für Fischversorgung, 18.12.1918 und Lotsenkommandeur Travemünde an Reichskommissar für Fischversorgung, 19.12.1918. BArch R 8838 / 9.

[63] Vgl. DSV an den Staatssekretär des RMELs, 3.12.1918. BArch R 8838 / 9.

[64] Tätigkeitsbericht DSV 1918/19, S. 56.

negative Rückmeldungen.[65] Die Begründungen fielen nicht überall so knapp aus wie im Falle des Vertrauensmanns aus Köslin, der nur bemerkte: „*Die Küstenfischer lehnen es ab, Fischerräte zu bilden.*“[66] Zumeist wurde darauf verwiesen, dass die Fischer entweder bereits in den Arbeiter- und Soldatenräten vertreten seien oder aber dass kein Bedürfnis vorhanden sei, da die Behörden bereits ausreichende Möglichkeiten zur Mitwirkung anböten.[67] Bis Ende Januar 1919 waren nur in Ostpreußen und Schleswig-Holstein Fischerräte gewählt worden.[68] Langfristiges Ziel war die Bildung einer Gesamtvertretung in Form eines Reichsfischereirates gewesen.[69] Der DSV hatte sich schließlich auf den Versuch der Bildung einer Gesamtvertretung der Ostseefischer beschränkt, doch das gesamte Unterfangen erwies sich im Laufe der Zeit als „*unzweckmäßig*“ und auch die politische Gesamtentwicklung war über das Rätesystem längst hinweggegangen.[70] Was blieb, war die Erkenntnis der Notwendigkeit eines übergeordneten Zusammenschlusses der See- und Küstenfischer.

Die Gründung des Reichsverbandes der deutschen See- und Küstenfischer

Schon während des Ersten Weltkriegs war eine starke Expansion im Verbandswesen zu beobachten gewesen; die Zahl der reichsweit arbeitenden Verbände stieg besonders in der Frühphase der Weimarer Republik noch einmal signifikant an. Die Tendenz zur Zentralisierung von Interessen war dem politischen Systemwechsel und der „Verreichlichung“ vieler Entscheidungsprozesse geschuldet.[71]

Diese Entwicklung machte auch vor der Küstenfischerei nicht halt, die bisher weder besonders straff noch einheitlich organisiert war. Die bestehenden Vereine und Verbände waren kaum vernetzt und weder landes- noch reichsweit zusam-

[65] Die Vertrauensleute stammten zumeist aus der Fischereiverwaltung und –aufsicht. Vgl. Fischmeister Wismar an Reichskommissar für Fischversorgung, 23.12.1918 und Vertrauensmann Regierungsbezirk Stralsund, Oberfischmeister Prutz, an Reichskommissar für Fischversorgung, 27.12.1918. BArch R 8838 / 9.

[66] Vertrauensmann des Ausschusses für Fischereibedarf, Köslin, an Reichskommissar für Fischversorgung, 9.1.1919. BArch R 8838 / 9.

[67] Vgl. beispielsweise Lotsenkommandeur Travemünde an Reichskommissar für Fischversorgung, 19.12.1918. BArch R 8838 / 9. Vgl. weitere Schreiben in der Akte.

[68] Vgl. Reichskommissar für Fischversorgung an RMEL, 28.1.1919. BArch R 8838 / 9.

[69] Vgl. die Versuche der Bildung eines Reichsbauern- und Landarbeiterrates mit Unterbau auf Gemeinde-, Bezirks- und Landesebene durch das RMEL im November 1918. Wichtigstes Ziel war die „Erhaltung des ländlichen Friedens“. Auch diese Maßnahme blieb erfolglos. Vgl. 50 Jahre RMEL (1969), S. 9 und zur ländlichen Rätebewegung Flemming, Landwirtschaftliche Interessen (1978), S. 254–257. Flemming verweist darauf, dass sich die ländlichen Räte weniger als politische, denn als wirtschaftliche Organe sahen und sie weniger Ausdruck spontaner Basisbewegung als künstliche, von oben verordnete Gebilde waren.

[70] Vgl. Schleswig-Holsteinische Ostseefischer an Reichskommissar für Fischversorgung, 8.1.1919. BArch R 8838 / 9. Nach dem Scheitern dieses Vorhabens wandte man sich stattdessen der Gründung des Reichsverbandes zu. Vgl. Tätigkeitsbericht DSV 1918/19, S. 56 und Tätigkeitsbericht DSV 1919/20, S. 144f.

[71] Vgl. Ullmann, Interessenverbände (1988), S. 174f.

mengeschlossen. Der DSV war aufgrund seiner halbstaatlichen Funktionen als Zentralverband ungeeignet. Dem allgemeinen Trend folgend, fiel daher die Entscheidung zur Bildung eines Reichsverbandes, der die speziellen Anliegen der Küstenfischer als eigene freie Organisation vertreten sollte. Zu diesem Zweck sollten sich alle bereits bestehenden und noch zu gründenden Vereine auf freiwilliger Basis zusammenschließen. Wilhelm Dröscher beschrieb die Aufgaben des geplanten Reichsverbandes der deutschen See- und Küstenfischer in einem Schreiben an das Schweriner Innenministerium. Seinen Mitgliedern sollte er fachkundige Beratung und Mithilfe bei der Gründung neuer Vereine und der weiteren Förderung des Genossenschaftswesens bieten. Als Interessenvertretung beabsichtigte der Verband, die zuständigen Verwaltungsbehörden des Reiches und der Länder *„zu beraten und zu unterstützen"* und eine vermittelnde Funktion zwischen den Fischern und wirtschaftlichen Organisationen, Industrie, Handel und Konsumenten zu übernehmen.[72]

Der Reichsverband entstand schließlich in enger Verbindung zum DSV, der bereits in der Gründungsphase involviert war. Der Verein bemühte sich, herauszustellen, dass die Anregung zur Gründung des Reichsverbandes aus den Fischerkreisen selbst geäußert worden sei.[73] Doch ohne die Mithilfe des DSV und Wilhelm Dröschers als Mentor der See- und Küstenfischerei wäre das ehrgeizige Vorhaben nicht zu realisieren gewesen.[74]

Der offizielle Anstoß zur Gründung ging Ende 1919 vom Ausschuss des DSV aus. Im Januar 1920 fand eine Beratung über den geplanten Zusammenschluss in den Räumen des DSV in Berlin statt. Vertreten waren Fischereivereine beider Küsten, darunter der Fischereiverband von Vorpommern und Rügen, der Mecklenburgische Fischereiverein, der Fischereiverein von 1896 aus Warnemünde, die Wismarer Fischerzunft und der Poeler Fischereiverein. Anwesend waren zudem die Fischereireferenten des zwischenzeitlich zuständigen Reichswirtschaftsministeriums und des Preußischen Landwirtschaftsministeriums; ein sichtbares Zeichen, dass die Verbandsgründung von Seiten der Regierung wohlwollend begleitet wurde.[75]

Der DSV sollte jedoch nicht nur den Rahmen dieser Gründungsversammlung stellen. Vielmehr sollte der Reichsverband an den DSV angeschlossen werden, da *„nur so die wirtschaftlichen Forderungen der Fischer in Berlin sachgemäß zu vertreten seien."* Zwar nähme der Reichsverband volle Selbständigkeit der Initiative und Unabhängigkeit der Beschlussfassung für sich in Anspruch, die praktische Durchführung der Geschäfte und Beschlüsse sollte jedoch zweckmäßigerweise in Zusammenarbeit mit dem DSV vonstatten gehen, nicht zuletzt, um auf dessen *„auf*

[72] RV der deutschen See- und Küstenfischer an MdI, 18.2.1920, LHAS, 5.12-4/2, Nr.439.
[73] Vgl. Tätigkeitsbericht DSV 1919/20, S.144.
[74] Vgl. Fischereiverband von Vorpommern und Rügen, in: Mitteilungen des DSV, Bd.36, Nr.1/2, Jan/Feb 1920, S.45–47 und Mitteilungen des DSV, Bd.36, Nr.3/4, März/April 1920, S.126–127.
[75] Vgl. Gründung des Reichsverbandes deutscher See- und Küstenfischer, in: Mitteilungen des DSV, Bd.36, Nr.1/2, Jan/Feb 1920, S.3–7.

langjähriger Erfahrung begründete[n] Rat"[76] in Fragen der Küstenfischerei zurückgreifen zu können. Tatsächlich ging es aber dabei vor allem um die Finanzierungsfrage. Allein aus Beiträgen hätte sich der Reichsverband angesichts der wirtschaftlichen Verhältnisse seiner Mitglieder kaum finanzieren können. Darauf verwies auch der Geschäftsführer des DSV, als es darum ging, ein mögliches Scheitern abzuwenden, das sich trotz grundsätzlicher Zustimmung zur Gründung des Reichsverbandes abgezeichnet hatte.[77] Offenbar erfolgreich, denn der Reichsverband wurde noch auf dieser Versammlung durch den Beitritt von zunächst sieben Fischereivereinen gegründet. Geschäftsführer und damit Hauptverantwortlicher wurde Wilhelm Dröscher, auf den die Idee der Verbandsgründung zurückging.[78]

Der DSV stellte dem Reichsverband Büroräume zur Verfügung und trug die Kosten der Geschäftsstelle. Im Gegenzug erhielt der Präsident des DSV eine feste Vorstandsmitgliedschaft im Reichsverband.[79] Da sich der DSV durch staatliche Zuschüsse finanzierte, war der Reichsverband allerdings weit davon entfernt, eine – wie ursprünglich angestrebt – freie und unabhängige Interessenvertretung zu sein. Dazu hätte ihm auch die interessenpolitische Infrastruktur gefehlt. Die Möglichkeiten der Einflussnahme des Reichsverbandes basierten auf der Persönlichkeit Dröschers und der Hilfestellung des eng mit den staatlichen Behörden verknüpften DSV. Für die Erfolgsaussichten der Verbandspolitik war dies ein nicht zu unterschätzender Faktor, denn die Ministerialbürokratie blieb auch in der Republik Hauptadressat der Bemühungen von Interessenverbänden.[80]

Ein wichtiges, gerade in der Entstehungsphase immer wieder hervorgehobenes Anliegen des Reichsverbandes war die Mitarbeit der Fischer selbst. Zu einer nachhaltigen Förderung des Gewerbes, so Dröscher, müsse unbedingt „*die rege Mitarbeit und Selbsttätigkeit der Fischer*" neben die „*staatliche[] Fürsorge, auf welche bisher die Fischer sich viel zu ausschließlich verlassen haben*", treten. Er wollte die Fischer zu „*Selbsthilfe und Selbstverwaltung ihrer Angelegenheiten*" und zu „*Gemeinsinn und Verantwortungsgefühl gegenüber den Forderungen der Allgemeinheit*" erziehen. Als „*Vertreter ihrer eigenen Berufsinteressen*" sollten sie künftig selbst mit den staatlichen Verwaltungsstellen zusammenarbeiten.[81] Bisher war das Engagement der Fischer fast ausschließlich auf die eigenen Bedürfnisse und das eigene Umfeld beschränkt gewesen. Eine Interessenbündelung über den lokalen Rahmen hinaus und die Verfolgung langfristiger Ziele hatte ihnen fern gelegen.

[76] Beide Zitate ebd., S. 3–7.

[77] Vgl. ebd.

[78] Vgl. ebd. und zu Dröschers Rolle bei der Gründung: Zum 70. Geburtstage von Herrn Geheimen Regierungsrat Dr. W. Dröscher, in: Mitteilungen des DSV, Bd. 46, Nr. 11/12, Nov/Dez 1930, S. 528f.

[79] Vgl. die Verbandssatzung in: Der Reichsverband der deutschen See- und Küstenfischer, in: Mitteilungen des DSV, Bd. 36, Nr. 3/4 , März/April 1920, S. 74–83.

[80] Vgl. Ullmann, Interessenverbände (1988), S. 178–180. Daneben gewannen nun der Reichstag, die politischen Parteien und die öffentliche Meinung größere Bedeutung für die Interessenpolitik als im Kaiserreich.

[81] RV der deutschen See- und Küstenfischer an MdI, 18. 2. 1920. LHAS, 5.12-4/2, Nr. 439.

Die Beteiligung der Fischer beschränkte sich aber auch diesmal weitgehend auf die Betonung des berufsständischen Elements in der Satzung. Die Mitgliedschaft stand ausschließlich Fischereiverbänden und, wo diese nicht existierten, Einzelvereinen der Küstenfischerei, die hauptsächlich aus Berufsfischern bestanden, offen. Der Vorstandsvorsitzende des Reichsverbandes musste ein berufsständischer Fischer sein.[82] Die eigentliche Verbandsarbeit leistete aber lange Jahre Wilhelm Dröscher als Geschäftsführer. Der Reichsverband blieb vor allem ein formaler Zusammenschluss. Die Mitgliedsvereine wurden nur bei lokalen und regionalen Problemen selbst aktiv. Zur Vertretung ihrer Anliegen griffen sie dabei, wie die Untersuchung zeigen wird, durchaus auf den Einfluss und die Autorität des Reichsverbandes zurück.

Der Reichsverband konnte sich im Verlauf der Zwanzigerjahre als offizielle Interessenvertretung etablieren. 112 der 160 Fischereivereine der Ostsee waren zum 1. April 1928 im Reichsverband organisiert. Im Oberfischmeisterbezirk Stralsund betrug der Organisationsgrad sogar 100 Prozent.[83] Für Mecklenburg konnten keine Angaben ermittelt werden. Da es sich hier aber um das ursprüngliche Wirkungsgebiet Wilhelm Dröschers handelt, darf angenommen werden, dass der Organisationsgrad ähnlich hoch wie im Regierungsbezirk Stralsund lag.[84] Insbesondere in der westlichen und mittleren Ostsee und damit im Untersuchungsgebiet kann der Reichsverband daher als die anerkannte Interessenvertretung der See- und Küstenfischer bezeichnet werden.

c) Mitverwaltung der Fischer auf Landesebene: Landesfischereiausschuss oder Anschluss an die Landwirtschaftskammer?

Die für Reichsebene skizzierten Diskussionen über die Organisation des Fischereiwesens und mögliche Formen der Mitbestimmung und Selbstverwaltung in einer Berufsvertretung wurden in ähnlicher Weise auch auf Landesebene geführt.

Mecklenburg-Schwerin, vor 1918 noch der politisch rückständigste deutsche Staat, zeigte sich bezüglich einer demokratischen Mitverwaltung der Fischer jetzt besonders offen und interessiert. Wilhelm Dröscher hatte sich als Vorsitzender des Mecklenburger Fischereivereins (MFV) schon vor dem Krieg für eine starke Interessenvertretung und mehr Selbstverantwortung der Fischer eingesetzt; nicht zuletzt in seiner nachdrücklichen Förderung des Genossenschaftswesens war dies

[82] Einzelne Berufsfischer ohne Vereinsbindung wurden nicht aufgenommen. Vgl. Der Reichsverband der deutschen See- und Küstenfischer, in: Mitteilungen des DSV, Bd. 36, Nr. 3/4 , März/April 1920, S. 74–83 (inklusive Satzung). Diese Bestimmung diente der Förderung des lokalen und regionalen Organisationswesens und damit der Vermeidung einer Interessenzersplitterung.

[83] Vgl. Dröscher, Berufsvertretung (1930), S. 40f. Er stützt sich auf die amtliche Statistik des Preußischen Landwirtschaftsministeriums.

[84] Die größeren Fischereivereine Mecklenburgs aus Wismar, Poel, Warnemünde und der MFV waren dem Reichsverband bereits als Gründungsmitglieder beigetreten. Vgl. Gründung des Reichsverbandes deutscher See- und Küstenfischer, in: Mitteilungen des DSV, Bd. 36, Nr. 1/2, Jan/Feb 1920, S. 3–7.

zum Ausdruck gekommen. So überrascht es nicht, dass er sich nun in Fragen der Berufsvertretung und Mitverwaltung der mecklenburgischen See- und Küstenfischer beherzt engagierte.

Bereits im August 1918 hatte er für eine Neuorientierung des MFV *„unter besonderer Betonung der Mitarbeit der Berufsfischer"* plädiert.[85] Seine Bemühungen erhielten durch den revolutionären Umbruch eine neue Dynamik. Anlässlich einer Versammlung des Vereins im September 1919, die sich mit der Frage der Neuorganisation des Berufsfischergewerbes beschäftigte, äußerte sich Dröscher kritisch über die bisherige Form der Vertretung der Fischer durch gemeinnützige Vereine, *„in denen der Fischer bisher wenig selber tätig gewesen sei."* Mitbestimmung sah Dröscher nicht nur als ein Recht, sondern auch als eine Pflicht der Fischer an: *„Im neuen Staate hat jeder selbst für sich und seine Interessen die volle Verantwortung zu übernehmen, zum Nutzen der Allgemeinheit und der persönlichen Selbsterhaltung."* Auf die Notwendigkeit einer demokratischen Verfassung der Volkswirtschaft verweisend, plädierte Dröscher für eine direkte Mitwirkung der Fischer bei der Verwaltung ihrer Berufsangelegenheiten und hatte im April 1919 im Namen des MFV einen Antrag auf Einrichtung eines Landesfischereiausschusses an das zuständige Ministerium des Innern gerichtet. Als wesentliche Aufgaben eines solchen Ausschusses für die Küstenfischerei nannte Dröscher die Einrichtung einer Fischereiaufsicht und die Beratung der Fischer, den Ausbau der genossenschaftlichen Organisation, die gemeinsame Beschaffung von Fahrzeugen und Motoren, die Organisation der Darlehensgewährung und des Versicherungswesens sowie eine Verbesserung der praktischen und theoretischen Ausbildung.[86]

Die Eingabe fand im zuständigen Ministerium des Innern durchaus Beachtung. Ministerialrat Kolbow zog beim Bayerischen Landesinspektor für Fischzucht, Dr. Maier, der gleichzeitig Präsident des Deutschen Fischereivereins war, Erkundigungen über die Organisation und Finanzierung des Fischereiwesens in Bayern ein und bemerkte angelegentlich, dass er die bisherige Bearbeitung der Fischereifragen durch einen vom Ministerium bezahlten Sachverständigen und den Mecklenburgischen Fischereiverein nicht mehr für tragbar halte. Er plane daher, der Landesregierung die Gründung eines Landesfischamtes vorzuschlagen, dessen Leitung einem hauptamtlichen Fischereisachverständigen übertragen und an das – hier greift er den Vorschlag Dröschers auf – ein mit Stimmrecht ausgestatteter Fischereiausschuss angegliedert werden sollte.[87]

Trotzdem man in Schwerin der Eingabe des MFV durchaus wohlwollend gegenüber stand, fand erst Anfang Dezember in Rostock eine Beratung über die Einrichtung eines Landesfischereiausschusses statt. Unter dem Vorsitz Dröschers als Vorsitzenden des MFV kamen als geladene Vertreter der mecklenburgische

[85] Bericht über die Generalversammlung des MFV am 24.8.1918. LHAS, 5.12-4/2, Nr. 442.

[86] Alle Zitate aus Bericht über die Generalversammlung des MFV am 6.9.1919 in Güstrow. (Zeitungsausschnitt unklarer Provenienz). AHW, XVI, 28 IIIa, Bl. 497.

[87] Vgl. MdI, Schwerin, an Landesinspektor für Fischzucht, Staatsministerium des Innern, München, 25.6.1919. LHAS, 5.12-4/2, Nr. 438.

Ministerialrat Kolbow vom Minsterium des Innern, ein Vertreter des Mecklenburgischen Landtages und Regierungsrat Dr. Maier als Präsident des Deutschen Fischereivereins mit den gewählten Kommissionsmitgliedern des Fischereigewerbes zusammen. Dazu zählte an erster Stelle Wilhelm Kühl sen., der als Vorsitzender des Bundes mecklenburgischer Berufsbinnenfischer gleichzeitig das Amt des Vizepräsidenten des Deutschen Fischereivereins bekleidete und damit eine herausragende Rolle innerhalb der deutschen Binnenfischerei spielte. Auch Fischer der See- und Küstenfischerei gehörten der Kommission an.

Dröscher entwickelte einleitend nochmals seine Ideen für eine auf mehr Selbsthilfe und Eigenverantwortung ausgerichtete Neugestaltung des Fischereiwesens. Tatsächlich einigten sich alle Anwesenden auf die Schaffung eines Organs mit öffentlich-rechtlichem Charakter, ähnlich den Landwirtschafts- und Handelskammern. Der Landsfischereiausschuss sollte aus elf gewählten Vertretern der einzelnen Fischereizweige zusammengesetzt sein und sowohl selbständige Fischer als auch die unselbständigen Gehilfen vertreten. Wahlberechtigt sollten nur Berufsfischer sein. Um die Selbständigkeit des Gremiums zu bewahren, sollte der Ausschuss ausschließlich durch Beiträge der Fischer finanziert werden, eine Forderung, der die sonst in Finanzfragen sehr empfindlichen Fischereivertreter zustimmten.[88] Die Landesregierung sollte sich bei „gerechten“ Forderungen der Fischer möglichst nach den Entscheidungen des Ausschusses richten. Darüber hinaus müsse ihm auch gegenüber den Fischern selbst Autorität zukommen. So sollten unwirtschaftlich arbeitende Fischer zukünftig von der Fischereiausübung ausgeschlossen werden können. Der Landesfischereiausschuss wäre nach diesen Vorstellungen ein unabhängiges, berufsständisch organisiertes, mit weitgehenden Vollmachten ausgestattetes, demokratisches Gremium gewesen.[89]

Obwohl das Vorhaben mit dem Beschluss, einen ersten Verordnungsentwurf für den Landesfischereiausschuss zu erarbeiten, bereits recht konkret geworden war, verzögerte sich die Umsetzung nun. Dr. Maier, der die mecklenburgischen Pläne sehr begrüßte, forderte im Februar 1920 eine Beschleunigung der Angelegenheit. Er habe den mecklenburgischen Vorschlag auf der Verwaltungsratssitzung des Deutschen Fischereivereins in Berlin vorgestellt. Die dort von den preußischen Vertretern, die sich von einem System der einseitigen Anordnung durch die Behörde nicht losdenken könnten, erhobenen Zweifel an der Durchführbarkeit teile er nicht.[90]

Tatsächlich zeigte sich Preußen hinsichtlich einer Mitbestimmung der Fischer sehr viel weniger experimentierfreudig. Der im April 1920 bekannt gewordene Entwurf zu einem neuen preußischen Landwirtschaftskammergesetz sah die Einbeziehung der Binnen- und der See- und Küstenfischerei in die landwirtschaft-

[88] Vgl. Niederschrift über die Beratung der Mecklenburger Fischereivertreter über die Einrichtung eines Landesfischerei-Ausschusses in Rostock am 7.12.1919. LHAS, 5.12-4/2, Nr. 438.
[89] Vgl. ebd.
[90] Vgl. Landesinspektor für Fischzucht im Staatsministerium des Innern, Bayern an MdI, Schwerin, 18.2.1920. LHAS, 5.12-4/2, Nr. 438.

liche Berufsvertretung vor.[91] Wie im Falle des ähnlich lautenden Reichsgesetzes formierte sich von Seiten des DSV und des mittlerweile in Berlin gegründeten Reichsverbandes der deutschen See- und Küstenfischer heftiger Widerstand gegen diesen Plan, in dem man *„eine große Benachteiligung und Gefährdung der zukünftigen Entwicklung der Fischerei"* erblickte.[92] Doch trotz anders lautender Zusagen des preußischen Landwirtschaftsministers verblieb die Küstenfischerei im Gesetzentwurf, der Anfang September 1920 der verfassunggebenden preußischen Landesversammlung vorgelegt wurde.[93] Auf Initiative des Reichsverbandes, der entsprechende Eingaben an die einzelnen Fraktionen richtete, beschloss der zuständige Landwirtschaftsausschuss die Beschränkung auf die Binnenfischerei.[94] Allerdings wurde das neue Landwirtschaftskammergesetz von der Landesversammlung nie verabschiedet; man wartete vergeblich auf den Erlass des Reichsrahmengesetzes.[95] Im Sommer 1921 beschloss die Preußische Hauptlandwirtschaftskammer schließlich durch Änderung ihrer Satzung die Bildung einer Fachabteilung für Fischerei und die Einrichtung von Fischereiausschüssen in den Landwirtschaftskammern der Provinzen.[96] Einen gesetzlichen Anschluss, der Zwangsmitgliedschaft und Beitragszahlungen mit sich gebracht hätte, bedeutete dies jedoch nicht. Erst 1929 anlässlich der Vorlage eines neuen Landwirtschaftskammergesetzes wurde dies erneut aktuell. Der Gesetzentwurf erklärte die Fischerei in den preußischen Küstengewässern zu einem Zweig der Landwirtschaft und sah dementsprechend ihre Eingliederung in die Landwirtschaftskammer als die landwirtschaftliche Berufsvertretung vor.[97]

Diese Pläne führten zu scharfen Protesten des Reichsverbandes der See- und Küstenfischer.[98] Als Interessenvertretung stand er in Konkurrenz zu den Land-

[91] Vgl. Dröscher, Landwirtschaftskammer (1929), S. 436.

[92] RV der deutschen See- und Küstenfischer an MdI, 4. 6. 1920. LHAS, 5.12-4/2, Nr. 437. Unter anderem fanden Besprechungen mit dem preußischen Landwirtschaftsminister statt. Vgl. Dröscher, Landwirtschaftskammer (1929), S. 437. Vgl. auch Tätigkeitsbericht DSV 1920/21, S. 85.

[93] Vgl. Dröscher, Landwirtschaftskammer (1929), S. 438.

[94] Vgl. Eingabe des Reichsverbandes betr. die Ausscheidung der Küstenfischerei aus § 1, Absatz 1 des Entwurfs eines Landwirtschaftskammergesetzes, 14. 9. 1920. LHAS, 5.12-4/2, Nr. 437 sowie Dröscher, Landwirtschaftskammer (1929), S. 438 f. und RV der deutschen See- und Küstenfischer an MdI, 14. 9. 1920, LHAS, 5.12-4/2, Nr. 437.

[95] Preußen hatte angekündigt, sich in dieser Frage an der Entwicklung auf Reichsebene zu orientieren. Vgl. Dröscher, Landwirtschaftskammer (1929), S. 437 und 439. Zu den letztendlich gescheiterten Bestrebungen einer Reform der öffentlich-rechtlichen Berufsvertretungen vgl. Flemming, Landwirtschaftliche Interessen (1978), S. 271–273. Das Scheitern des Entwurfs hatte mit dem Kampf gegen die geplante Einbeziehung der Fischerei nichts zu tun. Dieser war dabei höchstens ein Nebenschauplatz. Der Widerstand gegen den Gesetzentwurf entzündete sich im Reich wie in Preußen an der geplanten Verstärkung der Staatsaufsicht und einer neuen demokratischen Wahlordnung, die den Einfluss der bisher tonangebenden Großgrundbesitzer hätte einschränken können.

[96] Vgl. Dröscher, Landwirtschaftskammer (1929), S. 440 und Tätigkeitsbericht DSV 1924/25, S. 51.

[97] Vgl. Dröscher, Landwirtschaftskammer (1929), S. 232–236 und S. 440 f.

[98] In den Mitteilungen des DSV lieferten sich Wilhelm Dröscher vom Reichsverband und H.J. Krämer von der LWK Pommern eine Auseinandersetzung zu diesem Thema. Die detaillierten Stellungnahmen können hier nur in Ansätzen wiedergegeben werden. Vgl. Dröscher, Landwirtschaftskammer (1929); Krämer, Berufsvertretung (1930) und Dröscher, Berufsvertretung (1930).

wirtschaftskammern und kritisierte daher die bisherige Arbeit der Fischereiausschüsse als ungenügend.[99] Gegen den geplanten gesetzlichen Anschluss führte Dröscher wiederum die Wesensverschiedenheit von Fischerei und Landwirtschaft an. Er betonte zudem, dass der Ostseeraum als ein Wirtschaftsgebiet anzusehen und ein Alleingang Preußens daher weder sinnvoll noch erwünscht sei. Da die Fischer in der Ausübung ihres Berufes mehr und mehr Ländergrenzen überschritten, seien hier zentrale Regelungen erforderlich. [100] Schlussendlich sei die Vertretung der preußischen Küstenfischer bereits durch die preußische Fischereiverwaltung, die Organisation des DSV und den Reichsverband mit den ihm angeschlossenen Vereinen auf das Beste gewährleistet. Den Anschluss an die Landwirtschaftskammer betrachtete er als unnötige und noch dazu kostenintensive Überorganisation.[101]

Die Haltung der Fischer in der Diskussion um die Form ihrer Berufsvertretung ist aufgrund fehlender Äußerungen kaum ersichtlich und muss hauptsächlich über Aussagen Dritter erschlossen werden. Dröscher versuchte den von Seiten der Landwirtschaftskammer erhobenen Vorwurf, im Reichsverband sei nur eine geringe Anzahl Fischer repräsentiert, ebenso zu widerlegen wie die Behauptung, der weitaus größte Teil der preußischen Fischer sei für den Anschluss an die Landwirtschaftskammer. Es ist zu vermuten, dass diese Auseinandersetzung im Wesentlichen über die Köpfe der Fischer hinweg ausgetragen wurde.[102] Letztendlich wurde der Plan einer Einbeziehung der Küstenfischerei gänzlich fallengelassen; ob dies in Zusammenhang mit dem Einsatz Dröschers stand, kann nur spekuliert werden.[103] Der gesamte Versuch einer strukturellen Reform der preußischen Landwirtschaftskammer scheiterte 1930 erneut.[104]

99 Nach Aussage des Vertreters der pommerschen LWK, Krämer, widmeten sich die Ausschüsse allen auf Provinzialebene auftretenden fischereilichen Fragen. Zudem bestünden die Ausschüsse aus Fischern und stellten daher – ganz im Gegensatz also zum Reichsverband – eine Art berufsständisches Parlament dar. Vgl. Krämer, Berufsvertretung (1930), S.36. Dröscher bemerkte dazu, dass von einer ernsthaften Tätigkeit der LWK im Interesse der Küstenfischerei nur in Pommern die Rede sein könne und auch hier keine Erfolge bekannt geworden seien, die nicht der DSV und der Reichsverband erzielt hätten. Vgl. Dröscher, Berufsvertretung (1930), S.37.

100 Die Küstenfischerei, vor allem die sogenannte Kleine Hochseefischerei, stünde vom Wesen vielmehr der Hochsee- als der Binnenfischerei nahe und gerade diese habe mit der Landwirtschaft keinerlei Anknüpfungspunkte. Vgl. Dröscher, Landwirtschaftskammer (1929), S.444–449.

101 Vgl. Dröscher, Landwirtschaftskammer (1929), S.455. Vgl. zur Problematik der Beitragspflicht ausführlich ebd., S.450–451.

102 Vgl. Dröscher, Berufsvertretung (1930), S.39–41 und Die Fischerei-Berufsvertretung. Auch Rügen für die Landwirtschaftskammer, Zeitungsartikel vom 12.8.1929, (evtl. Generalanzeiger). StAS, Rep.20, Nr.60, Bl.31. 215, 33. Auf der Generalversammlung des Verbands Rügen waren Dr. Krämer (LWK Stettin) und Dr. Fritzsche (Preußische Hauptlandwirtschaftskammer) anwesend.

103 Vgl. Wünsche der vorpommerschen Fischer, in: Stralsunder Tagblatt (18.5.1931). Auch der Preußische Staatsrat hatte die Streichung der Küstenfischerei aus dem geplanten Gesetz empfohlen. Vgl. Dröscher, Berufsvertretung (1930), S.45.

104 Vgl. Flemming, Landwirtschaftliche Interessen (1978), S.274.

Das Land Mecklenburg hatte sich schließlich am Vorgehen des Reiches und der anderen Länder orientiert. Auf den im April 1920 an das Ministerium des Innern übersandten Verordnungsentwurf über die Errichtung des Landesfischereiausschusses erhielt Dröscher keine Resonanz.[105] Zu einer Stellungnahme aufgefordert, verwies das Ministerium für Landwirtschaft, Domänen und Forsten im November auf den Referentenentwurf zum Reichslandwirtschaftskammergesetz, der den Anschluss der Binnenfischerei an die Landwirtschaftskammer vorsah. Bis zur Neubildung der mecklenburgischen Landwirtschaftskammer sollte die Frage der Organisation der mecklenburgischen Fischerei daher zurückgestellt werden.[106] Spätestens im November 1921 nahm man von der Idee eines Landesfischereiausschusses dann endgültig Abstand. Dem preußischen Beispiel folgend, wurde ein Ausschuss bei der Landwirtschaftskammer eingerichtet, allerdings nur für Binnenfischerei.[107]

Nachdem der Plan eines demokratischen Landesausschusses gescheitert war und die Küstenfischerei immer noch ohne Berufsvertretung auskommen musste, behielt der MFV offiziell seine beratende Funktion, auch nachdem Dröscher den Vereinsvorsitz aufgrund seines Engagements für den neugegründeten Reichsverband abgegeben hatte.[108] Allerdings erfolgte die Finanzierung durch das Land nicht mehr mit der gleichen Selbstverständlichkeit. Die Korrespondenz zwischen Verein und Regierung befasste sich in den folgenden Jahren verstärkt mit dringend benötigten Zuschüssen; der MFV stand offenbar mehrfach vor der Auflösung. Der neue Vorsitzende, Binnenfischer Wilhelm Kühl sen., vergaß nicht, in seinen wiederholten Bittschreiben an das Ministerium stets die Bedeutung der Tätigkeit des Vereins herauszustellen, so etwa im Juli 1921, als er darauf hinwies, dass der MFV dringend bestehen bleiben müsse, *„weil sonst wie schon bemerkt, alle Fäden zwischen den praktischen Fischern und der Regierung und allen übrigen Behörden zerrissen sind."*[109] Nur zögerlich bewilligte die mecklenburgische Regierung, die auf die sachverständige Beratung des Vereins nicht völlig verzichten wollte, daraufhin einen Teilbetrag des erbetenen Zuschusses.[110] Im kommenden

[105] Vgl. MFV an MdI, 22.4.1920. LHAS, 5.12-4/2, Nr. 438.

[106] Vgl. MfLDF an MdI, 25.11.1920. LHAS, 5.12-4/2, Nr. 438. Dagegen erhob das Ministerium für Finanzen keine Einwände gegen die Errichtung eines Landesfischereiausschusses, solange nicht wesentlich höhere Staatsmittel als bisher in Anspruch genommen werden müssten. Vgl. Finanzministerium an MdI, 2.10.1920. LHAS, 5.12-4/2, Nr. 438.

[107] Vgl. RV der deutschen See- und Küstenfischer an Staatsministerium Mecklenburg, 31.10. 1921 mit handschriftlicher Notiz. LHAS, 5.12-4/2, Nr. 439, Bl. 4. (201, 15–17). Vgl. auch MfLDF an MFV, 18.4.1923. LHAS, 5.12-4/2, Nr. 442, Bl. 136. Von den fünf Mitgliedern des einzurichtenden Ausschusses für Binnenfischerei sollte der MFV drei vorschlagen.

[108] Dröscher, der bereits im August 1918 mitgeteilt hatte, den Vorsitz des MFV abgeben zu müssen, da er nach Berlin gehe, war nur vorläufig im Amt geblieben. Vgl. Bericht über die Generalversammlung des MFV am 24.8.1918. LHAS, 5.12-4/2, Nr. 442.

[109] MFV an MdI, 1.7.1921. LHAS, 5.12-4/2, Nr. 442. Kühl wies weiter darauf hin, dass nicht nur alle anderen Landesfischereivereine im Deutschen Reich Staatsmittel erhielten, sondern dass diese nach dem Krieg sogar deutlich gestiegen seien. Vgl. MFV an MdI, 16.2.1921. LHAS, 5.12-4/2, Nr. 442.

[110] Vgl. MdF an MfLDF, 15.7.1921. LHAS, 5.12-4/2, Nr. 442.

Jahr wurde die Bezuschussung von der Bedingung abhängig gemacht, dass der Verein unentgeltlich einen Entwurf für ein neues Fischereigesetz ausarbeite.[111]

Im August 1923, auf dem Höhepunkt der Inflation, teilte der MFV dem Ministerium mit, der Verein könne unter den heutigen Verhältnissen nicht mehr erhalten werden und sei am Ende seines Bestehens. Für die bisher durch den Verein erledigte Bearbeitung der fischereiwirtschaftlichen Fragen für das Land schlug er die Einstellung eines hauptamtlichen Fischereisachverständigen, wie es ihn in manchen preußischen Kammern gab, vor; eine Idee, die aus finanziellen Erwägungen keine Umsetzung fand.[112] Erst 1930 war bei der Mecklenburgischen Landwirtschaftskammer nachweislich ein hauptamtlicher Fischereibiologe angestellt.[113]

Der Mecklenburgische Fischereiverein wurde zwar nicht aufgelöst, trat aber in den nächsten Jahren mehr und mehr in den Hintergrund.[114] Die Interessen der Küstenfischerei wurden in zunehmendem Maße durch den Reichsverband der deutschen See- und Küstenfischer und seinen Vorsitzenden Wilhelm Dröscher bei der mecklenburgischen Verwaltung vertreten. Deutlich zeigen sich daran Bedeutung und Einfluss der Person Wilhelm Dröschers. Er selbst garantierte die Kontinuität der Zusammenarbeit, nicht die Organisation, die er vertrat.[115]

d) Fazit

Die letzten Kriegsjahre und vor allem die Frühphase der Weimarer Republik waren durch die Erörterung diverser Organisationsmodelle der Fischwirtschaft geprägt. In den Diskussionen zeigen sich die divergierenden Interessen der während des Krieges im Reichskommissariat für Fischwirtschaft unfreiwillig zusammengeführten fischwirtschaftlichen Zweige Fischerei, Handel und Industrie. Einer Fortführung des zwangswirtschaftlichen Zusammenschlusses standen sie ablehnend gegenüber. Der vielfach geäußerte Wunsch der produktiven Fischerei nach einer selbstverwalteten Seefischereikammer blieb unerfüllt, doch auch der geplante und von den Betroffenen abgelehnte Anschluss der Fischerei an die Landwirtschaftskammer unterblieb. Zur Einrichtung eines aus Kreisen der Hochseefischerei ge-

111 Vgl. MfLDF an MdF, 3.10.1922. LHAS, 5.12-4/2, Nr. 442, Bl. 131 und MdF an MfLDF, 18.10.1922. LHAS, 5.12-4/2, Nr. 442.

112 Vgl. MFV an MfLDF, 31.8.1923. Das Finanzministerium verwies darauf, dass der Staatskasse angesichts der prekären Finanzlage das Gehalt für einen Fischereisachverständigen bei der LWK nicht zugemutet werden könnte. Vgl. MdF an MfLDF, 3.10.1923. LHAS, 5.12-4/2, Nr. 438.

113 Vgl. Staatshandbuch Mecklenburg 1930, S. 246.

114 Dafür waren sicherlich die finanziellen Probleme mitverantwortlich. Vermutlich wandte sich der MFV, dem mit Wilhelm Kühl sen. ein Binnenfischer vorstand, nun auch vermehrt den Fragen der Binnenfischerei zu.

115 Vgl. Ullmann, Interessenverbände (1988), S. 62. Die Bedeutung von Einzelpersonen bzw. Personengruppen war in der Frühphase der Entwicklung des Verbandswesens im 19. Jahrhundert besonders groß. Im Fall Dröschers und der Küstenfischerei galt dies auch noch zu Beginn der Weimarer Republik.

forderten Reichsamtes für Seefischerei konnte sich die Reichsregierung ebenfalls nicht durchringen. Der Deutsche Seefischereiverein behielt seine Funktion als halbamtliches, ausführendes Organ des Reichsministeriums für Ernährung und Landwirtschaft. Da die wirtschaftlich starken Fischereizweige in eigenen Interessenvertretungen organisiert waren, engagierte sich der DSV vorrangig auf dem Gebiet der See- und Küstenfischerei.

Letztendlich wurde weder im Reich noch in den Ländern eine einheitliche öffentlich-rechtliche Berufsvertretung für die See- und Küstenfischerei geschaffen. Auf Landesebene war der von Wilhelm Dröscher forcierte Plan eines Landesfischereiausschusses als demokratische Selbstverwaltung der Fischerei in Mecklenburg das fortschrittlichste und konkreteste Vorhaben in diesem Bereich. Während man sich im preußischen Pommern mit einer losen Anbindung der See- und Küstenfischerei an die Landwirtschaftskammer behalf und ansonsten auf die effiziente Fischereiverwaltung verließ, musste man in Mecklenburg nach dem Scheitern des Landesfischereiausschusses ein weiteres Mal improvisieren. Neben dem Mecklenburgischen Fischereiverein blieb Wilhelm Dröscher, nun als Geschäftsführer des Reichsverbandes der deutschen See- und Küstenfischer, der wichtigste Berater der Behörden.

Die bedeutendste Neuerung der Weimarer Zeit war fraglos die Gründung dieses Reichsverbandes, der die Interessen der See- und Küstenfischerei erstmals zentral bündelte. Die Notwendigkeit eines berufsständisch organisierten Verbandes brachte Wilhelm Dröscher dabei stets mit den neuen Anforderungen der demokratischen Staatsform in Verbindung, die auch von der Berufsgruppe der See- und Küstenfischer mehr Eigenverantwortung und Selbsthilfe abverlange. In der Praxis wurde der Reichsverband allerdings weitgehend durch Wilhelm Dröscher als Geschäftsführer dominiert und aus Mitteln des DSV, d.h. indirekt durch das Reich und die Länder, finanziert. Auch der Reichsverband stellte damit keinen unabhängigen, selbstorganisierten Berufsverband dar. Unter den bestehenden Voraussetzungen bot er dennoch die beste Form der Interessenvertretung für eine kleine, wirtschaftlich schwache Berufsgruppe wie die See- und Küstenfischerei.

3. Etappen des Niedergangs

a) Zwischen Kriegswirtschaft und Währungsreform 1916–1924

Die Zeit bis Ende 1923 war in der See- und Küstenfischerei durch unnatürliche Verhältnisse infolge der Kriegswirtschaft und der Inflation geprägt. Der Erste Weltkrieg hatte im Zuge der Bewirtschaftung staatliche Eingriffe notwendig gemacht. Diese Zwangswirtschaft wurde auf dem „langen Weg zur Friedenswirtschaft“[116] in der Frühphase der Republik fortgeführt, daher wird die Entwicklung

[116] Kluge, Agrarwirtschaft (2005), S. 14.

während des Ersten Weltkriegs in die Untersuchung einbezogen. So wird auch ein Vergleich zur Kriegsbewirtschaftung der NS-Zeit möglich.

Zwangsbewirtschaftung

Die See- und Küstenfischerei der Ostsee wurde im Ersten Weltkrieg weniger durch den Wegfall von Fanggebieten als durch die zahlreichen Einberufungen zum Kriegsdienst beeinträchtigt. Die eingezogenen Fischer konnten durch alte und sehr junge Männer oder durch Frauen nur notdürftig ersetzt werden. Die Folge war die völlige Stilllegung mancher Fischereibetriebe.[117] Eine der Haupttätigkeiten des Mecklenburger Fischereivereins und des preußischen Oberfischmeisteramtes in Stralsund bestand daher in der Ausarbeitung und Prüfung zahlreicher Freistellungsgesuche.[118] Obwohl die Militärverwaltung Unabkömmlichkeitsstellungen relativ restriktiv handhabte, waren die Bemühungen offenbar erfolgreich: *„Die einberufenen Fischer* [konnten] *teils ganz, teils abwechselnd auf längere Zeit vom Heeresdienst reklamiert werden"*.[119] Auch ein Teil der Fischereiaufsichtsbeamten wurde zum Kriegsdienst eingezogen, so dass die Fischereiaufsicht nicht überall in vollem Umfang ausgeübt werden konnte.[120]

Die wirtschaftliche Situation der verbliebenen Küstenfischer allerdings verbesserte sich angesichts der angespannten Ernährungslage im zweiten Kriegsjahr zusehends. Infolge des akuten Fleischmangels zogen die Fischpreise ab September 1915 stark an und hatten sich bis Ende März 1916 teilweise sogar verdoppelt.[121] Im ersten Kriegsjahr hatte der MFV noch eine Sammlung zugunsten der Hinterbliebenen der zum Kriegsdienst eingezogenen mecklenburgischen Küstenfischer veranstaltet, von einer weiteren Sammlungstätigkeit jedoch aufgrund der gestiegenen Fischpreise abgesehen.[122] Die guten Verdienstmöglichkeiten zeigten dann

[117] Vgl. Jahresbericht über die See- und Küstenfischerei Preußens 1917, S. 92. Die Zahl der in den Bereichen Landwirtschaft, Forsten und Fischerei Tätigen ging zwischen 1914 und 1918 insgesamt um etwa 25 Prozent zurück, die entstehende Lücke konnte nur zu einem Drittel durch den Einsatz von Kriegsgefangenen geschlossen werden. Dies musste sich negativ auf die Nahrungsmittelproduktion auswirken. Vgl. Henning, Wirtschafts- und Sozialgeschichte (2003), S. 94 und 103f. Zur Versorgung mit Arbeitskräften während des Ersten Weltkrieges allgemein, vgl. ebd., S. 87–98.

[118] Vgl. Gesuche um Beurlaubung vom Kriegsdienst, um die Fischerei auszuüben, März 1916 bis November 1918. LAG, Rep. 250, Nr. 395 und Kurzer Geschäftsbericht des MFV für das Jahr 1916. LHAS, 5.12-4/2, Nr. 442, Bl. 101.

[119] Bericht über die Generalversammlung des MFV am 24. 8. 1918 und Geschäftsbericht 1917. LHAS, 5.12-4/2, Nr. 442. Vgl. Henning, Wirtschafts- und Sozialgeschichte (2003), S. 96.

[120] Vgl. Jahresbericht über die See- und Küstenfischerei Preußens 1916, S. 165.

[121] Vgl. Jahresbericht über die See- und Küstenfischerei Preußens 1915, S. 57. Im November 1915 beklagte die Preisprüfungsstelle Rostock die ungeheuren Preissteigerungen für Seefisch und forderte im Interesse der Volksernährung dringend die Schaffung von Höchstpreisen. Vgl. Sitzungsprotokoll des II. Unterausschusses der Preisprüfungsstelle Rostock, 18. 11. 1915. BArch R 3601 / 263. Auch in Folge der gezielten Verminderung der Schweinebestände im Januar 1915, dem sog. Schweinemord, traten in der Fleischversorgung seit 1915/16 Engpässe auf. Ab Oktober 1915 wurden daher zwei fleischlose Tage pro Woche propagiert. Vgl. Henning, Wirtschafts- und Sozialgeschichte (2003), S. 125.

[122] Vgl. Bericht über die Generalversammlung des MFV am 24. 8. 1918. LHAS, 5.12-4/2, Nr. 442.

rasch Wirkung: im Jahr 1916 lagen für die Ostseeküste zahlreiche Bestellungen für Bootsneubauten vor.[123]

Hinsichtlich der Versorgung mit Nahrungsgütern und mit Rohstoffen war das Deutsche Reich gänzlich unvorbereitet in den Krieg eingetreten. Bis 1914 war etwa ein Fünftel des deutschen Nahrungsmittelbedarfs importiert worden. Dieser Abhängigkeit zum Trotz waren weder für eine ausreichende Bevorratung Sorge getragen, noch Pläne für eine Bewirtschaftung und Zuteilung getroffen worden.[124] Zwar hatte der Bundesrat gleich zu Kriegsbeginn im August 1914 ein Gesetz erlassen, das unzulässigen Preissteigerungen durch die Möglichkeit der Festsetzung von Kleinhandelshöchstpreisen entgegenwirken sollte. Die Zuständigkeit lag jedoch bei den Landeszentralbehörden, die in Preußen und anderen Bundesstaaten wiederum die kommunalen Verwaltungsorgane mit der Umsetzung beauftragten.[125] Ein reichseinheitlicher Höchstpreis wurde im Oktober 1914 zunächst nur für Brotgetreide erlassen.[126] Die lokale Festsetzung der Höchstpreise erwies sich insofern als verhängnisvoll, als die Waren nun in die Städte und Kreise geliefert wurden, die entweder noch keine oder aber sehr hohe Höchstpreise festgesetzt hatten, während Orte mit niedrigen Höchstpreisen boykottiert wurden.[127]

So wurden die in Stralsund festgesetzten Fischpreise im Herbst 1916 in der gesamten Umgebung weit überboten. Während man für 80 Heringe in Stralsund 6,40 Mark zahlte, konnten nach Angaben der Fischverwertungsgenossenschaft auf der benachbarten Insel Rügen angeblich bis zu 20 Mark dafür erzielt werden. Angesichts des hohen Anteils an Selbstversorgern war es den ländlichen Kreisen offenbar möglich, weitaus höhere Preise zu dulden als die Städte, die für die Versorgung einer großen Einwohnerzahl verantwortlich waren. Dies führte dazu, dass die Stralsunder Fischer ihre Fänge anderweitig absetzten, auswärtige Fischer nicht mehr in Stralsund anlandeten und der städtischen Bevölkerung Fisch als Nahrungsmittel nicht zur Verfügung stand. Die eben erst gegründete Stralsunder Fischverwertungsgenossenschaft wies in einem offenen Brief in der Stralsunder Zeitung darauf hin, dass die in Stralsund gezahlten Preise den Fischern zwar grundsätzlich genügen könnten, jedoch nur, wenn sie an der gesamten Ostsee-

123 Von den guten Preisen profitierten jedoch nicht nur die Fischer, sondern vor allem auch der Handel. Vgl. Sitzungsprotokoll des II. Ausschusses der Preisprüfungsstelle Rostock, 7.6.1916 und Sitzungsprotokoll des II. Ausschusses der Preisprüfungsstelle Rostock, 7.8.1916 BArch R 3601 / 263. Zu den Bootsneubauten vgl. Jahresbericht See- und Küstenfischerei Preußens 1916, S.165. Diese konnten aufgrund des Arbeitskräftemangels jedoch nur zum Teil durchgeführt werden.

124 Vgl. Henning, Wirtschafts- und Sozialgeschichte (2003), S.54–59; 122–131 und Kluge, Agrarwirtschaft (2005), S.12.

125 Vgl. Skalweit, Kriegsernährungswirtschaft (1927), S.116f. und allgemein zur Organisation der Ernährungswirtschaft in Pommern: Inachin, Durchbruch (2004), S.149f.

126 Vgl. Skalweit, Kriegsernährungswirtschaft (1927), S.119f.

127 Vgl. ebd., S.118; Steiner, Staatliche Preispolitik (2006), S.15 und Flemming, Landwirtschaftliche Interessen (1978), S.98.

küste Geltung hätten. Unter den jetzigen Umständen könne niemand verlangen, dass die Fischer ihre Ware zu den niedrigsten gebotenen Preisen verkauften.[128]

Ähnlich gestaltete sich im November 1916 die Lage in Wismar. Im Oktober waren für den Bereich der Stadt neue Höchstpreise für Seefisch erlassen worden. Obwohl die Festsetzung der Preise mit Genehmigung des Fischervereins erfolgt war, konnte die städtische Bevölkerung seither kaum noch Fisch bekommen. Die Preisprüfungsstelle ermittelte, dass bisher für die Stadt tätige Fischer ihre Ware nun zu weitaus höheren Preisen auswärts verkauften. Deshalb habe man eine einheitliche Preisregelung für Mecklenburg angeregt.[129] Auch in der Preisprüfungsstelle Rostock wurden die Probleme der lokal unterschiedlichen Preise rasch erkannt und diskutiert. Noch bevor für das Gebiet der Stadt erstmals Seefischpreise festgesetzt wurden, wurde bereits auf die Notwendigkeit einer Regelung für das gesamte Ostseegebiet verwiesen.[130] Preisprüfungsstellen waren zur Bekämpfung des Wucherhandels in allen größeren Gemeinden eingerichtet worden.[131] Da ihnen polizeiliche Befugnisse fehlten, blieben sie jedoch nur eine stumpfe Waffe.[132]

Diese Probleme traten bei fast allen Nahrungsmitteln auf, umfassende Bewirtschaftungsmaßnahmen schienen unumgänglich. Der allgemein katastrophalen Versorgungslage war man daher schon im Mai 1916 mit der Bildung des Kriegsernährungsamtes begegnet. Als Zentralinstanz sollte es die bis dahin bestehende Vielzahl an Einrichtungen auf Reichs-, Landes- und Gemeindeebene zusammenfassen.[133] Die nun einsetzende weitgehende Verstaatlichung der öffentlichen Versorgung brachte dann Ende des Jahres 1916 auch im Bereich der Fischerei zentrale zwangswirtschaftliche Maßnahmen mit sich. Bis Herbst 1916 hatte die Nachfrage nach Seefisch durch Auslandseinfuhren zunächst noch befriedigt werden können, wenn auch auf hohem Preisniveau. Ab Herbst 1916 machte sich die eng-

[128] Vgl. Vorstand der Fischverwertungsgenossenschaft Stralsund, Rechtfertigung der eigenen Verkaufspolitik und Kritik der Stralsunder Höchstpreise für Fische, in: Stralsundische Zeitung (22.11.1916). StAS, Rep. 20, Nr. 63, Bl. 130.

[129] Vgl. Sitzungsprotokoll der Preisprüfungsstelle Wismar, 27.11.1916. BArch R 3601 / 320. Mit dem Fischerverein ist hier wohl die Wismarer Fischerzunft gemeint.

[130] Vgl. Sitzungsprotokoll des II. Ausschusses der Preisprüfungsstelle Rostock, 7.6.1916; Sitzungsprotokoll des II. Ausschusses der Preisprüfungsstelle Rostock, 11.7.1916; Sitzungsprotokoll des II. Ausschusses der Preisprüfungsstelle Rostock, 7.8.1916. BArch R 3601 / 263.

[131] In Gemeinden über 10000 Einwohner war die Einrichtung vorgeschrieben. Vgl. Skalweit, Kriegsernährungswirtschaft (1927), S. 130f.

[132] Vgl. Huegel, Kriegsernährungswirtschaft, S. 112f. Dass auch eine reichsweit gültige Preisgestaltung allein nicht zum Erfolg führte, zeigt sich am Beispiel der Süßwasserfische. Bereits im Oktober 1915 waren hier einheitliche Höchstpreise festgesetzt worden. Solange die Verteilung allerdings allein über den Preis gesteuert wurde, wanderte ein Großteil der vorhandenen Ware auf den Schwarzmarkt ab. Vgl. Flügge, Kriegswirtschaft (1918), S. 2; Kriegsgesetzgebung in Bezug auf Fische und Fischereierzeugnisse, in: Mitteilungen des DSV, Bd. 32, 1916, S. 153–157, hier S. 157 und Skalweit, Kriegsernährungswirtschaft (1927), S. 119f.

[133] Vgl. 50 Jahre RMEL (1969), S. 8f. und Skalweit, Kriegsernährungswirtschaft (1927), S. 179f. Wie aufgesplittert die Organisation der Ernährungswirtschaft jedoch weiterhin war, zeigt sich daran, dass dem Amt allein in Berlin 40 Zentralstellen unterstanden. Auch die Länderverwaltungen blieben neben dem Kriegsernährungsamt weiterhin von großer Bedeutung. Vgl. Henning, Wirtschafts- und Sozialgeschichte (2003), S. 174.

lische Blockade zunehmend auch hier bemerkbar.[134] Im November 1916 erfolgte dann die Bildung des Reichskommissariats für Fischversorgung.[135]

Die Preisbildung und der reichsweite Absatz der Seefische wurden nun zentral geregelt und überwacht. Die Fischer wurden zur Ablieferung ihrer Fänge verpflichtet. Auf Veranlassung des Reichskommissars bildeten sich zu diesem Zweck in den Küstenbezirken der Nord- und Ostsee Kriegshandelsgesellschaften, die den gesamten Fischabsatz organisierten. Zwangsmaßnahmen waren dazu nicht erforderlich gewesen, die Handelsgesellschaften gründeten sich freiwillig auf privatrechtlicher Basis. Die Bindung an die Weisungen des Reichskommissars war in den jeweiligen Statuten festgeschrieben. Diese Weisungen bezogen sich u.a. auf die Preisfestsetzung, die Verteilung der Ware und auf Qualitätsgewährleistung.[136]

Die Bildung der Gesellschaften erfolgte nach Verhandlungen zwischen den Interessenten aus Fischhandel, Fischindustrie, Fischern und Behörden. Der Reichskommissar legte Wert darauf, dass die *„bestimmenden Elemente der Gesellschaften kapitalistisch gesonnen"* waren.[137] Den wesentlichsten Anteil an der Bildung der Gesellschaften an der Ostsee hatte angesichts der wirtschaftlich schwachen und in ihren Interessen zersplitterten Fischer die Fischindustrie, in geringerem Maße der Handel, so stellt es Reichskommissar von Flügge in seiner Veröffentlichung zur Kriegswirtschaft dar.[138] Die mangelhafte Interessenorganisation der Fischer zog somit in manchen Küstenbezirken den weitgehenden Ausschluss von einer direkten Beteiligung an der Kriegswirtschaftsorganisation nach sich.

Allein die „Mecklenburg-Schwerinische Fischhandelsgesellschaft mbH" in Wismar entstand laut Flügge aus der hier existierenden Fischereigenossenschaft heraus, doch mussten Handel und Industrie bald integriert werden, da *„der genossenschaftliche Gedanke für die Fischerei noch nicht stark genug war, um größere Aufgaben allein zu tragen."* Eine ähnliche Entwicklung nahm die „Kriegsfischgesellschaft Vorpommern und Rügen mbH" in Stralsund, auch hier war die Fischereigenossenschaft offensichtlich involviert, der Einfluss von Handel und Industrie jedoch von Anfang an maßgeblich.[139]

[134] Vgl. Flügge, Kriegswirtschaft (1918), S. 1–3.

[135] Vgl. Skalweit, Kriegsernährungswirtschaft (1927), S. 244 und Jahresbericht See- und Küstenfischerei Preußens 1916, S. 164.

[136] Vgl. Flügge, Kriegswirtschaft (1918), S. 22f. und Jahresbericht See- und Küstenfischerei Preußens 1916, S. 165 sowie Kriegsgesetzgebung in Bezug auf Fische und Fischereierzeugnisse, in: Mitteilungen des DSV, Bd. 32, 1916, S. 153–157. Zu den Kriegshandelsgesellschaften allgemein: Henning, Wirtschafts- und Sozialgeschichte (2003), S. 176 und Roth, Staat und Wirtschaft (1997), S. 288–300.

[137] Flügge, Kriegswirtschaft (1918), S. 8.

[138] Vgl. Flügge, Kriegswirtschaft (1918), S. 9. Letzteres war der Fall bei den Gesellschaften in Schleswig-Holstein (Kiel), Lübeck-Schlutup (Schlutup), Westpreußen (Danzig) und Hinterpommern (Köslin).

[139] Vgl. Flügge, Kriegswirtschaft (1918), S. 8, hier auch Zitat. Zum Aufsichtsratsmitglied der Kriegsgesellschaft wurde u.a. Freiherr von Maltzahn, Rügenscher Landrat und späterer Präsident des DSV, bestellt. Vgl. Schreiben des Reichskommissars, 9.12.1916. BArch R 8838 / 108.

Dass allein in Mecklenburg und in Ansätzen in Vorpommern die Fischer Anteil an den Kriegshandelsgesellschaften hatten, ist sicherlich nicht zuletzt darauf zurückzuführen, dass in dieser Region das Genossenschaftswesen in der Küstenfischerei seinen Anfang genommen hatte und somit überhaupt erst die Voraussetzungen dafür gegeben waren. Zudem hatten die mecklenburgischen Fischer mit Wilhelm Dröscher als Vorsitzenden des MFV und Begründer des Genossenschaftswesens einen einflussreichen Fürsprecher. Als Vorsitzender der Mecklenburg-Schwerinischen Fischhandelsgesellschaft konnte er sich insbesondere im Bereich der Preisbildung für die Interessen der Fischer engagieren. Als Vertrauensmann des Reichskommissars für Fischversorgung nahm er an den Konferenzen zur Festsetzung von Höchstpreisen für Fisch- und Fischkonserven teil und prüfte den Materialbedarf der mecklenburgischen Fischer.[140]

Vertrauensmänner des Reichskommissars waren in allen Bezirken eingesetzt worden, seit im November 1916 mit der Einrichtung des Ausschusses für Fischereibedarf auch die Versorgung mit Materialien für die Fischereibetriebe – Garne, Tauwerk, Brennstoff etc. – infolge der Rohstoffengpässe zentral geregelt wurde. Für den Regierungsbezirk Stralsund nahm diese Aufgabe der Oberfischmeister wahr. Eine ausreichende Versorgung der Fischer war jedoch angesichts der Knappheit der verfügbaren Bedarfsartikel mit erheblichen Schwierigkeiten verbunden und vielfach überhaupt nicht möglich.[141]

Reichsweit blieb die Fischbewirtschaftung in ernährungspolitischer Hinsicht relativ bedeutungslos. Seit Beginn der Bewirtschaftungsmaßnahmen gelangte abseits der Küsten kaum Ware an die Verbraucher, so dass August Skalweit in seiner Darstellung zur Kriegswirtschaft sogar über sie hinweggeht.[142] Die Probleme der überregionalen Fischversorgung dürften allerdings auch auf die Verderblichkeit der Ware und die schwankenden Anlandungen zurückzuführen sein, welche die Disposition prinzipiell erschwerten. Dem zum Trotz wurde Fisch 1918/19 nicht nur an der Küste über Lebensmittelkarten ausgegeben.[143] Im Regierungsbezirk Stralsund waren die Missstände im Fischverkauf so groß, dass schon im April 1917 in der Hoffnung auf eine gerechtere und gleichmäßigere Verteilung eine Fischkarte eingeführt wurde. Von dieser Maßnahme hatte man angesichts der zu

[140] Vgl. Kurzer Geschäftsbericht des MFV für das Jahr 1916. LHAS, 5.12-4/2, Nr. 442, Bl. 101 und Bericht über die Generalversammlung des MFV am 24. 8. 1918 und Geschäftsbericht 1917. LHAS, 5.12-4/2, Nr. 442.

[141] Vgl. Jahresbericht über die See- und Küstenfischerei Preußens 1916, S. 164 und Jahresbericht über die See- und Küstenfischerei Preußens 1917, S. 92. Zur Organisation der Versorgung mit Bedarfsartikeln vgl. auch die Mitteilungen des DSV, Bd. 32, 1916, S. 179 und Bd. 33, 1917, S. 56–61 und S. 178–186.

[142] Das zeitliche Zusammentreffen des Beginns der öffentlichen Bewirtschaftung mit dem Aufhören der Zufuhr, so Skalweit, habe in der öffentlichen Meinung den Eindruck hervorgerufen, dass die Eier und Fische „wegorganisiert" worden seien. Die Kenntnis der Bewirtschaftungsmaßnahmen hätte demnach *„ein fast rein theoretisches Interesse"*. Vgl. Skalweit, Kriegsernährungswirtschaft (1927), S. 195.

[143] Vgl. dazu die Akte BArch R 8838 / 151: Regelung der privaten Fischbezüge durch Fischkarten 1918–1919.

erwartenden praktischen Schwierigkeiten – insbesondere die nur sehr kurzfristig mögliche Benachrichtigung des berechtigten Publikums bei der Anlandung von Ware – eigentlich absehen wollen.[144]

Die Anordnung zur Ablieferungspflicht trat im Regierungsbezirk Stralsund am 5. Januar 1917 in Kraft. Fortan mussten alle Fänge an die „Kriegsfischgesellschaft Neuvorpommern und Rügen mbH" abgegeben werden. Abnahmestellen wurden an allen wichtigen Fischereiorten eingerichtet. Von der Ablieferungspflicht ausdrücklich ausgenommen blieb ein Teil des Fangs, der zur eigenen Ernährung und zur Versorgung Haushaltsangehöriger benötigt wurde. Die zulässige Höhe dieses Eigenbehalts war nicht näher definiert.[145]

Bald kursierten in der lokalen Presse Gerüchte über die schlechte Ablieferung der Fischer. Die Fischer seien bestrebt, ihre Fische möglichst für sich zu behalten oder gar ihre Fischereitätigkeit einzuschränken. Gegen diese Anschuldigung setzte sich die Kriegsfischgesellschaft in der Stralsundischen Zeitung im Februar 1917 zur Wehr. Den Fischern sei die Bedeutung der Fischerei für die Ernährung der Bevölkerung sehr wohl bewusst; nicht mangelnde vaterländische Gesinnung, sondern vielmehr die ungünstige Witterung sei für die geringen Anlandungen verantwortlich.[146] Gerade in fangarmen Zeiten lag aber der Verdacht nahe, dass die Fischer die Eigenbehaltregelung zu ihren Gunsten nutzten. Es ist davon auszugehen, dass auf diesem Weg ein Teil der Fänge zu hohen Preisen auf den Schwarzmarkt gelangte, so dass eine gewisse Unruhe in der städtischen Bevölkerung durchaus verständlich war.

Der Übergang zur öffentlichen Bewirtschaftung von Lebensmitteln hatte die prekäre Versorgungslage nicht spürbar verbessern können. Mangel und Reglementierung prägten den Hungerwinter 1916/17.[147] Die Ernährungskatastrophe wurde einerseits dem Versagen der Behörden angelastet, andererseits richtete sich der Zorn der Bevölkerung auf die Nahrungsproduzenten. Insbesondere die Bauern, aber in einer Küstenstadt wie Stralsund eben die Fischer, gerieten unter Generalverdacht, Nutznießer der Mangelwirtschaft zu sein. Umgekehrt wurden die staatlichen Eingriffe von Bauern und Fischern als Ausdruck einer einseitig an den Konsumenten orientierten Politik verstanden und abgelehnt.[148] In Swinemünde war der Widerstand der Fischer gegen die Kriegsbewirtschaftung so groß, dass sogar die Kriminalpolizei aus Berlin hinzugezogen werden musste.[149]

144 Vgl. Fischkarten, in: Stralsundische Zeitung (12.4.1917). Lebensmittelkarten wurden eingeführt für Brot im Februar 1915, für Fleisch im August 1916 und für Kartoffeln Anfang 1917. Vgl. Henning, Wirtschafts- und Sozialgeschichte (2003), S. 122–126.

145 Vgl. Abdruck der Anordnung, in: Stralsundische Zeitung (5.1.1917), zehn Tage später folgte die Liste der abnahmeberechtigten Fischhändler, in: Stralsundische Zeitung (16.1.1917).

146 Vgl. den Abdruck des Schreibens der Kriegsgesellschaft, in: Stralsundische Zeitung (7.2.1917).

147 Im sogenannten Steckrübenwinter 1916/17 sank die tägliche Zuteilung auf 1200–1000 Kalorien pro Kopf. Vgl. Kluge, Agrarwirtschaft (2005), S. 14. Zur Situation in Pommern vgl. Inachin, Durchbruch (2004), S. 150.

148 Zur Bauernfeindlichkeit der Städter vgl. Kluge, Revolution (1997), S. 43.

149 Dies bemerkt eine entsprechende Zeitungsnotiz. Vgl. Gegen die Kriegsfischgesellschaft, in: Stralsundische Zeitung (15.12.1918).

Der sich hier abzeichnende Konflikt prägte die kommenden Jahre. Allerdings sei darauf hingewiesen, dass die Fischer im Vergleich zur Vorkriegszeit trotz der Festsetzung von Höchstpreisen finanziell sehr profitierten.[150] Die Preissteigerungen waren erst auf hohem Niveau gestoppt worden.[151] Zudem waren selbst während des Krieges die phasenweise auftretenden Massenanlandungen nur schwer verwertbar, aus der Ablieferungspflicht wurde für die Fischer dann eine Abnahmegarantie.[152]

Auch nach Ende des Krieges blieb der Mangel an Nahrungsmitteln ein Problem.[153] Die neuen demokratischen Kräfte führten die Bewirtschaftungsmaßnahmen daher über das Kriegsende hinaus fort.[154] Die Sicherung der Volksernährung galt als Garant für den sozialen Frieden. Sie zwang aber auch zu vielfachen Kompromissen, auch mit den Trägern der alten Kriegsernährungsverwaltung.[155] Die Aufrechterhaltung der Versorgung war ein Problem, das sich angesichts der chaotischen politischen Verhältnisse der Jahre 1918/19 der Kontrolle durch die Zentralgewalt praktisch entzog.[156] Auf regionaler und lokaler Ebene waren angesichts der Verantwortung für die hungernden Bevölkerungsmassen pragmatische Regelungen erforderlich; im Interesse eines funktionsfähigen Krisenmanagements arbeiteten die Arbeiter- und Soldatenräte daher nicht nur in diesen Fragen mit den zuständigen Behörden zusammen.[157]

[150] Das Reichswirtschaftsamt schlug im Juli 1918 sogar vor, angesichts des augenblicklich guten Verdienstes der Fischer neben den regelmäßigen Abtragungsraten noch außerordentliche Rückzahlungen auf die Reichsdarlehen zu fordern. Vgl. Reichswirtschaftsamt an die Regierungen der Bundesseestaaten, 19.7.1918. LHAS, 5.12-4/2, Nr.498, Bd.5, Bl.31f. und MFV an MdI, 14.10.1918. Ebd., Bl.37.

[151] Vgl. Jahresbericht über die See- und Küstenfischerei Preußens 1917, S.92.

[152] Nur im Jahresdurchschnitt überschritt die Nachfrage das Angebot. Gerade im Binnenland unbekannte Fischsorten, etwa die saisonal massenhaft gefangenen Plattfische, fanden nicht immer Absatz. Vgl. Flügge, Kriegswirtschaft (1918), S.3. Seefisch wurde im Krieg nicht wirklich populär, die Bevölkerung gewöhnte sich angesichts des Fleischmangels notgedrungen daran, Fischprodukte zu konsumieren. Dazu trugen nicht zuletzt auch die Zentralisierung des Absatzes und die nunmehr standardisierten Waren und Verpackungen bei. Wenn kurzfristig genügend Fleisch zur Verfügung stand, blieb der Fisch jedoch in den Läden liegen. Vgl. Sarrazin, German Fishing Industry (2002), S.146.

[153] Der Rückgang der inländischen Nahrungsmittelproduktion konnte nicht innerhalb weniger Jahre aufgeholt werden. Als weitere Ursache müssen die Weiterführung der Blockade bis Juli 1919 und die danach aufgrund der weltweiten Nahrungsgüterknappheit und der Devisenschwäche der Republik zunächst nur geringen Einfuhren angesehen werden. Vgl. Henning, Wirtschafts- und Sozialgeschichte (2003), S.315–317.

[154] Zur Fortführung der Bewirtschaftungsmaßnahmen für die Fischfänge und Fischereibedarfsgegenstände vgl. Jahresberichte über die See- und Küstenfischerei Preußens 1918/1920, S.275.

[155] Mit Rücksicht auf die ungestörte Versorgung der städtischen Bevölkerung wurde auf radikalere Maßnahmen im Agrarbereich – etwa Enteignungen u.ä. – verzichtet. Die SPD suchte vielmehr die Verständigung mit den Agrarverbänden. Vgl. Kluge, Revolution (1997), S.61 sowie Kluge, Agrarwirtschaft (2005), S.14f.

[156] Vgl. Kluge, Revolution (1997), S.70 und 50 Jahre RMEL (1969), S.9.

[157] Vgl. Kluge, Revolution (1997), S.63. Zu Mecklenburg-Schwerin vgl. Inachin, Durchbruch (2004), S.15. Zu Pommern ebd., S.153 und Becker, Verwaltung und höhere Beamtenschaft (1999), S.48f.

Die Fischer nutzten die ersten Wirren der Revolution, um die Ablieferungspflicht bei den Annahmestellen der Kriegsfischgesellschaften zu umgehen, da sie von den sich bietenden guten Verdienstmöglichkeiten profitieren wollten. In Stralsund wurden im November und Dezember 1918 wiederholt Zeitungsaufrufe im Namen der Polizeidirektion, des Regierungspräsidenten und des Arbeiter- und Soldatenrates geschaltet, die unter Androhung von Strafe darauf hinwiesen, dass die diesbezügliche Verordnung keinesfalls aufgehoben sei. Die Fänge müssten im Interesse einer ordnungsgemäßen Versorgung der Bevölkerung auch weiterhin abgeliefert werden.[158] In Swinemünde bildeten die Fischer im Dezember 1918 eine sogenannte 22er Kommission und kündigten an, bis zum Abbau der örtlichen Kriegsfischgesellschaft die Kontrolle der Bewirtschaftung zu übernehmen.[159] Aus anderen Gegenden sind solche Vorgänge nicht überliefert.[160]

Geldwertverfall und steigende Lebensmittelpreise verschärften die durch kriegswirtschaftliche Zwänge entstandenen Spannungen zwischen Verbrauchern und Produzenten.[161] Als die von den Kriegsgesellschaften an die Fischer zu zahlenden Erzeugerpreise vom Reichskommissar für Fischversorgung im Mai 1919 zwei Mal innerhalb eines Monats erhöht wurden, kam es in Stralsund zu Tumulten.[162] Die ebenfalls gestiegenen Kleinhandelspreise weckten den Unmut der Bevölkerung.[163] Nur wenige Tage nach Bekanntgabe der neuen Preise stürmte eine *„erregte Menschenmenge“* den Stralsunder Fischereihafen und plünderte die Fänge der im Hafen liegenden Fischereiboote. Das nächste Ziel der aufgebrachten Bürger waren die Fischräuchereien, es folgten Fleischer- und Bäckerläden, schließlich Warenhäuser und Geschäfte. Das Militär musste einschreiten; über den Stadtkreis Stralsund wurde der Ausnahmezustand verhängt.[164] Dass die Plünderungen als Ausdruck der allgemeinen Unzufriedenheit mit der Versorgungslage ihren Anfang am Fischereihafen nahmen, zeigt, wie sehr die Fischer zum Sinnbild des „Kriegsgewinnlers“ geworden waren.

[158] Vgl. Fischversorgung, in: Stralsundische Zeitung (19.11.1918) und Fischablieferung, in: Stralsundische Zeitung (25.12.1918).

[159] Vgl. Gegen die Kriegsgesellschaft, in: Stralsundische Zeitung (15.12.1918). Swinemünde gehört jedoch zum Regierungsbezirk Stettin, dort war die Stettiner Fischhandelsgesellschaft zuständig. Vgl. Flügge, Kriegswirtschaft (1918), S. 8.

[160] Vgl. Kapitel II.2.b).

[161] Vgl. Kluge, Agrarwirtschaft (2005), S. 16f.

[162] Die regelmäßigen Erzeugerpreiserhöhungen wurden durch die wachsenden Kosten für Fischereibetriebsmaterialien notwendig. Vgl. beispielsweise Kriegsfischgesellschaft Neuvorpommern und Rügen mbH. an Reichskommissar für Fischversorgung, 10.11.1917. BArch R 8838 / 109.

[163] Vgl. die Bekanntmachung der Kreisleitung des Arbeiterrates Stralsund, in: Stralsundische Zeitung (1.5.1919).

[164] Vgl. die Notiz in der Rubrik Lokales und Provinzielles, in: Stralsundische Zeitung (6.5.1919). Die offiziöse Darstellung der in der DDR erschienenen Stadtgeschichte verschweigt weitere Plünderungen und berichtet nur über die Verteilung der Fische als legitime Selbsthilfe der hungernden Arbeiterbevölkerung und die sich anschließenden Kämpfe zwischen Arbeitern und Soldaten. Vgl. Geschichte Stralsund (1985), S. 295.

Unter Bezugnahme auf diesen Vorfall stellte die „Kriegsfischgesellschaft Neuvorpommern und Rügen mbH" im Juni 1919 beim Reichskommissar und beim Reichswirtschaftsministerium Anträge auf die schnellstmögliche Aufhebung der Zwangsbewirtschaftung von Fisch. Die Fischer, hieß es dort, könnten unter der Hand deutlich höhere Preise erzielen und umgingen die Ablieferungspflicht zunehmend. Die Kriegsgesellschaft könne daher ihren Lieferverpflichtungen nicht mehr nachkommen.[165]

In Rostock zeigten sich im Mai 1919 ähnliche Verhältnisse. Warnemünder Fischer verkauften ihre Ware in Rostock öffentlich zu unzulässig hohen Preisen direkt an die Verbraucher, doch das Polizeiamt lehnte es ab, in dieser Sache einzuschreiten. Möglicherweise wollte man die öffentliche Ordnung nicht gefährden. Bei der Ablieferung der Fänge an die Kriegsgesellschaften erhielten die Fischer nur den Erzeugerpreis, dagegen konnten sie beim Direktverkauf die geltenden Kleinhandelspreise sogar unterbieten und trotzdem Gewinn erzielen.[166]

Anträge auf die Beseitigung der Zwangswirtschaft wurden unter Hinweis auf die Mängel des bestehenden Systems vor allem aus Kreisen des Fischhandels gestellt.[167] Dagegen zielten die ursprünglichen Pläne des Reichskommissars auf eine Fortführung der zentralisierten Fischwirtschaft auch in Friedenszeiten, ein Vorhaben, das angesichts zahlreicher Widerstände aus Industrie und Handel nicht umsetzbar war.[168]

Schon im August 1919 und damit früher als auf anderen Gebieten erfolgte die Aufhebung der Zwangsbewirtschaftung von Fisch.[169] Sofort trat eine *„ganz erhebliche Preissteigerung"* ein; die ohnehin gute wirtschaftliche Situation der Fischer schien sich zunächst weiter zu verbessern.[170] Im Fischereibezirk Neuvorpommern

165 Vgl. Kriegsfischgesellschaft Neuvorpommern und Rügen mbH an Reichskommissar für Fischversorgung, 25.6.1919 und Antrag der Kriegsfischgesellschaft Neuvorpommern und Rügen mbH an das RWM, 30.6.1919. BArch R 8838 / 108.

166 Vgl. Sitzungsprotokoll der Preisprüfungsstelle Rostock, 30.5.1919. BArch R 3601 / 264. Darin findet sich das Beispiel des Fischers Pries, der 280 Pfund Schollen unter Umgehung der Ablieferungspflicht direkt an einen Händler aus Tessin verkauft hatte. Pries erhielt statt der üblichen Großhandelspreise von 0,50 bzw. 0,90 Mark die geltenden Kleinhandelspreise von 0,70 bzw. 1,10 Mark pro Pfund. Die Händler verkauften die Ware schließlich für 1,25 bzw. 1,90 Mark pro Pfund. 1913 hatte der durchschnittliche Großhandelspreis für das Pfund Schollen nur 0,14 Mark betragen. Vgl. Fischer, Küstenfischerei, JB 1927, S.243.

167 Vgl. beispielhaft Konsum-Fischhallen Vereinigter Fischhändler Frankfurt am Main an Reichskommissar für Fischversorgung, 5.6.1919; Kolonialwarenbörse Elberfeld-Barmen an Reichskommissar für Fischversorgung, 23.6.1919; Verein deutscher Fischhändler an den Reichskommissar für Fischversorgung, 18.6.1919. BArch R 8838 / 11.

168 Vgl. Kapitel II.2.a). und FS 25 Jahre Fischindustrie (1928), S.76f. Vgl. auch Aktennotiz über die Generalversammlung des Vereins deutscher Fischhändler, 29.5.1918. BArch R 8838 / 13.

169 Die Zwangsbewirtschaftung wurde zum 4.8.1919 aufgehoben. Vgl. Jahresberichte über die See- und Küstenfischerei Preußens 1918–1920, S.275. In den folgenden Monaten wurden die Kriegsgesellschaften aufgelöst. Vgl. beispielhaft Reichskommissar an die Kriegsfischgesellschaft Neuvorpommern und Rügen mbH, 12.1.1920. BArch R 8838 / 109. Als letzte Bewirtschaftungsmaßnahme wurden die Brotmarken erst im September 1923 abgeschafft. Nach der Aufhebung glichen sich die Preise sofort dem geltenden Schwarzmarktpreis an. Vgl. Henning, Wirtschafts- und Sozialgeschichte (2003), S.315.

170 Vgl. Jahresberichte über die See- und Küstenfischerei Preußens 1918–1920, S.275.

und Rügen stieg der Gesamtumsatz aufgrund der außerordentlich starken Preiserhöhung, aber auch aufgrund guter Fänge von etwa 2,5 Millionen in den Jahren 1917 und 1918 auf fast 8 Millionen Mark im Jahr 1919.[171]

Erwartungsgemäß wurden die Preissteigerungen von der Öffentlichkeit scharf kritisiert. Die neugegründete Interessenvertretung der See- und Küstenfischer, der Reichsverband, sah sich Anfang 1920 zu einer allgemeinen Rechtfertigung gegenüber den „*durch die Presse verbreiteten Vorwürfen über unzulässige und wucherische Preissteigerungen für Fische und übertrieben große Verdienste der Fischer*“ genötigt.[172] Anhand der inflationsbedingten Kostenentwicklung der wichtigsten Betriebsmittel wies er nach, dass die Preissteigerungen zur Aufrechterhaltung und Sicherstellung eines ausreichenden Betriebskapitals notwendig und gerechtfertigt seien, nicht zuletzt im Interesse der Volksernährung.

Beispielhaft sei hier die Entwicklung des Preises für ein Kilo 12er Netzgarn genannt, das vor Kriegsausbruch 2,90 Mark, nach Aufhebung der Höchstpreise Ende 1918 bereits 7,48 Mark und Ende März 1920 schließlich 22,80 Mark kostete. Ähnlich verhielt es sich mit den Preisen für ein Paar Fischerstiefel: von 40–50 Mark in Friedenszeiten stieg der Preis auf 150–200 Mark unter der Zwangsbewirtschaftung, um danach auf 800–1000 Mark hochzuschnellen.[173] Die Preisentwicklung der Fischereibedarfsartikel verdeutlicht damit eindrücklich das Ausmaß der Geldentwertung. Durch die Finanzierung des Krieges durch Kriegsanleihen, die Erhöhung des Geldvolumens und zusätzlich verstärkt durch Preissteigerungen bei knappen Konsumgütern, hatte die Mark bereits im Laufe des Krieges die Hälfte ihrer Kaufkraft verloren. Nach Kriegsende erfolgte kein radikaler Währungsschnitt, die „Politik des leichten Geldes“ wurde von den republikanischen Regierungen in der Phase der Demobilmachung zur Bewältigung von Kriegsfolgelasten und zur Finanzierung der Staatsausgaben weitergeführt.[174]

Angesichts des sich gegen die Fischer entladenden Volkszorns wurde mit Hinweis auf deren desolate Lebensverhältnisse in der Vorkriegszeit um Verständnis geworben. Früher hätten die Fischer unter ständiger wirtschaftlicher Bedrängnis von der Hand in den Mund gelebt und seien bei Geräte- oder Fahrzeugverlust auf staatliche Hilfe angewiesen gewesen: „*Auf solche staatliche Hilfe können und sollen die Fischer in Zukunft nicht mehr rechnen; dann kann man ihnen aber nicht verargen, wenn sie durch entsprechende, sicherlich nicht übertriebene Fischpreise für die Ersparung der erforderlichen Mittel rechtzeitig Sorge tragen.*“[175] Das Herauslösen

171 Vgl. Jahresberichte über die See- und Küstenfischerei Preußens 1918–1920, S. 292.

172 Vgl. Die Steigerung der Betriebsunkosten der See- und Küstenfischerei, in: Mitteilungen des DSV, Bd. 36, Nr. 3/4, März/April 1920, S. 90–93, Zitat S. 90. Mutmaßlicher Verfasser des Textes ist Wilhelm Dröscher.

173 Vgl. Die Steigerung der Betriebsunkosten der See- und Küstenfischerei, in: Mitteilungen des DSV, Bd. 36, Nr. 3/4, März/April 1920, S. 90–93, hier S. 90–92 mit weiteren Preisbeispielen.

174 Zunächst zeitigte diese Maßnahme durchaus unmittelbare volkwirtschaftliche und sozialpolitische Erfolge, mündete jedoch Ende 1922 in die Hyperinflation, um schließlich im Ruhrkampf 1923 zu eskalieren. Vgl. Peukert, Weimarer Republik (1997), S. 71–76.

175 Die Steigerung der Betriebsunkosten der See- und Küstenfischerei, in: Mitteilungen des DSV, Bd. 36, Nr. 3/4, März/April 1920, S. 90–93, hier S. 93.

der Fischer aus der Abhängigkeit von staatlicher Fürsorge und die Schaffung wirtschaftlich gesunder Betriebe war das Ziel, das der Reichsverband langfristig anstrebte.

Diesen Überlegungen zum Trotz führten die massiven Preiserhöhungen dazu, dass sich mancherorts mit festgesetzten Richtpreisen wieder eine Art lokales Zwangssystem durchsetzte.[176] In Vorpommern verschärfte sich der bestehende Konflikt zwischen der Bevölkerung, den Vertretern der Stadt Stralsund und den Fischern des Bezirks zu einem regelrechten Kleinkrieg.[177] Nach der offiziellen Aufhebung der Fischbewirtschaftung stellte sich der städtischen Verwaltung wieder das Problem der ersten Kriegsjahre. Wenn die Stadt Preisvorschriften erließ, die den Fischern missfielen, konnten sie ihren Fang an anderen Orten zu besseren Preisen anlanden. Das eröffnete ihnen einen gewissen Spielraum gegenüber der Stadtverwaltung, jedenfalls solange ein dringender Bedarf an Fisch zur Ernährungssicherung bestand. Es musste wiederum im Interesse der Stadt liegen, Ausschreitungen wie im Jahr zuvor zu vermeiden und deshalb dafür Sorge zu tragen, dass der Bevölkerung Fisch zu angemessenen Preisen zur Verfügung stand.

Die Möglichkeiten dazu waren jedoch begrenzt. Direkter Einfluss konnte nur im stadteigenen Fischereibezirk genommen werden. Hier griff die Stadt auf ein Vorhaben zurück, das schon Ende 1916, kurz vor der Einführung der Zwangsbewirtschaftung, verfolgt und mit dieser hinfällig geworden war. Um den Verkauf nach auswärts zu unterbinden, hatte man damals geplant, bei fälligen Neuabschlüssen der Pachtverträge entweder eine Ablieferungsklausel einzufügen oder aber das städtische Revier durch von der Stadt angestellte Fischer selbst zu befischen.[178] Der nun wieder aufgegriffene Plan, die Verpachtung der städtischen Heringsreusenstellen an die Bedingung knüpfen, dass alle Fänge zu einem mit der Stadt abgesprochenen Preis nach Stralsund geliefert würden, rief unter den Betroffenen große Unruhe hervor. Der Fischereiverband Vorpommern und Rügen, der als übergeordneter Zusammenschluss die Position der Fischer im Preiskampf vertrat, plante die Lancierung eines Presseartikels, der gegen diese Maßnahme protestieren und aufzeigen sollte, was die Fischer während des Krieges für die Ernährung der Stadt Stralsund geleistet hatten.[179] Den Drohungen der Stralsunder

176 So etwa in Altona (Fischdampfer), aber auch an der schleswig-holsteinischen Küste. Vgl. Jahresbericht über die See- und Küstenfischerei Preußens 1918–1920, S. 275.

177 Zu ähnlichen Situationen in der Landwirtschaft vgl. Kluge, Agrarwirtschaft (2005), S. 16f.

178 Vgl. Bürgermeister und Rat der Stadt Stralsund an den Reichskommissar für Fischversorgung, 11. 12. 1916. BArch R 8838 / 109. Die damaligen Pläne wurden durch die Einrichtung der Kriegsgesellschaft hinfällig.

179 Die neuen Pachtverträge für das Jahr 1920 enthielten in § 8 eine Strafbestimmung bei Nichtablieferung an die Stadt zu festgesetzten Preisen. Vgl. Die Pachtbedingungen für Heringsreusenstellen 1920, in: Der Vorpommer (24. 1. 1920) und Fischereiverband von Vorpommern und Rügen, in: Mitteilungen des DSV, Bd. 36, Nr. 1/2, Jan/Feb 1920, S. 45–47. Vgl. auch Bericht über Versammlungen des Fischereiverbandes Vorpommern und Rügen vom 16. November 1919 und 19. Dezember 1919, in: Mitteilungen des DSV, Bd. 36, Nr. 1/2, Jan/Feb 1920, S. 45–47.

Fischer, dass man unter diesen Umständen kein Pachtverhältnis eingehen werde, gab die Stadt schließlich nach.[180]

Neben der Stadtverwaltung und den Fischern waren vor allem die Vertreter der Arbeiterschaft, die sich als Sachwalter der Lebensinteressen der Stralsunder Bevölkerung sahen, in den Konflikt involviert. Das Gewerkschaftskartell Stralsund führte eine regelrechte Kampagne gegen die (vermeintlich) zu hohen Verdienste der Fischer, die im sozialdemokratischen Organ „Der Vorpommer" nachzulesen ist. Dort wurde regelmäßig über die herrschende Lebensmittelknappheit und die Entwicklung der Richtpreise für Fische berichtet.[181] Anfang Juli 1920 kam es nach einer allgemeinen Demonstration gegen Teuerung und Wucher auch zu einer Herabsetzung der Fischpreise um ca. 40 Prozent. Nachdem die Fischerboote daraufhin im Hafen blieben, mussten die Preise wieder um etwa die Hälfte heraufgesetzt werden. Trotz dieses Entgegenkommens sabotierten die Fischer die Preisabsprache erneut und entzogen ihre Fänge dem Stralsunder Markt. Kritisiert wurde nicht nur die unsoziale Gesinnung der Fischer, sondern auch die Haltung des Rates, dem vorgeworfen wurde, dass man zwar suggeriere, die Interessen der Bevölkerung in dieser Frage zu vertreten, gleichwohl aber keinerlei Machtmittel gegen die Fischer besitze.[182]

Anfang August 1920 beschäftigte sich eine außerordentliche Generalversammlung des Fischereiverbandes, an der auch Wilhelm Dröscher teilnahm, mit der umstrittenen Preisfrage. Der Verbandsvorsitzende bemühte sich nachzuweisen, dass der Fischer im Vergleich mit dem Arbeiter nicht wirklich besser gestellt sei. Gegenüber der massiven Verteuerung aller Fischereimaterialien seien die Preise für Massenfische verhältnismäßig gering gestiegen. Die wirtschaftliche Lage der Fischer gestalte sich also keinesfalls so gut wie vielfach angenommen. Es wurde zudem bemängelt, dass die Richtpreise bisher allein von Vertretern der Stadt und des Gewerkschaftskartells ohne Anhörung der Fischer beschlossen worden seien. Stattdessen drohe man den Fischern auf Druck der Gewerkschaften mit Enteignung der Boote und Geräte. Damit sich die Behörden selbst von den hohen Betriebskosten überzeugen könnten, boten die Fischer an, der Stadt Boote und Gerät gegen Entschädigung zum Probefischen zu überlassen, eine Aktion, in der der Arbeitersekretär Kirchmann bereits vorab erneute Sabotage vermutete. Nicht zuletzt

[180] Fischereiberechtigungen durften nur an Stralsunder Bürger ausgegeben werden. Aus Angst, dass Reusenstellen dann unbenutzt bleiben könnten, verzichtete die Stadt schließlich auf die umstrittene Bestimmung. Vgl. Aus der Fischerei. Fischereigerechtigkeit, in: Der Vorpommer (21.8.1921).

[181] Vgl. u.a. folgende Artikel im Vorpommer: Wohin gehen die Fische? (17.1.1920) oder die Beiträge zu Richtpreisen für Fische in den Ausgaben vom 6.7. und 10.7.1920 und Die Teuerung in Stralsund (25.7.1920).

[182] Vgl. Wo bleiben die Fische?, in: Der Vorpommer (16.7.1920). Vgl. den Leserbrief des SPD-Parteisekretärs: Dem Rat der Stadt Stralsund mit der Bitte zur Beachtung. Die Lebensmittelknappheit und Teuerung, in: Der Vorpommer (31.7.1920).

hier zeigt sich, mit wie viel Misstrauen und Wut die Auseinandersetzung auf beiden Seiten geführt wurde.[183]

Ein vom Rat vorgeschlagener Preiskompromiss fand nur widerwillig Zustimmung; die weiter inflationär steigenden Betriebskosten ließen ihn ohnehin bald hinfällig werden. Weitere Aussprachen, in die auch Vertreter der Städte Greifswald und Barth einbezogen wurden, folgten.[184] Über die Preisauseinandersetzungen brach der Fischereiverband Vorpommern und Rügen schließlich auseinander; die Rügenschen Vereine waren im Streit ausgeschieden. Möglicherweise hatte die Kompromissbereitschaft eines Teils der Fischer zur Spaltung des Verbandes geführt.[185] Die Klage über die hohen Fischpreise löste schließlich im April 1921 ein Bericht über deutliche Preissenkungen und Absatzschwierigkeiten aufgrund von massenhaften Heringsfängen ab.[186] Die Ernährungslage und damit der Absatzmarkt begannen sich – zuungunsten der Fischer – zu normalisieren.

Währungskrise

Die folgenden Jahre standen im Zeichen von Brennstoffmangel und zunehmender Verteuerung der Betriebsmittel. Das Jahr 1921 wurde vom DSV als das *„bisher unerfreulichste Jahr"* der Seefischerei bezeichnet. Die Küstenfischerei litt unter hohen Betriebskosten, schlechten Fangergebnissen und niedrigen Preisen.[187] Sie eile mit Riesenschritten den Verhältnissen der Vorkriegszeit zu, hieß es im April 1921.[188] Mit der Hyperinflation der Jahre 1922 und 1923 setzte sich diese Entwicklung fort; erstmals waren aufgrund der hohen Brennstoffpreise in der mittlerweile weitgehend motorisierten Küstenfischerei Segelfahrzeuge wieder rentabler.[189]

In dieser Situation sorgten 1922 angebliche Pläne des Reichsfinanzministeriums, die geltenden Zollvergünstigungen für Mineralöl aufzuheben, für zusätzliche Aufregung.[190] Der Reichsverband hatte sich in dieser Sache bereits im Juli

[183] Vgl. Fischereiverband von Vorpommern und Rügen, in: Mitteilungen des DSV, Bd.36, Nr.8/9, Aug/Sept 1920, S.253f. Zur Sichtweise der Arbeitervertreter vgl. Die Fischer und die Fischpreise, in: Der Vorpommer (9.8.1920).

[184] Vgl. Fischereiverband von Vorpommern und Rügen, in: Mitteilungen des DSV, Bd.36, Nr.11, November 1920 , S.337.

[185] Vgl. Bericht über die Generalversammlung des Fischereiverbands von Vorpommern und Rügen, in: Mitteilungen des DSV, Bd.37, Nr.3, März 1921, S.70f. Darüber, wie diese Lösung aussah, ist leider nichts bekannt.

[186] Vgl. Endlich billige Seefische?, in: Der Vorpommer, (27.4.1921).

[187] Vgl. Tätigkeitsbericht DSV 1921/22, S.99.

[188] Ellersiek, Notlage (1921), S.93.

[189] Vgl. Tätigkeitsbericht DSV 1922/23, S.43 und Tätigkeitsbericht DSV 1923/24, S.12f. Verhandlungen des Fischereiverbands von Vorpommern und Rügen über die Verbilligung von Brennstoffen für Motorfischer scheiterten. Vgl. Bericht über die Generalversammlung des Fischereiverbands von Vorpommern und Rügen, in: Mitteilungen des DSV, Bd.37, Nr.3, März 1921, S.70f.

[190] Dies betraf die Zollfreiheit für außerhalb der Zollgrenze gebrauchtes Mineralöl. Vgl. RV der deutschen See- und Küstenfischer an MfLDF, 23.11.1922. LHAS, 5.12-4/2, Nr.439.

mit einer Eingabe an das Finanzministerium gewandt, jedoch ohne Erfolg.[191] Nun wandte er sich mit der Bitte um Einspruch im Reichsrat an die betroffenen Länderregierungen: „*Die Ausführungen dieser Absicht des Finanzministeriums, welche die Zustimmung des Reichswirtschaftsministers gefunden haben soll, bedeutet den sofortigen Stillstand der seit mehr als 20 Jahren mühsam und mit Hilfe von Reichsdarlehen aufgebauten deutschen Motorenfischerei, d. h. der kleinen Hochseefischerei und des weitaus wertvollsten und ertragreichsten Teils der Küstenfischerei*“.[192] Man warnte nicht nur vor dem daraus entstehenden Schaden für die Volksernährung, sondern auch vor einer zusätzlichen Verschärfung der ohnehin angespannten Arbeitsmarktsituation. Im Fall des Mineralölzolles handelte es sich zwar um falschen Alarm, denn im Februar 1923 meldete die Mecklenburg-Schwerinische Vertretung beim Reich, dass das Reichsfinanzministerium nicht beabsichtigte, die in der Eingabe des Reichsverbandes erwähnten Zollvergünstigungen aufzuheben.[193] Doch illustriert die Eingabe das grundsätzliche Problem der See- und Küstenfischerei: das Missverhältnis zwischen Einnahmen und Betriebskosten. Dröscher zufolge stiegen die Preise für Betriebsmittel wie Mineralöl weitaus stärker als die Fischpreise. Letztere seien ausschließlich von Kaufkraft und Kauflust der Konsumenten abhängig und folgten der Geldentwertung nur langsam.[194] Die Abwälzung der steigenden Produktionskosten auf die Fischpreise wurde von den Konsumenten nicht mehr akzeptiert. Nach dem Wegfall der Zwangsbewirtschaftung mussten die Fischer das Absatzrisiko wieder selbst tragen. Massenfänge waren schwer absetzbar, die typischen saisonalen Schwankungen der Fischanlandungen hatten selbst während des Krieges zu kurzfristigen Überangeboten geführt.[195] Geringere Fänge konnten zwar vollständig verkauft werden, jedoch ohne ausreichenden Gewinn zu erzielen.

Infolge der Inflation kam es schließlich noch einmal zu marktlenkenden Eingriffen von staatlicher Seite. Als Folge des Währungssturzes wurde das ohnehin noch knappe Lebensmittelangebot durch den Aufkauf billiger deutscher Waren durch das Ausland weiter eingeschränkt. Die Reichsregierung reagierte mit einem Ausfuhrverbot für Waren des täglichen Bedarfs. Die entsprechende Verordnung des Reichswirtschaftsministeriums vom 31. Oktober 1921 leitete der Stralsunder

[191] 1921/1922 hatten sich Reichsverband und DSV bereits erfolgreich für die Umsatzsteuerbefreiung der See- und Küstenfischer eingesetzt. Eine Gesetzesänderung von 1921 hatte die Schlechterstellung der deutschen gegenüber den ausländischen Fischern (letztere blieben umsatzsteuerfrei) bewirkt. Die Einwände des Reichsverbandes wurden allerdings erst in der Gesetzesnovelle von 1922 berücksichtigt. Vgl. RV der deutschen See- und Küstenfischer an MfLDF, 18. 10. 1921. LHAS, 5.12-4/2, Nr. 439 und Befreiung der Fischer von Umsatzsteuer, in: Mitteilungen des DSV, Bd. 38, Nr. 4, April 1922, S. 93.

[192] RV der deutschen See- und Küstenfischer an MfLDF, 23. 11. 1922 mit Notiz vom 28. 11. 1922. LHAS, 5.12-4/2, Nr. 439.

[193] Vgl. Vertretung Mecklenburg-Schwerins bei der Reichsregierung an MfLDF, 20. 2. 1923. LHAS, 5.12-4/2, Nr. 439.

[194] Vgl. RV der deutschen See- und Küstenfischer an MfLDF, 23. 11. 1922. LHAS, 5.12-4/2, Nr. 439. Gegen die Aufhebung der Zollvergünstigungen engagierte sich auch der DSV. Vgl. Generalversammlung des DSV, in: Mitteilungen des DSV, Bd. 39, Nr. 1/2, Jan/Feb 1923, S. 1.

[195] Vgl. Flügge, Kriegswirtschaft (1918), S. 3.

Regierungspräsident an die zuständigen Stellen – darunter das Oberfischmeisteramt – mit der Bitte, *„auf die verbotswidrige Ausfuhr von Kartoffeln und Fischen nach dem Auslande besonderes Augenmerk zu richten“*.[196]

Der Erlass vorübergehender Ausfuhrverbote für Fisch wurde vom DSV nach Lage der Dinge zwar als unvermeidlich angesehen, dennoch erzeugte er in Fischerkreisen Unruhe.[197] Angesichts der unbefriedigenden inländischen Preise hätte der Verkauf ins Ausland den Küstenfischern willkommene und zum Teil dringend benötigte Einnahmen gebracht. Eine Initiative des Reichsverbandes in dieser Sache blieb ohne Erfolg – zwar sei *„eine gewisse Notlage der Küstenfischer nicht ohne weiteres von der Hand zu weisen“*, doch sei sie nicht so dramatisch, dass eine Ausfuhrbewilligung in Frage käme. Die Priorität lag auf der Versorgung der einheimischen Bevölkerung.[198]

Die Küstenfischer an der Ostsee widersetzten sich dennoch dem Ausfuhrverbot. Das Finanzamt Bergen stellte aus gegebenem Anlass im April 1923 eine diesbezügliche Anfrage an die Fischmeister: *„Wie festgestellt, werden von den Fischern mit seefähigen Fahrzeugen ihre Erträge ganz oder zum Teil nach ausländischen Küstenplätzen gebracht und dort gegen ausländische Zahlungsmittel zu hohen Preisen verkauft.“* Im Interesse der Volksernährung müsse dies dringend unterbunden werden.[199]

Durch das Ausfuhrverbot wurde weiten Teilen der See- und Küstenfischerei eine einträgliche Einnahmequelle genommen. Angesichts der hohen Betriebskosten und der niedrigen Fischpreise mussten die Betriebe dauerhaft Schaden nehmen. Dem nicht zu leugnenden Problem der fehlenden, weil zu teuren Betriebsmaterialien begegnete das RMEL noch kurz vor dem endgültigen Zusammenbruch der Währung im Oktober 1923 mit einem Sonderkredit der Reichsbank in Höhe von 8–10 Millionen Mark für die Binnen- und Küstenfischerei, der durch die Preußische Zentralgenossenschaftskasse vergeben werden sollte.[200] Schon zum Zeitpunkt der Bekanntgabe durch das RMEL am 6. Oktober 1923 hatte der zur Verfügung gestellte Betrag keine nennenswerte Kaufkraft mehr gehabt; mit der Einführung der Rentenmark im darauffolgenden Monat wurde das Kreditangebot hinfällig.

Die eigentliche Katastrophe für die Küstenfischerei brachte die Einführung der Rentenmark im November 1923. Die neue Währung kam zum denkbar ungünstigsten Zeitpunkt, nämlich während des Winters, als die Fischerei aufgrund der

196 Schreiben des Regierungspräsidenten Stralsund, 9. 12. 1921. LAG, Rep. 250, Nr. 397.

197 Vgl. Tätigkeitsbericht DSV 1921/22, S. 99.

198 Vgl. MdI, Dez. Volksernährung an MfLDF, 30. 12. 1922, weitergeleitet an das RMEL am 8. 1. 1923. LHAS, 5.12-4/2, Nr. 439, Bl. 9.

199 Vgl. Finanzamt Bergen an FAST Lauterbach, 18. 4. 1923. LAG, Rep. 250, Nr. 396. Das Ausfuhrverbot wurde zudem – vermutlich saisonalbedingt – zeitweilig aufgehoben, so im März 1922. Vgl. Bekanntmachung des Regierungspräsidenten Stralsund, 10. 3. 1922. LAG, Rep. 250, Nr. 397 und Dröscher, Fischverwertungsgenossenschaften (1926), S. 405.

200 Vgl. Beschaffung von Fischereimaterialien mit Hilfe des Fischereikredits, in: Mitteilungen des DSV, Bd. 39, Nr. 10/11, Okt/Nov 1923, S. 115–116.

Witterungsverhältnisse weitgehend ruhte und keine Einnahmen erzielt werden konnten. Der Winter 1923/24 war zudem besonders hart; bis auf wenige Ausnahmen lag die Fischerei aufgrund des Eises für drei bis vier Monate still. Da etwaige Ersparnisse durch die Währungsreform wertlos geworden waren, konnten die meisten Fischer ihre Existenz nur durch Fürsorgeleistungen oder Kredite sichern. Die Wiederaufnahme der Fischerei im Frühjahr 1924 gestaltete sich dann aufgrund fehlender Betriebsmittel schwierig; nur wenige Fischer hatten vor der Währungsreform in Sachwerte investieren können.[201] Diese negativen Folgen überwogen den einen positiven Aspekt des Währungsverfalls, die Befreiung von Reichsdarlehens- und anderen Kreditschulden, bei weitem.[202] Die Fischer sind daher nicht zu den Inflationsgewinnern zu zählen.[203]

Auf die offensichtliche Notlage in der Küstenfischerei reagierte das RMEL im April 1924 wiederum mit der Gewährung eines Betriebsmittelkredites. Die Antrags- und Auszahlungsmodalitäten ähnelten dem im Oktober 1923 in Aussicht gestellten Kredit. Mit drei Monaten war er auf eine sehr kurze Laufzeit angelegt, allerdings mit der Möglichkeit einer ein- bis zweimaligen Verlängerung. Der Zinssatz betrug ca. 18 Prozent.[204] Insgesamt kamen mehrere Millionen Mark zur Auszahlung.[205] Gedacht war er als eine Art Überbrückungskredit, der die Fischer kurzfristig in die Lage versetzten sollte, den Fischereibetrieb wieder aufzunehmen. Die Fischer selbst hatten anscheinend eher mit einer Art Zuschuss in Form von Reichsbeihilfen gerechnet. Der DSV wies in der Juli-Ausgabe seiner Mitteilungen noch einmal ausdrücklich darauf hin, dass es sich bei den zur Verfügung gestellten Geldern eben nicht um eine solche, sondern um einen Kredit handele.[206]

Unter den gegebenen Umständen erwiesen sich die Bedingungen des Kredits als völlig ungeeignet für das Fischereigewerbe. Ohnehin war der Kreis der Berechtigten durch die Forderung einer sicheren Bürgschaft sehr beschränkt, angesichts der unkalkulierbaren Erträge waren außerdem die Laufzeit zu kurz und der Zinssatz zu hoch angesetzt. Eine nachhaltige Verbesserung der Lage könne der Kredit daher nicht bewirken, kritisierte Dröscher 1924.[207] Zusätzlich zu den quantitativ schlechten Fangerträgen des Jahres ließ die nach der Stabilisierung der deutschen Währung einsetzende Einfuhr von Fisch aus den skandinavischen Ländern die Preise in den Keller sinken. Unter diesen Absatzbedingungen reichten die erzielten

201 Vgl. Eichelbaum, Seefischerei, JB 1924, S. 32 und Dröscher, Küstenfischerei, JB 1924, S. 234.

202 Vgl. Eichelbaum, Seefischerei, JB 1924, S. 36 und Rückzahlung Reichsdarlehen (Rentenmark), in: Mitteilungen des DSV, Bd. 40, Nr. 1/2, Jan/Feb 1924, S. 6.

203 Zur sozialen Bilanz des Inflationsjahrzehnts vgl. Peukert, Weimarer Republik (1997), S. 74f.

204 Vgl. Neuer Fischereikredit, in: Mitteilungen des DSV Bd. 40, Nr. 5/6, Mai/Juni 1924, S. 39. Der DSV erklärte sich bereit, wie bisher vermittelnd einzugreifen, falls sich Schwierigkeiten bei der Inanspruchnahme des Kredits ergeben sollten.

205 Vgl. Eichelbaum, Seefischerei, JB 1924, S. 32.

206 Vgl. Nochmals Fischereikredit, in: Mitteilungen des DSV Bd. 40, Nr. 7/8, Juli/Aug 1924, S. 49–51.

207 Vgl. Dröscher, Küstenfischerei, JB 1924, S. 235f.

Erträge weder zur Instandhaltung und Erneuerung der Betriebsmittel, geschweige denn zur Abzahlung der hohen Schulden.[208]

Kritik an den Modalitäten des Kredits kam auch aus den Reihen des RMEL. Ministerialrat Eichelbaum verwies darauf, dass der Kleinfischerkredit zwar an vielen Orten die schwerste Not lindern und die Stilllegung der Betriebe für den Augenblick habe verhindern können. Doch würden die geringen Verdienste der Fischer schon die Rückzahlung der Zinsen unmöglich machen.[209] Die Küstenfischerei, konstatierte Eichelbaum, befände sich seit dem Ende der Inflationszeit in einer *„geradezu trostlosen wirtschaftlichen Notlage.“*[210] Dröscher ging noch einen Schritt weiter und sprach von 1924 als dem traurigsten Jahr, das die Küstenfischerei je erlebt habe. Die Fischer befänden sich im Zustand größter wirtschaftlicher Schwierigkeiten, *„wie selbst in den Zeiten der sprichwörtlichen Armut der Fischer in der Vorkriegszeit nicht.“*[211] Superlative dieser Art mussten in den nächsten Jahren häufiger bemüht werden.

Fazit

Der Erste Weltkrieg hatte erstmals massive marktordnerische Eingriffe von staatlicher Seite gebracht. Die Folgen für die See- und Küstenfischerei waren ambivalent. Einerseits beschränkten die zwangswirtschaftlichen Reglementierungen die sehr guten Verdienstmöglichkeiten der ersten Kriegszeit. Anderseits gewährleistete die Kriegsbewirtschaftung *„angemessene Preise“* und sicheren Absatz des Fangs. Prägend für die bis in die frühe Weimarer Republik andauernde Phase der Zwangswirtschaft war der Konflikt zwischen Verbrauchern, kommunaler Ernährungsverwaltung und Fischern. Die zunächst gute wirtschaftliche Situation nach der Aufhebung der Bewirtschaftung wurde mit fortschreitender Inflation rasch durch die Verteuerung der Betriebsmittel überschattet, mit der die Fischpreisentwicklung nicht mithalten konnte. Infolge der Währungsstabilisierung gerieten die Fischer in massive Verschuldung. Die Situation verschärfte sich zusätzlich durch das Wiedereinsetzen der ausländischen Einfuhr. Die einheimische Produktion war durch den Krieg, später durch den schlechten Währungskurs weitgehend konkurrenzlos gewesen. Nun brachen die ungelösten Absatzprobleme wieder hervor. An den strukturellen Problemen der See- und Küstenfischerei hatte sich nichts geändert, die besonderen Umstände der Kriegs- und Nachkriegszeit hatten den langfristigen

208 Vgl. Dröscher, Küstenfischerei, JB 1924, S. 234f. Die große Konkurrenz durch Auslandseinfuhren war vor allem bedingt durch den hohen Kurs der neuen Währung. Vgl. Tätigkeitsbericht DSV 1924/25, S. 50.

209 Vgl. Eichelbaum, Seefischerei, JB 1924, S. 32. Tatsächlich wurde der Kredit – auch auf Bitten des DSV – mehrfach verlängert. Vgl. Verlängerung des Fischereikredits bis zum 31. März 1925, in: Mitteilungen des DSV Bd. 40, Nr. 12, Dezember 1924, S. 146 und Mitteilungen des DSV, Bd. 41, Nr. 3, März 1925, S. 34–35 sowie Verlängerung des Fischereikredits, in: Mitteilungen des DSV, Bd. 41, Nr. 7, Juli 1925, S. 113.

210 Eichelbaum, Seefischerei, JB 1924, S. 32.

211 Dröscher, Küstenfischerei, JB 1924, S. 234.

Trend nur kurzzeitig überdecken können. Im Jahr 1924 stand das Gewerbe vor dem völligen Zusammenbruch.

b) Strukturelle Krise: Maßnahmen auf Reichsebene

Durch die besonderen Bedingungen der Kriegs- und Nachkriegszeit waren die Absatzschwierigkeiten der See- und Küstenfischerei nur vorübergehend in den Hintergrund getreten, um sich nun, nach einer gewissen Normalisierung der Marktverhältnisse, deutlicher denn je zu zeigen. Als zweites, langfristiges Problem traten sie neben die akut durch die Währungsreform ausgelöste Kreditnot. Als Ursache benannte Dröscher *„eine Überproduktion an Fischen infolge zu starker Entwicklung der Fischerflotte nach Zahl der Fischer und Fahrzeuge und Verstärkung der Motoren bei nicht genügendem Absatz und bei gleichzeitiger ungehemmter und zunehmender Einfuhr aus dem Auslande"*.[212] Dröscher schlussfolgerte: Wolle man nicht, dass sich die Produktion im Prozess der wirtschaftlichen Auslese reduziere, so müsse der Staat durch Absatzförderung einen Ausgleich schaffen.[213]

In den Diskussionen um das künftige wirtschaftspolitische System der Republik hatten sich sozialistische oder gemeinwirtschaftliche Ideen nicht durchsetzen können. Die liberale Wirtschaftsordnung ließ direkte marktordnende Eingriffe wie während der Zwangswirtschaft des Ersten Weltkriegs nicht zu. Eine indirekte Lenkung konnte durch das, was heute als strukturpolitische Maßnahmen bezeichnet wird – typischerweise Subventionen (Finanzhilfen und Steuerermäßigungen) und Protektionismus (Importzölle, Einfuhrkontingente) – erreicht werden, die in den Zuständigkeitsbereich des Reiches fielen. Subventionen kamen in der See- und Küstenfischerei bereits im Kaiserreich zum Einsatz. Seit 1887 wurden zinslose Reichsdarlehen für Bootsneubauten und Motorisierung vergeben, zudem Steuer- und Zollermäßigungen gewährt; in besonderen Notlagen vergab das Reich auch Beihilfen. Die finanzielle Unterstützung der Versicherungskassen durch den Staat fiel ebenfalls in diesen Bereich.[214] Protektionistische Maßnahmen waren dagegen bisher vor allem aus der Agrarwirtschaft bekannt.

Weitere denkbare strukturpolitische Steuermöglichkeiten wären die Schaffung von besonderen Berufszulassungsbedingungen gewesen, etwa durch Ausbildungsregeln und Befähigungsnachweise sowie die Regulierung einer Überbesetzung durch Anreize zur Betriebsaufgabe, vergleichbar den heute üblichen Abwrackprämien. Doch eine gezielte Strukturpolitik fand während der Weimarer Republik

[212] Dröscher, Küstenfischerei, JB 1925, S. 239f.

[213] Vgl. ebd., JB 1925, S. 241.

[214] Die Versicherungskassen wurden finanziell durch den DSV unterstützt. Vgl. Reckling, Reichsdarlehen, JB 1935, S. 340. Nach dem Zusammenbruch infolge der Inflation wurden sie durch zusätzliche Reichsmittel saniert. Vgl. Tätigkeitsbericht DSV 1923/24, S. 46f. und 1924/25, S. 52. Als die Kassen 1928/1929 erneut in die Krise gerieten, konnte das Reich aufgrund der schlechten Finanzhilfe eine derartige Hilfe nicht mehr gewähren. Vgl. Tätigkeitsbericht DSV 1928/29, S. 5 und 1929/30, S. 6.

auf dem Gebiet der See- und Küstenfischerei nicht statt, vielmehr kam es zu verschiedenen Einzelmaßnahmen, die sich nicht selten widersprachen.

Zollprotektionismus: Die Forderung nach Schutz der heimischen Produktion

Als ein Hauptfaktor der Absatzkrise wurde die ausländische Konkurrenz ausgemacht. Denn, so Dröscher, „*sobald die Wirkung der Einfuhr eintrat, waren die deutschen Fänge der kleinen See- und Küstenfischerei auf den größeren Märkten zu befriedigenden Preisen nicht unterzubringen.*" An der Ostsee betraf dies vor allem den Herings-, den Plattfisch- und den Dorschfang. Die wichtigste Forderung der Interessenvertretungen der Fischer an die Regierung war darum die nach Einfuhrzöllen: „*Man wird um einen Schutz der deutschen Fischerei gegen diese Konkurrenz durch Einführung eines Zolles auf lebende Plattfische und Dorsche nicht herumkommen, wenn die deutsche See- und Küstenfischerei erhalten bleiben soll.*" [215]

Schutzzölle als staatliches Steuerungsinstrument der Agrarwirtschaft waren im Deutschen Reich seit Bismarck 1879 in Gebrauch. Im Zuge des Wandels zum Industriestaat beanspruchte die Landwirtschaft zunehmend eine Sonderrolle innerhalb des volkswirtschaftlichen Gesamtsystems. Das Prinzip des Zollprotektionismus wurde nicht zuletzt dank einer durch die Verflechtung zwischen Bürokratie und konservativen Agrarinteressen traditionell starken Agrarlobby bestimmend für die deutsche Landwirtschaft. Langfristig bewirkten die Zölle jedoch keine Stabilisierung.[216]

Nachdem mit Kriegsbeginn alle Zollbeschränkungen aufgehoben waren, entbrannte die Agrarzolldebatte mit der Wiedererlangung der deutschen Handelsfreiheit nach dem Krieg zum 1. Januar 1925 aufs Neue. Die deutsche Landwirtschaft befand sich zu diesem Zeitpunkt in einer ganz ähnlichen Lage wie die Fischerei: Kapitalverlust, fehlende Produktionsmittel, erhöhter Kreditbedarf bei schlechten Konditionen, zunehmende Verschuldung, sinkendes Agrarpreisniveau aufgrund mangelnder Kaufkraft und hohe Betriebsmittelpreise prägten die wirtschaftliche Situation nach der Währungsstabilisierung. Rasch erhob sich die Forderung, die Zollfreiheit für Getreide und Vieh aufzuheben. Während sich Wirtschaftsexperten gegen die Wiedereinführung der Zollprotektion aussprachen, favorisierte das RMEL eine gemäßigte Politik. Tatsächlich bewegte sich das Gesetz über Zolländerungen vom 17. August 1925 etwa auf Grundlage des sogenannten Bülowtarifs von 1902. Als „Erziehungszoll" angelegt, sollte es die deutsche Produktion allerdings nur für eine begrenzte Zeit vom Weltmarkt abkoppeln.[217]

Über eine ähnlich starke Lobby wie die Landwirtschaft verfügte die Seefischerei nicht, von der Küstenfischerei ganz zu schweigen. Gerade für Letztere – insbeson-

215 Vgl. Dröscher, Küstenfischerei, JB 1924, S. 234f., Zitate S. 235.

216 Zur agrarischen Interessenpolitik im Kaiserreich vgl. ausführlich Flemming, Landwirtschaftliche Interessen (1978), S. 18–53 und zusammenfassend Kluge, Agrarwirtschaft (2005), S. 9.

217 Vgl. 50 Jahre RMEL (1969), S. 16f. Zum Zollkompromiss von 1925 vgl. Kluge, Agrarwirtschaft (2005), S. 19f.

dere die am schwersten betroffenen Fischer der westlichen Ostsee, Vorpommerns und Rügens – wurde ein Zollschutz für frischen Fisch als existentiell angesehen.[218] Dagegen standen die Interessen von Fischhandel und Fischindustrie, die von den günstigen Importen profitierten.

Der DSV rief im Februar 1925 die verschiedenen Interessengruppen zu einer Zollkonferenz an einen Tisch.[219] Dazu erschienen Vertreter des RMEL, des Reichsfinanzministeriums, Regierungsvertreter der Ostseestaaten sowie Vertreter der Fischerei, des Fischhandels und der Fischindustrie. Für Mecklenburg nahm Ministerialrat Krasemann teil; er schilderte in seinem Bericht die scharfen Gegensätze, die zwischen Fischproduktion und Handel und Industrie zutage traten. Letztere sprachen sich vehement gegen einen Einfuhrzoll aus, da die einheimischen Fänge den Bedarf nicht decken könnten und die Preise für die besseren Sorten zudem noch immer zu hoch seien.[220] Ihr eigentliches Ziel, eine gemeinsame Linie zu finden, auf deren Grundlage das RMEL eine Gesetzesvorlage hätte erarbeiten können, musste die Konferenz unter diesen Umständen verfehlen.

Die Initiative des DSV blieb folgenlos. Auch der Versuch, die Forderungen der Fischerei mit denen der Landwirtschaft zusammenzubringen, scheiterte. Die Fischerei wurde im sogenannten Kleinen Zolltarif im August 1925 nicht berücksichtigt.[221] Dem DSV blieb nichts anderes übrig, als die Fischer „*immer wieder auf die Lieferung einer einwandfreien Ware und auf bessere Sortierung*" hinzuweisen.[222] Denn auch in Sachen Qualität setzten die skandinavischen Importe Maßstäbe.[223]

Der Ruf nach Einfuhrzöllen für lebende Fische blieb insbesondere an der Ostseeküste weiter laut, verhallte jedoch ungehört.[224] 1926 unternahm der Reichsverband noch einmal den Versuch, die Aufmerksamkeit des RMEL, der Regierungen der Küstenländer und der beteiligten Parlamente auf die anhaltende wirtschaftliche Notlage der deutschen See- und Küstenfischerei zu lenken. Mit Rücksicht auf die Bedürfnisse der Industrie forderte eine auf der Generalversammlung des Verbandes verabschiedete Resolution die Einführung eines Zolls, der den Fischern wenigstens den niedrigsten zur Sicherung ihrer Existenz notwendigen Preis gewährleisten sollte, ohne die Einfuhr zu beschränken.[225]

[218] Vgl. Dröscher, Küstenfischerei, JB 1925, S. 247.

[219] Vgl. Tätigkeitsbericht DSV 1924/25, S. 53.

[220] Sitzungsbericht einer vom DSV einberufenen Zollkonferenz, 14. 2. 1925. LHAS, 5.12-4/2, Nr. 440, Bl. 272. Vgl. zur Haltung der Fischindustrie auch Verein der Fischindustriellen Deutschlands an DSV, 26. 2. 1925. LHAS, 5.12-4/2, Nr. 440, Bl. 275.

[221] Vgl. Dröscher, Landwirtschaftskammer (1929), S. 453. Dröscher schildert hier die ablehnende Haltung des führenden Vertreters der Landwirtschaft im Reichstag, der die ohnehin mühsam durchzusetzenden Agrarzölle nicht noch zusätzlich durch die Forderungen der Fischer gefährden wollte.

[222] Tätigkeitsbericht DSV 1925/26, S. 5.

[223] Vgl. Dröscher, Küstenfischerei, JB 1925, S. 277.

[224] Vgl. Eichelbaum, Seefischerei, JB 1926, S. 38.

[225] Vgl. Die anhaltende wirtschaftliche Notlage der deutschen See- und Küstenfischerei, in: Mitteilungen des DSV, Bd. 42, Nr. 12, Dezember 1926, S. 472f.

Subventionierung durch Kreditvergabe: Die Reichsdarlehen für See- und Küstenfischer

Die ersten Fördermaßnahmen der Republik auf dem Gebiet der See- und Küstenfischerei entsprangen den Folgen des Krieges. Auf Antrag des DSV wurde vom Reichswirtschaftsministerium ein Fonds für Reichsbeihilfen zur Instandsetzung der Fahrzeuge von Kriegsteilnehmern zur Verfügung gestellt.[226] Wie seit 1887 wurden auch weiterhin Darlehen aus Reichsmitteln vergeben. Die bisherige Zinsfreiheit war angesichts der damaligen guten Verdienste der Fischerei im Jahr 1920 auf 4 Prozent erhöht worden. Durch die Inflation gerieten zur Verfügung stehende und beantragte Summen in ein immer größeres Missverhältnis, bis der gesamte Darlehensfonds aufgezehrt war.[227]

Nach 1924 erhob sich die grundsätzliche Forderung nach einer umfassenden Kreditorganisation und vor allem einer wesentlichen Erweiterung der bereitgestellten Finanzmittel.[228] Offensichtlicher Anlass war zunächst die besondere Bedürftigkeit durch die Folgen der Währungsreform. Die Kreditvergabe sollte in erster Linie dazu dienen, die Voraussetzungen für langfristig rentabel arbeitende Fischereibetriebe zu schaffen.[229]

Zunächst musste es darum gehen, die negativen Folgen des Wechselkredits von 1924 aufzufangen. Laut Dröscher waren fast alle am Kredit beteiligten Fischer von der Zwangsvollstreckung bzw. der völligen Stilllegung ihrer Betriebe bedroht. Die andauernde Finanznot verhinderte wiederum die Beschaffung und den Erhalt der Betriebsmittel. Zusätzlich waren viele Fischereibetriebe durch laufende Kredite bei den Netz- und Motorenfabriken belastet.[230] Die staatliche Maßnahme bestand in der Vergabe langfristiger und sehr niedrig verzinster Reichsdarlehen, die vor allem der Ablösung der Wechselkredite dienen sollten.[231] Nach der Vernichtung des Darlehensfonds durch die Inflation standen im Jahr 1924 keine Mittel im Etat und auch für 1925 war zunächst nur die geringe Summe von 170 000 Mark vorgesehen; viel zu wenig angesichts des hohen Erneuerungsbedarfs und der drückenden Schuldenlast.[232] Die Haushaltsmittel wurden daher auf zwei Millionen Reichsmark aufgestockt. Die Darlehen mit einem Zinssatz von 5 Prozent und einer Laufzeit von zwei bis zehn Jahren wurden nicht nur zur Umschuldung, sondern auch zur Instandsetzung von Fahrzeugen und Fang-

226 Vgl. Tätigkeitsbericht DSV 1919/20, S. 145.

227 Vgl. Tätigkeitsberichte des DSV 1919/20–1924/25.

228 Vgl. Dröscher, Küstenfischerei, JB 1924, S. 237. Vgl. auch die Resolution des Reichsverbandes von 1926: Die anhaltende wirtschaftliche Notlage der deutschen See- und Küstenfischerei, in: Mitteilungen des DSV, Bd. 42, Nr. 12, Dezember 1926, S. 472f.

229 Dröscher warnte vor der Gefahr einer langfristigen Verschuldung. Vgl. Dröscher, Küstenfischerei, JB 1925, S. 249.

230 Vgl. Dröscher Küstenfischerei, JB 1925, S. 238 und Tätigkeitsbericht DSV 1925/26, S. 4f.

231 Vgl. Eichelbaum, Seefischerei, JB 1924, S. 32.

232 Die Inflation befreite die Fischer zwar von der Darlehnsschuld, vernichtete aber auch den Rückzahlungsfonds, aus dem neue Darlehen gewährt wurden. Vgl. Eichelbaum, Seefischerei, JB 1924, S. 36.

geräten verwendet: Über 38 Prozent aller ausgegebenen Darlehen entfielen auf die Ablösung der Wechselkredite, weitere 33 Prozent auf die Beschaffung neuer Geräte, ca. 15 Prozent auf neue Motoren und schließlich je 6 Prozent auf die Beschaffung bzw. Instandsetzung von Fahrzeugen.[233] Insgesamt wurden etwa 1800 Darlehen für Fischer und Fischverwertungsgenossenschaften bewilligt. Die ausgegebenen Beträge waren allerdings teilweise so gering, dass der eigentliche Zweck verfehlt werden musste.[234]

Die Kritik der Interessenverbände blieb daher nicht aus, insbesondere an der viel zu geringen Gesamtsumme. Der DSV hatte durch Umfragen an der Küste einen Bedarf von mindestens 5 Millionen Mark ermittelt und konstatierte nun eine *„gewisse Unzufriedenheit"* unter den Kleinfischern, denen ein Darlehen nicht hatte gewährt werden können.[235] Die begrenzten Mittel kritisierte auch Wilhelm Dröscher als Geschäftsführer des Reichsverbandes, nicht ohne darauf hinzuweisen, dass sich die Küstenländer kaum mit eigenen Mitteln an der Kreditvergabe beteiligt hätten.[236] Problematisch sei auch, dass durch die geforderten Sicherheiten nur die ohnehin bessergestellten Fischer das Darlehen in Anspruch nehmen könnten. Zudem sei die Vermittlung langsam und umständlich.[237] Dass Städte und Gemeinden ihren Fischern die Aufnahme der Darlehen durch Bürgschaften ermöglichten, blieb die Ausnahme.[238]

Die 1925 vergebenen Mittel waren ebenso wie der ungünstige Kredit des Vorjahres als eine vorübergehende Überbrückungshilfe gedacht, um den Küstenfischereibetrieben zu wirtschaftlicher Rentabilität zu verhelfen.[239] Ursprünglich waren Reichsdarlehen hauptsächlich für Fahrzeug- und Motorneubauten vergeben worden und das RMEL hoffte, rasch zu diesem Zustand zurückzukehren und keine Betriebsmittelkredite mehr vergeben zu müssen.[240] Tatsächlich wurde die Mehrzahl der Darlehen in den kommenden Jahren wieder zu diesem Zweck ausgegeben; der Trend zur Motorisierung in der Kleinfischerei setzte sich unvermin-

[233] Vgl. Eichelbaum, Seefischerei, JB 1925, S. 34f. Nur ein minimaler Anteil von 0,5 Prozent wurde für „Wirtschaftliche Zwecke" und den Bau und die Instandsetzung von Einrichtungen zur Verwertung und Erhaltung der Fänge vergeben.

[234] Durchschnittlich hieße das etwa 1100 RM pro Kopf; in manchen Bezirken kamen für den einzelnen Fischer jedoch nur Summen von wenigen 100 Mark zur Auszahlung. Das RMEL wollte daher in Zukunft nur noch größere Beträge zur Verteilung bringen. Vgl. Eichelbaum, Seefischerei, JB 1925, S. 35.

[235] Vgl. Tätigkeitsbericht DSV 1925/26, S. 5.

[236] Vgl. Dröscher, Küstenfischerei, JB 1925, S. 238f. Auch Ministerialrat Eichelbaum bedauerte die geringe Beteiligung der Länder. Vgl. Eichelbaum, Seefischerei, JB 1925, S. 34.

[237] Vgl. Dröscher, Küstenfischerei, JB 1925, S. 239. Die bei der Kreditvergabe verlangten Sicherheiten umfassten die Versicherung des Fahrzeuges, die Verpfändung der Police ans Reich und die zusätzliche Eintragung des Darlehens als Hypothek auf das Fahrzeug bzw. auf vorhandenen Grundbesitz. Vgl. Regeln für die Gewährung von Darlehen an Seefischer zur Beschaffung von Fahrzeugen und Motoren, o. D., um 1920. LHAS, 5.12-4/2, Nr. 498, Bd. 5, Bl. 150.

[238] Vgl. RV der deutschen See- und Küstenfischer an den Magistrat Stralsund, 14. 3. 1928. StAS, Rep. 20, Nr. 97, Bl. 102.

[239] Vgl. Eichelbaum, Seefischerei, JB 1925, S. 35.

[240] Vgl. Eichelbaum, Seefischerei, JB 1926, S. 37.

dert fort.[241] Daraus resultierenden Missständen technischer Natur, dem Einbau ungeeigneter Motoren oder der unsachgemäßen Bedienung, wurde durch Maßnahmen des DSV begegnet.[242] Eine Motorenkommission prüfte die jeweilige Eignung der Motoren, nur bestimmte Typen waren „reichsdarlehensfähig". Zur Fortbildung der Fischer wurden sogenannte Motoren-Kurse angeboten, deren Kosten anteilig vom DSV übernommen wurden.[243] Die Teilnahme an einem Seefischerkurs des DSV war zudem für Darlehensempfänger verpflichtend, sofern sie nautische Kenntnisse nicht auf anderem Wege nachweisen konnten.[244]

Bis 1924 waren die Darlehen in einem komplizierten Verfahren, in das neben dem Reichsamt des Inneren bzw. dem RMEL die Landesregierungen, die Fischereibehörden der Länder und der DSV einbezogen waren, vergeben worden. Der DSV übernahm die sachliche Beurteilung, die Bewilligung der Anträge oblag dem RMEL. Seit 1924 wurde das Verfahren durch die Ausklammerung der Länder vereinfacht, dafür in zunehmendem Maße der DSV involviert. Seit 1927 verteilte der DSV die beim RMEL zur Verfügung stehenden Mittel weitgehend selbständig. Für den einzelnen Fischer hatte diese Entwicklung aber kaum Auswirkungen; denn wie zuvor reichte er seinen Antrag beim zuständigen Fischereibeamten ein, der nunmehr offiziell als Vertrauensmann des DSV fungierte.[245]

Der wachsende Bedarf an Darlehen konnte aus dem zur Verfügung stehenden Fonds nicht gedeckt werden, obwohl in den kommenden Jahren weiterhin zusätzliche Mittel zugeschossen wurden, wenn auch mit abnehmender Tendenz. So waren bereits im November 1926 die für das Rechnungsjahr vorgesehenen Darlehensmittel verbraucht.[246] Üblicherweise speiste sich der Fonds aus den Tilgungszahlungen, diese blieben jedoch mehr und mehr aus.[247] Schon 1927 mussten *„im weitestgehenden Maße"* Stundungen von Raten und Zinsen gewährt werden, da anders die Aufrechterhaltung vieler Betriebe nicht zu gewährleisten war. Von der fälligen Rückzahlungssumme, knapp 600000 RM, ging in diesem Jahr nur etwa

241 Vgl. Tätigkeitsbericht DSV 1926/27, S. 4. Zum Verwendungszweck der Gelder zwischen 1925 und 1935 vgl. Reckling, Reichsdarlehen 1935, S. 340.

242 Vgl. Unfälle von Fischereifahrzeugen, in: Mitteilungen des DSV, Bd. 40, Nr. 5/6, Mai/Juni 24, S. 33–39.

243 Vgl. Marquard, Motoren (1928), S. 228f. Bereits während des Krieges war kritisiert worden, dass Fischer ungeeignete Motoren einbauten. Vgl. Tätigkeitsbericht DSV 1917/18, S. 53f. Der Reichskommissar gab daher 1918 erstmals geeignete Fahrzeugserien in Auftrag, abweichende Anträge oblagen der Prüfung des DSV. Vgl. Tätigkeitsbericht DSV 1918/19, S. 56f. Durch die fortschreitende Motorisierung der Fahrzeuge wuchs die Arbeit der Motorenkommission des DSV, die nun vor der Darlehensvergabe zusätzlich prüfte, ob Motor und Fahrzeug im richtigen Verhältnis zueinander standen. Vgl. Tätigkeitsbericht DSV 1926/27, S. 4 und Tätigkeitsbericht DSV 1927/28, S. 5.

244 Vgl. Regeln für die Gewährung von Darlehen an Seefischer zur Beschaffung von Fahrzeugen und Motoren, o. D., um 1920. LHAS, 5.12-4/2, Nr. 498, Bd. 5, Bl. 150.

245 Vgl. Rundschreiben des RMEL an MfLDF Schwerin, Abschrift eines Protokolls der am 24. 1. 1933 stattgefundenen Sitzung über die Änderung der Darlehensbearbeitung 2. 2. 1933. LHAS, 5.12-4/2, Nr. 500, Bd. 8, Bl. 24.

246 Vgl. Tätigkeitsbericht DSV 1926/27, S. 4.

247 Bis zum Ersten Weltkrieg war die Rückzahlung der damals noch zinsfreien Darlehen weitgehend pünktlich erfolgt. Vgl. Reckling, Reichsdarlehen, JB 1935, S. 337.

die Hälfte ein.[248] Ein großer Teil der Fischer war also nicht in der Lage, seinen Zahlungsverpflichtungen nachzukommen. Als Konsequenz wurde der Zinsfuß der Reichsdarlehen von 5 Prozent auf 3 Prozent herabgesetzt.[249] Die Beurteilung und Bearbeitung der Stundungsgesuche oblagen dem DSV und seinen Vertrauensmännern, in der Regel also den Fischereiaufsichtsbeamten.[250]

Die zur Verfügung stehenden Mittel deckten den Bedarf auch in den kommenden Jahren nicht. Die Darlehensmittel waren bereits zu Beginn eines Rechnungsjahres verbraucht, die Wartezeiten beliefen sich in manchen Bezirken auf zwei bis drei Jahre.[251] Zwangsmaßnahmen wurden angesichts der zunehmenden wirtschaftlichen Notlage nur gegen böswillige Schuldner eingeleitet.[252] Selbst wenn man davon ausgehen kann, dass einige Fischer die Rückzahlung absichtlich verzögerten, weisen die spärlichen Rückflüsse darauf hin, dass die erhoffte Verbesserung der wirtschaftlichen Lage noch immer nicht eingetreten war.[253] Dieses Bild zeichnen auch die Jahresberichte: Obwohl die Fangerträge insgesamt zurückgingen, konnten Absatz und Preisgestaltung nicht verbessert werden.[254] Ein Vergleich der Großhandelseinkaufspreise der Jahre 1927 und 1913 zeigt, dass diese in etwa auf Vorkriegsniveau stagnierten, während die Lebenshaltungs- und Betriebskosten um ein Vielfaches gestiegen waren.[255] Im März 1929 wurden schließlich nach ungewöhnlich strengem Winter durch Erlass des RMEL alle rückständigen und bis zum Sommer fällig werdenden Darlehensraten und Zinsen gestundet.[256]

Vor diesem Hintergrund stellt sich die grundsätzliche Frage nach dem Sinn dieser Subventionierungsmaßnahmen. Im ersten Jahrzehnt des 20. Jahrhunderts konnte die Darlehensvergabe noch als zukunftsorientierte Anpassungshilfe verstanden werden, die der Küstenfischerei Anschluss an den technischen Fortschritt verschaffen sollte. Doch bereits hier zeichneten sich rasch die Probleme ab, die aus den vermehrten Fangerträgen resultierten. Die besondere Situation während des Ersten Weltkriegs hatte diese Probleme in den Hintergrund treten lassen; sicherer Absatz und gute Preise sorgten für ein unbekümmertes Vorantreiben der Motorisierung. Nach Kriegsende forcierten die ersten Anzeichen einer Überfischung der küstennahen Gewässer der Ostsee die Aufrüstung der Fangflotte zusätzlich. Das Reich benannte als Zweck der Darlehen *„die wirtschaftliche Hebung der Fischerei-*

[248] Vgl. Eichelbaum, Seefischerei, JB 1927, S. 38.
[249] Vgl. Fischer, Küstenfischerei, JB 1927, S. 243.
[250] Vgl. Tätigkeitsbericht DSV 1927/28, S. 3. Vgl. beispielhaft Fischer Fritz Berg an DSV und OFMA Stralsund, 15.6.1928, weitergeleitet an FAST Lauterbach sowie FAST Lauterbach an OFMA Stralsund, 1.7.1928 und FAST Lauterbach an OFMA, 13.1.1930. LAG, Rep. 250, Nr. 356.
[251] Vgl. Tätigkeitsbericht DSV 1928/29, S. 5.
[252] Vgl. Rundschreiben RMEL an MfLDF, Abschrift eines Protokolls der am 24.1.1933 stattgefundenen Sitzung über die Änderung der Darlehensbearbeitung 2.2.1933. LHAS, 5.12-4/2, Nr. 500, Bd. 8, Bl. 24.
[253] Vgl. Fischer, Küstenfischerei, JB 1928, S. 244.
[254] Vgl. Tätigkeitsbericht DSV 1926/27, S. 1f. und Tätigkeitsbericht DSV1927/28, S. 1f.
[255] Allein für Aal trat eine nennenswerte Preissteigerung ein. Vgl. die Tabelle in Fischer, Küstenfischerei, JB 1927, S. 243. Dagegen waren die Betriebsmittelkosten im Vergleich 1913 zu 1925 um teilweise über 50 Prozent gestiegen. Vgl. Dröscher, Küstenfischerei, JB 1925, S. 248f.
[256] Vgl. Fischer, Küstenfischerei, JB 1929, S. 224.

bevölkerung durch Erweiterung des Aktionsradius, Steigerung der Tagesergebnisse und der Absatzmöglichkeit mit dem Ziele, bestehende, lebenskräftige Betriebe zu erhalten und neue ins Leben zu rufen.“[257] Der Einbau immer stärkerer Motoren ermöglichte zwar das Erreichen entfernterer Fanggründe und einigermaßen befriedigende Fänge, ließ aber die desolate Absatzsituation völlig außer Acht. Dass diese Entwicklung weiterhin staatlich gefördert wurde, erscheint unverständlich. Die erhöhten Instandsetzungskosten machten die Betriebe zudem so unwirtschaftlich, dass sie oft nur mit Hilfe staatlicher Kredite aufrechterhalten werden konnten.[258] Die Unterstützung und Aufrechterhaltung unwirtschaftlicher Betriebe verschlechterte die Gesamtsituation zusätzlich.

Die erstmals nach dem Krieg in „*allgemein zugänglichen Regeln*“ niedergelegten Vergabebedingungen für Reichsdarlehen verlangten als sachliche Voraussetzung die Aussicht auf Rentabilität des Fischereibetriebs. Sie enthielten zudem den ausdrücklichen Hinweis, dass bei der Beurteilung die Rückzahlungsverpflichtungen berücksichtigt werden sollten. Eine „*wahllose Ausschüttung öffentlicher Mittel*“ sollte so verhindert werden.[259] Die lokalen Fischereiaufsichtsbeamten als Vertrauensmänner des DSV erstellten die Gutachten über die Darlehensanträge und mussten entscheiden, ob ein Betrieb rentabel arbeitete. Dazu standen ihnen jedoch keine objektiven Beurteilungskriterien zur Verfügung. Dass die Fischmeister die Antragsteller besonders gut kannten und in ihrem Amt durchaus eine Art Fürsorgepflicht empfanden, war bei der Beurteilung einerseits sicher von Nutzen. Andererseits liefen sie Gefahr, ihren Ermessenspielraum zugunsten der in ihrem Bezirk ansässigen Fischer auszureizen. Nicht zuletzt deshalb regte der Reichsverband 1928/29 betriebswirtschaftliche Untersuchungen der Betriebe der Kleinfischerei an, um Erkenntnisse darüber zu gewinnen, welche Betriebe als rentabel bzw. unrentabel einzustufen seien.[260]

Bereits 1925 hatte Dröscher die einseitigen und planlosen Fördermaßnahmen in der See- und Küstenfischerei bemängelt: „*[M]an hat eine Entwicklung des Seefischfangs geduldet oder gar gefördert, unbekümmert um eine gleichzeitige energische Förderung des Absatzes und ohne sich Sorge zu machen, ob für die vermehrten Fänge Absatz dauernd vorhanden sein oder sich schaffen lassen würde.*“[261] Besonders kritisierte Dröscher die Vernachlässigung der Absatzförderung. Auch seitens des RMEL setzte sich 1927 die Erkenntnis durch, dass an der Ostsee eine weitere Darlehensvergabe nicht wünschenswert und vielmehr eine allmähliche Einschränkung der Zahl der Fischereibetriebe sinnvoll wäre.[262]

[257] Regeln für die Gewährung von Darlehen an Seefischer zur Beschaffung von Fahrzeugen und Motoren, o.D., um 1920. LHAS, 5.12-4/2, Nr. 498, Bd. 5, Bl. 150. LHAS, 5.12-4/2, Nr. 498, Bd. 5, Bl. 150.
[258] Vgl. Marquard, Motoren (1928), S. 228f.
[259] Vgl. Regeln für die Gewährung von Darlehen an Seefischer zur Beschaffung von Fahrzeugen und Motoren, o.D., um 1920. LHAS, 5.12-4/2, Nr. 498, Bd. 5, Bl. 150.
[260] Die Kosten für diese Untersuchung trug das RMEL. Vgl. Tätigkeitsbericht DSV 1928/29, S. 7.
[261] Dröscher, Küstenfischerei, JB 1925, S. 240.
[262] Vgl. Eichelbaum, Seefischerei, JB 1927, S. 38f. Ähnlich formuliert es der DSV im Tätigkeitsbericht DSV 1927/28, S. 4.

Gegen die staatliche Förderung der See- und Küstenfischerei regte sich 1928 auch heftigere Kritik: Die Küstenfischerei der Ostsee sei nicht mehr lebensfähig und die Unterstützung solle eingestellt werden. Dieser radikalen Forderung hielt man das Argument entgegen, die Küstenfischerei befände sich in einer momentanen Übergangsphase, in der die Aufnahmefähigkeit des Handels mit den modernisierten Fangmethoden noch nicht mithalten könne. Deshalb benötigten gerade die Genossenschaften günstige Kredite.[263] Schon drei Jahre zuvor hatte Wilhelm Dröscher den Ausbau der Fischverwertungsgenossenschaften und ihre wirtschaftliche Stärkung als unentbehrliche Maßnahme zur Förderung des Absatzes erklärt.[264]

Organisierte Selbsthilfe: Die Förderung des Genossenschaftswesens

Unter dem Druck ausländischer Einfuhren verschlechterten sich die Preise im Jahr 1925 weiter. Zudem zeigte sich zwischen Erzeuger- und Konsumentenpreisen eine eklatante Differenz, gerade bei den Massenfischen.[265] An der mecklenburgischen Küste wurden den Stellnetzfischern pro Pfund Dorsch nur noch 2 bis 5 Pfennig gezahlt. Im Weiterverkauf nahmen die Händler pro Pfund 30 bis 40 Pfennig. Zum Teil wurde den Fischern die Ware gar nicht mehr abgenommen.[266] Der 1913 von Dröscher in die See- und Küstenfischerei eingeführte genossenschaftliche Zusammenschluss als Selbsthilfemaßnahme gegen die Abhängigkeit von Handel und Industrie gewann unter diesen Umständen mehr und mehr an Bedeutung.[267] Der Reichsverband und der DSV sahen in der Stärkung des Genossenschaftswesens eine ihrer wichtigsten Aufgaben und bemühten sich um staatliche Förderung.

Im Untersuchungsgebiet bestanden nach 1918 die Genossenschaften in Wismar, Warnemünde, Stralsund und Ribnitz; von letzterer spaltete sich 1926 eine eigene Genossenschaft in Barth ab, eine weitere wurde 1928 in Saßnitz gegründet. Schon während des Krieges und unmittelbar danach waren auch in anderen Regionen der Ostseeküste viele Genossenschaftsneugründungen zu verzeichnen, besonders in Schleswig-Holstein und Hinterpommern.[268]

Unter den besonderen Bedingungen der unmittelbaren Nachkriegszeit hatten die Genossenschaften zunächst eine positive Entwicklung genommen, bevor sie auf dem Höhepunkt der Inflation in die Krise gerieten. Auch sie litten nun unter

263 Vgl. Fischer, Küstenfischerei, JB 1928, S.244. Zwar wird der Urheber dieser Forderung im Text nicht genannt, vermutlich stammt er aus den Kreisen von Fischhandel- und Fischindustrie, die aus der Förderung der Küstenfischerei Nachteile befürchteten.

264 Vgl. Dröscher, Küstenfischerei, JB 1925, S.245.

265 Dröscher vergleicht hier die Erzeugerpreise mit den Verkaufspreisen des Stettiner Marktes. Vgl. Dröscher, Küstenfischerei, JB 1925, S.244.

266 Vgl. ebd. S.273 und Stralsunder Fischer verzweifeln, in: Stralsunder Tageblatt (14.4.1932). StAS, Rep.20, Nr.97.

267 Zu den Anfängen des Genossenschaftswesens vgl. Teil A, Kapitel 5.

268 Elf der 22 Genossenschaften der gesamten Ostsee, die 1932 noch bestanden, waren zwischen 1916 und 1919 gegründet worden. Vgl. Dröscher, Erich, Seefischerei-Genossenschaften (1932), S.205.

den Folgen des Reichskredits von 1924.[269] Aus den seit 1925 zur Verfügung gestellten Reichsmitteln erhielten sie daher Darlehen zur Ablösung dieser Kreditschuld, dann auch für den Bau von Betriebsanlagen, zur Beschaffung von Transportfahrzeugen und für den Ankauf von Grundstücken. Von den vom Reich zwischen 1925 und 1935 zur Verfügung gestellten Darlehensmitteln für die See- und Küstenfischerei in Höhe von 5,5 Millionen RM entfielen etwa 12,8 Prozent auf Kredite für Fischereigenossenschaften.[270]

Die staatliche Unterstützung der Genossenschaften zielte darauf ab, die Konkurrenzfähigkeit der einheimischen Ware zu fördern; dies sollte insbesondere durch eine Qualitätssteigerung der auf den Markt gebrachten Fänge erreicht werden. Voraussetzung dafür waren eine verbesserte Sortierung, Vereisung und Behandlung der Fänge beim Transport sowie der Bau von Eis- und Kühlhäusern an der Küste.[271] Eigene Verarbeitungsbetriebe – vor allem Räuchereien – sollten es ermöglichen, Fangüberschüsse selbst zu verwerten.[272]

Aus eigenen Mitteln oder durch Privatkredite zu den üblichen Konditionen waren größere Investitionen kaum möglich, denn einen nennenswerten Gewinn erzielte keine der Genossenschaften.[273] Aus mehreren Gründen waren und blieben sie wirtschaftlich sehr anfällig. Zum einen erschwerten die unregelmäßigen, schwankenden Anlandungen eine verlässliche Disposition. Die Finanzkraft der Genossenschaften war äußerst gering, da sie sich ausschließlich aus wirtschaftlich schwachen Inhabern von Kleinbetrieben zusammensetzten. Schließlich ermöglichte die innere Struktur der Genossenschaften dem Geschäftsführer als kaufmännischem Leiter zu wenig Handlungsspielraum. In seinen Entscheidungen war er von einem durch die Genossenschaft gewählten Vorstand abhängig, dem betriebswirtschaftliche Kenntnisse häufig fehlten.[274]

Auch weiterhin war nur ein kleiner Teil der Fischer, vor allem die sogenannte Kleine Hochseefischerei der Ostsee, genossenschaftlich organisiert.[275] Auf dem Gebiet Mecklenburg-Schwerins und des Regierungsbezirks Stralsund dürften es weniger als ein Drittel gewesen sein.[276] Die Forderung des zuständigen RMEL-

[269] Vgl. Tätigkeitsbericht DSV 1920/21, S. 86, Tätigkeitsbericht DSV 1921/22, S. 103, Tätigkeitsbericht DSV 1922/23, S. 46 und Tätigkeitsbericht DSV1923/24, S. 14.

[270] Vgl. Reckling, Reichsdarlehen 1935, S. 340. Die Zahlen zur Genossenschaftsförderung beziehen sich auf Nord- und Ostsee, leider sind sie nicht weiter zu differenzieren.

[271] Vgl. Dröscher, Küstenfischerei, JB 1924, S. 139 und Tätigkeitsbericht DSV 1924/25, S. 52.

[272] Ein Verarbeitungsbetrieb wurde zuerst in Wismar erfolgreich eingerichtet, dann folgten Warnemünde, Barth und Stralsund. Vgl. Dröscher, Fischverwertungsgenossenschaften (1926), S. 404.

[273] Vgl. Dröscher, Erich, Seefischerei-Genossenschaften (1932), S. 223.

[274] Vgl. ausführlich Dröscher, Fischverwertungsgenossenschaften (1926), S. 446–450. Anscheinend war es sehr schwierig, geeignete Geschäftsführer zu finden. Die Bedeutung kompetenter Geschäftsführer betonte auch Eichelbaum, Seefischerei, JB 1927, S. 38.

[275] Vgl. Dröscher, Fischverwertungsgenossenschaften (1926), S. 382f. und 389f.

[276] Die Genossenschaften im Untersuchungsgebiet umfassten 1928 zusammen 364 Mitglieder. Davon entfielen auf Stralsund 226, auf Warnemünde 25, auf Ribnitz 45, auf Barth 48 und auf Saßnitz 20 Mitglieder. Keine Angabe machte Wismar. Vgl. Dröscher, Erich, Seefischerei-Genossenschaften (1932), Tabelle 1, S. 206 sowie 211. Laut Betriebszählung von 1925 waren aber mindestens 1550 Fischereibetriebe für Mecklenburg und den Regierungsbezirk Stral-

Mitarbeiters nach flächendeckenden Verwertungsgenossenschaften blieb ein frommer Wunsch.[277] Die Zurückhaltung der Fischer gegenüber der genossenschaftlichen Organisation hatte, folgt man Dröschers Angaben, mehrere Ursachen: Zum Teil waren die Voraussetzungen zur Gründung einer funktionstüchtigen Genossenschaft – eine genügend große Anzahl von Fischern bzw. genügend große Fangablieferungsmengen sowie eine einigermaßen günstige Verkehrsanbindung – nicht überall gegeben. Der genossenschaftliche Zusammenschluss eignete sich vor allem für die Kutterfischer, weniger für die Kleinfischer, die nur geringe Fänge (allerdings in sehr guter Qualität) anlandeten. Hinzu kam, dass bei weitem nicht alle Fischer zum Eintritt in eine Genossenschaft zu bewegen waren. Viele nutzten die positiven Auswirkungen auf die lokale Preisbildung, ohne selbst Mitglied zu werden: *„Es ist durchaus charakteristisch für die Mentalität der Fischer, dass ein mehr oder weniger erheblicher Teil die durch die Genossenschaft bewirkten Vorteile in der Preisbildung gerne ausnutzt, aber ihre Freiheit außerhalb der Genossenschaft bewahrt, um darüber hinaus für sich ohne jeden Zwang noch Sondervorteile durch selbständigen Verkauf zu erzielen.“*[278]

Für diese Problematik benannte Wilhelm Dröscher den bei den Fischern *„infolge von Vererbung und Gewöhnung durch ihre Lebens- und Berufsweise auf dem Wasser“* wenig ausgeprägten Genossenschaftssinn und die mangelnde Bereitschaft, sich zur Vertretung gemeinsamer Interessen zusammenzuschließen: *„Zu ihrem eigenen Nachteil sind Misstrauen und Missgunst viel zu stark.“* Sinnvollen Maßnahmen, wie etwa freiwilligen Fangeinschränkungen oder einer vernünftigen Sortierung und Behandlung der Fänge, verschlössen sie sich.[279] Für Dröscher hatte die Förderung des Genossenschaftswesens daher nicht nur eine wirtschaftliche, sondern auch eine ideelle Bedeutung: die Erziehung des Fischers zu mehr Gemeinsinn. Allerdings trugen Misserfolge wie das Scheitern einer aus der Kriegswirtschaft hervorgegangenen Einkaufsgesellschaft Fischereibedarf G.m.b.H. nicht dazu bei, den Fischern ihre grundsätzliche Skepsis zu nehmen.[280] Der geringe Organisationsgrad der Fischer musste die intendierte Wirkung des genossenschaftlichen Zusammenschlusses grundsätzlich schwächen.

Für die bestehenden Genossenschaften waren, wie die Interessenvertretungen und das zuständige Ministerium übereinstimmend feststellten, zwei Ziele anzustreben: ein zentraler Zusammenschluss und eine verbesserte Zusammenarbeit mit Industrie und Handel.[281] Erste Versuche zu einer überregionalen Zusammen-

sund gemeldet. Nur selbständige Fischer kamen als Genossenschaftsmitglied in Betracht. Vgl. Dröscher, Fischverwertungsgenossenschaften (1926), S. 389f. Die Mitgliederzahl der Genossenschaft in Wismar hatte 1914 70 betragen. Vgl. ebd., S. 389.

[277] Vgl. Eichelbaum, Seefischerei, JB 1927, S. 38.

[278] Vgl. Dröscher, Fischverwertungsgenossenschaften (1926), S. 383, S. 440 und S. 447, hier Zitat.

[279] Zitate ebd., S. 446.

[280] Die Einkaufsgesellschaft ging aufgrund völlig ungeeigneter Geschäftsführung und unfähigen Aufsichtsrats ein. Eine Wiederholung des Versuches sei dennoch unumgänglich. Vgl. Dröscher, Küstenfischerei, JB 1925, S. 249.

[281] Vgl. Dröscher, Fischverwertungsgenossenschaften (1926), S. 450 und Eichelbaum, Seefischerei, JB 1924, S. 32.

arbeit waren bereits gegen Ende des Ersten Weltkrieges unternommen worden. Im Oktober 1917 hatten sich unter Führung des damaligen Oberfischmeisters Dr. Fischer in Kiel die Genossenschaften aus Kiel, Wismar, Warnemünde, Ribnitz, Stralsund, Swinemünde und Dievenow in der Freien Vereinigung der Fischverwertungsgenossenschaften der Ostsee zusammengefunden. Ab Frühjahr 1919 gab es Überlegungen zu einer zentralen Verkaufsorganisation und einer zentralen Ausgleichs- und Nachrichtenstelle, die über Aufnahmefähigkeit und Preisaussichten der wichtigsten Märkte informieren und so eine planmäßige Beschickung ermöglichen sollte. Über einen mündlichen und schriftlichen Erfahrungsaustausch über Absatzmöglichkeiten und Preise kamen diese Pläne jedoch nicht hinaus.[282] Anfang Oktober 1919 trat dann unter dem Vorsitz Dröschers der Verband deutscher Fischergenossenschaften mit Sitz in Kiel an die Stelle der Freien Vereinigung. Als reine Interessenvertretung ohne weitere geschäftliche Tätigkeit war er dem Reichsverband der deutschen See- und Küstenfischer angegliedert.[283]

1924 scheiterte ein durch den Reichsverband initiierter Versuch, eine gemeinsame Verkaufsstelle mit Kühlhaus in Stettin und einen gemeinsamen Generalvertreter in Berlin einzusetzen, an internen Querelen und persönlichen Interessen innerhalb der Genossenschaften.[284] Wieder einmal zeigen sich hier die bereits mehrfach angesprochenen Schwierigkeiten der gemeinsamen Vertretung übergeordneter Interessen. Auch nach diesem Rückschlag blieb die Forderung nach einem zentralen Zusammenschluss von Seiten des Reichsverbandes, des DSV und des RMEL aktuell. Doch erst mit der Zuspitzung der wirtschaftlichen Krise zeigten sich auch die Genossenschaften wieder interessierter an einer Zusammenarbeit.[285]

Besonders tiefe Gräben bestanden zwischen Industrie und Handel und den Fischereigenossenschaften. Die Interessen bezüglich der Preisentwicklung standen naturgemäß gegeneinander.[286] Trotz der offensichtlichen Schwächen der genossenschaftlichen Organisation fürchteten Fischindustrie und -handel, dass sich die Genossenschaften zu einer ernstzunehmenden Konkurrenz entwickeln und Einfluss auf die Preisgestaltung nehmen könnten. Die staatliche Förderung des Genossenschaftswesens traf daher in diesen Kreisen ebenso wenig auf Zustimmung wie der Ruf nach einem Zollschutz.[287] Ein Aufsatz in der Monatsschrift des Ver-

282 Vgl. Dröscher, Fischverwertungsgenossenschaften (1926), S. 450–452.

283 Zur Gründung des Verbandes deutscher Fischergenossenschaften vgl. auch Tätigkeitsbericht DSV 1919/20, S. 144.

284 Die 1919 kurzfristig als Provinzialstelle gegründeten Vereinigten Fischverwertungsgenossenschaften an der Ostsee e.V. in Stettin wurden bereits im Juli 1920 wieder eingestellt. Ihr Ziel war ein erleichterter Absatz der Fänge unter Umgehung der Stettiner Großhändler gewesen. Vgl. Dröscher, Fischverwertungsgenossenschaften (1926), S. 451 f. und Tätigkeitsbericht DSV 1924/25, S. 52.

285 Tätigkeitsbericht DSV 1927/28, S. 6 und Tätigkeitsbericht DSV 1928/29, S. 5.

286 Eine vom DSV im Mai 1919 vermittelte grundsätzliche Aussprache zwischen Vertretern beider Lager blieb erfolglos. Vgl. Dröscher, Fischverwertungsgenossenschaften (1926), S. 454.

287 Dröscher berichtete, der Westpreußische Verein der Fischindustriellen in Danzig habe versucht, per Eingabe beim Reichswirtschaftsamt ein Darlehen an die Stralsunder Genossenschaft zu verhindern. Vgl. ebd., S. 454.

eins der Fischindustriellen Deutschlands aus dem Jahr 1926 verdeutlicht die Position der Industrie. Überschrieben ist er mit der Frage: „Haben die Fischverwertungsgenossenschaften zur Hebung der See- und Küstenfischerei beigetragen?", die der anonyme Verfasser erwartungsgemäß verneinte. Der Artikel, der offensichtlich auch als Eingabe an die zuständigen Ministerien gegangen war, schließt gar mit der Aufforderung an das RMEL, das Reichswirtschaftsministerium und den DSV, zu prüfen, ob eine weitere direkte oder indirekte staatliche Unterstützung des Genossenschaftswesens überhaupt noch zu verantworten sei.[288]

Der Verfasser versuchte nachzuweisen, dass die schlechte wirtschaftliche Lage der Küstenfischerei nicht etwa auf die ausländische Einfuhr, sondern vielmehr auf die Absatzorganisation durch die Genossenschaften selbst zurückzuführen sei. In ihrem Einzugsbereich müssten Fischgroßhandel und Fischindustrie entweder verkümmern oder auf ausländische Ware zurückgreifen. Besonders die an die meisten Genossenschaften angeschlossenen Verarbeitungsbetriebe weckten den Unmut der Fischindustrie. Sie wurden als Versuch, die im Einzugsgebiet der Genossenschaften niedergelassenen fischindustriellen Betriebe auszuschalten, gewertet. Tatsächlich bestritt Dröscher nicht, dass die genossenschaftseigenen Räuchereien als eine Art Kampfmittel dienten. Die Möglichkeit der Eigenverarbeitung der Fänge sollte angemessene Preise garantieren. Nur so könnten die Fischer sich aus der Abhängigkeit befreien und als wirtschaftlich gleichberechtigter Partner mit der Industrie zusammenarbeiten. Der gewonnene Ertrag sollte den Fischern auch in fangarmen Zeiten, bei Unglücken und Unfällen zugute kommen. In Bezug auf das ebenfalls kritisierte Verhältnis zum Fischhandel betonte Dröscher die vielfältigen Bemühungen um eine Verständigung mit dem Handel. Besonders mit dem binnenländischen Kleinhandel habe man die Zusammenarbeit gesucht. Eine Aussprache zwischen dem Reichsverband der See- und Küstenfischer, dem (damals bestehenden) Verband deutscher Fischergenossenschaften, dem Reichsverband der Fischkleinhändler und den einzelnen Vereinen der Fischkleinhändler sei jedoch erfolglos geblieben, obgleich auf beiden Seiten guter Wille vorhanden gewesen sei.[289]

Der Großhandel stand dem Genossenschaftswesen ebenso ablehnend wie die Fischindustrie gegenüber. 1930 bezeichnete der Reichsverband des deutschen Groß- und Überseehandels die Handelstätigkeit als den landwirtschaftlichen Genossenschaften wesensfremd und forderte die Einstellung jeglicher staatlicher Unterstützung.[290] Ähnlich äußerte sich ein Vertreter der Handelskammer, der die Existenzberechtigung der Genossenschaften als Organe der Selbsthilfe zwar aner-

[288] Angaben nach Dröscher, Fischverwertungsgenossenschaften (1926), S. 381 f.

[289] Für die geplanten verbindlichen Preis- und Verteilungsabkommen mit dem Kleinhandel war nicht nur die Gesamtanlandungsmenge der Küstenfischerei, sondern auch der Einfluss des Reichsverbandes der Fischkleinhändler zu gering. Vgl. Dröscher, Fischverwertungsgenossenschaften (1926), S. 453 f.

[290] Vgl. das Landwirtschaftliche Programm des Großhandels, hg. v. Reichsverband des deutschen Groß- und Überseehandels, Berlin, Mai 1930, S. 4 f. Angabe nach Dröscher, Geschäftsbetrieb (1932), S. 2.

kannte, sich aber nachdrücklich gegen jede Subvention aus öffentlichen Mitteln aussprach.[291]

An den Fischverwertungsgenossenschaften wurden vom Fischgroßhandel insbesondere der Zukauf, die Verarbeitung und der Vertrieb fremder, auch ausländischer Fische kritisiert. Dröscher hielt dem entgegen, dass die Genossenschaften ihrem Zweck nach Handelsgeschäfte betreiben müssten und somit natürlich in gewisser Konkurrenz zum Fischgroßhandel stünden. Für die Bildung eines zuverlässigen Abnehmerkreises sei die stetige und verlässliche Warenlieferung notwendig. Um dies zu gewährleisten, müssten die Fänge der Genossen unter bestimmten Umständen durch den Zukauf fremder Ware ergänzt werden. Dieser Zukauf sei allerdings auf das zum Erhalt des Geschäftsbetriebes notwendige Maß zu beschränken und dürfe nicht dem Erzielen von Handelsgewinnen dienen.[292]

1927 konstatierte Ministerialrat Eichelbaum: „*Die Gegensätze zwischen Genossenschaften und Handel können und müssen ausgeglichen werden, damit beide zum Nutzen der Fischer gemeinsam arbeiten.*“[293] Tatsächlich war dies nur lokal und nach langen Verhandlungen möglich, so etwa in Saßnitz, wo 1928 an der Gründung einer Fischhallenbetriebsgenossenschaft neben dem Fischereiverband der Insel Rügen und einigen Fischereigenossenschaften auch der örtliche Fischhandel und die Gemeinde Saßnitz beteiligt waren.[294]

Staatliche Steuerung oder Selbstregulierung? Die Überbesetzung des Fischereigewerbes

Die Absatzprobleme resultierten auch aus einer Überbesetzung des Fischereigewerbes. 1919 hatte Wilhelm Dröscher vorgeschlagen, dass der in Mecklenburg einzurichtende Landesfischereiausschuss auch gegenüber den Fischern Autorität ausüben können müsse, etwa durch das Recht, „*Fischer, die nicht gut wirtschaften, von der weiteren Fischereiausübung fernzuhalten.*“[295] Derartige Überlegungen scheiterten ebenso wie die Idee des demokratischen Ausschusses selbst. Die grundsätzliche Notwendigkeit einer Reduzierung der bestehenden Fangbetriebe an der Ostsee wurde zwar 1927 sowohl vom RMEL als auch vom DSV konstatiert.[296] Das Reich und der DSV konnten jedoch nur indirekt – etwa durch die Modalitäten der Darlehensvergabe – Einfluss auf die Zahl der Fischereitreibenden nehmen.[297]

291 Vgl. Dröscher, Geschäftsbetrieb (1932), S. 2.
292 Vgl. ebd., S. 6.
293 Eichelbaum, Seefischerei, JB 1927, S. 38.
294 Vgl. Fischer, Küstenfischerei, JB 1928, S. 253. Die Bereitschaft zur Zusammenarbeit wurde sicherlich dadurch befördert, dass der Bau vom preußischen Staat finanziert wurde. Vgl. Tätigkeitsbericht DSV 1928/29, S. 7.
295 Niederschrift über die Beratung der Mecklenburger Fischereivertreter über die Einrichtung eines Landesfischerei-Ausschusses in Rostock am 7. 12. 1919. LHAS, 5.12-4/2, Nr. 438.
296 Vgl. Eichelbaum, Seefischerei, JB 1927, S. 38 f., der für eine allmähliche Einschränkung der Zahl der Fischereibetriebe an der Ostsee plädierte. Ähnlich der DSV im Tätigkeitsbericht DSV 1927/28, S. 4.
297 Eine Möglichkeit wäre beispielsweise eine konsequent durchgeführte Rentabilitätsprüfung durch den DSV gewesen.

Während die Ausübung der Fischerei in den freien Ostseegewässern jedem offen stand und an keine Genehmigung gebunden war – auch der preußische Fischereischein erstreckte sich nur auf die in Eigentum stehenden Gewässer – besaßen die Länder bzw. Städte oder Gemeinden in den fiskalischen Gewässern als Inhaber der Fischereirechte die Möglichkeit, die Anzahl der Fischer durch Vergabe der Fischereiberechtigungen zu regulieren.[298] Dies erfolgte jedoch in der Regel nicht nach fischereibiologischen bzw. fischwirtschaftlichen, sondern nach finanziellen Gesichtspunkten.[299] Die Folgen dieser in der Zeit der Weimarer Republik fortgeführten Praxis zeigen die Beispiele Saaler Bodden und Ribnitzer Binnensee. Eine Fischereiordnung von 1898 stellte jedem Bewohner der umliegenden Dörfer und der Stadt Ribnitz die Fischerei im Ribnitzer Binnensee, Saaler Bodden und in der Recknitz gegen die Zahlung einer Fischereigebühr frei. Diese seinerzeit als Versorgungsmaßnahme für alte Seeleute eingeführte Regelung erwies sich dreißig Jahre später als nicht mehr praktikabel. Denn gerade in Krisenzeiten war die Fischerei als Nebenerwerb nicht nur für Pensionäre interessant. Die Zahl der zugelassenen Fischereitreibenden – darunter Schlachter, Schuhmacher, Maurer und Gärtner – stieg auf ein für den Fischbestand der Gewässer untragbares Maß und gefährdete die Existenz der Berufsfischer. 1931 betrug das Verhältnis von Berufs- und Gelegenheitsfischern schließlich etwa eins zu eins. Um *„einen richtigen Fischerstand [zu] bekommen, der sich auch ernähren kann"*, beantragte der Ribnitzer Fischmeister Steffen daher, die Ausgabe von neuen Fischereikarten bis auf weiteres zu sperren.[300] Die zuständigen Behörden erkannten zwar die Dringlichkeit einer Kontingentierung, setzten diese jedoch nicht zuletzt aus finanziellen Gründen nicht um. Auf die Pachteinnahmen wollte man nur ungern verzichten. Stattdessen schlug der Rat der Stadt Ribnitz die Erhöhung der Abgaben oder des Eintrittsgeldes zwecks Abschreckung *„ungeeignete[r] Elemente"* vor.[301]

Anlass zu Kritik an der Handhabung der Pachtangelegenheiten gab es auch im Regierungsbezirk Stralsund. So klagte der Fischerverband Vorpommern und Rügen in der Weltwirtschaftskrise 1931: *„Der jetzige Zustand, bei dem jeder Wohlfahrtserwerbslose zum Berufsfischerstand zugelassen werden kann, bedeutet den Ruin*

298 Vgl. zum Fischereischein das Preußische Fischereigesetz (1916), § 92 Abs. 2 Nr. 2. Das Recht zur Vergabe von Fischereiberechtigungen konnte in Ausnahmefällen eingeschränkt sein, so zum Beispiel in den Wismarschen Gewässern. Laut Ausführungsbestimmung zur Landesverordnung vom 7. 2. 1908 über die Fischerei in den Ostseegewässern wurden Berechtigungen nur an die Mitglieder der dortigen Fischerzunft erteilt. Vgl. Rat der Stadt Wismar an Archivrat Dr. Techen, 11. 4. 1924. AHW, XVI, 28 IIIa.

299 Für Mecklenburg belegt dies eine Anfrage, die der zuständige Beamte im Zuge der Pläne zum Aufbau einer modernen Fischereiverwaltung nach Bayern sandte. Vgl. MdI an den Landesinspektor für Fischzucht, Staatsministerium des Innern, München, 25. 6. 1919. LHAS, 5.12-4/2 Nr. 438.

300 Die Fischereiordnung von 1898 stellte jedem Bewohner des Domaniums und der Stadt Ribnitz die Fischerei im Ribnitzer Binnensee, Saaler Bodden und auf der Recknitz frei. Einzige Bedingung war das Lösen einer gebührenpflichtigen Fischereikarte. Vgl. Bericht des Fischmeisters Steffen vom 18. 4. 1931. LHAS, 5.12-472, Nr. 522, Nr. 583.

301 Vgl. Rat der Stadt Ribnitz an MdI, weitergeleitet an MfLDF, 12. 5. 1931 (hieraus Zitat) bzw. Amtshauptmann Rostock an MfLDF, 2. 6. 1931. LHAS, 5.12-472, Nr. 522 bzw. Nr. 583.

der Fischer."[302] Im Januar 1933 stellte der Verbandsvorsitzende in einer Denkschrift rückblickend fest, dass der Verband Vorpommern und Rügen seit 1920 vergeblich darum gekämpft habe, die Zahl der Fischereitreibenden auf einem Niveau zu stabilisieren, das allen ein Auskommen biete. Dieser Weg sei von der Fischereiverwaltung zwar als richtig anerkannt worden, dennoch habe man in dem Bestreben, soviel Pachteinnahmen wie möglich aus den Gewässern zu erzielen, die Zahl der Fischereitreibenden im Bezirk unbeirrt vergrößert.[303]

Infolge der skizzierten Entwicklung kam es trotz der staatlichen Kreditvergabe zur Abwanderung aus dem Fischereigewerbe.[304] 1925 beklagte Dröscher, dass sogar gut situierte, besonders strebsame Fischer ihren Beruf aufgaben, da ihnen die Lage aussichtslos erschien und sie das noch vorhandene Betriebskapital retten wollten.[305] Der DSV vermeldete 1927, dass angesichts der drückenden Konkurrenz durch die Einfuhr aus dem Ausland viele Fischer andere Beschäftigungen suchten.[306] In Stralsund hatte sich der Bestand der Zeesenerboote seit dem Krieg um ein Viertel verringert. Die noch tätigen Fischer waren zumeist auf Nebentätigkeiten jeglicher Art angewiesen. Nachwuchs war kaum vorhanden, der Fischerbestand überalterte zunehmend.[307] Eine große Anzahl ehemaliger Stralsunder Fischer hatte bei der staatlichen Werft Arbeit gefunden.[308] Doch angesichts der wachsenden Arbeitslosigkeit boten sich den Fischern auch im städtischen Umfeld immer weniger Erwerbsalternativen.[309]

Ohne gesetzliche Regelung: Ausbildung und Berufsausübung

Neben der einseitig an den Pachteinnahmen orientierten Politik der Verwaltung erschwerte auch das weitgehende Fehlen besonderer Zulassungsbestimmungen – Ausbildungsverordnungen und Befähigungsnachweisen – eine Beschränkung der Fischereitreibenden. Im Prinzip konnte jeder den Fischereiberuf ausüben. In Fischerkreisen flammte darum immer wieder die Diskussion um den sogenannten

302 Vorpommerns Fischer in Not, in: Stralsundische Zeitung (18.5.1931). StAS, Rep. 20, Nr. 61, Bl. 13f.

303 Vgl. Denkschrift des Fischereiverbands von Vorpommern und Rügen über die Lage der Fischerei im ehemaligen Regierungsbezirk Stralsund, 25.1.1933. StAS, Rep. 20, Nr. 61, Bl. 21-26. Die Denkschrift wurde an die Bezirksregierung in Stettin, die Stadt Stralsund, das OFMA, die LWK Stettin, den Reichsverband der deutschen See- und Küstenfischer sowie den DSV versandt.

304 Eine Abwanderung war nach Angaben von Vertretern der Fischereiverbände bereits seit 1920 wieder feststellbar. Vgl. Ellersiek, Notlage (1921), S. 93 und Dröscher, Küstenfischerei, JB 1924, S. 265.

305 Vgl. Dröscher, Küstenfischerei, JB 1925, S. 250f. und Küstenfischerei, JB 1924, S. 265.

306 Tätigkeitsbericht DSV 1927/28, S. 2.

307 Vgl. Vorpommerscher Fischereiverband. Wenig erfreuliche Jahresübersicht, Zeitungsartikel unbekannter Provenienz, 27.1.1929. StAS, Rep. 20, Nr. 61.

308 Vgl. Die Not unserer Stralsunder Fischer, in: Stralsunder Tageblatt (23.3.1929). StAS, Rep. 20, Nr. 79, Bl. 41.

309 Die Möglichkeit, einen anderen Beruf zu ergreifen, war in den ländlichen Gebieten vermutlich grundsätzlich schlechter, dafür boten sich hier verstärkt im Fremdenverkehr Nebenerwerbsmöglichkeiten.

Berufsfischer auf. Da von Regierungsseite keine Initiative erfolgte, beschloss der Verband Vorpommern und Rügen Ende 1919 eigenmächtig folgende Grundsätze: Ein Berufsfischer müsse mindestens 21 Jahre alt und drei Jahre im Beruf tätig sein, Seefischer sollten nachweislich eine Navigationsschule besucht haben. Voraussetzung für den Erhalt eines „Legitimationsscheins" für die Küstenfischerei sei die Mitgliedschaft in einem Verein oder dem Verband. Darüber hinaus müsse geprüft werden, ob der Antragsteller fähig sei, selbständig seinem Beruf nachzugehen. Er müsse außerdem in der Lage sein, seine Geräte selbst anzufertigen und instandzuhalten.[310] Diese Richtlinien zeigen zum einen, welche Kriterien die Fischer selbst an ihren Berufsstand anlegten. Zum anderen drückt sich in ihrer Formulierung der Wunsch nach einer verbindlichen Regelung des Berufszugangs aus.

Auch im Zuge der Pläne für den Landesfischereiausschuss in Mecklenburg wurde das Problem des Berufsfischers thematisiert: Der Ausschuss sollte nur die Interessen der Berufsfischer vertreten. In Abgrenzung zu den Gelegenheits- oder Sportfischern definierte er den Berufsfischer der See- und Küstenfischerei durch das alleinige oder überwiegend aus der Fischerei stammende Einkommen und mindestens fünfjährige Berufstätigkeit. Diese eher ungenaue Bestimmung sollte lediglich als eine Art Hilfskonstruktion dienen, bis der Fischereiausschuss die für eine Regelung erforderlichen Richtlinien geschaffen hätte. Leichter ließ sich der Berufsfischer in der Binnenfischerei definieren, da hier bereits eine Ausbildungsregelung bestand. Die Verbesserung der praktischen und theoretischen Ausbildung in der See- und Küstenfischerei war eine der Aufgaben, die dem nie eingerichteten mecklenburgischen Landesfischereiausschuss von Wilhelm Dröscher zugedacht worden waren.[311]

Die Ausbildung zum Küstenfischer war nicht gesetzlich geregelt; es existierten keine allgemeingültigen Lehrinhalte oder gar Prüfungsvorschriften. Die praktische Berufsausübung wurde dem Fischerlehrling von älteren Fischern, häufig dem eigenen Vater, vermittelt. Die zusätzliche Fort- und Weiterbildung lag nach dem Krieg weiterhin in den Händen des DSV. Seit Kriegsende wurden wieder zahlreiche Samariter- und Navigationskurse abgehalten; die Teilnahme war für die Fischer unentgeltlich.[312] Die Kosten für Unterrichtsräume, Materialien und die Bezahlung der Lehrkräfte bestritt der DSV aus Mitteln des Reiches und der Länder.[313]

310 Diese Bestimmungen wollte man der Regierung Stralsund bekannt geben. Vgl. Fischereiverband von Vorpommern und Rügen, in: Mitteilungen des DSV, Bd. 36, Nr. 1/2, Jan/Feb 1920, S. 45–47.

311 In der Binnenfischerei waren eine dreijährige Ausbildung, eine zweijährige Gehilfentätigkeit und eine Abschlussprüfung vorgeschrieben. Vgl. die Niederschrift über die Beratung der Mecklenburger Fischereivertreter über die Einrichtung eines Landesfischerei-Ausschusses in Rostock am 7. 12. 1919. LHAS, 5.12-4/2 , Nr. 438.

312 Vgl. die Tätigkeitsberichte des DSV der Jahre 1919/20 und Folgende. 1929 besaßen 80 Prozent der Fischer ein Zeugnis über den erfolgreichen Abschluss eines Samariterkurses. Vgl. Tätigkeitsbericht DSV 1929/30, S. 9.

313 Vgl. beispielhaft Fischer, Küstenfischerei, JB 1929, S. 224 und Reckling, Reichsdarlehen, JB 1935, S. 340.

Zum 1. April 1926 traten seit 1922 angekündigte Bestimmungen über die Besetzungs- und Prüfungsvorschriften für Hochseefischereifahrzeuge in Kraft. Die Bestimmungen erweiterten den Begriff der Kleinen Hochseefischerei und machten für diese nun einen Befähigungsnachweis zur Fahrzeugführung erforderlich.[314] Entsprechende Kurse zur Aneignung der notwendigen Kenntnisse und Ablegung der Prüfung richtete der DSV ein.[315] Aufgrund von Ausnahmeregelungen für erfahrene Fischer betraf diese Änderung vor allem den Nachwuchs.[316]

Für die Führer von Fahrzeugen der Küstenfischerei war aber zum Bedauern Dröschers weiterhin kein Befähigungsnachweis vorgesehen. In Hinblick auf die schwierige Situation der Küstenfischerei hielt er es für unerlässlich, auch in diesem Bereich zumindest eine gewisse Lern- und Probezeit zu verlangen, um eine *„Überhandnahme von ungeeigneten und unerfahrenen Gelegenheitsfischern aus allen möglichen anderen Berufen“* zu verhindern. Dieses Vorhaben sei allerdings am Widerspruch Preußens gescheitert.[317]

Die Einführung eines Befähigungsnachweises für die Kleine Hochseefischerei darf als erster Schritt zu einer staatlichen Reglementierung der Berufsausübung gewertet werden. Die erforderliche Prüfung machte den Besuch nautischer Kurse notwendig. Von einer gesetzlichen Ausbildungsregelung für die See- und Küstenfischerei war man jedoch noch weit entfernt.

Soziale Sicherung? Die Küstenfischer im Sozialsystem der Weimarer Republik

Das Prinzip der Sozialstaatlichkeit wurde in Weimar erstmals verfassungsrechtlich festgeschrieben. Doch die materiellen Voraussetzungen für die Verwirklichung des ehrgeizigen sozialpolitischen Programms waren nicht gegeben. Die Sozialversicherung befand sich während der gesamten Weimarer Republik in einer fortwährenden Krise. Die Folgen des Krieges und die wirtschaftliche Instabilität schmälerten die Leistungsfähigkeit des bestehenden Sozialversicherungssystems und erweiterten gleichzeitig den Kreis der Bedürftigen. Zwischen Inflation und Depression blieb keine Zeit für eine finanzielle Regeneration. Das Leistungsniveau ermöglichte ohnehin nur eine Linderung des sozialen Elends und keineswegs eine umfassende soziale Sicherung; Ende der Zwanzigerjahre sank es noch weiter ab.[318]

314 Vgl. Eichelbaum, Seefischerei, JB 1925, S. 36.

315 An den Verhandlungen über die Prüfungsanforderungen, die der Vorbildung der Fischer angepasst sein sollten, war der DSV beteiligt. Vgl. Tätigkeitsbericht DSV 1925/26, S. 6. Der Verein übernahm die Hälfte der anfallenden Kosten. Vgl. Tätigkeitsbericht DSV 1926/27, S. 5.

316 Ohne Prüfung erhielten erfahrene Fischer den Schein bei Nachweis von mindestens 50 Monaten als Führer eines Bootes der Kleinen Hochseefischerei und 12 Monaten Fahrtzeit auf Segelschiffen für das Zeugnis „Schiffer Küstenfahrt“ bzw. vier Jahren Fahrtzeit für das Zeugnis „Kleinmotorführer“. Vgl. Eichelbaum, Seefischerei, JB 1925, S. 36. Zunächst wurden die Vorschriften milde gehandhabt, vgl. Eichelbaum, Seefischerei, JB 1926, S. 38.

317 Vgl. Dröscher, Küstenfischerei, JB 1925, S. 253.

318 Vgl. Peukert, Weimarer Republik (1997), S. 136f. und Hentschel, Sozialpolitik (1983), S. 119f.

Die bisher mangelhafte soziale Sicherung der selbständigen See- und Küstenfischer wurde gesetzlich nicht verbessert.

Das Risiko der Erwerbslosigkeit

Die bedeutendste Errungenschaft der Weimarer Republik auf dem Gebiet der Sozialversicherung war die Einführung der Arbeitslosenversicherung. Als Anfang der Zwanzigerjahre die nach Kriegsende eingeführte Unterstützungszahlung für erwerbslose Soldaten auslief, wurden erste Überlegungen zu einer beitragsfinanzierten Erwerbslosenversicherung angestellt.[319] Im Zusammenhang mit dem 1921 vorgelegten Gesetzentwurf diskutierte Wilhelm Dröscher die Frage, ob eine Einbeziehung der Arbeitnehmer der See- und Küstenfischerei in die neuzuschaffende beitragsfinanzierte Versicherung notwendig, wirtschaftlich gerecht und zweckmäßig sei. Der krankenversicherungspflichtige Teil der Angestellten in der Küstenfischerei wäre nach diesem Gesetzentwurf auch arbeitslosenversicherungspflichtig gewesen. Die Beiträge hätten zu gleichen Teilen von Arbeitnehmern und Arbeitgebern aufgebracht werden müssen. Aufgrund der besonderen sozialen und betrieblichen Struktur der See- und Küstenfischerei lehnte Dröscher eine einseitige Versicherung der Arbeitnehmer ab. Eine Mehrbelastung durch Beiträge sei in der momentanen wirtschaftlichen Situation generell nicht tragbar; zudem sei für die typische saisonal bedingte Arbeitslosigkeit durch die besonderen Modalitäten des Arbeitsverhältnisses – der Anteilsfischerei – bereits Vorsorge getroffen. Die Arbeitslosigkeit aufgrund unrentabler Fischerei schließlich beträfe die in der See- und Küstenfischerei sozial und wirtschaftlich nahezu gleichgestellten Arbeitgeber und Arbeitnehmer gleichermaßen. Demnach wäre eine Sicherstellung der Versorgung im Falle der Arbeitslosigkeit für den Arbeitgeber ebenso wichtig wie für den Arbeitnehmer.[320]

Anstelle der geplanten Arbeitslosenversicherung wurde zunächst nur die bestehende Erwerbslosenfürsorge erweitert. Als eine Art Zwitter zwischen Versicherung und Fürsorge wurde sie zwar durch Beiträge finanziert; die Beitragszahler erwarben allerdings keinen garantierten Versicherungs*anspruch*. Unterstützungszahlungen erhielt man erst nach einer Bedürftigkeitsprüfung.[321] Die krankenversicherungspflichtigen Angestellten der See- und Küstenfischerei waren durch das Engagement des DSV und des Reichsverbands ab 1926 größtenteils von der Beitragspflicht befreit.[322] Dies blieb auch so, als die Erwerbslosenfürsorge 1927 endgültig in eine Arbeitslosenversicherung überführt wurde.[323]

319 Ein erster Gesetzentwurf aus dem Mai 1920 war nach kurzer Zeit zurückgezogen worden. Vgl. zu den Einzelheiten Hentschel, Sozialpolitik (1983), S. 106–108.

320 Vgl. Dröscher, Arbeitslosenversicherung 1922, S. 62–69.

321 Vgl. Hentschel, Sozialpolitik (1983), S. 107 f.

322 Vgl. Fürsorge für erwerbslose Seeleute, in: Mitteilungen des DSV, Nr. 11, November 1924, S. 123 und Tätigkeitsbericht DSV 1926/27, S. 5.

323 Für die See- und Küstenfischerei galt, dass die Beschäftigung dann versicherungsfrei war, wenn der Beschäftigte selbst Eigentümer oder Pächter bzw. als Arbeitnehmer weniger als die Hälfte des Jahres oder als Anteilsfischer beschäftigt war. Vgl. § 70 des Gesetzes über Arbeitsvermittlung und Arbeitslosenversicherung vom 16. 7. 1927. RGBl. I, S. 187 ff.

Die Herausnahme aus der Versicherungspflicht sollte die generell einkommensschwachen Fischer vor einer zusätzlichen finanziellen Belastung schützen. Unter normalen Bedingungen war dies – wie Dröscher bereits 1922 nachgewiesen hatte – durchaus sinnvoll. Der Normalfall, dass nämlich der Verdienst der Küstenfischer ausreichte, um saisonal bedingte erwerbslose Zeiten zu überbrücken, wurde jedoch mehr und mehr zur Ausnahme. Die Unrentabilität vieler Fischereibetriebe ließ sowohl die Unternehmer als auch ihre Mitfischer zeitweise oder dauerhaft unterstützungsbedürftig werden. Die betroffenen See- und Küstenfischer waren dann auf die öffentliche Fürsorge angewiesen.[324] Häufig versuchten die Fischer der Inanspruchnahme durch Nebenverdienste und Gelegenheitsarbeiten zu entgehen.[325]

Lokale Beispiele zeigen, dass die Fischer seit Mitte der Zwanzigerjahre versuchten, einen Unterstützungsanspruch jenseits der Fürsorge durchzusetzen. Die Stralsunder Fischereivereine forderten Ende 1925 eine „Krisenunterstützung" in Höhe der Erwerbslosenfürsorge für die Fischer. Den Anspruch versuchte man moralisch mit Hinweisen auf die im Einsatz für das Vaterland gebrachten Opfer und die unverschuldete Notlage zu rechtfertigen. Eine solche Form der Unterstützung hätte eben nicht den Beigeschmack der Armenfürsorge gehabt. Die Stadt lehnte diesen Antrag ab und verwies die Fischer an das Wohlfahrtsamt.[326] In Warnemünde, wo Anfang 1929 15 Fischer Anträge auf öffentliche Fürsorgeleistungen stellen mussten, sprach die Verwaltung selbst noch von *„Beihilfen aus Armenmitteln"*.[327] Durch den DSV wurden 1926 und 1927 Beihilfen für unverschuldet in Not geratene Fischer gewährt.[328]

1928 und 1930 wurden durch die KPD und die SPD erfolglos Anträge auf Einbeziehung der Fischer in die Erwerbslosenversicherung in den preußischen Landtag eingebracht.[329] Dieser zwischenzeitliche Ruf nach einer Arbeitslosenversicherung war vor allem ein Ausdruck der wirtschaftlichen Krise. Ob eine solche Einbeziehung überhaupt sinnvoll gewesen wäre, ist fraglich, finanziell zu reali-

[324] Die bisherige Armenpflege, die mit diskriminierenden Maßnahmen wie dem Entzug des Wahlrechts einhergegangen war, wurde 1924 durch die öffentliche Fürsorge abgelöst. Die gesetzliche Neuordnung sah erstmals eine staatliche Fürsorgepflicht vor. Damit bestand zwar ein prinzipieller Rechtsanspruch auf Unterstützung, dieser musste jedoch jeweils durch eine Bedürftigkeitsprüfung neu anerkannt werden. Die Leistungen bewegten sich am Rande des Existenzminimums. Der sozialpolitische Fortschritt, den der rechtliche Fürsorgeanspruch rückblickend darstellt, dürfte deshalb von den Betroffenen kaum wahrgenommen worden sein. Das Gefühl, auf staatliche Mildtätigkeit angewiesen zu sein, herrschte weiter vor. Vgl. Peukert, Weimarer Republik (1997), S. 140 und Hentschel, Sozialpolitik (1983), S. 126–128.

[325] Vgl. dazu beispielhaft Küstenfischereiverein Warnemünde an die Stadtverwaltung Rostock/Warnemünde, 19. 7. 1930. AHR, 1.1.12.2, Nr. 1330.

[326] Vgl. dazu Kapitel I.3.3.

[327] Stadtverwaltung Rostock/Warnemünde an Rat der Seestadt Rostock, 28. 1. 1929. Vgl. AHR, 1.1.12, Nr. 1331, Bl. 5.

[328] Vgl. Tätigkeitsbericht DSV 1926/27, S. 5 und 1927/28, S. 5.

[329] Die Fischerei im Preußischen Landtag, in: Mitteilungen des DSV, Bd. 44, Nr. 4, April 1928, S. 188–190 und Fragen der Fischerei im Preußischen Landtag, in: Mitteilungen DSV, Bd. 46, Nr. 4, April 1930, S. 160–162.

sieren war sie keinesfalls. Die Bemühungen verdeutlichen jedoch das wachsende Bedürfnis nach einer Absicherung jenseits der öffentlichen Fürsorge.

Die Altersversorgung der See- und Küstenfischer

Traditionell waren die meisten Fischer bis ins hohe Alter zum Arbeiten gezwungen.[330] Vor allem der starke körperliche Verschleiß, das hohe Risiko und die geringen und zudem schwankenden Erträge ließen das Bedürfnis nach einer gesetzlich geregelten Altersversorgung wachsen, obgleich die gewährten Leistungen gering waren.[331] Ein Antrag auf Einbeziehung der Fischer in die gesetzliche Rentenversicherung wurde im Preußischen Landtag 1928 allerdings wie im Fall der Erwerbslosenfürsorge abgelehnt.[332] Wilhelm Dröscher befasste sich im Juni desselben Jahres ausführlich mit der Frage der Möglichkeiten einer Einbeziehung der See- und Küstenfischerei in die bestehende gesetzliche Versicherung. Eine freiwillige Versicherung war demnach aufgrund der Bedingungen – Begrenzung des Eintrittsalters auf 40 Jahre, Zahlung der vollen Beiträge – für die meisten Fischer ungeeignet. Dröscher präferierte die allgemeine Ausweitung der Versicherungspflicht auf alle Gewerbetreibenden der Küstenfischerei, die regelmäßig keinen oder nur einen Versicherungspflichtigen beschäftigten. Damit wäre der Großteil der Fischer an Nord- und Ostsee von der Versicherungspflicht erfasst worden. Die Invaliden- und Altersvorsorge sollte seiner Auffassung nach analog zur verpflichtenden Unfallversicherung gestaltet werden. Die Rolle des Arbeitgebers sollte für die See- und Küstenfischerei die Allgemeinheit übernehmen, das heißt, die Hälfte der Beiträge sollten die Gemeinden tragen.[333] Dieser Plan dürfte schon aufgrund der angespannten finanziellen Situation der Kommunen auf wenig Begeisterung gestoßen sein. In Mecklenburg hatte man bereits die bisher zur Hälfte vom Land getragenen Beiträge zur See-Unfallversicherung ganz auf die Fischer abgewälzt.[334] Die Bemühungen des Reichsverbandes wurden zwar wiederum vom DSV unterstützt, brachten jedoch keinen Erfolg.[335] Private Einrichtungen zur Altersvorsorge der See- und Küstenfischer gab es an der Ostseeküste nicht.[336]

Die Fischer waren daher vielfach auf das Entgegenkommen von Städten und Gemeinden angewiesen, die eigene Modelle einer Versorgung im Alter entwickel-

[330] Angesichts der anhaltenden Notlage mussten sogar achtzigjährige Fischer noch auf See fahren. Dröscher sah u.a. darin die Ursache für eine Häufung von Todesfällen auf See. Vgl. Dröscher Küstenfischerei, JB 1925, S. 25.

[331] Um 1928 betrug die durchschnittliche Arbeiterrente zwischen 33 und 58 Mark monatlich. Vgl. Hentschel, Sozialpolitik (1983), S. 122.

[332] Vgl. Die Fischerei im Preußischen Landtag, Zusammenstellung kleiner Anfragen, in: Mitteilungen des DSV, Bd. 44, Nr. 4, April 1928, S. 188–190.

[333] Vgl. Dröscher, Altersversorgung (1928), S. 263–280.

[334] Vgl. Dröscher, Küstenfischerei, JB 1925, S. 250. In Wismar entzog die Fischerzunft dem Oberbürgermeister, traditionell Obmann der Zunft, das Vertrauen, um gegen die Zwangseintreibung der rückständigen Beiträge zur Seeberufsgenossenschaft zu protestieren. Vgl. Fischerzunft Wismar an OB Wismar, 3. 2. 1933. AHW, XVI, 28 IV.

[335] Tätigkeitsbericht DSV 1928/29, S. 7.

[336] Vgl. Dröscher, Erich, Wohlfahrtswesen (1929), S. 231.

ten. So gab die Stadt Rostock im Herbst 1927 die Fischereirechte im Alten Strom südlich der Bahnhofsbrücke in Warnemünde, dem Diedrichshägener Moor und der Laak an ältere Fischer über 60 Jahre frei, die nicht mehr in der Lage waren, die Fischerei auf dem offenen Meer auszuüben. Die eher moorigen Gewässer waren nicht sonderlich ertragreich, der Vorsitzende des Fischereivereins Warnemünde 1896 erklärte aber, *„dass bei der schlechten Lage der Fischer, namentlich der älteren, jedes Anerbieten angenommen werden müsse."* Die Stadt erhob eine Anerkennungsgebühr von 3 RM, *„nicht der Einnahme willen, sondern um den Eindruck einer Gnadengewährung zu vermeiden."*[337] Zehn dieser Stellen wurden in Zusammenarbeit mit den ortsansässigen Vereinen auf unbegrenzte Zeit vergeben.[338] Eine ähnliche Regelung hatte das Ministerium für Landwirtschaft, Domänen und Forsten in Schwerin 1923 für die älteren und *„nachweisbar bedürftigen"* Fischer der Insel Poel getroffen.[339]

Es bleibt festzuhalten, dass eine generelle Verbesserung der sozialen Sicherung der See- und Küstenfischer während der Weimarer Republik nicht eintrat, obwohl das Bedürfnis nach Absicherung mit der Verschlechterung der wirtschaftlichen Situation stetig wuchs. Eine Einbeziehung der Fischer hätte jedoch nur mithilfe einer zumindest anteiligen Übernahme der Versicherungsbeiträge durch die öffentliche Hand ermöglicht werden können. Im Notfall mussten die Fischer die Leistungen der öffentlichen Fürsorge in Anspruch nehmen oder auf das Wohlwollen der Kommunen und Länder hoffen.

c) Hilfsmaßnahmen der Länder und Kommunen

Die betroffenen Küstenländer zeigten nur wenig Einsatz für die See- und Küstenfischerei. Sowohl das RMEL als auch der Reichsverband führten Klage über die geringe Beteiligung der Länder an der Darlehensgewährung. Bis auf Oldenburg und Hamburg hatte kein Land Mittel zur Verfügung gestellt. Insbesondere Preußen, *„dem doch die Fürsorge um den größten Teil der deutschen See- und Küstenfischerei obliegt, und das ansehnliche Pachterträge aus Vorpommerschen und Rügenschen Gewässer einzieht"*, stand deshalb Mitte der Zwanzigerjahre in der Kritik.[340]

Vom Reichsverband wurde aufgrund der wirtschaftlichen Notlage eine Überprüfung der durch die Länder erhobenen Pachttarife gefordert.[341] Der völligen

[337] Protokoll einer Besprechung mit den Vorsitzenden des Hochsee- und des Küstenfischervereins über die Fischerei im Diedrichshäger Moor, auf der Laak sowie dem südlichen Teil des alten Stromes, 25.10.1927. AHR, 1.1.12.2., Nr. 1325, Bl. 89.

[338] Vgl. Stadtverwaltung Rostock/Warnemünde an den Hochsee- und den Küstenfischerverein, 4.11.1927; Stadtverwaltung Rostock/Warnemünde an die Stadtverwaltung Rostock, 4.11. 1927. AHR, 1.1.12.2., Nr. 1325, Bl. 89.

[339] Vgl. Bericht des Ministerialoberinspektors Peters vom MfLDF über seinen Aufenthalt in Wismar, 31.7.1928. LHAS, 5.12-4/2, Nr. 460, Bd. 2, Bl. 171.

[340] Dröscher, Küstenfischerei, JB 1925, S. 238f. Vgl. auch Eichelbaum, Seefischerei, JB 1925, S. 34.

[341] Vgl. Henking, Ostseefischerei (1929), S. 45 und 57 sowie Richter, Fischereiverwaltung (1998), S. 386.

Verarmung der Fischer trug gerade die Bemessung der Pachttarife in Vorpommern nach Meinung Wilhelm Dröschers in keiner Weise Rechnung. Während die erzielten Fischpreise im Vergleich zur Vorkriegszeit teilweise gesunken seien, habe man Steuern und Abgaben heraufgesetzt. Bisher seien zwar Stundungen und gewisse Erleichterungen, aber keine durchgreifende Revision der Tarife erreicht worden. Besonders im Regierungsbezirk Stralsund sei der Ruf nach einer Herabsetzung des Pachttarifs und einer Erleichterung der Kreditgewährung laut geworden.[342] Dem zum Trotz hatte der Regierungsbezirk Stralsund im Juli 1925 das Einzugsverfahren der Pachtgebühren verschärft, nachdem im Vorjahr außerordentliche Schwierigkeiten eingetreten waren. Die Ausgabe der Erlaubnisscheine erfolgte nun erst nach Bezahlung der Gebühr. Stundungsanträge wurden grundsätzlich erst ab Beträgen von 20 RM angenommen. Die Fischereiaufsichtsbeamten wurden zu strengeren Kontrollen aufgefordert, da im Vorjahr etliche Fischer ohne Erlaubnisschein gefischt hatten, zu einer Anzeige war es indessen nicht gekommen. Offensichtlich hatten die Fischmeister Ermessensspielräume zugunsten der Fischer genutzt.[343]

Wilhelm Dröscher forderte Mitte der Zwanzigerjahre ein stärkeres Engagement der Gemeinden und Kreise.[344] In Krisensituationen war die örtliche Verwaltung der erste Ansprechpartner für die Fischer. Die Vorgehensweise von Fischern und Verwaltung soll hier am Beispiel Stralsunds, das über einen eigenen Fischereibezirk verfügte, veranschaulicht werden. Zum Jahreswechsel 1925/26 befand sich die Fischerei ein weiteres Mal in einer akuten Notlage. Aufgrund ungünstiger Witterung lagen die Betriebe seit mehreren Wochen still. In dieser Situation traten die Fischer zunächst durch eine Delegation, dann mit einer schriftlichen Eingabe an die Stadt heran.[345] Neben der Stundung der im Januar fälligen Pachtgebühren und einer Pachtermäßigung wurde vor allem der Wunsch nach der Gewährung einer wöchentlichen Unterstützung in Höhe der Erwerbslosenfürsorge geäußert.

Eine Revision des Pachttarifs lehnte die Stadt ab. Bereits im Juli 1925 seien Gebühren gestundet worden, eine Ermäßigung käme angesichts der niedrigen Beträge nicht infrage. Zudem orientiere man sich in Fragen der Modalitäten des

[342] In Preußen wurde eine Gebühr von 2 Mark für den Fischereischein erhoben, an einigen Orten waren die Hafengebühren erhöht, Abfertigungsgebühren für die Abgabe von Mineralöl eingeführt, Beiträge zur Erwerbslosenfürsorge erhoben und stellenweise die bisher zur Hälfte vom Land getragenen Beiträge zur See-Unfallversicherung ganz auf die Fischer abgewälzt worden. Vgl. Dröscher, Küstenfischerei, JB 1924, S. 236f. und Dröscher, Küstenfischerei, JB 1925, S. 250.

[343] Vgl. Regierungsbezirk Stralsund, Abt. für Domänen und Forsten an Kreiskassen des Bezirks, als Abschrift an OFMA , 28.7.1925. LAG, Rep. 250, Nr. 396 und OFMA Stralsund an FAST Lauterbach, 27.10.1932. LAG, Rep. 250, Nr. 402.

[344] Vgl. Dröscher, Küstenfischerei, JB 1925, S. 239.

[345] Vgl. den Vermerk über die Zusammenkunft der Fischer Venz, Niemann, Marder und Max Fank mit dem Oberbürgermeister Stralsund, Darlegung der wirtschaftlichen Notlage der Fischer sowie Bitte um finanzielle Unterstützung, Ermäßigung der Pacht und Gewährung von staatlichen Bürgschaften, 23.12.1925. StAS, Rep. 20, Nr. 97, Bl. 28 und das Schreiben des Altermanns des Amtes der Zeesener zu Stralsund, Venz, als Vertrauensmann der Stralsunder Fischerei-Vereine an den Rat der Stadt Stralsund, 28.12.1925. ebd. Bl. 31f.

Pachttarifs an den staatlichen Richtlinien für die fiskalischen Gewässer. Zwar gewährte die Stadt bei besonderer Bedürftigkeit in Einzelfällen Pachtminderung oder -erlass, doch generelle Maßnahmen wollte man nicht im Alleingang durchführen.[346]

Sehr eindeutig fiel auch die Ablehnung einer wöchentlichen Unterstützungszahlung aus. Die Zuständigkeit für die Fischer läge bei der gesetzlichen Erwerbslosenfürsorge bzw. beim Wohlfahrtsamt.[347] Im Februar 1926 fand der Altermann des Zeeseneramtes, der als Vertrauensmann die Stralsunder Fischereivereine vertrat, deutliche Worte: Die Stadt zeige zu wenig Interesse an der Fischerei. Er verwies darauf, dass die Armut der Fischer nicht selbst verschuldet sei: *„Wir haben ebenfalls alles dem Vaterlande und der Finanzwelt geopfert, mancher gab sein Liebstes dahin.“* In Zeiten der Lebensmittelknappheit hätten die Fischer die Stadt versorgt und sich *„stets als treue Bürger“* gezeigt. In Anerkennung der schlechten Finanzlage der Stadt erbaten sie die nochmalige Prüfung der Angelegenheit, denn *„man soll die Fischer nicht immer abweisend und widerspenstig behandeln.“* Schließlich warnte der Vertrauensmann der Stralsunder Fischer davor, die Fischer zu Revolutionären zu machen. Unter den jetzigen Umständen *„werden die Fischer so abgestumpft und verbittert, dass wir [der Verband] jede Verantwortung für ihre Handlungen in Zukunft ablehnen müssen.“*[348] Doch die „Drohung“, die mehr als ein Akt der Verzweiflung einzustufen ist, zeitigte keine Wirkung.[349] Von den finanziellen Zwängen einmal abgesehen, hätte die Stadt mit einer über ihre gesetzliche Fürsorgepflicht hinausgehenden, regelmäßigen Unterstützungszahlung an eine bestimmte Berufsgruppe ähnlichen Forderungen Tür und Tor geöffnet. Die Erinnerung an die schwierigen Auseinandersetzungen mit den Fischern während der Zwangswirtschaft, als diese keineswegs nur das Wohl der Stadtbevölkerung im Auge gehabt hatten, war zudem noch frisch. Der Versuch der Fischer, die Stadtverwaltung moralisch in die Pflicht zu nehmen, war auch aus diesem Grund zum Scheitern verurteilt.

Mehr Erfolg war dem dritten Anliegen der Stralsunder Fischer beschieden.[350] Die städtischen Fischereivereine und der Fischereiverband von Vorpommern und

[346] Vgl. beispielhaft den Fall des Fischers August Born aus dem Jahr 1924 in StAS, Rep. 20, Nr. 28.

[347] Anspruch auf Erwerbslosenfürsorge hatte nur der kleine Teil der Arbeitnehmer unter den Fischern. Vgl. Fürsorge für erwerbslose Seeleute, in: Mitteilungen des DSV, Bd. 40, Nr. 11, November 1924, S. 123.

[348] Altermann des Amtes der Zeesener zu Stralsund, Venz, als Vertrauensmann der Stralsunder Fischerei-Vereine an die Kämmerei und Bauinspektion, 14. 2. 1926. StAS, Rep. 20, Nr. 97, Bl. 47f.

[349] Etwa 20 Fischer wurden seit 1926 mit monatlichen Beträgen bis zu 50 RM vom Wohlfahrtsamt unterstützt. Vgl. Liste der vom Wohlfahrtsamt unterstützten Fischer, 28. 2. 1929. StAS, Rep. 20, Nr. 79, Bl. 11. Die Unterstützungsbedürftigkeit einer alleinstehenden Person wurde in Preußen 1926 bei einem monatlichen Einkommen von weniger als 25,87 RM im Monat anerkannt. Dieser Betrag entsprach etwa einem Viertel des durchschnittlichen Arbeitereinkommens. Vgl. Hentschel, Sozialpolitik (1983), S. 127f.

[350] Vgl. die Akte StAS, Rep. 20, Nr. 97: Gewährung von Darlehen für in Not geratene Fischer 1925–1932.

Rügen erbaten die Hilfe der Stadtverwaltung bei der Beantragung von Wirtschaftsbeihilfen im Rahmen der Kreditorganisation des Reiches. Die Stadt sollte die Bürgschaft für die Fischer übernehmen, die nicht über eigene Sicherheiten verfügten.[351] Unterstützt und vermutlich initiiert wurde der Antrag durch den Reichsverband und den DSV. Stralsund übernahm die Bürgschaft schließlich im September 1926; die Rückzahlung der Darlehensraten erwies sich jedoch auch in diesem Fall als nahezu unmöglich.[352]

Da sich die wirtschaftliche Lage der Fischer stetig verschlechterte, mussten in den kommenden Jahren auch die Länder aktiv werden. Zunächst wurden Pachttarife und andere Gebühren herabgesetzt. Preußen gewährte zunehmend Ermäßigung und Erlass der Fischereischeingebühren bei nachgewiesener Bedürftigkeit.[353] Doch Ende der Zwanzigerjahre kamen die Länder angesichts der katastrophalen wirtschaftlichen Situation der Fischer auch um eine weitreichendere finanzielle Fürsorge nicht mehr herum. Dabei unterschieden sich die Herangehensweisen in Mecklenburg und Pommern deutlich voneinander.

Die preußischen Notstandsaktionen

Im Winter 1927/28 hatten etliche pommersche Fischer Sturm- und Eisschäden an Geräten und Fahrzeugen erlitten. Im September 1928 wurden darum erstmals durch den preußischen Staat, die Provinz Pommern und die betroffenen Kreise Beihilfen in Höhe von 368 000 RM bereitgestellt.[354] Im Gegensatz zu Darlehen mussten Beihilfen nicht zurückgezahlt werden. Die Mittel wurden zweckgebunden zur Behebung konkreter Schäden vergeben, es handelte sich also nicht um eine allgemeine wirtschaftliche Beihilfe.

Aus dem Regierungsbezirk Stralsund waren die Kreise Greifswald, Grimmen, Rügen und Franzburg-Barth für eine Beteiligung vorgesehen, nicht jedoch der Stadtkreis Stralsund. Dort hatte man die Aktion schlicht verschlafen. Der von den Stralsunder Fischern erhobene Vorwurf, die Stadt zeige zu wenig Interesse, war offensichtlich nicht völlig aus der Luft gegriffen. Erst im September, nachdem bereits die Zeitungen darüber berichtet hatten, erfuhr die Stadtverwaltung durch den Oberfischmeister von dieser Notstandsaktion und setzte nun alle Hebel in

[351] Die Übernahme solcher Bürgschaften sei bereits in Hamburg, Lübeck, Bremen, Oldenburg, Barth und Sellin erfolgt. Dortige Anfragen ergaben allerdings, dass dies tatsächlich nur in Sellin der Fall war. Vgl. Gemeindevorstand Sellin, Rügen an Kämmerei und Bauinspektion Stralsund, 17.2.1926. StAS, Rep.20, Nr.97, Bl.50–52.

[352] Vgl. RV der deutschen See- und Küstenfischer an den Magistrat Stralsund, 1.12.1927. StAS, Rep.20, Nr.97, Bl.96 und Oberfischmeister Rumphorst als Vertrauensmann des DSV an die Kämmerei und Bauinspektion Stralsund, 5.1.1929 und Städtische Finanzdeputation, Stadtrentmeister an die Kämmerei und Bauinspektion Stralsund, 26.4.1932. Ebd., Bl.118.

[353] Vgl. Eichelbaum, Seefischerei, JB 1928, S.244.

[354] Die Summe verteilte sich anteilig auf Land und Provinz mit je 100 000 und die Kreise zusammen mit 168 000 RM. Vgl. Artikel über Nothilfeaktion für durch Sturm- und Eisschäden geschädigte Fischer, Stralsunder Tageblatt (11.9.1928). StAS, Rep.20, Nr.78, Bl.16 und Mitteilung des Amtlichen Preußischen Pressedienstes über Maßnahmen gegen die Notlage der pommerschen Haff- und Küstenfischer, 1.10.1928. LHAS, 5.12-4/2, Nr.499, Bd.7, Bl.975.

Bewegung, um doch noch beteiligt zu werden.[355] Der Oberpräsident der Provinz zeigte sich befremdet darüber, dass die Stadt sich erst jetzt meldete, schließlich schwebten die Verhandlungen schon längere Zeit.[356] Vermutlich auch wegen dieser Verspätung konnte Stralsund nicht mehr angemessen berücksichtigt werden. Statt der beantragten 7000 wurden nur 2000 RM bewilligt, die Stadt selbst stellte 1000 RM zur Verfügung. Die Verteilung der Notstandsmittel erfolgte durch eine Kommission, die sich aus städtischen Vertretern, dem Oberfischmeister, dem Stralsunder Fischmeister Köhler und den Vorsitzenden der Stralsunder Fischereivereine zusammensetzte. Gerade letztere spielten neben den Beamten der Fischereiaufsicht offenbar eine große Rolle bei der Einschätzung und Beurteilung der einzelnen Anträge.[357] Auch in den anderen Kreisen waren die Berufsorganisationen an der Mittelvergabe beteiligt.[358] Dies führte dazu, dass sich Fischer, die keinem Verein angehörten, nicht adäquat vertreten fühlten. So klagten die Brüder Schmidt, die Höhe ihrer Beihilfe entspräche nicht dem entstandenen Schaden: „*Da wir keinem Fischereiverein angehören, haben wir allem Anschein nach auch keine Vertretung in der Kommission gehabt.*“[359] Insbesondere die Rolle des Vertrauensmanns Venz war umstritten.[360] Insgesamt wurden in Stralsund nur siebzehn Beihilfen vergeben, davon über die Hälfte nur in einer Höhe von 20 bis 50 RM.[361]

Der besonders strenge Winter 1928/29 hatte erneut verheerende Folgen. Die Fischerei an der Ostsee lag mehrere Monate still. Der plötzliche Frost schädigte Fahrzeuge und Geräte bis hin zum Totalverlust.[362] Nach den Schilderungen des Fischereiverbands Vorpommern und Rügen erreichte die Not unter den Fischern ein bisher nicht gekanntes Ausmaß. Im Wirkungskreis des Verbandes sei die Lage der

355 Vgl. Vermerk der Stadtverwaltung Stralsund über eine Besprechung mit Oberfischmeister Rumphorst betr. Notstandsaktion von Reich, Provinz und Kreisen für notleidende Fischer, 17.9.1928, Ratsbeschluss über Beteiligung an einer Notstandsaktion der Fischer, 18.9.1928 sowie Vermerk über Dringlichkeit einer Eingabe an den Oberpräsidenten zwecks Beteiligung Stralsunds an einer Notstandsaktion für Pommersche Fischer und Stadtverwaltung Stralsund an Oberpräsident Stettin, 19.9.1928. StAS, Rep.20, Nr.78.

356 Vgl. Oberpräsident Stettin an Magistrat Stralsund, 22.9.1928. StAS, Rep.20, Nr.78, Bl.3.

357 Vgl. Kämmerei und Bauinspektion Stralsund, Beschluss der Kommission zur Verteilung der Notstandsmittel an die durch Sturm und Eis geschädigten Fischer, 15.11.1928, StAS, Rep.20, Nr.78, Bl.34-36.

358 Vgl. Stadtverwaltung Rostock/Warnemünde an Rat der Seestadt Rostock, 28.1.1929. AHR, 1.1.12, Nr.1331, Bl.5.

359 Ihnen sei ein Schaden von 800 RM entstanden, aber nur 100 RM bewilligt worden. Vgl. das Schreiben der Fischer Willi und Bruno Schmidt an die Stadtverwaltung Stralsund, 22.11.1928. StAS, Rep.20, Nr.78, Bl.40.

360 Hier scheinen auch private Streitigkeiten eine Rolle gespielt zu haben. In einem Schreiben an die Kämmerei und Bauinspektion Stralsund vom 10.12.1928 äußerte sich Venz kritisch zu den Brüdern Schmidt, die keine Vereinsmitglieder seien. Die Gebrüder Schmidt kritisieren wiederum in ihrem Schreiben an den Bürgermeister vom 21.1.1929 die Rolle des Fischereivereinsvorsitzenden Venz. StAS, Rep.20, Nr.78.

361 Die Brüder Schmidt hatten schließlich eine Erhöhung durchsetzen können. Vgl. Zusammenstellung der durch Sturm und Eis im Jahr 1927/28 geschädigten Fischer sowie Art und Höhe der Beihilfen, 7.2.1933. StAS, Rep.29, Nr.78.

362 Vgl. Fischer, Küstenfischerei, JB 1929, S.222 und Eichelbaum, Seefischerei, JB 1929, S.28f.

Küsten- wie auch der Hochseefischer trostlos; in den meisten Familien sei kaum *„das Allernotwendigste zum Leben vorhanden.“* Weder Lebensmittel noch Netze seien noch auf Kredit erhältlich. In dieser Notlage wandten sich die Fischer zunächst wiederum an die kommunalen Behörden, dort wurde ihnen eine Unterstützung jedoch versagt. Angesichts der fortschreitenden Krise waren die Kommunen selbst finanziell überfordert. Der Verband sandte daher im Februar 1929 eine Bittschrift an den Regierungsbezirk Stralsund, in der generelle Unterstützungsmaßnahmen gefordert wurden. Neben einer Pachtniederschlagung ging es erneut um eine wöchentliche Krisenunterstützung. Auch dieses Schreiben enthielt eine Warnung vor möglichen revolutionären Ausbrüchen, sollte die Hilfe versagt werden.[363]

Meldungen über die katastrophale Lage der Fischerei gingen nicht nur aus dem Regierungsbezirk Stralsund ein. Der Oberpräsident der Provinz Pommern beabsichtigte daher auch in diesem Jahr die Bereitstellung von staatlichen Mitteln zu beantragen. Geplant war wiederum eine Aufteilung unter Land, Provinz und Kommunen. Zur Beschleunigung des Verfahrens forderte er erste Überblicksinformationen über das Ausmaß der Notlage an, insbesondere über die Zahl der notleidenden Fischerfamilien und die Höhe des Gesamtbedarfs.[364] Hier zeichnet sich bereits ab, dass es sich nicht wie im Vorjahr um gezielte Entschädigungszahlungen, sondern um eine generelle Unterstützungsleistung handeln sollte und man somit einer von den Fischern erhobenen Forderung entgegenkam.[365] Stralsund ermittelte eine Gesamtzahl von etwa 190 unterstützungsbedürftigen Fischern im Stadtgebiet.[366] Anfang März einigten sich Provinz und Kommunen auf einen Unterstützungssatz von durchschnittlich 150 RM pro notleidende Fischerfamilie.[367] Am 7. März wurde die Notstandsaktion in der lokalen Presse bekannt gegeben.[368] Wiederum meldeten sich vereinslose Fischer, die befürchteten, von der Gewährung einer Beihilfe ausgeschlossen zu werden.[369] Tatsächlich führte die Stadtverwaltung diesmal ausdrückliche Listen der Fischer, die keinem Verein angehörten und um Berücksichtigung bei der Notstandsaktion baten.[370] Ende März

363 Vgl. Vorsitzender des Fischereiverbands von Vorpommern und Rügen, Venz, an Regierungsbezirk Stralsund, 17. 2. 1929. StAS, Rep. 20, Nr. 79, Bl. 17–19.

364 Vgl. Oberpräsident Stettin an OB Stralsund, 22. 2. 1929. StAS, Rep. 20, Nr. 79, Bl. 5f.

365 Vgl. Vorsitzender des Fischereiverbands von Vorpommern und Rügen, Venz, an Regierungsbezirk Stralsund, 17. 2. 1929. StAS, Rep. 20, Nr. 79, Bl. 17–19.

366 Vgl. Vermerk über Mitteilung des Arbeitsamts betr. Unterstützungsberechtigung und Erwerbslosenunterstützung von Fischern, 26. 2. 1929, Vermerk über Mitteilungen des Versicherungsamtes, der Kämmerei und des Wohlfahrtsamts über Versicherungen, Anzahl bzw. Unterstützungsfälle von Fischern, o. D., Februar 1929 sowie Liste der vom Wohlfahrtsamt unterstützten Fischer, 28. 2. 1929. StAS, Rep. 20, Nr. 79, Bl. 9–11.

367 Vgl. Vermerk über die Verhandlung von Provinzregierung, Städten und Kreisen über die Fischer-Notstandsaktion, 5. 3. 1929. StAS, Rep. 20, Nr. 79.

368 Vgl. Bekanntmachung der Notstandsaktion, in: Stralsunder Tagblatt (7. 3. 1929). StAS, Rep. 20, Nr. 79.

369 Vgl. Fischer Wilhelm Eikner an Bürgermeister und Rat der Stadt Stralsund, 9. 3. 1929. StAS, Rep. 20, Nr. 79, Bl. 9.

370 Vgl. Verzeichnis der Fischer, die keinem Verein angehören und um Berücksichtigung bei der Notstandsaktion bitten, o. D., Februar 1929. StAS, Rep. 20, Nr. 79.

stimmte die Stadtverwaltung der Auszahlung eines Vorschusses auf die Beihilfe in dringenden Fällen zu, nachdem wenige Tage zuvor ein Artikel im Stralsunder Tageblatt eindrücklich über die Not der Fischer berichtet hatte.[371] Der zu diesem Zweck gebildeten Kommission gehörten diesmal nicht nur die Vorsitzenden der drei Stralsunder Fischereivereine, sondern auch ein Vertreter der vereinslosen Fischer an. Insgesamt kamen bei der recht zügig verlaufenden Aktion in der Provinz Pommern 600 000 RM zur Ausschüttung; auf die vorpommerschen Kreise entfielen davon 227 000 RM. Der Kreis Rügen erhielt mit 87 600 RM für 489 notleidende Fischer den höchsten Betrag.[372]

Die Unterstützung der Fischer in Mecklenburg-Schwerin

Witterungsbedingte Beeinträchtigungen der Fischerei machten vor den Landesgrenzen nicht halt. Auch die Mecklenburger Fischer litten unter den Folgen der Herbststürme des Jahres 1927 und unter dem harten Winter 1928/29. Anders als in Preußen musste die Unterstützung durch das Land hier jedoch mühsam erkämpft werden.

Besonders aktiv zeigten sich in dieser Hinsicht die Fischer von Warnemünde. Schon Anfang 1928 versuchte der Fischereiverein von 1896 aus Warnemünde, in dem die sogenannten Hochseefischer organisiert waren, das Reich und die Landesregierung für die Notlage der Fischer zu interessieren. Im Januar gingen Schreiben mit der Bitte, sich bei der Regierungsbehörde für die Bereitstellung von Reichsmitteln einzusetzen, an den DSV und den mecklenburgischen Ministerpräsidenten Schröder. Bereits jetzt liege die Gesamtschuldenlast der Warnemünder Fischer bei schätzungsweise 40 000 Mark; eine weitere Kreditgewährung durch Handwerk und Öllieferanten sei ausgeschlossen. Statt einer weiteren Darlehensvergabe, die nur zu einem Wechsel der Gläubiger und weiterer Verschuldung führen würde, forderten die Fischer Wirtschaftsbeihilfen. Ebenso wie in Stralsund betonten die Warnemünder in ihrem Schreiben den geleisteten Einsatz für Vaterland und Volksernährung: „*Nun haben wir Fischer das Beste für das Wohl des deutschen Volkes gegeben, sind selber aber vollständig verarmt.*“[373]

Mit der Antwort des Ministeriums für Landwirtschaft, Domänen und Forsten, dass leider kein Fonds für die notleidenden Fischer zur Verfügung stehe, gab sich der Verein nicht zufrieden. Dem Ministerium wurde erwidert, dass die Staatsregierung in der Pflicht stehe, den Fischern zu helfen. Dabei zog man einen Ver-

[371] Vgl. Die Not unserer Stralsunder Fischer, in: Stralsunder Tageblatt (23. 3. 1929). StAS, Rep. 20, Nr. 79, Bl. 41. Eine Abordnung der Fischer erschien bei der Stadt, um einen Vorschuss auf die bevorstehende Notstandsaktion zu erbitten, „*damit sie die erforderlichen Lebensmittel für die Ostertage einkaufen können.*“ Vermerk über Bitte um Vorschuss auf die zu erwartende Beihilfe, 28. 3. 1929. StAS, Rep. 20, Nr. 79, Bl. 42.

[372] Vgl. Was haben die vorpommerschen Fischer an staatlichen Beihilfen erhalten?, in: Stralsundische Zeitung (29. 10. 1929). StAS, Rep. 20, Nr. 78.

[373] Gleichlautende Schreiben des Fischereivereins von 1896 Warnemünde an DSV, 8. 1. 1928 und an den mecklenburgischen Ministerpräsidenten Schröder, 15. 1. 1928. LHAS, 5.12-4/2, Nr. 499, Bd. 7, Bl. 939f.

gleich zur Landwirtschaft, für die bereits Hilfsquellen geschaffen seien.[374] Zusätzlich wurde eine Bittschrift an den Eingabe-Ausschuss des Mecklenburg-Schwerinschen Landtages gesandt.[375] Auch der Rostocker Anzeiger berichtete nun über die „*katastrophale Notlage der Fischer*“.[376] Ende April telegrafierte der Verein schließlich an das Ministerium, dass die Fischerflotte seit drei Tagen wegen unrentabler Fischpreise im Hafen liege.[377] Der Fischereiverein nutzte alle verfügbaren Einflusskanäle und war damit insofern erfolgreich, als dass das Ministerium für Landwirtschaft, Domänen und Forsten nun zumindest genauere Unterlagen über die Verschuldung anforderte und auch die Stadt Rostock um eine Stellungnahme bat.[378] Die mit der Untersuchung beauftragte Verwaltungsabteilung Warnemünde bestätigte die Notlage. Im Juni 1928 empfahl der Rat der Stadt Rostock dem Ministerium in Schwerin die Vergabe zinsloser Darlehen mit langer Laufzeit an die Warnemünder Fischer.[379] Im folgenden Monat meldete sich dann auch der Küstenfischereiverein Warnemünde mit einem Antrag bei der Landesregierung. Die Stadtverwaltung Rostock bestätigte dem Ministerium für Landwirtschaft, Domänen und Forsten, dass auch die Küstenfischer in ihrer Existenz „*ernstlich*“ bedroht seien und in eine eventuell vorzunehmende Hilfsaktion einbezogen werden sollten.[380]

Allerdings erklärte das Finanzministerium im August 1928, dass Mittel für eine Unterstützung der See- und Küstenfischer nicht zur Verfügung ständen.[381] Beiden Warnemünder Vereinen wurde Anfang Oktober endgültig eine Absage erteilt. Das Ministerium für Landwirtschaft, Domänen und Forsten verwies die Warnemünder Fischer stattdessen an das Reich.[382] Zeitgleich vermeldete der Amtliche Preußische Pressedienst, dass Staat, Provinz und Kreise gemeinsam eine Summe von 360 000 RM zur Behebung der Notlage der pommerschen Haff- und Küstenfischer bereitgestellt hätten.[383]

[374] Vgl. Fischereiverein von 1896 Warnemünde an den Eingabenausschuss des Mecklenburg-Schwerinschen Landtages, 22. 3. 1928. LHAS, 5.12-4/2, Nr. 499, Bd. 7, Bl. 982.

[375] Vgl. Fischereiverein von 1896, Warnemünde, an MfLDF, 10. 3. 1928. LHAS, 5.12-4/2, Nr. 499, Bd. 7, Bl. 945.

[376] Die katastrophale Notlage der Fischer, in: Rostocker Anzeiger (13. 4. 1928). LHAS, 5.12-4/2, Nr. 499, Bd. 7.

[377] Vgl. Fischereiverein von 1896, Warnemünde, an MdI, 26. 4. 1928. LHAS, 5.12-4/2, Nr. 499, Bd. 7, Bl. 954.

[378] Vgl. Fischereiverein von 1896, Warnemünde, an MfLDF, 6. 5. 1928. LHAS, 5.12-4/2, Nr. 499, Bd. 7, Bl. 957 und Vermerk der Stadtverwaltung Rostock/Warnemünde über Übersendung eines an das Ministerium in Schwerin gerichteten Schreibens des Fischereivereins von 1896 mit Bitte um Stellungnahme 22. 5. 1928. AHR, 1.1.12.2, Nr. 1326.

[379] Vgl. Rat der Seestadt Rostock an MfLDF, 21. 6. 1928. Weiterleitung eines Berichts der Stadtverwaltung Warnemünde. LHAS, 5.12-4/2, Nr. 499, Bd. 7, Bl. 963.

[380] Vgl. Vermerk über Antrag des Küstenfischervereins zu Warnemünde an das Landwirtschaftsministerium auf Gewährung eines Darlehens, 23. 6. 1928 und Stellungnahme der Verwaltungsabteilung Warnemünde vom 7. 7. 1928. AHR, 1.1.12.2, Nr. 1326. Rat der Seestadt Rostock an MfLDF, 23. 7. 1928. LHAS, 5.12-4/2, Nr. 499, Bd. 7, Bl. 967.

[381] Vgl. MdF an MfLDF, 10. 8. 1928. LHAS, 5.12-4/2, Nr. 499, Bd. 7, Bl. 970.

[382] Vgl. Küstenfischereiverein und Fischereiverein von 1896 Warnemünde an MfLDF, 22. 11. 1928. LHAS, 5.12-4/2, Nr. 499, Bd. 7, Bl. 981.

[383] Eine Abschrift dieser Meldung findet sich in den Akten des MfLDF. Vgl. Mitteilung des Amtlichen Preußischen Pressedienstes über Maßnahmen gegen die Notlage der pommerschen Haff- und Küstenfischer, 1. 10. 1928. LHAS, 5.12-4/2, Nr. 499, Bd. 7, Bl. 975.

Unter Verweis auf die preußische Hilfsaktion appellierten die beiden Fischereivereine im November in einem gemeinsamen Schreiben nochmals dringend an die mecklenburgische Regierung, dem Beispiel der anderen Küstenstaaten zu folgen. Die Existenz zahlreicher Familien stehe auf dem Spiel. Überall an der Küste sei durch die Zusammenarbeit von Land, Kreis und Gemeinden Hilfe erfolgt, allein in Mecklenburg nicht.[384] Der Rat der Stadt Rostock unterstützte wiederum das Anliegen der Fischer beim Ministerium und kündigte erstmals auch eine den finanziellen Möglichkeiten der Stadt entsprechende Beteiligung an.[385]

Die Stadt Rostock holte in den betroffenen preußischen Kreisen genauere Informationen über die dortige Hilfsaktion ein.[386] Dass neben den Kommunen auch Preußen und die Provinz Pommern in größerem Umfang beteiligt waren, veranlasste den Rat, erneut in Schwerin um die Gewährung eines Darlehens an die Stadt zugunsten der Fischer nachzusuchen. Die abschlägige Antwort des Ministeriums gründete vor allem auf dem Argument, dass es zurzeit nicht angängig sei, eine staatliche Hilfsaktion für einen einzigen Berufsstand einzuleiten. Man fürchtete einen Präzedenzfall. Die Verantwortung für die Fischer wurde an die Stadt zurückübertragen.[387]

Doch langsam geriet die Landesregierung in Schwerin unter Druck. Aus allen Küstenorten gingen nun ähnliche Unterstützungsanträge ein. Der Reichsverband der deutschen See- und Küstenfischer übersandte ein Bittschreiben des Fischereivereins der Insel Poel, das anschaulich das herrschende Elend schilderte – *„In bitterer Kälte und Schneesturm haben wir wochenlang versucht, durch Aalstechen unser nacktes Leben zu fristen“* – und sofortige staatliche Hilfe forderte. Der Reichsverband bestätigte nicht nur die Angaben der Poeler Fischer, sondern auch ihren Anspruch auf staatliche Unterstützung: Angesichts fehlender alternativer Erwerbsmöglichkeiten hätten die Fischer *„das Recht zu verlangen, dass bei einer solchen völlig unverschuldeten, durch außergewöhnliche Ereignisse verursachten Erwerbslosigkeit die öffentliche Hand ihnen hilft.“*[388]

Die Fischereiältesten Blunck und Klein als Vertreter der Wismarer Fischerzunft sprachen sogar persönlich beim zuständigen Ministerialrat Krasemann in Schwerin vor. Wismar hatte einen Betrag von 2300 RM für Nothilfen zur Instandsetzung der Boote zur Verfügung gestellt und bat nun das Ministerium vergeblich um eine finanzielle Beteiligung.[389]

384 Vgl. Küstenfischereiverein und Fischereiverein von 1896 Warnemünde an MfLDF, 22.11.1928. In der Anlage: Abschrift einer Stellungnahme des DSV vom 25.10.1928 zur Frage der Darlehensgewährung. LHAS, 5.12-4/2, Nr. 499, Bd. 7, Bl. 981.

385 Vgl. Rat der Seestadt Rostock an MfLDF, 3.12.1928. LHAS, 5.12-4/2, Nr. 499, Bd. 7, Bl. 983.

386 Vgl. Stadtverwaltung Rostock/Warnemünde an den Rat der Seestadt Rostock, 28.1.1929. AHR, 1.1.12, Nr. 1331, Bl. 5.

387 Vgl. MfLDF an den Rat der Seestadt Rostock, 5.3.1929. LHAS, 5.12-4/2, Nr. 499, Bd. 7, Bl. 998.

388 RV der deutschen See- und Küstenfischer an MfLDF, 27.2.1929. Anlage: Abschrift des Bittschreibens des Poeler Fischereivereins vom 23.2.1929. LHAS, 5.12-4/2, Nr. 499, Bd. 7, Bl. 999.

389 Vgl. Aktennotiz des MfLDF (Ministerialrat Krasemann), 25.3.1929. LHAS, 5.12-4/2, Nr. 499, Bd. 7, Bl. 1007 und Rat der Stadt Wismar an MfLDF, 27.3.1929 sowie die abschlägige Antwort der Abteilung Sozialpolitik, 16.4.1929. LHAS, 5.12-4/2, Nr. 499, Bd. 7.

Auch in den Gemeinden des Amtes Rostock wurde der Ruf nach Unterstützung laut. Das entsprechende Schreiben des Amtshauptmanns an das Landwirtschaftsministerium in Schwerin nahm noch einmal ausdrücklich auf die preußische Hilfsaktion Bezug: „*Die Not ist katastrophal und ihr Ende leider gar nicht abzusehen. Wie hier bekannt geworden, werden die Küstenfischer in dem benachbarten Pommern regierungsseitig in großzügiger Weise durch Notstandsbeihilfen unterstützt.*"[390] Das Gesuch der Fischer von Althagen-Nienhagen, das dem Ministerium über den DSV weitergeleitet wurde, verdeutlicht die Problematik: „*Die preußischen Fischer haben, wie uns bekannt ist, bereits im vorigen Jahr erhebliche Beihülfen bekommen, jedoch wir Fischländer, obwohl direkt an der pommerschen Küste wohnend, müssen stets traurigen Herzens zusehen.*"[391] Nicht nur am Saaler Bodden trafen die mecklenburgischen und pommerschen Fischer zusammen; die einseitige Unterstützung musste Verbitterung auslösen.

Währenddessen versuchte die Regierung in Schwerin erneut, die Verantwortung auf das Reich abzuwälzen. Die Anfrage des Poeler Fischereivereins war ans RMEL weitergeleitet worden, doch die Antwort lautete lapidar: „*Die Fürsorge über die infolge des Frostes stillliegenden Küstenfischer ist Ländersache.*"[392] Dennoch fragte das Ministerium für Landwirtschaft, Domänen und Forsten sowohl beim RMEL als auch beim Preußischen Landwirtschaftsministerium an, ob und welche Mittel dort für die notleidende Küstenfischerbevölkerung zur Verfügung gestellt werden würden.[393] Neue Erkenntnisse brachte dies nicht. Preußen meldete die Aufbringung der Mittel durch Land, Provinz und Kreise: „*Von einem Herantreten an das Reich ist abgesehen worden, da das Reich Beihilfen grundsätzlich nur bei besonders großen und schweren Notständen zur Verfügung stellt und ein Antrag auf Beteiligung bei den oben genannten Aktionen völlig aussichtslos erschien.*"[394] Das Reich lehnte jede Hilfe ab.[395] Allerdings hatte das RMEL über den DSV eine Reichsbeihilfe von 100 000 RM zur Behebung von Materialschäden zur Verfügung gestellt und im März vorläufig alle Raten- und Zinszahlungen auf Reichsdarlehen gestundet.[396]

Mitte April lud schließlich der Amtshauptmann zu Rostock alle beteiligten Ämter und Kreise, den Fischmeister aus Ribnitz, den Lotsen Stüve als Vertrauensmann

[390] Amtshauptmann Rostock an MfLDF. Übersendung einer Bitte des Gemeindevorstandes des Ostseebads Arendsee vom 26. 2. 1929 um Unterstützung der notleidenden Küstenfischer, 1. 3. 1929. LHAS, 5.12-4/2, Nr. 499, Bd. 7, Bl. 1000.

[391] DSV an MfLDF. Weiterleitung eines Gesuchs der Fischer von Althagen-Niehagen vom 14. 3. 1929 um Gewährung einer Unterstützung zur Linderung ihrer Notlage, 3. 4. 1929. LHAS, 5.12-4/2, Nr. 499, Bd. 7, Bl. 1008.

[392] RMEL an MfLDF, 4. 3. 1929. LHAS, 5.12-4/2, Nr. 499, Bd. 7.

[393] Vgl. MfLDF an RMEL und Preußisches Landwirtschaftsministerium, 12. 3. 1929. LHAS, 5.12-4/2, Nr. 499, Bd. 7, Bl. 1004.

[394] Aktenvermerk des MfLDF über die Besprechung mit einem Vertreter des Preußischen Landwirtschaftsministeriums, 16. 3. 1929. LHAS, 5.12-4/2, Nr. 499, Bd. 7 und LHA, MfLDF, 5.12-4/2, Nr. 499, Bd. 7 und Preußisches Landwirtschaftsministerium an MfLDF, 8. 5. 1929. Ebd. Bl. 1016.

[395] Vgl. RMEL an MfLDF, 22. 3. 1929. LHAS, 5.12-4/2, Nr. 499, Bd. 7.

[396] Vgl. Tätigkeitsbericht DSV 1929/30, S. 6 und Fischer, Küstenfischerei, JB 1929, S. 224.

der Warnemünder Fischer und den zuständigen Ministerialrat Krasemann zu einer Besprechung über die Notlage der See- und Küstenfischer. Die Hilfe, die von den Gemeinden bisher aus eigenem Antrieb geleistet worden sei, reiche nicht aus, nun müsse das Land eingreifen. Insgesamt wurden rund 400 Fischer als unterstützungsbedürftig angesehen. Die Kommunalvertreter wiesen ausdrücklich darauf hin, *„dass es unleidlich sei, wenn, wie es auf dem Ribnitzer Bodden geschehen, die preußischen und mecklenburgischen Fischer tagtäglich zusammen arbeiten und wenn dann in Preußen diese Hilfe gewährt werde, in Mecklenburg dagegen nichts geschehe"*. Man sei der Auffassung, dass die Regierung hier in gleicher Weise wie in Preußen helfen müsse. Angelehnt an Preußen einigte man sich auf einen Betrag von 150 RM je Fischer. Von den insgesamt notwendigen 60 000 RM sollten ein Drittel durch die Ämter und Städte, der Rest durch das Land, am besten als Beihilfe, ansonsten wenigstens als unverzinsliches Darlehen aufgebracht werden.[397]

Die endgültigen Modalitäten der Unterstützungsaktion fielen zu Ungunsten der Städte und Kreise und letztendlich auch der Fischer aus. Das Land stellte nur die Hälfte des benötigten Betrags zur Verfügung, vor allem aber nicht wie erhofft in Form einer Beihilfe, sondern als zinsloses Darlehen.[398] Die Folge beider Maßnahmen war eine weitere Verschuldung, die doch hatte vermieden werden sollen. Kaum war 1930 die erste Tilgungsrate von 30 RM fällig, sandten die Warnemünder Vereine Stundungs- und Niederschlagungsgesuche an die Stadtverwaltung.[399] Diese versuchte trotzdem, die Beträge einzutreiben, wie die wiederholten Zahlungsaufforderungen zeigen. Die Fischer kamen diesen größtenteils mit Verweis auf ihre finanziellen Verhältnisse nicht nach. Die Angaben der Schuldner wurden durch das Polizeiamt überprüft und zumeist bestätigt. Von Zwangseintreibungen sah man aufgrund der Aussichtslosigkeit ab.[400]

Im Frühjahr 1932 richteten zahlreiche mecklenburgische Fischervereine erneut Stundungsanträge an das zuständige Ministerium in Schwerin.[401] Die Stadt

397 Vgl. Sitzungsprotokoll einer Besprechung im Amtshaus zu Rostock über die Notlage der Küstenfischer, 24.4.1929, hieraus das Zitat, und Rat der Seestadt Rostock an MfLDF, 25.4.1929. LHAS, 5.12-4/2, Nr. 499, Bd. 7, Bl. 1013f. Von den 400 bedürftigen Fischern entfielen auf das Amt Wismar 167, auf das Amt Rostock 60, auf die Stadt Rostock 90, auf die Stadt Wismar 50 und auf das Amt Grevesmühlen 30.

398 Vgl. MdF an MfLDF, 8.6.1929. LHAS, 5.12-4/2, Nr. 499, Bd. 7. Das Ministerium erklärte sich damit einverstanden, einen Betrag von 30 000 RM zur Gewährung zinsloser Darlehen an Mecklenburger Fischer zur Verfügung zu stellen. Die Einzeldarlehen waren auf 150 RM begrenzt. Vgl. auch MfLDF an Amtshauptmänner in Rostock, Wismar, Grevesmühlen, Rat der Stadt Rostock, Rat der Stadt Wismar, 25.7.1929. LHAS, 5.12-4/2, Nr. 499, Bd. 7.

399 Vgl. Küstenfischereiverein Warnemünde an die Stadtverwaltung Rostock/Warnemünde, 19.7.1930. AHR, 1.1.12.2, Nr. 1330 und Rat der Seestadt Rostock an MfLDF, 13.12.1930. LHAS, 5.12-4/2, Nr. 499, Bd. 7, Bl. 1057.

400 Vgl. die umfangreiche Überlieferung in AHR, 1.1.12.2., Nr. 1330 und den Beitrag von Angrit Lorenzen-Schmidt zur sozialen Lage der Warnemünder Fischer 1928–1935. Sie wertet die vorliegenden Schuldnerakten aus und sammelt die darin enthaltenen Informationen über die Lebensverhältnisse der Warnemünder Fischer. Vgl. Lorenzen-Schmidt, Soziale Lage (2008).

401 Vgl. Hochbauamt Wismar an MfLDF, 3.5.1932. LHAS, 5.12-4/2, Nr. 499, Bd. 7, Bl. 1095.

Rostock schlug angesichts der Notlage der Fischer vor, die Rückzahlung für weitere zwei Jahre zinslos zu stunden.[402] Die Stadt selbst hatte den Warnemünder Fischern 1929 zusätzlich ein weitaus höher bemessenes, anfänglich zinsloses Darlehen aus städtischen Mitteln mit einer Laufzeit von über zehn Jahren gewährt. Dabei hatte es sich nicht um eine Wirtschaftshilfe, sondern eine Umschuldungsaktion gehandelt. Die bewilligten Gelder waren von der Stadt direkt an die Gläubiger überwiesen worden.[403] Auch die Raten dieses Kredits konnten die Fischer nicht tilgen. Aufgrund der offensichtlichen Zahlungsunfähigkeit und nicht zuletzt durch die Initiative der im Juni 1932 in Mecklenburg an die Macht gekommenen Nationalsozialisten wurde die Stundung beider Darlehen verlängert und die Darlehensschulden schließlich 1935 weitgehend niedergeschlagen.[404]

Fazit

Nachdem in der benachbarten preußischen Provinz Pommern wiederholt Hilfsaktionen für die Fischer durchgeführt worden waren, konnte sich Mecklenburg dem zunehmenden Druck durch die Fischereivereine und die betroffenen Kommunen nicht mehr entziehen. Das Land kam seiner Verantwortung im Vergleich zu Preußen allerdings nur zögerlich nach. Die Entscheidung für die Vergabe von Darlehen statt Beihilfen war dabei der angespannten Finanzlage geschuldet, sie erwies sich jedoch letztlich als unklug und war vor allem mit zusätzlichem Verwaltungsaufwand verbunden. Am Ende stand die weitgehende Niederschlagung der Schulden.

Eine wichtige Rolle bei der Einforderung von Unterstützungsleistungen spielten die Fischereivereine als Sprachrohr der Fischer. Sie stellten auf verschiedenen Wegen die Verbindung zu den Verwaltungsstellen her, teilweise unter Hinzuziehung des Reichsverbandes und des DSV. Die Vertreter der Vereine waren die Ansprechpartner der Kommunen und zum Teil in die Vergabe der Finanzhilfen involviert. Am Beispiel Stralsund zeigt sich, dass die Nichtvereinsmitgliedschaft den Ausschluss von Informationen und Unterstützungszahlungen bedeuten konnte, zumindest aber den Zugang erschwerte. Während im Regierungsbezirk Stralsund der Fischereiverband die Interessen der lokalen Vereine bündelte, agierten die Vereine in Mecklenburg weitgehend unabhängig voneinander. Sogar innerhalb eines Ortes stellten die verschiedenen Vereine ihre Anträge zunächst nicht gemeinsam, wie das Beispiel der Hochsee- und Küstenfischer von Warnemünde zeigt.

An dem Zustandekommen der Hilfsaktion hatten besonders in Mecklenburg die Städte, Ämter und Gemeinden bedeutenden Anteil. Die Fischereivereine konnten auf die Notsituation aufmerksam machen, doch waren sie im weiteren Verlauf

[402] Vgl. Rat der Stadt Rostock an MfLDF, 27.6.1932. LHAS, 5.12-4/2, Nr. 500, Bd. 8, Bl. 5.

[403] Vgl. Verzeichnis der anfänglich zinslosen Fischerdarlehen aus städtischen Mitteln (Laufzeit 1929–1941), o.D., nach dem 8.10.1929 und Verzeichnis der zinslosen Fischerdarlehen aus Stadt- und Landesmitteln (Laufzeit 1929–1934), o.D., nach dem 11.11.1929. AHR, 1.1.12.2, Nr. 1331. Vgl. Lorenzen-Schmidt, Soziale Lage (2008).

[404] Vgl. Kapitel III.2.b).

auf die Unterstützung der Kommunen angewiesen. Das Eingreifen der Länder lag allerdings in deren ureigenem Interesse. In Mecklenburg wurde den Kommunen besonderer Einsatz abverlangt, da das Land erst von der Notwendigkeit einer Unterstützungsaktion überzeugt werden musste. Auch in Preußen lag es an den Städten und Kreisen, die höheren Regierungsstellen für die Notlage zu interessieren. Diese übernahmen aber rascher die Verantwortung und leiteten die notwendigen Maßnahmen ein. Je nach Finanz- und Interessenlage führten die Städte und Kreise auch eigene Hilfsaktionen durch. Allen Eingaben der Fischer ist der Hinweis gemeinsam, dass sie unverschuldet in eine Notsituation geraten seien. Eine besondere Betonung erfuhr dabei stets der im Ersten Weltkrieg geleistete Beitrag zur Volksernährung. Den fehlenden gesetzlichen Anspruch auf staatliche Beihilfen versuchte man so durch einen moralischen zu ersetzen. Ein spezifisches Element der mecklenburgischen Bittschriften war die Forderung nach einer Gleichstellung mit den preußischen Fischern. Einen drohenden Unterton enthielten die Eingaben der Fischer nur in Stralsund. Zweimal wurde eine mögliche Radikalisierung der Fischer angesprochen. In diesem Zusammenhang sei hier noch einmal auf das besonders gespannte Verhältnis zwischen Fischern und Stadt in der Frühphase der Republik verwiesen.

Bei der Bewertung der Maßnahmen der Länder ist festzuhalten, dass die geleistete Unterstützung nur eine kurzfristige, punktuelle Hilfe in einer akuten Notlage darstellen konnte. In Mecklenburg führten sie darüber hinaus zu einer weiteren Verschuldung. Anders als etwa die Kreditvergabe des Reiches, waren sie auch gar nicht als langfristige Subventionsmaßnahmen ausgelegt. Die Hilfsaktionen verdeutlichen nachdrücklich, dass die Fischer mehr denn je auf staatliche Fürsorge angewiesen waren, von der sie sich doch zu emanzipieren gehofft hatten.

d) Die See- und Küstenfischerei in der Weltwirtschaftskrise 1929–1933

„*Die überaus traurige Wirtschaftslage*" der deutschen Seefischerei sei im Berichtsjahr „*noch unendlich viel trüber geworden*", konstatierte der DSV in seinem Tätigkeitsbericht für das Jahr 1931/32. Nachdem sich die See- und Küstenfischerei schon vor dem Börsenkrach im Herbst 1929 in der Krise befunden hatte, wurden nun alle Bereiche der Fischwirtschaft, auch Fischhandel und Fischindustrie in Mitleidenschaft gezogen. Sinkenden Einnahmen standen steigende Abgaben gegenüber. Als Grund für die verschärfte wirtschaftliche Krise speziell in Deutschland wurde zwar in erster Linie „*die Politik unserer früheren Kriegsgegner*" ausgemacht, zugleich aber die falschen wirtschaftspolitischen Maßnahmen der öffentlichen Hand im Inland bemängelt; eine Kritik, die unverkennbar auf die strikt auf Haushaltsanierung ausgerichtete Deflationspolitik Brünings zielte.[405]

[405] Vgl. Tätigkeitsbericht DSV 1931/32, S. 1f. Zu Brünings umstrittener Wirtschaftspolitik vgl. Kolb, Weimarer Republik (2002), S. 233–235. Eine Außenseiterposition vertritt Borchardt, Wachstum (1982), S. 165–182.

Unter zunehmendem Wettbewerbsdruck wuchs jetzt auch in Industrie und Handel – den Zweigen der Fischwirtschaft, die protektionistische Maßnahmen bisher strikt abgelehnt hatten – der Ruf nach einem Schutzzoll für Frischfisch und Konserven, die aus deutscher Produktion geliefert werden konnten.[406] Besonders gravierend wirkte sich schließlich die Abwertung des Britischen Pfunds im September 1931 aus, der die nordischen Währungen folgten. Die deutsche Mark blieb dagegen an den Goldstandard gebunden. Ausländische Fischer landeten aufgrund des besseren Währungsstandes nun vermehrt in Deutschland an, während der deutschen Hochseefischerei durch die zunehmende Abschottung der meisten europäischen Länder Absatzmärkte verloren gingen. England erhob mittlerweile 10 Prozent Zoll auf Fischeinfuhren. Drei Viertel der deutschen Fischdampfer mussten stillgelegt werden.[407]

Nach wie vor litt die See- und Küstenfischerei unter der dänischen Konkurrenz, die aufgrund der Wechselkurse trotz der gesunkenen Preise noch Gewinn erzielte, wenn die deutschen Fischer bereits mit Verlust verkaufen mussten.[408] Die Entwicklung der Fischpreise der Ostseeküstenfischerei zeigt von 1929 zu 1932 einen außergewöhnlichen Rückgang. Die Preise lagen fast ausschließlich unter dem Niveau der Vorkriegszeit. Versuche, die Preise durch Fangbeschränkungen zu steuern, fanden keine Zustimmung unter den Küstenfischern; die fortlaufende Einfuhr ausländischen Fischs hätte eine solche Maßnahme ohnehin wirkungslos gemacht.[409]

Neben der Deflationspolitik betrieb Brüning eine – dem Ziel der Haushaltsanierung eigentlich widersprechende – ausgeprägt agrarprotektionistische Politik. Seit 1930 hatten die Stützungsmaßnahmen zugunsten der Landwirtschaft eine stetige Erweiterung erfahren. Sie waren ausgerichtet auf Lastensenkung, Ertragssteigerung und Entschuldung und bedienten sich dazu eines zunehmenden Zollschutzes, Zinsvergünstigungen, Krediterleichterungen und der Bereitstellung großzügiger staatlicher Entschuldungsmittel. Zwischen 1930 und 1932 wurden 2 Milliarden Reichsmark zur Verfügung gestellt, das entsprach 8 Prozent der Reichsausgaben.[410] Die Zahl und das Ausmaß der direkten staatlichen Interventionen in Preis-, Markt- und Einfuhrfragen landwirtschaftlicher Produkte nahmen in dieser Zeit stetig zu; in verschiedenen Bereichen wie der Getreide- und Milchwirtschaft entstanden erste Marktordnungen.[411] Auch wenn die staatlichen Eingriffe zuguns-

406 Vgl. Tätigkeitsbericht DSV 1929/30, S. 10; 1930/31, S. 8 und 1931/32, S. 1f.

407 Vgl. Tätigkeitsbericht DSV 1931/32, S. 1f. und Eichelbaum, Seefischerei, JB 1931, S. 25. Auch Polen erhob mittlerweile Einfuhrzölle, dies betraf aber vor allem die ostpreußischen Fischer. Vgl. Fischer, Küstenfischerei, JB 1930, S. 177.

408 Vgl. ebd., S. 169f.

409 Vgl. Tätigkeitsbericht 1932/33, S. 46. Zur Ablehnung von Fangbeschränkungen durch den Fischereiverband Vorpommern vgl. Vorpommerscher Fischereiverbandstag, in: Stralsunder Tageblatt (16. 1. 1933). StAS, Rep. 20, Nr. 61, Bl. 18.

410 Diese Politik wurde zunächst zugunsten der einflussreichen ostpreußischen Güterwirtschaft betrieben. Vgl. zur Agrarpolitik Brünings Kluge, Agrarwirtschaft (2005), S. 24–26.

411 Beispielsweise in den Bereichen Milchwirtschaft, Futter- und Düngemittel und Saatgut. Vgl. ausführlich Corni/Gies, Ernährungswirtschaft (1997), S. 46–62 sowie Kluge, Agrarwirtschaft (2005), S. 25 und 50 Jahre RMEL (1969), S. 22f.

ten der Landwirtschaft noch punktuelle Maßnahmen einer Krisenbewältigungsstrategie waren, sie weisen bereits den Weg zur nationalsozialistischen Agrarpolitik des Reichsnährstandes.[412]

In Anbetracht dieser Entwicklung wurden auch im Bereich der Fischerei immer dringender protektionistische Maßnahmen verlangt.[413] Oberregierungsrat Eichelbaum forderte 1931 nachdrücklich den Erhalt des deutschen Marktes für die deutsche Fischereiproduktion. Deutschland müsse dem Beispiel der anderen europäischen Länder folgen und seinen Markt abschotten. Die Einführung eines Zollschutzes sei in dieser Situation noch zu wenig; erwünscht sei eine Kontingentierung, die Einfuhren erst erlaube, wenn die deutschen Fänge untergebracht seien.[414]

Der DSV versuchte die Interessen der Seefischerei in zahlreichen Eingaben und Besprechungen mit den in Betracht kommenden Ministerien durchzusetzen. Gefordert wurde der sofortige Schutz der Küstenfischerei durch die Einschränkung der Devisenzuteilung und die Kontingentierung der Einfuhr. Nach der Kündigung der geltenden Handelsverträge sollten Schutzzölle für frischen und gefrorenen Fisch, Salzheringe und Konserven erlassen werden. Zwar gelang es den Vertretern der deutschen Seefischproduktion, ihre Wünsche persönlich beim damaligen Reichsminister für Ernährung und Landwirtschaft, Martin Schiele, vorzubringen, durchgreifende Maßnahmen hatte dies jedoch zunächst nicht zur Folge. Außen- und innenpolitische Rücksichten hätten die Durchführung der als notwendig erkannten handelspolitischen Maßnahmen verhindert, so die Erklärung des DSV.[415]

Auch der Reichsverband forderte vehement Schutzzölle, und wenn diese aufgrund der Handelsverträge nicht realisierbar seien, zumindest anderweitige Stützungsmaßnahmen für die Küstenfischerei. An erster Stelle stand dabei der Wunsch nach der Schaffung angemessener, über den Produktionskosten liegender Preise, außerdem die weitgehende Befreiung von allen anfallenden Abgaben (Zollaufschläge für Betriebsmittel, Beiträge zur Berufsgenossenschaft, Hafengeld, Hauszinssteuer), die Senkung der Pacht- und Frachttarife sowie Beihilfen zum Ausbau der Fischverwertungsgenossenschaften und eine Ermäßigung der vor Jahren erteilten Darlehen gemäß dem steigenden Kaufwert der Mark. Denn, so der neue Vorsitzende des Reichsverbandes, der Fischer Johannes Willwater aus Schlutup, solange der Staat in der Lage sei, Beamte zu bezahlen, die 25 Pfennig Liegegebühr von den verschuldeten Fischern einsammelten, aber keine Schutzmaßnahmen

412 Vgl. Corni/Gies, Ernährungswirtschaft (1997), S. 61.

413 In einem Anfang 1932 vom Preußischen Landtag angenommenen Antrag betr. die Notlage der See- und Küstenfischerei wurde das zuständige Ministerium u. a. ersucht, umgehend bei der Reichsregierung die Neueinführung bzw. die Erhöhung von Zollsätzen für Fische aller Art, insbesondere Sprotten, Dorsche, Plattfische und Heringe zu bewirken. Dabei seien die Zollsätze so zu bemessen, dass der minderwertige Teil der ausländischen Einfuhr fern gehalten werde. Vgl. Fragen der Fischerei im Preußischen Landtag, in: Mitteilungen des DSV, Bd. 48, Nr. 1/2, Jan/Feb 1932, S. 18.

414 Vgl. Eichelbaum, Seefischerei, JB 1931, S. 25f.

415 Vgl. Tätigkeitsbericht DSV 1931/32, S. 2.

gegen die ausländische Konkurrenz einführe, solange glaube der Fischer sich im Recht, wenn er eine durchgreifende Unterstützung für die See- und Küstenfischerei fordere. Er gab zu bedenken, dass die Fischer unverschuldet in Not geraten seien und durch die Unterstützung der Küstenfischerei Arbeit und nationale Werte geschaffen würden. Auch wollten die Fischer staatliche Unterstützung nur solange in Anspruch nehmen, bis sie wieder aus eigener Kraft ihr Existenzminimum sichern könnten.[416]

Die stockenden Reichsdarlehensrückzahlungen, die im Berichtsjahr 1931/32 schließlich auf unter 50 Prozent der fälligen Beträge zurückgingen, waren Ausweis der Krise: „*Grosse Teile der Fischerbevölkerung kämpfen um ihre Existenz und sind nicht in der Lage, Darlehnsrückzahlungen und Zinszahlungen zu leisten.*" Im Vorjahr waren die vorgesehenen Mittel zur Förderung der Seefischerei aus Rücksicht auf die schlechte Finanzlage des Reiches um 10 Prozent gekürzt worden.[417] Gleichzeitig mussten aus den noch vorhandenen Mitteln des Darlehensfonds vermehrt Beihilfen gewährt werden, etwa für die infolge der ungünstigen Witterung aufgetretenen Netzschäden oder Motorschäden.[418] Eine vom Reichsverband beantragte generelle Senkung des Darlehenszinssatzes von 3 auf 1 Prozent lehnte das RMEL ab.[419]

Auf der regionalen und lokalen Ebene häuften sich die Anträge auf Unterstützungen und Gebührenerlasse.[420] In Mecklenburg handelte es sich vor allem um Stundungsanträge auf die aus Landes- und kommunalen Mitteln vergebenen Darlehen, aber auch um Anträge auf Pachterlass in den fiskalischen Gewässern. Die Bitte der Fischerzunft Wismar um eine Gebührensenkung wurde vom zuständigen Landwirtschaftsministerium in Schwerin mit Hinweis auf die Finanzierung der Fischereiaufsicht abgelehnt.[421] Auch im Regierungsbezirk Stralsund wurden immer wieder Ermäßigungen der Fischereitarife gefordert. Der dortige Fischereiverband bemängelte 1929, dass die Regierung in diesen Fragen anscheinend im-

[416] Vgl. Tätigkeitsbericht DSV 1931/32, darin: Auszug aus dem Vortrag des Herrn J. Willwater, Vorsitzenden des Reichsverbandes der deutschen See- und Küstenfischer über „Die Notlage der deutschen See- und Küstenfischerei" gehalten in der Mitgliederversammlung des DSV am 1.7.1932. Zu Willwater vgl. Über die Jahresversammlung am 6.5.1930, in: Mitteilungen des DSV, Bd. 46, Nr. 5, Mai 1930, S. 226.

[417] Vgl. Tätigkeitsbericht DSV 1931/32, S. 3. Ähnlich hatte sich die Lage bereits in den Vorjahren gestaltet. 1929 wurden 293 461 RM zurückgezahlt, das Soll betrug aber 521 150 RM; 1930 waren es 241 047 zu 584 000 RM. Vgl. Tätigkeitsbericht DSV 1930/31, S. 4f., Zitat S. 5.

[418] Die Fischer der Insel Rügen erhielten beispielsweise Beihilfen in Höhe von 45 000 RM. Vgl. ebd., S. 3.

[419] Vgl. Vorpommerscher Fischereiverbandstag, in: Stralsunder Tageblatt (16.1.1933). StAS, Rep. 20, Nr. 61, Bl. 18.

[420] In Mecklenburg wurde den Fischern des Saaler Boddens ein Teil der Grundsteuer für das Jahr 1929 erlassen. Vgl. Amtshauptmann Rostock an MfLDF, 28.3.1930 und MdF an Finanzamt Rostock Land und MfLDF, 3.5.1930. LHAS, 5.12-4/2, Nr. 499, Bd. 7, Bl. 1047.

[421] Vgl. Hochbauamt Wismar an MfLDF, 3.5.1932 und MfLDF an Hochbauamt Wismar und die Fischerzunft Wismar, 9.5.1932. LHAS, 5.12-4/2, Nr. 460, Bd. 2, Bl. 230 sowie Fischerzunft Wismar an MfLDF, 24.9.1932 und die ablehnende Antwort des Ministeriums vom 28.9.1932. LHAS, 5.12-4/2, Nr. 512, Bd. 6, Bl. 712.

mer mehr von der früheren Zusammenarbeit mit den Fischern abrücke.[422] Preußen ermäßigte schließlich 1931 die Gebühr für Fischereierlaubnisscheine um 20 Prozent.[423] Das dem rechten Spektrum zuzuordnende Stralsunder Tageblatt kritisierte 1932 die staatlichen Maßnahmen für die Fischerei: *„Nur eine gesunde Wirtschaftspolitik, die von dieser Regierung nicht zu erwarten ist, kann die Rettung bringen.“*[424] Ende 1932 wurde auch vom Fischereiverband bittere Kritik an den staatlichen Stellen geübt: *„Es ist für den Fischer kein menschenwürdiger Zustand mehr. Es wird die Arbeit und das Vertrauen untergraben. Überall werden die Bitten abgeschlagen.“* Erneut wurde eine generelle Pachtsenkung um 50 Prozent beantragt.[425]

Kennzeichnend für diese Krisensituation war das Streben nach festeren Zusammenschlüssen auf regionaler aber auch überregionaler Ebene. Der Fischereiverband von Vorpommern und Rügen erkannte 1931 die Notwendigkeit einer starken Berufsvertretung und plante den Ausbau der Verbandsarbeit, die zukünftig in engerer Kooperation mit den Behörden erfolgen sollte. Die Verbandsorganisation wollte man durch die Bildung von Unterausschüssen straffen. Auch die Arbeit des Reichsverbandes sollte zukünftig wieder intensiviert werden.[426] Insbesondere das Engagement Wilhelm Dröschers hatte nachgelassen. Dröscher war zwar 1930 noch Geschäftsführer des Reichsverbandes, doch als dessen Repräsentant trat öffentlich verstärkt der neue Vorsitzende Willwater in Erscheinung.[427]

Oberfischmeister Rumphorst begrüßte die geplante Zusammenarbeit des Fischereiverbands Vorpommern und Rügen mit dem Anfang der Zwanzigerjahre abgespaltenen Rügenschen Verband, da so die Interessen der Fischer im Regierungsbezirk Stralsund endlich einheitlich vertreten werden könnten. Doch die Verbandsarbeit konnte bald aus finanziellen Gründen überhaupt nicht mehr fortgeführt werden.[428]

Eine Tendenz zu mehr Geschlossenheit zeigte sich im Genossenschaftswesen. Nachdem die Bemühungen des Reichsverbandes und des DSV zur Bildung eines überregionalen Genossenschaftsverbandes nach eigenem Bekunden bisher stets

[422] Vgl. Die Fischerei-Berufsvertretung. Auch Rügen für die Landwirtschaftskammer, Zeitungsartikel unbekannter Provenienz, (12.8.1929). StAS, Rep. 20, Nr. 60, Bl. 31.

[423] Vgl. Fischer, Küstenfischerei, JB 1931, S. 171.

[424] Stralsunder Fischer verzweifeln, in: Stralsunder Tageblatt (14.4.1932). Kredite, von denen die Fischer nicht einmal die Zinsen zu zahlen imstande seien, stellten nur eine „*Galgenfrist*“ dar.

[425] Unerträgliche Not unter den Fischern, in: Stralsundische Zeitung (21.11.1932). StAS, Rep. 20, Nr. 28.

[426] Vgl. Wünsche der vorpommerschen Fischer, in: Stralsunder Tageblatt (18.5.1931) und Vorpommerns Fischer in Not, in: Stralsundische Zeitung (18.5.1931). StAS, Rep. 20, Nr. 61, Bl. 13f.

[427] Möglicherweise zog sich der mittlerweile 70jährige Dröscher aus gesundheitlichen Gründen aus dem operativen Geschäft zurück. In den Mitteilungen des DSV erschienen noch bis 1933 Beiträge Dröschers. Vgl. Tätigkeitsbericht DSV 1930/31, S. 3f.

[428] In dieser Situation kam es sogar mit Gründung des Verbands Franzburg-Barth zu einer weiteren Abspaltung vom Stammverband. Vgl. Vorpommerscher Fischereiverbandstag, in: Stralsunder Tageblatt (16.1.1933).

daran gescheitert waren, dass die Genossenschaften in einem solchen Zusammenschluss keine Vorteile erkennen konnten, gründete sich 1928 zunächst der Verband Schleswig-Holsteinischer Fischergenossenschaften.[429] Das gemeinsame Vorgehen war offenbar ein Erfolg, denn diesem Beispiel folgend kam es schließlich im Dezember 1932 zur Gründung des Verbands deutscher Fischergenossenschaften, dem 20 Genossenschaften sofort beitraten.[430]

Auch die bereits in den ersten Jahren der Republik erwogene Idee einer Kammerorganisation wurde wieder diskutiert. Die Zweige der produktiven Fischerei hatten den Plan einer Seefischereikammer nie aufgeben, nun brachte der Reichsverband deutscher Fischhändler eine Berufskammer für die gesamte deutsche Fischwirtschaft ins Gespräch. Als unabhängige, selbstverwaltete Zentralorganisation sollte sie durch einen Interessenausgleich zwischen Produktion, Handel und Industrie die bestehenden Schwierigkeiten der Fischwirtschaft möglichst ohne staatliche Eingriffe und Subventionen lösen.[431] Ähnliche Ideen zu korporativen Zusammenschlüssen finden sich mit mehr oder weniger autoritären Strukturen vor allem in der Landwirtschaft und im handwerklichen und gewerblichen Mittelstand, also den Gesellschaftsteilen, deren Bedürfnis nach einer Abkehr vom liberal-kapitalistischen Wirtschaftssystem besonders groß war.[432]

Im Berichtsjahr 1932/33 bemühte sich der DSV weiterhin an erster Stelle, die Öffentlichkeit auf die Notwendigkeit des Schutzes der heimischen Produktion durch gesetzliche Maßnahmen aufmerksam zu machen. Im Mai 1932 machte das RMEL die bedrohliche Notlage der Seefischerei zum Gegenstand einer Aussprache mit den beteiligten Reichsressorts, Länderregierungen und Fischereiverbänden. Letztere stellten ihre Zollforderungen vor. Der Vertreter der Küstenfischerei – diesmal anscheinend nicht Dröscher, sondern Willwater vom Reichsverband – verlangte einen Ausgleichszuschlag für importierte Fische sowie Zollschutz für Aal, Sprotten, Fischmehl und gefrorenen Fisch. An der nachfolgenden Besprechung nahmen nur noch die Regierungsvertreter teil. Während die Länder und auch das RMEL den Vorschlägen der Verbände weitgehend zustimmten, nahmen Reichswirtschaftsministerium und Auswärtiges Amt eine ablehnende Haltung ein. Trotzdem wollte das RMEL sich beim Reichskabinett für Hilfsmaßnahmen einsetzen.[433] Im September 1932 kam es zu einem ersten Erfolg. Der Zoll auf Salzheringe wurde gemäß den Forderungen des DSV von 3 auf 9 RM erhöht. Die Kündigung von Handelsverträgen – etwa mit Schweden – brachte die Möglichkeit, auch

429 Vgl. Fischer, Küstenfischerei, JB 1928, S. 244.

430 Vgl. Tätigkeitsbericht DSV 1932/33, S. 52. Vorsitzender und zunächst auch Geschäftsführer des Verbands Schleswig-Holstein wurde Johannes Willwater, der nicht nur Vorsitzender der Genossenschaft in Schlutup, sondern seit 1930 auch neuer Vorsitzender des Reichsverbandes war.

431 Vgl. Winkler, Reichsfischkammer (1932). Der vorpommersche Fischereiverband lehnte eine Reichsfischkammer übrigens aus Kostengründen ab. Vgl. Vorpommerscher Fischereiverbandstag, in: Stralsunder Tageblatt (16. 1. 1933). StAS, Rep. 20, Nr. 61, Bl. 18.

432 Vgl. dazu Corni/Gies, Ernährungswirtschaft (1997), S. 62–71, insbesondere S. 66f.

433 Vgl. RMEL an MfLDF, 14. 5. 1932 und Vertretung Mecklenburg-Schwerins beim Reich an MfLDF, 25. 5. 1932. LHAS, 5.12-4/2, Nr. 499, Bd. 7, Bl. 1099f.

auf Frischfisch Zoll zu erheben. Schließlich erhielt der DSV vom RMEL den Auftrag, ein einheitliches Zollprogramm für die Seefischerei vorzulegen. Der gemeinsam mit den Interessenten in verschiedenen Sitzungen erarbeitete Entwurf fand weitgehend die Billigung der Regierung.[434] Der Vorsitzende des Reichsverbandes konnte auf der Generalversammlung des Fischereiverbands Vorpommern im Januar 1933 den baldigen Erfolg in der Zollfrage verkünden.[435] Das Inkrafttreten des Zollprogramms Anfang März 1933 fiel schon in die Zeit der nationalsozialistischen Herrschaft.

Damit war eine wichtige Forderung der Fischer erfüllt. Ob allerdings eine langfristige Besserung der Situation der deutschen Fischerei und insbesondere der See- und Küstenfischerei eintreten würde, war nicht abzusehen. Der im Juli 1933 erschienene Jahresbericht über die deutsche Fischerei fasste für das Jahr 1932 zusammen: „*Die Notlage der Küstenfischerei erreichte einen Höhepunkt, der gebieterisch ein Eingreifen der Regierung mit Schutzmaßnahmen für die heimische Produktion forderte. Die Anfänge dazu wurden gemacht, die Wirkung wird sich hoffentlich in den nächsten Jahren zeigen.*“ [436]

[434] Vgl. Tätigkeitsbericht DSV 1932/33, S. 46f.
[435] Vgl. Vorpommerscher Fischereiverbandstag, in: Stralsunder Tageblatt (16. 1. 1933). StAS, Rep. 20, Nr. 61, Bl. 18.
[436] Fischer, Küstenfischerei, JB 1932, S. 170.

III. Zwischen ideologischer Aufwertung und staatlichem Steuerungsanspruch: Die See- und Küstenfischerei in der Zeit des Nationalsozialismus

1. Die Fischereiverwaltung

a) Vereinheitlichung und Zentralisierung: Die Fischereiverwaltung auf Reichsebene

Am 30. Januar 1933 ernannte Reichspräsident von Hindenburg Adolf Hitler zum Reichskanzler. Innerhalb kürzester Zeit gelang es den Nationalsozialisten, die parlamentarische Demokratie der Weimarer Republik zu zerschlagen. Die Entmachtung des Parlaments durch das Ermächtigungsgesetz und das Verbot bzw. die Auflösung aller Parteien außer der NSDAP machten diese zur alleinigen politischen Kraft in Deutschland. Ihren verfassungsrechtlichen Ausdruck fand die zentralistisch organisierte NS-Diktatur in der Beseitigung des föderalen Prinzips durch die Gleichschaltung der Länder.

Unmittelbar nach den Reichstagswahlen vom 5. März 1933 kam es zu einschneidenden Veränderungen in der politischen Verwaltung der Länder. Die allerorten geforderte Beteiligung der Nationalsozialisten an den Landesregierungen wurde – wo nötig – durch die Absetzung der Regierung und die Einsetzung eines Reichskommissars erzwungen. Als Modell für die Gleichschaltungsmaßnahmen diente das seit dem „Preußenschlag" vom Juli 1932 von Franz von Papen als Reichskommissar regierte Preußen. Entsprechende Gesetze von Ende März und Anfang April 1933 besiegelten die politische Gleichschaltung und leiteten mit der Schaffung der neuen Institution der Reichsstatthalter den Verlust der verfassungsrechtlichen Souveränität und institutionellen Eigenständigkeit der Länder ein.[1] Die Reichsstatthalter, die die Umsetzung der reichspolitischen Vorgaben auf Landesebene gewährleisten sollten, rekrutierten sich in der für den NS-Staat typischen Verschränkung von Partei und Staat fast ausschließlich aus dem Kreis der Gauleiter der NSDAP.[2] Mit dem „Gesetz über den Neuaufbau des Reiches" am 30. Januar 1934 wurde die föderale Struktur des Reiches schließlich vollständig beseitigt. Die Volksvertretungen der Länder wurden aufgehoben und ihre Hoheitsrechte auf das Reich übertragen. Die Länderregierungen unterstanden nunmehr unmittelbar der Reichsregierung. Das Reich zog zwar nicht alle bisher in die Zuständigkeit der

1 Zur Gleichschaltung der Länder vgl. Herbst, Das nationalsozialistische Deutschland (1997) S. 66f. und ausführlich Broszat, Staat Hitlers (1995), S. 136–140. Die Landtage und Gemeindeselbstverwaltungskörperschaften wurden nach dem Ergebnis der Reichstagswahl vom 5. März neu gebildet.

2 Zu den Gauleitern als Reichsstatthaltern und der damit verbundenen Problematik vgl. Broszat, Staat Hitlers (1995), S. 144–146.

Länder fallenden Aufgaben an sich, doch es behielt sich die Zustimmung und Kontrolle vor. Immer mehr Gesetzgebungs- und Verwaltungsbereiche gingen auch direkt an zentrale Reichsressorts über. Im Zuge der Reichsreform 1934/35 kam es zudem zur Zusammenlegung der Regierungsstellen des Reiches mit denen Preußens.[3]

Die Gleichschaltung der Länder schlug sich auch in der staatlichen Fischereiverwaltung nieder. Mit dem Ziel, den Schwerpunkt der Fischereiförderung von den Ländern auf das Reich zu verlagern, wurden im April 1934 vom zuständigen RMEL erstmals auf dem Gebiet der Fischerei Reichsgesetze erlassen. Zur weiteren Vereinheitlichung der Fischereiverwaltung und -förderung im Reich und in Preußen wurden dann bereits vor der förmlichen Zusammenlegung der Reichs- und Preußischen Ministerien die für die Fischereiverwaltung zuständigen Dienststellen im Oktober 1934 zusammengefasst und der fachlichen Leitung von Ministerialrat Eichelbaum unterstellt.[4] Auf der Ebene der Ministerialbürokratie herrschte demnach in personeller Hinsicht Kontinuität.[5]

Stolz stellte die nationalsozialistische Fachzeitschrift „Deutsche Fischwirtschaft" fest, *„dass nunmehr das alte partikularische System auch in der Fischerei-Verwaltung nicht nur seit der Machtergreifung gänzlich abgewirtschaftet hat, sondern jetzt auch bis zum letzten formell beseitigt worden ist."* Als weitreichende sachliche Folgen kündigte der Artikel den Übergang des Fischereirechts auf die Reichsgesetzgebung, die Schaffung eines Reichsfischereischeins und eine Marktordnung im Bereich der Fischwirtschaft an.[6]

Die Tätigkeit des RMEL im Fischereiwesen beschränkte sich allerdings in der Praxis auf die Bereiche, für die eine staatliche Hoheitsverwaltung zweckmäßigerweise in Betracht kam. Zwar wurden mit der Verkündung von Schutzvorschriften für bestimmte Fischarten reichsgesetzliche Regelungen für Bereiche getroffen, die vorher im Zuständigkeitsbereich der Länder lagen, ein reichsweites Fischereigesetz wurde jedoch nicht erarbeitet.[7] Das Preußische Fischereigesetz blieb in Kraft und in Mecklenburg wurde 1939 erstmals ein Landesfischereigesetz erlassen.[8] Dennoch wurden einige weitere Reichsgesetze auf den Weg gebracht.[9] Das bedeu-

[3] Vgl. dazu Broszat, Staat Hitlers (1995), S. 156.

[4] Vgl. Finzel, Die deutsche Fischwirtschaft im Reichsnährstand, JB 1934, S. 180. Die Zusammenlegung der Ministerien erfolgte zum 1. Januar 1935. Bis 1938 war es unter dem Namen Reichs- und Preußisches Ministerium für Ernährung und Landwirtschaft tätig, danach wieder als Reichministerium für Ernährung und Landwirtschaft. Vgl. Grundriss der deutschen Verwaltungsgeschichte, Bd. 22 (1983), S. 183.

[5] Vgl. 50 Jahre RMEL (1969), S. 32 und Ministerialrat Dr. Eichelbaum im Ruhestand, in: DFW, Bd. 5, Heft 17, 24. 4. 1938, S. 290.

[6] Vgl. Vereinheitlichung der Fischereiverwaltung im Reich und in Preußen nunmehr durchgeführt, in: DFW, Bd. 1, Heft 27, 27. 10. 1934, S. 465 f.

[7] Vgl. z. B. Gesetz zum Schutz der Nordseeschollenfischerei vom 30. 4. 1934, RGBl. I, S. 353; Gesetz zum Schutz der Flundernfischerei in der Ostsee vom 30. 4. 1934, RGBl. I, S. 354.

[8] Vgl. Fischereigesetz für das Land Mecklenburg vom 18. 3. 1939, in: Regierungsblatt für Mecklenburg, Nr. 18, 1939, S. 151 ff.

[9] So z. B. das Gesetz über die Statistik der Fischereifangergebnisse vom 6. 7. 1938, RGBl. I, S. 798.

tendste war das Gesetz über den Reichsfischereischein von 1939, das eine umfassende Kontrolle und Regulierung der Fischereiausübung ermöglichte.[10]

Eine Ursache für die verhältnismäßig geringe gesetzgeberische Aktivität des Ministeriums lag darin, dass zentrale Fragen der Fischerei in den Zuständigkeitsbereich des neu geschaffenen Reichsnährstandes (RNS) fielen. Dies betraf etwa alle Maßnahmen zur Marktordnung sowie das Ausbildungswesen. Der Ende 1933 geschaffene Reichsnährstand erfasste als Zwangszusammenschluss aller in Erzeugung und Absatz landwirtschaftlicher Produkte Beschäftigten auch das Fischereiwesen. Als Reichsbauernführer an der Spitze des RNS fungierte der jeweilige Reichsminister für Ernährung und Landwirtschaft. Obgleich eine öffentlich-rechtliche Körperschaft, war der Reichsnährstand durch diese Personalunion von Anfang an eng mit dem Reichsministerium für Ernährung und Landwirtschaft verbunden und wurde diesem mit Ausbruch des Krieges schließlich auch formal unterstellt. Der Zusammenschluss im RNS hatte weitreichende Folgen für das Organisationswesen der See- und Küstenfischerei.[11]

In der Organisation der finanziellen Förderung der Fischerei schlug das RMEL gegen den allgemeinen Trend zur Zentralisierung einen neuen Weg ein. Wie bisher wurden auch im nationalsozialistischen Staat Reichsmittel zur Fischereiförderung zur Verfügung gestellt, seit 1935 sogar in steigender Zahl. Der größte Teil der Mittel für die See- und Küstenfischerei entfiel auf die Vergabe von Reichsdarlehen.[12] Doch 1935 wurde dem bisher mit der Bearbeitung der Darlehensanträge betrauten Deutschen Seefischereiverein diese Aufgabe entzogen. Sie erfolgte nun nicht mehr zentral, sondern durch die jeweiligen Regierungspräsidenten und Länderregierungen. Diesen oblag die Prüfung und Bewilligung von Darlehensanträgen und damit die Entscheidung über die Verwendung der zugeteilten Reichsmittel. Die Dezentralisierung sollte der verwaltungstechnischen Vereinfachung dienen.[13] Damit kam es zur Umsetzung eines bereits 1932/33 angedachten Vorhabens, das damals von Preußen unterstützt, aber sowohl von den kleineren Küstenländern, darunter Mecklenburg-Schwerin, als auch vom DSV selbst abgelehnt worden war. Mecklenburg hatte damals den erhöhten Verwaltungsaufwand, der DSV den Verlust seines Einflusses befürchtet.[14] Derlei Befindlichkeiten mussten im autoritären NS-Regime nicht mehr berücksichtigt werden. Das RMEL übergab

[10] Vgl. Gesetz über den Fischereischein vom 19.4.1939, RGBl. I, S. 795f.

[11] Diese Folgen werden in Kapitel III.2 ausführlich vorgestellt.

[12] Vgl. Reckling, Reichsdarlehen, JB 1938, S. 402f. Insgesamt entfielen auf die See- und Küstenfischerei im Jahr 1936 210 096 RM, 1937 waren es bereits 656 040 RM und 1938 dann 993 398 RM. Sowohl die Beträge für Beihilfen an unbemittelte Fischer als auch für Darlehen stiegen enorm an.

[13] Vgl. Reckling, Reichsdarlehen, JB 1936, S. 345 und OFMA an FAST des Bezirks, 19. 9. 1936. LAG, Rep. 250, Nr. 376.

[14] Vgl. RMEL an MfLDF, 2. 2. 1933. In der Anlage die Abschrift eines Protokolls der Sitzung über die Änderung der Darlehensbearbeitung vom 24. 1. 1933 und die Abschrift einer Stellungnahme des Geheimen Regierungsrats Romberg (TU Berlin) zu technischen Fragen der Darlehensbearbeitung vom 24. 9. 1932 und DSV an MfLDF, 17. 2. 1933. LHAS, 5.12-4/2, Nr. 500, Bd. 8, Bl. 24 und 26.

die im Zuge der Entmachtung des DSV anfallende administrative Aufgabe der Darlehensbearbeitung an die mittleren Verwaltungsinstanzen. Auch die Durchführung der praktischen Aufgaben der staatlichen Fischereiverwaltung wurde weiterhin hauptsächlich von den zuständigen Landesstellen wahrgenommen, wenn diese auch offiziell nur mehr ausführende Organe des Reiches waren.

b) Die Fischereiverwaltung der Länder im Nationalsozialismus

Die Fischereiverwaltung im preußischen Vorpommern

Preußen mit seiner speziellen Verwaltungsstruktur nahm als größtes Land innerhalb des Reiches eine Sonderstellung ein. Hier gingen die Rechte des Reichsstatthalters direkt auf den Reichskanzler über. Hitler wiederum übertrug sie im April 1933 dem neuen preußischen Ministerpräsidenten Hermann Göring. Dieses Vorgehen zielte, ebenso wie die schon angesprochene Zusammenlegung der Preußischen mit den Reichsministerien, auf eine Vereinheitlichung der Mittelinstanzen des Reiches.[15] In den preußischen Provinzen waren Gauleiter oder hohe SA-Funktionäre als Oberpräsidenten eingesetzt worden. Ihre politische Funktion als Vertreter der Staatsregierung wurde gestärkt; Ende 1933 wurde den Oberpräsidenten die provinzielle Selbstverwaltung unterstellt.[16] In Pommern, wo die NSDAP Anfang der Dreißigerjahre enorme Stimmzuwächse hatte verbuchen können, fungierte seit 1934 Franz Schwede-Coburg als Oberpräsident und Gauleiter. Sein Vorgänger Wilhelm Karpenstein war im Zuge des Röhmputsches abgesetzt und inhaftiert worden.[17] Die Provinz Pommern bestand zu diesem Zeitpunkt nur noch aus den beiden Regierungsbezirken Köslin und Stettin. Der vorpommersche Regierungsbezirk Stralsund war bereits zum 1. Oktober 1932 aufgelöst und dem Regierungsbezirk Stettin angegliedert worden.[18] Für die Organisation der Fischereiverwaltung blieb diese Maßnahme jedoch ohne Folgen, da das Oberfischmeisteramt Stralsund weiter bestand. Durch den Übergang der Hoheitsrechte und die Zusammenfassung der zuständigen Reichs- und Preußischen Dienststellen unterstand der Oberfischmeister nun dem RMEL.

[15] Es handelte sich dabei um den ersten Schritt einer geplanten, aber nie umgesetzten umfassenden Reichsreform mit dem Ziel einer gleichmäßigen Untergliederung des Reiches. Die erneute Verbindung der Reichsregierung mit der preußischen Landesregierung war nur vordergründig eine Wiederbelebung der alten preußischen Vormachtstellung im Reich. Vgl. dazu Broszat, Staat Hitlers (1995), S. 156.

[16] Vgl. Broszat, Staat Hitlers (1995), S. 140–142 und Inachin, Durchbruch (2004), S. 146.

[17] In Pommern litt die NSDAP während der Zwanzigerjahre unter parteiinternen Querelen und Intrigen. Mit dem reichsweiten Erfolg der Nationalsozialisten stieg die Zustimmung der Wähler dann überdurchschnittlich an. Bei der Wahl zum Provinziallandtag hatte die NSDAP 1929 nur 4% der Wählerstimmen erhalten, 1933 waren es bereits über 57%. Ähnlich verlief die Stimmenentwicklung bei den Landtags- und Reichstagswahlen. Zum Aufstieg der NSDAP in Pommern vgl. Inachin, Aufstieg (2001), S. 114–135 und Inachin, Durchbruch (2004), S. 186–201, zu den Umständen von Karpensteins Sturz und Schwede-Coburgs Ernennung insbesondere S. 198–201.

[18] Dies geschah im Zuge eines Reformvorhabens zur Kostenersparnis in der Verwaltung. Vgl. Inachin, Durchbruch (2004), S. 160.

Zwar erfuhr das Oberfischmeisteramt in der nationalsozialistischen Regierungszeit mehrere Wechsel in der Dienststellenbezeichnung, tiefgreifendere Veränderungen in der Organisationsstruktur der Fischereiverwaltung gab es jedoch nicht.[19] Auch im personellen Bereich herrschte Kontinuität. Der Oberfischmeister Dr. Rumphorst und seine Mitarbeiter wurden aufgrund des Gesetzes zur Wiederherstellung des Berufsbeamtentums überprüft, verblieben aber – soweit den Quellen darüber Aussagen entnommen werden können – im Amt.[20]

Die politischen Veränderungen fanden ihren äußeren Ausdruck darin, dass die Fischereiaufsichtsbeamten des Bezirks Stralsund Anfang 1935 aufgefordert wurden, die Landeskokarde an der Dienstmütze durch das *„unveränderte Hoheitsabzeichen der NSDAP"* zu ersetzen.[21] Die Beamten kamen der Anweisung jedoch offenbar nur zögerlich nach – noch zwei Jahre später musste der Oberfischmeister feststellen, dass nicht alle Fischmeister das korrekte Abzeichen trugen.[22] Bereits im August 1934 war das Personal der Fischereiaufsicht auf den Führer des Deutschen Reiches und Volkes vereidigt worden.[23] Anhand einer beim Oberfischmeisteramt geführten Liste lässt sich die Mitgliedschaft in den Formationen SA, SS und Stahlhelm seit November 1933 nachweisen. Die gesamte Belegschaft der Dienststelle Stralsund – vom Oberfischmeister über den Ersten Fischmeister bis zu den Bootsmännern – war demnach Mitglied im SA-Marinesturm. Auffällig ist, dass demgegenüber die in den Aufsichtsbezirken eingesetzten Fischereibeamten zumeist weder dieser noch einer anderen Formation angehörten, ihre Bootsmänner hingegen zumeist im SA-Marinesturm und/oder in der SS organisiert waren.[24]

[19] 1936 wurde das Preußische Oberfischmeisteramt Stralsund zum Oberfischmeisteramt für die Küstengewässer von Neuvorpommern und Rügen, um schließlich im September 1940 in Staatliches Fischereiamt für die Küstengewässer von Neuvorpommern und Rügen umbenannt zu werden. Ab diesem Zeitpunkt trug der Oberfischmeister den Titel Regierungsfischereirat. Vgl. dazu das Findbuch Rep. 21, Fischmeisterei im Stadtarchiv Stralsund. Der Einfachheit halber wird im Folgenden weiterhin die Bezeichnung Oberfischmeisteramt (OFMA) benutzt.

[20] In den Greifswalder Akten finden sich keine Hinweise auf Personalwechsel. Die Überlieferung der einzelnen Aufsichtsstellen liegt nur für Lauterbach vor. Zumindest fünf der Fischmeister überstanden die Überprüfung: 1938 erhielt der dienstälteste Fischmeister Nachbar aus Lauterbach eine Auszeichnung zum 40. Dienstjubiläum. Die Fischmeister Joachim Lange aus Stralsund, Johann Gerwien aus Greifswald-Wiek, Fritz Behrendt aus Saßnitz und Wilhelm Tegge aus Breege wurden für jeweils 25 Dienstjahre geehrt. Vgl. Dienstauszeichnungen im Oberfischmeisterbezirk Stralsund, in: Der Deutsche See- und Küstenfischer, Jg. 1, Heft 25, 18.12. 1938, S. 96. Zur Überprüfung aufgrund des Gesetzes zur Wiederherstellung des Berufsbeamtentums vgl. FAST Lauterbach an OFMA, 3.9.1933. LAG, Rep. 250, Nr. 357 sowie die Erklärung des Fischmeisters Nachbar, dass weder seine Eltern, noch beiderseitige Großeltern Juden seien, 23.10.1935. LAG, Rep. 250, Nr. 385.

[21] Preußisches Landwirtschaftsministerium an Regierungspräsidenten, 12.12.1934. LAG, Rep. 250, Nr. 385.

[22] Vgl. FAST Lauterbach an OFMA, 18.1.1937. LAG, Rep. 250, Nr. 385.

[23] Vgl. OFMA an FAST Lauterbach, 25.8.1934. LAG, Rep. 250, Nr. 385.

[24] Vgl. Nachweisung über die Zugehörigkeit der Fischereiaufsichtsbeamten und der Bootsleute des Bezirks Stralsund zu SA, SS und Stahlhelm, o.D., vor dem 31.12.1933. LAG, Rep. 250, Nr. 298, Bl. 31f. und OFMA an FAST des Bezirks, 31.10.1933 sowie FAST Lauterbach an OFMA, 5.11.1933. LAG, Rep. 250, Nr. 385. Dass auch gerade junge Fischer sich dem SA-Marinesturm anschlossen, berichtet Faust, Capri von Pommern (2001), S. 221, für die Insel Hiddensee.

Die entsprechenden Formationen sprachen vermutlich die jungen Bootsmänner stärker an. Über die Parteizugehörigkeit des Aufsichtspersonals können aufgrund fehlenden Materials nur vereinzelt Aussagen getroffen werden: Der Lauterbacher Fischmeister Nachbar wurde nach dem Krieg aufgrund seiner NSDAP-Mitgliedschaft entlassen, ebenso ein Fischereihilfsaufseher, der zudem als Blockwart tätig gewesen war.[25]

Die Fischereiverwaltung in Mecklenburg-Schwerin

Früher als im Reich kam in Mecklenburg-Schwerin eine nationalsozialistische Regierung an die Macht. Im Juni 1932 erzielte die NSDAP bei den Landtagswahlen in Mecklenburg-Schwerin einen triumphalen Sieg. Nach Thüringen, Anhalt, Oldenburg und Mecklenburg-Strelitz wurde sie auch hier zur stärksten Kraft und verfügte im Landtag sogar über die absolute Mehrheit der Sitze. Als eines der ersten Länder wurde Mecklenburg fortan von einer rein nationalsozialistischen Regierung geführt. Im Zuge der Gleichschaltungsmaßnahmen wurde der in Parteikreisen umstrittene Gauleiter Friedrich Hildebrandt Ende Mai 1933 als letzter der Reichsstatthalter ernannt. Seine Zuständigkeit erstreckte sich über beide Teile Mecklenburgs und über Lübeck. Dieser politischen Vereinheitlichung folgte mit der Vereinigung beider Mecklenburg zum 1. Januar 1934 auch eine territoriale Neugliederung.[26]

Schon 1933 kam es zu Veränderungen in der Organisationsstruktur der Landesverwaltung. Die bestehenden Fachministerien wurden wieder einem Staatsministerium untergeordnet. Im Oktober 1934 übernahm Friedrich Scharf die Leitung des Staatsministeriums, er blieb bis Mai 1945 im Amt.[27] Diese Umstrukturierung war aber rein formaler Natur. Zuständig für die Fischereiverwaltung blieb weiterhin Wilhelm Krasemann, der später mit der Gesamtleitung der Abteilung Landwirtschaft, Domänen und Forsten beauftragt wurde.[28]

Auf lokaler Ebene erfuhr die Fischereiverwaltung eine gewisse Vereinheitlichung. Zunächst waren für die beiden mecklenburgischen Fischmeister weiterhin das Mecklenburg-Schwerinische Hochbauamt Wismar und der Hauptmann des Amtes Rostock zuständig gewesen. Im Zuge der Gleichschaltung der Ämter und der Ausschaltung der kommunalen Selbstverwaltung wurden der bisherige Amtshauptmann im Sommer 1933 zu einem Staatsbeamten (Landrat) und die landrätliche Verwaltung Teil der Staatsverwaltung.[29] Nun fungierten die Landräte als

[25] Vgl. Jahresbericht des Oberfischmeisteramtes für 1947. StAS, Rep. 21, Nr. 7a.

[26] Zum Aufstieg der NSDAP in Mecklenburg und zu Friedrich Hildebrandt vgl. Inachin, Durchbruch (2004), S. 78–84 sowie Behrens, Hitler (1998), S. 12 und Kasten, Konflikte (1997), S. 159f.

[27] In den Quellenangaben wird aus pragmatischen Gründen für die Abteilung Landwirtschaft, Domänen und Forsten im Staatsministerium auch weiterhin die Abkürzung MfLDF verwendet.

[28] Vgl. Staatshandbuch Mecklenburg (1937), S. 32f.

[29] Vgl. Hamann, Mecklenburg (1962), S. 178–182; Deutsche Verwaltungsgeschichte, Bd. 4 (1985), S. 618f.

untere Fischereibehörde; in Wismar wurde die Zuständigkeit damit vom 1928 provisorisch mit der Führung der Fischereiaufsicht betrauten Hochbauamt an den dortigen Landrat abgegeben.[30] Eine kompetente Fachaufsicht wie durch die Oberfischmeister in den preußischen Küstenprovinzen fehlte jedoch in Mecklenburg auch weiterhin, ebenso wie klare Einstellungs-, Laufbahn- und Prüfungsvorschriften für die Fischmeister. Die daraus resultierenden Probleme zeigten sich besonders deutlich an den beiden sich über die erste Hälfte der Dreißigerjahre hinziehenden Neubesetzungen.

Mehr noch als Anfang der Zwanzigerjahre stellte es sich als Schwierigkeit heraus, überhaupt geeignete Kandidaten für die Fischmeisterstellen zu finden. Denn diese standen mittlerweile sogenannten Versorgungsanwärtern zu, die sich diesen Anspruch durch den Militärdienst erworben hatten. Die Kandidaten konnten also nur aus einem bestimmten Personenkreis rekrutiert werden. Bei der Meldung der zum November 1932 neu zu besetzenden Stelle des Ribnitzer Fischmeisters Steffen an das zuständige Ministerium des Innern verwies das Ministerium für Landwirtschaft, Domänen und Forsten explizit auf die Probleme, einen Anwärter mit den geforderten fachlichen Vorkenntnissen zu finden. Zur Verdeutlichung der notwendigen Qualifikationen waren dem Schreiben in Ermangelung eigener Richtlinien die preußischen Prüfungsvorschriften für Fischmeister beigelegt.[31]

Für die Nachfolge Steffens als Fischmeister in Ribnitz war schon seit längerem sein Sohn vorgesehen, der allerdings die Voraussetzung, Versorgungsanwärter zu sein, nicht erfüllte. Der bisher beschrittene, für alle Beteiligten so vorteilhafte Weg der „Erbfolge" konnte angesichts der geltenden Verwaltungsvorschriften eigentlich nicht mehr gegangen werden. Dennoch schlug der zuständige Amtshauptmann dem Ministerium Steffen offiziell als Nachfolger vor. Unterstützung erfuhr er dabei durch den damaligen Fischereireferenten der Landwirtschaftskammer Ahrens, der mündlich mitgeteilt habe, *„dass seiner Ansicht nach für das Amt eines Fischmeisters in Ribnitz nur eine Persönlichkeit in Betracht kommt, die mit den örtlichen Fischereiverhältnissen ganz genau vertraut sei und insbesondere auch verstehe, sich bei den Fischern in Respekt zu setzen."* Diese Fähigkeiten könne man sich nicht in kurzer Zeit aneignen, man müsse – wie Steffen – *„von Jugend an in den einschlägigen Verhältnissen gelebt habe[n]."*[32] Für Steffen spreche außerdem, dass sein Vater ihn auch weiterhin in der Amtsausübung unterstützen werde. Der Amtshauptmann zu Rostock bezeichnete den Fall als Schulbeispiel für eine der wenigen, *„sich sachlich rechtfertigenden Regelungen einer Dienstnachfolgerschaft im Sinne einer Vererbung des Amtes von Väter auf Söhne."*[33]

[30] Vgl. § 96 des Fischereigesetzes für das Land Mecklenburg vom 18.3.1939, in: Regierungsblatt für Mecklenburg, Nr. 18, 1939, S. 151 ff.

[31] Vgl. MfLDF an MdI, Zentralstelle für Versorgungsanwärter, 29.4.1932. LHAS, 5.12-4/2, Nr. 122, Bl. 93 und Preußisches Landwirtschaftsministerium, Vorschriften für die Prüfung zum Fischmeister der landwirtschaftlichen Verwaltung, 31.1.1931. LHAS, 5.12-4/2, Nr. 122, Bl. 92.

[32] Amtshauptmann Rostock an MfLDF, 29.3.1932. LHAS, 5.12-4/2, Nr. 122, Bl. 88.

[33] Amtshauptmann Rostock an MfLDF, 9.4.1932. LHAS, 5.12-4/2, Nr. 122, Bl. 90.

Nachdem das Ministerium des Innern eine Reihe von ungeeigneten Bewerbern in Vorschlag gebracht hatte, unterstützte auch der zuständige Regierungsbaurat Neumann in Wismar die Einstellung Steffens. Er wollte verhindern, dass zukünftig ein völliger Laie die Fischereiaufsicht ausüben würde, da es ihm selbst ebenso wie dem Amtshauptmann zu Rostock an der Fachkompetenz eines Preußischen Oberfischmeisters fehlte: *„Umso mehr sind wir auf Fischmeister mit Fachkenntnissen angewiesen.“*[34]

Die Angelegenheit rief auch die NSDAP auf den Plan. Im November 1932 legte der Stützpunktleiter der NSDAP aus dem im Aufsichtsbezirk Ribnitz gelegenen Dierhagen bei der Abteilung Fischereiwesen der Gauleitung Beschwerde ein und erhob gegenüber den Plänen zur Einstellung von Steffens Sohn den Vorwurf der Protektionswirtschaft und des Missbrauchs des Beamtentums. Anlass dürften vermutlich weniger echte sachliche Bedenken, als vielmehr persönliche Abneigungen gegen den Fischmeister Steffen gewesen sein. Seit Juni 1932 war die NSDAP stärkste Kraft in Mecklenburg; ihre Parteiorganisation bot sich als Austragungsort für derartige Konflikte geradezu an. Zwar schaltete sich die Gauleitung nicht direkt ein, sondern leitete das Schreiben nur an das Landwirtschaftsministerium weiter, doch war man nun auf diese Angelegenheit aufmerksam geworden. Das Ministerium wies den Vorwurf mit der Bemerkung zurück, es sei ohnehin geplant, die Stelle mit einem Versorgungsanwärter zu besetzen.[35]

Im März 1933 fand sich mit Johann Ermoneit endlich ein leidlich geeigneter Versorgungsanwärter, der zur Probe und Einarbeitung bei Fischmeister Steffen beschäftigt wurde, in Rostock aber hielt der Landrat an seinem Votum für den jüngeren Steffen fest.[36] Doch die Einstellung Steffens war mittlerweile nahezu unmöglich geworden, denn vom fehlenden Status des Versorgungsanwärters hätte man nun, nach der „Machtergreifung“ im Reich, nur absehen können, wenn es sich um einen „alten Kämpfer“ der NSDAP gehandelt hätte.[37] Ein entsprechender Runderlass des Reichsministers des Inneren vom August 1933 sah vor, freie Stellen zu 50 Prozent an Anwärter und zu 50 Prozent an „alte Kämpfer“ zu vergeben.[38] Beides war beim jungen Steffen offensichtlich nicht der Fall; gegen seine Einstellung wäre demnach nicht zuletzt von Seiten der NSDAP massiver Protest erhoben

[34] Hochbauamt Wismar an MfLDF, 2.7.1932. LHAS, 5.12-4/2, Nr. 122, Bl. 98. Neumann plädierte zudem für eine langfristige Planung der Stellenbesetzung, da auch die Wismarer Fischmeisterstelle bald zur Neubesetzung anstand. Vgl. Hochbauamt Wismar an MfLDF, 28.12.1932. Ebd., Bl. 119.

[35] Vgl. Peter Fretwurst, Dierhagen, an Gauleitung der NSDAP, Dr. Schumann, Schwerin vom 29.11.1932, weitergeleitet an MfLDF. Mit Entwurf des Antwortschreibens an Peter Fretwurst. LHAS, 5.12-4/2, Nr. 119, Bl. 175.

[36] Vgl. Landrat Rostock an MfLDF, Bericht zu Besetzung der Fischmeisterstelle in Ribnitz zum 1.11.1933, Anlage: Protokoll der Anhörung des Fischmeisters Steffen zur Frage seiner Nachfolge vom 21.9.1933. LHAS, 5.12-4/2, Nr. 122, Bl. 134.

[37] Als „alter Kämpfer“ der nationalsozialistischen Bewegung galten die Personen, die entweder vor dem 30.1.1933 Mitglied der SA oder SS waren, eine NSDAP-Mitgliedsnummer unter 300 000 vorweisen konnten oder Amtswalter, die zum 1.10.1933 bereits ein Jahr im Amt waren. Vgl. den entsprechenden Eintrag im Volks-Brockhaus (1943), S. 15.

[38] Vgl. Hochbauamt Wismar an MfLDF, 22.8.1933. LHAS, 5.12-4/2, Nr. 119, Bl. 188.

worden. Das Ministerium besaß nicht mehr den Handlungsspielraum, eine solche Entscheidung durchzusetzen. Gegen Ermoneit als Versorgungsanwärter konnte niemand Einspruch erheben, wenn er auch bestimmt kein „alter Kämpfer“ war.[39]

Eine direkte Einflussnahme der NSDAP ist in Wismar nachweisbar, wo 1936 die nächste Neubesetzung anstand. Das Amt für Kommunalpolitik wandte sich mit der Bitte um Berücksichtigung der Bewerbung des Fischermeisters Rudolf Hahlweg aus Angermünde, eines *„alten Kämpfer[s] mit der Mitgliedsnummer 84 269“*, an den Wismarer Landrat Dr. Walter Schumann in Wismar, der mitteilen musste, dass sich das Ministerium in Schwerin bedauerlicherweise bereits für den Versorgungsanwärter Jost entschieden habe.[40] Schumann, seit April 1932 zunächst als Amtshauptmann und später als Landrat in Wismar eingesetzt, war selbst NSDAP-Funktionär.[41]

Doch mit seiner Antwort war der Fall nicht abgeschlossen. Die Gauleitung Kurmark, in deren Zuständigkeitsbereich Hahlweg fiel, äußerte sich gegenüber dem Amt für Kommunalpolitik in Schwerin verwundert darüber, *„dass es heute noch vorkommen kann, dass ein Mitglied der Alten Garde, welches als solches bevorzugt untergebracht werden soll, abgelehnt wird, während ein Versorgungsanwärter, der sich dem nationalsozialistischen Staate sowie der Bewegung gegenüber nach seinem politischen Zeugnis nur passiv verhält, eingestellt wird.“* Tatsächlich hatte Schumann die frei werdende Stelle im April 1936 – ohne Absprache mit dem zuständigen Ministerium in Schwerin – mit dem ausdrücklichen Hinweis, *„dass Militäranwärter der Kriegsmarine sowie Angehörige der Gliederungen der NSDAP den Vorzug erhalten“*, ausgeschrieben. Diese Anzeige, so die Gauleitung, hätte nun Hoffnungen in Hahlweg geweckt, die in der Folge bitter enttäuscht worden seien: *„Solche*

[39] Nach eigenen Angaben war er nur zwischen 1937 und 1939 NSDAP-Mitglied. Vgl. Johann Ermoneit an MfLDF, 8.8.1946. LHAS, 5.12-4/2, Nr. 120. Die Festanstellung Ermoneits erfolgte schließlich zum 1. Juli 1934. Vgl. MfLDF an Versorgungsamt Rostock, 20.6.1934. LHAS, 5.12-4/2, Nr. 120, Bl. 20.

[40] Vgl. die abschriftliche Weiterleitung eines Schreibens der NSDAP-Gauleitung, Amt Kommunalpolitik betreffend der Bewerbung des Parteimitglieds Rudolf Hahlweg aus Angermünde um die Fischmeisterstelle in Wismar durch den Landrat Wismar an das MfLDF und die diesbezügliche Antwort des MfLDF vom 9.5.1936. LHAS, 5.12-4/2, Nr. 466, Bl. 7. Weitere Bewerbungen mit Empfehlungsschreiben von NSDAP-Ortsgruppen waren vom Ministerium bereits abschlägig beschieden worden. Vgl. Dr. Detlev Orgel, Neubrandenburg, an MfLDF, Anlage: Empfehlungsschreiben der NSDAP-Ortsgruppe Neubrandenburg, 27.5.1935 und Absage des Ministeriums vom 6.6.1935. LHAS, 5.12-4/2, Nr. 119, Bl. 194 sowie NSDAP, Leitung der Auslands-Organisation, Amt Seefahrt, Abschnittsleitung Westliche Ostsee, Lübeck an MfLDF, Schwerin, Empfehlung des Parteigenossen [Ernst] Harms, Warnemünde, für das Amt des Fischmeisters in Wismar vom 9.7.1936; mit handschriftlicher Notiz vom 11.7.35, dass Harms nicht in Frage kommen kann, da er kein Versorgungsanwärter sei. LHAS, 5.12-4/2, Nr. 466, Bl. 11.

[41] Schumann, geb. 1898 in Salzwedel, hatte sich 1922 mit einer Arbeit über „Die Strafbarkeit der Ausländer wegen unbefugten Fischens in Deutschen Küstengewässern“ in Rostock promoviert. 1931 war er in die NSDAP eingetreten und hatte 1932/33 der NSDAP-Fraktion im Mecklenburger Landtag angehört. Er leitete u.a. von 1934 bis 1936 das Amt für Kommunalpolitik der Kreisleitung Wismar. Vgl. Buddrus, Manuskript des Biographischen Lexikons der NS-Funktionsträger des Gaues Mecklenburg, (noch nicht erschienen).

Enttäuschungen dürfen aber heute unsere alten Kämpfer nicht mehr erleben." Trotzdem rückte die Abteilung Landwirtschaft im Staatsministerium nicht von ihrer Entscheidung für Jost ab.[42]

Im Januar erfolgte eine weitere Eingabe des Amtes für Kommunalpolitik, mit der Drohung, die Angelegenheit dem Reichsstatthalter zur Überprüfung vorzulegen. Das Schreiben enthielt eine ausführliche Begründung, warum für die Besetzung der Fischmeisterstelle aus staatspolitischen Gründen nur ein Nationalsozialist in Frage kommen könne.[43]

Der Fischmeisteranwärter Jost war nun offenbar von der Abteilung Landwirtschaft nicht mehr haltbar. Nach Rücksprache mit der Gauleitung im Februar wurde er zum 15. März entlassen.[44] Die in Aussicht genommene Einstellung des Parteigenossen Hahlweg allerdings erfolgte nicht. Landrat Schumann hielt ihn zwar „*seiner Persönlichkeit nach für besonders geeignet*", musste jedoch einräumen, dass ihm notwendige Fachqualifikationen, etwa das Patent als Seemotorführer, fehlten.[45] Die endgültige Absage wurde von der Abteilung Landwirtschaft damit begründet, dass gemäß der Bestimmungen des Reichsministers des Inneren Eingangsstellen für die untere und die einfache mittlere Beamtenlaufbahn vorzugsweise mit geeigneten Nationalsozialisten besetzt werden sollten, die bis zum 14. September 1930 ihren Parteieintritt erklärt hätten und mindestens seit April 1935 arbeitslos seien. Diese letzte Bedingung sei bei Hahlweg, der als Hausmeister an einer Schule in Angermünde angestellt war, nicht erfüllt. Weitere diesbezügliche Eingaben seinerseits seien daher zwecklos.[46]

Zu diesem Zeitpunkt hatte die Abteilung bereits einen geeigneteren Kandidaten aus den Reihen der Kriegsmarine gefunden. Der Versorgungsanwärter Fischermeister Walter Müller aus Podejuch bei Stettin war zwar politisch völlig unbeleckt, erfüllte aber die fachlichen Anforderungen.[47] Der Abteilung Landwirtschaft war es damit zwar nicht gelungen, ihren ersten Favoriten gegen die Einflussnahme der NSDAP durchzusetzen, die Einstellung eines fachlich ungeeigneten Parteizöglings konnte jedoch verhindert werden. Soweit es die Verwaltungsvorschriften zuließen, ging Fachkompetenz als Einstellungskriterium mithin noch immer vor Linientreue. Ganz ohne ein Bekenntnis zur Partei ging es aber auch für den neuen

[42] Alle Zitate aus NSDAP, Gauleitung Mecklenburg-Lübeck, Amt für Kommunalpolitik an MfLDF, 24. 10. 1936 (Hervorhebungen im Original). Vgl. auch die Antwort des Ministeriums vom 29. 10. 1936. LHAS, 5.12-4/2, Nr. 466, Bl. 14.

[43] Die „*politische Betreuung*" der Fischer sei bisher durchaus unzureichend gewesen. Vgl. NSDAP, Gauleitung Mecklenburg-Lübeck, Amt für Kommunalpolitik an MfLDF, 20. 1. 1937. LHAS, 5.12-4/2, Nr. 466, Bl. 15.

[44] Interne Notiz des MfLDF, dass nach Rücksprache mit der Gauleitung Josts Gutachten negativ ausfallen wird, 12. 2. 1937. LHAS, 5.12-4/2, Nr. 466 und MfLDF an Abteilung Inneres, Zentralstelle für Versorgungsanwärter, 3. 3. 1937. LHAS, 5.12-4/2, Nr. 466, Bl. 16.

[45] Landrat Wismar an MfLDF, 9. 4. 1937. LHAS, 5.12-4/2, Nr. 466, Bl. 20.

[46] MfLDF an Rudolf Hahlweg, Angermünde, 5. 6. 1937. LHAS, 5.12-4/2, Nr. 466, Bl. 25.

[47] Aktenvermerk des MfLDF über Fischmeisterstellen in Wismar und Ribnitz, 14. 5. 1937. LHAS, 5.12-4/2, Nr. 121, Bl. 21 und Fragebogen Walter Müller, Fischmeisteranwärter aus Podejuch bei Stettin, 30. 5. 1937 sowie Lebenslauf von Walter Müller, 1. 4. 1937. LHAS, 5.12-4/2, Nr. 121.

Fischmeister Müller nicht. Noch bevor ihm die Fischmeisterstelle nach Ableistung des Probedienstes endgültig übertragen wurde, trat er am 1. April 1938 der NSDAP bei.[48]

Mecklenburg war zu diesem Zeitpunkt der einzige deutsche Küstenstaat, der noch nicht über einen Oberfischmeister nach preußischem Vorbild verfügte. Dies veranlasste den Reichsminister für Ernährung und Landwirtschaft Anfang 1938 dazu, die Einrichtung einer entsprechenden Stelle anzuordnen, um endlich eine gleichmäßige und straffe Aufsicht über die Fischerei an der Ostseeküste gewährleisten zu können. Begründet wurde die Forderung damit, dass der in Wismar stationierte Fischmeister seinen Kenntnissen und seiner Vorbildung nach nicht alle gestellten Aufgaben restlos erfüllen könne und ihm für eine ordnungsgemäße Beaufsichtigung der gesamten mecklenburgischen Küste die Zeit fehle. Eine Finanzierung der einzurichtenden Stelle durch das Reich wurde abgelehnt; sie sollte nachträglich in den Haushaltsplan des Landes Mecklenburg für 1938 aufgenommen werden.[49]

Der schließlich im Landeshaushalt von 1939 vorgesehenen Stelle eines Oberfischmeisters stimmte der Reichsfinanzminister mit dem Hinweis zu, dass zu prüfen sei, ob nicht gleichzeitig die Stelle des Ersten Fischmeisters in Wismar als entbehrlich wegfallen könne, ein Ansinnen, das von der Unkenntnis der Verhältnisse zeugte und bei der zuständigen Abteilung im Staatsministerium auf Ablehnung stieß.[50] In dieser Angelegenheit erfolgten aber – auch durch den Fortgang des Krieges – keine weiteren Schritte. Ein Oberfischmeister wurde in Mecklenburg nicht installiert.

Die immer wieder geforderte Professionalisierung der Fischereiverwaltung Mecklenburgs blieb weiterhin aus: Auch Überlegungen der Abteilung Landwirtschaft zur Einführung einer Fischmeisterprüfung nach preußischem Vorbild waren im Frühjahr 1938 über ein Planungsstadium nicht hinausgekommen.[51] Allein der Erlass eines Landesfischereigesetzes von 1939, das die bisherigen Einzelverordnungen ablöste, kann in dieser Hinsicht als Erfolg gewertet werden.[52]

[48] Vgl. MfLDF an Landrat Wismar, 23.9.1945. LHAS, 5.12-4/2, Nr. 121, Bl. 65. Nach Kriegsende ersuchte Müller um Wiedereinstellung, die jedoch nicht erfolgte.

[49] Vgl. Ergänzungsübersicht über die persönlichen Mehrausgaben für den Haushaltsplan 1938 des Landes Mecklenburg. BArch R 4901 / 4484. Beabsichtigt war, das gesamte Gebiet von Ahrenshoop bis Fehmarn zu einem Oberfischmeisterbezirk zusammenzufassen und das Land Preußen an den Unkosten zu beteiligen.

[50] Vgl. Haushaltsplan 1939 mit der ablehnenden Stellungnahme, 22.12.1939. LHAS, 5.12-4/2, Nr. 121, Bl. 49 und die Stellungnahme des MfLDF an Mecklenburgisches Staatsministerium, Abt. Finanzen, 5.2.1940. LHAS, 5.12-4/2, Nr. 121, Bl. 50.

[51] Vgl. Landrat Wismar an MfLDF, 27.4.1938. LHAS, 5.12-4/2, Nr. 121, Bl. 25 und die Dienstanweisung des Fischmeisters für die Ostseegewässer bei Seestadt Wismar und die mecklenburgische Ostseeküste, 21.4.1938. LHAS, 5.12-4/2, Nr. 121, Bl. 26.

[52] 1935 lag ein erster Referentenentwurf des Gesetzes vor. Vgl. MfLDF an die Landesbauernschaft in Rostock, 24.8.1935. Vgl. LHAS, 5.12-4/2 , Nr. 416. Vor Inkrafttreten wurde der mecklenburgische Gesetzentwurf im RMEL bearbeitet. Vgl. Aktenvermerk MfLDF vom 18.10.1938 und Besprechung über das Mecklenburgische Fischereigesetz am 11.11.1938 beim RMEL in Berlin. LHAS, 5.12-4/2, Nr. 417.

Fazit

Fischereiverwaltung und -aufsicht bildeten sowohl im preußischen Vorpommern als auch in Mecklenburg eine Konstante, die den Systemwechsel in organisatorischer und personeller Hinsicht überdauerte. Soweit nachweisbar, wurden weder in der Verwaltung noch in der Fischereiaufsicht Mitarbeiter aus politischen Gründen ausgetauscht. Ebenso wenig hatte eine offenkundige Politisierung des Amtes der Fischereiaufseher, wie sie das Amt für Kommunalpolitik der Gauleitung Mecklenburg Anfang 1937 forderte, stattgefunden.[53] Bei der Auswahl neuer Beamter wurden zwar gewisse Konzessionen an die NS-Herrschaft gemacht, die fachlichen Kenntnisse der Bewerber blieben aber das entscheidende Kriterium. Die unverzichtbaren fischereifachlichen Aufgaben wie die Überwachung der Fischereigesetze, Vergabe von Fischereierlaubnisscheinen, Einzug der Pachtgebühren oder die Vergabe von Reusenplätzen wurden nach wie vor qualifiziertem Verwaltungspersonal überlassen. Für die durch die nationalsozialistische Wirtschaftsordnung neu entstandenen Aufgaben in den Bereichen der Marktordnung und der berufsständischen Betreuung wurden im Reichsnährstand eigene Zuständigkeiten geschaffen, die im folgenden Kapitel vorgestellt werden.

2. Das Organisationswesen: Die See- und Küstenfischerei im nationalsozialistischen Neuaufbau der Fischwirtschaft

a) Die Agrarpolitik der NSDAP: Vom agrarpolitischen Apparat zum Reichsnährstand

Die NSDAP begann relativ spät sich im landwirtschaftlichen Bereich zu engagieren, verzeichnete aber hier besonders rasche Erfolge.[54] Erst in der ersten Hälfte des Jahres 1930 zeigten sich Bemühungen um eine nationalsozialistische Bauernpolitik; der Veröffentlichung eines agrarpolitischen Programms im März folgte im Mai die Berufung Walther Darrés zum Berater der Reichsleitung der NSDAP in agrarpolitischen Fragen. Darré hatte sich mit rassenpolitischen Veröffentlichungen, in denen er seine „Blut-und-Boden-Ideologie" entwickelte, für dieses Amt empfohlen.[55]

Ihm gelang es innerhalb kurzer Zeit, mit Hilfe des von ihm aufgebauten agrarpolitischen Apparats den Stimmenanteil der NSDAP in den überwiegend ländlichen Gebieten deutlich zu erhöhen. Auf Landes-, Gau-, Kreis- und Ortsebene

[53] Vgl. NSDAP, Gauleitung Mecklenburg-Lübeck, Amt für Kommunalpolitik an MfLDF, 20.1. 1937. LHAS, 5.12-4/2, Nr. 466, Bl. 15.

[54] Vgl. Gies, NSDAP (1967), S. 375 und Broszat, Staat Hitlers (1995), S. 46f.

[55] Das Bauerntum als Lebensquell der nordischen Rasse (1929) und Neuadel aus Blut und Boden (1930). Zur Biographie des Diplomlandwirtes Darré vgl. Weiß, Biographisches Lexikon (1998), S. 80–82.

wurden Fachberater und landwirtschaftliche Vertrauensleute eingesetzt.[56] Die massive Agitation und Propaganda der gut geschulten nationalsozialistischen Funktionäre fanden im durch die Agrar- und Wirtschaftskrise gezeichneten ländlichen Milieu einen idealen Nährboden, so auch in Mecklenburg und Pommern. Hauptinhalt der demagogischen Offensive waren der Antisemitismus, der Kampf gegen den Liberalismus und die Angst vor dem Bolschewismus.[57] Den Nationalsozialisten kam dabei die weitverbreitete Unzufriedenheit mit den in Interessengegensätze verstrickten Organisationen der landwirtschaftlichen Berufsvertretung entgegen, die der Propaganda eine breite Angriffsfläche boten. Der angeprangerten „Zersplitterung" stellten sie das Versprechen einer einheitlichen, „organisch" aufgebauten Organisation des „Landstandes" entgegen.[58]

Neben der Mobilisierung der Landbevölkerung verfolgte der agrarpolitische Apparat als zweite Hauptaufgabe die systematische personelle Unterwanderung der landwirtschaftlichen Organisationen. Vor allem im Landbund, der größten deutschen Bauernorganisation, war diese Strategie erfolgreich, in Mecklenburg früher als in anderen Ländern.[59] Auch in weiteren Agrarorganisationen und in den Landwirtschaftskammern hatten die Nationalsozialisten Fuß fassen können, so dass die Gleichschaltung des landwirtschaftlichen Organisationswesens nach dem 30. Januar 1933 gut vorbereitet war. Innerhalb kurzer Zeit konnte Darré Interessenverbände, Landwirtschaftskammern und landwirtschaftliche Genossenschaften unter seinen Einfluss bringen. Am 28. Mai ließ er sich von den in der „Reichsführergemeinschaft" zusammengeschlossenen landwirtschaftlichen Verbänden zum Reichsbauernführer mit uneingeschränkten Vollmachten ernennen. In gleicher Weise erfolgte die Zusammenfassung der verschiedenen Verbände auf Landes-, Kreis-, Bezirks- und Ortsebene. Ende Juni 1933 übernahm Darré als Nachfolger Alfred Hugenbergs im Amt des Reichsministers für Ernährung und Landwirtschaft auch die Führung der staatlichen Agrarpolitik. Die Agrarwirtschaft war, abgesehen von der Propaganda, der einzige Bereich, in dem ein NS-Funktionär sowohl die Leitung der gleichgeschalteten Berufsverbände als auch die des zugehörigen Ministeriums übernahm. Die Ausgangsposition für den raschen Aufbau der von Darré geplanten einheitlichen Landwirtschaftsorganisation hätte günstiger nicht sein können.[60]

Auch aus diesem Grund wurde allein in der Landwirtschaft das Vorhaben des sogenannten berufsständischen Aufbaus tatsächlich umgesetzt. Mit den Gesetzen „Über die Zuständigkeit des Reiches für die Regelung des ständischen Aufbaus der

[56] Zum Aufbau und zur Funktionsweise des agrarpolitischen Apparates bis zur Einrichtung des Agrarpolitischen Amtes in der Reichsleitung der NSDAP unter Leitung Darrés, vgl. Gies, NSDAP (1967), S. 243–351.

[57] Vgl. Gies, NSDAP (1967), S. 352.

[58] Vgl. ebd. S. 357–359.

[59] Zur Unterwanderung der landwirtschaftlichen Organisationen vgl. ebd., S. 359–368 und zu Mecklenburg Behrens, Hitler (1998), S. 111f.

[60] Vgl. Broszat, Staat Hitlers (1995), S. 230–234, zum Gegensatz zwischen Hugenberg und Darré insbesondere S. 232–234; Ullmann, Interessenverbände (1988), S. 201–204.

Landwirtschaft" vom 15. Juli 1933 und „Über den vorläufigen Aufbau des Reichsnährstandes und Maßnahmen zur Markt- und Preisregelung landwirtschaftlicher Erzeugnisse" vom 13. September 1933 entstand bis Frühjahr 1934 das Grundgerüst des Reichsnährstands.[61]

Als Zwangsorganisation erfasste der Reichsnährstand (RNS) alle mit der Erzeugung und Verarbeitung landwirtschaftlicher Produkte Beschäftigte einschließlich der Fischwirtschaft, des Handels und der Verarbeitungsbetriebe. Mit über 16 Millionen Mitgliedern war der RNS eine der größten NS-Organisationen. Im RNS wurden mehrere, nicht erst von den Nationalsozialisten entwickelte Konzepte verknüpft. Zum einen der Aufbau einer einheitlichen berufsständischen Organisation und zum anderen die Herauslösung der landwirtschaftlichen Produktion aus der freien Marktwirtschaft. Beide Komponenten bedienten die zeitgeisttypische Abwendung vom liberalen Wirtschaftssystem: Die zentrale Steuerung des Binnenmarktes und des Importes, realisiert durch eine umfassende Marktordnung, versprach ökonomische und soziale Sicherheit. Die der berufsständischen Organisation zugrunde liegende Ständestaatkonzeption galt gerade den mittelständischen Wirtschaftsschichten als Ausweg aus dem Wettbewerbsdruck des liberal-kapitalistischen Wirtschaftssystems und versprach Prestige und Einfluss. Gleichzeitig bot sich der RNS in Hinblick auf die angestrebte weitgehende Ernährungsautarkie als wirksames Lenkungsinstrument für die landwirtschaftliche Produktion an.[62]

Die doppelte Aufgabenstellung des RNS spiegelt sich in der Organisationsstruktur wider. An der Spitze stand der Reichsbauernführer und sein Verwaltungsamt mit den drei Hauptabteilungen I „Der Mensch", II „Der Hof" und III „Der Markt". Die Hauptabteilungen I und II waren für die berufsständische Organisation zuständig. Hierarchisch nach dem Führerprinzip aufgebaut, bildeten die Landes-, Kreis-, Ortsbauernschaften den organisatorischen Unterbau. Ihr Aufgabengebiet entsprach in vielen Punkten dem der früheren Interessenverbände: Nach innen umfasste es u. a. die Bildung eines einheitlichen Standesbewusstseins, ideologische Schulung, fachliche Beratung, Ausbildungsfragen, Betriebsförderung und Gutachtertätigkeit. Nach außen wurde die Vertretung der landwirtschaftlichen Interessen gegenüber Staat, Partei und anderen NS-Organisationen wahrgenommen. Der Hauptabteilung III oblagen die Durchführung der Marktordnung und die Leitung der dazu gebildeten Marktverbände. Neben den wirtschaftlichen Vereinigungen als horizontal gegliederte kartellähnliche Zusammenschlüsse der Ernährungsindustrie bildeten vor allem die Hauptvereinigungen als vertikal aufgebaute Zusammenschlüsse, die für ein bestimmtes Produkt alle Betriebe vom Erzeuger bis zum Verteiler vereinigten, das „Hauptgerüst der Marktordnungs-

[61] Vgl. RGBl. I, S. 495 und S. 626f. Mit der zweiten Verordnung über den vorläufigen Aufbau des Reichnährstandes war Anfang 1934 auch das Genossenschaftswesen in den RNS eingegliedert worden. Vgl. Die Eingliederung der Genossenschaftsorganisation in den Reichsnährstand, in: NS-Landpost (27. 1. 1934).

[62] Vgl. Broszat, Staat Hitlers (1995), S. 234 und Ullmann, Interessenverbände (1988), S. 204f. sowie Corni/Gies, Ernährungswirtschaft (1997), zum Korporativismus, S. 65 und zu den Ideen Gustav Ruhlands, die zum Modell der Marktordnung wurden, S. 30–36.

politik".[63] Der RNS war ausgestattet mit zahlreichen Vollmachten zur Regelung des Absatzes, zur Festsetzung von Preisen und Handelsspannen, zur Standardisierung und zur Planung von Produktion und Verkauf. Damit stellte er eine klare Abkehr von den Prinzipien der Gewerbefreiheit und Marktwirtschaft dar. Die Landwirtschaft wurde gegenüber dem Weltmarkt abgeschottet. An die Stelle von Angebot und Nachfrage trat ein System gestaffelter Festpreise. Sämtliche Agrarprodukte unterlagen der Marktregulierung. Zu Recht spricht Broszat vom Reichsnährstand als einem „öffentlich-rechtlichen Mammutsyndikat".[64]

Die *staatliche* Zuständigkeit für die Ernährungswirtschaft lag beim Reichsministerium für Ernährung und Landwirtschaft. Das daraus resultierende Konfliktpotential sollte durch die Personalunion zwischen Minister und Reichsbauernführer gemildert werden. De jure eine Selbstverwaltungskörperschaft des öffentlichen Rechts – wenngleich durch das Führerprinzip deformiert –, war der RNS de facto ein Organ des NS-Staates, das der Aufsicht des Ministeriums unterlag. Anfangs gelang es Darré zwar noch, seine agrarpolitischen Forderungen und organisatorischen Vorstellungen weitgehend durchzusetzen. Dem RNS als berufsständischer Selbstverwaltungsorganisation wurde dabei zunächst besonderes Gewicht gegenüber dem Reichsernährungsministerium eingeräumt.[65] Langfristig zeigte sich jedoch die „Unvereinbarkeit von Ideologie und Realität" in der Agrarpolitik.[66] Der RNS verlor zunehmend an Handlungsspielraum; die Interessen der landwirtschaftlichen Produzenten traten in den Hintergrund. Als 1936 der Vierjahresplan verkündet und der Beauftragte Göring von Hitler mit Weisungsbefugnis gegenüber den Reichsbehörden ausgestattet wurde, existierte neben RMEL und dem RNS nun eine dritte Zuständigkeit für die Ernährungswirtschaft. Über die Geschäftsgruppe Ernährung unter der Leitung des Staatssekretärs Backe war der Vierjahresplan ins RMEL eingebunden. Spätestens jetzt – im Zeichen der unverhohlenen Kriegsvorbereitung – löste die unbedingte Produktionssteigerung die bevölkerungs- und rassenpolitischen Vorstellungen Darrés als Ziel und Inhalt der Agrarpolitik ab.[67] Mit Kriegsbeginn verlor der RNS schließlich seinen Status als öffentlich-rechtliche Körperschaft und wurde formal dem RMEL unterstellt. Er diente nun als staatliches Lenkungsinstrument der Kriegsernährungswirtschaft.[68] Diese Entwicklung wurde schließlich mit dem Ausscheiden Darrés aus

[63] Die Hauptvereinigungen umfassten die Bauernschaften, die Wirtschaftsgruppen der Ernährungsindustrie, Kammern und Innungen des Nahrungsmittelhandwerks und die Fachschaften und Wirtschaftsgruppen des Handels. Vgl. Ullmann, Interessenverbände (1988), S. 205–207, Zitat S. 206.

[64] Broszat, Staat Hitlers (1995), S. 235.

[65] Vgl. Ullmann, Interessenverbände (1988), S. 206f.

[66] Broszat, Staat Hitlers (1995), S. 241.

[67] Vgl. 50 Jahre RMEL (1969), S. 33f. Zum Machtverlust des RNS in zwei Etappen (Vierjahresplan und Kriegsbeginn) vgl. Ullmann, Interessenverbände (1988), S. 209 und zur kontroversen Diskussion über die Auswirkungen des Vierjahresplans auf den RNS, Münkel, Nationalsozialistische Agrarpolitik (1996), S. 120–122.

[68] Vgl. die bereits lange vorbereitete Verordnung über die Wirtschaftsverwaltung vom 27. 8. 1939, RGBl. I, S. 1495ff. und 50 Jahre RMEL (1969), S. 35f.

allen Ämtern und der kommissarischen Einsetzung Backes als Reichsbauernführer und Reichsernährungsminister im Mai 1942 auch auf personeller Ebene manifestiert.[69]

b) Die Fischwirtschaft in der Arbeit des agrarpolitischen Apparats

Die Fischwirtschaft geriet zunächst nicht ins Visier des agrarpolitischen Apparats der NSDAP. Die Zuwendung zu diesem Thema wurde wohl erst angestoßen durch eine Denkschrift über die deutsche Fischwirtschaft vom Juni 1932, in der die Verfasser A.R. Giese und Dr. Karl Schiemenz die von ihnen ausgemachten Ursachen für den katastrophalen wirtschaftlichen Verfall und die innere Zerrissenheit der deutschen Fischwirtschaft zusammentrugen. Schuld sei, so Giese an anderer Stelle, zum einen eine Wirtschaftsauffassung, *„die diesen Boden und seine Erzeugnisse aus dem liberalistischen Denken heraus nur noch als Handelsobjekt und Spielball einer eigensüchtigen Preispolitik angesehen hat."* Statt engen Zusammenstehens habe es nur den Kampf einer gegen den anderen gegeben. Schuld sei ebenso die verfehlte Wirtschaftspolitik des *„verflossene[n] Regime[s]"*. *„Man subventionierte immer den, der es verstand, sich die rechten Türen zu öffnen"*, vor allem die Großbetriebe der Seefischwirtschaft. Außen vorgeblieben seien dagegen *„die kleinen und schwer um ihre Existenz ringenden berufsständischen Elemente, die keine Beziehungen besaßen"*.[70] Nach eigenen Angaben fand Giese mit diesen Ausführungen sofort das volle Verständnis des „Führers" und Darrés, der ihm fortan zur Unterstützung der nationalsozialistischen Aufbauarbeit in der Fischwirtschaft regelmäßig Spalten in seiner „Nationalsozialistischen Landpost" zur Verfügung stellte.[71] Zur Sprache kam darin allerdings zunächst ausschließlich die desolate Situation der Binnenfischerei.[72] Erst im Mai 1933 erschien ein erster programmatischer Artikel über die *„Grundbedingungen für die Neugestaltung unserer Seewirtschaft"*, der – nach ausführlicher Analyse der Missstände in der deutschen Seefischwirtschaft – einen kurzen Abschnitt der Küstenfischerei widmete. Giese stellte darin ausdrücklich fest, dass die Bedeutung der Küstenfischerei keineswegs geringer sei als die der Hochseefischerei: *„Denn die Küstenfischerei ernährt nicht nur zahlreiche kleine selbständige Existenzen, sondern sie ist auch eine der wichtigsten Grundlagen, um das deutsche Blut rein und unverfälscht zu erhalten."*[73] Angesichts der faktisch geringen wirtschaftlichen Bedeutung betonte Giese vor allem das „völkische"

[69] Vgl. Ullmann, Interessenverbände (1988), S. 210.

[70] Die Denkschrift selbst ist nicht überliefert, aber Giese bezieht sich in seinem Artikel im Jahresbericht über die deutsche Fischerei 1933 darauf. Vgl. Giese, Die deutsche Fischwirtschaft im Reichsnährstand, JB 1933, S. 149f., Zitate S. 150. Zur Person und Herkunft Gieses konnte nichts ermittelt werden.

[71] Vgl. Giese, Die deutsche Fischwirtschaft im Reichsnährstand, JB 1933, S. 150.

[72] Vgl. beispielhaft: Sammeln! Ein Mahnruf an die deutsche Binnenfischerei, in: NS-Landpost (30. 10. 1932) oder Schutzlose Binnenfischerei, in: NS-Landpost (12. 3. 1933).

[73] Die Grundbedingungen für die Neugestaltung unserer Seewirtschaft von A. R. Giese, in: NS-Landpost (7. 5. 1933).

Moment. Die Küstenfischer wurden dabei mit aller Gewalt in die „Blut-und-Boden-Ideologie" Darrés gepresst: „*Sind doch auch die mit Wasser bedeckten Teile des deutschen Bodens bluteigner Boden unseres Volkes*".[74] Giese übte zudem heftige Kritik an der Wirtschaftspolitik der „Systemzeit". Den Küstenfischer habe man wie einen „*bemitleidenswerten Almosenempfänger*" behandelt, ein Umstand, dem das neue Regime durch planmäßige und durchgreifende Förderung abhelfen werde.[75]

Nicht nur Giese sah das Herauslösen des Standes der Küstenfischer aus der „*besonders krassen bürokratischen Bevormundung (Darlehenswesen) im alten System*" dabei als die vordringlich zu erfüllende Aufgabe.[76] Gerade auf diesem Gebiet lassen sich bereits vor 1933 nationalsozialistische Aktivitäten zugunsten der See- und Küstenfischerei feststellen. Kurz nach der Regierungsübernahme in Mecklenburg-Schwerin im Juni 1932 brachte die NSDAP einen Antrag auf Erleichterungen bei der Rückzahlung der den Seefischern im Jahre 1929 gewährten Darlehen ein und griff damit ein Anliegen der mecklenburgischen Fischereivereine auf. Das Ministerium für Landwirtschaft, Domänen und Forsten wurde ersucht, mit den beteiligten Ämtern und Städten und den Fischern in Verhandlungen zu treten. Die beteiligten Stellen vereinbarten daraufhin die Aussetzung der Tilgungsraten bis 1934 und in begründeten Einzelfällen die Niederschlagung der Darlehensschuld.[77] Die NSDAP hatte im Wahlkampf diverse soziale Verbesserungen versprochen und so massiv um Stimmen aus der ländlichen Bevölkerung geworben. Der Einsatz für die Fischer war Teil dieser Strategie.[78]

Nach Ende des Moratoriums hatte sich die Zahlungsfähigkeit der Fischer nicht wesentlich verbessert.[79] 1935 erfolgte daher die weitgehende Niederschlagung der Darlehen.[80] Ein genereller Erlass sämtlicher ausstehender Beträge, wie sie das Amt

[74] Das Zitat stammt aus der Rede Gieses anlässlich des Reichsfischwirtschaftstages in Stralsund 1934. Der Reichsbauernführer begrüßte den Reichsfischwirtschaftstag. Vertreter des Staates, der Partei und des Reichsnährstandes sprachen zur Fischwirtschaft, in: DFW, Bd. 1, Heft 26, 20. 10. 1934, S. 445f.

[75] Vgl. Die Grundbedingungen für die Neugestaltung unserer Seewirtschaft von A.R. Giese, in: NS-Landpost (7. 5. 1933).

[76] Vgl. Giese, Die deutsche Fischwirtschaft im Reichsnährstand, JB 1933, S. 153 und den späteren programmatischen Leitartikel von Giese: Ein Jahr der Neuorientierung in unserer Fischwirtschaft, in: DFW, Bd. 1, Heft 1, Mai 1934, S. 1f.

[77] Vgl. Antrag der Fraktion der NSDAP an den 7. ordentlichen Landtag Mecklenburg-Schwerin, 12. 7. 1932. LHAS, 5.12-4/2, Nr. 500, Bd. 8, Bl. 6. Auf der Rückseite des Dokuments finden sich Notizen zu den seither unternommenen Schritten.

[78] So waren etwa den Bauern Schuldenerlass und Preiserhöhungen für landwirtschaftliche Produkte versprochen worden. Vgl. Inachin, Durchbruch (2004), S. 55f. Auch in Pommern hatte die NSDAP die Parteiarbeit unter der Landbevölkerung intensiviert. Vgl. ebd., S. 195.

[79] Landrat Schumann aus Wismar hatte das Ministerium im Juli 1934 um Niederschlagung der Darlehensbeträge aus Landesmitteln oder eine Fristverlängerung um drei Jahre ersucht; eine Bitte, der sich die Kreisbauernschaft Wismar anschloss. Vgl. Kreisbauernschaft Wismar, Eberhardt an MfLDF, 27. 7. 1934. LHAS, 5.12-4/2, Nr. 500, Bd. 8, Bl. 73.

[80] Im Juli 1935 konnte die Stadt Rostock mitteilen, dass von den insgesamt 66 Darlehen aus Landes- und städtischen Mitteln bereits 57 niedergeschlagen seien. Vgl. OB Rostock an Landrat Rostock, 2. 7. 1935. AHR, 1.1.12.2, Nr. 1331.

für Seefahrt der Auslands-Organisation der NSDAP gefordert hatte, wurde jedoch abgelehnt.[81]

Die 1934 erstmals fällig werdenden Tilgungsraten des Darlehens der Stadt Rostock an die Warnemünder Fischer wurden ebenfalls niedergeschlagen. Ende 1934 erhob der Vorsitzende des Fischereivereins und Fischereifachwart Albert Harms seinen Einspruch gegen die städtischen Zahlungsaufforderungen nicht bei der Stadt direkt, sondern schaltete die NSDAP-Ortsgruppe Warnemünde ein. Dieses Vorgehen war offensichtlich erfolgversprechender. Die NSDAP-Kreisleitung Rostock verlangte von der Stadtverwaltung die Zusendung der Darlehensunterlagen und wünschte Informationen über den Stand der Rückzahlungen.[82] Nur ein Bruchteil der ausstehenden Beträge war bisher eingegangen.[83] Im April 1935 beschloss der Hauptausschuss der Stadtverwaltung die endgültige Niederschlagung einer großen Anzahl von Darlehen.[84]

Die mecklenburgische NSDAP machte sich in den frühen Dreißigerjahren bewusst zum Fürsprecher der verschuldeten Fischer, um sich so deren Unterstützung zu sichern. Die Warnemünder Fischer wiederum bedienten sich 1934 des Einflusses der NSDAP, um einen Schuldenerlass bei der Stadtverwaltung durchzusetzen. Dass der agrarpolitische Apparat der NSDAP darüber hinaus in den Küstengebieten eine systematische Strategie zur Gewinnung der See- und Küstenfischerei verfolgte, ist eher unwahrscheinlich. Vermutlich blieb das Engagement der Partei auf lokale Aktivitäten beschränkt.

c) Die Gleichschaltung der Fischereiverbände nach der „Machtergreifung"

Die rückblickende Feststellung, dass „*der agrarpolitische Apparat des Reichsbauernführers wohl auf keinem anderen Gebiet der Ernährungswirtschaft bei der Übernahme ein größeres Durch- und Gegeneinander, als eben in der Fischerei*" vorfand, deutet die Schwierigkeiten der nationalsozialistischen „Reorganisation" auf dem Gebiet der Fischwirtschaft an.[85] Dies galt insbesondere für die Küstenfischerei,

[81] Vgl. NSDAP, Auslands-Organisation, Amt Seefahrt, Lübeck an MfLDF, 4.5.1936 und MfLDF an NSDAP, Auslands-Organisation, Amt Seefahrt, Lübeck, 7.5.1936. LHAS, 5.12-4/2, Nr. 500, Bd. 8, Bl. 164.

[82] Vgl. Stadtverwaltung Rostock/Warnemünde an die KL NSDAP Rostock-Stadt, 6.12.1934 und NSDAP-Ortsgruppe Warnemünde, Ortsgruppenleiter, an die Stadtverwaltung Warnemünde, 8.12.1934 sowie NSDAP-Ortsgruppe Warnemünde, Ortsgruppenleiter, an die Verwaltungsabteilung Warnemünde, 2.1.1935. AHR, 1.1.12.2, Nr. 1331.

[83] Von den 54 Fischern, die Darlehen erhalten hatten, hatten im Februar 1935 nur fünf überhaupt Raten geleistet, in Höhe von zusammen 345 RM, die noch ausstehende Gesamtsumme betrug 24 325 RM. Vgl. Aktenotiz der Stadtverwaltung, 5.2.1935. AHR, 1.1.12.2, Nr. 1331.

[84] Vgl. Beschluss des Hauptausschusses der Stadtverwaltung Rostock, 4.4.1935 (210, 203). AHR, 1.1.12.2, Nr. 1332.

[85] Groening, Albert M.: Fischwirtschaft im Reichsnährstand, in: Mitteilungen des DSV, Nr. 4, Januar 1934, S. 134–136, Zitat S. 134.

wo, so Giese 1933, *„sowohl organisatorisch wie auch nach der markttechnischen Seite hin das übelste Durcheinander"* herrschte.[86]

Analog zur Landwirtschaft war es daher auch in der Fischwirtschaft das Ziel des Amts für Agrarpolitik, die konstatierte „Zersplitterung" durch Gleichschaltung und Zusammenfassung in einer einheitlichen, ständischen Organisation, dem Reichsnährstand, zu überwinden. Am 29. März 1933 war Giese zu diesem Zweck kommissarisch mit der Bearbeitung der Fragen der See- und Binnenfischerei im Amt für Agrarpolitik beauftragt worden; keine leichte Aufgabe, wie er selbst betonte, standen doch *„weder finanzielle noch sonstige Hilfsmittel zur Verfügung, um die Reorganisation der deutschen Fischwirtschaft vorzubereiten."*[87] Die gesamte Fischwirtschaft habe sich gegenüber den Nationalsozialisten grundsätzlich eher passiv und abwartend verhalten. Anders als in der Landwirtschaft erschwere das Fehlen *„alter Mitkämpfer"* die Arbeit. Für die Gleichschaltung des fischwirtschaftlichen Organisationswesens stand also kein Netzwerk von Parteifunktionären zur Verfügung. Während in der Binnenfischerei immerhin *„kleine Ansätze"* zu erkennen gewesen seien, habe insbesondere die Seefischerei in diesem Punkt zunächst *„weit vom Schuss"* gestanden. Fachberater wie in der Landwirtschaft wurden für die einzelnen Sparten der Seefischwirtschaft offenbar erst in der Gleichschaltungsphase eingesetzt.

Ende August war Giese beauftragt worden, die Vorbereitungen des ständischen Aufbaus im Fischereiwesen bis Oktober 1933 abzuschließen. Nach dem Vorbild Darrés strebte er danach, die Führung möglichst vieler Organisationen in seiner Hand zu vereinigen. Besonders erfolgreich verlief die „Aufbauarbeit" im Bereich der Binnenfischerei. Am 31. August 1933 wurde Giese Präsident des Deutschen Fischereivereins, des Spitzenverbands der Binnenfischerei; zuvor hatte er bereits die Führung des Preußischen Fischereiverbandes für Binnenfischerei übernommen und war in den Vorstand des Vereins Deutscher Teichwirte berufen worden.[88]

Weitaus größere Schwierigkeiten bereitete die „Reorganisation" der See- und Küstenfischerei. Zwar gelang der NSDAP rasch die Übernahme des Vorstandsamtes im Reichsverband der deutschen See- und Küstenfischer.[89] Um erfolgreich tätig zu werden, waren, so Giese, die Belange der Küstenfischerei aber zu eng mit der Arbeit des DSV verknüpft und gerade dieser erwies sich als resistent gegen-

[86] Giese, Die deutsche Fischwirtschaft im Reichsnährstand, JB 1933, S. 152. Die folgende Darstellung muss sich in Ermangelung archivalischer Quellen nahezu ausschließlich auf die in der „Deutschen Fischwirtschaft" oder den vom RMEL herausgegebenen „Jahresberichten über die deutsche Fischerei" veröffentlichten Beiträge stützen.

[87] Dieses und die folgenden Zitate aus Giese, Die deutsche Fischwirtschaft im Reichsnährstand, JB 1933, S. 150–152.

[88] Ebd., S 152. Erfolge hatte Giese auch in den Kreisen des Fischhandels und der Fischindustrie erzielen können. Als zuständiger Sachbearbeiter des Amtes für Agrarpolitik war er in den Vorstand verschiedener Vereinigungen, u. a. dem Verein der Fischindustriellen Deutschlands, berufen worden.

[89] Wann und wie dies geschah, ist nicht zu ermitteln. Offenbar war der spätere Hauptfachberater für die Küstenfischerei, Karl Frenck aus Kiel, maßgeblich beteiligt. Er übernahm auch das Amt des Geschäftsführers. Vgl. Frenck, Karl: Not- und Schicksalsgemeinschaft der deutschen Fischwirtschaft, in: DFW, Bd. 1, Heft 6, Juni 1934, S. 93f.

über den Gleichschaltungsplänen der Nationalsozialisten. Dem Amt für Agrarpolitik gelang es nicht, entscheidenden Einfluss im Präsidium des DSV zu erlangen.[90] Ein Erlass des Reichsministers Darré war nötig, um Giese am 23. Oktober 1933 das Amt des Präsidenten des DSV zu verschaffen.[91] In welcher Weise sich der DSV bis zu diesem Zeitpunkt dem Einfluss der Nationalsozialisten verweigerte und welche Haltung die zuständige Ministerialbürokratie im RMEL zu den Gleichschaltungsplänen einnahm, muss mangels Quellen offen bleiben.

In jedem Fall sollte die Zurückhaltung des DSV gegenüber den Gleichschaltungsplänen nicht unbedingt als Ausdruck einer Ablehnung der nationalsozialistischen Herrschaft verstanden werden. Anlässlich einer Grußadresse zur *„nationalen Erhebung"* beteuerte der DSV, dass sich die in ihm vereinigten Zweige der Seefischerei, des Fischhandels und der Fischindustrie *„freudig unter die Führung des Reichskanzlers Adolf Hitler stellen."*[92] Zu diesem frühen Zeitpunkt zeugt eine solches Schreiben zumindest von einer starken Anpassungsbereitschaft. Dass die Machtübernahme Hitlers als Zäsur aufgefasst wurde, die Auswirkungen auf die zukünftige Behandlung der Seefischereifragen und damit auf den DSV haben konnte, zeigt der Tätigkeitsbericht des Jahres 1932/33, der mit einer Art Positionierung des Vereins eingeleitet wurde. Auf die fast fünfzigjährige Tradition des DSV und die damit verbundene Erfahrung wurde ebenso verwiesen wie auf seinen behördenähnlichen Status. Fast schon demonstrativ suchte man die Nähe und die Protektion des RMEL: *„Wir bitten das Ernährungsministerium, wie bisher unser warmherziger Fürsprecher im Kabinett zu sein, damit wir immer mehr in die Lage versetzt werden, zu unserem Teil aus eigener Kraft und unter dem Schirm und Schutz des Reiches an den großen Aufgaben mitzuwirken, zu denen [...] das ganze Volk und damit auch die Seefischerei mit allen ihren verwandten Gewerben aufgerufen"* sind.[93] Der DSV sah seinen Hauptansprechpartner weiterhin im Reichsernährungsministerium, das anfänglich noch vom deutschnationalen Alfred Hugenberg geleitet wurde. Dort herrschte auf der Ebene der Ministerialbürokratie weitgehende Kontinuität, die Zuständigkeit für Fischereifragen lag weiterhin bei Ministerialrat Eichelbaum, dessen Karriere bereits im Kaiserreich als wissenschaftlicher Mitarbeiter beim DSV begonnen hatte.[94]

Mit seinen wirtschaftspolitischen Maßnahmen hatte Hugenberg einige alte Forderungen des Vereins erfüllt. Zum 1. März 1933 waren erste Schutzzölle in Kraft getreten, um die Einfuhr von Fisch zu reduzieren. An der Gestaltung dieses Zollprogramms war der Verein im Auftrag des RMEL bereits vor der Machtüber-

[90] Vgl. Giese, Die deutsche Fischwirtschaft im Reichsnährstand, JB 1933, S. 152f. Giese rekurrierte wohl auf die Tatsache, dass der Reichsverband organisatorisch an den DSV angeschlossen war und von diesem hauptsächlich finanziert wurde.

[91] Vgl. Mitteilungen des DSV, Bd. 49, Nr. 3, Oktober 1933, S. 102 und Giese, Die deutsche Fischwirtschaft im Reichsnährstand, JB 1933, S. 152.

[92] Grußadresse des DSV nach der nationalen Erhebung, o. D., nach dem 30. 1. 1933. LHA, MfLDF, 5.12-4/2, Nr. 440, Bl. 354.

[93] Tätigkeitsbericht DSV 1932/33, S. 46.

[94] Vgl. 50 Jahre RMEL (1969), S. 32.

nahme maßgeblich beteiligt gewesen.[95] Weitaus weniger begeistert dürften die Pläne zum ständischen Aufbau der Landwirtschaft und der vorgesehenen Eingliederung des Fischereiwesens in den Reichsnährstand aufgenommen worden sein, die nach der Übernahme des Reichsernährungsministeriums durch Walther Darré Ende Juni 1933 mehr und mehr Gestalt annahmen. Durch die umfassende Reorganisation des Fischereiwesens drohte dem Verein der Verlust seines Sonderstatus' und damit seines Einflusses in Seefischereifragen. Tatsächlich gab es in der bestehenden Form für den DSV langfristig keinen Platz im ständischen Organisationswesen des Reichsnährstandes.

Die RNS-Gesetzgebung sah drei Möglichkeiten der Behandlung von Vereinen und Verbänden vor: die vollständige Eingliederung, die Angliederung oder die Auflösung.[96] Eine rasche Auflösung des DSV erschien nach der Übernahme des Präsidiums durch Giese im Oktober 1933 offensichtlich nicht opportun; die vielfältigen Aufgaben, die der Verein wahrgenommen hatte, wären auch nicht ohne weiteres auf andere Stellen zu übertragen gewesen. Der DSV wurde dem RNS daher zunächst als korporatives Mitglied angegliedert. Für die zweite Hälfte des Jahres 1934 und 1935 liegen kaum Nachrichten über den DSV und seinen neuen Präsidenten, der gleichzeitig Fischereireferent des RMEL war, vor. Anscheinend wurde Giese zwischenzeitlich von seinen Ämtern abberufen, über sein weiteres Schicksal ließ sich nichts ermitteln.[97]

Nach dieser *„führerlosen Zeit"* ernannte der Reichsbauernführer Ende 1935 Dr. Kräutle zum Präsidenten des DSV. Eichelbaum als Mitarbeiter des RMEL begrüßte, dass *„nunmehr wieder Ordnung in den Deutschen Seefischerei-Verein gebracht worden sei"*. Obwohl der Verein oft kritisiert worden sei, hätte sich gezeigt, dass die See- und Küstenfischer mit *„Zuneigung und Liebe"* an ihm hingen. *„Der Deutsche Seefischerei-Verein sei von Anfang an der Mittelpunkt für die See- und Küstenfischer gewesen. Er solle es auch bleiben."* Offenbar wurde versucht, den DSV – ohne die Bereiche Fischindustrie, Fischhandel und Hochseefischerei, die im RNS anderweitig untergebracht waren – als zuständige Organisation für die See- und Küstenfischerei zu erhalten. Die *„heutigen Aufgaben"* des DSV wurden beschrieben als die praktische Förderung und Schulung der Fischer, die Betreuung von Statistik und Fischereiwissenschaft, aber auch die soziale Förderung und

[95] Vgl. Oberregierungsrat Dr. Eichelbaum: Die Wirkung der Fördermaßnahmen der Reichsregierung für Fischerei, in: Mitteilungen des DSV, Bd. 50, Nr. 6, März 1934, S. 230–232.

[96] Vgl. Corni/Gies, Ernährungswirtschaft (1997), S. 88.

[97] Giese wird im März 1934 in einem Artikel der NS-Landpost als Fischereireferent des RMEL genannt. Vgl. Die größte Fischereigenossenschaft Deutschlands, in: NS-Landpost (6. 3. 1934). In der ersten Ausgabe der „Deutschen Fischwirtschaft" (DFW), dem Nachfolger der im März 1934 eingestellten „Mitteilungen des Deutschen Seefischereivereins", erschien im Mai 1934 noch ein programmatischer Leitartikel Gieses: Ein Jahr der Neuorientierung in unserer Fischwirtschaft, in: DFW, Bd. 1, Heft 1, Mai 1934, S. 1 f. Auch im 1934 erschienenen Jahrsbericht über die deutsche Fischerei 1933 war Giese noch mit einem Artikel vertreten.

weltanschauliche Schulung. *„Dabei sei Vorsorge getroffen, dass jede Doppelarbeit vermieden werde.“* [98]

Diese besondere Betonung war deshalb notwendig, da mit dem Reichsverband der deutschen See- und Küstenfischer bereits eine anerkannte, dem RNS angegliederte berufsständische Spitzenorganisation der See- und Küstenfischerei existierte. Wie bereits erwähnt, war der NSDAP die Übernahme des Vorstandsamtes im Reichsverband der deutschen See- und Küstenfischer schon vor der Ausschaltung des Präsidiums des DSV im Oktober 1933 gelungen. An seine Spitze war als geschäftsführender Vorsitzender der NSDAP-Hauptfachberater Karl Frenck aus Kiel getreten.[99] Trotz der allgegenwärtigen Betonung des berufsständischen Elements durch die Nationalsozialisten kam Frenck selbst offenbar nicht aus dem Fischereigewerbe.[100]

Mit der Vereinheitlichung des Organisationswesens der See- und Küstenfischerei fuhr man erst nach dem Wechsel im Präsidium des DSV im Oktober 1933 fort. Der erste Schritt dazu war die verpflichtende Mitgliedschaft aller Küstenfischereivereine im Reichsverband der deutschen See- und Küstenfischer, der damit offiziell als Spitzenverband anerkannt wurde.[101] 1934 erfolgte die Angliederung an den RNS. Damit oblag dem Reichsbauernführer das Recht zur Bestätigung, Abberufung und Neubesetzung des Vorstands und des Geschäftsführers.[102] 1936 wurde der Reichsverband der deutschen See- und Küstenfischer schließlich in den Reichsverband der deutschen Fischerei überführt.[103]

Trotz der Nähe zum RMEL konnte sich der DSV letztlich nicht gegenüber dem Reichsverband der deutschen Fischerei durchsetzen. Im Gegensatz zu diesem besaß er keinen organisatorischen Unterbau und keine Verbindungsstellen zu den Bauernschaften auf Landes-, Kreis- und Ortsebene. Der Verein musste mehr und mehr Kompetenzen abgeben. 1935/36 verlor er die administrative Zuständigkeit für die Darlehensbearbeitung.[104] Schließlich wurden 1938 alle Forschungseinrich-

98 Alle Zitate aus: Tagung des Deutschen Seefischerei-Vereins. Der neue Präsident gab einen Überblick über die heutigen Aufgaben, in: DFW, Bd. 2, Heft 51, 22. 12. 1935, S. 944. Über die Person Kräutles konnte nichts in Erfahrung gebracht werden.

99 Vgl. Frenck, Karl: Not und Schicksalsgemeinschaft der Deutschen Fischwirtschaft, in: DFW, Bd. 1, Heft 6, Juni 1934, S. 93f. Frencks Vorname wird uneinheitlich mit Carl oder Karl angegeben. Frenck war, ebenso wie Giese, im März 1934 auch Fischereireferent des RMEL. Vgl. Die größte Fischereigenossenschaft Deutschlands, in: NS-Landpost (6. 3. 1934).

100 Als Frenck 1936 abgelöst wurde, betonte die „Deutsche Fischwirtschaft“ ausdrücklich, dass nun ein berufsständischer Fischer den Vorstand übernähme. Vgl. Zur Tagung des Reichsverbandes der See- und Küstenfischer – Reichsnährstand macht Schluss mit den ungeordneten Verhältnissen – Ein berufsständischer Fischer wird zum Vorstand berufen, in: DFW, Bd. 3, Heft 3, 19. 1. 1936, S. 40f. In welcher Weise sich die Übernahme des Verbandes durch die Nationalsozialisten im Einzelnen gestaltete und ob Wilhelm Dröscher zu diesem Zeitpunkt noch im Reichsverband aktiv war, muss aufgrund der schlechten Quellenlage offen bleiben.

101 Vgl. Mitteilungen des DSV, Bd. 49, Nr. 3, Oktober 1933, S. 113.

102 Vgl. Zur Organisation der Küstenfischerei. Tagung des Reichsverbandes der See- und Küstenfischer, in: DFW, Bd. 2, Heft 24, 15. 6. 1935, S. 504f. und Finzel, Die deutsche Fischwirtschaft im Reichsnährstand, JB 1934, S. 184.

103 Vgl. dazu ausführlich das folgende Kapitel III.2.d) – Berufsorganisation.

104 Vgl. Reckling, Reichsdarlehen, JB 1936, S. 345–381, hier S. 445f. und OFMA an FAST des Bezirks, 19. 9. 1936. LAG, Rep. 250, Nr. 376.

tungen, die sich mit der Fischereiwirtschaft beschäftigten, in einer Reichsanstalt für Fischerei zusammenfasst, so auch die wissenschaftlichen Referate des DSV.[105] Ehemalige Vereinsaufgaben wie die Überwachung der Versicherungskassen und Rückversicherungsverbände der Fischereifahrzeuge oder das Ausbildungswesen auf technischem und navigatorischem Gebiet wurden dem Reichsverband der deutschen Fischerei übertragen. 1939 folgte die endgültige Auflösung des DSV.[106]

Von den Gleichschaltungsmaßnahmen waren auch die anderen fischwirtschaftlichen Zweige betroffen, deren passive Haltung gegenüber dem Nationalsozialismus Giese ja generell beklagte. So traf die „*Not- und Schicksalsgemeinschaft*" der deutschen Fischwirtschaft im Reichsverband der deutschen Fischhändler auf wenig Begeisterung. Der autoritär strukturierte RNS ging über den dort geäußerten Wunsch nach einer selbstverwalteten Reichsfischkammer weit hinaus. Die Ablehnung des Zwangszusammenschlusses belegen zahlreiche Artikel in der seit Mai 1934 als Organ des RNS erscheinenden „Deutschen Fischwirtschaft".[107] Energisch wandten sich die neuen „Führer" der Fischerei hier gegen „*Nörgler*", die wieder den „*abgewirtschafteten Plan einer Reichsfischkammer aufgetischt*" hätten. Ihr Vorgehen – Eingaben und Denkschriften, also die klassischen Mittel einer Interessenvertretung – wurde als „*erstaunlich naiv*" bezeichnet: „*Schließlich leben wir doch nicht mehr in einem demokratisch-parlamentarischen Staatswesen.*"[108] Bei der Durchsetzung der Gleichschaltung griff das Regime in diesem Fall zu harten Maßnahmen: Als sich der Reichsverband deutscher Fischhändler gegen seine Auflösung wehrte, wurde der Geschäftsführer im Juni 1934 in „Schutzhaft" genommen.[109]

d) Die Organisation der Fischwirtschaft im Reichsnährstand

Die Einbeziehung der Fischerei in den Reichsnährstand wurde mit ihrer ernährungspolitischen Bedeutung begründet: Wie die Landwirtschaft stehe sie im Dienst der Aufgabe, das deutsche Volk mit Nahrungsmitteln zu versorgen.[110] Das Gesetz über den vorläufigen Aufbau des RNS vom 13. September 1933 bestimmte daher in Paragraph 1, dass zur Landwirtschaft im Sinne des Nährstandes auch die Fischerei mit den dazugehörigen be- und verarbeitenden und verteilenden Zweigen gehörte. Bei den Hauptabteilungen I „Der Mensch" und II „Der Hof" des Verwaltungsamtes des Reichsbauernführers und in gleicher Weise bei den Landes-

[105] Vgl. RMEL an Mecklenburgisches Staatsministerium, 22.9.1938. LHAS, 5.12-4/2, Nr. 447. 205, 013a und BArch Findbuch R 162, S. II–III sowie Errichtung einer Reichsanstalt für Fischerei, in: DFW, Bd. 5, Heft 23, 20.11.1938, S. 88.

[106] Vgl. Aufgaben der berufsständischen Organisation im Kriege, in: Der Deutsche See- und Küstenfischer, Jg. 3, Heft 7, 28.7.1940, S. 25.

[107] Vgl. z.B. Frenck, Karl: Not und Schicksalsgemeinschaft der deutschen Fischwirtschaft, in: DFW, Bd. 1, Heft 6, Juni 1934, S. 93f. und Giese, A. R.: Ein Jahr der Neuorientierung in unserer Fischwirtschaft, in: DFW, Bd. 1, Heft 1, Mai 1934, S. 1f.

[108] Eine Randbemerkung, in: DFW, Bd. 1, Heft 3, Mai 1934, S. 43f.

[109] Vgl. DFW, Bd. 1, Heft 9, Juni 1934, S. 142f.

[110] Vgl. zum Folgenden: Die Organisation der Fischwirtschaft im Reichsnährstand, in: DFW, Bd. 3, Heft 26, 28.6.1936, S. 413f.

bauernschaften wurden Unterabteilungen für die Betreuung der sogenannten berufsständischen Fischerei – der Binnen- und Küstenfischerei sowie der Fischzucht – geschaffen.[111] Praktisch wurde diese Aufgabe jedoch bis 1936 vom Reichsverband der deutschen See- und Küstenfischer, danach vom Reichsverband der deutschen Fischerei wahrgenommen. Die wirtschaftliche Betreuung der See- und Küstenfischerei erfolgte seit Dezember 1934 durch die Hauptabteilung III „Der Markt", die auch für die Hochseefischerei, den Fischhandel und die Fischindustrie zuständig war.[112] Am 1. April 1935 wurde dort die Hauptvereinigung der deutschen Fischwirtschaft (HV Fischwirtschaft) gegründet, bei der fortan der Schwerpunkt der praktischen Fischereiförderung lag.[113]

Marktordnung: Die Hauptvereinigung der deutschen Fischwirtschaft

Die Hauptaufgabe der HV Fischwirtschaft bestand in der Durchführung der Marktordnung auf dem gesamten Gebiet der Fischwirtschaft. Sie umfasste vom Erzeuger bis zum Verteiler alle mit dem Produkt Fisch beschäftigten Betriebe. Innerhalb des Reichsnährstandes war die HV Fischwirtschaft die Organisation mit dem umfassendsten Arbeitsgebiet. Sie war verantwortlich für die Sicherung der gesamten Fischversorgung und verfügte über weitreichende Befugnisse zur Regelung des Marktes durch allgemeinverbindliche Anordnungen, deren Vollzug durch das RMEL polizeilich erzwungen werden konnte.[114]

Als die zwei großen Ziele der Marktordnung wurden die Sicherung der Versorgung der deutschen Verbraucher mit Fisch zu tragbaren Preisen und guter Qualität sowie die Beseitigung des ruinösen Wettbewerbs in der Fischwirtschaft ausgerufen. Mit Hilfe des Zwangszusammenschlusses in der HV sollten die „*Grundsätze der nationalsozialistischen Wirtschaftsauffassung [...] die gesamte Fischwirtschaft durchdringen.*"[115] Im Sinne der angestrebten weitgehenden Autarkie war es „*Endziel des Aufbaues der Fischwirtschaft [...], eine allseitige organische Absatz-, Markt- und Preisregelung unter Miteinbeziehung des Importes zu schaffen*".[116]

Der Schwierigkeiten der Durchführung einer Marktordnung gerade für die See- und Küstenfischerei war man sich angesichts der verstreuten kleinen und

[111] Analog zum Reichsbauernrat wurde in der Reichshauptabteilung II 1936 auch ein Reichsfischereirat gebildet, der sich aus den führenden Persönlichkeiten des Reichsverbandes der deutschen Fischerei, dem Vorsitzenden der HV Fischwirtschaft und des Reichsverbandes der deutschen Sportfischer zusammensetzte. Er diente offiziell dem Meinungsaustausch in der Spitze und der Beratung der Reichshauptabteilung II. Vgl. Reichsbauernführer / Verwaltungsamt an das RMEL, Neuordnung der deutschen Fischerei, 12. 12. 1935. LHAS, 5.12-4/2, Nr. 425. Ähnlich wie der Reichsbauernrat erfüllte der Reichsfischereirat de facto keinen praktischen Zweck. Vgl. Münkel, Nationalsozialistische Agrarpolitik (1996), S. 104f.

[112] Vgl. Finzel, Die deutsche Fischwirtschaft im Reichsnährstand, JB 1934, S. 181f.

[113] Vgl. Verordnung über den Zusammenschluss der deutschen Fischwirtschaft vom 1. 4. 1935, RGBl. I, S. 542ff. und Satzung der Hauptvereinigung der deutschen Fischwirtschaft vom 13. 6. 1935, in: DFW, Bd. 2, Heft 25, 22. 6. 1935, S. 513–515.

[114] Vgl. Finzel, Die deutsche Fischwirtschaft im Reichsnährstand, JB 1934, S. 188f.

[115] Ebd., S. 189.

[116] Groening, Albert M.: Fischwirtschaft im Reichsnährstand, in: Mitteilungen des DSV, Bd. 50, Nr. 4, Januar 1934, S. 134–136, Zitat S. 135.

kleinsten Betriebe von Anfang an bewusst; gleichzeitig erkannte die NS-Propaganda hier besonderen Handlungsbedarf. Die Ordnung der Absatzverhältnisse und der Preisbildung sei auf diesem Gebiet besonders wichtig, da sich „*weitaus die meisten Küstenfischer in einer wirtschaftlich außerordentlich bedrückten Lage befinden und daher der Hilfe am vordringlichsten bedürfen.*"[117]

Im Gegensatz zu anderen Hauptvereinigungen des RNS verfügte die HV Fischwirtschaft aber nicht über einen organisatorischen Unterbau in Gestalt von Wirtschaftsverbänden für die einzelnen Landesbauernschaftsbezirke. Die regionalen Aufgaben der Marktordnung wurden durch Außenstellen bearbeitet, die in den zuständigen Landesbauernschaften eingerichtet wurden. Die Leitung wurde dort dem Hauptabteilungsleiter der Abteilung III, die Geschäftsführung seinem Stabsleiter zusätzlich zu ihren übrigen Aufgaben übertragen. Nur an den bedeutenderen Küstenplätzen bestellte man hauptamtliche Geschäftsführer, so in Hamburg und in Stettin.[118]

Berufsorganisation: Der Reichsverband der deutschen Fischerei

Die ehemaligen Interessenverbände der berufsständischen Fischerei sollten – angegliedert an den RNS – vorerst weiter existieren. Auf die dort versammelte Fachkompetenz und die bereits vorhandenen Strukturen wollte man nicht verzichten. Dieser pragmatische „*Notbehelf*"[119] sollte die praktische Handlungsfähigkeit des RNS gewährleisten. Nicht die Unterabteilungen für Fischerei bei den Hauptverwaltungsämtern und den Landesbauernschaften übernahmen den Großteil der Betreuungsaufgaben für die See- und Küstenfischerei, sondern diese Verbände und Vereine.[120] „*Die alte Organisation der Küstenfischer, der Reichsverband der See- und Küstenfischer, war die Stelle, die die Anregung des Reichsnährstandes an die Masse der Fischer weitergab. Er wurde daher auch als die zuständige Organisation der Küstenfischer anerkannt und dem Reichsnährstand angegliedert.*"[121]

Auf regionaler und lokaler Ebene kämpften die Nationalsozialisten allerdings mit dem traditionell geringen Organisationsgrad der Küstenfischer.[122] Die beste-

[117] Finzel, Die deutsche Fischwirtschaft im Reichsnährstand, JB 1934, S. 184.

[118] Vgl. zur Struktur der HV Fischwirtschaft Corni/Gies, Ernährungswirtschaft (1997), S. 159 und Verordnung über den Zusammenschluss der deutschen Fischwirtschaft vom 1.4.1935, RGBl. I, S. 542 ff. Finzel, Aufgaben und Tätigkeit der Hauptvereinigung der Deutschen Fischwirtschaft, JB 1935, S. 229 sowie KL NSDAP Stralsund an OFMA, Einladung zur Jahresarbeitstagung für sämtliche politischen Leiter, 20. 1. 1936 und Aktenvermerk Rumphorsts vom 27. 1. 1936. StAS, Rep. 21, Nr. 29, Bl. 67 f. Später gab es auch in Rostock einen eigenen Geschäftsführer. Vgl. Listen von Verbänden 1944–1945, BArch R 17 III / 120. Insgesamt ist die Überlieferungslage zur HV Fischwirtschaft schlecht. Das Dienstgebäude in Berlin wurde im November 1943 vollständig zerstört, die Überlieferung im Bundesarchiv Berlin (R 17 III) ist daher bruchstückhaft. Der Bestand enthält hauptsächlich Akten der Ausweichstelle Neustrelitz/Mecklenburg der Jahre 1943 bis 1945. Vgl. BArch Findbuch R 17 III, Hauptvereinigung der Deutschen Fischwirtschaft, S. I–II.

[119] Finzel, Die deutsche Fischwirtschaft im Reichsnährstand, JB 1934, S. 179.

[120] Vgl. Schiemenz, K.: Das Organisationswesen der deutschen Fischwirtschaft. Grundgedanken – Aufbau – Zuständigkeit, in: Die Deutsche Fischwirtschaft, Bd. 10, Heft 13, 28. 3. 1943, S. 145–147.

[121] Finzel, Die deutsche Fischwirtschaft im Reichsnährstand, JB 1934, S. 184.

[122] Vgl. ebd. 1934, S. 184.

henden Vereine mussten zwar Mitglied im Reichsverband sein, die Mitgliedschaft in den lokalen Vereinen war dagegen freiwillig. Neben der mangelhaften Mitarbeit war es vor allem die laxe Zahlungsmoral der Unterorganisationen, die auf den Tagungen des Reichsverbandes 1935 beklagt wurde.[123] Es ist fraglich, ob die im Reichsverband der deutschen See- und Küstenfischer zusammengeschlossenen Vereine überhaupt die Notwendigkeit einer strafferen und einheitlichen Organisation sahen, insbesondere wenn zusätzliche Kosten damit verbunden waren. Bisher war die überregionale Vertretung der Interessen weitgehend ohne die Mitarbeit der lokalen Fischereivereine vonstatten gegangen. Allein der Zwangszusammenschluss der bestehenden Vereine reichte offensichtlich nicht aus, um die Fischer zur aktiven Beteiligung zu bewegen.

Der Reichsverband war nicht in der Lage, die ihm vom RNS gestellten Aufgaben zufriedenstellend durchzuführen. Die zentrale Betreuung der gesamten Küste durch den Verband habe sich in der Praxis als untauglich erwiesen, so der zuständige RNS-Beamte. Um den herrschaftlichen Zugriff auf alle Fischer zu gewährleisten, sollte nun auch der Unterbau des Reichsverbandes auf mittlerer und unterer Ebene einheitlich, übersichtlich und nah an den Bauernschaften organisiert werden. Entsprechende Pläne wurden 1935 auf dem Reichsbauerntag in Goslar verkündet. Ein Wechsel an der Spitze des Reichsverbandes leitete Anfang 1936 die Umgestaltung auf zentraler Ebene ein: Der bisherige Vorsitzende Frenck trat zugunsten eines „berufsständischen Führers" zurück. Mit dem NSDAP-Mitglied Robert Brüggemann aus Dievenow wurde ein Seefischer zum kommissarischen Vorsitzenden erhoben, bis die *„zurzeit noch sehr ungeordneten Verhältnisse durch den Reichsnährstand bereinigt"* wären.[124]

Zum 1. April 1936 wurde der Reichsverband der deutschen See- und Küstenfischer schließlich aufgelöst und gemeinsam mit dem Deutschen Fischereiverein und dem Reichsverband deutscher Fischzüchter in den neugegründeten Reichsverband der deutschen Fischerei überführt, der an die Stelle aller bisherigen zentralen Vereine und Verbände der Binnen- und Küstenfischerei trat. Damit war die *„Vereinheitlichung des Organisationswesens"* zu ihrem *„organischen Abschluss"* gebracht worden.[125]

[123] Auch das Finanzgebaren Frencks stand in der Kritik. Zwischen dem Reichsverband und den angeschlossenen Vereinen herrschten Unstimmigkeiten über die Beitragsforderungen. Der RNS kündigte an, hier ordnend durchzugreifen. Vgl. Zur Organisation der Küstenfischerei. Tagung des Reichsverbandes der See- und Küstenfischer, in: DFW, Bd. 2, Heft 24, 15. 6. 1935, S. 504f. und Zur Tagung des Reichsverbandes der See- und Küstenfischer – Reichsnährstand macht Schluss mit den ungeordneten Verhältnissen – Ein berufsständiger Fischer wird zum Vorstand berufen, in: DFW, Bd. 3, Heft 3, 19. 1. 1936, S. 40f.

[124] Zur Tagung des Reichsverbandes der See- und Küstenfischer – Reichsnährstand macht Schluss mit den ungeordneten Verhältnissen – Ein berufsständiger Fischer wird zum Vorstand berufen, in: DFW, Bd. 3, Heft 3, 19. 1. 1936, S. 40f.

[125] Die Einheitsorganisation für die See- und Küstenfischer, Binnenfischer und Fischzüchter ist nunmehr durchgeführt, in: DFW, Bd. 3, Heft 14, 5. 4. 1936, S. 216f. Zum im Folgenden geschilderten Aufbau des Reichsverbandes der Deutschen Fischerei vgl. auch Reichsbauernführer / Verwaltungsamt an das RMEL, Neuordnung der deutschen Fischerei, 12. 12. 1935. LHAS, 5.12-4/2, Nr. 425.

Der Zweck des neugebildeten Reichsverbandes war die Vertretung und Förderung der deutschen Binnenfischerei, Fischzucht und See- und Küstenfischerei im Rahmen des Reichsnährstandes. Ordentliche Mitglieder waren die bestehenden Landesfischereivereine bzw. die künftig zu bildenden Landesverbände. Diesen gehörten wiederum – wo vorhanden – Kreisfischereivereine, Innungen und Zünfte, ansonsten Einzelmitglieder an. Analog zu den drei Vereinen, aus denen er hervorgegangen war, hatte der Reichsverband entsprechende Unterabteilungen für die Fischerei in Binnengewässern, die Fischzucht und die Fischerei in See- und Küstengewässern. Vorsitzender des Reichsverbandes wurde der Fischermeister und Fischereibiologe Wilhelm Kühl jr. aus Parchim.[126] Das Parteimitglied Kühl war zuvor als Landesfachwart für Fischerei in Mecklenburg und Vorsitzender des (wiederbelebten) Mecklenburgischen Fischereivereins tätig gewesen.[127] Er blieb trotz seiner Verpflichtung für den Reichsverband auch Vorsitzender des neugegründeten Mecklenburgischen Landesfischereiverbandes. Die Leitung der Abteilung See- und Küstenfischerei im Reichsverband übernahm Robert Brüggemann, der zuvor den Reichsverband der deutschen See- und Küstenfischer geleitet hatte.

Die enge Verbindung zur Reichsnährstandsverwaltung sollte durch personelle Verknüpfung gewährleistet werden. Bei den Landesbauernschaften wurde ein ehrenamtlicher Fachwart für Fischerei berufen, der nach Möglichkeit gleichzeitig Vorsitzender des Landesverbandes war. Der zuständige Sachbearbeiter der Landesbauernschaft sollte als Geschäftsführer fungieren. Im Falle Mecklenburgs wurde Wilhelm Kühl Landesfachwart, in Pommern übernahm Robert Brüggemann das Amt und nach Gründung des Pommerschen Landesfischereiverbandes auch dessen Vorsitz. Kennzeichnend für die Organisation der Fischerei und speziell der Küstenfischerei waren demnach Ämterhäufungen und Überschneidungen auf der Reichs- und Landesebene.[128] Auf Kreisebene wurden entsprechend Kreisfachwarte eingesetzt, die dort, wo Vereine bestanden, gleichzeitig deren Vorsitzende sein sollten. Die Kreisfachwarte waren dem Kreisbauernführer unterstellt; ihre Aufgabe war es, „*auf alle mit dem Fischfang sich befassenden Personen im Sinne der Förderung und der Steigerung des Ertrages [...] einzuwirken.*"[129]

Im Gegensatz zur gesetzlich festgeschriebenen Zugehörigkeit zur HV Fischwirtschaft blieb die Mitgliedschaft in den Landesverbänden bzw. den Kreisverbänden

[126] Kühls Vater war nicht nur langjähriger Vorsitzender des Berufsbinnenfischervereins und später des Mecklenburgischen Fischereivereins gewesen, sondern auch Vizepräsident des Deutschen Fischereivereins. Dass die Familie Kühl über Einfluss im Fischereiverbandswesen verfügte, zeigt sich auch daran, dass Kühl jr. 1919 vom damaligen Präsidenten des DFV, Dr. Maier, als möglicher zukünftiger Landesfischereibeamter für Mecklenburg ins Gespräch gebracht worden war. Vgl. Landesinspektor für Fischzucht im Staatsministerium des Innern (Bayern) an MdI Schwerin, 7.10.1919. LHAS, 5.12-4/2, Nr.438 und Niederschrift über die Beratung der Mecklenburger Fischereivertreter über die Einrichtung eines Landesfischereiausschusses in Rostock am 7.12.1919. LHAS, 5.12-4/2 , Nr.438.

[127] Vgl. Artikel über die Tagung des Mecklenburgischen Fischereivereins, in: Mecklenburgische Zeitung (23.9.1935). LHAS, 5.12-4/2, Nr.442, Bl.177.

[128] Zu den Ämtern auf Landesebene vgl. Kapitel II.2.5.

[129] Reichsbauernführer/Verwaltungsamt an RMEL, 12.12.1935, LHAS, 5.12-4/2, Nr.425.

des Reichsverbandes offiziell freiwillig, tatsächlich strebte man aber eine vollständige Erfassung an. Die weitreichenden Kompetenzen des Verbandes, insbesondere im Krieg, ließen eine Mitgliedschaft zudem angeraten sein, um Benachteiligungen zu vermeiden. Das Tätigkeitsfeld des Reichsverbandes erstreckte sich über alle Bereiche, welche die gesetzlichen Zuständigkeiten der HV Fischwirtschaft nicht berührten; diese Einschränkung bezog sich vor allem auf Fragen der Marktordnung.[130] Konflikte zwischen der Hauptvereinigung und dem Reichsverband waren damit vorprogrammiert: Der Reichsverband handelte als Berufsorganisation im Interesse der Fischer, die HV hingegen als Lenkungsinstrument im Interesse der Ernährungswirtschaft. Beide mussten nicht zwangsläufig übereinstimmen.

Zum Verhältnis des Reichsverbandes zum RNS erklärte sein Vorsitzender Wilhelm Kühl in deutlicher Abgrenzung zum freien Interessenverbandswesen der Weimarer Zeit, der Reichsverband der deutschen Fischerei sei keineswegs als ein Verein im Sinne der früher bestehenden Vereine anzusehen, er sei vielmehr ein Teil der nationalsozialistischen Organisation des RNS.[131] Trotz dieser demonstrativen Unterstellung konnte der Verband relativ eigenständig agieren und war dem RNS offiziell weiterhin nur angegliedert. Dieser ursprünglich als Provisorium vorgesehene Umstand wurde mit der Begründung beibehalten, dass die Belange der Binnen- und Küstenfischerei nicht einfach mit denen der Landwirtschaft gemeinsam behandelt werden könnten. Eine *„engere Unterorganisation"* innerhalb des RNS sei daher unumgänglich. Mit der Personalunion von Landesfachwart und Landesfischereiverbandsvorsitzendem bestand zwar eine formale Verbindung zur Landesbauernschaft; das Tagesgeschäft wurde aber hauptsächlich durch den Reichsverband und seine Untergliederungen wahrgenommen. Hier konzentrierten sich alle Förder- und Betreuungsarbeiten in bezug auf die sogenannte berufsständische Fischerei.[132]

Eine letzte, wenn auch eher symbolische Veränderung der organisatorischen Struktur erfolgte Ende 1943. Mit Rücksicht auf die besondere Bedeutung der Fischerei in der Kriegsernährungswirtschaft wurde die Dienststelle eines Reichsfischermeisters bei der RNS-Hauptabteilung II eingerichtet, die entsprechenden Referate bei den Landesbauernschaften in Dienststellen der Landesfischermeister umgewandelt. Diese Neuregelung diene dazu, die Fischerei sichtbarer innerhalb der Ernährungswirtschaft in Erscheinung treten zu lassen und sei Anerkennung ihrer Bedeutung für die Entlastung des Ernährungsmarktes, hieß es in der „Deutschen Fischwirtschaft".[133] Wilhelm Kühl, durch diese Maßnahme zum Reichsfi-

[130] So könne er in den Fragen der Marktordnung nur „anregend" tätig werden. Vgl. Die Organisation der Fischwirtschaft im Reichsnährstand, in: DFW, Bd. 3, Heft 26, 28.6.1936, S. 413f.

[131] Auch die Küsten- und Binnenfischer einsatzbereit, in: DFW, Bd. 3, Heft 45, 8.11.1936, S. 760–762, Zitat S. 762.

[132] Gegebenenfalls zu treffende verbindliche Anordnungen wurden durch den RNS erlassen. Vgl. Schiemenz, K.: Das Organisationswesen der deutschen Fischwirtschaft. Grundgedanken – Aufbau – Zuständigkeit, in: DFW, Bd. 10, Heft 13, 28.3.1943, S. 145–147, Zitat S. 46.

[133] Vgl. Neuregelung in der Fischerei-Organisation des Reichsnährstandes, in: Der deutsche See- und Küstenfischer, Jg. 6, Heft 12, 31.12.1943, S. 47.

schermeister erhoben, scheint diese Maßnahme forciert zu haben. Er betonte, dass die Fischerei damit endgültig völlige Selbständigkeit innerhalb des RNS erhalten habe.[134] Letztlich dürfte es sich aber um eine Form der Kompensation für die real begrenzte Bedeutung der Berufsorganisation gehandelt haben.

e) Die Reichsnährstandsorganisation auf regionaler und lokaler Ebene

Bis Mitte der Dreißigerjahre hatte die nationalsozialistische Neuordnung der Fischerei die Organisationsstruktur auf der regionalen und vor allem der lokalen Ebene nicht nachhaltig berührt. Abgesehen vom Zwangszusammenschluss der lokalen Vereine im Reichsverband der See- und Küstenfischer hatte sich formal kaum etwas verändert. Immer wieder waren Klagen über den geringen Organisationsgrad und die mangelhafte Beteiligung der Fischer zu hören.[135] Nur vereinzelt finden sich Hinweise auf lokale NS-Veranstaltungen, die sich konkret an die Küstenfischer wandten, eine „Bewegung" entstand aber daraus offensichtlich nicht.[136] So wurde beispielsweise der Erste Rügensche Fischerthing in Saßnitz 1934, der mit Sportwettkämpfen, Äquatortaufe und Strandfest ausdrücklich als eine Veranstaltung, *„die vollständig für den Fischer gedacht ist"*, angekündigt worden war, nach dem Bericht des teilnehmenden Fischmeisters Behrendt von den nicht aus Saßnitz stammenden Fischern kaum angenommen. Obgleich alle Rügenschen Fischereivereine geladen und der Oberfischmeister dazu aufgefordert worden war, für die Veranstaltung zu werben, sichtete Behrendt nur einen auswärtigen Fischer.[137]

Mit den auf dem Reichsbauerntag 1935 bekannt gegebenen Plänen für einen homogenen Aufbau der Fischereiorganisation auch auf Landes-, Kreis- und Ortsebene wollte man der mangelnden Partizipation der Fischer entgegensteuern.[138] Die Umstrukturierungen auf lokaler Ebene gingen dabei der eigentlichen Gründung des Reichsverbandes der deutschen Fischerei voraus. Im Bezirk des Oberfischmeisteramtes Stralsund erfolgte die Umsetzung der Beschlüsse besonders zügig. Die bestehenden Zusammenschlüsse der lokalen Vereine der See- und Küstenfischerei, die drei Fischereiverbände des Bezirks – der Verband für Vorpommern und Rügen, der Verband Rügen e.V. und der Verband Franzburg-Barth – lösten

[134] Vgl. Protokoll des OFMA über die Tagung der Kreisfachwarte und Leiter der Fischverteilungsstellen in Leba am 30.10.1943. StAS, Rep.21, Nr.29, Bl.285-287.

[135] Vgl. Finzel, Die deutsche Fischwirtschaft im Reichsnährstand, JB 1934, S.184.

[136] Noch 1938 war zu konstatieren, dass nur ein auffallend geringer Teil der Ostseefischer NS-Verbänden angehörte. Vgl. Marre: Schulungslager für Jungfischer der Ostseeküste in Eutin, in: Der Deutsche See- und Küstenfischer, Jg.1, Heft 19, 25.9.1938. S.69.

[137] Auch der als Redner angekündigte Geschäftsführer des Reichsverbandes der See- und Küstenfischer, Karl Frenck, war nicht erschienen. Vgl. Gemeindevorstand Saßnitz, Gemeindeschulze (und Ortsgruppenleiter) Malsfey an OFMA, Einladung zum 1. Rügenschen Fischerthing am 26.8.1934 in Saßnitz, 22.8.1934 sowie Bericht des teilnehmenden Fischmeisters Behrendt aus Saßnitz vom 1.9.1934. StAS, Rep.21, Nr.29, Bl.44-48.

[138] Vgl. Reichsbauernführer / Verwaltungsamt an das RMEL, Neuordnung der deutschen Fischerei, 12.12.1935. LHAS, 5.12-4/2, Nr.425.

sich bereits im Januar 1936 auf, um sich als Kreisfischereivereine neu zu bilden. Der projektierte Kreisfischereiverein Stralsund, der die lokalen Vereine des Stadtkreises Stralsund, des Kreises Franzburg-Barth und des Kreises Grimmen zusammenfassen sollte, wurde aber offenbar nie gegründet. Auch ein Kreisfachwart konnte erst nach einigen Mühen gefunden werden. Die Interessengegensätze zwischen den Fischern waren hier besonders groß. Anscheinend begnügte man sich daher mit einem Kreisfachwart und der bestehenden lokalen Vereinsstruktur.[139] Auf Rügen wurde der bisherige Vorsitzende des Verbandes Rügen e.V., Ernst Kliesow aus Göhren, im Januar 1936 auf der dazu einberufenen Mitgliederversammlung vom örtlichen Kreisbauernführer zum Kreisfachwart bestimmt und daraufhin auch zum Vorsitzenden des neuen Kreisfischereivereins Rügen gewählt.[140]

Zur Bildung der Landesfischereiverbände kam es dann erst nach der Gründung des Reichsverbandes im April 1936.[141] Als erster Verein konnte im Mai der pommersche Provinzialfischereiverein seine Umwandlung in einen Landesverband des Reichsverbands der Deutschen Fischerei vermelden. Bisher nur für Binnenfischerei und Fischzucht zuständig, vertrat er nun auch die See- und Küstenfischerei. Als Geschäftsführer des Landesverbandes wurde gemäß der Anweisung des Reichsnährstandes Dr. Krämer von der Landesbauernschaft, zuvor Fischereidezernent der pommerschen Landwirtschaftskammer, eingesetzt. Vorsitzender wurde der Landesfachwart Robert Brüggemann.[142]

Die Umwandlung des Mecklenburger Fischereivereins erfolgte zum 1. November 1936 anlässlich des Reichsfischereitages in Rostock.[143] Die Vereinsstruktur entsprach bereits den Anforderungen der Reorganisationsbeschlüsse: Der Landesfischereiverein Mecklenburg war seit jeher für die Binnen- und Küstenfischerei zuständig. Der Vorsitzende Wilhelm Kühl war gleichzeitig Landesfachwart, als Geschäftsführer war Dr. Ahrens, Fischereibiologe der Landesbauernschaft Mecklenburg, ehemals Referent der Landwirtschaftskammer Mecklenburg-Schwerin, eingesetzt.[144] Spätes-

[139] Kreisfachwart wurde Erich Lange aus Stahlbrode. Vgl. Aktenvermerk des Oberfischmeisters Rumphorst vom 27.1.1936. StAS, Rep. 21, Nr. 29, Bl. 68. Jahreshauptversammlung Fischerei-Verein Stralsund, in: Der Deutsche See- und Küstenfischer, Jg. 1, Heft 5, 13.3.1938, S. 16 und Fischereiversammlungen in Pommern, in: Der Deutsche See- und Küstenfischer, Jg. 6, Heft 5, 30.5.1943, S. 24.

[140] Vgl. Fischereiverband der Insel Rügen, e.V., Ernst Kliesow, an OFMA, 28.12.1935 und Aktenvermerk Rumphorsts vom 27.1.1936 über die Auflösung des Fischereivereins. StAS, Rep. 21, Nr. 29, Bl. 67f.

[141] Erst musste eine Satzung geschaffen werden. Vgl. Die Einheitsorganisation für die See- und Küstenfischer, Binnenfischer und Fischzüchter ist nunmehr durchgeführt, in: DFW, Bd. 3, Heft 14, 5.4.1936, S. 216f.

[142] Vgl. Umwandlung des pommerschen Fischerei-Vereins in den Landesverband im Reichsverband der Deutschen Fischerei, in: DFW, Bd. 3, Heft 20, 17.5.1936, S. 312 und Staatshandbuch Preußen 1928, S. 454. Zur Übernahme von Fachleuten in den RNS vgl. Ullmann, Interessenverbände (1988), S. 205.

[143] Vgl. Tagesordnung der Generalversammlung des mecklenburgischen Fischerei-Vereins e.V. am 1.11.1936 anlässlich des Fischereireichstages in Rostock. LHAS, 5.12-4/2, Nr. 442.

[144] Vgl. Staatshandbuch Mecklenburg 1930, S. 246 und Bericht über die Tagung des Mecklenburgischen Fischerei-Vereins, in: Mecklenburgische Zeitung (23.9.1935). LHAS, 5.12-4/2, Nr. 442, Bl. 177.

tens seit 1938 war dann Dr. Detlev Orgel Geschäftsführer des Landesverbandes und Vertreter der Landesbauernschaft.[145]

Anlässlich der Umwandlung des Mecklenburger Fischereivereins erfolgte auch die Ernennung der Kreisfachwarte für Mecklenburg.[146] Kreisfischereivereine wurden in Mecklenburg offenbar nicht gebildet, ortsübergreifende Zusammenschlüsse hatten auch bisher nicht bestanden, so dass kein Anlass zur Umwandlung nach den neuen Richtlinien gegeben war. Der Vorsitzende des Fischereivereins von 1896, Warnemünde, Albert Harms, übernahm den Posten des Kreisfachwarts im Bezirk Rostock. Im Bezirk Wismar war mit Richard Kufahl aus Kirchdorf/Poel ebenfalls ein Seefischer zum Kreisfachwart ernannt worden.[147]

Während die landwirtschaftlichen Vereine nicht nur auf Kreis-, sondern auch auf Ortsebene mit der Bildung des Reichsnährstandes bereits 1933/34 aufgelöst worden waren,[148] blieben die bestehenden lokalen Fischereivereine und Fischereiämter als unterste Organisationsebene sowohl in Mecklenburg als auch in Vorpommern erhalten.[149] Das darf durchaus als Zugeständnis an die Fischer verstanden werden, die die neue NS-Organisationsstruktur nicht im gewünschten Maße annahmen. Der Stralsunder Fachwart beklagte sich über die geringe Teilnahme an Versammlungen und Dr. Krämer von der Landesbauernschaft mahnte zum weiteren Ausbau der Organisation, denn es sei der Fischerei nicht damit gedient, nur Anträge einzubringen und deren Erfüllung zu verlangen. Gerade die Tatsche, dass die alten Fischereivereine bisher noch nicht aufgelöst worden seien, verpflichte die Fischer zu verständnisvoller Mitarbeit.[150]

145 Detlev Orgel, geb. 16.1.1911, hatte sich auf Empfehlung von Wilhelm Kühl, der damals Landesobmann für Fischerei in Mecklenburg und Vorsitzender des MFV gewesen war, im Mai 1935 auf die Fischmeisterstelle Wismar beworben. Er hatte dabei neben seinem mit Promotion abgeschlossenen Biologiestudium auf seine politische Einstellung verwiesen. Seit 1931 war er Mitglied der NSDAP und zu diesem Zeitpunkt gerade politischer Referent beim SA Sturm 40/60. Beigelegt war auch ein Empfehlungsschreiben der NSDAP-Ortsgruppe Brandenburg mit der Bitte um Bevorzugung Orgels bei der Stellenvergabe. Orgel bekam die Stelle damals aufgrund eindeutiger Überqualifikation nicht. Vgl. Dr. Detlev Orgel, Neubrandenburg an MfLDF, Anlage: Empfehlungsschreiben der NSDAP-Ortsgruppe Neubrandenburg, 27.5.1935. Absage des Ministeriums am 6.6.1935. LHAS, 5.12-4/2, Nr. 119, Bl. 194.

146 Vgl. Tagesordnung der Generalversammlung des mecklenburgischen Fischerei-Vereins e.V. am 1.11.1936 anlässlich des Fischereireichstages in Rostock. LHAS, 5.12-4/2, Nr. 442.

147 Vgl. MfLDF an Verlag J. Neumann zu Neudamm,14.7.1941. LHAS, 5.12-4/2 , Nr. 418. Das Ministerium übersandte die Aufstellung über die Organisation der Fischerei in Mecklenburg für den Taschenkalender für Fischer und Teichwirte, Ausgabe 1942. Dem dritten Bezirk im westlichsten Teil Mecklenburgs stand als Kreisfachwart Seefischer Erich Jürß, Dassow, vor.

148 Vgl. Münkel, Nationalsozialistische Agrarpolitik (1996), S. 130 und Bayern in der NS-Zeit, (1977), S. 59.

149 Vgl. beispielhaft Landrat des Kreises Wismar an MfLDF, Weiterleitung der Abschrift eines Schreibens des Landrats an die Fischervereine von Poel, Redentin, Boiensdorf, Rerik, Boltenhagen und an die Wismarer Fischerzunft, 15.3.1940. MfLDF, 5.12-4/2, Nr. 512, Bd. 6, Bl. 779 und Vereinsführer des Fischereivereins Sellin (Josef Wilke) an das Gewerbeaufsichtsamt Stralsund, 29.10.1943. LAG, Rep. 250, Nr. 398.

150 Jahreshauptversammlung Fischerei-Verein Stralsund, in: Der Deutsche See- und Küstenfischer, Jg. 1, Heft 5, 13.3.1938, S. 16.

Wohl aber waren – zum Teil bereits vor der Neuorganisation 1936 – in den Fischerorten Fachschaften eingerichtet und Ortsfachwarte bzw. Vertrauensmänner des Reichsverbandes der deutschen Fischerei bestellt worden.[151] In der Regel übernahmen die amtierenden Vorsitzenden der lokalen Vereine dieses Amt.[152] Es gibt keine Anzeichen für einen umfassenden Personalaustausch. Möglich, dass dies zum Teil auch einem gewissen Desinteresse der NSDAP geschuldet war. Vielmehr zeigt sich darin aber wohl die Rücksichtnahme auf lokale Begebenheiten. Es ist unwahrscheinlich, dass alle Kreis- und Ortsfachwarte Mitglied der NSDAP waren. Lokalstudien zeigen, dass in Ämtern oft erfahrene Personen gegenüber „alten Kämpfern" bevorzugt wurden, da so der Unzufriedenheit durch personelle Fehlbesetzungen vorgebeugt werden konnte.[153] Diese Praxis hatte mithin eine herrschaftsstabilisierende Wirkung.

Selten und offenbar nur, wenn der bisherige Vorsitzende auf „natürlichem Wege" ausgeschieden war, wurde der umgekehrte Weg gewählt und der Vereinsvorsitz dem zuständigen Vertrauensmann/Ortsfachwart übertragen.[154] Das Beispiel der Fischerzunft Wismar verdeutlicht dieses pragmatische Vorgehen. Die übliche Personalunion wurde erst vollzogen, als sich eine Gelegenheit dazu bot. Der scheidende Fischereiälteste Blunck zählte 81 Jahre und war damit als Vertrauensmann des Reichsverbandes vermutlich einfach zu alt gewesen.[155] Auf einen vorzeitigen Austausch hatte man – möglicherweise aus Rücksicht auf die lange Tradition der Fischerzunft – verzichtet.[156]

[151] Schon vor seiner Berufung zum Kreisfachwart führte Albert Harms als Vorsitzender des Fischereivereins von 1896 Warnemünde im Jahr 1934 die Warnemünder Fischerei-Fachschaft. Vgl. NSDAP-Ortsgruppenleiter Warnemünde an die Stadtverwaltung Warnemünde, 8.12.1934. AHR, 1.1.12.2, Nr. 1331. Offizielle Schreiben versah er weiterhin mit dem Stempel des Fischereivereins. Vgl. Fischerei-Fachschaft Warnemünde, Albert Harms an MfLDF, 13.8.1935. LHAS, 5.12-4/2, Nr. 500, Bd. 8, Bl. 150.

[152] Beispielsweise Hans Rüting als Vorsitzender des Zeeseneramtes und Ortsfachwart 1938. Vgl. Fischervereinigung Amt der Zeesener an OB Stralsund, 29.3.1938. StAS Rep. 20, Nr. 28.

[153] Vgl. Münkel, Nationalsozialistische Agrarpolitik (1996), S. 172, mit FN 129 und 130.

[154] Der bisherige Ortsvertrauensmann in Rerik, Seefischer Heinrich Techel, wurde zum Fischereivereinsvorsitzenden Rerik bestellt. Vgl. Aus der mecklenburgischen See- und Küstenfischerei. Aus der Organisation, in: Der Deutsche See- und Küstenfischer, Jg. 3, Heft 10, 27.10.1940, S. 40.

[155] Die Altersgrenze für Führungsämter im RNS lag bei 55 Jahren. Vgl. dazu Münkel, Nationalsozialistische Agrarpolitik (1996), S. 172.

[156] Anlässlich der Neuwahl des Fischereiältesten 1938 schaltete sich Wilhelm Kühl ein und forderte, dass der bereits gewählte Nachfolger durch den Seefischer Willi Koltz ersetzt werde, der seit 1937 als sein Vertrauensmann in Wismar fungiere und auch sein Vertreter beim für die Fischereiaufsicht zuständigen Landrat Wismar sei. Kühl begründete sein Vorgehen damit, dass die Belange der Fischerei nicht gut von zwei Seiten vertreten werden können: „*Deshalb habe ich auch an anderen Ortschaften die Regelung getroffen, dass der zuständige Vertrauensmann, Kreisfachwart oder Bezirksfachwart Führer der örtlichen Fischerschaft ist, ein Verfahren, welches sich gut bewährt hat.*" Kühls „Vorschlag" wurde von der Fischerzunft widerstandslos umgesetzt. Vgl. Reichsverband der Deutschen Fischerei an OB Wismar, 19.8.1938. AHW, XVI, 28 III und Notiz an den OB Wismar, 1.9.1938. AHW, XVI, 28 III.

Insgesamt ergibt sich für Mecklenburg und Vorpommern ein recht einheitlich gestalteter Unterbau von Kreis- und Ortsfachwarten. Gemeinsames charakteristischstes Merkmal der lokalen Organisation ist die überwiegende Verwendung der bisherigen Vereinsführer als Kreis- und Ortsfachwarte bzw. als Vertrauensmänner. Dies gewährleistete ebenso wie der Verzicht auf die Auflösung der alten Fischereivereine Kontinuität. Eine völlige Umstrukturierung vor Ort hätten die Fischer mit Sicherheit abgelehnt.

Als besonderes Merkmal der neuen Berufsorganisation betonten ihre Vertreter stets, dass nun endlich das Prinzip einer rein berufsständischen Betreuung von der untersten bis zur obersten Ebene verwirklicht worden sei.[157] Gleichzeitig wurde eine deutliche Abgrenzung zu dem als bevormundend kritisierten Vereinswesen der Weimarer Zeit und seinen führenden Vertretern wie etwa Wilhelm Dröscher vollzogen. Dass eine einheitliche Organisation erst im Nationalsozialismus durchgesetzt wurde, führte Kühl vor allem auf jene zurück, *„die man der Fischerei als sogenannte neutrale Führer“* vorgesetzt habe. Obgleich sie der Fischerei ein *„anerkennenswertes Interesse“* entgegengebracht hätten, sei in ihrer Arbeit die Förderung des Menschen zu kurz gekommen. Die mangelnde Mitarbeit der Fischer selbst monierte er ebenfalls, doch es sei wohl *„die Einsamkeit, die Weite des Wassers und der ewige Kampf mit den Naturgewalten“*, die den Fischer zu einem Einsiedler gemacht hätten, der für die größeren Probleme seines Berufes nie das nötige Interesse aufgebracht habe.[158]

Der Großteil der Fischer hielt sich allerdings weiterhin abseits; die Mitarbeit an der Basis blieb mangelhaft. Symptomatisch für die Versuche, die Küstenfischer zu regerer Beteiligung zu animieren, ist der Aufruf zur Teilnahme am Reichsfischereitag im Oktober 1936. Nicht nur die Verbandsvorsitzenden und ihre Mitarbeiter sollten dort erscheinen, sondern auch die Fischer selbst.[159] Ähnlich wie der Reichsbauerntag – nur in viel kleinerem Maßstab – diente der Reichsfischereitag als Propagandakundgebung. Um die völkische und ernährungspolitische Bedeutung der Fischerei auch der Öffentlichkeit deutlich zu machen, sei es wichtig, so Kühl, Gemeinschaft zu demonstrieren.[160] Der Pommersche Landesfachwart und im Reichsverband für die Küstenfischerei zuständige Robert Brüggemann fand auf der Veranstaltung selbst deutlichere Worte: *„Es ist nicht mehr angängig, dass einzelne Fischer sich für ihre Berufsgenossen abmühen, während die große Mehrzahl untätig beiseite steht.“* Brüggemann bedauerte, dass die Anordnung des Reichsbauernführers über die Neuordnung der Fischerei bei einer großen Zahl von Fi-

[157] Vgl. z.B. Aus der örtlichen Arbeit: Fischereiversammlung in Stolpemünde, in: DFW, Bd.3, Heft 10, 8.3.1936, S.154f.

[158] So Kühl in seiner Begrüßungsansprache zum Reichsfischereitag in Rostock 1936. Vgl. Auch die Küsten- und Binnenfischer einsatzbereit, in: DFW, Bd.3, Heft 45, 8.11.1936, S.760–762, Zitat S.760.

[159] Vgl. Reichsfischertag für die Küsten- und Binnenfischer in Rostock, in: DFW, Bd.3, Heft 41, 11.10.1936, S.654f.

[160] *„Rostock soll nicht nur eine Arbeitstagung, sondern vor allem auch eine KUNDGEBUNG werden.“* Ebd. (Hervorhebung im Original).

schern kein Verständnis gefunden habe und dass Zwangsmaßnahmen notwendig seien, um alle Fischer zusammenzuführen.[161]

Die Fischer standen der Reichsnährstandsorganisation und der Reorganisation ihres Vereinswesens im Reichsverband der Deutschen Fischerei grundsätzlich misstrauisch gegenüber. Auch die altbekannte Sorge um zusätzliche Kosten und möglichen bürokratischen Aufwand dürften dabei eine Rolle gespielt haben. Der Vorsitzende des Reichsverbandes, Kühl, sah sich genötigt, die Fischer an ihre Pflichten als Volksgenossen zu erinnern: „*Wenn die Führung immer wieder von der Bedeutung des Berufsfischers für die Volksgemeinschaft predige, müssten sich dann auch die Fischer geschlossen hinter die Führung stellen und dürften sich nicht in nutzloser Kritik verlieren.*“ Die üblichen Konflikte zwischen den Fischern wurden durch die neue Organisationsform höchstens überdeckt. Immer wieder wurde die herrschende Uneinigkeit beklagt und die Fischer aufgefordert, nun endlich „*jede Eigenbrötelei zurückzustellen und sich in das große Ganze einzuordnen.*“[162]

Zu den Aufgaben der Kreis- und Ortsfachwarte

Bis 1939 bestand eine wichtige Aufgabe der Kreis- und Ortfachwarte vor allem darin, die Fischer von der Organisation im RNS und Reichsverband zu überzeugen und sie über etwaige Anordnungen oder Neuerungen zu informieren. Auf Rügen wurden jährlich Kreisversammlungen abgehalten, bei denen mit Landesfachwart Brüggemann und Dr. Krämer die Spitzen des Landesverbandes ebenso anwesend waren, wie der Kreisbauernführer und der Oberfischmeister.[163] Neben Referaten allgemeinerer Natur, Berichten über überregionale Tagungen und Informationen über spezielle Maßnahmen – etwa das Entschuldungsverfahren oder das Ausbildungswesen – dienten die Versammlungen auch der Aussprache über lokale Probleme. Üblicherweise nahmen auf Rügen an diesen Tagungen nur die Ortsfachwarte teil, die die Informationen an die Fischer ihres Dorfes weiterzugeben hatten. Bei Bedarf beriefen der Kreisfachwart oder die Landesbauernschaft auch Versammlungen lokaler Vereine ein.[164]

Der Informationspflicht kam nicht jeder Ortsfachwart nach.[165] Einige Fischer der Fachschaft Bergen führten Ende 1942 beim zuständigen Kreisfachwart Klie-

[161] Vgl. Brüggemann, Robert: Was muss in der See- und Küstenfischerei getan werden?, in: DFW, Bd. 3, Heft 44, 1. 11. 1936, S. 741f. Ähnlich hatte er sich zuvor bereits auf einer Fischereitagung in Saßnitz geäußert. Vgl. Fischereitagung in Saßnitz, in: DFW, Bd. 3, Heft 32, 9. 8. 1936, S. 510f.

[162] Auch die Küsten- und Binnenfischer einsatzbereit, in: DFW, Bd. 3, 1936, Heft 45, 8. 11. 1936, S. 760–762, Zitate S. 762.

[163] Vgl. beispielhaft Tagung der rügenschen Fischerei-Vereine in Bergen, in: DFW, Bd. 4, Heft 1, 3. 1. 1937, S. 7.

[164] Vgl. die betreffenden Jahrgänge der DFW.

[165] Dass ein Großteil der Vereinsvorsitzenden über anstehende Maßnahmen nicht ausreichend informiert war, zeigt auch der wiederholte Aufruf Dr. Krämers an die Fischereivereinsvorsitzenden, die einschlägige Fachpresse aufmerksam zu lesen, um im Interesse der überlasteten Verbandsgeschäftsstellen unnötige Anfragen und unvollständige Anträge zu vermeiden. In gleichem Sinne äußerte sich auch Kreisfachwart Kliesow bei einer Versammlung in Göhren.

sow Beschwerde über ihren inaktiven Fischereivereinsvorsitzenden Ernst Helsing, der seit Jahren keine Versammlungen abgehalten habe, auch nicht nach ausdrücklicher Aufforderung. Von den Verbandsversammlungen und den dort verhandelten Angelegenheiten hätten sie daher nie etwas erfahren. Im selben Schreiben beschuldigten die unterzeichnenden Fischer Helsing auch der verbotenen Aalfischerei. Obwohl offensichtlich beide Anschuldigungen eines Funkens Wahrheit nicht entbehrten, bestätigte Fachwart Kliesow Helsing in seinem Amt. Dazu dürfte auch der Verlauf der zu diesem Zweck einberufenen Versammlung beigetragen haben, die, so die Aktennotiz des Oberfischmeisters, „*einen sehr unerfreulichen und lärmenden Verlauf [nahm]. Der Hauptbeschwerdeführer [...] beschuldigte den Fischereivereinsvorsitzenden in der gröblichsten Weise, ohne beweiskräftiges Material zu haben und benahm sich so unsachlich und rüpelhaft wie nur möglich.*“[166] Offensichtlich ging es vor allem um persönliche Animositäten zwischen den Konfliktparteien, für deren Austragung die NS-Organisationsstruktur genutzt wurde. In Mecklenburg, wo viel weniger Fischer zu betreuen waren, wurden örtliche Versammlungen hauptsächlich auf Veranlassung des Landesfischereiverbandes einberufen. Auch hier nahmen Vertreter der Landes- und Reichsorganisationen teil.[167]

Die Kreisfachwarte waren zudem in das Bewilligungsverfahren für Reichsdarlehen involviert und bestimmten die hilfsbedürftigen Fischer, die in den Genuss der Winterhilfswerksunterstützung kommen sollten.[168] Insbesondere in Fragen der Zulassung zur Fischerei, die eigentlich in die Zuständigkeit der Fischereiverwaltung fiel, gelang es den Kreisfachwarten Einfluss zu nehmen.[169]

In der Friedensphase ähnelten die Obliegenheiten der Kreis- bzw. Ortsfachwarte in vielerlei Hinsicht den originären Aufgaben eines Fischereivereinsvorsitzenden, teilweise gingen sie darüber hinaus. In jedem Fall war gerade das Amt des Kreisfachwartes mit einem gewissen Macht- und Prestigegewinn verbunden. Im Krieg sollten die Aufgaben des Reichsverbandes und die Verantwortung seiner Vertreter auf regionaler und lokaler Ebene dann eine enorme Ausweitung erfahren. Die gesamte Beschaffung und Verteilung der zur Fischerei benötigten Be-

Vgl. Fischereiversammlungen in Pommern, in: Der Deutsche See- und Küstenfischer, Jg. 6, Heft 5, 30.5.1943, S. 24 und Fischereiversammlungen, in: Der deutsche See- und Küstenfischer, Jg. 7, Nr. 3, 31.3.1944, S. 11. Seit Januar 1937 erschien in der Deutschen Fischwirtschaft eine Rubrik für den Deutschen See- und Küstenfischer, ab Januar 1938 als eigenständige Beilage, die kostenlos zur Verfügung gestellt wurde.

166 Fachschaft Bergen, Buschvitz, Zittvitz an Kreisfachwart Kliesow, Göhren, 21.12.1942. Die Antwort des Staatlichen Fischereiamts vom 7.1.1943 drückt Befremden über die Eingabe aus. Eine Notiz über die Verhandlung in Bergen vom 18.1.1943 belegt, dass Helsing zunächst Ortsfachwart blieb. StAS, Rep. 21, Nr. 99, Bl. 43.

167 Die Aktivitäten der Berufsorganisation in Mecklenburg sind in der Deutschen Fischwirtschaft spärlicher überliefert. Entweder arbeitete man dort nicht so öffentlichkeitswirksam oder war tatsächlich nicht so rege. Vgl. die betreffenden Jahrgänge der DFW.

168 Vgl. Die berufsständische Fischerei am Anfang einer neuen Entwicklung. Der Reichsfischereitag in Lindau gab ein Bild der Zuversicht und Einsatzbereitschaft der Küsten- und Binnenfischerei, in: DFW, Bd. 4, Heft 37, 12.9.1937, S. 530f. und Wiehr, H.: Sorge um den See- und Küstenfischer, in: DFW, Bd. 3, Heft 48, 29.11.1936, S. 809–811.

169 Vgl. Kapitel III.4.b). – Reichsfischereischein.

triebsmittel wurde durch den Reichsverband und seinen Unterbau organisiert. Seit Kriegsbeginn war mithin noch einmal ein deutlicher Machtzuwachs der Vertreter der Berufsorganisation auf der lokalen Ebene festzustellen.[170]

f) Fazit

Mit der Einbeziehung der Fischwirtschaft in den RNS wurde zwangsweise umgesetzt, was von den Betroffenen während der gesamten Weimarer Republik hartnäckig bekämpft worden war. Die organisatorische Zusammenfassung von Landwirtschaft und Fischerei war in der Praxis allerdings nur mit bestimmten Einschränkungen möglich. Die Binnen- und Küstenfischerei erhielt hinsichtlich ihrer berufsständischen Betreuung innerhalb des RNS eine eigene Unterorganisation, den Reichsverband der deutschen Fischerei, der relativ unabhängig von den Bauernschaften agieren konnte. Das Tätigkeitsfeld des Reichsverbandes wurde in wirtschaftlichen Fragen allerdings durch die Hauptvereinigung der deutschen Fischwirtschaft eingeschränkt.

Das Vereinswesen der See- und Küstenfischerei erfuhr im Zuge der nationalsozialistischen „Reorganisation" eine Vereinheitlichung und Straffung. Dabei griff man soweit wie möglich auf vorhandene Strukturen zurück. Auf mittlerer Ebene wurden Landesfischereiverbände installiert, die aus vorhandenen Vereinen hervorgingen. Auf der lokalen Ebene zeichnete sich der Aufbau des Reichsverbandes der deutschen Fischerei durch die Beibehaltung der traditionellen Fischereivereine aus. Für den DSV, der seit 1894 die Belange der See- und Küstenfischerei in enger Zusammenarbeit mit der Reichsverwaltung betreut hatte, bedeuteten die Umstrukturierungen dagegen das Ende seiner Existenz. Mit der Errichtung des RNS und dem Auf- und Ausbau der Reichsverbandsorganisation war der traditionsreiche Verein überflüssig geworden.

3. Der Küstenfischer in der NS-Ideologie

Ideologien dienen der Herrschaftslegitimierung, so auch die nationalsozialistische. Dass die Versuche einer ideologischen Durchdringung der See- und Küstenfischerei nicht unbedingt erfolgreich waren, ist bereits in den vorangegangenen Kapiteln angeklungen. Dennoch sollen die zugrundeliegenden Strategien, Argumentationsweisen und ihre Funktionen hier kurz aufgezeigt werden. Ergiebiges Material dazu bieten die programmatischen Ausführungen der „berufsständischen Führer" der Küstenfischerei in der „Deutschen Fischwirtschaft".

170 Dieser „binnenorientierte Machtzuwachs" berufsständischer Organisationen, der eine begrenzte Bedeutung im politischen Entscheidungsprozess kompensieren sollte, findet sich nicht nur im RNS, sondern auch in Handwerk und Handel. Er ist ein typisches Merkmal nationalsozialistischer Gesellschaftspolitik. Vgl. Von Saldern, Mittelstand (1979), S. 135f.

a) „Der Fischer ist der Bauer des Wassers"[171]: Soziale Aufwertung

Die nationalsozialistische Agrarpolitik erfüllte nicht nur den wirtschaftspolitischen Zweck der Ertragssteigerung mit dem Ziel weitgehender Autarkie, sie war gleichzeitig Teil einer ideologiebestimmten Gesellschaftspolitik im Sinne einer Aufwertung des Berufsstandes und der Förderung des kleinen selbständigen Mittelstandes.[172] Gerade für Darré war die Bedeutung der Landwirtschaft eben nicht nur ernährungspolitisch zu messen, ihre wesentliche Aufgabe lag für ihn auf bevölkerungspolitisch-rassischem Gebiet. Im Bauerntum sah er den „Bluterneuerungsquell des deutschen Volkes".[173] Die NS-Agrarpolitik war natürlich nicht speziell auf die Fischerei bzw. die Küstenfischerei ausgerichtet, aber die nationalsozialistischen Vertreter der Küstenfischerei nahmen beide Argumentationsstränge dankbar auf.

Giese, zuständiger Mitarbeiter des Amts für Agrarpolitik der NSDAP, formulierte 1933 in der NS-Landpost, die Küstenfischerei ernähre nicht nur zahlreiche kleine selbständige Existenzen, sondern sie sei *„auch eine der wichtigsten Grundlagen, um das deutsche Blut rein und unverfälscht zu erhalten."*[174] Und Frenck, damals Hauptfachberater und Vorsitzender des Reichsverbandes der See- und Küstenfischer, forderte 1934 die *„Achtung des Lebensrechtes auch der zahlreichen Volksgenossen, die sich mit den kärglichsten Lebensverhältnissen abfinden müssen und doch rassisch wie in der Erzeugung eines der wichtigsten Glieder der Fischwirtschaft im Volksganzen sind."*[175] Im selben Jahr betonte er, dass die Fischerfrage nicht nur von der wirtschaftlichen, sondern auch von der *„psychologischen und bevölkerungspolitischen Seite aus betrachtet und angepackt werden"* müsse.[176] Wilhelm Kühl äußerte sich 1936 verwundert darüber, dass es bisher nicht möglich gewesen sei, *„diesen gesunden Menschenschlag besser und geeigneter in die Volksgemeinschaft einzubauen."*[177] Auch im Mai 1939 begründete man die notwendige Erhaltung der Kleinfischerei noch an erster Stelle mit volkspolitischen Argumenten, die außerhalb jeder Diskussion stünden. Erst an zweiter Stelle fanden ernährungswirtschaftliche Aspekte Erwähnung.[178] Durch die Betonung seines rassischen Wertes erfuhr der Fischer also eine von seiner volkswirtschaftlichen Bedeutung entkoppelte soziale Aufwertung. Unterstrichen wurde dies noch durch

[171] Überschrift eines Artikels in der DFW, Bd. 3, Heft 42, 18. 10. 1936, S. 673.
[172] Vgl. Henning, Wirtschafts- und Sozialgeschichte (2003), S. 165.
[173] Zu Darrés Ideologie vgl. Corni/Gies, „Blut und Boden" (1994), S. 17–24.
[174] Giese, A.R.: Die Grundbedingungen für die Neugestaltung unserer Seewirtschaft, in: NS-Landpost, (7. 5. 1933).
[175] Frenck, Karl: Not- und Schicksalsgemeinschaft der deutschen Fischwirtschaft, in: DFW, Bd. 1, Heft 6, Juni 1934, S. 93f., Zitat S. 93.
[176] Frenck, Karl: Das Herz muss dabei sein! Ein Mahnwort zur Lage der Küstenfischerei, in: DFW, Bd. 1, Heft 25, 13. 10. 1934, S. 398f., Zitat S. 398.
[177] Der Reichsfischereirat tagte. Erklärung über die Lebensfragen und Arbeitsziele der berufsständischen Fischerei, in: DFW, Bd. 3, Heft 19, 10. 5. 1936, S. 290–292, Zitat S. 290.
[178] Vgl. Ausrichtung für die weitere Arbeit, in: DFW, Bd. 6, Heft 21, 21. 5. 1939, S. 451.

die Hervorhebung der harten, gefährlichen Arbeit, für die nur ein karger Lohn zu erwarten sei.[179]

Einer Erzeugungssteigerung in der See- und Küstenfischerei stand das ungelöste Absatzproblem im Wege: Die Aufgabe der Fischer in der „Erzeugungsschlacht" und ihre Bedeutung für die Volksernährung waren daher zunächst rein virtuell. Dennoch fand das Argument in den Forderungen nach einer Verbesserung der wirtschaftlichen und sozialen Lage der Küstenfischerei Verwendung. Dem berufsständischen Fischer müsse die Möglichkeit gegeben werden, „*an dem großen Ziel des Reichsbauernführers, der Nahrungsfreiheit des deutschen Volkes, mitzuarbeiten.*"[180] Angesichts der besonderen ernährungspolitischen Bedeutung der Küstenfischerei in einem „*Sonderfall*", so Kühl 1936 an anderer Stelle, müssten dazu bereits heute alle notwendigen Maßnahmen ergriffen werden.[181] Auf den wichtigen Beitrag, den die Küstenfischerei im Ersten Weltkrieg geleistet hatte, verwies der pommersche Gauleiter Schwede-Coburg mit gleicher Intention schon 1934 auf dem Reichsfischwirtschaftstag in Stralsund.[182]

Auch die Fischer selbst griffen das Argument gerne auf. Gerade in den Jahren um 1933, bevor eine einheitliche Berufsorganisation geschaffen worden war und sich die Fischer und ihre Vereine noch selbst mit Eingaben an Politik und Verwaltung wandten, fand es als Abschlussphrase Verwendung: „*Wir bitten zu beachten, dass die Fischerei einen großen Teil der Ernährung der ‚Deutschen Nation' sicherstellen soll.*"[183]

Ganz gleich ob auf den völkischen Wert des Berufsstandes oder seine potentielle Bedeutung für die Volksernährung rekurriert wurde, in beiden Fällen erfüllten diese Hinweise die gleiche Funktion: Die geforderten Maßnahmen zur Unterstützung und Erhaltung der See- und Küstenfischerei unabhängig von ihrer tatsächlichen volkswirtschaftlichen Leistung zu rechtfertigen.

179 So verwies Frenck darauf, dass die Werterträge der Küstenfischerei zwar gering erscheinen mögen, doch handele es sich dabei um reinen Arbeitsertrag, der praktisch und moralisch höher zu werten sei als Dividenden. Vgl. Frenck, Karl: Not- und Schicksalsgemeinschaft der deutschen Fischwirtschaft, in: DFW, Bd. 1, Heft 6, Juni 1934, S. 93f. Der Gauleiter und Reichsstatthalter Mecklenburgs, Friedrich Hildebrandt, betonte auf dem Reichsfischereitag 1936 „die völkische und politische Bedeutung des hartarbeitenden kleinen selbständigen Berufsfischers". Auch die Küsten- und Binnenfischer einsatzbereit, in: DFW, Bd. 3, Heft 45, 8. 11. 1936, S. S. 761. Zur intendierten Wirkung der sozialen Aufwertung des Mittelstandes in der NS-Ideologie allgemein vgl. von Saldern, Mittelstand (1979), S. 226f.

180 Der Reichsfischereirat tagte. Erklärung über die Lebensfragen und Arbeitsziele der berufsständischen Fischerei, in: DFW, Bd. 3, Heft 19, 10. 5. 1936, S. 290–292, Zitat S. 290. Vgl. auch Brüggemann, Robert: Was muss in der See- und Küstenfischerei getan werden?, in: DFW, Bd. 3, Heft 44, 1. 11. 1936, S. 741f.

181 Vgl. Auch die Küsten- und Binnenfischer einsatzbereit, in: DFW, Bd. 3, Heft 45, 8. 11. 1936, S. 760–762, Zitat S. 762.

182 Vgl. Der Reichsbauernführer begrüßte den Reichs-Fischwirtschaftstag, in: DFW, Bd. 1, Heft 26, 20. 10. 1934, S. 445f.

183 Vgl. beispielhaft Fischerzunft Wismar an Mecklenburg-Schwerinschen Landtag, Eingabeausschuss: Bitte um Gewährung einer einmaligen Wirtschaftsbeihilfe, 7. 3. 1933. LHAS, 5.12-4/2, Nr. 500, Bd. 8, Bl. 38 und Mecklenburger Fischer des Saaler Boddens an Reichsstatthalter Hildebrandt, Schwerin, 4. 2. 1934. LHAS, 5.12-4/2, Nr. 500, Bd. 8, Bl. 55.

Die soziale Aufwertung des Fischers wurde auch symbolisch vollzogen. Beispiele sind die Grußtelegramme des „Führers" und des Reichsbauernführers anlässlich der Reichsfischereitage, die demonstrative Anwesenheit der Gauleiter auf den Jahresversammlungen der Landesfischereiverbände, der Empfang zweier Neukuhrener Seefischer durch den „Führer" 1936 und die mit breiter Pressewirkung zelebrierte Verleihung des Ritterkreuzes an einen Küstenfischer aus dem schleswigholsteinischen Adolf-Hitler-Koog, heute Dieksander-Koog, im Jahr 1944.[184]

b) „Der Binnenfischer wurde zum Nomaden und der Küstenfischer zum Proletarier gemacht!"[185]: Abrechnung mit dem „liberalistischen System"

Vor dem Hintergrund der Krisenjahre der Weimarer Republik konnten sich die Nationalsozialisten besonders positiv präsentieren, und das von weiten Gesellschaftskreisen empfundene Versagen der demokratischen Staatsform und des liberal-kapitalistischen Wirtschaftssystems erlaubte vereinfachende Darstellungen. Erklärungen zur schlechten wirtschaftlichen Lage der See- und Küstenfischerei erfolgten daher stets unter Hinweis auf die Verfehlungen des Weimarer Staates.[186] Die Regierungen der „Systemzeit" hätten der Verschuldung und Proletarisierung des Küstenfischers durch eine fehlgeleitete Wirtschaftspolitik Vorschub geleistet, lautete der charakteristische Vorwurf. So wurde er im Mai 1933 in der NS-Landpost erhoben und in der Folgezeit immer wieder in ähnlicher Weise formuliert.[187] Man habe den Fischer Außenhandelsfragen geopfert und den entstandenen Schaden durch „*Almosen und Pflästerchen in Form von staatlichen Darlehen und Beihilfen*" wieder gutzumachen versucht.[188] Dem „*unaufhaltbaren Niedergang der deutschen berufsständischen Fischerei*" zwischen 1918 und 1933 hätten erst der „Führer" und die nationalsozialistische Bewegung Einhalt geboten.[189]

Mit der Würdigung des Küstenfischers als unverschuldet in Not geratenem Opfer der „Systemzeit" konnte man bei den Betroffenen selbst punkten und unterstrich zudem den gerechtfertigten Anspruch auf staatliche Unterstützung. Darüber hinaus ließen sich so auch die mangelhaften Fortschritte hinsichtlich der

[184] Vgl. allgemein die Berichterstattung in der DFW und speziell: Neukuhrener Seefischer beim Führer, in: DFW, Bd. 3, Heft 5, 2.2.1936, S. 70f. und Starke Beachtung der Ritterkreuzverleihung in der Öffentlichkeit, in: DFW, Bd. 11, Heft 19, 17.9.1944, S. 225.

[185] Auch die Küsten- und Binnenfischer einsatzbereit, in: DFW, Bd. 3, Heft 45, 8.11.1936, S. 760–762, Zitat S. 761.

[186] Vgl. beispielsweise Giese, Die deutsche Fischwirtschaft im Reichsnährstand, JB 1933, S. 149f.

[187] Vgl. Giese, A.R.: Die Grundbedingungen für die Neugestaltung unserer Seewirtschaft, in: NS-Landpost , Nr. 19 vom 7.5.1933.

[188] Frenck, Karl: Das Herz muss dabei sein! Ein Mahnwort zur Lage der Küstenfischerei, in: DFW, Bd. 1, Heft 25, 13.10.1934, S. 398f., hier S. 398. Gemeint ist der mangelnde Zollschutz. Vgl. weiterhin beispielhaft: Der Dank der deutschen Fischwirtschaft. Alle Volksgenossen in der deutschen Fischwirtschaft geben am 29. März 1936 geschlossen ihre Stimme dem Führer, in: DFW, Bd. 3, Heft 12, 22.3.1936, S. 177f.

[189] Auch die Küsten- und Binnenfischer einsatzbereit, in: DFW, Bd. 3, Heft 45, 8.11.1936, S. 760–762, hier S. 760f.

angestrebten Verbesserungen entschuldigen. Kritik wurde entgegengehalten, dass langjährige Fehlentwicklungen eben nicht auf einen Schlag rückgängig gemacht werden könnten. Frenck zeigte sich 1934 zuversichtlich: Einfache Naturen wie die Fischer fühlten instinktiv, dass es nicht die Schuld der Führung sei, wenn ihre Not und ihr Elend noch nicht durchgreifend hätten gelindert werden können.[190]

c) „Gemeinnutz geht vor Eigennutz – auch in der Küstenfischerei"[191]: Disziplinierung durch die Volkstumsideologie

Zu seinen Aufgaben zählte der Reichsverband der deutschen Fischerei auch die Formung eines neuen deutschen Berufsfischers im nationalsozialistischen Geist. Jeder deutsche Fischer müsse sich innerlich zu dieser Weltanschauung bekennen.[192] In erster Linie ging es dabei um die Erziehung des Fischers zu mehr Gemeinsinn. Klagen über „Eigenbrötelei", fehlenden Genossenschaftssinn und die Rückständigkeit in Markt- und Qualitätsfragen wurden auch im Nationalsozialismus und auch von Seiten der Berufsorganisation erhoben.[193] Die für Marktfragen zuständige HV Fischwirtschaft übte offen Kritik am Verhalten der Fischer und mahnte nachdrücklich, das Wort von der Mitarbeit in der Erzeugerschlacht nicht nur zum eigenen Nutzen auszulegen. Die Wirtschaftsinteressen des Einzelnen dürften nicht gegen die der Allgemeinheit gestellt werden.[194] Gleichzeitig warb die HV um Verständnis, wenn aufgrund bestimmter Maßnahmen zum Wohle der Allgemeinheit persönliche Opfer gebracht werden müssten.[195] Zwar hätten die deutschen Fischer das Versprechen des „Führers", dass im „Dritten Reich" auch die kleinen wirtschaftlich schwachen Existenzen endlich zu ihrem Recht kommen würden.[196] Doch *„im nationalsozialistischen Staate sei keineswegs ein Versorgungs-*

[190] Vgl. Frenck, Karl: Not- und Schicksalsgemeinschaft der deutschen Fischwirtschaft, in: DFW, Bd. 1, Heft 6, Juni 1934, S. 93f. Ähnlich Wilhelm Kühl 1936: Bei der Machtübernahme habe der Nationalsozialismus ein erbärmliches Erbe vorgefunden und deshalb sei es kein Versäumnis der NSDAP, sondern eine natürliche Folge der vergangenen Epoche, wenn erst 1935 der Neuaufbau der berufsständischen Fischerei in Goslar hätte verkündet werden können. Vgl. Auch die Küsten- und Binnenfischer einsatzbereit, in: DFW, Bd. 3, Heft 45, 8. 11. 1936, S. 760–762.

[191] Ba[hr, Klaus]: Gemeinnutz geht vor Eigennutz – auch in der Küstenfischerei! Unerfreuliche Beispiele mahnen zur Besinnung, in: DFW, Bd. 4, Heft 19, 9. 5. 1937, S. 264f.

[192] Vgl. Auch die Küsten- und Binnenfischer einsatzbereit, in: DFW, Bd. 3, Heft 45, 8. 11. 1936, S. 760–762.

[193] Vgl. beispielhaft den Artikel des Abteilungsleiters See- und Küstenfischerei im RV, Robert Brüggemann: Was muss in der See- und Küstenfischerei getan werden?, in: DFW, Bd. 3, Heft 44, 1. 11. 1936, S. 741f.

[194] Vgl. Ba[hr, Klaus]: Der See- und Küstenfischer muss selbst an der Marktordnung mithelfen, in: DFW, Bd. 3, Heft 50, 13. 12. 1936, S. 838f.

[195] Vgl. Bahr, Klaus: Schutz und Förderung der Küstenfischerei durch Marktordnung, in: DFW, Bd. 3, Heft 44, 1. 11. 1936, S. 742f. Diese Äußerung stand hier im Zusammenhang mit den Anordnungen der HV Fischwirtschaft zur Betriebsgenehmigungspflicht. Vgl. Kapitel III.4.b).

[196] Vgl. Frenck, Karl: Not- und Schicksalsgemeinschaft der deutschen Fischwirtschaft, in: DFW, Bd. 1, Heft 6, Juni 1934, S. 93f.

institut zu sehen", warnte Wilhelm Kühl auf dem Reichsfischertag 1937 in Lindau vor überzogenen Erwartungen. Die Initiative eines jeden Einzelnen sei gefordert, der Staat dürfe nur dort eingreifen, wo es im Interesse der Allgemeinheit unbedingt notwendig erscheine.[197]

Diese Betonung des Leistungsgedankens war ein typisches Element der NS-Ideologie. Nationalsozialistischer Staat und Partei erwarteten als Gegenleistung zur Förderung und Erhaltung des Berufsfischerstandes *„die Erfüllung besonderer Aufgaben"*.[198] Deutlich äußerte sich dieser Anspruch im Krieg. Nachdem die Priorität nun ausschließlich auf der Erzeugungssteigerung lag, wandelte sich die Funktion des Argumentes „Die Fischer leisten einen Beitrag zur Ernährungssicherung des deutschen Volkes" von einer Rechtfertigung hin zu einer moralischen Verpflichtung. Die Fischer sollten im Interesse des Volksganzen mit vollem Einsatz fischen und ihre Fänge restlos abliefern.[199] Das Herausstellen der Verpflichtung des Einzelnen gegenüber der Volksgemeinschaft diente demnach zum einen der Disziplinierung der Fischer, zum anderen einer Konsensbildung, mit der auch unpopuläre Maßnahmen durchgesetzt werden sollten.[200]

4. Maßnahmen zur Verbesserung der sozialen und wirtschaftlichen Lage der Küstenfischer bis 1939

„Der deutsche Fischer will keine Almosen, er will nur endlich eine tragbare Grundlage für seine Existenz, einen gerechten Preis für seine Fische, eine angemessene Entlohnung für seine harte und oft gefahrvolle Arbeit", dies hatte der Reichsverband der deutschen See- und Küstenfischer im Oktober 1934 gefordert.[201] Doch eine spürbare Besserung zeichnete sich seither nicht ab. Die Preise für die Massenfische Hering und Dorsch stagnierten unter dem Niveau der Jahre 1929 bis 1931.[202] Der Anfang 1933 in Kraft getretene Zollschutz war in der Küstenfischerei ohne spürbare Wirkung geblieben.[203] Im August 1936 wurde die Küstenfischerei in einem

[197] Vgl. Kühl, Wilhelm: Die berufsständische Fischerei am Anfang einer neuen Entwicklung. Der Reichsfischereitag in Lindau gab ein Bild der Zuversicht und Einsatzbereitschaft der Küsten- und Binnenfischerei, in: DFW, Bd. 4, Heft 37, 12. 9. 1937, S. 530f., Zitat S. 531.

[198] Ebd.

[199] Vgl. Kapitel III.5.b).

[200] Zur gesellschaftspolitischen Funktion der Volkstumsideologie vgl. auch von Saldern, Mittelstand (1979), S. 212f.

[201] Frenck, Karl: Das Herz muss dabei sein! Ein Mahnwort zur Lage der Küstenfischerei, in: DFW, Bd. 1, Heft 25, 13. 10. 1934, S. 398f., Zitat S. 398.

[202] Vgl. Fischer, Küstenfischerei, JB 1932, S. 171 und JB 1929, S. 223.

[203] Oberregierungsrat Eichelbaum vom RMEL bewertete die Auswirkungen des Zollschutzes auf die heimische Fischerei im Allgemeinen als gut, allein die Küstenfischerei habe nicht davon profitieren können. Vgl. Oberregierungsrat Dr. Eichelbaum: Die Wirkung der Fördermaßnahmen der Reichsregierung für Fischerei, in: Mitteilungen des DSV, Bd. 50, Nr. 6, März 1934, S. 230–232.

Artikel der „Deutschen Fischwirtschaft" als das letzte „*noch bestehende Notstandsgebiet in der Fischwirtschaft*" bezeichnet.[204]

Die soziale und wirtschaftliche Hebung des Berufsstandes war seit April 1936 Aufgabe des Reichsverbandes der deutschen Fischerei. Wenn nun im Einzelnen untersucht wird, welche Maßnahmen dazu ergriffen wurden, darf nicht vergessen werden, dass der Reichsverband zwar angegliederter Teil der RNS-Organisation war, selbst aber keine verbindlichen Anordnungen treffen konnte. Die zugrunde liegenden Gesetze und Anordnungen mussten vom RMEL oder vom RNS und der HV Fischwirtschaft erlassen werden. Gegenüber diesen Stellen betrieb der Reichsverband als Berufsvertretung Interessenpolitik, auch wenn nach außen Übereinstimmung demonstriert wurde.

Die Forderungen der „berufsständischen Fischerei" wurden im Jahr 1936 von den Vertretern des Reichsverbandes in vielen Variationen formuliert.[205] Dabei lassen sich fünf große Arbeitsgebiete ausmachen: Die Frage der Kreditvergabe und der Entschuldung, der Schutz des Berufsfischers, die gesetzliche Regelung der Ausbildung, die Verbesserung der sozialen Sicherung durch Schaffung einer Altersvorsorge und schließlich die Lösung des Preis- und Absatzproblems.

a) Kreditvergabe und Entschuldung

Kreditvergabe

Trotz der Kritik an der Darlehenspraxis der Weimarer Zeit schaffte die nationalsozialistische Regierung die Kreditvergabe keineswegs ab.[206] Staatliche Subventionen waren zur Erhaltung der See- und Küstenfischerei weiterhin notwendig. Die dringend geforderte Modernisierung der oft überalterten Fahrzeuge war ohne großzügige finanzielle Unterstützung nicht möglich, dies betonte der Reichsverband immer wieder.[207]

Nach der Weltwirtschaftskrise stiegen die jährlich im Reichshaushalt vorgesehenen Darlehensmittel wieder an. 1937 wurden erstmals seit zehn Jahren wieder mehr als 400 000 RM bereitgestellt. Im Jahr zuvor hatte es sich der Reichsverband zur Aufgabe gemacht, verstärkt die politischen Stellen dafür zu interessieren, dass größere Summen zur Verfügung gestellt würden.[208] Durch Tilgungszahlungen wuchs der Darlehensfonds zusätzlich und die Gesamtausgaben für Darlehen und

[204] Für unsere Küstenfischer, in: DFW, Bd. 3, Heft 32, 2. 8. 1936, S. 489–491, Zitat S. 489.

[205] Vgl. u. a. Der Reichsfischereirat tagte. Erklärung über die Lebensfragen und Arbeitsziele der berufsständischen Fischerei in: DFW, Bd. 3, Heft 19, 10. 5. 1936, S. 290–292; Auch die Küsten- und Binnenfischer einsatzbereit, in: DFW, Bd. 3, Heft 45, 8. 11. 1936, S. 760–762; Wiehr, H.: Sorge um den See- und Küstenfischer, in: DFW, Bd. 3, Heft 48, 29. 11. 1936, S. 809–811.

[206] Vgl. Frenck, Karl: Das Herz muss dabei sein! Ein Mahnwort zur Lage der Küstenfischerei, in: DFW, Bd. 1, Heft 25, 13. 10. 1934, S. 398f.

[207] Vgl. Der Reichsfischereirat tagte. Erklärung über die Lebensfragen und Arbeitsziele der berufsständischen Fischerei, in: DFW, Bd. 3, Heft 19, 10. 5. 1936, S. 290–292.

[208] Vgl. Wiehr, H.: Sorge um den See- und Küstenfischer, in: DFW, Bd. 3, Heft 48, 29. 11. 1936, S. 809–811.

Beihilfen stiegen von 210096 RM im Jahr 1936 auf 993398 RM im Jahr 1938.[209] Im Vergleich zur Weimarer Zeit vergrößerte sich der Anteil der Ausgaben für Beihilfen an *„unbemittelte Fischer und bedürftige Fischergenossenschaften"* deutlich. Reichsbeihilfen, die nicht zurückgezahlt werden mussten, waren bisher nur in außergewöhnlichen Notfällen gewährt worden.[210] Auf diese Weise kamen nun auch diejenigen Fischer in den Genuss einer Unterstützung, die zuvor aufgrund fehlender Sicherheiten von der Darlehensvergabe ausgeschlossen waren.[211] Nichtsdestotrotz wurden die staatlichen Zuwendungen in Fischerkreisen als zu niedrig angesehen.[212]

Dass die Rückzahlungen nun stetiger flossen, lag auch an den neuen Wegen, die in der Darlehenstilgung beschritten wurden. 1933 war im Jahresbericht des RMEL ausdrücklich die schlechte Zahlungsmoral beklagt worden. Die Fischer der Ostsee wurden zwar aufgrund der nachweislich ungünstigen Situation von den Vorwürfen weitgehend ausgenommen, doch grundsätzlich gebe es noch immer zu viele Fälle von vorgeblicher Zahlungsunfähigkeit: *„Solche Fälle sollten im dritten [!] Reich nicht mehr vorkommen."* Wer in der Lage sei, die Zinsen und Raten zu zahlen, müsse dies im Interesse aller Berufskollegen auch tun.[213] Da der Appell an den Kameradschaftsgeist der Fischer nicht ausreichte, ging man dazu über, einen niedrigen Tilgungsbetrag direkt durch die Genossenschaften oder Händler vom Fangerlös abziehen zu lassen. Diese geringfügigen aber stetigen Zahlungen bewährten sich offenkundig gegenüber den zuvor halbjährlich fällig werdenden größeren Summen.[214]

[209] Dabei nahmen die Haushaltsmittel seit 1938 wieder ab. Für die Kriegsjahre sind keine Angaben mehr vorhanden, da die Jahresberichte nicht mehr erschienen. Die Zuweisung von Darlehensmitteln wurde zu Kriegsbeginn zunächst gestoppt. Seit 1925 waren bis zu diesem Zeitpunkt 8,5 Millionen, bis Ende 1942 9,4 Millionen RM zur Verfügung gestellt worden. Vgl. Reckling, Reichsdarlehen, JB 1939, S. 275 und Reckling: Reichsdarlehen und Beihilfen zur Förderung der Seefischerei, in: DFW, Bd. 10, Heft 4, 24. 1. 1943, S. 38. Zudem lag der Förderschwerpunkt in den ersten Jahren eindeutig auf der Nordsee. Vgl. Fischer, Küstenfischerei, JB 1934, S. 231: Von den insgesamt für Beihilfen und Darlehen an Fischer und Genossenschaften verausgabten 232744 RM entfielen 1934 nur knapp 15 Prozent auf die Ostsee. Erst 1937 und 1938 war der auf die Ostsee entfallende Anteil knapp größer. Vgl. Reckling, Reichsdarlehen, JB 1938, S. 403.

[210] Vgl. Reckling, Reichsdarlehen, JB 1935, S. 339f.; JB 1938, S. 402 und JB 1939, S. 276. Vor 1925 waren an Fischer ausschließlich Darlehen ausgegeben wurden, nur der DSV hatte zur Erledigung seiner Aufgaben staatliche Förderung in Form von Beihilfen erhalten.

[211] Vgl. MfLDF an OB Rostock, 30. 3. 1936; MfLDF an OB Rostock, Anweisung der umgehenden Erledigung der Verteilung der gewährten Beihilfe an See- und Küstenfischer, 21. 7. 1936 und Polizei Warnemünde vermutlich an Stadtverwaltung Rostock, 25. 7. 1936. AHR, 1.1.12.2, Nr. 1334.

[212] Vgl. Reckling, Reichsdarlehen, JB 1939, S. 275, der diese *„nicht zutreffende Ansicht"* zu widerlegen suchte.

[213] Vgl. Fischer, Küstenfischerei, JB 1933, S. 197f.

[214] Vgl. Fischer, Küstenfischerei, JB 1934, S. 231 und JB 1935, S. 281f. und Warnemünder FVG an MfLDF, Sammelüberweisung der monatlichen Rückzahlungen der Fischerdarlehen, 11. 11. 1936. LHAS, 5.12-4/2, Nr. 501, Bd. 1, Bl. 93 und Warnemünder FVG an Hauptstaatskasse Schwerin/ Mecklenburg, abschriftlich ans MfLDF, Verzeichnis der Fangabzugsbeträge Februar 1939, 7. 3. 1939. LHAS, 5.12-4/2, Nr. 505, Bl. 20.

Der zuständige Mitarbeiter des RMEL, Amtsrat Reckling, brachte die verbesserten Zahlungen auch mit der Umstellung der Darlehensbearbeitung in Verbindung.[215] Die Dezentralisierung und das Ausschalten des Deutschen Seefischereivereins zeigte hier offensichtlich Wirkung. Die Abteilung Landwirtschaft des Staatsministeriums Mecklenburg unterzog die vom DSV übersandten Akten einer eingehenden Prüfung und widmete sich mit großem Arbeitsaufwand den einzelnen Fällen, vielfach sogar durch Aussprachen mit den Betroffenen vor Ort.[216]

Eine wichtige Verfahrensänderung gab es in der Beantragung der Darlehen. Bisher hatten die Fischer ihre Anträge durch die Vertrauensleute des DSV, in der Regel die Fischereiaufseher, direkt an den DSV eingereicht, der alles Weitere in die Wege leitete. Nun wurden darüber hinaus Vertreter des RNS in das Bewilligungsverfahren involviert. Der Darlehens- oder Beihilfeantrag des Fischers musste durch den Kreisfachwart unter gleichzeitiger Benachrichtigung des örtlichen Vereinsführers an den zuständigen Fischmeister eingereicht werden, der seinerseits den Antrag mit einer Stellungnahme dem Oberfischmeister vorzulegen hatte. Nach der Bearbeitung der Anträge durch den Oberfischmeister erfolgte die endgültige Entscheidung der Landesregierung bzw. des Regierungspräsidenten nach einer abschließenden Beratung mit der Landesbauernschaft und dem Landesfachwart.[217] Zusätzliche Einschränkungen und eine weitere Entscheidungsinstanz erfuhr die Darlehensvergabe durch die Anordnungen der HV Fischwirtschaft zur Genehmigungspflicht für Betriebserrichtungen und -erweiterungen vom März/August 1936. Der Antragsteller musste nun zusätzlich zu den übrigen Unterlagen auch noch eine Zustimmung der HV vorlegen.[218] Die Einschaltung der Kreisfachwarte in das Genehmigungsverfahren scheint sich zwar in der Praxis häufig auf die zustimmende Stellungnahme der örtlichen Berufsvertretung im Personalauskunftsbogen beschränkt zu haben, doch der Reichsverband betonte das darin zum Ausdruck kommende Interesse der staatlichen Stellen an einer verantwortlichen Mitarbeit der Berufsorganisation.[219]

Finanzielle Unterstützung erhielt die See- und Küstenfischerei im Übrigen auch aus den Mitteln der Arbeitsbeschaffungsprogramme: 1934 wurden 353 000 RM zur Instandsetzung von Fischereifahrzeugen und weitere 100 000 RM für die Beschaffung von Fanggerät ausgegeben.[220] Insgesamt beliefen sich die Reichs-

215 Vgl. Reckling, Reichsdarlehen, JB 1939, S. 275.

216 Vgl. MfLDF an RMEL, 5. 9. 1936. LHAS, 5.12-4/2, Nr. 501, Bd. 1, Bl. 72.

217 Vgl. Reckling, Reichsdarlehen, JB 1936, S. 345. Vgl. auch OFMA an FAST des Bezirks, 19. 9. 1936. LAG, Rep. 250, Nr. 376.

218 Vgl. RMEL an MfLDF, 12. 12. 1936. LHAS, 5.12-4,2, Nr. 501, Bd. 1, Bl. 104. Zu den Anordnungen der HV Fischwirtschaft vgl. Kapitel III.4.b).

219 Die Zustimmung der Vertreter der Berufsvereine wurde jedoch auch schon 1928 und 1929 abgefragt. Vgl. beispielhaft die Personalauskunftsbogen in LHAS, 5.12-4/2, Nr. 10642/4 (Heinrich Möller jun. 1928); Nr. 10642/05 (Carl Ruschau, 1929) und Nr. 10642/07 (Johannes Thomsen, 1941). Vgl. Die berufsständische Fischerei am Anfang einer neuen Entwicklung. Der Reichsfischereitag in Lindau gab ein Bild der Zuversicht und Einsatzbereitschaft der Küsten- und Binnenfischerei, in: DFW, Bd. 4, Heft 37, 12. 9. 1937, S. 530f.

220 Vgl. Fischer, Küstenfischerei, JB 1934, S. 231 und JB 1935, S. 282.

zuschüsse für die Küstenfischer im Rahmen des Programms auf über 1,1 Millionen RM.[221]

Entschuldung

Die hohe Belastung durch Altschulden war ein schwerwiegendes Hindernis auf dem Weg zur Schaffung rentabler Betriebe. Eine umfassende Entschuldung war die Voraussetzung für einen Neuaufbau des Kreditwesens. Die Aussichtslosigkeit der Forderungen hatte Mitte der Dreißigerjahre bereits zur weitgehenden Niederschlagung der in Mecklenburg 1929 gewährten Darlehen aus Landes- und Kommunalmitteln geführt.[222]

Zu einer generellen Revision der Reichsdarlehensschulden, wie sie vom Reichsverband als notwendig erachtet wurde, kam es jedoch zunächst nicht.[223] Obwohl eine Revision auch in den vom RMEL herausgegebenen Jahresberichten über die deutsche Fischerei als wünschenswert bezeichnet wurde, musste das Ministerium auf der Rückzahlung der Schulden beharren.[224] Das Finanzministerium bewilligte die Herabsetzung des Zinssatzes und den Erlass der gesamten Reichsdarlehens- und Zinsschulden nur in aussichtslosen Einzelfällen.[225] Erst nachdem 1938 der Deutsche Rechnungshof vorgeschlagen hatte, sämtliche bis 1932 an Küstenfischer vergebene Reichsdarlehen restlos niederzuschlagen, *„da die Verwaltungsarbeit in keinem Verhältnis zu dem Aufkommen"* stünde, wurde eine generelle Lösung in Aussicht gestellt. Ein Ausschuss – bestehend aus je einem Vertreter der Landesregierung, der Landesbauernschaft, des Landesfischereiverbandes und dem zuständigen Kreisfachwart – sollte die Altdarlehen prüfen und – soweit keine böswillige Absicht zu erkennen sei – niederschlagen.[226] Die Berufsorganisation wäre somit in diesem Ausschuss überproportional vertreten gewesen. Doch allem Anschein nach wurde der Vorschlag nicht in die Tat umgesetzt. Wilhelm Kühl musste in seinem Bericht über die Arbeit des Reichsverbandes für das Jahr 1938 mitteilen, dass *„die vom Berufsstand geforderten grundlegenden Änderungen zur Entlastung der wirtschaftlich schwächsten Betriebe [...] nicht in vollem Umfang berücksichtigt"*

221 Vgl. Reckling: Reichsdarlehen und Beihilfen zur Förderung der Seefischerei, in: DFW, Bd. 10, Heft 4, 24. 1. 1943, S. 38.

222 Vgl. Kapitel III.2.b).

223 Vgl. Der Reichsfischereirat tagte. Erklärung über die Lebensfragen und Arbeitsziele der berufsständischen Fischerei, in: DFW, Bd. 3, Heft 19, 10. 5. 1936, S. 290–292. Dr. Wiehr von der Abteilung See- und Küstenfischerei im Reichsverband forderte sogar die gänzliche Niederschlagung der ausstehenden Darlehen und Zinsen. Vgl. Wiehr, H.: Die See- und Küstenfischerei im Reichsverband der Deutschen Fischerei, in: DFW, Bd. 3, Heft 44, 1. 11. 1936, S. 744f.

224 Vgl. Fischer, Küstenfischerei, JB 1934, S. 231 und JB 1935, S. 281f.

225 Vgl. Anweisungen des RMEL zur Bearbeitung der Darlehen an See- und Küstenfischer, 26. 10. 1935 und die in der selben Akte zu findenden Einzelfälle. LHAS, 5.12-4/2, Nr. 10642/5.

226 Von mecklenburgischer Seite wurde dieser Vorschlag begrüßt, dort hatte man sich bereits über den hohen Verwaltungsaufwand beklagt. Vgl. Bericht über eine vom Reichsverband der deutschen Fischerei und dem Verwaltungsamt des Reichsbauernführers einberufene Besprechung, 11. 6. 1938. LHAS, 5.12-4/2, Nr. 443, Bl. 11.

werden konnten.[227] Eine allgemeine Niederschlagung oder Stundung sei weiterhin nicht möglich. Trotzdem wurden auf diesem Weg in den Jahren 1938 und 1939 zumindest 118 000 bzw. 298 000 RM in Abgang gestellt.[228]

Neben der Revision der alten Darlehensschuld wurde auch eine allgemeine Entschuldungsaktion der Küstenfischerei angestrebt, da die meisten Fischer bei Netzfirmen, Werkstätten und Händlern hoch verschuldet waren.[229] In der Landwirtschaft war dieser Weg schon in der Krisenphase der Weimarer Republik eingeschlagen worden. Die zunächst regional auf Ostpreußen beschränkten Maßnahmen wurden bis 1933 intensiviert und auf das gesamte Reich ausgeweitet.[230] Die nationalsozialistische Regierung führte die Aktionen mit großem finanziellem Einsatz weiter. Bis 1939 war die Entschuldung der Landwirtschaft weitgehend abgeschlossen.[231]

Im Rahmen der sogenannten Osthilfe war die Binnen- und Küstenfischerei noch nicht berücksichtigt worden. Dies änderte sich mit dem Gesetz zur Regelung der landwirtschaftlichen Schuldverhältnisse vom 1. Juni 1933 und der Pächterentschuldungsverordnung vom 12. März 1935, die die Fischerei in die landwirtschaftliche Entschuldung einbezogen. Entsprechende Anträge auf Schuldenregelungsverfahren konnten beim Amtsgericht gestellt werden.[232] Diese Möglichkeit war anscheinend nur wenig bekannt, die Antragsfrist zudem knapp bemessen. Fristgerechte Entschuldungsanträge wurden daher kaum eingereicht.[233] Die ungenügende Informationslage dürfte zum Teil der zu diesem Zeitpunkt noch mangelhaften berufsständischen Organisation in der Küstenfischerei geschuldet gewesen sein. Ein regeres Interesse konnten allerdings auch die seit 1936 eingesetzten Kreisfachwarte nicht wachrufen. Auf Initiative des Reichsverbandes wurde zwar mehrfach eine Fristverlängerung erreicht, aber auch Ende 1937 war nur ein sehr mäßiger Eingang an Entschuldungsanträgen zu konstatieren.[234]

1938 legte das RMEL eigene Richtlinien zur Entschuldung der Binnen- und Küstenfischer vor.[235] Ein Entschuldungsdarlehen sollte demnach dann gewährt

[227] Kühl, Jahresbericht Reichsverband, JB 1938, S. 208.

[228] Vgl. Reckling, Reichsdarlehen, JB 1939, S. 276.

[229] Der Umschuldung hatte auch das von der Stadt Rostock 1929 gewährte Darlehen gedient.

[230] Vgl. 50 Jahre RMEL (1969), S. 23–25.

[231] Vgl. ebd. und von Saldern, Mittelstand (1979), S. 74–78 detailliert zur Entschuldung der Landwirtschaft. Vgl. auch Münkel, Nationalsozialistische Agrarpolitik (1996), S. 290–320. Münkel untersucht die praktische Durchführung und die Ergebnisse der Entschuldung auf lokaler Ebene am Beispiel des Landkreises Stade.

[232] Vgl. Die Entschuldung der Küstenfischer, Zeitungsausschnitt unbekannter Provenienz, 24. 5. 1935. StAS, Rep. 20, Nr. 97.

[233] Vgl. Brüggemann, Robert: Was muss in der See- und Küstenfischerei getan werden?, in: DFW, Bd. 3, Heft 44, 1. 11. 1936, S. 741 f.

[234] Vgl. Fischereitagung in Saßnitz, in: DFW, Bd. 4, Heft 49, 5. 12. 1937, S. 772 und Letzter Termin für die Entschuldung von Fischereibetrieben, in: DFW, Bd. 4, Heft 51, 19. 12. 1937, S. 803.

[235] Eigene Richtlinien waren insbesondere deshalb erforderlich, weil die Fischer nur selten über Grundbesitz verfügten und die Sicherstellung des Entschuldungsdarlehens daher anders als in der Landwirtschaft gewährleistet werden musste. Vgl. Bestimmung zur Entschuldung der Binnen- und Küstenfischer, 25. 6. 1938. LHAS, 5.12-4/2, Nr. 504, Bl. 2.

werden, wenn die Weiterführung des Betriebes nach den Grundsätzen einer ordnungsgemäßen Wirtschaft gesichert erschien und pünktliche Tilgungs- und Zinszahlungen zu erwarten waren. In das Feststellungsverfahren waren die Berufsorganisation und die staatliche Fischereiverwaltung als Gutachter involviert. Nach Genehmigung des Verfahrens konnte als besondere Auflage die Mitgliedschaft in einer Genossenschaft verpflichtend gemacht werden. Abgesehen von der allgemeinen berufsständischen Überwachung war keine weitere Beobachtung des Betriebs vorgesehen.[236] Im Sommer 1939, nach dem endgültigen Ablauf der Meldefrist, wurde auf der Besprechung der Kreisfachwarte der Nord- und Ostseeküste eine negative Bilanz gezogen. Zu viele Fischer hätten die Möglichkeiten der Entschuldung nicht ausreichend genutzt.[237] Abgesehen von diesen Klagen finden sich weder in der Deutschen Fischwirtschaft noch in den Jahresberichten über die deutsche Fischerei Hinweise auf Umfang und Erfolg der Entschuldungsaktion in der Küstenfischerei. Es ist also anzunehmen, dass die Maßnahmen ohne nennenswerte Auswirkungen geblieben sind.

b) Maßnahmen zur Regulierung des Berufszugangs

„*Freier Fischfang nicht für jedermann, sondern nur für gelernte Fischer*" – unter diesem Schlagwort forderte der Kieler Oberfischmeister Neubaur 1934 in der „Deutschen Fischwirtschaft" eine Änderung des preußischen Fischereigesetzes. Zwar sei die See- und Küstenfischerei diversen fischereipolizeilichen Verordnungen etwa hinsichtlich Mindestmaße und Schonzeiten unterworfen. „*Was aber das Allerwichtigste wäre, das wird behördlicherweise bisher nicht gefordert, nämlich der Nachweis, gelernter Berufsfischer zu sein!*" Der entsprechende Paragraph 6 des Gesetzes, der jedem Deutschen in den nicht in Eigentum stehenden Küstengewässern freien Fischfang gewährte, sollte daher durch einen Zusatz, der nur selbständigen, gelernten Berufsfischern und deren Gehilfen die Ausübung des Fischfangs erlaube, ergänzt werden: „*Es geht nicht länger an, dass Hinz und Kunz nach Belieben den Fischermann spielen dürfen.*"[238]

Der Vorschlag weist den Weg der weiteren Entwicklung. Forderungen nach Maßnahmen zum Schutz des Berufsfischers waren schon in der Weimarer Republik immer wieder von den Fischereivertretern erhoben worden. Die neue autoritäre Staatsführung eröffnete in dieser Hinsicht ganz neue Perspektiven. Der unverhohlene Wille zur staatlichen Steuerung ließ die Schaffung gesetzlicher Rege-

[236] Zu den Details vgl. Entschuldung der See- und Küstenfischer, in: Der Deutsche See- und Küstenfischer, Jg. 1, Heft 15, S. 56. In Mecklenburg, wo es keinen Oberfischmeister gab, musste das Ministerium die Entschuldungsämter an die Landräte in Rostock und Wismar und die dortigen Fischmeister verweisen. Vgl. MfLDF an Amtsgericht-Entschuldungsamt Wismar, 20. 7. 1938. LHAS, 5.12-4/2, Nr. 504. Im Fall von grobem Fehlverhalten konnte der Ausschluss vom Entschuldungsverfahren beantragt werden.

[237] Vgl. Besprechung der Kreisfachwarte über die Lage der Kleinfischerei an Nord- und Ostseeküste in Hamburg, in: Der Deutsche See- und Küstenfischer, Jg. 2, Nr. 13, 18. 6. 1939, S. 51 f.

[238] Neubaur, Rud[olf]: Schutz dem Berufsfischer durch Abänderung des Preußischen Fischereigesetzes, in: DFW, Bd. 1, Heft 25, 13. 10. 1934, S. 399 f.

lungen in diesem Bereich wahrscheinlicher werden, insbesondere, nachdem die Berufsorganisation der See- und Küstenfischer nun im RNS über weitaus größeren Einfluss verfügte.

Auch das NS-Regime erkannte in der Überbesetzung der Küstenfischerei – als Erbe der fehlgeleiteten Wirtschaftspolitik der „Systemzeit“ ausgemacht – einen Hauptgrund für die schwierige wirtschaftliche Lage. Die Zahl der Fischereitreibenden wurde dabei allerdings nicht nur aufgrund der sogenannten Nichtberufsfischer als zu hoch angesehen. Langfristig wurde eine Überführung der Fischer in andere Berufe angestrebt, um schrittweise ein Gleichgewicht zwischen der Ergiebigkeit der Fanggründe und der Zahl der Fischereitreibenden herzustellen. Eine radikale Reduzierung kam dabei jedoch nicht in Frage; die Verantwortlichen hatten erkannt, dass von den betroffenen Küstenfischern und von Seiten ihrer Berufsorganisation keine Einsicht in die Notwendigkeit derartiger Maßnahmen zu erwarten war.[239] Auch angesichts der oft bemühten völkischen Bedeutung wäre eine offene Politik der Reduzierung des Berufsstandes wohl auf Unverständnis gestoßen. Eine kompromisslose Aussonderung leistungsschwacher Betriebe, wie sie in Handwerk und Handel durchaus stattfand, hätte sich zudem schwierig gestaltet, da ein Großteil der Küstenfischer zu den sogenannten proletaroiden Existenzen gezählt werden musste.[240]

Die im Folgenden vorgestellten Maßnahmen waren deshalb – wie der Vorschlag des Kieler Oberfischmeisters – nie offen gegen den Berufsfischer gerichtet. Sie dienten zumeist der Schaffung von Kontrollmechanismen, die ein weiteres Anwachsen der Zahl der Fischereitreibenden verhindern sollten und wurden als Bestimmungen zum Schutz des Berufsfischers propagiert.

Die „Bereinigung“ der Gewässer

Obwohl die Regulierung der Fischereiausübung in den in Eigentum stehenden Gewässern prinzipiell über die Vergabe der Fischereiberechtigungen möglich war, hatten die zuständigen Behörden von dieser Möglichkeit bisher keinen Gebrauch gemacht, wie das Beispiel des Ribnitzer Binnensees und des mecklenburgischen Teils des Saaler Boddens zeigt. 1931 war die Kritik des damaligen Fischmeisters Steffen an der uneingeschränkten Zulassung zur Fischerei noch ohne Konsequenzen geblieben.[241] Das sollte sich im „Dritten Reich“ ändern.

Im Februar 1934 sandten die Berufsfischer des mecklenburgischen Teils des Saaler Boddens eine Eingabe an den Reichsstatthalter Hildebrandt. Sie beklagten allgemein ihre Notlage und wiesen im Speziellen auf die Fischereiordnung hin, die zahlreichen gutsituierten Rentnern und Kapitänen das Fischen ermögliche und

239 Vgl. Für unsere Küstenfischer [S.], in: DFW, Bd. 3, Heft 31, 2.8.1936, S. 489–491.

240 Zur Aussonderung von leistungsschwachen Kleinbetrieben im Zuge der Schließungsaktion von 1939 vgl. von Saldern, Mittelstand (1979), S. 140–145. Von Saldern verweist auch darauf, dass proletaroide Bauern und Handwerker nicht in die soziale Aufwertung einbezogen wurden und real wie ideologisch „zur Disposition“ standen. Vgl. ebd., S. 238.

241 Vgl. Kapitel II.3.b).

sich verheerend auf die Berufsfischerei auswirke. Anscheinend weckte die Eingabe das Interesse Hildebrandts, der als Landarbeiter selbst einfacher Herkunft war.[242] Sie wurde an das Staatsministerium weitergeleitet und der Ministerpräsident wandte sich mit der Frage, wie in dieser Sache Abhilfe geschaffen werden könne, an Ministerialrat Krasemann.[243] Die herrschenden Missstände kamen dann im Juni 1934 auf einer Fischereisitzung zur Sprache, mit dem Ergebnis, dass Fischereiberechtigungen seither nur noch an Berufsfischer vergeben wurden. Eine gesetzliche Handhabe gegen die bereits zugelassenen Nebenerwerbsfischer bestand zwar nicht, allerdings schieden im Zuge des Rückgangs der Arbeitslosigkeit und der Ansiedlung von Rüstungsindustrie an der Küste viele von ihnen freiwillig aus.[244]

Weitere Maßnahmen zur sogenannten Bereinigung der Gewässer, die das *„unheilsvolle Wirken"* der Nichtberufsfischer beseitigen sollten, führte der Landesfischereiverband Mecklenburg nach eigenen Angaben in enger Fühlungnahme mit dem Staatsministerium in Schwerin und dem zuständigen Landrat in Rostock durch.[245] Im Mai 1938 teilte der Bürgermeister der Stadt Ribnitz dem Landesfischereiverband mit, dass er im Interesse der Gewässerbereinigung die Fischereiberechtigungen auf dem Ribnitzer Binnensee an die dort ansässige Fischereigenossenschaft verpachten wolle, um so zu garantieren, dass nur noch Berufsfischer zur Fischerei zugelassen würden.[246] Ohne Widerspruch ging diese „Säuberung" indes nicht vonstatten. Die diversen Einsprüche der Betroffenen – vor allem ehemalige Seeleute – gegen das Vorgehen wurden jedoch größtenteils abgewiesen.[247] Im Mai 1939 wurde die „Bereinigung" mit der Bestätigung der Zulassungspraxis in Absprache mit den NSDAP-Vertretern der Gau- und Kreisleitung, dem Landrat in Rostock, Vertretern der Stadt Ribnitz und der Abteilung Landwirtschaft im Staatsministerium sowie dem Landesfischereiverband abgeschlossen.[248]

242 Zu Hildebrandt als „linkem Nationalsozialisten" vgl. Kasten, Konflikte (1996), S. 157 f.

243 Vgl. Mecklenburger Fischer des Saaler Boddens an Reichsstatthalter Hildebrandt, 4. 2. 1934, mit Vermerk an Ministerialrat Krasemann am 10. 2. 1934. LHAS, 5.12-4/2, Nr. 500, Bd. 8, Bl. 55. Der Eingabe an Hildebrandt war eine Bittschrift an das Staatsministerium in Schwerin vorausgegangen, die auf die Notlage der Fischer aufmerksam gemacht hatte und ohne Antwort geblieben war. Vgl. Mecklenburger Fischer des Saaler Boddens an MdI, 9. 1. 1934. LHAS, 5.12-4/2, Nr. 500, Bd. 8, Bl. 52.

244 Vgl. Fischmeister Ermoneit, Ribnitz an Landrat Rostock, 11. 2. 1937. LHAS, 5.12-4/2, Nr. 583.

245 Vgl. Regelung der Fischerei im Ribnitzer Binnensee und dem mecklenburgischen Anteil des Saaler Boddens, in: Der Deutsche See- und Küstenfischer, Jg. 2, Nr. 14, 2. 7. 1939, S. 56.

246 Vgl. Bürgermeister Ribnitz an Landesfischereiverband Mecklenburg, 7. 5. 1938. LHAS, 5.12-4/2, Nr. 583.

247 Nur einer geringen Anzahl von Fischern in Ribnitz-Körkwitz musste die entzogene Fischereierlaubnis wieder zurückgegeben werden, da sie zwar die Fischerei nicht im Hauptberuf betrieben, aber mit ihrer kleinen Landwirtschaft auf die Nebenverdienste angewiesen waren. Vgl. Regelung der Fischerei im Ribnitzer Binnensee und dem mecklenburgischen Anteil des Saaler Boddens, in: Der Deutsche See- und Küstenfischer, Jg. 2, Nr. 14, 2. 7. 1939, S. 56. Die Maßnahme wurde mit der Altersversorgung begründet und ein Vergleich zur Vergabe der Aalstechkarten in der Wismarbucht gezogen. Vgl. auch Fischer von Ribnitz-Körkwitz an MdI, weitergeleitet an das MfLDF, 26. 9. 1938. LHAS, 5.12-4/2, Nr. 583.

248 Nur Berufsfischer und Nebenfischer, für die der Entzug eine unzumutbare Härte gewesen wäre, konnten noch zugelassen werden. Vgl. Landesfischereiverband Mecklenburg an MfLDF, 16. 11. 1939. LHAS, 5.12-4/2, Nr. 583.

Bis Juli 1939 reduzierte sich auf diese Weise die Zahl der Fischereitreibenden von ca. 112 auf 40 ausschließlich von der Fischerei lebende Fischer. Zusammenfassend wurde die „Bereinigung" als Erfolg bezeichnet: Die Umsätze der verbliebenen Fischer hätten eine deutliche Steigerung erfahren, sowohl im Bodden als auch der Wismarer Bucht.[249] Hier nutzte der nationalsozialistische Landrat Walter Schumann, dem die Fischereiaufsicht seit Sommer 1933 unterstellt war, die Möglichkeit, Fischereiberechtigungen wegen wiederholter Übertretung der Fischereigesetze dauerhaft zu entziehen, um so für Disziplin unter den Fischereitreibenden zu sorgen.[250] Auch Fischern in den Badeorten, die nur noch in geringem Umfang oder durch Stellvertreter die Fischerei ausübten, da sie Pensionen führten, entzog der Landrat die Fischereibefugnis; an Nebenerwerbsfischer wurde sie auch in der Wismarer Bucht grundsätzlich nicht mehr erteilt.[251]

Ein Vergleich der Betriebszählungen von 1933 und 1939 zeigt eine insgesamt rückläufige Tendenz. Eine deutliche Abnahme der Fischereitreibenden ist im Landkreis Rostock und im Stadtkreis Wismar sichtbar.[252] Diese Entwicklung ist vermutlich auf die Maßnahmen des Landrats Schumann zurückzuführen, aber auch auf die Abwanderung in besser bezahlte Industriearbeitsverhältnisse und auf die ausgedehnten militärischen Sperrbezirke an der Küste, die die Fischerei behinderten.[253]

In Vorpommern, wo der Fischereiverband über die hohe Anzahl an Gelegenheitsfischern im Fischereirevier der Stadt Stralsund über Jahre Klage geführt hatte, scheint hingegen keine derartige „Bereinigung" stattgefunden zu haben.[254] Die vorliegenden Zahlen weisen im April 1938 im Gebiet der Stadt Stralsund 84 Berufsfischer, 57 Gehilfen und 11 Anteilsfischer aus, denen 207 Gelegenheitsfischer

[249] Vgl. Regelung der Fischerei im Ribnitzer Binnensee und dem mecklenburgischen Anteil des Saaler Boddens, in: Der Deutsche See- und Küstenfischer, Jg. 2, Nr. 14, 2.7.1939, S. 56 und Besprechung der Kreisfachwarte über die Lage der Kleinfischerei an Nord- und Ostseeküste in Hamburg, in: Der Deutsche See- und Küstenfischer, Jg. 2, Nr. 13, 18.6.1939, S. 51f.

[250] Der Fischer Hermann S. verlor die Fischereiberechtigung, weil er in den letzten Jahren nicht weniger als 13 Mal die Fischereigesetze übertreten hatte. Vgl. Landrat Wismar an MfLDF, 10.9.1934. LHAS, 5.12-4/2, Nr. 522. Die Akte aus dem LHAS enthält nur die Fälle, in denen die Betroffenen beim MfLDF Einspruch gegen den Entzug der Fischereiberechtigung eingelegt haben.

[251] Vgl. Landrat Wismar an MfLDF, 24.3.1934 und MfLDF an Landrat Wismar, 15.5.1934. LHAS, 5.12-4/2, Nr. 512, Bd. 6, Bl. 734 sowie Landrat Wismar an MfLDF, 15.9.1938. LHAS, 5.12-4/2, Nr. 522.

[252] Laut Betriebszählung sank die Zahl der Fischereibetriebe im Stadtkreis Wismar von 1933 noch 39 auf 1939 nur noch 18 Betriebe. Im Februar übersandte Schumann eine Liste der verbliebenen 23 Wismarer Fischer nach Schwerin. Den übrigen sei die Berechtigung entzogen worden, da sie der Fischerei nicht mehr nachgingen. Vgl. Landrat Wismar an MfLDF, 19.2.1938. LHAS, 5.12-4/2, Nr. 512, Bd. 6, Bl. 761.

[253] Vgl. Landflucht auch bei den Fischern, in: DFW, Bd. 6, Heft 5, 29.1.1939, S. 80. Einschränkungen durch Sperrbezirke der Wehrmacht betrafen vor allem die Wismarbucht (Tarnewitz).

[254] Im Mai 1939, als in Mecklenburg die Maßnahmen abgeschlossen waren, forderte auch der Vorsitzende des Lauterbacher Fischereivereins eine weitgehende Berufsbereinigung. Vgl. Hauptversammlung des Rügenschen Kreisfischereivereins, in: Der Deutsche See- und Küstenfischer, Jg. 2, Heft 10, 7.5.1939, S. 43.

gegenüberstanden.[255] Der für die in preußischem Besitz stehenden vorpommerschen Gewässer zuständige Oberfischmeister hatte bei der Zulassung zur Fischerei dagegen fischwirtschaftliche Aspekte anscheinend schon immer konsequenter berücksichtigt und sie davon abhängig gemacht, ob der Antragsteller als Berufsfischer anzusehen war.[256]

Im NS-Staat ist damit zumindest für Mecklenburg eine Prioritätenverschiebung in Pachtfragen zu konstatieren. Die Erteilung von Fischereiberechtigungen wurde nicht mehr nur von fiskalischen, sondern zunehmend auch von fischwirtschaftlichen Gesichtspunkten bestimmt. Der Landesfischereiverband Mecklenburg hatte den Wünschen der Berufsfischer – offensichtlich unterstützt durch die Anteilnahme des Gauleiters – deutliches Gewicht verleihen können. Mit der ideologischen Aufwertung der berufsständischen Interessen und der Integration in den NS-Staat wuchs der Einfluss der Berufsorganisation. Forderungen konnten in ganz anderem Maße durchgesetzt werden als in der Weimarer Republik.

Mit Kriegsbeginn häuften sich die Anträge auf Zulassung zur Fischerei auf dem Ribnitzer Binnensee und dem Saaler Bodden wieder. Da etliche Fischer eingezogen waren, argumentierten die Antragsteller nun mit der Sicherung der Fischversorgung im Interesse der Volksernährung. Der Geschäftsführer des Landesfischereiverbandes, Dr. Orgel, stellte fest, dass die Anträge offensichtlich vom aus dem Ruhestand zurückgeholten Fischmeister Steffen unterstützt würden. Orgel wandte sich daher an die Abteilung Landwirtschaft im Staatsministerium als übergeordnete Behörde. Um die eben erst erreichte Neuordnung der Fischerei nicht zu gefährden, dürfe auch im Krieg auf keinen Fall von der im Mai 1939 getroffenen Absprache abgerückt werden. Unter den von ihm genannten Argumenten findet sich eines, das den aufkommenden Interessenkonflikt zwischen den beiden Organisationen innerhalb des RNS anschaulich verdeutlicht: Die Fischversorgung, so Orgel, falle in den Aufgabenbereich der Hauptvereinigung der deutschen Fischwirtschaft. Die Bereinigung der Gewässer dürfe nicht unter etwaigen Problemen leiden, die allein Sorge der HV Fischwirtschaft seien.[257] Auf der Jahreshauptversammlung des Landesfischereiverbandes im Juni 1941 wurde nochmals betont,

[255] Diese Zahlen beziehen sich nur auf die inneren Gewässer (Bodden), da auch nur hier Gelegenheitsfischer geführt wurden. In der Ostsee fischten von Stralsund aus 15 Berufsfischer, zehn Anteilsfischer und zwei Gehilfen. Vgl. Nachweisung über die Zahl der Fischer, der Fischer- und Fischhandelsfahrzeuge, Stand vom 1. April 1938, StAS, Rep. 21, Nr. 20, Bd. 2. 1928 hatte es im Aufsichtsbezirk Stralsund, zu dem außer der Stadt noch umliegende Dörfer ohne nennenswerte Fischerei zählten, insgesamt 153 Berufsfischer und 271 Gelegenheitsfischer gegeben. Diese Statistik rechnete leider die Gehilfen und Anteilsfischer zu den Gelegenheitsfischern, so dass Vergleichsschlüsse schwierig sind. Vgl. Aufstellung über die See- und Küstenfischerei im Bezirk des Fischereiamtes Stralsund, Stand vom 1. 4. 1928 und 1. 4. 1946, 15. 8. 1946. StAS, Rep. 21, Nr. 17.

[256] Vgl. beispielhaft OFMA an Fischer Wilhem Jager, Klein-Zicker, Rügen, 1. 2. 1933 und OFMA an Bootsbauer Erwin Blaudow, Zicker auf Rügen, 18. 4. 1933. LAG, Rep. 250, Nr. 365.

[257] Vgl. Landesfischereiverband Mecklenburg an MfLDF, 16. 11. 1939. LHAS, 5.12-4/2, Nr. 583. Pikanterweise war Orgel als Geschäftsführer des Landesverbandes 1938 gleichzeitig für die HV-Außenstelle Güstrow bei der Landesbauernschaft zuständig. Vgl. HV Außenstelle Güstrow an MfLDF, 2. 11. 1938. LHAS, 5.12-4/2, Nr. 10642/5.

dass Verband und Parteidienststellen in dieser Frage nach den gleichen Grundsätzen wie vor dem Krieg verfahren würden.[258] Auch der Reichsverband beharrte auf der Ablehnung der sich in der Küstenfischerei auffällig häufenden Anträge auf Zulassung zur nebenberuflichen Fischereiausübung. Obwohl sie dies offiziell zurückwies, sah sich die Berufsorganisation auch im Krieg zuallererst als Interessenvertretung der Berufsfischer.[259] Das RMEL behielt sich allerdings durch einen Erlass vom 7. Februar 1940 Eingriffe in die Bewirtschaftung von Gewässern im Interesse der Erzeugungssteigerung ausdrücklich vor.[260]

Abschaffung der Gewerbefreiheit: Die Genehmigungspflicht für Fischereibetriebe

Zu den Befugnissen der Hauptvereinigung der deutschen Fischwirtschaft gehörte auch die Regulierung des Berufszugangs.[261] Während sich die HV in Fragen der Preis- und Absatzregelungen für die Ostsee zunächst zurückhielt, wurde sie auf diesem Gebiet im März 1936 aktiv. Mit der Anordnung 14 wurden die Errichtung neuer und die Wiederaufnahme nicht nur vorübergehend eingestellter Betriebe der Küstenfischerei von einer Genehmigung der Hauptvereinigung abhängig gemacht. Die Etablierung weiterer Fischereibetriebe in der ohnehin als *„stark überbesetzt"* anzusehenden See- und Küstenfischerei zu verhindern, sei eine wesentliche Voraussetzung für die Schaffung einer praktischen Marktordnung. Die Anordnung wurde als Beitrag zur langfristigen Entfernung der *„berufsfremde[n] Elemente"*, propagiert. Dabei wies man ausdrücklich darauf hin, dass jungen aufstrebenden Fischern, die als „berufsständisch" anzusehen seien, nach sorgfältiger Prüfung der Markt- und Absatzlage eine Betriebsgenehmigung nicht verwehrt werden solle.[262] Persönliche Opfer müssten allerdings zum Wohle aller gebracht werden.[263]

258 Vgl. Jahreshauptversammlung des Landesfischereiverbandes Mecklenburg, in: Der Deutsche See- und Küstenfischer, Jg. 4, Heft 6, 29. 6. 1941, S. 23.

259 Vgl. Zulassung von Nebenfischereibetrieben im Kriege, in: Der Deutsche See- und Küstenfischer, Jg. 3, Heft 10, 27. 10. 1940, S. 40 und Die Arbeit der Küsten- und Binnenfischer muss gesichert bleiben. Die Tagung des Reichsverbandes der Deutschen Fischerei behandelte alle Fragen des gegenwärtigen Einsatzes, in: DFW, Bd. 8, Heft 5, 2. 2. 1941, S. 63f.

260 Den Ernährungsämtern wurde gemeinsam mit der zuständigen Fischereiaufsichtsbehörde die Überwachung der fischereilichen Nutzung der Fischgewässer ihres Bezirks übertragen. Sie konnten direkten Einfluss auf die Bewirtschaftung nehmen, Pachtabschlüsse anordnen oder zersplitterte Fischereirechte zusammenfassen. Vgl. Scheunert, A.: Reichsfischereirecht im Kriege, in: Der Deutsche See- und Küstenfischer, Jg. 4, Heft 8, 31. 8. 1941, S. 29f.

261 Das RMEL bzw. der Reichsbauernführer behielt sich nur für wenige Maßnahmen sein Einverständnis vor. Preisanordnungen wurden in Absprache mit dem Preiskommissar getroffen. Vgl. Eichelbaum, Seefischerei, JB 1934, S. 36.

262 Keine weitere Überbesetzung in der Küstenfischerei und im Fischgroßhandel. Zwei neue Anordnungen der Hauptvereinigung der Deutschen Fischwirtschaft [Gr.], in: DFW, Bd. 3, Heft 11, 15. 3. 1936, S. 161f., Zitat S. 161 und Finzel, Aufgaben und Tätigkeit der Hauptvereinigung der Deutschen Fischwirtschaft, JB 1935, S. 230f.

263 Vgl. Bahr, Klaus: Schutz und Förderung der Küstenfischerei durch Marktordnung, in: DFW, Bd. 3, Heft 44, 1. 11. 1936, S. 742f.

Als langfristig angelegtes Steuerungsinstrument ermöglichte die Anordnung zwar keine sofortige Reduzierung, aber die Verhinderung einer unkontrollierten Vermehrung der Fangbetriebe. Im gleichen Jahr folgte mit der Anordnung 30 der HV die Genehmigungspflicht auch für die Erweiterung von Betrieben der See- und Küstenfischerei durch den Einbau größerer Motoren, durch die Verlängerung der Fahrzeuge oder durch das Anbringen eines zweiten Fangnetzes. Intention dieser Anordnung war ebenfalls die Vermeidung einer weiteren Überlastung der Gewässer und des Absatzmarktes.[264] Beide Maßnahmen zielten auf die Sicherung der überlebensfähigen, volkswirtschaftlich gesunden Betriebe ab.[265]

Die Fischer standen den Neuregelungen zumindest anfangs indifferent gegenüber. Aus Unkenntnis oder Gleichgültigkeit beantragten viele die Genehmigung der HV erst, nachdem sie schon vertragliche Verbindlichkeiten gegenüber Lieferfirmen eingegangen waren.[266] Der erhöhte Verwaltungsaufwand wurde sicherlich als unangenehm empfunden, andererseits war die Erweiterung oder der Neukauf eines Fahrzeugs in den meisten Fällen ohnehin nur mit aufwendig zu beantragenden staatlichen Darlehen zu meistern.

Die Zuständigkeit zur Erteilung der Genehmigung lag bei den Außenstellen der Hauptvereinigung. Eine Einbeziehung der staatlichen Fischereiverwaltung in den Genehmigungsprozess war offensichtlich nicht vorgesehen. Damit besaß die HV auch die Kontrolle über die fiskalischen Pachtgewässer. Für die Fischerei in den Haff- und Boddengewässern wurde allerdings Anfang 1937 eine Ausnahmeregelung geschaffen. Da die Verhältnisse hier ganz anders lägen als in den freien Küstengewässern und der vorgeschriebene Fischereischein eine ausreichende Handhabe böte, nur berufsständische und wirtschaftlich gesunde Fischer zuzulassen, verblieb die Regelungskompetenz in diesen Gewässern bei den Oberfischmeisterämtern.[267]

Der Reichsverband äußerte als Berufsorganisation hinsichtlich der Kontrolle der Fischereitreibenden noch weitergehende Wünsche. Auch der Inhaberwechsel von Betrieben sollte genehmigungspflichtig werden. Dieser Forderung könne, so die HV, zwar nicht entsprochen werden, doch werde mit der Anordnung 73 der HV auch die Veräußerung und dauerhafte Außerfahrtsetzung von Fangfahrzeugen

264 Vgl. Erweiterung von Betrieben der Küstenfischerei genehmigungspflichtig. Schutz des kleinen selbständigen Fischers [Gr.], in: DFW, Bd. 3, Heft 37, 13. 9. 1936, S. 588.

265 Zulassungsbeschränkungen waren ein wichtiger Bestandteil der nationalsozialistischen Mittelstandspolitik. Mit der Einführung des großen Befähigungsnachweises im Jahr 1935 war die Eröffnung eines Handwerksbetriebs nur nach Ablegung der Meisterprüfung möglich. Allerdings schränkten Ausnahmebestimmungen die Wirksamkeit der Maßnahme ein. Vgl. von Saldern, Mittelstand (1979), S. 37f. Im Einzelhandel wurde die Gewerbefreiheit schon 1933 durch den sog. Sachkundenachweis und durch eine befristete allgemeine Einrichtungssperre neuer Betriebe abgeschafft. Auch hier wurde die Durchführung in der Praxis durch Ausnahmen gelockert. Seit 1935 galt eine Konzessionspflicht für neue Betriebe, die flexibel gehandhabt werden konnte. Vgl. ebd., S. 59–61.

266 Vgl. Franz, Gerhard: Vorsicht bei der Errichtung und Erweiterung von Betrieben der Küstenfischerei, in: DFW, Bd. 4, Heft 10, 7. 3. 1937, S. 138.

267 Vgl. HV Fischwirtschaft an OFMA, 4. 3. 1937. BArch R 17 III / 6.

der Genehmigung unterworfen: „*Praktisch wird hierdurch fast jeder Inhaberwechsel von meiner Genehmigung abhängig sein*".[268] Diese im April 1938 mit Zustimmung des RMEL erlassene neue Anordnung fasste nicht nur die bisherigen Regelungen zusammen und erweiterte sie im oben beschriebenen Sinn. Sie übertrug der HV zudem weitreichende Befugnisse in Fragen der Marktlenkung. Auf Grundlage der Anordnung 73 konnte die HV nunmehr über Einsatz und Fangplätze der Fischereiflotte und über Anlandung, Sortierung, Ablieferung und Verwertung der Fänge und der Einfuhr bestimmen und war somit auf eine rasche Umstellung auf die Kriegsernährungswirtschaft bestens vorbereitet.[269]

Im Krieg wurde die bisher der HV zustehende Genehmigungserteilung für die Vergrößerung der Motorenstärke an den Reichsverband bzw. die Landesfischereiverbände übertragen. Da dort die Betriebsmittelzuteilung erfolgte, wollte man so die Verwaltungsabläufe vereinfachen. Die Genehmigung für die Errichtung von neuen und die Erweiterung von alten Betrieben verblieb dagegen bei den Außenstellen der HV, da diese Fragen von entscheidender Bedeutung für die „*Maßnahmen marktordnender Art*" seien.[270] Auch die bisherige Sonderregelung für die Haff- und Boddenfischerei wurde im Frühjahr 1944 aufgehoben und die Zuständigkeit von den Oberfischmeisterämtern an die HV zurückgegeben. In diesem Sinne hatte sich der Reichsverband engagiert, der stets daran interessiert war, den Einfluss der staatlichen Fischereiverwaltung zurückzudrängen.[271]

Zur Bewertung der praktischen Umsetzung der Genehmigungspflicht fehlt die Quellengrundlage; die Überlieferung der Hauptvereinigung im Bundesarchiv Berlin ist bruchstückhaft und auf die letzten Kriegsjahre beschränkt. Es gibt kaum Hinweise darauf, wie die Anordnungen tatsächlich zur Regulierung der Fischereibetriebe genutzt wurden. Offenbar versuchte die Berufsorganisation, einen gewissen Einfluss auf die Entscheidungen der HV zu nehmen. Der Marktbeauftragte der HV für Schleswig-Holstein und Mecklenburg berichtete, dass sämtliche Anträge auf Betriebszulassung und Erweiterung mit der Berufsorganisation abgestimmt und „*etwaige Wünsche des Landesfischereiverbandes berücksichtigt*" würden.[272] Noch im März 1945 bat der Reichsverband die HV Fischwirtschaft, auch

[268] HV Fischwirtschaft an RV der deutschen Fischerei, 18.5.1938. BArch R 17 III / 7.

[269] Vgl. Anordnung der HV der deutschen Fischwirtschaft Nr. 73, abgedruckt in: JB 1937, S. 447–449.

[270] Vgl. HV-Außenstelle Stettin an RV der deutschen Fischerei, 24.3.1943. BArch R 17 III / 7. Die Umstellung verlief nicht reibungslos. Der Reichsverband beschwerte sich, dass entgegen der neuen Zuständigkeiten auch weiterhin Genehmigungen durch die HV-Außenstelle Stettin erteilt würden. Vgl. RV der deutschen Fischerei an HV Fischwirtschaft, 4.8.1944. BArch R 17 III / 6.

[271] Vgl. RV der deutschen Fischerei an HV Fischwirtschaft, 23.2.1944. BArch R 17 III / 6 und HV Fischwirtschaft an OFMA, 4.4.1944. BArch R 17 III / 7.

[272] Auch die Fischereiämter seien involviert und ihre Bedenken fänden weitestgehend Berücksichtigung. Vgl. Marktbeauftragter der HV für Schleswig-Holstein und Mecklenburg an HV Fischwirtschaft, 14.7.1944. BArch R 17 III / 6. Die Zusammenarbeit mit der Berufsorganisation wurde nicht überall als „*sehr gut*" bezeichnet, so nannte die Außenstelle der HV Stettin diese lediglich „*sachlich und auch persönlich in Ordnung.*" HV-Außenstelle Stettin an HV Fischwirtschaft, 4.7.1944. BArch R 17 III / 6.

in Zukunft bei der Eröffnung und Vergrößerung von Betrieben der See- und Küstenfischerei eingeschaltet zu werden, *„damit von hier aus über die berufsständische Anerkennung des betreffenden Fischers entschieden werden kann.“*[273]

Die Einführung des Reichsfischereischeins

Mit dem Gesetz über den Reichsfischereischein von 1939 wurde ein Kontrollinstrument geschaffen, das die im Preußischen Fischereigesetz vorgesehene Fischereischeinpflicht auf das gesamte Reich, auch auf die bisher freien Küstengewässer, ausdehnte. Gleichzeitig erweiterte es die Möglichkeiten, die Erteilung des Scheins zu verweigern. Bisher war dies nur aus polizeilichen Gründen, etwa aufgrund einer Vorstrafe, möglich. Die Neuregelung sah vor, *„alle diejenigen Personen von der Ausübung des Fischfangs in den Küstengewässern auszuschließen, die hierzu sachlich und persönlich nicht geeignet sind.“* Damit sei eine *„alte Forderung der berufsständischen Organisationen“* erfüllt.[274] Eine Mitgliedschaft in diesen Organisationen wurde jedoch nicht – wie von Seiten des Reichsverbandes der deutschen Fischerei gefordert – zur Voraussetzung gemacht.[275]

In der Praxis spielte die Berufsorganisation jedoch eine nicht zu unterschätzende Rolle. Bereits vor der reichsweiten Einführung des Fischereischeins 1939 nahmen ihre lokalen Vertreter – Kreisfachwarte und Vereinsvorsitzende – im preußischen Vorpommern Einfluss auf die Erteilung der Fischereigenehmigung. Obwohl er sich darüber im Klaren war, dass eine solche Maßnahme nicht durch das Preußische Fischereigesetz gedeckt war, verzögerte der Oberfischmeister Rumphorst die Ausgabe von Fischereischeinen an nichtorganisierte Fischer.[276] Die Zurückhaltung der Fischereischeine wurde mit der dringenden Aufforderung, dem örtlichen Verein beizutreten, verknüpft. Dort konnte die Mitgliedschaft jedoch verweigert werden.[277] Eine positive Stellungnahme des Kreisfachwartes konnte in Zweifelsfällen ausschlaggebend für die Entscheidung des Oberfischmeisters sein. Der Fischer Otto Koos etwa erhielt den Fischereischein nur unter Vorbehalt und nur aufgrund der dringenden Befürwortung der Berufsorganisation.[278]

[273] RV der deutschen Fischerei an HV Fischwirtschaft, 14.3.1945, BArch R 17 III / 7.

[274] Brünneck: Zum Gesetz über den Reichsfischereischein, in: Der Deutsche See- und Küstenfischer, Jg. 2, Nr. 10, 7.5.1939, S. 38. Abdruck des Gesetzes einschließlich der Durchführungsverordnung und Vollzugsanweisung in: JB 1938, S. 453–461.

[275] Vgl. dazu Brüggemann, Robert: Was muss in der See- und Küstenfischerei getan werden?, in: DFW, Bd. 3, Heft 44, 1.11.1936, S. 741 f. Diese Regelung hatte man angestrebt, um eine vollständige Erfassung aller Fischereibetriebe zu gewährleisten.

[276] Vgl. beispielhaft OFMA an Kreisfachwart Ernst Kliesow, Göhren, 16.2.1937 und OFMA an FAST Lauterbach, 18.1.1937. LAG, Rep. 250, Nr. 365.

[277] In einigen Fällen wurden bereits bezahlte Fischereischeine zurückgehalten, da die Antragsteller nicht organisiert waren, während der lokale Fischereiverein gleichzeitig die Aufnahme verweigerte. Vgl. OFMA an FAST Lauterbach, 16.2.1937 und FAST Lauterbach an OFMA, 3.3.1937 sowie OFMA an FAST Lauterbach, 25.1.1937 und FAST Lauterbach an OFMA, 6.2.1937. LAG, Rep. 250, Nr. 365.

[278] Vgl. OFMA an Fischer Otto Koos, Lobbe, 9.6.1938. LAG, Rep. 250, Nr. 365.

Das in Preußen bereits übliche Verfahren wurde mit Inkrafttreten des neuen Gesetzes von 1939 auf das gesamte Reichsgebiet übertragen. Die Zuständigkeit für die Ausgabe des Reichsfischereischeins verblieb bei der Fischereiaufsichtsbehörde; der Kreisbauernführer bzw. der Kreisfachwart konnten nun aber auch offiziell die Versagung des Fischereischeins aus fischereiwirtschaftlichen Interessen beantragen.[279] Die Ausführungsbestimmung enthielt dazu den ausdrücklichen Hinweis, dass den zur Fischerei befugten Berufsfischern der Fischereischein aus diesen Gründen nur in Ausnahmefällen versagt werden dürfe.[280] Dass die Mitgliedschaft in der Berufsorganisation allerdings auch weiterhin zumindest nicht zur gesetzlich festgeschriebenen Voraussetzung gemacht wurde, zeugt von der Absicht, eine zu enge Verbindung von berufsständischer Organisation und Fischereierlaubnis zu verhindern. Im „Deutschen See- und Küstenfischer" wurde das Gesetz als weitere Maßnahme zur Förderung der berufsständischen Fischerei eingeordnet: *„Auf diese Weise wird eine wirksame Kontrolle aller Fischereitreibenden möglich werden, die sich nach den bisherigen Erfahrungen gerade im Interesse des Berufsfischers als notwendig erwiesen hat."* [281]

Im Verlauf des Krieges wurde die Vergabe modifiziert. Das Verfahren an sich wurde vereinfacht und sollte auf Anweisung des RMEL insbesondere bei Fronturlaubern mit äußerster Beschleunigung durchgeführt werden. Die zuständigen Stellen sollten andererseits besonderes Augenmerk darauf richten, ob der Fischereischein möglicherweise im Interesse der Reichs- oder der Ernährungssicherheit versagt werden müsse. Vorgeblich zum weiteren Schutz des Berufsfischers wurde der Reichsfischereischein an Nichtberufsfischer nur noch mit der Einschränkung vergeben, das Fischen an Nord- und Ostsee nur mit Handangeln auszuüben.[282] Diese Bestimmung stellte allerdings wohl vor allem sicher, dass keine größeren Mengen Fisch der Kriegsbewirtschaftung entzogen werden konnten.

Das NS-Regime nutzte die vorhandenen Steuerungsmöglichkeiten konsequenter und schuf neue, weitreichendere Bestimmungen. Durch die Verweigerung bzw. den Entzug der Fischererlaubnis für als berufsfremd angesehene Personen wurde die Zahl der Fischereitreibenden aus den in Besitz stehenden Gewässern aktiv re-

279 In Mecklenburg waren in Ermangelung eines Fischereiamtes die Kreispolizeibehörde und Landratsämter für die Ausgabe der Fischereischeine zuständig.

280 Der Fischereischein musste versagt werden, wenn dies für die öffentliche Sicherheit erforderlich erschien – vorrangig aus politischen Gründen. Zu diesem Zweck sollte gegebenenfalls auch die Geheime Staatspolizei am Vergabeverfahren beteiligt werden. Bestanden Zweifel an der politischen Zuverlässigkeit des Antragstellers, musste vor der Erteilung eine Auskunft bei der Geheimen Staatspolizei eingeholt werden. Juden war der Fischereischein in der Regel grundsätzlich zu versagen. In der Regel dürfte die Verweigerung aus politischen Gründen die Ausnahme gewesen sein, ein solcher Fall ist mir nicht bekannt. Vgl. auch Brünneck: Zum Gesetz über den Reichsfischereischein, in: Der Deutsche See- und Küstenfischer, Jg. 2, Nr. 10, 7. 5. 1939, S. 38.

281 Brünneck: Zum Gesetz über den Reichsfischereischein, in: Der Deutsche See- und Küstenfischer, Jg. 2, Nr. 10, 7. 5. 1939, S. 38.

282 Vgl. Scheunert, A.: Reichsfischereirecht im Kriege, in: Der Deutsche See- und Küstenfischer, Jg. 4, Heft 8, 31. 8. 1941, S. 29f.

duziert. Ein unkontrolliertes Anwachsen der Zahl der Fischereibetriebe war nicht mehr möglich, seit die Anordnungen der HV Fischwirtschaft die Betriebsaufnahme und -aufgabe unter die direkte Aufsicht des RNS stellten. Diese Eingriffe in die Gewerbefreiheit wurden ebenso wie das Gesetz über den Reichsfischereischein 1939 als Maßnahmen zum Schutz des Berufsfischertums beworben. Nunmehr konnte theoretisch jedem die Ausübung der Fischerei versagt werden. Alle Maßnahmen sollten jedoch unter besonderer Rücksichtnahme auf den Berufsfischer durchgeführt werden. Die Berufsorganisation hatte ihre Interessen in dieser Angelegenheit offenbar gut durchsetzen können, nicht nur im Fall der „Gewässerbereinigung" in Mecklenburg. Auch auf die Vergabe der Fischereischeine durch die Fischereiaufsichtsbehörde und die durch die HV zu erteilenden Genehmigungen zur Betriebseröffnung und -erweiterung konnte – Letzteres zumindest in Mecklenburg – Einfluss genommen werden. Die Zahl der Fischereitreibenden wurde den Interessen der Berufsorganisation gemäß vor allem durch die Aussonderung sogenannter Nichtberufsfischer reduziert. Systematische Zwangsschließungen leistungsschwacher oder unrentabler Betriebe sind nicht bekannt.

Generell ist es aufgrund der Quellenlage schwer, Aussagen über die Akzeptanz der Maßnahmen unter den Fischern selbst zu treffen. Es liegen fast ausschließlich die offiziösen Aussagen der „berufsständischen Führer" in der „Deutschen Fischwirtschaft" vor. Ein rigoroses Durchgreifen wie das des Landrats zu Wismar, der Fischereiberechtigungen aufgrund wiederholter Fischereivergehen entzog, weckte natürlich den Unmut der Betroffenen.[283] Doch solange den Fischern keine persönlichen Nachteile entstanden, dürften sie den Regelungen zustimmend oder desinteressiert gegenüber gestanden haben.

c) Die Ausbildungsregelung in der See- und Küstenfischerei

In engem Zusammenhang mit der „Bereinigung des Berufsstandes" und den Möglichkeiten zur Regulierung der Überbesetzung stand die Regelung der Ausbildung. *„Dass besonders in den Jahren nach dem Kriege eine Unmasse Volksgenossen sich in die See- und Küstenfischerei hineindrängten und somit den berufsständischen See- und Küstenfischer zum Teil verdrängte"*, war nach Ansicht des Vorsitzenden des Reichsverbandes der deutschen Fischerei, Wilhelm Kühl, vor allem auf das Fehlen von Befähigungsvorschriften zurückzuführen.[284] Die Schaffung einer verbindlichen Ausbildungsregelung war daher eine der wichtigen Forderungen der Berufsorganisation. Auf diesem Weg sollten Kriterien für die bisher ungenaue Definition des Berufsfischers festgelegt und sichergestellt werden, dass die See- und Küstenfischerei nur noch von berufsständischen Fischern ausgeübt würde.

[283] Die Einsprüche der betroffenen Fischer finden sich in LHAS, 5.12-4/2, Nr. 522.

[284] Der Reichsfischereirat tagte. Erklärung über die Lebensfragen und Arbeitsziele der berufsständischen Fischerei, in: DFW, Bd. 3, Heft 19, 10. 5. 1936, S. 290–292, Zitat S. 291. Bisher existierten nur nautische Bestimmungen zur Schiffsführung.

Bildungsmängel: erste Maßnahmen

Die dringende Notwendigkeit der Ausbildungsregelung hatte jedoch noch weitere Gründe. Das schlechte Abschneiden der Fischerjugend auf dem Berufswettbewerb 1935 hatte gezeigt, dass die „Jungfischer" über einen erschreckend niedrigen Bildungsgrad verfügten. Dies war Anlass, einen warnenden Artikel in der „Deutschen Fischwirtschaft" zu veröffentlichen. Während die praktische Ausbildung in den Fischereibetrieben als zufriedenstellend eingeschätzt wurde, zeigten sich in anderen Bereichen große Lücken. Neben beschränkten nautischen Kenntnissen sei vor allem die Allgemeinbildung so schlecht, *„wie man es sich schlimmer kaum vorstellen kann."* *„Gänzliches Versagen"* wurde schließlich beim staatspolitischen Wissen beobachtet.[285] *„Der Fischer macht sich auf seinem Kutter ein eigenes Weltbild"*, hieß es 1937.[286] Die für die Vermittlung der politischen und ideologischen Ziele der Partei unabdingbare staatspolitische Schulung sollte eigentlich durch die Hitlerjugend (HJ) abgedeckt werden. Die unregelmäßigen Arbeitszeiten der jungen Fischer machten jedoch den regelmäßigen Besuch des HJ-Dienstes unmöglich. Der Verfasser des Artikels erhob deshalb eine pragmatische Forderung: Wenn man nicht auch im „Dritten Reich" Fischer heranziehen wolle, die von der Volksgemeinschaft und den Rechten und Pflichten eines Reichsbürgers keine Ahnung hätten, so müsse sich der HJ-Dienstplan örtlich nach den Arbeitsverhältnissen der Jungfischer richten.[287]

Die Voraussetzung dafür war nach Ansicht des Neukuhrener Fachwarts auch ein gewisses Bildungsniveau. Die zentrale Frage sei, wie die Fischerjugend einen Bildungsstand erreichen könne, der *„der Durchschnittsbildung der schaffenden Bevölkerung entspricht."*[288] Die Küstenfischer stammten hauptsächlich aus einem Milieu, das man heute als bildungsfern bezeichnen würde. Für die meisten von ihnen war das Kapitel Bildung mit Beendigung der Volksschule abgeschlossen. Die berufliche Weiterbildung hatte sich bisher fast ausschließlich auf den freiwilligen Besuch von Kursen des Deutschen Seefischereivereins beschränkt. Daher wurde zur Behebung der Mängel ein wöchentlicher Zwangsunterricht vorgeschlagen, der berufskundliches Rechnen und Schreiben, Seefahrt- und Motorenkunde, Fischereibiologie, Gerätekunde, Gesetzeskunde und schließlich staatspolitischen und weltanschaulichen Unterricht umfassen sollte. Dazu sollten der örtliche Lehrer, die staatlichen Fischereibeamten und eben die HJ herangezogen werden.[289]

[285] Pilwat, H.: Zur Schulung der Jungfischer in der Küstenfischerei. Es fehlt am staatspolitischen und nautischen Wissen, aber Hitler-Jugend und Berufsschulen können helfen!, in: DFW, Bd. 3, Heft 7, 16. 2. 1936, S. 99f., Vgl. auch: Seefischerjugend im Berufswettbewerb, in: DFW, Bd. 2, 1935, Heft 18, 4. 5. 1935, S. 39f.

[286] Meyer, P. F.: Wie muss die Schulung der jungen Küstenfischer aussehen?, in: DWF, Bd. 4, Heft 41, 10. 10. 1937, S. 587f., Zitat S. 587.

[287] Vgl. Pilwat, H.: Zur Schulung der Jungfischer in der Küstenfischerei. Es fehlt am staatspolitischen und nautischen Wissen, aber Hitler-Jugend und Berufsschulen können helfen!, in: DFW, Bd. 3, Heft 7, 16. 2. 1936, S. 99f., Zitat S. 99.

[288] Ebd.

[289] Vgl. Mehr Schulung für die Küstenfischer. Gute Lehre und gründlicher Unterricht müssen dem Jungfischer Sicherheit geben [P.B.], in: DFW, Bd. 4, Heft 15, 11. 4. 1937, S. 210. Der Arti-

Dieser Vorschlag war durch den speziellen Charakter der Arbeit der Fischer jedoch kaum umsetzbar. Die Einrichtung von Berufsschulen erschien überhaupt nur an größeren Orten sinnvoll; dieses Modell wurde seit 1936/37 in zwei Fischereiorten in Ostpreußen erprobt.[290] Ansonsten sollte die Ausbildung vorerst durch Lehrgänge und Schulungslager der einzelnen Landesbauernschaften erfolgen.[291] Vom Lagerleben versprach man sich zudem eine Stärkung des Gemeinschaftsgeistes.[292]

Das erste Lager dieser Art wurde 1938 im schleswig-holsteinischen Laboe veranstaltet. An der dreitägigen, von der Landesbauernschaft und dem Landesfischereiverband organisierten Schulung nahmen 70 Nachwuchsfischer aus der Küsten- und Binnenfischerei Schleswig-Holsteins teil. Ziel war es, die Jungfischer auf ihre künftige Rolle als Berufsfischer, als Vorsitzende eines Fischereivereins oder als Kreisfachwart vorzubereiten. Neben der Vermittlung von Fachwissen sollte ein stabiles ideologisches Fundament geschaffen werden. Daher standen auf dem Lehrplan auch Themen wie Erbgesundheit. Frühsport und von der HJ veranstaltete Kameradschaftsabende als Rahmenprogramm sollten für eine straffe Disziplin sorgen, da der Fischer größere Freiheiten gewohnt sei und die Schulung durch HJ, SA, SS und Ähnliches meistens fehle. Für künftige Lager war geplant, die Fischer in Kameradschaften einzuteilen und Einheitskleidung tragen zu lassen. In der „Deutschen Fischwirtschaft" wurde zwar das Lager als voller Erfolg bezeichnet, doch zwischen den Zeilen ist zu lesen, dass die mangelhafte Disziplin der Teilnehmer durchaus zu Problemen führte.[293] Auf dem Schulungslager in Eutin im August desselben Jahres, das sich speziell an junge Ostseefischer richtete, traten diese Schwierigkeiten offenbar noch massiver auf. Die Disziplinlosigkeit wurde wiederum darauf zurückgeführt, dass – ganz anders als etwa in der Binnenfischerei oder an der Nordseeküste – nur ein auffallend geringer Teil der Ostseefischer den NS-Verbänden angehöre. Die Veranstalter baten darum, dass sich künftig nur noch junge Fischer anmeldeten, die sich gern und freiwillig dem Lagerbetrieb unterordneten und zudem alt genug seien, den Vorträgen zu folgen. Nach dieser Erfahrung stand am Ende die Einsicht, dass sich *„ohne eine Fischereischule die Ausbildung des Nachwuchses nicht so durchführen lässt, wie es notwendig ist."* Bei den zuständigen RNS-Stellen wollten die Verantwortlichen energisch für die Einrich-

kel bezieht sich auf den Beitrag von Pilwat von 1936 und bekräftigt nochmals die Notwendigkeit einer gründlichen theoretischen und praktischen Ausbildung.

290 Kristandt, Karl: Mehr Schulung für die Jungfischer, in: Der Deutsche See- und Küstenfischer, Jg. 1, Heft 7, 10. 4. 1938. S. 21f.

291 Der Reichsfischereirat tagte. Erklärung über die Lebensfragen und Arbeitsziele der berufsständischen Fischerei, in: DFW, Bd. 3, Heft 19, 10. 5. 1936, S. 290–292.

292 Als Folge des einsamen Arbeitens sei *„ein ganz ausgeprägter Hang zur Eigenbrötelei und ein auffälliger Mangel an Zusammengehörigkeits- und Gemeinschaftsgefühl"* festzustellen. Meyer, P. F.: Wie muss die Schulung der jungen Küstenfischer aussehen?, in: DWF, Bd. 4, Heft 41, 10. 10. 1937, S. 587f., Zitat S. 587.

293 Vgl. Marre, G.: Erstes deutsches Schulungslager für Jungfischer, in: Der Deutsche See- und Küstenfischer, Jg. 1., Heft 4, 27. 2. 1938. S. 9f.

tung einer See- und Küstenfischerschule sowie für die Einführung von Ausbildungsrichtlinien eintreten.[294]

Für das eigentliche Untersuchungsgebiet liegen zwar entsprechende Berichte nicht vor, doch dürfen die Befunde über das schlechte Bildungsniveau und die mangelnde ideologische Erziehung durch NS-Verbände wohl auf die „Jungfischer" Mecklenburgs und Vorpommerns übertragen werden.

Gesetzliche Regelung: Die Grundregel des Reichsnährstandes für die Ausbildung in der Fischerei 1939

Da „*die Fischerei nur ihr höchstes [!] leisten kann, wenn sie sich auf einem gefestigten Berufsstand aufbaut*", wurden vom RNS schließlich im Januar 1939 einheitliche Grundregeln für die Ausbildung geschaffen.[295] Jeder Berufsfischer musste nun eine Ausbildung mit Gehilfen- und Meisterprüfung durchlaufen. Die dreijährige Lehrzeit in einem anerkannten Ausbildungsbetrieb schloss mit der Fischergehilfenprüfung ab. Danach folgte eine mindestens sechsjährige Gehilfenfortbildung, die nach bestandener Prüfung mit dem Meisterbrief für den mindestens vierundzwanzigjährigen Fischer abschloss. Erst dann durfte der Küstenfischer als Fischmeister selbständig die Fischerei ausüben. Wenn keine Fischereischule bestand, die der Lehrling während der gesamten Lehrzeit besuchen konnte, sah die theoretische Ausbildung den verpflichtenden Besuch eines Grundlehrgangs im letzten Lehrjahr vor. Der Lehrmeister musste Inhaber oder Leiter eines Betriebes und „vorbildlicher Staatsbürger" sein.

Die Genehmigung des Lehrvertrags, die Abnahme der Prüfungen und die Anerkennung zum Lehrmeister oblagen der Landesbauernschaft. Rückwirkend konnten die Landesbauernschaften auf Antrag jedem, dessen Ausbildung vor dem 1. April 1935 begonnen hatte und der seitdem ununterbrochen in der Küstenfischerei tätig war, den Fischereigehilfenbrief ohne Ableistung einer besonderen Lehrzeit erteilen. Gleiches galt für den Meisterbrief, wenn eine mindestens zehnjährige Tätigkeit in der Küstenfischerei nachgewiesen werden konnte und die Voraussetzungen für die Führung eines Betriebes gegeben waren. Um „*dem Berufsstand die Berufsehre zu sichern und ihm die gebührende Anerkennung zuteil werden zu lassen*", wurde im „Deutschen See- und Küstenfischer" dazu aufgerufen, von dieser Möglichkeit tunlichst Gebrauch zu machen.[296]

Die Umsetzung der Vorgaben für die Lehrlingsausbildung gestaltete sich problematisch. So notwendig eine fundierte Berufsausbildung auch sein mochte, so schwierig blieb die Organisation. Zur Durchführung von Ausbildungslehrgängen

294 Vgl. Marre, G.: Schulungslager für Jungfischer der Ostseeküste in Eutin, in: Der Deutsche See- und Küstenfischer, Jg. 1, Heft 19, 25.9.1938, S. 69.

295 Vgl. zum Folgenden: Die Grundregel des Reichsnährstandes für die Ausbildung in der Fischerei vom 30.1.1939, in: Der Deutsche See- und Küstenfischer, Jg. 2, Heft 6, 12.3.1939. S. 21f.

296 Anerkennung von Fischermeistern und Gehilfen in der See- und Küstenfischerei, Anerkennung von Lehrmeistern [Dr. Bd.], in: Der Deutsche See- und Küstenfischer, Jg. 2, Heft 22, 3.12.1939, S. 84.

kam es bis Kriegsbeginn weder in Mecklenburg noch Pommern. Nur in Niedersachsen, Schleswig-Holstein und Ostpreußen waren überhaupt Lehrgänge abgehalten worden. Mit Kriegsbeginn stellten die Landesbauernschaften ihre Bemühungen auf diesem Gebiet weitgehend ein.[297] In Pommern wurden im Frühjahr 1942 erstmals Beauftragte für das Lehrlingswesen eingesetzt und Lehrgänge und Prüfungen abgehalten, so z.B. im Januar 1942 in Stralsund. Bei den die Prüfung leitenden Beauftragten handelte es sich um Fischermeister der Region.[298] Nur acht pommersche Küstenfischer legten bis 1944 auf diesem Weg die Meisterprüfung, 60 die Gehilfenprüfung ab. Weitere 936 Fischer waren ohne Prüfung als Meister und 31 als Gehilfen anerkannt worden. Bei etwa 4500 Fischern in Pommern war dies noch immer weniger als ein Viertel.[299]

Kritiker bezweifelten ohnehin die Wirksamkeit der neuen Ausbildungsregelung. Im „Deutschen See- und Küstenfischer“ sah man sich daher genötigt, darauf hinzuweisen, dass die im Rahmen der Lehrausbildung für Küstenfischer bereits eingeführten regelmäßigen Lehrgänge und Gehilfenprüfungen im Gegensatz zu anderslautenden Meldungen in Fischereizeitungen durchaus Erfolge zeigten.[300] Der Vertreter des zuständigen Verwaltungsamtes des Reichsbauernführers hatte 1941 die Landesbauernschaften aufgefordert, *„dafür zu sorgen, dass auch in der Kriegszeit die Ausbildung des Küstenfischers vorankommt“*, und gleichzeitig die Errichtung einer Lehr- und Versuchsanstalt für die See- und Küstenfischerei angekündigt, in der künftig die Durchführung der Grundlehrgänge erfolgen sollte.[301] Die allmähliche Verlagerung der Ausbildung von den Landesbauernschaften auf die größtenteils neu zu errichtenden zentralen Lehranstalten des RNS wurde als langfristiges Ziel ausgegeben; über die Planungsphase kamen diese Überlegungen jedoch nicht hinaus.[302]

Die Organisation der Lehrlingsausbildung ließ zwar noch zu wünschen übrig – dass auf diesem Gebiet 1939 überhaupt erstmals eine gesetzliche Regelung erfolgte, ist aber grundsätzlich als Überwindung einer unzeitgemäßen Rückständig-

[297] Vgl. Marre G.: Neue Wege in der Ausbildung der Fischer, in: Der Deutsche See- und Küstenfischer, Jg.6, Heft 6, 30.6.1943, S.25f. Marre behauptet hier, allein in Schleswig-Holstein gäbe es seines Wissens seit Kriegsbeginn noch Kurse und Prüfungen.

[298] Vgl. Die Landesbauernschaft Pommern hielt Lehrgänge und Prüfungen für See- und Küstenfischer ab, in: Der Deutsche See- und Küstenfischer, Jg.5, Heft 3, 29.3.1942, S.11f.

[299] Vgl. Krämer, H.: Die pommersche Fischerei, in: Der Deutsche See- und Küstenfischer, Jg.7, Heft 10, 31.10.1944, S.37f. Angaben nach den Ergebnissen der Betriebszählung von 1936. Vgl. Deutsche Fischwirtschaft im Spiegel der Betriebszählung 1936, S.277–280. Für die niedrigen Zahlen war sicher auch die Einberufung vieler Fischer zum Kriegsdienst verantwortlich.

[300] Vgl. Günstige Aufstiegsmöglichkeiten für den Nachwuchs in der Küstenfischerei, in: Der Deutsche See- und Küstenfischer, Jg.4, Heft 9, 30.9.1941, S.35.

[301] Vgl. Die berufsständische Fischerei legt Zeugnis ab über die während des Krieges durchgeführten Arbeiten. Bericht über die Mitgliederversammlung des Reichsverbandes der deutschen Fischerei, in: Der Deutsche See- und Küstenfischer, Jg.4, Heft 2, 23.2.1941, S.5–7, Zitat S.6.

[302] Vgl. Marre G.: Neue Wege in der Ausbildung der Fischer, in: Der Deutsche See- und Küstenfischer, Jg.6, Heft 6, 30.6.1943, S.25f. Für die Küstenfischerei waren zwei Anstalten geplant, für die Ostsee in Swinemünde und für die Nordsee in Büsum. Die erste Anstalt für die Binnenfischerei wurde 1941 in Zirke (Wartheland) errichtet.

keit und als Erfolg des Reichsverbandes der deutschen Fischerei zu bewerten, der sich auf die Durchführung der Ausbildung maßgeblichen Einfluss sichern konnte. Auch in Fragen der Berufsausbildung ermöglichte der relative Kompetenzzuwachs innerhalb der Reichsnährstandsorganisation der Berufsorganisation die Durchsetzung alter Forderungen.

Nachwuchssorgen

Hinsichtlich der erstrebten „Reinhaltung des Berufsstandes" zeigte die Ausbildungsreglung im Krieg erste Erfolge. Angesichts der seit 1941 auffälligen Zunahme von Anträgen auf Zulassung zur nebenberuflichen Fischereiausübung, ermahnte der Reichsverband die Landesbauernschaften, solche Anträge auch im Krieg abzulehnen, da jeder, der die Fischerei ausüben wolle, erst die ordnungsgemäße Ausbildung durchlaufen müsse.[303]

Tatsächlich stellte sich zunehmend ein anderes Problem. Mit der Erkenntnis, dass die Berufe der Fischwirtschaft trotz guter Zukunftsaussichten nicht zu den „Modeberufen" gehörten, erfasste die Sorge um ausreichenden Nachwuchs die Küstenfischerei. Nachdem noch wenige Jahre zuvor die Überbesetzung des Gewerbes thematisiert worden war, beklagte man nun, dass die Zahl der Fischer *„in einem nicht mehr tragbaren Umfange verringert würde."* Der Berufsstand sei – infolge der zeitweilig noch geförderten Abwanderung in lukrativere Beschäftigungen – überaltert und der Mangel an jungen Kräften nicht wegzuleugnen. Für die Nachwuchsprobleme wurde auch die mangelnde Werbung für den Küstenfischereiberuf unter Jugendlichen verantwortlich gemacht. Die ständigen Hinweise auf die Armut der Küstenfischer hätten zwangsläufig abschreckend wirken müssen. Nachdem die Ausbildung geregelt sei, müsse nun eine durchgreifende Erfassung des Nachwuchses erfolgen.[304]

Überalterung und Abwanderung in andere Berufe waren allerdings bereits in den vorangegangenen Jahren festgestellt worden, hier setzte sich ein Trend aus der Weimarer Zeit fort.[305] Die Abwanderung in Industriebetriebe erfolgte nicht nur aufgrund der besseren Verdienstmöglichkeiten. Mit verantwortlich war dafür auch die Beeinträchtigung der Fischerei durch Sperrgebiete in den Küstengewässern.[306] Die Klagen über fehlenden Nachwuchs stehen nur scheinbar im Widerspruch zur geforderten Berufsbereinigung. Für die vom Reichsverband angestrebte Sicherung

303 Vgl. Die Arbeit der Küsten- und Binnenfischer muss gesichert bleiben. Die Tagung des Reichsverbandes der Deutschen Fischerei behandelte alle Fragen des gegenwärtigen Einsatzes, in: DFW, Bd. 8, Heft 5, 2. 2. 1941, S. 63f.

304 Vgl. Sorgen um ausreichenden Nachwuchs, in: DFW, Bd. 8, Heft 38, 21. 9. 1941, S. 491.

305 In Mecklenburg sank die Zahl der Fischer von 1928 bis 1935 von 631 auf nur noch 521. Bedenklich sei vor allem, dass es sich bei den abgehenden Fischern zumeist um junge Fischersöhne handele, die im väterlichen Betrieb kein Auskommen mehr fänden. Vgl. Meyer, Paul-Friedrich: Die Seefischerei Mecklenburgs und Lübecks in den letzten zehn Jahren von 1926–1936, in: DFW, Bd. 4, Heft 1, 31. 1. 1937, S. 4–7.

306 Vgl. Landflucht auch bei den Fischern, in: DFW, Bd. 6, Heft 5, 29. 1. 1939, S. 80. Vgl. Kühl, Jahresbericht Reichsverband, JB 1938, S. 206.

des Berufsstandes war die Eliminierung berufsfremder Nebenerwerbsfischer ebenso wichtig wie qualifizierter Nachwuchs.

Mit dem Hinweis auf die in sozialer und wirtschaftlicher Hinsicht geleisteten Verbesserungen warb die Berufsorganisation seit 1941 um den Nachwuchs, dem sich nun „*Aufstiegsmöglichkeiten, wie sie kaum vordem jemals vorhanden gewesen sind*", böten.[307] So gab der nationalsozialistische Pressedienst des Gaus Mecklenburg im Februar 1942 eine Meldung heraus, die ein geradezu idyllisches Bild des Fischerberufs zeichnete: „*ein Beruf, der für jeden naturnahen Menschen ein auskömmliches Brot, gute Zukunftsaussichten, einen geregelten Ausbildungsgang und geordnete soziale Verhältnisse sichert.*"[308]

d) Verbesserte soziale Sicherung? Auswirkungen der NS-Sozialpolitik auf die See- und Küstenfischer

Neben den Arbeitsbeschaffungsmaßnahmen gehörten zu den ersten sozialpolitischen Maßnahmen der Nationalsozialisten die massiven Eingriffe in das Arbeitsrecht.[309] Für die traditionelle Struktur der Sozialversicherungszweige kann dagegen weitgehende Kontinuität festgestellt werden. Die anfänglichen Pläne zur Schaffung einer Einheitsversicherung wurden rasch fallengelassen.[310] Inhaltliche Erweiterungen der Sozialversicherung betrafen aber auch die selbständigen See- und Küstenfischer.

Eine grundsätzliche Klärung erfolgte zunächst im Bereich der Arbeitslosenversicherung. Unter der nationalsozialistischen Regierung wurde 1933 jegliche Beschäftigung in der Binnen- und Küstenfischerei von der Arbeitslosenversicherung befreit, auch die der ausschließlich abhängig Beschäftigten.[311] 1941 wurde diese Befreiung dann auf die Betriebe der Kleinen Seefischerei ausgedehnt. Die Begründung folgte der Argumentation Wilhelm Dröschers aus dem Jahr 1922. In beiden Fällen unterschieden sich Betriebsinhaber und Arbeitnehmer wirtschaftlich kaum voneinander und in beiden Bereichen sei auch die Arbeitslosigkeit eher gering.[312]

307 Günstige Aufstiegsmöglichkeiten für den Nachwuchs in der Küstenfischerei, in: Der Deutsche See- und Küstenfischer, Jg. 4, Heft 9, 30. 9. 1941, S. 35.

308 Naturliebende Jungen werden Fischer – Gesicherte Zukunft im Fischerberuf, in: NSG Mecklenburg (19. 2. 1942). Vgl. auch Nachwuchs aus gesunden Fischerfamilien, in: DFW, Bd. 9, Heft 6, 8. 2. 1942, S. 69.

309 Vgl. Stolleis, Sozialpolitik bis 1945 (2001), S. 314–317.

310 Durch die Einführung des allgegenwärtigen Führerprinzips und die damit verbundene Auflösung der Selbstverwaltung erfuhr die Organisation zwar eine durchaus mit personellen Brüchen verbundene formale Änderung, die prinzipielle Trennung der Versicherungszweige wurde jedoch beibehalten. Zur Entwicklung der einzelnen Sozialversicherungszweige im Nationalsozialismus vgl. Stolleis, Sozialpolitik bis 1945 (2001), S. 317–322.

311 Vgl. Befreiung der Küstenfischer von der Arbeitslosenunterstützung, in: Mitteilungen des DSV, Bd. 49, Nr. 3, Oktober 1933, S. 118f. Vorher war die Beschäftigung nur dann versicherungsfrei gewesen, wenn der Beschäftigte selbst Eigentümer oder Pächter bzw. als Arbeitnehmer weniger als die Hälfte des Jahres oder als Anteilsfischer beschäftigt war.

312 Vgl. Befreiung der Kleinbetriebe der Seefischerei von der Arbeitslosenversicherung, in: Der Deutsche See- und Küstenfischer, Jg. 4, Heft 1, 26. 1. 1941, S. 2.

Ohnehin war bereits ein Großteil der Arbeitnehmer als Anteilsfischer von der Arbeitslosenversicherung befreit gewesen. Die Bedeutung lag daher weniger in der so erreichten finanziellen Entlastung der Betriebe, als in der Vereinheitlichung einer bisher zu einem gewissen Maß auf Auslegung beruhenden Regelung.[313]

„Eine alte Hoffnung der Fischerei hat sich in schwerer Zeit erfüllt"[314]: Die Schaffung einer Altersversorgung für die See- und Küstenfischerei

Das bereits während der Weimarer Zeit von Wilhelm Dröscher formulierte Problem der ungenügenden sozialen Absicherung der See- und Küstenfischer im Alter traf mit den ideologisch getränkten sozialpolitischen Plänen der NSDAP zu einem *„großzügigen Ausbau der Alters-Versorgung"* durchaus glücklich zusammen.[315] Seitdem der Reichsverband der deutschen Fischerei seine Arbeit aufgenommen hatte, gehörte daher eine angemessene Altersversorgung für die Fischer zu den Hauptforderungen der Berufsorganisation. Im Mai 1936 erklärte Wilhelm Kühl, die Frage der Altersversorgung sei in Angriff genommen und müsse fortan stärkste Förderung und Beachtung finden: *„Es ist ein Unding, dass ein Volksgenosse, der von seinem 14. bis 65. Lebensjahr täglich hart mit den Naturgewalten um seine bescheidene Existenz gekämpft hat, nun noch bei Erreichung dieser Altersgrenze immer wieder hinausfahren muss."* Staat, Reichsnährstand und Reichsverband müssten zusammen daran arbeiten, dem Fischer die *„wohlverdiente Ruhe im Alter"* zu ermöglichen.[316]

Während das langfristige Ziel, die Einführung einer gesetzlichen Rentenversicherung, naturgemäß Zeit brauchte, konnte Wilhelm Kühl hinsichtlich kurzfristiger Maßnahmen auf dem ersten Reichsfischereitag in Rostock im Herbst 1936 erste Erfolge verkünden: Im Winter 1936/37 sollten die notleidenden alten Küstenfischer mit 100 000 RM aus dem Winterhilfswerk (WHW) unterstützt werden.[317] Allerdings handelte es sich angesichts des geringen Betrags wohl mehr um eine symbolische Geste als um echte Hilfe. Im Gegenzug fand die Not der alten Fischer

313 Nicht in allen Ländern und Provinzen wurden die Anteilsfischer als selbständige Unternehmer angesehen, Vgl. Henking, Ostsee 1929, S. 150 und Dröscher, W.: Der rechtliche Charakter der Partenfischerei, in: Mitteilungen des DSV, Bd. 43, Nr. 5, Mai 1927, S. 228f.

314 Therkorn, Kurt: Die Altersversicherung der See- und Küstenfischer. Zum Gesetz über die Ausdehnung der Invalidenversicherung auf die Küstenschiffer und Küstenfischer (Teil IV), in: Der Deutsche See- und Küstenfischer, Jg. 4, Heft 11, 30. 11. 1941, S. 41–43, Zitat S. 43.

315 Feder, Programm der NSDAP (1933), S. 18. Zu Punkt 15 des Parteiprogramms der NSDAP vom 24. 2. 1920 vgl. auch Rosenberg, Parteiprogramm (1942), S. 41–44.

316 Der Reichsfischereirat tagte. Erklärung über die Lebensfragen und Arbeitsziele der berufsständischen Fischerei, in: DFW, Bd. 3, Heft 19, 10. 5. 1936, S. 290–292, Zitat S. 292. Vgl. auch Wier, H.: Die See- und Küstenfischerei im Reichsverband der Deutschen Fischerei, in: DFW, Bd. 3, Heft 44, 1. 11. 1936, S. 744f.

317 Vgl. ebd., S. 761. Die Erfassung der hilfsbedürftigen Fischer erfolgte durch die Kreisfachwarte. Vgl. Wiehr, H.: Sorge um den See- und Küstenfischer, in: DFW, Bd. 3, Heft 48, 29. 11. 1936, S. 809–811.

Einzug in die Propagandaabbildungen des WHW.[318] Im September 1937 wurde auf dem Reichsfischereitag in Lindau eine positive Bilanz gezogen. Die erste Not hätte gelindert werden können. Auch in den kommenden Jahren wurde die Küstenfischerei vom WHW berücksichtigt.[319]

Mit der NS-Volkswohlfahrt versuchte die NSDAP wohl am sichtbarsten, ihre soziale Komponente zu betonen. Die zweitgrößte Parteiorganisation war Prestigeobjekt und gleichzeitig „eigentliche Alltagsrepräsentanz" der Partei.[320] Die Küstenfischer traten dabei nicht nur als Empfänger, sondern auch als Spender in Erscheinung. Auf öffentlichkeitswirksamen „Winterhilfsfischzügen" wurde jeweils der Erlös eines Fangtages an das WHW abgeführt.[321]

Ende der Dreißigerjahre befand sich auch die gesetzliche Regelung der Altersversorgung auf dem Weg.[322] 1937 war die gesetzliche Rentenversicherung zum freiwilligen Eintritt für alle Deutschen unter 40 Jahre geöffnet worden, Ende Dezember 1938 folgte mit der Pflichtversicherung für das Handwerk die Aufnahme von Selbständigen in den Pflichtversichertenkreis.[323] Im Zuge dieser Entwicklung wurde schließlich im August 1940 – also bereits während des Krieges – das Gesetz über die Ausdehnung der Invalidenversicherung auf Küstenschiffer und Küstenfischer verkündet: *„Ein langer unermüdlicher Kampf der See-Berufsgenossenschaft, des Reichsnährstandes und des Reichsverbandes der deutschen Fischerei, der Berufsvertretung der deutschen Fischerei, hat zum Erfolg geführt."* [324]

[318] Victor Klemperer beschreibt diese Abbildung in seinem Tagebucheintrag vom 11. Januar 1937, S. 331: *„In der Berliner Illustrierten das Bild eines essenden alternden Fischers; Unterschrift: ‚Hier bleibt Dein Geld!' und Erklärung, so helfe die Winterhilfe (Wortschatz des dritten Reiches)."*

[319] Vgl. Die berufsständische Fischerei am Anfang einer neuen Entwicklung. Der Reichsfischereitag in Lindau gab ein Bild der Zuversicht und Einsatzbereitschaft der Küsten- und Binnenfischerei, in: DFW, Bd. 4, Heft 37, 12. 9. 1937, S. 530 f. und Kühl, Wilhelm: Auch die Binnen- und Küstenfischer schaffen tatkräftig an der Fischversorgung, in: DFW, Bd. 6, Heft 18, 30. 4. 1939, S. 329–336.

[320] Vorländer, Erich Hilgenfeldt (1993), S. 166. Zum WHW vgl. auch Ders., NSV (1988), S. 44–62.

[321] Das Beispiel Niendorf, Schleswig-Holstein zeigt das WHW-Fischen im März 1938 als durch und durch politische Demonstration. Die zurückkehrenden Fischer wurden durch die politischen Leiter der NSDAP-Ortgruppe empfangen, musikalisch begleitet durch den Spielmannszug der HJ. Zum Abschluss trugen sich alle Fischer in das Ehrenbuch der NSDAP-Ortsgruppe ein. Vgl. Ein besonderer Fischzug zur Belieferung an das WHW fand kürzlich von den Niendorfer Fischern statt, in: Der Deutsche See- und Küstenfischer, Jg. 1, Heft 5, 13. 3. 1938, S. 16. In Warnemünde folgte auf das WHW-Fischen ein Kameradschaftsabend anlässlich des Gründungstages des Fischereivereins, mit Tanz und Laienspielaufführung. Vgl. Fischerfest in Warnemünde, in: Der Deutsche See- und Küstenfischer, Jg. 2, Nr. 6, 12. 3. 1939, S. 24. Vgl. auch Winterhilfswerk bringt jetzt Fische zur Verteilung, in: DFW, Bd. 6, Heft 5, 29. 1. 1939, S. 81 und Die Fischerei für das WHW in Pommern in vollem Gange, in: Der Deutsche See- und Küstenfischer, Jg. 2, Nr. 3, 12. 2. 1939, S. 15 f. Von derartigen Aktionen versprach man sich gleichzeitig auch eine gute Werbung für den Seefisch.

[322] Vgl. Hauptversammlung des Landesfischereiverbandes Pommern am 30. 10. 1938 in Stettin, in: Der Deutsche See- und Küstenfischer, Jg. 1, Heft 23, 20. 11. 1938, S. 87.

[323] Vgl. zur Rentenversicherung, Stolleis, Sozialpolitik bis 1945 (2001), S. 321 f.

[324] Ohrt, Egmont: Die Altersversicherung der See- und Küstenfischer. Zum Gesetz über die Ausdehnung der Invalidenversicherung auf die Küstenschiffer und Küstenfischer, in: Der Deutsche See- und Küstenfischer, Jg. 3, Nr. 9, 29. 9. 1940, S. 33–35, Zitat S. 33.

Die Erweiterung der bisher allein durch die Unfallversicherung nur mangelhaft gewährleisteten sozialen Sicherung um eine Altersvorsorge wurde als Erfolg der Nationalsozialisten gefeiert: *„Damit hat sich der Gedanke durchgesetzt, dass alle arbeitenden Menschen gleichgeachtet werden sollen und in den Schutz der Gemeinschaft des Volkes gestellt werden müssen, wenn sie nicht aus eigenen Kräften die Gefahren bestehen können, die ihnen in ihrem Wirtschaftskampf drohen.“*[325]

Mochten sie die Schaffung der Rentenversicherung auch propagandistisch ausschlachten, die Erkenntnis, dass das Bedürfnis nach sozialem Schutz keine Frage lohnabhängigen oder selbständigen Erwerbs sei, war – so Volker Hentschel – keineswegs eine neue Einsicht der Nationalsozialisten. Er sieht den sozialpolitischen Fortschritt der Erweiterung der Pflichtversicherten vor allem in seiner historischen Entwicklungslinie. Als Maßnahme im Sinne der NS-Volksgemeinschaftsideologie könne sie aber gleichwohl auch als Ausdruck einer (typisch) nationalsozialistischen Sozialpolitik bewertet werden.[326]

Die neue Versicherung umfasste drei verschiedene Leistungen: Neben einer Invaliden- und Altersrente waren dies Behandlungen für den Fischer und seine Familie bei langer Krankheit und eine Hinterbliebenenrente im Todesfall des Versicherten. Wie schlecht die soziale Sicherung etwa in der Hinterbliebenenversorgung bisher gewesen war, zeigt das Beispiel einer Wismarer Fischerwitwe aus dem Jahr 1936: Nach dem Tod ihres Mannes erhielt sie für sich und ihr schulpflichtiges Kind im Rahmen der Unfallversicherung von der Seeberufsgenossenschaft eine monatliche Rente von 28,30 RM und war ansonsten auf die Unterstützung ihrer erwachsenen Tochter angewiesen.[327]

Die Altersversicherung erfasste alle Fischer bis 60 Jahre. Die Beiträge mussten von den Selbständigen ganz, von den Angestellten anteilig getragen werden. Anders als bei der Unfallversicherung bezahlten die Gemeinden keinen Beitragszuschuss. Dies war für Wilhelm Dröscher 1928 angesichts der wirtschaftlichen Schwäche der Fischer noch die wesentliche Voraussetzung für eine Pflichtversicherung gewesen.[328] Die Beitragsklassen richteten sich nach dem durchschnittlichen Jahreseinkommen. Die Versicherten der untersten Beitragsklassen mit 900 und 1200 RM wurden automatisch eine Klasse höher gestuft, um überhaupt *„eine Leistung zu gewähren, die zur Sicherung ihres Alters genügt“*, die Differenz wurde durch staatliche Zuschüsse finanziert. Zudem erhielten Fischer dieser Beitragsklassen im Alter von über 50 Jahren eine kostenlose Nachversiche-

325 Ebd., S. 34.

326 Vgl. Hentschel, Sozialpolitik (1983), S. 140.

327 Vgl. DSV an RMEL am 11.5.1936 und Amtliche Bescheinigung über die Vermögensverhältnisse der Witwe Burmeister, 23.6.1936. LHAS, 5.12-4/2 , Nr. 18226/5. Über die Unfallversicherung (in der Zweiganstalt der Seeberufsgenossenschaft) waren nur Betriebsunfälle abgedeckt. Eine private Absicherung war mit dem geringen Einkommen nicht möglich. Vgl. Ohrt, Egmont: Die Altersversicherung der See- und Küstenfischer. Zum Gesetz über die Ausdehnung der Invalidenversicherung auf die Küstenschiffer und Küstenfischer, in: Der Deutsche See- und Küstenfischer, Jg. 3, Nr. 9, 29.9.1940, S. 33–35.

328 Vgl. Dröscher, Altersversorgung (1928), S. 279f.

rung.[329] Dass Sonderregelungen dieser Art erforderlich wurden, bestätigt ein weiteres Mal das äußerst geringe Einkommensniveau vieler Fischer.

Eine heutigen Vorstellungen entsprechende existenzsichernde Altersversorgung ermöglichte dies jedoch nicht. Auch im günstigsten Fall betrug die ausgezahlte Rente weniger als die Hälfte des angenommenen Jahresdurchschnittseinkommens, im schlechtesten Fall sogar weniger als ein Drittel. Alterseinkünfte waren traditionell aus mehreren Komponenten zusammengesetzt, von denen die Rentenversicherungsleistung nur eine, wenn auch immer wichtiger werdende, darstellte.[330] Die Versorgung durch die Familie und Erwerbstätigkeit bis ins hohe Alter sind hier zu nennen. Deshalb kann die Rentenversicherung für die See- und Küstenfischer durchaus als ein Fortschritt auf dem Weg zur propagierten Verbesserung der sozialen und wirtschaftlichen Situation der Küstenfischer bewertet werden. Schließlich garantierte sie erstmals einen – wenn auch sehr geringen – regelmäßigen Zahlungseingang im Alter. Andererseits enttäuschte sie als selbstzufinanzierende Zwangsversicherung möglicherweise die Erwartungen der Fischer.[331]

Mit der Erweiterung des Versichertenkreises, der Schaffung neuer und der Erhöhung traditioneller Leistungen sind während der Zeit des Nationalsozialismus prinzipiell als fortschrittlich zu beurteilende inhaltliche Weiterentwicklungen der Sozialversicherung zu beobachten. Bei der Bewertung ist jedoch zu berücksichtigen, dass beispielsweise die Öffnung der Rentenversicherung und die Erweiterung des Pflichtversichertenkreises keineswegs originär nationalsozialistische Ideen waren, sie folgten vielmehr den „sachlogischen Notwendigkeiten der bisherigen Entwicklung".[332] Nicht zuletzt erhöhte eine steigende Zahl der Einzahler die Versicherungseinnahmen. Das mit zunehmendem Aufschwung wachsende finanzielle Potential der Sozialversicherung nutzte das Regime zu seinen eigenen Zwecken. Die Versicherten profitierten zunächst weder durch Beitragssenkungen noch durch Leistungssteigerungen. Das wachsende Kapital wurde vielmehr zur Kriegsfinanzierung genutzt. Die sozialpolitischen Restriktionen der Zeit der Wirtschaftskrise wurden nur langsam abgebaut, Leistungserhöhungen erfolgten erst, als es durch die zunehmende Unzufriedenheit im Krieg opportun erschien.[333] Genuin

[329] Für ältere Fischer waren die gehobenen Fürsorgesätze der Sozialrentner vorgesehen. Die Beitragsklassen waren an das niedrige Einkommensniveau angepasst. Zu weiteren Detailregelungen vgl. Therkorn, Kurt: Die Altersversicherung der See- und Küstenfischer. Zum Gesetz über die Ausdehnung der Invalidenversicherung auf die Küstenschiffer und Küstenfischer (Teil III), in: Der Deutsche See- und Küstenfischer, Jg. 4, Heft 10, 31. 10. 1941, S. 37–39, Zitat S. 38.

[330] 1930 bezogen zwar bereits etwa die Hälfte aller Männer und Frauen über 65 Jahren eine staatliche Rente/Pension, doch noch bis in die Fünfzigerjahre der Bundesrepublik war es üblich, dass Rentner ein gemischtes Einkommen hatten. Vgl. Conrad, Alterssicherung (1998), S. 102 und S. 112f.

[331] Aus den gleichen Gründen bezeichnet Adelheid von Saldern die Handwerkerpflichtversicherung als zweischneidiges Schwert. Vgl. von Saldern, Mittelstand (1979), S. 54.

[332] Detlev Zöllner, Ein Jahrhundert Sozialversicherung (1981), S. 127. Zitiert nach: Stolleis, Sozialpolitik bis 1945 (2001), S. 318.

[333] Vgl. Stolleis, Sozialpolitik bis 1945 (2001), S. 319f. Dass dieses „sozialpolitische Appeasement" hauptsächlich durch Raub und Rassenkrieg finanziert wurde, zeigt Götz Aly, Hitlers Volksstaat (2005), Zitat S. 360.

nationalsozialistisch war hingegen die Erweiterung der Sozialpolitik um eine rassistische Komponente. Die Beibehaltung und Erweiterung des tradierten Sozialsystems war begleitet von der Exklusion unerwünschter gesellschaftlicher Gruppen aus der sozialen Sicherung.[334]

Die organisatorische Durchführung der neuen Altersversicherung für die Fischer gestaltete sich schwierig. Dies war der mangelhaften Mitarbeit der Versicherten geschuldet, die dem bürokratischen Verfahren nicht Genüge leisteten. Ein Großteil der Betriebe hatte sich über ein Jahr nach der Veröffentlichung des Gesetzes noch immer nicht bei der Seeberufsgenossenschaft angemeldet; jährlich einzureichende Beschäftigungsnachweise, welche die Grundlage für die Berechnung der Beiträge zu allen Versicherungszweigen bilden sollten, waren fast gar nicht eingegangen. Die Landesfischereiverbände, vor allem die Orts- und Kreisfachwarte, wurden aufgefordert, die noch säumigen Fischer dazu zu bringen, die Anmeldung zum Betriebsverzeichnis der Seeberufsgenossenschaft auszufüllen.[335] Ohne Erfolg – die Schwierigkeiten der Erfassung mussten auch noch 1943 angesprochen werden.[336]

e) Die Marktordnung in der Küstenfischerei

Hinsichtlich der wirtschaftlichen Lage der Fischer hatte sich seit der Machtübernahme 1933 kaum etwas verändert. Weiterhin litt die Küstenfischerei unter mangelhaftem Absatz zu ungenügenden Preisen. Unter nationalsozialistischer Herrschaft wurde zwar der genossenschaftliche Zusammenschluss der See- und Küstenfischer weiter gefördert, weitreichendere Maßnahmen zur Lösung der Absatzfrage blieben aber aus.[337] Wilhelm Kühl stellte im Mai 1936 fest, dass die Küstenfischer zum größten Teil nicht einmal das Einkommen des *„niedrigstgestellten deutschen Volksgenossen"* hätten. Die zuständigen Stellen hätten die unbedingte Pflicht, hier rasch tätig zu werden. Es sei Aufgabe der Hauptvereinigung der deutschen Fischwirtschaft, *„den Absatz der Erzeugnisse auch der Küstenfischerei mit allen nur möglichen Mitteln sicherzustellen und dadurch den Fortbestand der Fischereibetriebe zu gewährleisten."*[338]

334 Diese Exklusion betraf vor allem Juden, aber auch sog. Asoziale, Obdachlose etc. Vgl. Stolleis, Sozialpolitik bis 1945 (2001), S. 311–314.

335 Es hatten sich knapp 6000 Fischer gemeldet, die tatsächliche Zahl wurde auf das Doppelte geschätzt. Die Nichtanmeldung betraf v. a. Danzig/Westpreußen, Ostpreußen und Pommern. Vgl. dazu auch Ohrt, Egmont: Vereinfachung der Sozialversicherungsbeiträge in der Seeschiffahrt und der Küstenfischerei, in: Der Deutsche See- und Küstenfischer, Jg. 5, Heft 7, 31. 7. 1942, S. 25–27. Ohrt war stellvertretender Direktor der See-Berufsgenossenschaft.

336 Vgl. Marre, G.: Fischereitagung des Reichsnährstandes in Passau. Leistungssteigerung in der deutschen Fischerei (Schluss), in: Der Deutsche See- und Küstenfischer, Jg. 6, Nr. 4, 30. 4. 1943, S. 18 f.

337 Vgl. z. B. Die Aufgaben der Fischverwertungsgenossenschaften, in: NS-Landpost (23. 12. 1933); Genossenschaftlicher Zusammenschluss in der pommerschen Fischerei, in: NS-Landpost (3. 2. 1934) oder Die Fischverwertungs-Genossenschaft Stettiner Haff und Nebengewässer, in: NS-Landpost (27. 4. 1934).

338 Der Reichsfischereirat tagte. Erklärung über die Lebensfragen und Arbeitsziele der berufsständischen Fischerei, in: DFW, Bd. 3, Heft 19, 10. 5. 1936, S. 290–292, Zitat S. 292.

Die Marktordnung war der einzige Bereich, der dem Reichsverband der deutschen Fischerei ausdrücklich vorenthalten wurde. Insbesondere in der Organisation und Förderung des Absatzes konnte er lediglich anregend tätig werden.[339] Der Reichsverband erkannte dies an, äußerte sich jedoch zuversichtlich, dass diese wichtige Aufgabe in kameradschaftlicher Zusammenarbeit mit der Berufsorganisation gelöst werde.[340] Die drei Abteilungsleiter des Verbandes wurden Ende 1936 demonstrativ zu ehrenamtlichen Mitarbeitern der Hauptvereinigung berufen, um zukünftig eine engere Zusammenarbeit zum Wohle des Berufsfischers zu ermöglichen.[341] Die Vertreter der HV beteuerten stets die Notwendigkeit und den Willen, die Absatzfrage in der Küstenfischerei zur Zufriedenheit aller zu lösen.[342] Dass die berufsständischen Interessen des Reichsverbandes und die ernährungswirtschaftlichen Interessen der HV stets harmonierten, ist nicht anzunehmen. Daher bleibt zu prüfen, inwieweit die Maßnahmen der HV die Erwartungen der berufsständischen Organisation tatsächlich erfüllen konnten.

Anders als in der Landwirtschaft setzten die Maßnahmen zur Marktordnung in der Fischwirtschaft grundsätzlich später ein – schließlich war erst im April 1935 mit der Bildung der HV Fischwirtschaft die organisatorische Voraussetzung dafür geschaffen worden.[343] Doch nun sollte der auf anderen Gebieten der Lebensmittelwirtschaft bereits erfolgreich beschrittene Weg auch in der Fischwirtschaft zu *„Preiswahrheit"* und *„Preisstetigkeit"* führen.[344] Preisregelungen waren ebenso wie die Lenkung der Ware ein wichtiges marktordnerisches Instrument. Die Preisfestsetzung sollte volkswirtschaftlich angemessene Preise – auskömmlich für den Erzeuger und gerecht für Verbraucher – schaffen. Die nur mühsam erreichte künstliche Balance zwischen Verbraucher- und Erzeugerinteressen ging dabei durch die Reduzierung der Marktspannen vor allem zu Lasten des Handels.[345]

An der Nordsee wurde die Marktordnung relativ zügig durchgeführt; das lag nicht allein an der ungleich größeren Bedeutung der Fänge der Hochseefischerei für die Massenversorgung. Vielmehr boten sich hier prinzipiell bessere Voraussetzungen als an der Ostsee. Die Hochseefischerei konzentrierte sich an den großen Hafenplätzen Hamburg-Altona, Bremerhaven-Wesermünde und Cuxhaven, und auch die Kutterfischer vertrieben ihre Fänge zentral. Ein professioneller Verteiler-

339 Vgl. Die Organisation der Fischwirtschaft im Reichsnährstand, in: DFW, Bd. 3, Heft 26, 28.6.1936, S. 413f.

340 Vgl. Auch die Küsten- und Binnenfischer einsatzbereit, in: DFW, Bd. 3, Heft 45, 8.11.1936, S. 760–762.

341 Vgl. Wiehr, H.: Sorge um den See- und Küstenfischer, in: DFW, Bd. 3, Heft 48, 29.11.1936, S. 809–811.

342 Vgl. Der Reichsfischereirat tagte. Erklärung über die Lebensfragen und Arbeitsziele der berufsständischen Fischerei, in: DFW, Bd. 3, Heft 19, 10.5.1936, S. 290–292.

343 Zu den Maßnahmen der Agrarmarktregelung allgemein vgl. ausführlich Corni/Gies, Ernährungswirtschaft (1997), S. 319–363.

344 Dies natürlich mit den Einschränkungen, die die geringe Haltbarkeit des Produkts Fisch mit sich brachte. Vgl. Hartwig, Heinrich: Ziel und Weg der Marktordnung in der Fischwirtschaft. Auch der Küsten- und Binnenfischerei soll geholfen werden, in: DFW, Bd. 3, Heft 45, 8.11.1936, S. 756f. Hartwig war Geschäftsführer der HV Fischwirtschaft.

345 Vgl. Corni/Gies, Ernährungswirtschaft (1997), S. 340.

apparat, die planmäßige Beschickung des Binnenlandes, die Orientierung an den Verbraucherwünschen – etwa durch die Etablierung des küchenfertigen Kabeljaufilets – und umfassende Werbung hatten der Nordmeer- und Nordseefischerei einen enormen Vorsprung gegenüber der Ostseefischerei gesichert.[346]

Anfangs war die HV Fischwirtschaft von den Beteiligten wohl eher als eine Art „Preiskartell" betrachtet worden; die frühen Maßnahmen zur Preisregelung erfolgten deshalb im Sinne einer Sicherung von Mindestpreisen für die Produktion, teilweise sogar noch auf freiwilliger Basis.[347] Doch schon bald traten im Zeichen forcierter Aufrüstung die Interessen der Nahrungsmittelproduzenten mehr und mehr in den Hintergrund.[348] Als Teil der auf Autarkie und Aufrüstung ausgerichteten Wirtschaftspolitik zielte die nationalsozialistische Preispolitik darauf, die Rüstungswirtschaft durch möglichst stabile Preise und Löhne zu fördern, ohne den Lebensstandard der Bevölkerung zu verschlechtern.[349] Eine der Hauptaufgaben des im Zuge des Vierjahresplans eingesetzten und mit weitreichenden Kompetenzen ausgestatteten Reichskommissars für Preisbildung war es, weitere Verbraucherpreiserhöhungen zu verhindern. Der nach Amtsantritt im Herbst 1936 erlassene allgemeine Preisstopp schrieb theoretisch alle Preise fest.[350] Auch die HV Fischwirtschaft konnte Preisanordnungen nur noch mit Zustimmung des Reichskommissars treffen.[351]

Da eine freie Preisbildung nicht mehr möglich war, wurde das an der Nordseeküste übliche Auktionssystem durch entsprechende Anordnungen nun sukzessive durch Zuteilungen ersetzt und schließlich 1938/1939 ein einheitliches Festpreissystem für Seefisch eingeführt, das Erzeugerpreise, Handelsspannen und Verbraucherpreise vorschrieb.[352]

Dass eine Ordnung des fischwirtschaftlichen Marktes gerade im Bereich der Ostseefischerei besonders dringlich war, sich jedoch gleichzeitig besonders schwierig gestalten würde, war von den Verantwortlichen des Reichsnährstandes von Anfang an erkannt worden.[353] Deshalb wurde die Ostsee zunächst kaum von marktordnerischen Eingriffen erfasst.[354] Die Absatzprobleme, mit denen die See-

[346] Vgl. Goldbeck, Ulrich: Die Ostsee in der Kriegswirtschaft, in: DFW, Bd. 9, Heft 31, 2. 8. 1942, S. 353–355.

[347] Vgl. Böllert: Marktordnung sichert den Aufbau der Fischwirtschaft, in: DFW, Bd. 6, Heft 18, 30. 4. 1939, S. 303–305.

[348] Vgl. Corni/Gies, Ernährungswirtschaft (1997), S. 74.

[349] Vgl. Steiner, Preispolitik (2006), S. 177f.

[350] Gleichzeitig sah die Verordnung die Möglichkeit von Ausnahmeregelungen vor. Zum Preiskommissar und Entwicklung der Lebensmittelpreise unter dem Vierjahresplan vgl. Steiner, Verbraucherpreispolitik (2006), S. 50–66.

[351] Vgl. Corni/Gies, Ernährungswirtschaft (1997), S. 344f.

[352] Vgl. Böllert: Marktordnung sichert den Aufbau der Fischwirtschaft, in: DFW, Bd. 6, Heft 18, 30. 4. 1939, S. 303–305 und Eichelbaum, Seefischerei, JB 1937, S. 42.

[353] Vgl. Hartwig, Heinrich: Ziel und Weg der Marktordnung in der Fischwirtschaft. Auch der Küsten- und Binnenfischerei soll geholfen werden, in: DFW, Bd. 3, Heft 45, 8. 11. 1936, S. 756f. und Finzel, Die deutsche Fischwirtschaft im Reichsnährstand, JB 1934, S. 184.

[354] Vgl. etwa HV-Anordnung Nr. 6 vom 5. 11. 1935 „Verteilung und Verwertung der Herings-, Sprotten- und Spitzenfänge der deutschen See- und Küstenfischerei in der Fangperiode

und Küstenfischerei durch den unregelmäßigen Anfall und die periodischen Massenfänge zu kämpfen hatte, stellten sich nicht anders dar als zuvor in der Weimarer Republik. Die Zusammenfassung und vor allem die Verwertung der Anlandungen einer Vielzahl kleiner, verstreut liegender Betriebe waren mit Schwierigkeiten verbunden, die nicht einfach durch eine Zwangsverordnung zu beseitigen waren. Hinzu kam der geringe Anteil der Ostseefischerei am Gesamtertrag der deutschen Seefischerei. Gerade weil die Bedeutung der Küstenfischerei nur schwer volkswirtschaftlich oder ernährungspolitisch zu rechtfertigen war, argumentierte die Berufsorganisation ja so häufig mit ideologisch gefärbten sozial- und bevölkerungspolitischen Gesichtspunkten. Aus diesen Gründen ließ die Umsetzung der zur „*Leistungserhaltung und Stabilisierung*" der Binnen- und Küstenfischerei von der HV als notwendig angesehenen Maßnahmen – der Erzeugerpreisschutz, die planmäßige Erfassung und Verteilung der Fänge, der Ausbau des Absatznetzes und umfassende Werbemaßnahmen – an der Ostseeküste auf sich warten.[355] Zu den bescheidenen Maßnahmen der Absatzförderung gehörte etwa die Berücksichtigung der Erzeugnisse der Küstenfischerei bei den Hilfslieferungen des WHW, die 1936 in Verhandlungen zwischen dem Reichsverband, der HV Fischwirtschaft und der Reichsleitung des NSV erreicht worden war. Die in diesem Zusammenhang von Wilhelm Kühl ausgedrückte Hoffnung, dass zur Besserung der Absatzverhältnisse in der See- und Küstenfischerei die HV noch weitere Maßnahmen treffen werde, erfüllte sich allerdings nicht.[356]

Die „Deutsche Fischwirtschaft" rief im Dezember 1936 unter der Überschrift „*Der See- und Küstenfischer muss selbst an der Marktordnung mithelfen*" Fischer, Händler und Verarbeiter dazu auf, alte Feindschaften im Interesse der Volksgemeinschaft beizulegen und auf freiwilliger Basis am Preisausgleich mitzuwirken.[357] Statt der erhofften und angekündigten Schaffung von sicheren Absatzverhältnissen durch Abnahmegarantie und Mindestpreissicherung finden sich in der einschlägigen Presse verstärkt voluntaristische Appelle dieser Art, die an die Verantwortung der Fischer für die Volksernährung erinnerten und sie zu Qualitätssicherung und rentabler Betriebsführung aufriefen.[358]

1935/36", abgedruckt in JB 1935, S. 376. Sie sah die Errichtung einer zentralen Vermittlungsstelle für die Fänge vor. Noch vom Reichsverband der See- und Küstenfischer in Absprache mit dem Reichskommissar für Preisüberwachung festgesetzte Mindestpreise auf freiwilliger Basis waren gescheitert. Vgl. Bessere Verwertung der Fänge der Küstenfischerei, in: DFW, Bd. 2, Heft 7, 16. 2. 1935, S. 121.

355 Vgl. Hartwig, Heinrich: Ziel und Weg der Marktordnung in der Fischwirtschaft. Auch der Küsten- und Binnenfischerei soll geholfen werden, in: DFW, Bd. 3, Heft 45, 8. 11. 1936, S. 756f.

356 Vgl. Der Reichsfischereirat tagte. Erklärung über die Lebensfragen und Arbeitsziele der berufsständischen Fischerei, in: DFW, Bd. 3, Heft 19, 10. 5. 1936, S. 290–292 und Vgl. Wiehr, H.: Sorge um den See- und Küstenfischer, in: DFW, Bd. 3, Heft 48, 29. 11. 1936, S. 809–811.

357 Vgl. Ba[hr, Klaus]: Der See- und Küstenfischer muss selbst an der Marktordnung mithelfen, in: DFW, Bd. 3, Heft 50, 13. 12. 1936, S. 838f.

358 Vgl. z. B. Altnöder, K.: Gedanken zur Hebung der wirtschaftlichen Lage der Ostseefischer, in: DFW, Bd. 4, Heft 2, 10. 1. 1937, S. 19f. und Ba[hr, Klaus]: Der See- und Küstenfischer muss die Wirtschaftlichkeit der Fischereibetriebsarten kennen. Nur klare Betriebsrechnungen

Wenn Bestimmungen durch die HV Fischwirtschaft erlassen wurden, handelte es sich in der Regel um für die Betroffenen unattraktive Maßnahmen. So scheiterten die für den Monat April vereinbarten freiwilligen Kontingentierungen für die Ostseeflunderfischerei an der mangelnden Einsicht der betroffenen Fischer. Die Fangbeschränkung sollte einerseits dem Schutz des stark angegriffenen Flunderbestandes dienen, andererseits auch ein Überangebot während der Hochsaison vermeiden. Angesichts der dadurch gelegentlich auftretenden verstärkten Nachfrage nach Flundern wurde die Vereinbarung jedoch von *„vielen Außenseitern“* missachtet. Im April 1936 wurde das freiwillige Abkommen daher durch eine Anordnung der HV zur Vorschrift gemacht. Besagte „Außenseiter“ fanden jedoch weiterhin die Möglichkeiten, die Bestimmungen zu umgehen.[359] Es spricht für sich, dass in der See- und Küstenfischerei trotz der ausgerufenen „Erzeugerschlacht“ weiterhin Kontingentierungen notwendig waren.

Auf ähnlich wenig Gegenliebe traf in Fischerkreisen die im März 1937 erlassene Anordnung Nr. 43 zur einheitlichen Sortierung und Verpackung der Ostseefische.[360] Diese Maßnahme sollte die Konkurrenzfähigkeit der Ostseeware gegenüber dem Nordseefisch steigern und wurde hoffnungsfroh als *„Auftakt für die Ostsee-Marktordnung“* bezeichnet.[361] Bereits der Deutsche Seefischereiverein hatte in den Zwanzigerjahren stets die Behebung der Qualitätsmängel hinsichtlich der Behandlung und Sortierung der Fänge angemahnt, nun setzte auch die HV auf erzieherische Maßnahmen. Bisher seien jedoch alle diesbezüglichen Bemühungen *„fortschrittlich denkender Fischer und Verteiler“* an den *„Rückständigbleibenden“* gescheitert. Von der Notwendigkeit, die bisher übliche *„primitive Behandlung“* des Fangs aufzugeben, waren offenbar nur wenige Fischer zu überzeugen.[362] Die Anordnung der HV hatte nicht die erhoffte Wirkung. Dies belegen die in der Folgezeit weiterhin zahlreichen Ermahnungen zur qualitätsbewussten Behandlung des

schützen vor falschen Maßnahmen, in: DFW, Bd. 4, Heft 9, 28. 2. 1937, S. 125f. oder Nolte, W.: Wozu Buchführung in der See- und Küstenfischerei?, in: Der Deutsche See- und Küstenfischer, Jg. 1, Heft 13, 3. 7. 1938, S. 46.

359 Vgl. HV-Anordnung Nr. 22 vom 6. 4. 1936 „Beschränkung der Anlandungen von Flundern an Ostseeplätzen im Monat April“, abgedruckt in JB 1935, S. 391f. und Ba[hr, Klaus]: Gemeinnutz geht vor Eigennutz – auch in der Küstenfischerei! Unerfreuliche Beispiele mahnen zur Besinnung, in: DFW, Bd. 4, Heft 19, 9. 5. 1937, S. 264f. Statt auf Flundern fischte man nach Erfüllung der festgesetzten Fangmenge auf Klieschen, ebenfalls Plattfische. Die dabei mitgefangenen Flundern wurden als Beifang tot oder verletzt ins Meer zurückgeworfen.

360 Vgl. HV-Anordnung Nr. 43 vom 9. 3. 1937 „Sortierung und Verpackung von Ostseefischen“ , abgedruckt in : JB 1936, S. 417–419. Die Anordnung sah u. a. das Schlachten und Ausnehmen des Dorsches an Bord vor.

361 Buddenböhmer, Die Hauptvereinigung der Deutschen Fischwirtschaft, JB 1936, S. 248. Mit dem sogenannten „Ostseefilet“ versuchte man zudem, ein an das küchenfertige Kabeljau-Filet angelehntes Markenprodukt zu etablieren. Vgl. Goldbeck, Ulrich: Die Ostsee in der Kriegswirtschaft, in: DFW, Bd. 9, Heft 31, 2. 8. 1942, S. 353–355.

362 Ba[hr, Klaus]: Gemeinnutz geht vor Eigennutz – auch in der Küstenfischerei! Unerfreuliche Beispiele mahnen zur Besinnung, in: DFW, Bd. 4, Heft 19, 9. 5. 1937, S. 264f. Vgl. auch Goldbeck, Ulrich: Die Ostsee in der Kriegswirtschaft, in: DFW, Bd. 9, Heft 31, 2. 8. 1942, S. 353–355.

Fanges.[363] Das mag auch daran gelegen haben, dass den Außenstellen der HV zunächst keine wirksamen Kontrollmöglichkeiten zur Verfügung standen.[364]

Der tatsächliche Beginn der Umsetzung der vielfach angekündigten Marktordnung für die Ostsee lässt sich auf Ende 1938 datieren. Dem „*Grundübel*" der Zersplitterung der Anlandungen versuchte man nun endlich durch eine Zentralisierung und Lenkung des Absatzes zu begegnen.[365] In diesem Sinne wurden die Außenstellen der HV zur Errichtung zentraler Verteilerstellen zur Erfassung und Verteilung von Ostseefischen ermächtigt. Diese Verteilerstellen sollten jeweils für ein bestimmtes, von der HV festgelegtes Einzugsgebiet zuständig sein. Alle in diesem Gebiet angelandeten Fänge mussten den Verteilerstellen „angedient" werden, die Ware wurde nach einem speziellen Schlüssel an ortsansässige und auswärtige Händler und Verarbeitungsbetriebe verteilt. Die Verteilerstelle übte dabei allerdings nicht selbst Handelstätigkeit aus, sondern disponierte nur den Absatz, überwachte die Qualitäts- und Sortierungsvorschriften und regelte die Preisbildung durch Festsetzung eines lokalen Wochenpreises. Die gesamte Tätigkeit der Verteilerstellen versuchte man weitgehend den örtlichen Gepflogenheiten anzupassen, dazu gehörte nicht nur, die bestehenden Fischverwertungsgenossenschaften mit der Verwaltung zu betrauen, sondern auch, dass die Fischer der abgelegenen Stranddörfer von der „Andienungspflicht" befreit werden konnten.

Die ersten Verteilerstellen wurden in den ostpommerschen Küstenplätzen Leba und Stolpmünde eingerichtet, mit dem Aufbau weiterer Stellen in Pommern wollte man in westlicher Richtung fortfahren. Dabei wurden Verteilerstellen insbesondere für die Küstenplätze angestrebt, an denen bisher noch nicht alle Anlandungen in einer Verwertungsgenossenschaft zusammenliefen. An Orten, wo bereits Genossenschaften bestanden, müssten lediglich Maßnahmen zur Einhaltung der „Andienungspflicht" ergriffen werden, um sogenannte marktstörende Betätigungen von „Außenseitern" auszuschalten.[366] Mit der Errichtung der Verteilerstellen wurde mithin in gewisser Weise die von Wilhelm Dröscher in Form einer umfassenden genossenschaftlichen Organisation geforderte Zentralisation von Fang und Absatz umgesetzt.

[363] Vgl. z. B. Ba[hr, Klaus]: Der Behandlung und Pflege des Fanges muss bei den Ostseefischen noch mehr Beachtung geschenkt werden, in: Der deutsche See- und Küstenfischer, Jg. 1, Heft 13, 3. 7. 1938, S. 45.

[364] Der Qualitätssicherung und der Verbesserung der Verwertungsmöglichkeiten diente auch der durch das RMEL geförderte Bau von Kühlhäusern. 1938 wurde zu diesem Zweck ein namhafter Betrag als Beihilfe im Reichshaushalt zur Verfügung gestellt. Vgl. Reckling, Reichsdarlehen, JB 1938, S. 402.

[365] Vgl. dazu Bahr, Klaus: Wie steht es um die Ostsee-Fischerei?, in DFW, Bd. 4, Heft 51, 19. 12. 1937, S. 799–801.

[366] Gemeint ist hiermit die schon von Dröscher beklagte schlechte Angewohnheit vieler Fischer, wenn möglich bessere Preise an der Genossenschaft vorbei zu erzielen. Vgl. zur Errichtung der Verteilerstellen: Zörner, Die fischwirtschaftliche Marktordnung, JB 1938, S. 188–190 und Bahr, Klaus: Die Bedeutung der Verteilungsstellen für den berufsständischen Fischer, in: Der deutsche See- und Küstenfischer. Jg. 1, Heft 21, 23. 10. 1938, S. 77.

Die beschriebenen Maßnahmen zielten – ebenso wie die Vorschriften zur Qualitätsverbesserung – vor allem auf eine bessere Verwertung der massenhaften Dorschfänge ab. Nach dem Rückgang der Plattfischbestände hatte sich der Dorsch zum wichtigsten Fisch, zum sogenannten „Brotfisch" der Ostseefischer entwickelt. Obwohl identisch mit dem Kabeljau, wurde der Ostseedorsch, der billiger und frischer war, vom Verbraucher nicht akzeptiert und war sehr schlecht absetzbar. Immer wieder mussten große Mengen der Dorschfänge als unverkäuflich an Fischmehlfabriken abgegeben werden.[367]

Zur Existenzsicherung der Ostseefischerei war ein angemessener Dorschpreis die wesentliche Voraussetzung. Im März 1939 ordnete die HV erstmals einen *„einheitlichen Verbraucherpreis"* und *„auskömmlichen Fischerpreis"* für einen Ostseefisch fest.[368] Ein Vergleich mit den Durchschnittspreisen der Vorjahre zeigt jedoch, dass keineswegs eine so deutliche Steigerung eingetreten war. Für unausgenommenen Dorsch erhielt der Fischer pro Kilo zwischen 11 und 13 Pfennig. Der durchschnittliche Großhandelspreis für Dorsch hatte 1938 14 Pfennig betragen, 1930 waren es sogar noch 24 Pfennig gewesen. Höhere Preise konnten durch eine bessere Behandlung der Ware erlangt werden, die Anordnung staffelte die Preise nach Qualitätsstufen.[369] Die festgesetzten Preise bezogen sich allerdings nur auf die in Pommern angelandeten bzw. ins Binnenland versendeten Fänge. Begründet wurde dies damit, dass in Pommern die größten Überschüsse aufträten und die Fischer dort besonders unter Absatzproblemen litten.[370] 60 Prozent des deutschen Dorschfangs entfielen auf die Provinz.[371] In Mecklenburg könnten bei geringeren Anlandungen teilweise bessere Preise als in der Anordnung vorgesehen erzielt werden.[372]

Der nach wie vor problematischen Verwertung des Gesamtfangs sollte durch die Gründung einer Hauptverteilungsstelle, der Fischabsatzzentrale Ostsee in Stettin, entgegengewirkt werden. Die auf genossenschaftlicher Basis gegründete Zentrale sollte eine planvolle Zusammenarbeit der Verteilerstellen und eine bessere Disposition der Ware durch Sondierung der (über)regionalen Marktlage ermöglichen. Zusätzlich ging die Zentrale mit Großverteilern großer Städte Dorschabnahmeverpflichtungen ein. In der Fischabsatzzentrale waren neben den Fisch-

[367] Vgl. Fischer, Küstenfischerei, JB 1937, S. 324. Fischmehl wurde als Futtermittel in der Landwirtschaft eingesetzt, deshalb war dies im Sinne der Erzeugungssteigerung nur aus Sicht der Fischer problematisch.

[368] Die Preisgestaltung orientiere sich dabei, so die HV, am Nordsee-Kabeljau, um die Gleichwertigkeit beider Fische zu unterstreichen. Der Dorschpreis sei zwar deutlich erhöht worden, läge aber zur Gewährleistung des Absatzes noch immer unter den Kabeljaupreisen. Vgl. Zörner, Die fischwirtschaftliche Marktordnung, JB 1938, S. 189f.

[369] Vgl. die entsprechenden Angaben in den Jahresberichten über die deutsche Fischerei und die Aufstellung über den Dorschpreis 1939, 1941 und 1944 in Buddenböhmer, R.: Bewährung der See- und Küstenfischerei, in: Der Deutsche See- und Küstenfischer, Jg. 8, Heft 2, 28. 2. 1945 (Paginierung abgeschnitten).

[370] Vgl. Voigt, Seefischerei, JB 1938, S. 32.

[371] Vgl. ebd. und Voigt, Seefischerei, JB 1938, S. 32.

[372] Vgl. Goldbeck, Ulrich: Festpreisregelung für Ostsee-Dorsch. Der pommersche Fischer bekommt einen besseren Erzeugerpreis, in: DFW, Bd. 6, Heft 11, 12. 3. 1939, S. 175.

verwertungsgenossenschaften auch Küstengroßverteiler und Verarbeitungsbetriebe zusammengeschlossen.[373] Mit der Schaffung dieser Zentralgenossenschaft, die Industrie und Handel einbezog, griff man wiederum auf eine spätestens seit Ende des Ersten Weltkriegs virulente Idee zurück. Über die praktische Umsetzung und ihre Auswirkungen können keine Aussagen getroffen werden, da Verteilerstellen bis Kriegsbeginn im eigentlichen Untersuchungsgebiet Mecklenburg und Vorpommern nicht eingerichtet wurden.[374]

Dass die Marktordnung der Ostsee ihre Bewährung aufgrund des Kriegsausbruches nicht mehr voll hatte erbringen können, wie ein Artikel in der „Deutschen Fischwirtschaft" feststellte, war vermutlich von vornherein einkalkuliert gewesen.[375] Denn die marktordnerischen Aktivitäten dienten nur vordergründig dem Wohl des Küstenfischers – letztlich war der Aufbau der Marktordnung eindeutig auf die Vorbereitung des Krieges ausgerichtet. Aus dem Ersten Weltkrieg war bekannt, dass die Hochseefischerei starke Einschränkungen erfahren und die Bedeutung der Ostseefischerei steigen würde. Die rechtzeitige Einrichtung von lokalen und zentralen Verteilerstellen sollte der optimalen Verteilung der Fänge dienen. Die Festsetzung des Erzeugerpreises für Dorsch war verbunden mit einem Verbraucherhöchstpreis und richtete sich präventiv gegen mögliche Preissteigerungen im Krieg. Die marktordnerischen Maßnahmen der HV Fischwirtschaft im Bereich der See- und Küstenfischerei mussten die hochfliegenden Hoffnungen des Reichsverbandes und der Ostseeküstenfischer enttäuschen. In Fragen der Marktlenkung galten andere Prioritäten als die wirtschaftlich gesunde Existenz der See- und Küstenfischerei. Die entscheidende Absatzfrage blieb solange ungelöst, bis sie sich im Krieg nicht mehr stellte.

f) Fazit

Festzuhalten bleibt, dass der Reichsverband der deutschen Fischerei als Berufsvertretung der See- und Küstenfischer seinen Einfluss dank seiner Einbindung in das NS-Herrschaftssystem verglichen mit den Interessenvertretungen der Weimarer Zeit entscheidend ausbauen und einige bisher vergeblich erhobene Forderungen durchsetzen konnte. Dennoch agierte er als Berufsvertretung nur dann erfolgreich, wenn den von ihm verfolgten Zielen keine anderen, stärkeren Interessen gegenüberstanden oder sie sich mit den nationalsozialistischen Zielen deckten. Beispielhaft dafür stehen die Maßnahmen zur „Berufsbereinigung", die Auswei-

[373] Vgl. Goldbeck, Ulrich: Warum Marktordnung auch für die Ostsee?, in: DFW, Bd. 6, Heft 35, 27. 8. 1939, S. 697 f. und Basedow, Hans: Die Verwertung der Ostseefische, in: DFW, Bd. 7, Heft 8, 25. 2. 1940, S. 59–61.

[374] Vgl. zu Vorpommern Goldbeck, Ulrich: Warum Marktordnung auch für die Ostsee?, in: DFW, Bd. 6, Heft 35, 27. 8. 1939, S. 697 f. Die Einrichtung von Verteilerstellen in Mecklenburg erfolgte erst im September 1940. Vgl. Geregelte Fischverteilung in Mecklenburg, in: DFW, Bd. 7, Heft 35, 1. 9. 1940, S. 320 f.

[375] Vgl. Goldbeck, Ulrich: Die Ostsee in der Kriegswirtschaft, in: DFW, Bd. 9, Heft 31, 2. 8. 1942, S. 353–355.

tung der gesetzlichen Rentenversicherung auf die Fischer und die Regelung der Ausbildung. In der entscheidenden Frage von Absatz und Preisen konnte der Reichsverband dagegen keine Erfolge erzielen. Für den einzelnen Küstenfischer war die konkrete Verbesserung seiner wirtschaftlichen Lage allerdings dringender als Maßnahmen, die ihn gegebenenfalls nur indirekt betrafen oder deren Folgen sich erst langfristig bemerkbar machen würden. Die propagierte soziale und wirtschaftliche Hebung der See- und Küstenfischerei blieb somit weitgehend auf ideologische Phrasen beschränkt. Im Krieg traten die von der Hauptvereinigung der deutschen Fischwirtschaft vertretenen ernährungspolitischen Interessen endgültig in den Vordergrund. Es wird zu untersuchen sein, ob und inwieweit es dem Reichsverband in dieser Zeit gelang, seinen Einfluss im Sinne der Fischer geltend zu machen.

5. Die See- und Küstenfischerei im Zweiten Weltkrieg

Gleichsam über Nacht veränderte sich mit Ausbruch des Zweiten Weltkriegs die Situation der Ostseefischerei. Das bisherige Stiefkind rückte in den Mittelpunkt des fischwirtschaftlichen Interesses. Wie im Ersten Weltkrieg fiel die Hochseefischerei in Nordsee und Nordmeer und damit über 80 Prozent der Fischanlandungen dauerhaft aus.[376] Die Wiederfreigabe der Ostsee am 2. September 1939 war deshalb verbunden mit einem Aufruf zu intensiver Ausnutzung der Küstenfischerei.[377]

In den ersten Tagen der Mobilmachung waren zahlreiche Fischkutter samt Mannschaft von der Kriegsmarine, der Luftwaffe und den Zollbehörden beschlagnahmt worden. Das RMEL bemühte sich unter Berufung auf Generalfeldmarschall Göring darum, die Fahrzeuge freizugeben und der Fischerei wieder zur Verfügung zu stellen: Die Wiederingangsetzung der deutschen Küstenfischerei sei im Hinblick auf den völligen Ausfall der Hochseefischerei eine lebenswichtige Notwendigkeit.[378] Gleichzeitig wurden die berufsständischen Führer der lokalen Ebene – Kreisfachwarte und Vereinsführer – dazu aufgerufen, den durch die Einberufung von Fischern und Fahrzeugen entstandenen Ausfall wettzumachen und alle verfügbaren Kräfte in den Dienst der Fischerei zu stellen.[379] Dabei war jedoch

[376] Vgl. Tabelle 2.

[377] Vgl. den Schnellbrief des RMEL an die zuständigen Ministerien betr. Maßnahmen zur Ernährungssicherung durch die Fischerei, 6. 9. 1939. LHAS, 5.12-4/2, Nr. 494, Bl. 12. Die Küstenfischer wurden in der „Deutschen Fischwirtschaft" zur Erkundung und Ausnutzung neuer Fanggebiete aufgerufen. Vgl. Die Ostseefischerei wieder frei, in: DFW, Bd. 6, Heft 37, 10. 9. 1939, S. 734f.

[378] Vgl. RMEL an Oberkommando der Kriegsmarine betr. Schwierigkeiten bei der Wiederingangsetzung der Küstenfischerei, 14. 9. 1939. LHAS, 5.12-4/2, Nr. 494, Bl. 17.

[379] Vgl. W[ie]hr: Die Küstenfischerei zum Einsatz bereit, in: Der Deutsche See- und Küstenfischer, Jg. 2, Nr. 19, 17. 9. 1939, S. 73. Zeitgleich wurden Maßnahmen eingeleitet, um die zum Wehrdienst eingezogenen Fischer und Fahrzeuge unabkömmlich zu stellen. Vgl. Die Küstenfischerei im Dienste der Ernährungssicherung, in: Der Deutsche See- und Küstenfischer, Jg. 2, Nr. 20, 1. 10. 1939, S. 75.

von vornherein klar, dass die See- und Küstenfischerei den Wegfall der Hochseefischerei nicht einmal ansatzweise würde ausgleichen können.[380]

Tatsächlich sollte sie nur kurzfristig die alleinige Verantwortung für die Fischversorgung tragen. Noch im September 1939 wurde die Ostsee trotz skeptischer Stimmen aus der Wissenschaft für den Einsatz von Fischdampfern freigegeben. Ähnliche Versuche waren im Ersten Weltkrieg gescheitert. Die geäußerten Bedenken betrafen vor allem die Gefahr einer Überfischung und einer möglichen Behinderung der Ostseeküstenfischerei. Das Projekt Ostseedampferfischerei stand unter der wissenschaftlichen Beobachtung des Instituts für Ostseefischerei in Swinemünde.[381]

In quantitativer Hinsicht war der Einsatz der Dampfer zunächst erfolgreich: die Erträge, die zu 94 Prozent aus Dorsch bestanden, konnten nahezu verdoppelt werden. Die Dampfer löschten ihre Fänge weiterhin in den Nordseehäfen. Im Mai 1940 stammten erstmals in der Geschichte der deutschen Fischerei alle in deutschen Häfen angelandeten Fischdampfererträge ausschließlich aus der Ostsee.[382]

Die intensive Befischung blieb jedoch nicht ohne Folgen. Die Küstenfischer, deren Schutz eigentlich durch Anordnungen des RMEL und der HV Fischwirtschaft über die Einsatzorte der Fischdampfer gewährleistet werden sollte, klagten über Ertragsrückgänge. Auch das Institut für Ostseefischerei warnte bald vor einer weiteren Ausübung der Fischerei in der bisherigen Intensität, versuchte aber, eine direkte Beeinträchtigung der Küstenfischerei zu widerlegen.[383] Der Landesfischereiverband Pommern reagierte mit Unverständnis: eine Schädigung des Dorschbestands zum Nachteil der Küstenfischerei sei schon jetzt, im Frühjahr 1941, unübersehbar.[384]

Dass ernährungswirtschaftliche Fragen letztlich Priorität hatten und fischereibiologische Gesichtspunkte ebenso wie die wirtschaftlichen Interessen der Küstenfischerei in den Hintergrund treten mussten, zeigt die eher nüchterne Stellungnahme des Institutsleiters Dr. Meyer-Waarden: Auch er sei weit davon entfernt, den augenblicklichen Zustand als ideal anzusehen, doch sei aus bekannten Grün-

[380] Der See- und Küstenfischerei waren schon aufgrund der kleinen, in ihrem Aktionsradius beschränkten Fahrzeuge natürliche Grenzen gesetzt. Vgl. Ostseefischer an der Arbeit, in: DFW, Bd. 6, Heft 43, 28. 10. 1939, S. 787f.

[381] Vgl. die vertraulichen Berichte der Reichsanstalt für Fischerei, Institut für Ostseefischerei, Swinemünde an den RV der deutschen Fischerei aus den Jahren 1940 bis 1944. BArch R 8094. Das Institut war aus dem Fischereibiologischen Institut des Deutschen Seefischereivereins hervorgegangen. Vgl. BArch Findbuch Bestand R 162, S. III.

[382] Der Fangertrag der Dampfer betrug im Oktober 1939 2,4 Millionen Kilo. Das entsprach annähernd dem durchschnittlichen Monatsfang der gesamten Ostseefischerei von 1938. Die Dampferfänge wurden an den drei Nordseehäfen angelandet. Vgl. Bericht des Instituts für Ostseefischerei an den RV der deutschen Fischerei für den Zeitraum von Ausbruch des Krieges bis Ende Oktober 1939 (o. D., Eingangsstempel 7. 2. 1940) und Bericht der Reichsanstalt für Fischerei für Mai 1940 (13. 6. 1940). BArch R 8094.

[383] Vgl. Bericht der Reichsanstalt für Fischerei für Mai 1940 (13. 6. 1940) und Bericht der Reichsanstalt für Fischerei für Januar 1941 (18. 2. 1941). BArch R 8094.

[384] Vgl. Landesfischereiverband Pommern an RV der deutschen Fischerei, 28. 3. 1941. BArch R 8094. Besonders betroffen waren die Fischer in Hinterpommern.

den gegenwärtig nichts daran zu ändern. Es sei daher müßig, über die Zweckmäßigkeit des Experiments zu streiten. „*Heute kann nur eine Frage entscheidend sein: Wird durch die Dampferfischerei die Ostseefischerei fühlbar geschädigt und ist die gegebenenfalls auftretende Schädigung so gravierend, dass sie den kriegswirtschaftlichen Nutzen der Dampferfischerei in der Ostsee überwiegt? Diese Frage müssen wir verneinen.*“[385]

In den kommenden Jahren wurden die Auswirkungen der Überfischung immer deutlicher. Auf der Suche nach ergiebigen Fanggründen drangen die Dampfer nun häufig in Gebiete ein, die der See- und Küstenfischerei vorbehalten waren. In der „Deutschen Fischwirtschaft“ wurden eine Verminderung des Fischbestandes und eine Beeinträchtigung der „Produktionsfähigkeit“ der Ostsee durch die intensive Befischung durch die Dampfer allerdings unter Berufung auf wissenschaftliche Untersuchungen weiter abgestritten.[386] Ende Oktober 1943 griff Reichsfischermeister Kühl die wissenschaftliche Arbeit von Meyer-Waarden in dieser Frage „*mit ungewöhnlicher Schärfe*“ an.[387] Dieser hatte in den internen Berichten an den Reichsverband bereits selbst bestätigt, dass die Ostseefischerei jetzt in ein gefährliches Stadium träte.[388] Aufgrund der extremen Verschlechterung der Fangerträge der See- und Küstenfischerei hatte Pommern im selben Jahr den Status als Selbstversorgergebiet verloren und musste in die Reichsfischversorgung einbezogen werden.[389] Der Kriegsverlauf tat ein Übriges – die Fischerei konzentrierte sich mehr und mehr in der westlichen Ostsee. Die negativen Auswirkungen für die Küstenfischerei wurden in der Folge auch durch das Institut für Ostseefischerei nicht mehr beschönigt.[390] Die ernährungswirtschaftliche Notwendigkeit des Dampfereinsatzes stand jedoch nie zur Diskussion. Der Einfluss des Reichs-

[385] Reichsanstalt für Fischerei, Institut für Ostseefischerei an RV der deutschen Fischerei, 30.4.1941. BArch R 8094. Aufgrund des Kriegszustandes wurden auch Schonzeiten durch das RMEL verkürzt. Vgl. etwa Schonzeit für Flundern, in: Der Deutsche See- und Küstenfischer, Jg. 4, Heft 1, 31.1.1942, S. 3.

[386] Vgl. Goldbeck, Ulrich: Die Ostsee in der Kriegswirtschaft, in: DFW, Bd. 9, Heft 31, 2.8.1942, S. 353–355.

[387] Vgl. das Protokoll des OFMA über die Tagung der Kreisfachwarte und Leiter der Fischverteilungsstellen in Leba am 30.10.1943. StAS, Rep. 21, Nr. 29, Bl. 285-287.

[388] Vgl. Berichte für Juli/August der Reichsanstalt für Fischerei 1943 (7.9.1943) und September/Oktober 1943 (1.12.1943). Die nach dem „*Norwegenunternehmen*“ wieder möglich gewordene Fischerei in Nordsee und Skagerrak wirkte sich nur zeitweise entlastend aus. Vgl. Bericht der Reichsanstalt für Fischerei für September 1942 (15.10.1942). BArch R 8094.

[389] Vgl. die Ausführungen Basedows von der HV Fischwirtschaft-Außenstelle Stettin, wiedergegeben im Protokoll des OFMA über die Tagung der Kreisfachwarte und Leiter der Fischverteilungsstellen in Leba am 30.10.1943. StAS, Rep. 21, Nr. 29, Bl. 285-287. In der Bevölkerung wurden zunehmend Klagen über die mangelhafte Fischverteilung laut. Vgl. Krämer: Pommerns Fischer in vorbildlichem Kriegseinsatz, in: Der Deutsche See- und Küstenfischer, Jg. 6, Heft 11, 30.11.1943, S. 41 f. Die Schädigung lässt sich nicht mit statistischem Material untermauern, da die letzte offiziell veröffentlichte Fangstatistik im JB 1939 mit Kriegsbeginn im September 1939 endet.

[390] Vgl. den letzten vorliegenden Bericht der Reichsanstalt für Fischerei für Oktober 1944 (20.11.1944). BArch R 8094. Im März 1945 flüchteten die Mitarbeiter auf dem institutseigenen Kutter nach Lübeck. Vgl. BArch Findbuch Bestand R 162, S. III.

verbands stieß mithin dort an eine Grenze, wo es um Fragen von übergeordneter Bedeutung ging.

a) Organisation und Durchführung der Kriegswirtschaft

Fischversorgung

Dank der guten Vorbereitung durch die Marktordnung war die Ernährungswirtschaft anders als im Ersten Weltkrieg von Anfang an einsatzbereit. Zwischen Ende August und Mitte September 1939 erlassene Verordnungen des Reichsernährungsministers regelten die Umstellung auf die Kriegsernährungswirtschaft: Auf Landes- und Kreisebene wurden Ernährungsämter eingerichtet, eine Bezugsscheinpflicht für wichtige Verbrauchsgüter eingeführt, Bewirtschaftungsbestimmungen für die einzelnen Lebensmittel durch die jeweiligen Hauptvereinigungen erlassen und Verbraucherrationen festgelegt. Der Reichsnährstand wurde nun auch formal dem RMEL unterstellt.[391]

Die am 7. September 1939 erlassene Verordnung über die Regelung der Versorgung mit Fischen und Fischwaren legte die Fischversorgung in die Hände der HV Fischwirtschaft.[392] An eine strenge Bewirtschaftung von Fisch und Fischwaren im Sinne einer gleichmäßigen Verteilung war aufgrund der unsicheren Zufuhr nicht zu denken. Daher wurden zunächst nur die küstennahen Großstädte mit Seefisch versorgt. Mit der Erhöhung der Fischzufuhren durch den Dampfereinsatz in der Ostsee konnte zwar der Verteilungsradius auf 90 binnenländische Versorgungsbereiche erweitert werden. Der von der HV geschaffene Versorgungsplan musste sich allerdings flexibel den tatsächlichen Versorgungsmöglichkeiten anpassen. Zu diesem Zweck waren die Zuteilungsmengen nach Bedarfsgebieten gestaffelt. Die eigentliche Warenlenkung erfolgte auf dem gleichen Weg wie in Friedenszeiten – mit dem Unterschied, dass sie sich nicht mehr an der Marktlage, sondern am kriegswirtschaftlichen Versorgungsplan orientierte. Die an den wichtigen Zufuhrplätzen eingerichteten Meldestellen, für die Ostseekutterfischerei die Absatzzentrale Ostsee in Stettin, nahmen die Warendisposition nach den Anweisungen der HV-Zentralstelle vor.[393]

Für die Versorgung des Binnenlandes wurden vorrangig die Anlandungen der Dampferhochseefischerei und die Fischimporte eingesetzt.[394] Die küstennahen

[391] Vgl. zur gesetzlichen Grundlage der Kriegsernährungswirtschaft Corni/Gies, Ernährungswirtschaft (1997), S. 413–415.

[392] Vgl. Verordnung über die Regelung der Versorgung mit Fischen und Fischwaren vom 7. 9. 1939, abgedruckt in: JB 1938, S. 474f.

[393] Zu den Einzelheiten insbesondere des Verteilerapparats vgl. Plesse, Margarethe: Fischversorgung im Kriege, in: DFW, Bd. 9, 1942, Heft 27, 5. 7. 1942, S. 309–312.

[394] Die Disposition der Fischimporte (v. a. aus Dänemark und Norwegen) wurde seit November 1940 von der aus der Reichsstelle für Tiere hervorgegangenen Reichsstelle für Fische wahrgenommen. Zur Gewährleistung der Zusammenarbeit bestand in der Spitze Personalunion mit der HV Fischwirtschaft Fischwirtschaft. Vgl. Groening, Albert M.: Die kriegswirtschaftlichen Aufgaben der Reichsstelle für Fische, in: DFW, Bd. 10, Heft 19, 13. 6. 1943, S. 217f.

Gebiete wurden als Selbstversorgergebiete eingestuft; zur Bedarfsdeckung sollten die Fänge der Kutter- und Kleinfischerei herangezogen werden. Allein etwaige Überschüsse waren der Versorgung des Binnenlandes zur Verfügung zu stellen – eine Bestimmung von eher theoretischem Wert.[395] Die Warenlenkung in den Selbstversorgergebieten wurde durch die Außenstellen der HV organisiert, die dazu in Pommern auf die bereits geschaffenen lokalen Verteilerstellen und die Zentralverteilerstelle in Stettin zurückgreifen konnten. Die Durchführung der Aufgaben der Verteilerstelle Stralsund wurde im September 1939 durch eine Anordnung der HV-Außenstelle Stettin einem lokalen Betrieb, der Vereinigten Neuvorpommerschen Fischindustrie G.m.b.H., übertragen. Auf Nachfrage des Oberfischmeisters meldete Fischmeister Nachbar aus Lauterbach im Juli 1940, soweit ihm bekannt sei, habe sich die Verteilerstelle gut bewährt.[396] Für Pommern mag daher die 1942 rückblickend getroffene Aussage, die Übernahme der kriegswirtschaftlichen Aufgabe sei dank den im Zuge der Marktordnung bereits geschaffenen Regelungen und Einrichtungen ohne besondere organisatorische Umstellungen oder sonstige Schwierigkeiten gelungen, Geltung haben.[397]

Von einer reibungslosen Organisation kann dagegen in Mecklenburg nicht gesprochen werden. Die Marktordnung konnte sich hier allein schon deshalb nicht positiv auswirken, weil marktordnerische Regelungen dort bis zum Sommer 1940 nicht vorhanden waren, wie bei der Übernahme Mecklenburgs in den Zuständigkeitsbereich der HV-Außenstelle Hamburg im Mai 1940 festgestellt wurde. Es existierten weder Abnahmestellen, denen die Fischer „andienungspflichtig" gewesen wären, noch war eine Einteilung des Handels in Groß- und Kleinverteiler als Grundlage für eine zweckmäßige Warenlenkung erfolgt.[398]

Diese für Mecklenburg typische Rückständigkeit hatte ihre Ursache in unklaren Zuständigkeiten. Die Außenstellen der HV Fischwirtschaft wurden bei den Landesbauernschaften eingerichtet. Zusätzliches Personal für Leitung und Geschäftsführung stand nicht zur Verfügung. Nur an bedeutenderen Küstenplätzen wurden hauptamtliche Geschäftsführer bestellt, die eine professionelle Arbeit garantier-

[395] Seit Mai 1940 zählte Mecklenburg als Selbstversorgergebiet, zukünftig sollten keine Fänge mehr aus dem Gebiet abgezogen werden. Vgl. Aktenvermerk über die Besprechung am 31.5.1940 beim Landesernährungsamt Güstrow über die Fischversorgung Mecklenburgs. LHAS, 5.12-4/2, Nr. 430. Vgl. auch Geregelte Fischverteilung in Mecklenburg, in: DFW, Bd. 7, Heft 35, 1.9.1940, S. 320f. Seit 1943 musste Pommern dann in die Reichsversorgung einbezogen werden, da die Fänge der Küstenfischerei durch die Dampferfischerei stark zurückgegangen waren. Vgl. Protokoll des OFMA über die Tagung der Kreisfachwarte und Leiter der Fischverteilungsstellen in Leba am 30.10.1943. StAS, Rep. 21, Nr. 29, Bl. 285-287.

[396] Das OFMA übersandte den FAST des Bezirks die entsprechenden Anordnungen der HV Fischwirtschaft-Außenstelle Stettin am 16.4.1940. Antwort der FAST Lauterbach an OFMA, 2.7.1940. LAG, Rep. 250, Nr. 376.

[397] Vgl. Goldbeck, Ulrich: Die Ostsee in der Kriegswirtschaft, in: DFW, Bd. 9, Heft 31, 2.8.1942, S. 353–355.

[398] Vgl. ebd. und Aktenvermerk über die Besprechung am 31.5.1940 beim Landesernährungsamt Güstrow über die Fischversorgung Mecklenburgs. LHAS, 5.12-4/2, Nr. 430.

ten, so in Hamburg und auch in Stettin.[399] In Mecklenburg, dessen Fischereierträge gegenüber den pommerschen um ein Vielfaches geringer waren, scheint sich bei der Landesbauernschaft in Güstrow niemand verantwortlich gefühlt zu haben. Als Ende August 1939 in Vorbereitung des Krieges Landesernährungsämter eingerichtet wurden, ernannte der Landesbauernführer den Vorsitzenden des Landesfischereiverbandes und Reichsverbandes, Wilhelm Kühl, zum Marktbeauftragten des Landesernährungsamtes für Fischwirtschaft.[400] Dies geschah jedoch ohne Wissen der Zentrale der HV in Berlin und des mecklenburgischen Staatsministeriums und blieb ohne spürbare Auswirkungen auf den fischwirtschaftlichen Markt.[401] Die Durchsetzung von ernährungswirtschaftlichen Maßnahmen gegen die Interessen der Fischerei hatte man von Kühl als Vertreter der Beruforganisation wohl auch kaum erwarten können.

Tatsächlich hatte sich in Mecklenburg bisher nicht nur niemand um die Anordnungen der HV gekümmert, sie waren den beteiligten Stellen noch nicht einmal bekannt. Das Landesernährungsamt und die Landesbauernschaft erklärten im Mai 1940, über die Anordnungen der HV Fischwirtschaft nicht im Bilde zu sein, und der Vertreter der Abteilung Landwirtschaft des Staatsministeriums bat darum, die wichtigsten Anordnungen künftig regelmäßig zugesandt zu bekommen. Die Unzufriedenheit über die unklaren Zuständigkeiten und das Fehlen einer Fachkraft war beim Leiter des mecklenburgischen Staatsministeriums, Friedrich Scharf, so groß, dass er einen beim Landesernährungsamt anzusiedelnden Marktbeauftragten nötigenfalls aus eigenen Mitteln finanzieren wollte – ein Vorschlag, dem die HV-Außenstelle Hamburg skeptisch gegenüberstand und der nicht umgesetzt wurde.[402]

Die einheitliche Regelung der Fischverteilung in Mecklenburg wurde dann in den kommenden Monaten durch die HV-Außenstelle Hamburg rasch realisiert. In Wismar, Warnemünde und Ribnitz wurden bei den dort ansässigen Fischverwertungsgenossenschaften Erfassungs- und Verteilerstellen eingerichtet und ein

399 Vgl. Finzel, Aufgaben und Tätigkeit der Hauptvereinigung der Deutschen Fischwirtschaft, JB 1935, S. 229 und KL NSDAP Stralsund an OFMA, Einladung zur Jahresarbeitstagung für sämtliche politischen Leiter, 20. 1. 1936 sowie Aktenvermerk Rumphorsts vom 27. 1. 1936. StAS, Rep. 21, Nr. 29, Bl. 67f. Hier wird Basedow als Leiter der HV Fischwirtschaft-Außenstelle Stettin genannt.

400 Die Ernährungsämter wurden durch Verordnungen vom 27. August 1939 auf Landes- und Kreisebene gegründet. Das Landesernährungsamt A innerhalb der Landesbauernschaft die für die Erfassung, das Ernährungsamt B bei den Behörden der allgemeinen Verwaltung für die Verteilung zuständig. Vgl. Corni/Gies, Ernährungswirtschaft (1997), S. 413 und 50 Jahre RMEL (1969), S. 35f.

401 Eine diesbezügliche Meldung ließ die Dienststelle der Landesbauernschaft in Güstrow in der „Deutschen Fischwirtschaft" veröffentlichen. Vgl. Aus der mecklenburgischen Fischerei, in: DFW, Bd. 6, Heft 46, 12. 11. 1939, S. 813. Den Vertretern der Abteilung Landwirtschaft beim Staatsministerium und der HV Fischwirtschaft Fischwirtschaft war dies im Mai 1940 nicht bekannt. Vgl. Aktenvermerk über die Besprechung am 31. 5. 1940 beim Landesernährungsamt Güstrow über die Fischversorgung Mecklenburgs. LHAS, 5.12-4/2, Nr. 430.

402 Vgl. Aktenvermerk über die Besprechung am 31. 5. 1940 beim Landesernährungsamt Güstrow über die Fischversorgung Mecklenburgs. LHAS, 5.12-4/2, Nr. 430.

Verteilerschlüssel erstellt.[403] Ähnlich wie in Pommern sollten die Fischer in den abgelegenen, kleinen Küstenorten von der „Andienungspflicht" befreit werden. Dies hatten Besprechungen von Vertretern der Landesbauernschaft Mecklenburg und der HV Fischwirtschaft mit Fischern und Fischereivertretern in Wismar und Warnemünde Ende Oktober 1940 ergeben.[404] Die Anordnungen berücksichtigten also durchaus die örtlichen Verhältnisse und Bedürfnisse. Spätestens seit 1943 gab es dann in Rostock einen eigenen Marktbeauftragten der HV für Schleswig-Holstein und Mecklenburg.[405]

Materialversorgung

Auch die Fischereibetriebsmaterialien unterlagen der Kriegsbewirtschaftung. Den Bedarf der Küsten- und Binnenfischerei und die Richtlinien für den Bezug der verschiedenen Bedarfsartikel legte der Reichsverband der deutschen Fischerei in Absprache mit den zuständigen Reichsstellen fest. Die dem Verband zugewiesenen Kontingente für Netzgarn, Tauwerk, Leder usw. konnten anfangs teilweise noch frei, später über ausgewählte Lieferfirmen bezogen werden; Eisenwaren waren bereits bezugsscheinpflichtig. Die Sicherstellung der Materialversorgung übernahm die untere Ebene der Berufsorganisation. Anträge auf bezugsscheinpflichtige Materialien mussten hier eingereicht werden. Kreisfachwarte und Ortsfachwarte, in der Regel die Fischereivereinsvorsitzenden, waren dafür verantwortlich, auftretende Schwierigkeiten abzustellen, notfalls mit Hilfe der Landesfischereiverbände.[406] Im Gegensatz zum Ersten Weltkrieg war die Rohstoffversorgung zwar vergleichsweise gut, trotzdem wirkte sich die allgemeine Knappheit zunehmend nachteilig auf die See- und Küstenfischerei aus.[407] Die Versorgung mit Brennstoff war von

403 In Mecklenburg wurden zunächst nur Städte mit mehr als 10000 Einwohnern versorgt, da die Anlandungen nicht ausreichten. Später wurden auch Städte mit 4000–10000 Einwohnern, nach Dringlichkeit abgestuft, einbezogen. Vgl. Geregelte Fischverteilung in Mecklenburg, in: DFW, Bd. 7, Heft 35, 1.9.1940, S. 320f. und So läuft die Fischmarktordnung in Mecklenburg, in: DFW, Bd. 8, Heft 18, 4.5.1941, S. 277f. sowie Anordnung Nr. 8 betr. Andienungspflicht für die im Bereich der Landesbauernschaft Mecklenburg angelandeten Fische und Errichtung von Verteilungs- und Annahmestellen, in: DFW, Bd. 8, Heft 45, 9.11.1941, S. 585.

404 Vgl. Die Lage der mecklenburgischen Küstenfischerei, in: Der Deutsche See- und Küstenfischer, Jg. 2, Nr. 11, 8.12.1940, S. 44.

405 Die Außenstelle Mecklenburg/Rostock wurde von Geschäftsführer Tobler geleitet. Vgl. Listen von Verbänden 1944–1945. BArch R 17 III / 120.

406 Vgl. Brandtner: Wie erhält der Fischer seine Bedarfsartikel, in: Der Deutsche See- und Küstenfischer, Jg. 2, Nr. 22, 3.12.1939, S. 83f. Vgl. die vertrauliche Mitteilung des LFV Mecklenburg betreffend Lebensmittelversorgung in der Seefischerei, Beschaffung von Gerätschaften, Gasölscheine, Eisen für Motoren etc. Landesfischereiverband Mecklenburg an MfLDF, 12.10.1939, LHAS, 5.12-4/2, Nr. 494, Bl. 39. Vgl. auch Aufgaben der berufsständischen Organisation im Kriege, in: Der Deutsche See- und Küstenfischer, Jg. 3, Heft 7, 28.7.1940, S. 25 und beispielhaft: Bezug von Weichhanf, in: Der Deutsche See- und Küstenfischer, Jg. 3, Heft 9, 29.9.1940, S. 35.

407 Vgl. Goldbeck, Ulrich: Die Ostsee in der Kriegswirtschaft, in: DFW, Bd. 9, Heft 31, 2.8.1942, S. 353–355. 1943 standen schließlich die Baumwollreserven vor dem Ende und die Netzversorgung gestaltete sich immer schwieriger. Berufskleidung, vor allem Gummistiefel, waren

Anfang an problematisch gewesen.[408] Um die leistungsfähigeren Kutter besser versorgen zu können, wurde die Stilllegung kleinerer Betriebe auch vom Landesfischereiverband Pommern als zweckmäßig erachtet.[409]

Die Dringlichkeit des Bedarfs musste durch die Vereinsvorsitzenden bescheinigt werden. Bei der Entscheidung über die Zuteilung war in erster Linie die Leistungsfähigkeit der Betriebe zu berücksichtigen. Durch den Ausschluss von der Brennstoff- und Netzzuteilung sollten schlecht arbeitende bzw. schlecht abliefernde Betriebe diszipliniert werden.[410] Mit der örtlichen Lenkung der Verteilung erhielten die Fischereivereinsvorsitzenden als unterste Ebene der Berufsorganisation eine besondere Verantwortung. Gegenüber den oftmals passiven Vereinsvorsitzenden wurde der Ton daher schärfer: *„Soweit im Zuge der kriegsbedingten Maßnahmen besondere Anweisungen an die berufsständische Führung ergehen, müssen diese auch durchgeführt und befolgt werden.“*[411] In Anbetracht der veränderten Lage legte die Landesbauernschaft Pommern den Kreisfachwarten nun auch den Austausch von untauglichen Kräften ausdrücklich nahe.[412]

Um Missbrauch und Willkür entgegenzutreten, hatte das RMEL Anfang November 1943 verfügt, dass die staatlichen Fischereiämter in die Treibstoffzuteilung einbezogen werden sollten.[413] Dass dies nicht von allen Beteiligten gewünscht wurde, zeigte sich auf einer Fischereiversammlung in Greifswald-Wiek im November 1943: Der anwesende Geschäftsführer des Landesfischereiverbandes, Krämer, bekräftigte anlässlich eines diesbezüglichen Einspruchs eines Greifswalder Fischers, dass allein der Fischereivereinsvorsitzende Otto Nachbar für die Zuteilung der Betriebsstoffe zuständig sei und, so der Bericht, dabei *„nach eigenem Gutdünken oder Belieben handeln [könne], ohne irgend einem Berufskameraden über seine Maßnahmen Auskunft zu geben.“*[414] Gerade willkürlichen Entscheidungen dieser Art sollte durch die Einbeziehung der staatlichen Fischereiaufsicht ent-

nur noch eingeschränkt und in schlechter Qualität erhältlich. Auch die Lieferung von Motoren stockte aufgrund von Bombenschäden in den Fabriken. Vgl. die Ausführungen von Dr. Wiehr, wiedergegeben im Protokoll des OFMA über die Tagung der Kreisfachwarte und Leiter der Fischverteilungsstellen in Leba am 30.10.1943. StAS, Rep.21, Nr.29, Bl.285-287.

[408] Vgl. MfLDF an RMEL, 4.11.1939. LHAS, 5.12-4/2, Nr.494, Bl.51.

[409] Vgl. die Äußerungen von Dr. Krämer, wiedergegeben im Protokoll des OFMA über die Tagung der Kreisfachwarte und Leiter der Fischverteilungsstellen in Leba am 30.10.1943. StAS, Rep.21, Nr.29, Bl.285-287.

[410] Vgl. Fischerversammlungen in Pommern, in: Der Deutsche See- und Küstenfischer, Jg.6, Heft 3, 31.3.1943, S.24; Protokoll des OFMA über die Tagung der Kreisfachwarte und Leiter der Fischverteilungsstellen in Leba am 30.10.1943. StAS, Rep.21, Nr.29, Bl.285-287; RMEL an RV der deutschen Fischerei, 2.11.1943. BArch R 17 III / 6 und Krämer: Pommerns Fischer in vorbildlichem Kriegseinsatz, in: Der Deutsche See- und Küstenfischer, Jg.6, Heft 11, 30.11.1943, S.41f.

[411] Aufgaben der berufsständischen Organisation im Kriege, in: Der Deutsche See- und Küstenfischer, Jg.2, Heft 7, 28.7.1940, S.25.

[412] Vgl. Protokoll des OFMA über die Tagung der Kreisfachwarte und Leiter der Fischverteilungsstellen in Leba am 30.10.1943. StAS, Rep.21, Nr.29, Bl.285-287.

[413] Vgl. RMEL an RV der deutschen Fischerei, 2.11.1943, BArch R 17 III / 6.

[414] Alle folgenden Zitate aus FAST Greifswald/Wieck, Bericht über die Fischereiversammlung am 13.11.1943 in Greifswald/Wieck. StAS, Rep.21, Nr.29, Bl.289f.

gegengewirkt werden. Doch der Einwand des Greifswalder Fischereiaufsichtsbeamten, dass nach Anweisung von Oberfischmeister Rumphorst die Fischereiaufsicht bei der Verteilung eingeschaltet werden sollte, wurde von Krämer zurückgewiesen. Dem berichtenden Fischereiaufsichtsbeamten Gerwien bestätigte sich im Verlauf der Versammlung immer mehr der Eindruck, dass Krämer und die gesamte Berufsorganisation gegen die Fischereiaufsichtsbehörde eingestellt seien. In dieser Richtung habe sich auch der Kreisfachwart Lange geäußert: „*Die Fischereibehörden sollen sich um die Fischereiaufsicht kümmern und nicht um Sachen, die der Berufsorganisation zukommen.*" Sicherlich dürfte es dem einen oder anderen Vereinsvorsitzenden gefallen haben, die ihm neu zugekommene Machtposition auszunutzen und die Autorität der Beamten der Fischereiaufsichtsbehörde in Frage zu stellen. Beim Verlassen der Versammlung habe sich ein Fischer mit den folgenden Worten an ihn gewandt, berichtete der Aufsichtsbeamte Gerwien: „*Somit sind sie [!] ja denn von jetzt ab dem Otto Nachbar unterstellt*".

Das Verhältnis zwischen staatlicher Fischereiverwaltung und Berufsorganisation war demnach von Kompetenzstreitigkeiten geprägt. In Fragen von existentieller Bedeutung wie der Brennstoffzuteilung, wollte der Landesfischereiverband die Mitwirkung des Fischereiamtes als quasi objektiver Instanz trotz anderslautender Anweisung des RMEL verhindern.

Arbeitskräftemangel

Die geforderte Erzeugungssteigerung im Dienste der Volksernährung war nicht nur durch Rohstoffmangel, sondern auch durch das Fehlen von Arbeitskräften gefährdet. Zu Kriegsbeginn waren zahlreiche Boote und Fischer eingezogen worden. Das RMEL erreichte, dass recht zügig immerhin 30 beschlagnahmte Motorkutter der mittleren und östlichen Ostsee freigegeben wurden.[415] Schwieriger gestaltete sich die Freigabe der einberufenen Fischer selbst. In der Wismarer Bucht lagen Anfang Oktober 1939 60 Prozent aller Betriebe und etwa 75 Prozent aller Fahrzeuge still; eine Versorgung der Bevölkerung mit Fisch war kaum möglich.[416] Das Oberkommando der Marine stand auf dem Standpunkt, dass eine Entlassung der einberufenen Fischer nur bei Stellung von gleichwertigem Ersatz mit seemännischer Vorbildung erfolgen könne.[417] Ein Herausziehen der Angehörigen der See- und Küstenfischerei sei nur auf dem Weg der Unabkömmlichkeitsstellung (Uk) möglich. Diesbezügliche Anträge sollten durch die zuständigen Marine-Dienststellen unverzüglich geprüft und entschieden werden.[418]

[415] OK der Kriegsmarine an RMEL, 21.9.1939. LHAS, 5.12-4/2, Nr. 494, Bl. 28.

[416] Vgl. das diesbezügliche Schreiben des LFV Mecklenburg an das MfLDF, 5.10.1939. LHAS, 5.12-4/2, Nr. 494, Bl. 31.

[417] Vgl. ebd. und RMEL an MfLDF, 23.11.1939. LHAS, 5.12-4/2, Nr. 494, Bl. 56.

[418] Vgl. ebd. Hinsichtlich der Dringlichkeit könne auf eine Einzelbegründung der zuständigen Behörde – genannt werden Kreisernährungsamt, Kreisbauernschaft und Oberfischmeisteramt – verzichtet werden.

Die Anträge auf Freistellung der Fischer vom Heeresdienst fielen in Pommern in den Aufgabenbereich der Fischereiverwaltung. Anfangs waren die Landesbauernschaften durch das RMEL für zuständig erklärt worden, doch im November 1939 wurde die Zuständigkeit wieder an die Oberfischmeisterämter übertragen. Die Aufgabe ging man dort systematisch an. Die Fischereiaufseher sollten alle bereits gemusterten und noch zu musternden Fischer ihres Bezirks erfassen und die zur Uk-Stellung benötigten Informationen an das Oberfischmeisteramt weiterleiten, um eine zügige Bearbeitung zu ermöglichen.[419] Die für die Entscheidung maßgebliche Stellungnahme der Fischereiämter bei der Freistellung von Fischern vom Wehrdienst orientierte sich dabei in zunehmendem Maße an der Ablieferungsleistung der Betriebe.[420]

Das Verfahren wurde aber nicht überall einheitlich durchgeführt. Die Außenstelle der HV im westpreußischen Danzig berichtete Anfang 1944, dass dem Fischereiamt Gotenhafen erst seit zwei Monaten die gesamte Bearbeitung der Uk-Stellungen übertragen worden sei, die vorher ausschließlich bei den Kreisbauernschaften erfolgt war. Mit Übergabe an das Fischereiamt sollte gewährleistet werden, dass die Fragen der Freistellung nunmehr ausschließlich *„vom fachlichen Standpunkt“* aus bewertet würden.[421]

Die beim Oberfischmeisteramt Stralsund durch die Fischmeister eingereichten Anträge auf Uk-Stellung oder Arbeitsurlaub konnten neben der Stellungnahme des Fischmeisters zusätzliche Befürwortungen des Ortsfachwartes für Fischerei, aber auch des Landrats oder der Ortspolizeibehörde enthalten. Die Vertreter der Berufsorganisation waren aber allem Anschein nach nicht zwingend in das Verfahren einbezogen.[422] Auch bei der Beantragung von Schwerstarbeiter-Lebensmittelkarten für die Fischer verfügte das Oberfischmeisteramt Stralsund über die Entscheidungskompetenz; seit September 1941 oblag ihm die Schlussprüfung der Anträge.[423]

In Mecklenburg erfolgte die Beantragung der Schwerstarbeiterkarten dagegen ohne Hinzuziehung der für die Fischereiverwaltung zuständigen Abteilung Landwirtschaft. Der von den Vorsitzenden der Fischereivereine zu stellende Antrag wurde über den Landesfischereiverband an das Gewerbeamt eingereicht.[424] Auch im Fall der Uk-Stellungen war die mecklenburgische Fischereiverwaltung nicht in gleicher Weise beteiligt, wie die preußischen Oberfischmeisterämter. Die Abteilung Landwirtschaft ersuchte den Landesfischereiverband Mecklenburg, die erfor-

419 Ein entsprechender Erlass des RMEL erging am 23.11.1939. Vgl. OFMA an die FAST des Bezirks, 25.1.1940, LAG, Rep.250, Nr.431. (221, 253-254).

420 Bericht der HV Fischwirtschaft-Außenstelle Stettin an HV Fischwirtschaft Fischwirtschaft, 3.2.1944. BArch R 17 III / 6.

421 HV Fischwirtschaft-Außenstelle Danzig an HV Fischwirtschaft Fischwirtschaft, 2.2.1944. BArch R 17 III / 6.

422 Vgl. die diversen Anträge in LAG, Rep.250, Nr.468.

423 Vgl. die Anträge in LAG, Rep.250, Nr.398. Die Einreichung der Anträge erfolgte seit 1941 direkt durch den Fischmeister des Bezirks. Die strengeren Richtlinien zur Entscheidung über Schwerstarbeiterzulagen übersandte das OFMA an die FAST des Bezirks, 18.9.1941. Ebd.

424 Landesfischereiverband Mecklenburg an MfLDF, 12.10.1939. LHAS, 5.12-4/2, Nr.494, Bl.39.

derlichen Schritte in die Wege zu leiten.[425] Diese Delegierung hatte bereits Tradition; im Ersten Weltkrieg waren die Reklamationen der zur Kriegsmarine einberufenen Fischer dem Mecklenburgischen Fischereiverein überlassen worden. Der Landesfischereiverband agierte jedoch zumindest anfangs ohne durchschlagenden Erfolg, daher richtete die Abteilung Landwirtschaft im November 1939 die dringende Bitte ans RMEL, sich in dieser Sache einzuschalten, *„da die hiesigen Bemühungen zur Freistellung der Fischer kaum den erhofften Erfolg haben werden."*[426]

Trotz der Bemühungen der zuständigen Stellen litt die Küstenfischerei weiter unter umfangreichen Einberufungen.[427] Reichsfischermeister Kühl schätzte den Rückgang der Arbeitskapazität in der See- und Küstenfischerei 1943 auf etwa 50 Prozent.[428] Angesichts des Arbeitskräftemangels zögerte der Oberfischmeister nicht, Fischer, die andere Arbeiten angenommen hatten, dienstverpflichten zu lassen.[429] Für den Aufsichtsbereich Lauterbach belief sich die Zahl der zum Wehrdienst eingezogenen Fischer bis Ende Dezember 1944 auf 182, ebenfalls ein Anteil von schätzungsweise über 50 Prozent.[430] In den Häfen waren viele Boote dem Verfall ausgesetzt.[431] Die Besatzungen waren entweder eingezogen oder aber durch die HV Fischwirtschaft auf größeren Fahrzeugen eingesetzt worden; durch die Stilllegung leistungsschwacher Betriebe konnten Arbeitskräfte ebenso wie Betriebsmittel nutzbringender eingesetzt werden.[432]

In anderen kriegswichtigen Wirtschaftsbereichen wurde neben den Uk-Stellungen vor allem durch den Einsatz von Zwangsarbeitern und Kriegsgefangenen dafür gesorgt, dass während des Krieges kein eklatanter Arbeitskräftemangel auftrat.

[425] Ministerialrat Krasemann berichtete über die aufgrund anhaltender Einziehung der Fischer zum Militär katastrophalen Zustände in der Küstenfischerei nach Berlin. MfLDF an RMEL, 7.10.1939, LHAS, 5.12-4/2, Nr.494, Bl.30. Vgl. auch den Antrag auf Freistellung von 15 Fischern aus den Ortschaften der Wismarer Bucht, die zum Hilfszolldienst einberufen waren. LFV Mecklenburg an MfLDF, 11.11.1939. LHAS, 5.12-4/2, Nr.494, Bl.45.

[426] Ebd. Über die weitere Praxis der Uk-Stellungen in Mecklenburg liegt in Schwerin kein Material vor, dies deutet darauf hin, dass die Abteilung Landwirtschaft nicht weiter involviert war.

[427] Vgl. Protokoll des OFMA über die Tagung der Kreisfachwarte und Leiter der Fischverteilungsstellen in Leba am 30.10.1943. StAS, Rep.21, Nr.29, Bl.285-287.

[428] Vgl. Kühl, Wilhelm: Forderungen des totalen Kriegseinsatzes an die deutsche Fischerei, in: Der Deutsche See- und Küstenfischer, Jg.7, Heft 9, 30.9.1944, S.33f.

[429] So im Fall von zwei Fischern aus Lauterbach, die Arbeit bei einer Filmgesellschaft angenommen hatten, die am Ort einen Film drehte. Vgl. OFMA an FAST Lauterbach, 10.9.1941. LAG, Rep.250, Nr.396.

[430] Diese Angabe berücksichtigt die grundsätzlich rückläufige Entwicklung in der Fischerei seit 1928. Für 1928 wurden im Aufsichtsbereich Lauterbach 418 Berufsfischer (darunter 47 Gehilfen, Teilfischer, aber auch Sport- und Gelegenheitsfischer), für 1946 noch 259 (46) gezählt. Vgl. die vom OFMA angeforderte Liste der zum Wehrdienst einberufenen und entlassenen Fischer des FAST Bezirks Lauterbach, 27.12.1944, LAG, Rep.250, Nr.43 und die Aufstellung über die See- und Küstenfischerei im Bezirk des Fischereiamtes Stralsund, Stand vom 1.4.1928 und 1.4.1946, 15.8.1946. StAS, Rep.21, Nr.17. Von den 182 einberufenen Fischern waren fünf gefallen.

[431] Vgl. Fahrzeuge, die verfallen, in: DFW, Bd.8, Heft 23, 8.6.1941, S.320.

[432] HV Fischwirtschaft-Außenstelle Danzig an HV Fischwirtschaft Fischwirtschaft, 17.11.1944. BArch R 17 III / 7.

Die Anforderung polnischer Kriegsgefangener für die Binnenfischerei Mecklenburgs war bereits Mitte September 1939 in Aussicht genommen worden.[433] In der See- und Küstenfischerei lagen die Verhältnisse allerdings anders; die Fluchtgefahr ließ die zuständigen Behörden zögern, Zwangsarbeiter auf den Kuttern einzusetzen.[434] Auf einer Fischereiversammlung in Warnemünde wurde aber Anfang 1943 *„die Verwendung von Russen in der Fischerei erörtert“* und anscheinend kamen diese auch zum Einsatz.[435]

Die erweiterten Befugnisse der Berufsorganisation im Krieg eröffneten ein Konfliktfeld mit der Fischereiverwaltung. Das Ausmaß des Einflusses der Berufsorganisation war dabei abhängig von der Professionalität der staatlichen Verwaltung. In Pommern, wo eine traditionell starke Fischereiverwaltung bestand, wurden dieser die sensiblen Aufgaben wie Uk-Stellungen und die Zuteilung von Schwerarbeiterlebensmittelkarten übertragen. Durch die staatliche Fischereiverwaltung sollte auch die Arbeit der Kreisfachwarte in der Betriebsmittelzuteilung kontrolliert werden, um eine möglichst objektive Beurteilung zu gewährleisten. Deshalb ist in Pommern eine grundsätzliche Rivalität zwischen Berufsorganisation und Verwaltung deutlicher festzustellen als in Mecklenburg. Während in Pommern das Gewicht des Oberfischmeisteramtes die Möglichkeiten der Berufsorganisation begrenzte, war man in Mecklenburg anscheinend nicht unglücklich darüber, unliebsame und verwaltungsintensive Aufgaben an den Landesfischereiverband delegieren zu können.

b) Probleme und Konsequenzen der nationalsozialistischen Preispolitik

Die Entwicklung der Fischpreise 1939 bis 1945

Nachdem sich die wirtschaftliche Lage der See- und Küstenfischerei in der Friedensperiode des „Dritten Reiches“ kaum verändert hatte, war im Krieg erst recht keine Verbesserung der Einnahmesituation zu erwarten. Mit Kriegsbeginn trat ein absoluter Preisstopp ein, der die bisher nicht regulierten Fischpreise etwa auf dem Niveau der Preisstoppverordnung von Herbst 1936 fixierte.[436] Da sich die Schere

433 Vgl. Protokoll einer Besprechung vom 15.9.1939 in Warnemünde über die Lage der Mecklenburgischen See- und Küstenfischerei und die Binnenfischerei aus Anlass des Krieges. LHAS, 5.12-4/2, Nr. 494, Bl. 13.

434 Der Oberfischmeister übersandte den Fischereiaufsichtsstellen des Bezirks Anweisungen an die Fischer zur Verhinderung der Flucht von Kriegsgefangenen oder spionageverdächtigen Ausländern, 29.10.1943. LAG, Rep. 250, Nr. 397.

435 Vgl. Harms, Albert: Die Fischerei in Warnemünde, in: Der Deutsche See- und Küstenfischer, Jg. 6, Nr. 2, 28.2.1943, S. 8 und Warnemünder Fischer tagten, in: Der Deutsche See- und Küstenfischer, Jg. 6, Nr. 11, 30.11.1943, S. 43. Hier findet sich der Hinweis auf die schwache Besetzung der Fahrzeuge, die zum größten Teil aus Lehrlingen und Ausländern bestünde.

436 Vgl. Streifzüge durch das Preisgebiet der Fischwirtschaft. Die Bedeutung des § 22 der Kriegswirtschaftsverordnung für die Anwendung der Anordnung Nr. 97 der Hauptvereinigung der Deutschen Fischwirtschaft, in: DFW, Bd. 8, Heft 22, 1.6.1941, S. 309. André Steiners Studie behandelt nur die Vorkriegszeit. Vgl. Steiner, Verbraucherpreispolitik (2006).

zwischen Betriebsführungskosten und Erzeugerpreisen immer weiter öffnete, geriet die Rentabilität der Betriebe zunehmend in Gefahr.[437] Zu niedrige Erzeugerpreise mussten deshalb dem RMEL und der Hauptvereinigung der deutschen Fischwirtschaft missfallen. Der Geschäftsführer der HV-Außenstelle Stettin, Basedow, kritisierte Anfang 1940, dass bereits die Preise von 1936 für den Ostseefisch unzureichend gewesen wären und es angesichts der stetig steigenden Bedarfsmittelpreise jetzt erst recht seien.[438] Der Reichsverband vertrat als Berufsorganisation ohnehin die wirtschaftlichen Interessen der Fischer. Die entscheidende Institution, der Reichskommissar für Preisbildung, wiederum sah sich vor allem als Interessenvertreter der Konsumenten und der Rüstungswirtschaft. Stabile Verbraucherpreise waren auch mit Rücksicht auf die Stimmung in der Bevölkerung unverzichtbar und wurden vom „Führer" ausdrücklich gefordert.[439] Somit blieb kaum Spielraum zur Erhöhung der Erzeugerpreise.[440] Die Preisgestaltung entwickelte sich während der Kriegsjahre für alle mit der Fischerei befassten Stellen zu einem bestimmenden Thema. Zwar betonten alle Seiten, sich den Erfordernissen der nationalsozialistischen Kriegswirtschaft unterzuordnen, doch unter dem Mantel der Volkstumsideologie war Preispolitik immer auch Interessenpolitik.

Als im April 1940 Erzeugerhöchstpreise für Ostseeheringe und -sprotten festgesetzt wurden, erklärten sämtliche Fischer Mecklenburgs, für derartig niedrige Preise nicht mehr fischen zu wollen. Da bereits ein Rückgang der Fänge spürbar war, musste die Abteilung Landwirtschaft des Staatsministeriums reagieren. Unterstützt vom Landesfischereiverband versuchte man, aufgrund einer Ausnahmeregelung des Preisbildungsgesetzes eine eigene Regelung zu treffen und so die alten Preise wieder herzustellen oder sogar geringfügig zu erhöhen. Einspruch wurde auch gegen eine mögliche Herabsetzung der in Mecklenburg noch regional festgesetzten Dorsch- und Plattfischpreise erwogen.[441] Das Beispiel zeigt das Di-

[437] Bereits vor dem Krieg hatte sich das Preisverhältnis hier zuungunsten des primären Sektors entwickelt. Auf die Kostenentwicklung der landwirtschaftlichen Bedarfsgüter hatte der RNS keinen Einfluss, die Stopppreise von 1936 waren aufgrund der vielen Ausnahmeregelungen in diesem Punkt *„reine Absichtserklärungen"*. Corni/Gies, Ernährungswirtschaft (1997), S. 343.

[438] Vgl. Die Verwertung der Ostseefische, in: DFW, Bd. 7, Heft 80, 25. 2. 1940, S. 59–61.

[439] Seinen Willen, die Konsumkraft der Bevölkerung nicht zu schwächen, hatte Hitler in einem Führererlass im März 1942 unmissverständlich zur Kenntnis gebracht. Vgl. Corni/Gies, Ernährungswirtschaft (1997), S. 470 mit FN 343.

[440] Um eine reale und psychologische Belastung der Verbraucher durch die Anhebung der Erzeugerpreise zu vermeiden, erfolgten die Preissteigerungen in der Landwirtschaft indirekt durch Ausgleichsbeträge in Form eines Prämiensystems, vor allem für Milch, Eier und Geflügel. Diese Zahlungen stellten eine starke finanzielle Belastung dar. Vgl. Corni/Gies, Ernährungswirtschaft (1997), S. 471 f.

[441] Vgl. Aktenvermerk über die Besprechung am 31. 5. 1940 beim Landesernährungsamt Güstrow über die Fischversorgung Mecklenburgs. LHAS, 5.12-4/2, Nr. 430. Die HV Fischwirtschaft-Anordnung Nr. 120 vom 20. 4. 1940: Preisregelung für Ostseeheringe und Sprotten, setzte die Heringspreise in Pommern, Mecklenburg, Ost- und Westpreußen je nach Sorte (Größe) zwischen 12 und 36 Pfennig, den Preis für Sprott auf 28 Pfennig fest. Die für Schleswig-Holstein festgesetzten Preise lagen dagegen zwischen 22 und 50 Pfennig für Hering und 40 Pfennig für Sprott. LAG Rep. 250, Nr. 376.

lemma, in das die betroffenen Länder und Kommunen durch die NS-Preispolitik gerieten. Einerseits waren auch sie an niedrigen Verbraucherpreisen interessiert, die die Stimmungslage der Bevölkerung positiv beeinflussen sollten. Gleichzeitig erkannten sie, dass nur ausreichend hohe Erzeugerpreise die Versorgung sichern und Anreize zur Erzeugungssteigerung geben konnten.

Auf der Fischereitagung des Reichsverbandes im Februar 1941, die sich mit den *„Lebensfragen der Küstenfischerei im Kriegseinsatz"* befasste, brachte Wilhelm Kühl das Problem der Preisbildung erneut zur Sprache. In dieser heiklen Frage sei bislang keine tragbare Lösung für die See- und Küstenfischerei gefunden worden. Dass für Import- und Dampferware höhere Preise als für die Erzeugnisse der See- und Küstenfischerei festgesetzt seien, rufe unter den Fischern zusätzlichen Unmut hervor. Kühl betonte zwar ausdrücklich, *„dass die Führer der berufsständischen Fischerei keine Interessenvertreter seien, sondern bei allen ihren Entschlüssen die Gesichtspunkte einer nationalsozialistischen Wirtschaftsordnung voranstellten."* Gleichzeitig stellte er fest, dass die derzeitige Preisregelung für Dorsch, Hering und Plattfische den Umständen nicht angemessen sei. Durch die Steigerung der Betriebskosten leide die Rentabilität, teilweise sei die Erhaltung der Betriebe in Frage gestellt. Er warnte eindringlich davor, den Fischer in seiner Arbeit für die Erzeugung zu gefährden. Die Leistung des Fischers für die Volksernährung müsse eine *„nationalsozialistische Einschätzung"* erfahren.[442]

Der auf der Tagung anwesende Reichsobmann des RNS, Behrens, äußerte sich zurückhaltend zu diesen Forderungen. RNS und RMEL täten alles, um den Mangel an Arbeitskräften und Betriebsmitteln auszugleichen. Es sei bekannt, dass die Rentabilität der Betriebe gefährdet sein könnte, doch dem könne nicht allein mit Preiserhöhungen begegnet werden. Die Hauptsache sei, dass man weiter arbeite und mit gemeinsamen Kräften dem Sieg Deutschlands diene.[443] Im April 1941 erschien dann in der „Deutschen Fischwirtschaft" ein kurzer Artikel mit dem Titel *„Festpreise vorteilhafter für den Fischermann"*, der sich ausführlich mit den früheren Absatzsorgen beschäftigte und den Segen der Markt- und Festpreisordnung für die Küstenfischerei beschwor. Offensichtlich wollte man so der schlechten Stimmung unter den Fischern entgegenwirken.[444]

Trotz der einen Monat später schließlich erfolgten Erhöhung des Dorschpreises für Pommern, die der dortige Landesfischereiverband als Erfolg seiner Arbeit dar-

[442] Die Arbeit der Küsten- und Binnenfischer muss gesichert bleiben. Die Tagung des Reichsverbandes der Deutschen Fischerei behandelt alle Fragen des gegenwärtigen Einsatzes, in: DFW, Bd. 8, Heft 5, 2.2.1941, S. 63f. Kritik an der Preisgestaltung wurde auch im Namen der Landesverbände erhoben. Vgl. Bericht über die fischwirtschaftliche Tagung des Landesfischereiverbandes Mecklenburg, in: Der Deutsche See- und Küstenfischer, Jg. 4, Heft 2, 23.2.1941, S. 7f.

[443] Vgl. ebd.

[444] Vgl. Festpreise vorteilhafter für den Fischermann, in: DFW, Bd. 8, Heft 15, 13.4.1941, S. 237. Die Mehrheit der Fischer dürfte nicht zu den Lesern der Fachzeitschrift gezählt haben. Inwieweit die Fachwarte auf Kreis- und Ortsebene eine Multiplikatorenfunktion übernahmen, ist schwer einzuschätzen.

stellte, blieb die Preisregelung das Hauptproblem der Küstenfischerei.[445] Die Betriebsmittelpreise stiegen weiter und im Dezember 1941 war die dringende Notwendigkeit von Preiserhöhungen erneut Thema auf einer Fischereiversammlung in Stralsund.[446] Auch in Mecklenburg hoffte man auf eine Neuregelung – Hering-, Dorsch- und Plattfischpreise bedürften einer *„dringenden Überholung"*. Der Landesfischereiverband war zu diesem Zweck in Verhandlungen mit den örtlichen Preisbildungsstellen und dem Reichskommissar für Preisbildung getreten.[447] Dass die Grundlage aller Preisverhandlungen auch weiterhin die zum Zeitpunkt der Preisstoppverordnung von 1936 gültigen Preise waren, wurde von der Berufsorganisation und der Hauptvereinigung gleichermaßen kritisiert.[448] Auf einer Tagung der pommerschen Kreisfachwarte Ende Oktober 1943 machte Kühl für das Stagnieren der Dorschpreise schließlich unverblümt die Unnachgiebigkeit des neuen Preiskommissars verantwortlich.[449] Der Vertreter der HV-Außenstelle Stettin bemängelte im Januar 1944, dass sich die Preise weiterhin *„auf längst überholte Vorkriegsverhältnisse"* stützten.[450]

Auf wenig subtile Weise wurde in der „Deutschen Fischwirtschaft" bei den Fischern um Verständnis für die Preispolitik geworben. Der Artikel *„Drastischer Preisstop in früheren Zeiten"* aus dem März 1944 scheute nicht davor zurück, die dank der nationalsozialistischen Marktordnung in *„durchaus geordneten Bahnen"* verlaufende Fischpreisentwicklung mit im klassischen Altertum und Mittelalter üblichen *„Holzhammermethode[n]"* des Preisstopps zu vergleichen.[451] Erst im September 1944 – nachdem die „Ablieferungsmoral" der Fischer sich massiv verschlechtert hatte – wurde der Dorschpreis dann nochmals an die Betriebskostensteigerung angepasst. Keine weitere Veränderung erfuhren dagegen die kritisierten

[445] Vgl. Die neuen Anordnungen der Hauptvereinigung, in: DFW, Bd. 8, Heft 20, 18. 5. 1941, S. 293. Vgl. auch: Die neue Dorschpreisregelung. Anordnung Nr. 132, in: Der Deutsche See- und Küstenfischer, Heft 5, 30. 5. 1941, S. 17. Die Preisregelung war auch für Ostpreußen und Danzig-Westpreußen gültig. Vgl. Die Küstenfischer von Saßnitz tagten, in: Der Deutsche See- und Küstenfischer, Jg. 4, Heft 5, 30. 5. 1941, S. 19f.

[446] Vgl. Fischerversammlung in Stralsund, in: Der Deutsche See- und Küstenfischer, Jg. 4, Heft 12, 28. 12. 1941, S. 47.

[447] Vgl. Jahreshauptversammlung des Landesfischereiverbandes Mecklenburg, in: Der Deutsche See- und Küstenfischer, Jg. 4, Heft 6, 29. 6. 1941, S. 23.

[448] So Kühl im März 1942. Vgl. Fischereitag in Parchim. Die berufsständische Fischerei legte Rechenschaft über die im Krieg geleistete Arbeit ab, in: Der Deutsche See- und Küstenfischer, Jg. 5, Heft 3, 29. 3. 1942, S. 9–11. Anderthalb Jahre später wies Kühl resigniert darauf hin, dass es müßig sei, über die vor dem Krieg herrschenden Absatzschwierigkeiten und die aus diesem Grund unbefriedigenden Stopp-Preise von 1936 zu diskutieren. Vgl. Kühl, Wilhelm: Erzeugen und Abliefern!, in: Der Deutsche See- und Küstenfischer, Jg. 6, Heft 9, 30. 9. 1943, S. 33.

[449] Vgl. Protokoll des OFMA über die Tagung der Kreisfachwarte und Leiter der Fischverteilungsstellen in Leba am 30. 10. 1943. StAS, Rep. 21, Nr. 29, Bl. 285-287.

[450] HV Fischwirtschaft-Außenstelle Stettin an Marktbeauftragten der HV Fischwirtschaft für Mecklenburg, 14. 1. 1944. BArch R 17 III / 6.

[451] Vgl. Drastischer Preisstop in früheren Zeiten, in: DFW, Bd. 11, Heft 6, 19. 3. 1944, S. 68. Der Artikel nennt zu diesem Zweck Verordnungen, die dem Fischer beim Verkauf seiner Ware das Tragen von Hut, Mantel und sogar Schuhen verboten, damit er seinen Fang rasch und ohne Feilschen verkaufte.

Höchstpreise für Ostseeheringe und -sprotten vom April 1940. „*Es soll offen zugegeben werden, dass manche Höchstpreisfestsetzung den betriebswirtschaftlichen Notwendigkeiten nicht genügend Rechnung trägt*", schrieb der stellvertretende Geschäftsführer der HV Fischwirtschaft noch im Februar 1945.[452]

Verschärft wurde die allgemeine Preisproblematik noch durch die ungleiche Behandlung der Küstengebiete. Basedow hatte schon 1940 darauf hingewiesen, dass regionale Lösungen nicht zielführend seien und sich eine Teilung des Wirtschaftsgebietes in verschiedene Preisgebiete negativ auswirken müsse.[453] Die mecklenburgischen Preise lagen noch immer über den in Pommern ausgezahlten; vorpommersche Kutterfischer waren daher dazu übergegangen, ihre Fänge in Mecklenburg anzulanden. Diese Praxis war Anfang 1942 durch eine HV-Anordnung sanktioniert worden.[454] Dass der pommerschen Bevölkerung auf diese Weise Fisch entzogen wurde, musste der HV-Außenstelle in Stettin allerdings missfallen.[455] Ende 1943 fragte der mecklenburgische HV-Marktbeauftragte in Stettin an, ob pommerschen Fischern weiterhin genehmigt werden solle, ihre Fänge in Warnemünde zu mecklenburgischen Preisen zu löschen, oder ob man sie zwingen solle, ihre Fänge in Pommern anzulanden bzw. dorthin zu versenden.[456] Basedow nahm das Schreiben zum Anlass, erneut Kritik am Reichskommissar für Preisbildung zu üben. Er vertrat den Standpunkt, „*dass an der deutschen Ostseeküste für alle Ostseefischer sowohl preisrechtlich wie berufsmäßig das gleiche Recht besteht. Ich kann deshalb dem Herrn Reichskommissar für die Preisbildung nicht im geringsten folgen, der durch seine Preisbestimmungen einen außergewöhnlich krassen Unterschied in der Behandlung nachbarlich gleichgestellter deutscher Berufsfischer geschaffen hat.*"[457]

Die unbefriedigende Preisgestaltung war ein Grund dafür, dass den Fischern auch während des Krieges der direkte Absatz ihres Fanges an den Verbraucher unter bestimmten Bedingungen erlaubt war. Diesen Direktverkauf bezeichnete man als „Selbstmarkten". Da in abgelegenen Gegenden teilweise gar keine andere Form der Verwertung möglich war, hatten die Anordnungen der HV zur „Andienungspflicht" vor dem Krieg Ausnahmeregelungen vorgesehen.[458] Mit Kriegsbe-

452 Buddenböhmer, R.: Bewährung der See- und Küstenfischerei", in: Der Deutsche See- und Küstenfischer, Jg. 8, Heft 2, 28.2.1945 (Paginierung abgeschnitten).

453 Vgl. Die Verwertung der Ostseefische, in DFW, Bd. 7, Heft 80, 25.2.1940, S. 59–61.

454 Vgl. Zur Anlandung pommerscher Fischer in mecklenburgischen Anlandeplätzen, in: DFW, Bd. 9, Heft 8, 22.2.1942, S. 89.

455 Die Erträge der Küstenfischerei kamen hauptsächlich zur Befriedigung des regionalen Verbrauchs zum Einsatz. Vgl. Die Arbeit der Küsten- und Binnenfischer muss gesichert bleiben. Die Tagung des Reichsverbandes der Deutschen Fischerei behandelt alle Fragen des gegenwärtigen Einsatzes, in: DFW, Bd. 8, Heft 5, 2.2.1941, S. 63f.

456 Vgl. Marktbeauftragter der HV Fischwirtschaft Rostock an HV Fischwirtschaft-Außenstelle Stettin, 23.12.1943. BArch R 17 III / 6.

457 HV Fischwirtschaft-Außenstelle Stettin an Marktbeauftragten der HV Fischwirtschaft für Mecklenburg, 14.1.1944. BArch R 17 III / 6.

458 Vgl. Zörner, Die fischwirtschaftliche Marktordnung, JB 1938, S. 188–190 und Bahr, Klaus: Die Bedeutung der Verteilungsstellen für den berufsständischen Fischer, in: Der deutsche See- und Küstenfischer. Jg. 1, Heft 21, 23.10.1938, S. 77.

ginn hatte die HV versucht, das „Selbstmarkten" durch Appelle soweit wie möglich einzuschränken; sie erließ jedoch kein generelles Verbot.[459] Der Direktverkauf war weiterhin durch den örtlichen Umständen entsprechende Einzelanweisungen geregelt oder wurde *„stillschweigend in althergebrachter Form hingenommen"*.[460] Der Reiz des „Selbstmarktens" lag darin, dass der Fischer den Erzeugerpreis legal um die gültige Handelsspanne erhöhen und somit sein Einkommen nicht unbeträchtlich aufbessern konnte. Dies war ein von vielen Fischern angestrebtes Privileg; denn die niedrigen Erzeugerpreise boten insbesondere vielen Kleinfischern kein ausreichendes Auskommen. Dass im Juli 1944 mit der Anordnung der HV-Außenstelle Danzig erstmals ein fester Rahmen für den Direktverkauf geschaffen wurde, kann daher durchaus als Zugeständnis an die Interessen der Fischer verstanden werden. Der Fang war allerdings weiterhin ablieferungspflichtig; Fischer mit einer Genehmigung zum „Selbstmarkten" erhielten von der Erfassungsstelle pro Fangtag eine bestimmte Menge zurück, die sie selbst verkaufen durften. Die Anordnung diente also gleichzeitig dazu, eine bessere Kontrolle über die auf diesem Weg zum Verkauf kommende Ware zu bekommen und so möglicherweise den Schwarzhandel eindämmen zu können. Offenbar spielte man mit dem Gedanken, diese Regelung auch auf andere Gebiete auszuweiten, eventuell sogar durch eine zentrale HV-Anordnung.[461] Die Überlieferung birgt keine Hinweise auf die Haltung des Reichsverbandes zum Thema Direktverkauf, doch kann davon ausgegangen werden, dass eine derartige Regelung im Interesse der Berufsorganisation gelegen hätte.

Der Schwarzhandel

Der für Dorsch seit der Preiserhöhung von 1941 gültige Erzeugerpreis von 14 Pfennig pro Kilo konnte im Schwarzverkauf auf 50 Pfennig und mehr gesteigert werden.[462] Dass an der Ostseeküste ein blühender Schwarzhandel entstand, war also auch eine Konsequenz der unbefriedigenden Preisregelung. Den Zusammenhang zwischen Preisgestaltung und „Ablieferungsmoral" stellte Wilhelm Kühl in seinem Artikel *„Erzeugen und Abliefern!"* im Herbst 1943 selbst her. Anlass war der Aufruf Herbert Backes – seit der Entlassung Darrés im Mai 1942 mit dessen Aufgaben betraut – zur Mehrablieferung in der Landwirtschaft. Nach einer allge-

459 Vgl. z.B. Jahresversammlung des Kreisfischereivereins Rügen, in: Der Deutsche See- und Küstenfischer, Jg. 4, Heft 5, 30. 5. 1941, S. 19.

460 Vgl. auch zum Folgenden den Aufsatzentwurf: Das Selbstmarkten der Fischer, o. D. (Dezember 1944). BArch R 17 III / 7.

461 Darauf lässt ein Aufsatzentwurf schließen, der sich Ende 1944 ausführlich dem Thema des „Selbstmarktens" widmete, jedoch nicht mehr erschien. Vgl. ebd. und Aktenvermerk über die Übersendung des Aufsatzentwurfes an Buddenböhmer, 12. 12. 1944, mit Notiz vom 31. 3. 1945. BArch R 17 III / 7.

462 Vgl. Bericht von Sachbearbeiter Gerhard Schwencke über die in Warnemünde vom 17. 5–26. 5. und 31. 5.–6. 6. 1944 durchgeführten Kontrollen, 27. 7. 1944. (Anlage: Auflistung der Fischer- und Verbraucherverstöße). BArch R 17 III / 12. So wurden etwa 15 Kilo Dorsch zu einem Preis von 20 RM verkauft.

meinen Würdigung der bisherigen Leistung der Fischerei rief Kühl zu einer weiteren Erhöhung der Ablieferungsmenge auf und forderte: *„Der Fisch darf nicht in [...] schwarze Kanäle gehen."* Dass eine der Hauptschwierigkeiten nach wie vor in der Lösung des Preisproblems liege, sei dem Reichsverband bewusst. Dies dürfe aber die Pflicht zur Mehrablieferung nicht stören.[463]

Während bis 1939 trotz vollmundiger Ankündigungen keine wirkliche Besserung der wirtschaftlichen Situation eingetreten war, wurde nun im Krieg von den Fischern gefordert, jegliche Eigeninteressen dem Nutzen der Volksgemeinschaft unterzuordnen. Der Berufsorganisation oblag die undankbare Aufgabe, dies zu vermitteln. Die *„Anständigkeit und Opferbereitschaft des deutschen Fischers"* beschwor Kühl jedoch vergeblich.[464] Die nicht eindeutig geklärten Fragen des „Selbstmarktens" und des Eigenbehalts sowie die Schwierigkeiten einer umfassenden und wirksamen Kontrolle der Anlandungen trugen ein Übriges dazu bei, dass Verstöße gegen die Ablieferungsregelung an der Tagesordnung waren.

Im Juni 1943 hatte die HV Fischwirtschaft die „Andienungspflicht" aufgrund der zahlreichen Missbräuche zur Beschlagnahme verschärft. Sie besaß nun bereits an Bord die Verfügungsgewalt über die Fänge der See- und Küstenfischerei. Das bisher übliche Ablieferungsverfahren war davon nicht berührt, die Anordnung sollte vielmehr die rechtliche Wirksamkeit erhöhen.[465] Eine nachhaltige Wirkung zeigte sie allerdings nicht.

Nachdem die HV in dieser Angelegenheit wiederholt dem RMEL berichtet hatte, versuchte das Ministerium Anfang November 1943, die Erfüllung der „Andienungspflicht" durch strengere Maßnahmen durchzusetzen. Der Reichsverband wurde angehalten, die Zuteilung von Treibstoff und anderen Bedarfsmitteln zukünftig noch stärker an die Ablieferungen zu koppeln. In die Überwachung der Ablieferungspflicht sollten nun auch die staatlichen Fischereiämter verstärkt einbezogen und wiederholte Verstöße mit Entzug des Fischereischeins geahndet werden. Die Berufsorganisation wurde zudem aufgefordert, in der Fachpresse und auf den Fischereiversammlungen fortlaufend und eindringlich auf die Ablieferungspflicht hinzuweisen. Eine aufwendige generelle Kontrolle der Anlandungen durch die Polizei – wie von der HV vorgeschlagen – hielt das RMEL für nicht durchführbar.[466]

In seinem Antwortschreiben erklärte sich Kühl zwar mit den geforderten Maßnahmen einverstanden, verwahrte sich aber gegen einen pauschalen Vorwurf an die Ostseefischer. Seinen Nachforschungen zufolge könne von einer generellen Missachtung der Ablieferungspflicht keine Rede sein. Überall gebe es schwarze Schafe, auch unter den Fischern. In den Schwarzhandel seien vor allem Privatper-

463 Vgl. Kühl, Wilhelm: Erzeugen und Abliefern!, in: Der Deutsche See- und Küstenfischer, Jg. 6, Heft 9, 30. 9. 1943, S. 33.
464 Ebd.
465 Vgl. Schiemenz, Karl: Andienung und Ablieferung, in: DFW, Bd. 11, Heft 4, 20. 2. 1944, S. 37–39.
466 Eine derartige Regelung habe der Reichsführer SS bereits für die Gemüseerfassung abgelehnt. Vgl. RMEL an RV der deutschen Fischerei, zur Kenntnis an die HV Fischwirtschaft Fischwirtschaft, 2. 11. 1943. BArch R 17 III / 6.

sonen und Angehörige der Wehrmacht verwickelt. *„Die Allgemeinheit der Fischer ist aber ablieferungsfreudig, und das auch trotz der, wie ich heute noch einmal feststellen muss, völlig unzulänglichen Preise, wobei ich gerne anerkenne, dass in dieser Frage durch das Reichsministerium für Ernährung und Landwirtschaft und die Hauptvereinigung der deutschen Fischwirtschaft das Menschenmöglichste getan ist.“*[467]

War man sich in der Frage der unzureichenden Preise noch einig gewesen, vertrat die HV Fischwirtschaft hinsichtlich der Ablieferungspflicht eine deutlich andere Position als der Reichsverband. Sie wies die Auffassung Kühls im Januar 1944 als nicht zutreffend zurück: Zahlreiche Fischer seien bereits verwarnt und bestraft worden.[468]

Auch regional traten die Differenzen zwischen Berufsorganisation und HV zutage. Die Außenstellen hatten verhältnismäßig große Handlungsspielräume in der Durchführung ihrer Aufgaben und gingen auch in der Bekämpfung der Verstöße gegen die Ablieferungspflicht unterschiedlich vor. So waren die in Pommern frühzeitig getroffenen Maßnahmen sicherlich mitverantwortlich für das sehr schlechte Verhältnis zwischen dem dortigen Landesfischereiverband und der HV-Außenstelle in Stettin.[469]

In einem Bericht an die Zentrale der HV berichtete die Außenstelle Stettin im Februar 1944, dass sie sich schon seit Jahren mit dem Problem der schlechten Ablieferung beschäftige.[470] Appelle, wie der des Leiters der Außenstelle Stettin, der im Mai 1941 auf einer Versammlung des Kreisfischereivereins der Insel Rügen dazu aufrief, das vor dem Krieg zulässige „Selbstmarkten“ nun mehr und mehr einzuschränken und alle Fänge „anzudienen“, waren wirkungslos geblieben.[471] Bereits im zweiten und dritten Kriegsjahr habe die Außenstelle daher versucht, die zuständigen Polizeiorgane – insbesondere die Preisüberwachungsbeamten – durch die Landräte auf die Einhaltung der Ablieferungspflicht aufmerksam zu machen.[472] Einzelne Landräte erließen tatsächlich entsprechende Verordnungen; beispielhaft sei hier die Anordnung des Landrats Rügen über die Erfassung und Verteilung von Fischen aus dem August 1941 genannt, die Anlandungen nur an von der Polizei abgesperrten Strandabschnitten erlaubte und den Direktverkauf

467 RV der deutschen Fischerei an RMEL, 9.12.1943. BArch R 17 III / 6.

468 Vgl. HV Fischwirtschaft Fischwirtschaft an REML, 28.1.1944. BArch R 17 III / 6.

469 Das schlechte Verhältnis zum Landesfischereiverband und die laxe „Ablieferungsmoral“ gingen in Pommern, Westpreußen und Ostpreußen Hand in Hand. Vgl. ebd. Dagegen berichtete beispielsweise die niedersächsische Außenstelle, dass dank guter Zusammenarbeit mit dem LFV und ausgedehnter Überwachungstätigkeit keine Verstöße gegen die „Andienungspflicht“ vorkämen. Insbesondere zu den Fachwarten habe man ein persönliches Verhältnis aufgebaut. Vgl. HV Fischwirtschaft-Außenstelle Niedersachsen und Weser-Ems an HV Fischwirtschaft Fischwirtschaft, 16.3.1944. BArch R 17 III / 6.

470 Vgl. Bericht der HV Fischwirtschaft-Außenstelle Stettin an HV Fischwirtschaft Fischwirtschaft, 3.2.1944. BArch R 17 III / 6.

471 Vgl. Jahresversammlung des Kreisfischereivereins Rügen, in: Der Deutsche See- und Küstenfischer, Jg. 4, Heft 5, 30.5.1941, S. 19.

472 Vgl. Bericht der HV Fischwirtschaft-Außenstelle Stettin an HV Fischwirtschaft Fischwirtschaft, 3.2.1944. BArch R 17 III / 6.

an Verbraucher völlig untersagte.[473] Dass diesen Verordnungen kein durchschlagender Erfolg vergönnt war, führte die Außenstelle darauf zurück, dass die zuständigen Kreisdienststellen *„im Stillen gerne die Innehaltung der Ablieferungspflicht übersahen, in der Einbildung, dadurch eine bessere Versorgung ihres eigenen Kreisgebietes zu erzielen.“*[474]

Mit dem Versuch einer strikten Durchsetzung der Ablieferungspflicht machte sich die Außenstelle nach eigener Aussage sowohl bei den Fischern als auch beim Landesfischereiverband unbeliebt. Letzterer habe sich fast immer schützend vor die betreffenden Fischer gestellt. Auch durch die Fischereiämter habe man keine nachdrückliche Unterstützung erfahren.[475]

Als der Leiter der Außenstelle, Basedow, im Herbst 1943 auf einer Tagung der Kreisfachwarte in Leba die schlechte Ablieferung der Fischer kritisierte und darauf hinwies, dass allein im Mai und Juni 1943 ca. 5000 Zentner Fisch vor allem über den Expressversand verschoben worden seien, kam es zu einer heftigen Auseinandersetzung mit den Vertretern der Berufsorganisation. Der Geschäftsführer des Landesverbandes, Krämer, verwahrte sich im Namen der pommerschen Berufsfischer auf das Schärfste gegen diese Anschuldigungen. Insbesondere die einseitigen Schuldzuweisungen an die Fischer weckten seinen Zorn, schließlich sei auch der Kleinhandel in Schiebergeschäfte verwickelt. Unterstützt wurde Krämer durch den ostpreußischen Landesfachwart. Basedow, so notierte Oberfischmeister Rumphorst in seinem Protokoll, *„erhielt trotz mehrfacher Bitten das Wort zur Rechtfertigung nicht mehr.“*[476]

Basedows Vorwurf stützte sich auf die Ermittlungen des Prüfungsstabs der Landesbauernschaft. Seit Herbst 1942 und verstärkt 1943 waren zahlreiche Verstöße aufgedeckt und Verwarnungen und Bestrafungen ausgesprochen worden. Die Ermittlungsergebnisse hatte die HV dazu benutzt, beim Gauleiter und Oberpräsidenten Schwede-Coburg den Erlass einer Anordnung zu erreichen, die eine polizeiliche Absperrung und Überwachung der Anlandeplätze vorsah und den Versand von Fischwaren ohne Genehmigung der HV verbot. Die Verordnung datiert vom 20. Oktober und damit nur wenige Tage vor der oben erwähnten Tagung der Kreisfachwarte in Leba.[477]

[473] Vgl. Erfassung und Verteilung der Fische auf Rügen, in: DFW, Bd. 8, Heft 32, 10. 8. 1941, S. 421.

[474] Bericht der HV Fischwirtschaft-Außenstelle Stettin an HV Fischwirtschaft Fischwirtschaft, 3. 2. 1944. BArch R 17 III / 6.

[475] Vgl. ebd. Tatsächlich sah sich der Oberfischmeister in den letzten Monaten des Jahres 1944 gezwungen, seine Aufseher zu besserer Überwachung anzuhalten. Vgl. OFMA an FAST Lauterbach, 22. 11. 1944 und OFMA an die FAST des Bezirks, 20. 12. 1944. LAG, Rep. 250, Nr. 376.

[476] Protokoll des OFMA über die Tagung der Kreisfachwarte und Leiter der Fischverteilungsstellen in Leba am 30. 10. 1943. StAS, Rep. 21, Nr. 29, Bl. 285–287.

[477] Vgl. Bericht der HV Fischwirtschaft-Außenstelle Stettin an HV Fischwirtschaft Fischwirtschaft, 3. 2. 1944. BArch R 17 III / 6. Darin die Bitte um diskrete Behandlung der Polizeiverordnung, damit die *„erfreulichen pommerschen Maßnahmen“* nicht nachträglich von höheren Stellen aufgehoben würden.

Während intern die Auseinandersetzungen schwelten, kam die Berufsorganisation nach außen den Anweisungen des RMEL nach und nutzte Fachpresse und Versammlungen, um an die Ablieferungspflicht zu erinnern. Der offizielle Bericht zur Tagung mit der programmatischen Überschrift „*Pommerns Fischer in vorbildlichem Kriegseinsatz*" schwieg sich zwar über die Vorwürfe der HV aus. Dafür zitierte er ausführlich Reichsfischermeister Kühls allgemeine Ausführungen zu Erzeugungssteigerung und „Ablieferungsmoral", die einmal mehr das Zurückstellen aller Sonderinteressen und die Ausrichtung des Berufsschaffens der Fischer auf den größtmöglichen Nutzen für die Volksgemeinschaft forderten.[478] Krämer verwies auf einer Fischereiversammlung auf Rügen auf die Ablieferungspflicht und rief die Vorsitzenden der Fischereivereine noch einmal auf, sich nicht zu scheuen, Fischer, die es mit der Ablieferungspflicht nicht so genau nähmen oder nur kümmerliche Leistungen aufwiesen, von der Bedarfsstoffverteilung auszuschließen.[479]

Die Außenstelle Stettin zog im Februar 1944 eine verhalten positive Bilanz. Das konsequente Vorgehen der HV habe dazu geführt, dass momentan keine Missstände mehr festzustellen seien. Der Landesfischereiverband sei anscheinend mittlerweile von der Notwendigkeit einer Erziehung zu besserer Ablieferung überzeugt. Dazu könnte auch beigetragen haben, dass der Landesbauernführer sich in dieser Auseinandersetzung stets auf die Seite der Hauptvereinigung gestellt hatte.[480]

Im benachbarten Mecklenburg hatte die mittlerweile durch einen Marktbeauftragten in Rostock vertretene Hauptvereinigung zunächst keine vergleichbaren Bemühungen um eine vollständige Erfassung der Fänge gezeigt. Möglicherweise aufgrund der vielen Zuständigkeitswechsel – Mecklenburg wurde zunächst von der Landesbauernschaft in Güstrow, zwischenzeitlich von der HV-Außenstelle Hamburg und schließlich durch den Marktbeauftragten der HV in Rostock betreut – hatte die Hauptvereinigung hier – auch gegenüber dem Landesfischereiverband – keine vergleichbar starke Stellung entwickeln können.[481] Verstöße gegen die Ablieferungspflicht waren in Mecklenburg jedenfalls gang und gäbe und 1943 durchgeführte Ermittlungen hatten keine Bestrafung nach sich gezogen.[482]

[478] Vgl. Krämer, H.J.: Pommerns Fischer in vorbildlichem Kriegseinsatz, in: Der Deutsche See- und Küstenfischer, Jg. 6, Heft 11, 30.11.1943, S. 41f. Ähnlich in Mecklenburg. Vgl. Jahresversammlung des Landesfischereiverbandes Mecklenburg, in: Der Deutsche See- und Küstenfischer, Jg. 7, Heft 5, 31.5.1944, S. 19f.

[479] Vgl. Fischereiversammlung auf Rügen, in: Der Deutsche See- und Küstenfischer, Jg. 7, Nr. 3, 31.3.1944, S. 11.

[480] So stellte es jedenfalls die Außenstelle selbst dar. Vgl. HV Fischwirtschaft-Außenstelle Stettin an HV Fischwirtschaft Fischwirtschaft, 12.2.1944. BArch R 17 III / 6.

[481] Hier sei daran erinnert, dass in Mecklenburg der Landesfischereiverband in Fragen der Genehmigungspflicht durch die HV Fischwirtschaft Fischwirtschaft entscheidenden Einfluss nehmen konnte.

[482] Diese Überprüfungen waren während der kurzfristigen Tätigkeit Otto Vollmanns – jetzt bei der HV Fischwirtschaft Fischwirtschaft in Stettin – als Marktbeauftragter in Rostock durchgeführt worden. Vgl. HV Fischwirtschaft-Außenstelle Stettin an HV Fischwirtschaft Fischwirtschaft, 12.2.1944. BArch R 17 III / 6.

Die Fischer in Pommern erhoben mit Hinweis auf Mecklenburg Einwände gegen die hier üblichen strengen Kontrollen. Die nachlässige Haltung im Nachbarland untergrub die Bemühungen der Außenstelle Stettin in vielerlei Hinsicht und diese bat daher dringend, nunmehr auch in Mecklenburg „*strengstens*" gegen derartige Verstöße vorzugehen.[483]

Nahezu zeitgleich zu dieser Beschwerde aus Pommern forderte der HV-Marktbeauftragte in Rostock den Landesprüfer Gerhard Schwencke an. Aufgrund seines Erfolges hinsichtlich der Verbesserung der Ablieferungstreue in anderen Küstenregionen sollte er nun auch in Mecklenburg und Schleswig-Holstein tätig werden, da „*verschiedentlich Unregelmäßigkeiten*" vorgekommen seien.[484] Die Berichte Schwenckes über seine im Mai und Juni 1944 durchgeführten Kontrollen zeichnen allerdings insbesondere von den Zuständen in Warnemünde ein Bild, das mit „Unregelmäßigkeiten" eher verharmlosend umschrieben ist.

So stellte er fest, dass 90 Prozent der am Warnemünder Bahnhof aufgegebenen Expressgutsendungen Fische in Kisten, Eimern und Paketen waren. Der Versanddurchschnitt beliefe sich auf 30 Zentner pro Tag und sei in den Wintermonaten noch bedeutend höher gewesen. Als Versender machte Schwencke Fischer, Warnemünder Einwohner, Angehörige der Wehrmacht und der Zivilbehörden ebenso aus wie Besucher aus Rostock, Berlin und anderen Städten. Der Hafen sei weder durch Absperrung noch Verbotsschilder gesichert, so dass sich bei Ankunft der Kutter eine Menschenmenge bilden könne, die die Fischer in „*kaum glaublicher Weise*" belästige. „*Volksgenossen, Halbwüchsige und sogar Ausländer*" halfen nach Schwenckes Bericht beim Entladen der Kutter und erhielten dafür „*erhebliche Fischmengen*" als Entlohnung. Fisch wechselte zu überhöhten Preisen oder im Tausch gegen Zigaretten den Besitzer oder wurde an der Annahmestelle des Großhändlers gleich kistenweise gestohlen. Schwencke stellte fest, dass Angehörige der Wehrmacht nicht nur an Schiebergeschäften beteiligt waren, die Marine fischte auch in größerem Umfang mit Schleppnetzen für den Eigenbedarf. Sogar die Polizei sah nicht nur tatenlos zu, sondern war selbst in das muntere Schwarzmarkttreiben verwickelt. Beamte der Wasserschutzpolizei übernahmen auf See kistenweise Fisch von den Fischerbooten, erfuhr Schwencke in Warnemünde.[485]

Die Überprüfungen in Wismar und auf der Insel Poel, in Ribnitz und Kühlungsborn ergaben, dass hier ebenfalls – wenn auch in weitaus geringerem Umfang – der Schwarzhandel blühte. Die Kühlungsborner Fischer dienten ihre Fänge

483 Vgl. ebd.

484 Vgl. Marktbeauftragter der HV Fischwirtschaft, Rostock an HV Fischwirtschaft Fischwirtschaft, 9.2.1944. BArch R 17 III / 6. Zuvor war Schwencke u.a. im Bereich der HV Fischwirtschaft-Außenstelle Königsberg erfolgreich tätig gewesen. Vgl. Prüfungsbericht Schwenckes für die Zeit vom 4.–15.12.1943 im Bereich der Außenstelle Königsberg, 16.12.1943 und Prüfungsbericht Schwenckes für die Zeit vom 4.–26.1.1944 im Bereich der Außenstelle Königsberg, 14.2.1944. BArch R 17 III / 6.

485 Vgl. Bericht von Sachbearbeiter Gerhard Schwencke über die in Warnemünde vom 17.5.–26.5. und 31.5.–6.6.1944 durchgeführten Kontrollen, 27.7.1944. (Anlage: Auflistung der Fischer- und Verbraucherverstöße). BArch R 17 III/12.

schon lange nicht mehr beim örtlichen Großhändler an. Dass sie daher durch den Kreisfachwart Harms von der Brennstoffzuteilung ausgeschlossen wurden, scheint sie nicht weiter beeindruckt zu haben. Auf Schwenckes Aufforderung, der Ablieferungspflicht nachzukommen, erklärten die Fischer, *„dass sie nicht daran dächten, ihre kleinen Fänge dem Großhändler in die Tasche zu schmeißen, damit er sich mit ihrer Arbeit die Taschen fülle.“*[486] Nach Auskunft des örtlichen Fischereiobmanns besaßen sie die Erlaubnis, ihre Fänge unter 10 Kilo selbst zu verkaufen. Wer diese Erlaubnis erteilt haben sollte, konnte Schwencke ebenso wenig ausfindig machen wie eine schriftliche Bestätigung. Die grundsätzliche Haltung gegenüber den Anordnungen der HV fasste der siebenundsiebzigjährige Fischer Johann Westendorf prägnant zusammen: Wenn er seine Fische abliefern müsse, höre er mit dem Fischen eben auf![487]

Im Oktober 1944 ergab eine Nachprüfung in Warnemünde, dass zumindest der Versand von Fischen erheblich nachgelassen hatte. Hinsichtlich der Zustände am Fischereihafen war jedoch keinerlei Veränderung eingetreten, die Fischer würden nach wie vor durch das am Hafen anwesende Publikum belästigt und bestohlen.[488] Als Konsequenz aus den Prüfungsberichten Schwenckes wurde im Herbst 1944 auch in Mecklenburg eine Polizeiordnung erlassen, die nach pommerschem Vorbild den Fischversand ohne Genehmigung der HV verbot.[489] Darum hatte das Ernährungsamt den Gauleiter Hildebrandt im September 1944 ersucht.[490] Auch Verbotsschilder und die Absperrung der Landeplätze regte man hier an.[491] Einen gegen den Schwarzverkauf gerichteten Aushang hatte Hildebrandt im Juni 1943 noch mit dem Hinweis, es sei politisch untragbar, das Volk in dieser Sache zu verärgern, abgelehnt.[492] Die Absperrungsmaßnahmen wurden auf Reichsebene besonders durch den Reichsfischermeister Kühl unterstützt. Er war der Auffassung, dass die Fischer durch das *„kauflustige Publikum“* am Hafen zum Schwarzverkauf *„verführt“* würden. Die HV wies ihre Außenstellen daher nochmals an, Oberpräsi-

[486] Bericht von Sachbearbeiter Gerhard Schwencke über die in Wismar und auf Poel vom 24.7.–27.7.1944 durchgeführten Kontrollen und Bericht von Sachbearbeiter Gerhard Schwencke über die in Kühlungsborn und Ribnitz vom 1.7.–14.7.1944 durchgeführten Kontrollen, 17.7.1944. (Anlage: Auflistung der Fischer- und Verbraucherverstöße) BArch R 17 III/12.

[487] Vgl. ebd. Der Fischereiobmann war der unterste Vertreter der Berufsorganisation. Ob die Kühlungsborner Fischer in irgendeiner Form bestraft wurden, ist leider nicht festzustellen.

[488] Neben Fischern und Privatpersonen traten in Warnemünde weiterhin Militärangehörige als Versender in Erscheinung. In Wismar wurden dagegen nach Schwenckes Besuch keine Verstöße mehr festgestellt. Vgl. Bericht von Sachbearbeiter Gerhard Schwencke über die in Wismar und Warnemünde vom 10.–13.10. und 17.–20.10.1944 durchgeführten Kontrollen, 25.10.1944 (Anhang: Auflistung der Fischer- und Verbraucherverstöße). BArch R 17 III / 7.

[489] Vgl. Polizeiverordnung vom 21.10.1944 über das Verbot der Versendung von Fischen und Fischwaren für das Land Mecklenburg. LHAS, 5.12-4/2, Nr. 430.

[490] Vgl. Landesernährungsamt A – Landesbauernschaft an Reichsstatthalter und Gauleiter Hildebrandt, 19.9.1944. LHAS, 5.12-4/2, Nr. 430.

[491] Vgl. Landesernährungsamt A – Landesbauernschaft an Mecklenburgisches Staatsministerium, Abt. Innere Verwaltung, 10.10.1944. LHAS, 5.12-4/2, Nr. 430.

[492] Vgl. NSDAP Gauleitung Hildebrandt an Marktbeauftragten der HV Fischwirtschaft in Rostock, 12.6.1943. BArch R 17 III / 6.

denten, Reichsstatthalter oder lokale Behörden zum Erlass entsprechender Verordnungen aufzufordern.[493]

Die Kriminalpolizei Rostock hatte zugesagt, den Hafen polizeilich zu sichern.[494] Doch Verbotsschilder waren in Warnemünde bis Ende November nicht aufgestellt worden und eine Überwachung der Anlandeplätze durch die Schutzpolizei fand ebenfalls nicht statt.[495] Erst am 12. März 1945, nur wenige Wochen bevor die Rote Armee Rostock besetzte, wurden die Verbotsschilder am Warnemünder Hafen errichtet.[496] Ganz abgesehen von der begrenzten Wirkung, die von solchen Schildern zu erwarten war, legte hier offensichtlich niemand besonderen Eifer an den Tag, um die Zustände am Warnemünder Hafen zu ändern. In Warnemünde scheint die gesamte lokale Gesellschaft einschließlich der Kontrollorgane und der hier stationierten Wehrmachtsverbände vom Schwarzhandel profitiert zu haben. Dieses Beispiel verdeutlicht anschaulich, wie unbrauchbar Anordnungen der HV Fischwirtschaft wurden, wenn vor Ort keinerlei Interesse an ihrer Umsetzung bestand.

Die Nichteinhaltung der Ablieferungspflicht konnte zwar als Sabotage an der Kriegswirtschaft mit hohen Strafen, in schweren Fällen sogar mit der Todesstrafe geahndet werden.[497] Die von Schwencke des Schwarzhandels überführten Fischer wurden jedoch – wie auch in Pommern – durch die HV nur im Ordnungsstrafverfahren mit Geldstrafen zwischen 50 und 300 RM belegt. Verstöße seitens der Verbraucher wurden durch das örtliche Ernährungsamt bestraft.[498] Pläne der Rostocker Oberstaatsanwaltschaft, Fischer bei wiederholten Verstößen zu inhaftieren, unterstützte die HV nicht, da durch diese Maßnahmen ein großer Teil der Warnemünder Flotte lahmgelegt würde. Um Schwierigkeiten in der Fischversorgung zu vermeiden, einigte man sich darauf, die Fischer in enger Zusammenarbeit mit der HV-Außenstelle Rostock und möglichst nur mit Ordnungsstrafen zu belegen.[499] Hier zeigt sich das Dilemma der HV. Bei zu hartem Durchgreifen gegen den Schwarzhandel musste mit negativen Auswirkungen gerechnet werden – und zwar nicht nur durch den konkreten Ausfall infolge von Inhaftierungen, sondern auch aufgrund möglicher Arbeitsverweigerung der Fischer. Der Ausschluss von der Zuteilung von Betriebsmitteln wiederum hätte in Warnemünde als dem mecklenburgischen Hauptanlandeplatz der großen Fischkutter die Fischversorgung im selben Maß gefährdet. Die drohenden Ordnungsstrafen hatten dagegen

493 Vgl. HV Fischwirtschaft Fischwirtschaft an alle Außenstellen, 27. 10. 1944. BArch R 17 III / 7.

494 Ebd.

495 Vgl. Landesernährungsamt A – Landesbauernschaft an Staatsministerium, Abt. Innere Verwaltung, 29. 11. 1944. LHAS, 5.12-4/2, Nr. 430.

496 Vgl. Polizeipräsident Rostock an MfLDF, 15. 3. 1945. LHAS, 5.12-4/2, Nr. 430.

497 Vgl. Corni/Gies, Ernährungswirtschaft (1997), S. 414.

498 Vgl. ebd. und den Bericht von Sachbearbeiter Gerhard Schwencke über die in Wismar und Warnemünde vom 10.–13. 10. und 17.–20. 10. 1944 durchgeführten Kontrollen, 25. 10. 1944 (Anhang: Auflistung der Fischer- und Verbraucherverstöße). Handschriftliche Notiz über die Höhe der jeweiligen Strafe. BArch R 17 III / 7 und Prüfungsbericht Schwenckes für die Zeit vom 4.–15. 12. 1943 im Bereich der Außenstelle Königsberg, 16. 12. 1943. BArch R 17 III / 6.

499 Vgl. Aktenvermerk Gerhard Schwencke, 25. 10. 1944. BArch R 17 III / 7.

vermutlich kaum abschreckende Wirkung.[500] Dass in der See- und Küstenfischerei keine exemplarischen Höchststrafen verhängt wurden, mag zudem an ihrer vergleichsweise geringen Bedeutung für die Ernährungsversorgung liegen. Das Interesse der höchsten Regierungs- und Parteistellen dürfte daher eher gering gewesen sein.

Der behutsame öffentliche Umgang mit dem Ablieferungsproblem spiegelt sich auch in der Fachpresse wider. Scharfe Worte sucht man vergeblich. Noch im Februar 1944 erläuterte der Beitrag „*Andienung und Ablieferung*" ausführlich das Ablieferungssystem in der Kriegswirtschaft, ohne dabei auf die mangelhafte Einhaltung der Ablieferungspflicht einzugehen.[501] Auch der mahnende Artikel „*Vom Schiedsgericht*", eine Art Gerichtsreport, in dem beispielhaft über verschiedene Verstöße gegen die Ablieferungspflicht und die – in allen Fällen vergeblichen – Versuche der Fischer, gegen die verhängten Ordnungsstrafen zu klagen, berichtet wurde, übte nur moderate Kritik.[502] Nachdem dann die umfassenden Kontrollen das ganze Ausmaß des Schwarzhandels aufgedeckt hatten, sprach zwar Ende September 1944 mit Wilhelm Kühl auch der führende Vertreter der Berufsorganisation öffentlich aus, dass in einigen Küstenorten die „Ablieferungsmoral" gesunken sei und Ordnungsstrafen hätten verhängt werden müssen. Doch er fand milde Worte: Das sei zwar „*schade*", jedoch kein Anlass, die grundsätzliche Leistungsbereitschaft des deutschen Fischers anzuzweifeln. Die Fischer ermahnte er väterlich: „*Die Fänge der deutschen See- und Küstenfischerei sind nun einmal andienungspflichtig und danach müsst ihr, liebe Berufskameraden, auch handeln.*"[503] Im Februar 1945 schließlich erschien im „Deutschen See- und Küstenfischer" ein Beitrag des stellvertretenden Leiters der HV, Buddenböhmer, der den Kriegseinsatz der Küstenfischerei noch einmal ausdrücklich lobte und wie ein Zugeständnis an die Berufsorganisation wirkt. Hinsichtlich der Verstöße gegen die „Andienungspflicht" äußerte auch er sich zurückhaltend. Die Bestrafungen hätten gezeigt, dass einerseits hart durchgegriffen werde und andererseits die Zahl der Übertretungen im Verhältnis zum täglich reibungslos durchgeführten Umsatz geringfügig sei. Es fehlte auch nicht der Hinweis auf die Beteiligung undisziplinierter Verbraucher am Schwarzhandel.[504]

Eine wirksame Bekämpfung des Schwarzhandels wurde auch durch die schwammig formulierte Regelung der HV zum Eigenbehalt erschwert. Wie im Ersten

[500] Auch wenn in der Landwirtschaft in Einzelfällen die Todesstrafe vollstreckt wurde, standen die Behörden hinsichtlich der Kriegswirtschaftsverbrechen vor dem gleichen Problem. Während einerseits strengste Strafmaßnahmen gefordert wurden, bemühte man sich andererseits darum, die Produzenten nicht zu sehr vor den Kopf zu stoßen. Vgl. Corni/Gies, Ernährungswirtschaft (1997), S. 496f.

[501] Vgl. Schiemenz, Karl: Andienung und Ablieferung, in: DFW, Bd. 11, Heft 4, 20. 2. 1944, S. 37–39.

[502] Vgl. Vom Schiedsgericht: Die Ablieferungsverpflichtungen sind streng einzuhalten, in: DFW, Bd. 11, Heft 3, 6. 2. 1944, S. 33.

[503] Kühl, Wilhelm: Forderungen des totalen Kriegseinsatzes an die deutsche Fischerei, in: Der Deutsche See- und Küstenfischer, Jg. 7, Heft 9, 30. 9. 1944, S. 33f.

[504] Vgl. Buddenböhmer, R.: Bewährung der See- und Küstenfischerei, in: Der Deutsche See- und Küstenfischer, Jg. 8, Heft 2, 28. 2. 1945 (Paginierung abgeschnitten).

Weltkrieg war es üblich, dass die Fischer eine nicht näher bestimmte Menge Fisch für den eigenen Bedarf zurückhalten konnten. Als grobe Orientierung galt die zum Verzehr für die Familie benötigte Menge. Das RMEL hatte die HV im November 1943 aufgefordert, in dieser Sache Klarheit zu schaffen und den Reichsverband von den geltenden Regeln in Kenntnis zu setzen.[505] Richtlinien wurden jedoch allenfalls regional aufgestellt, etwa in Schleswig-Holstein.[506] Die Grenze zwischen legaler und illegaler Fangentnahme verlief fließend. Viele des Schwarzhandels überführte Fischer beriefen sich auf den Eigenbehalt.[507] Die Hauptvereinigung hielt sich in diesem Punkt mit eindeutigen Anweisungen zurück, da eine wirksame Kontrolle ohnehin kaum zu realisieren gewesen wäre.

Anlässlich der nach der Visite des Landesprüfers eingeleiteten Ordnungsstrafverfahren gegen die mecklenburgischen Fischer wandte sich Kühl im August 1944 in dieser Sache noch einmal an die HV. Die eindeutige Klärung der Frage des zulässigen Eigenbedarfs war für den Reichsverband insofern wichtig, als auf diesem Wege ein Teil der sich häufenden Verstöße gegen die Ablieferungspflicht hätte „entkriminalisiert" werden können. Es sei erwiesen, so Kühl in seinem Schreiben, dass die Fischer *„hier und da einmal Fische an Verwandte schicken"* und dies führe dann zu den bekannten Bestrafungen. Er schlug deshalb vor, einerseits den Eigenverbrauch mit einem Richtwert von 3 Kilo pro Kopf der Besatzung und Familie wöchentlich genau festzulegen und andererseits die Regelung über den bloßen Eigenverzehr hinaus zu erweitern. Den Eigenbedarf sollten die Fischer auch nicht mehr selbst dem Fang entnehmen dürfen, sondern nach der Ablieferung an der Anlandestelle ausgehändigt bekommen. Mit diesen Fischen solle der Fischer nun machen können, was er wolle, *„er darf sie nur nicht zum Tausch benutzen und darf sie nicht zu Überpreisen verkaufen."* Im Grunde wäre dies die generelle Lizenz zum „Selbstmarkten" gewesen. In gewissem Widerspruch zu seinem eigenen Vorschlag wies Kühl im selben Schreiben darauf hin, dass der Fischer dazu gezwungen sei, *„hin und wieder ein Fischgericht abzugeben"*, um notwendige Reparaturen an Fahrzeug und Ausrüstung durchführen zu können. Dies sei zwar nach dem Führererlass nicht erlaubt, doch sollte man ein Auge zudrücken, wenn es um die Einsatzfähigkeit der Betriebe ginge.[508]

[505] Vgl. RMEL an HV Fischwirtschaft Fischwirtschaft, 2.11.1943. BArch R 17 III / 6.

[506] Vgl. In Schleswig-Holstein waren im Sommer pro Kopf der Besatzung und ihrer Familien 3kg Fisch pro Woche als Eigenbedarf erlaubt. Vgl. RV der deutschen Fischerei an HV Fischwirtschaft Fischwirtschaft, 18.8.1944. BArch R 17 III / 7. Eine in Westpreußen eingeführte gestaffelte Regelung nach Heirat und Zahl der Kinder war dagegen von Berlin aus wieder aufgehoben worden. Aus Niedersachsen hieß es im Frühjahr 1944, ein *„gewisser Eigenbehalt"* für die Familie sei erlaubt. Vgl. HV Fischwirtschaft-Außenstelle Danzig an HV Fischwirtschaft, 2.2.1944 und HV Fischwirtschaft-Außenstelle Niedersachsen und Weser-Ems an HV Fischwirtschaft, 16.3.1944. BArch R 17 III / 6.

[507] Vgl. z.B. die Auflistung der Fischer- und Verbraucherverstöße im Bericht von Sachbearbeiter Gerhard Schwencke über die in Warnemünde vom 17.5.–26.5. und 31.5.–6.6.1944 durchgeführten Kontrollen, 27.7.1944. BArch R 17 III / 12.

[508] Vgl. RV der deutschen Fischerei an HV Fischwirtschaft Fischwirtschaft betr. Eigenverbrauch der See- und Küstenfischer, 18.8.1944. BArch R 17 III / 7.

Buddenböhmer war nicht nur über diese Formulierung befremdet, er sah prinzipiell keine Möglichkeit, mit diesem Vorschlag „*irgendwelche positiven Resultate*" zu erzielen. Auch auf diesem Weg sei nicht zu verhindern, dass die Fischer weiterhin bereits vor der Ablieferung Fisch entnähmen. Zudem könnte dann jeder im Rahmen der zulässigen Menge an Dritte weitergegebene Fisch als Eigenbedarf deklariert werden, eine Behauptung, die praktisch nicht zu widerlegen sei.[509]

Hinsichtlich der angestrebten verbesserten Einhaltung der „Andienungspflicht" schien die Kopplung von Ablieferung und Betriebsmittelzuteilung noch am vielversprechendsten zu sein. Ähnlich der in der Landwirtschaft schon früh eingeführten und mit Kriegsbeginn zu neuer Bedeutung gelangten Hofkarte, sollte daher durch ein von jedem Betrieb zu führendes Fangbuch eine bessere Kontrolle der Ablieferung und auch der Zuteilung von Betriebsmitteln gewährleistet werden.[510] Der Vorschlag ging auf den Oberfischmeister Stahlberg in Gotenhafen zurück. Der Reichsverband in Person von Wilhelm Kühl hatte „*derartige Zwangsmaßnahmen*" Ende 1943 noch rundweg abgelehnt: „*In der deutschen berufsständischen Fischerei braucht man nicht soweit zu gehen, da sich unsere berufsständischen Fischer auch ohne eine solche Maßnahme zu einer 100%igen Andienungspflicht bekennen. Ich wüsste nicht, womit unsere deutschen Fischer [...] eine solche Behandlung, wie sie Herr Stahlberg vorschlägt, verdient hätten.*"[511] Seiner Meinung nach reichten die verschärften Maßnahmen, die das RMEL im November 1943 zur Rohstoffbewirtschaftung erlassen hatte, völlig aus. Eine Zustimmung von Seiten des Reichsverbandes wäre einem Eingeständnis umfassender Verstöße gleichgekommen. Erst nachdem diese im Verlauf des Jahres 1944 nicht mehr zu leugnen waren, stimmte Kühl im September 1944 einer HV-Anordnung zur Einführung der Fangbücher zu. Auch das RMEL unterstützte diese Maßnahme. Die Durchführung sollte der Berufsorganisation übertragen werden.[512] Über einen Probelauf in Schleswig-Holstein scheint die Einführung des Fangbuchs aber nicht mehr hinaus gekommen zu sein.[513]

c) Fazit

Die unbefriedigenden Fischpreise trugen dazu bei, dass während des Zweiten Weltkriegs ein beachtlicher Teil der Fänge der See- und Küstenfischerei nicht ordnungsgemäß abgeliefert, sondern dem Schwarzmarkt zugeführt wurde. Der Reichsverband der deutschen Fischerei und die Hauptvereinigung der deutschen

509 Vgl. HV Fischwirtschaft Fischwirtschaft an RMEL, 11.12.1944. BArch R 17 III / 7.

510 Vgl. zur Hofkarte Corni/Gies, Ernährungswirtschaft (1997), S.413f. und 473f. Eine Steigerung fand das Kontrollinstrument der Hofkarte in den seit 1942/43 üblichen „Hofbegehungen".

511 HV Fischwirtschaft-Außenstelle Danzig an HV Fischwirtschaft, 31.1.1944. Zitiert ein Schreiben Kühls vom 10.11.1943. BArch R 17 III / 6.

512 Die Zustimmung erfolgte nach einem Gespräch zwischen Kühl und der HV-Führung. Vgl. Aktenvermerk Fangbücher, 25.9.1944. BArch R 17 III / 6.

513 Vgl. RV der deutschen Fischerei an HV Fischwirtschaft, Zusendung der in Kiel durch den LFV Schleswig-Holstein eingeführten Materialkarten (Fangbuch), 27.10.1944. BArch R 17 III / 7.

Fischwirtschaft kritisierten die nationalsozialistische Preispolitik gleichermaßen, wenn auch aus unterschiedlichen Motiven. Während es der HV darum ging, die Versorgung der Bevölkerung mit Fisch sicherzustellen, vertrat die Berufsorganisation die wirtschaftlichen Interessen der Fischer. In der konsequenten Bekämpfung der Ablieferungsverstöße stand die HV Fischwirtschaft daher allein. Der Reichsverband war bemüht, die Vergehen zu bagatellisieren. Schärfere Kontrollen der Fischer sollten tunlichst verhindert werden. Auch die lokalen Behörden zeigten kein Interesse an einer wirksamen Bekämpfung des illegalen Schwarzhandels, von dem weite Teile der Bevölkerung einschließlich der eigentlichen Kontrollorgane profitierten. Die Wirksamkeit bürokratischer Maßnahmen war unter diesen Umständen äußerst begrenzt. Voluntaristische Appelle im Sinne der Volkstumsideologie versagten ebenso wie die wenig abschreckenden Ordnungsstrafen. Inhaftierungen von Fischern hätten die Fischversorgung in einem noch höheren Maße gefährdet als der Schwarzhandel. Der HV Fischwirtschaft waren damit zu einem härteren Durchgreifen die Hände gebunden. Da eine umfassende Kontrolle ohnehin unmöglich war, verzichtete sie auch in Fragen des Eigenbehalts und des Direktverkaufs auf klare zentrale Anweisungen und überließ vieles den örtlichen Umständen und Bedürfnissen. Die Fischer konnten ihre wirtschaftlichen Interessen lokal weitgehend ungehindert durchsetzen.

IV. Zwischen Anreiz und Zwang: Die See- und Küstenfischerei in der SBZ und frühen DDR

1. Die Fischereiverwaltung bis zur Auflösung der Länder 1952

a) Die Gründung des Landes Mecklenburg-Vorpommern

Am 1. Mai 1945 besetzte die Rote Armee Rostock, nur einen Tag später wurde Schwerin von angloamerikanischen Truppen eingenommen. Dass Westmecklenburg zunächst von amerikanischen, später englischen Truppen besetzt wurde, während die Gebiete jenseits einer Linie östlich von Wismar, Schwerin und Ludwigslust unter sowjetischer Besatzung standen, führte kurzfristig zu einer besonderen Verwaltungssituation. In Schwerin, im westlichen Teil Mecklenburgs, agierte eine von Briten ernannte Landesregierung in deutlicher personeller und verwaltungsstruktureller Kontinuität zum Mecklenburgischen Staatsministerium. Ohne übergeordnete Dienststelle auf Landesebene begann dagegen im östlichen Teil mit Zentrum in Güstrow unter sowjetischer Führung der Wiederaufbau der lokalen Verwaltungsstrukturen. Erst zum 1. Juli vollzogen die Siegermächte einen Gebietsaustausch, der ganz Mecklenburg unter sowjetische Herrschaft stellte. Bis zur Landesgründung, die rasch auf die Übergabe des britisch besetzten Teils erfolgte, waren die zentrale Zonenverwaltung und die einzelnen Kreise und Städte die entscheidenden politischen Organisationsebenen gewesen.[1]

An der Spitze des Landes, dessen Grenzen den *„westliche[n] Teil Pommerns ohne die Stadt Stettin"*[2] einschlossen, stand auf deutscher Seite ein vierköpfiges von der sowjetischen Besatzungsmacht ernanntes Präsidialkollegium. Am 4. Juli 1945 wurden Wilhelm Höcker (SPD) als Landespräsident und seine drei Stellvertreter Johannes Warnke (KPD), Otto Möller (später CDU) und Gottfried Grünberg (KPD) mit der Bildung der Landesverwaltung beauftragt. Durch die Verbindung Mecklenburgs mit dem ehemals preußischen Vorpommern – dem westlichen Teil des Regierungsbezirks Stettin – wurden zwei höchst unterschiedliche Verwaltungsstrukturen zusammengeführt.[3] Der preußische Anteil daran sollte sich allerdings

1 Vgl. zum Wiederaufbau der Landesverwaltung in Mecklenburg-Vorpommern nach 1945 ausführlich Brunner, Ernannte Landesverwaltung (2003), S. 11–88, zur Gründung des Landes besonders S. 13–16. Die folgenden Ausführungen stützen sich auf diese Darstellung. Vgl. auch Ders., Landesverwaltung 1945–1949 (2003), S. 21–47 und Van Melis, Landesverwaltung (1999), S. 59–88.

2 SMAD-Befehl Nr. 5, 9. 7. 1945: Verwaltung der Provinzen und Sicherung der Kontrolle über die Arbeit der Selbstverwaltungsorgane, der in Ermangelung anderer Dokumente den rechtsetzenden Akt der Landesgründung darstellt. Zitiert nach Brunner, Ernannte Landesverwaltung (2003), S. 15.

3 Vgl. Wächter, Verwaltungsgebiete (1999), S. 270–272.

zumindest im Namen nicht sichtbar niederschlagen – auf Anordnung der sowjetischen Besatzungsmacht entfiel ab 1947 der Zusatz „Vorpommern".[4]

b) Die sowjetische Besatzungsmacht

Anders als nach dem Ersten Weltkrieg hatte das besiegte Deutschland im Mai 1945 seine Souveränität vollständig verloren. Bestimmender Akteur im östlichen Teil Deutschlands war nun die sowjetische Besatzungsmacht. Bis zur Gründung der DDR im Oktober 1949 hatte die Sowjetische Militäradministration in Deutschland (SMAD) die oberste Regierungsgewalt inne.[5]

Die sowjetische Militärverwaltung entfaltete ihre Tätigkeit noch während des Krieges auf lokaler Ebene. Unmittelbar nach der Eroberung waren in allen Ortschaften, in denen Truppen der Roten Armee standen, vorläufige Kriegskommandanturen eingerichtet worden, auf die reguläre Militärkommandanturen folgten.[6] Den Militärkommandanten, die bis zur Errichtung der SMAD Anfang Juni 1945 als einzige Ordnungsmacht fungierten, oblagen die Wahrung der öffentlichen Ordnung sowie der Aufbau und die Kontrolle der lokalen deutschen Selbstverwaltung. Sie übernahmen gleichsam alle ökonomischen, administrativen und politischen Funktionen. Da die Befugnisse der eingesetzten deutschen Verwaltung zunächst keine konkrete Regelung erfuhren, lag vieles im Ermessensspielraum des jeweiligen Kommandanten, der in der Regel kein ausgebildeter Verwaltungsfachmann war.[7] „Verwaltungswillkür" und „Gegeneinanderregieren einzelner Stellen" waren – so deutsche Verwaltungsfachleute – die Folge der nahezu unumschränkten Gewalt der örtlichen Kommandanten.[8] Erst die durch den Aufbau der SMAD erfolgende Reorganisation brachte – auch durch zusätzliches Fachpersonal – eine Versachlichung der Arbeit.[9]

Die territoriale Gliederung der SMAD entsprach weitgehend dem Aufbau der deutschen Verwaltung. Die im Juli 1945 errichteten Vertretungen der Militärverwaltung in den Ländern und Provinzen waren mit dem Aufbau der Landesverwaltungen und der Kontrolle der örtlichen Organe der Selbstverwaltung beauftragt. Darunter waren die Bezirks- und die Kreiskommandanturen angesiedelt, denen wiederum die Stadt- bzw. Ortskommandanturen unterstanden.[10]

4 Vgl. Brunner, Ernannte Landesverwaltung (2003), S. 15f.

5 Auch danach gab Moskau den direkten Einfluss auf die Entwicklung in der DDR nicht auf. Die SMAD wurde durch die Sowjetische Kontrollkommission (SKK) ersetzt, die sich – nun als Zivilbehörde – weiterhin ein umfassendes Kontroll- und Anweisungsrecht vorbehielt. Vgl. Inventar SMA Mecklenburg (2003), S. 22f. Zur SKK vgl. Scherstjanoi, SKK-Statut (1998).

6 Vgl. zum Folgenden Foitzik, SMAD (1999), S. 78–80.

7 Vgl. ebd., S. 331–333.

8 Vgl. ebd., S. 82f. mit FN 172.

9 Bis Juli/August 1945 blieben die Ortskommandanturen jedoch Gliederungen des Truppenkommandos und nicht der SMAD. Vgl. ebd., S. 84.

10 Vgl. Inventar SMA Mecklenburg (2003), S. 7. Die Bedeutung der zwischen Landes- und Kreisebene angesiedelten Bezirksverwaltungen der SMA war gering.

Die Tätigkeit der SMAD war neben der Demilitarisierung, die seit 1947 mehr und mehr an Bedeutung verlor, auf drei große Aufgabengebiete gerichtet: Zivilverwaltung und Inneres, Ökonomie sowie Politik. Für diese Bereiche zeichneten jeweils Stellvertreter des Obersten Chefs der SMAD verantwortlich. Ihnen unterstanden wiederum diverse Fachverwaltungen bzw. Fachabteilungen.[11]

Die Zuständigkeit für die See- und Küstenfischerei fiel in den Bereich Wirtschaft. Hier war die Abteilung Handel und Versorgung (HuV) und nicht etwa die Abteilung Landwirtschaft und Forsten für die Fischerei zuständig. Die Aufgabe der Abteilung bestand in der Lebensmittel- und Konsumgüterversorgung der Bevölkerung und der Besatzungstruppen. Dies beinhaltete die Erfassung und Bereitstellung landwirtschaftlicher Produkte sowie die Festsetzung von Pflichtabgaben und Versorgungsnormen. Leiter der Unterabteilung Fischverarbeitung und Fischlieferung war (ab Juni 1946) Alexandr Stepanowitsch Wakurow, ein ziviler Verwaltungsangestellter. In der Sowjetunion war er als Chef einer Regionalabteilung der sowjetischen Haupthandelsverwaltung für den Fischabsatz tätig gewesen.[12]

Die Verwaltungsgliederung der zeitgleich mit Gründung des Landes Mecklenburg eingerichteten Sowjetischen Militäradministration Mecklenburg ist zwar nur lückenhaft und teilweise widersprüchlich belegt; doch sie orientierte sich grundsätzlich an der Struktur der SMAD in Berlin-Karlshorst.[13] Die Leitung der SMA Mecklenburg mit Sitz in Schwerin wurde im Juli 1945 Generaloberst Fedjuninski und Generalmajor Skossyrew übertragen.[14] Die für die See- und Küstenfischerei zuständige Unterabteilung HuV gehörte zum Sektor Wirtschaft und unterstand von 1946 bis 1948 Major Abram Markowitsch Priluzki.[15]

Eine einheitliche Organisation auf der Ebene der Kommandanturen gab es nicht. Bei den Kreiskommandanturen existierten in der Regel Abteilungen für Wirtschaft oder Versorgung; die Ortskommandanten verfügten schließlich zumindest noch über einen Gehilfen für ökonomische Fragen.[16] Den Ortskommandanturen an der Küste wurde Ende Januar 1946 die Einsetzung von Kontrolleuren für die Fischwirtschaft befohlen. Ihre Aufgabe bestand darin, Fang, Erfassung, Verarbeitung sowie Verteilung und Verkauf der Fische zu überwachen. Insgesamt waren 17 Stellen vorgesehen; diese Größenordnung unterstreicht die Bedeutung,

[11] Vgl. Foitzik, SMAD (1999), S. 140.
[12] Vgl. dazu den Artikel Abteilung Handel und Versorgung von Christiane Künzel in: SMAD-Handbuch, (2009), S. 356–360. Auskunft zur Biographie Wakurows gab Dr. Jan Foitzik, Berlin.
[13] Zu den 1945/46 bestehenden Abteilungen der SMA Mecklenburg vgl. Brunner, Ernannte Landesverwaltung (2003), S. 44f. Vgl. auch Foitzik, SMAD (1999), S. 148.
[14] Vgl. SMAD-Befehl Nr. 5, 9. 7. 1945: Verwaltung der Provinzen und Sicherung der Kontrolle über die Arbeit der Selbstverwaltungsorgane. BArch DX 1. Die Fluktuation unter den Chefs und Stellvertretern war allerdings hoch. Offenbar war die SMA Mecklenburg besonders stark von Korruption betroffen. Vgl. Brunner, Ernannte Landesverwaltung (2003) S. 43.
[15] Der Nachfolger Priluzkis war Oberst Wassili Iwanowitsch Kolessow. Vgl. Inventar SMA Mecklenburg (2003), S. 5 und SMAD-Handbuch (2009), S. 540.
[16] Vgl. Foitzik, SMAD (1999), S. 155.

die die Sowjetische Militärverwaltung der Fischerei zumaß.[17] Von den Kommandanturen wurde die Umsetzung aber eher nachlässig gehandhabt und gab wiederholt Anlass zu interner Kritik.[18]

Die Regierungs- und Verwaltungsarbeit wurde von der Besatzungsmacht durch ein umfangreiches und detailliertes Befehlssystem gelenkt. Zwischen 1946 und 1949 erließ die SMAD elf, die Landes-SMA 18 Befehle zur Fischwirtschaft.[19] Der erste Befehl der SMAD auf dem Gebiet der Fischerei überhaupt ist der Befehl Nr. 11 vom 11. Januar 1946 „Verstärkung und Ordnung des Fischfangs".[20] Fünf weitere Befehle dieser Art, zumeist zum Jahresanfang erlassen, hatten die Organisation und Planung des Fischfangs zum Inhalt, 1947 ergingen zwei Befehle zur Bildung von Fischwirtschaftsgenossenschaften sowie drei Befehle zum Bau von Fischereifahrzeugen. Üblicherweise wurden diese zentral erteilten Befehle durch die Befehle der Landes-SMA spezifiziert. Die lokale Umsetzung der Anweisungen erfolgte dann durch Befehle der Kreis- und Stadtkommandanten. Die Wirkung der Befehle war begrenzt – zum Teil auf Grund des Rohstoff- und Materialmangels, zum Teil aber auch wegen der unrealistischen Forderungen und illusorischen Terminstellungen der Befehle. Häufig hatten die Befehle der Besatzungsmacht daher die Kritik an der Nichterfüllung vorangegangener Befehle zum Inhalt.[21]

c) Der Aufbau der Fischereiverwaltung auf Landes- und Zentralebene

Landesverwaltung

Die Gliederung der Verwaltungsstruktur fußte auf der des bisherigen Mecklenburgischen Staatsministeriums und war nur in den Zuständigkeiten der Ressorts verändert. Der Geschäftsverteilungsplan vom 17. Juli 1945 sah acht Abteilungen vor, die jeweils dem Präsidenten oder einem seiner drei Stellvertreter unterstanden. Der Abteilung V, Landwirtschaft, in deren Zuständigkeit zunächst auch die

[17] Vgl. SMA M-Befehl Nr. 18, 31. 1. 1946: Bildung von Gruppen zur Überwachung des Fischfangs an den Militärkommandanturen. BArch DZ 47 F, Nr. 87687.

[18] Vgl. SMA M-Befehl Nr. 221, 20. 11. 1946: Unbefriedigender Stand des Fischfangs im 4. Quartal. BArch DZ 47 F, Nr. 87687.

[19] Bis 1949 hatte allein die SMA Mecklenburg 812 Befehle erlassen, davon richteten sich 54,7 Prozent an die Landesregierung, bei den übrigen 45,7 Prozent handelte es sich um SMA-interne Befehle. Im Agrarland Mecklenburg-Vorpommern wurden mit einem Anteil von insgesamt 20,9 Prozent die meisten Befehle im Bereich Landwirtschaft erlassen. Es folgten die Bereiche Industrie (15,1 Prozent) und Transport/Verkehr (10,8 Prozent). Vgl. Inventar SMA Mecklenburg, Tabelle 1 und 2, S. 11 f. Auch bei den Befehlen der SMAD waren Wirtschaft und Landwirtschaft die Bereiche mit der höchsten Befehlsaktivität. Vgl. Inventar SMAD (1995), S. 26.

[20] Vgl. SMAD-Befehl Nr. 11, 11. 1. 1946: Verstärkung und Ordnung des Fischfangs. SAPMO DY 30 IV 2/6.02/77.

[21] Vgl. Brunner, Ernannte Landesverwaltung (2003), S. 50. Diese generellen Befunde werden in den folgenden Kapiteln auch für den Bereich Fischwirtschaft nachzuzeichnen sein.

Küsten- und Binnenfischerei fiel, stand der zweite Vizepräsident, der Landwirtschaftsexperte Otto Möller, vor.[22]

Die frühesten Dokumente, die eine Tätigkeit der Abteilung in der Fischereiverwaltung belegen, stammen vom August bzw. September 1945; in den ersten Nachkriegsmonaten traten zunächst die lokale deutsche Verwaltung respektive die örtlichen Militärkommandanturen als Akteure in Fischereiangelegenheiten in Erscheinung.[23] Die Kreis- und Gemeindebehörden gaben ihre *„nach dem Umsturz gewonnene Unabhängigkeit"* auch nur sehr zögernd auf und versuchten mit Hilfe der lokalen Militärstellen, die Maßnahmen der Landesregierung in ihrem Interesse zu unterlaufen.[24]

Im Oktober 1945 kam es zu einer bedeutsamen Verwaltungsumstrukturierung. Auf Befehl der SMA Mecklenburg wurde eine Abteilung Handel und Versorgung (HuV) eingerichtet, deren Aufgabe die *„Beschaffung von landwirtschaftlichen Erzeugnissen und Fischen"* war. Qualifiziertes Personal sollte aus den Abteilungen Landwirtschaft und Industrie und Handel abgestellt werden. Für die Unterabteilung für Fischbeschaffung waren vier Mitarbeiter vorgesehen. Entsprechende Abteilungen für HuV waren auch in den Kreis- und Stadtverwaltungen einzurichten.[25] Diese Umstrukturierung erfolgte in Anpassung an die Gliederung der Sowjetischen Militäradministration; bereits im Juli war die entsprechende Deutsche Verwaltung für Handel und Versorgung (DV HV) eingerichtet worden.[26]

Für die Landesverwaltung bedeutete dies eine völlig neue Einteilung und Erweiterung ihres Aufgabenfeldes. Die Erfassung und Verteilung von Fisch und landwirtschaftlichen Erzeugnissen war während des Krieges Aufgabe der Marktabteilung des Reichsnährstandes gewesen; im Falle der Fischversorgung die der Hauptvereinigung der deutschen Fischwirtschaft. Über Zuständigkeit und Aufgaben der Fischereiverwaltung herrschte daher eine gewisse Unklarheit, wie ein Antwortschreiben Möllers, der auch der neugegründeten Abteilung HuV vorstand, an die Deutsche Verwaltung für Handel und Versorgung vom Dezember 1945 zeigt. Mit Hinweis auf den Befehl der SMA erklärte er, dass die Abteilung HuV nur einen Teilbereich übernehmen könne, nämlich allein die sich aus der Fischbewirtschaftung ergebenden Aufgaben. Die Bearbeitung fischereibiologischer und verwaltungsrechtlicher Fragen könne von der Abteilung HuV dagegen nicht erledigt werden.[27]

[22] Zum Aufbau der Landesverwaltung vgl. ausführlich Brunner, Ernannte Landesverwaltung (2003), S. 17–28, hier S. 18. Zu Otto Möller (1892–1978) vgl. Brunner, Schein der Souveränität (2006), S. 78f. Möller war ab 1919 bei der Landwirtschaftskammer in Rostock, ab 1934 als Fachreferent beim Reichsnährstand tätig gewesen.

[23] In diesen Schreiben geht es um die Wiedereinsetzung der Fischereiaufsicht. Vgl. Landrat Rostock an Abt. Landwirtschaft und Forsten, 19.8.1945. LHAS, 5.12-4/2, Nr. 120, Bl. 95 und Abt. Landwirtschaft und Forsten an Landrat Wismar, 23.9.1945. LHAS, 5.12-4/2, Nr. 121, Bl. 65.

[24] Vgl. Jahresbericht des MfHV, Abt. Fischerei für das Jahr 1946. LHAS, 6.11-14, Nr. 7435.

[25] Vgl. SMA M-Befehl Nr. 36, 29.10.1945: Bildung einer Abteilung für Handel und Versorgung im Bestand der Verwaltung des Landespräsidenten. LHAS, 6.11-2, Nr. 1463.

[26] Vgl. SMAD-Befehl Nr. 17, 27.7.1945: Bildung von Zentralverwaltungen in Berlin. BArch DX 1.

[27] Vgl. Vizepräsident Mecklenburg an DV HV, 10.12.1945, 205, 107. LHAS, 6.11-14, Nr. 7435.

Offenbar verblieben nach der Einrichtung der Abteilung HuV daher zunächst Teile der Fischereiverwaltung bei der Abteilung Landwirtschaft und Forsten, die noch Anfang 1946 Anordnungen in Fischereiangelegenheiten erließ. Auch bei den Stadt- und Kreisverwaltungen bzw. den Fischern selbst blieb diese Abteilung nach jahrzehntelanger Tradition anfangs noch Ansprechpartner.[28] Im Februar 1946 teilte Vizepräsident Möller mit, dass nun das gesamte Fischereiwesen endgültig der Abteilung HuV unterstehe.[29] Gleichzeitig enthielt das Schreiben umfangreiche Anweisungen zur zukünftigen Organisation der Fischerei. Auslöser war der Befehl Nr. 11 der SMAD vom 11. Januar 1946, für Mecklenburg konkretisiert im SMA-Befehl Nr. 8, der erstmals Planvorgaben für den Fischfang aufstellte.[30] Die Bewirtschaftung erreichte somit über die bereits aus der Kriegswirtschaft bekannte Ablieferungspflicht hinaus eine neue Qualität. Die Hauptaufgabe der Abteilung bestand nun in der Sicherstellung der Erfüllung des Ablieferungssolls. Zusätzlich war ihr die Überwachung und Beaufsichtigung der Fischereigewässer befohlen. Die örtlichen Fischereisachbearbeiter sollten, zusätzlich zu den bereits eingesetzten Fischereiaufsehern, auch als Fischereiaufsicht fungieren.[31] Eine klare Aufgabenteilung erfolgte erst im Juli 1947, als das Oberfischmeisteramt als Kontrollorgan der Landesfischereibehörde die Fischereiaufsicht für die gesamte Küste übernahm.[32] Nach der Landtagswahl im Herbst 1946 wurde die Abteilung HuV in das neugebildete Ministerium für Handel und Versorgung (MfHV) unter Minister Alfred Starosson überführt und in der dortigen Abteilung Lebensmittelindustrie ein Fischreferat eingerichtet; 1947 existierte wieder eine eigene Abteilung Fischwirtschaft.[33]

Analog vollzog sich die Verwaltungsorganisation auf lokaler Ebene, wo bei den entsprechenden Abteilungen Fischereisachbearbeiter eingesetzt waren. Deren Arbeit stand aber schon 1946 in der Kritik. Von Seiten der SMAD wurde bemängelt, dass es sich bei den Fischereisachbearbeitern nicht um Spezialisten handelte.[34] Die mangelhafte Sachkenntnis, häufige Personalwechsel und fehlende Haushalts-

[28] Vgl. beispielhaft Landrat Wismar an Abt. Landwirtschaft und Forsten, 2.12.1945. LHAS, 6.11-14, Nr. 7436. Fischzentrale Wismar an Abt. Landwirtschaft und Forsten, 4.12.1945. LHAS, 6.11-14, Nr. 7436 und Fischermeister Gustav Pries, Warnemünde, an Abt. Landwirtschaft und Forsten, 15.12.1945. AHR, 2.1.0, Nr. 303, Bl. 40.

[29] Vgl. Rundschreiben Nr. 343 der Abt. HuV an die Oberbürgermeister und die Landräte, 13.2.1946. AHR, 2.1.0, Nr. 364, Bl. 82 und Vizepräsident Mecklenburg an die DV HV, 9.8.1946. LHAS, 6.11-14, Nr. 7435.

[30] Vgl. SMA M-Befehl Nr. 8, 21.1.1946: Organisierung des Fischereiwesens und Festlegung der Fangpläne für das Jahr 1946 und das 1. Quartal. LHAS, 6.11-2, Nr. 1463. Vgl. Kapitel IV.3.b).

[31] Vgl. Rundschreiben Nr. 343 der Abt. HuV an die Oberbürgermeister und die Landräte, 13.2.1946. AHR, 2.1.0, Nr. 364, Bl. 82. Wilhelm Reinecker, damaliger Leiter der Abteilung Fischerei beim Ministerium, führte im August 1946 auch den Titel eines Landesfischmeisters. Vgl. Vizepräsident Mecklenburg an die DV HV, 9.8.1946. LHAS, 6.11-14, Nr. 7435.

[32] Vgl. Kapitel IV.1.e).

[33] Vgl. MfHV, Abt. Lebensmittelindustrie, Fischereireferat, an Ministerium für Innere Verwaltung und Planung, 1.12.1947. LHAS, 6.11-14, Nr. 7481, Bl. 16. Zu Alfred Starosson (1898–1957) vgl. Brunner, Schein der Souveränität (2006), S. 81f.

[34] Vgl. MfHV, Abt. Fischerei, Aktenvermerk über die Besprechung mit Herrn Wakurow, Leiter der Fischerei bei der SMAD Karlshorst, 29.9.1946. LHAS, 6.11-14, Nr. 7427, Bl. 197.

mittel wurden auch auf der Tagung der Fischereireferenten der Länder und Provinzen im Juni 1947 als Hauptproblem der unteren Verwaltungsstellen ausgemacht.[35] Kompetente Mitarbeiter waren so schwer zu finden, dass im selben Jahr sogar über das Radio nach Fachleuten für die Binnen- und Küstenfischerei sowie nach Fischereibiologen gesucht werden musste.[36] Dass Fachkompetenz ein entscheidendes, von politisch-ideologischen Fragen weitgehend unabhängiges Einstellungskriterium war, beweist die Laufbahn des Fischereiexperten Dr. Krämer: In der Weimarer Zeit bei der Landwirtschaftskammer Stettin angestellt, während des „Dritten Reiches" Mitarbeiter der Landesbauernschaft Stettin und Geschäftsführer des pommerschen Fischereiverbandes, fungierte er nach 1945 bis Anfang der Fünfzigerjahre als Fischereireferent im Schweriner Ministerium für Handel und Versorgung.[37]

1949 wurde im Ministerium die Hauptabteilung Lebensmittelindustrie und Fischwirtschaft eingerichtet.[38] In der Abteilung Fischwirtschaft war das Referat See- und Küstenfischerei mit der Organisation, der Durchführung und der Überwachung des Fischfangs betraut, letzteres in Zusammenarbeit mit dem Oberfischmeisteramt Stralsund. Ein weiteres Referat war zuständig für die Planung, die Sollverteilung und die Prämienberechnung für die gesamte Binnen- und Küstenfischerei.[39]

1951 wurde dann im Ministerium für Handel und Versorgung die Hauptabteilung Nahrungs- und Genussmittelindustrie mit einem eigenen Referat Küstenfischerei eingerichtet.[40] Im Zuge dieser Umstrukturierung kam es erstmals zu einer klaren Abgrenzung der Zuständigkeiten für See- und Küstenfischerei bzw. Binnenfischerei, letztere wurde wieder dem Ministerium für Landwirtschaft unterstellt.[41] Einsprüche gegen *„diese unorganische Teilung"*, die zu Überschneidungen

[35] Vgl. Bericht über die Tagung der Referenten für Fischerei bei den Regierungen der Länder und Provinzen am 25. und 26.6.1947 bei der DV HV, 1.7.1947. SAPMO DY 30 IV 2 / 6.02 / 77.

[36] Vgl. RdK Usedom an LR Mecklenburg, 8.3.1947. LAG, Rep.200, 4.6.4, Nr.133.

[37] Im Juni 1947 vertrat Dr. Krämer Mecklenburg bei der Tagung der Fischereireferenten in Berlin. Vgl. Bericht über die Tagung der Referenten für Fischerei bei den Regierungen der Länder und Provinzen am 25. und 26.6.1947 bei der DV HV, 1.7.1947. SAPMO DY 30 IV 2 / 6.02 / 77. 1949 betreute er u.a. Fragen der Berufsausbildung. Vgl. MfHV, Abt. Fischerei an SMA M, Abt. HuV, 6.7.1949. LHAS, 6.11-14, Nr.7434. Zuletzt war er im Ministerium als Referent für die Binnenfischerei tätig. Im Februar 1951 schied er aus dem Dienst des Landes aus. Vgl. LAG Rep.250, Nr.338, Bl.125f.

[38] Bereits im Juni 1948 hatte der DWK-Vorsitzende Rau in einem Schreiben an Ministerpräsident Höcker eine komplette Reorganisation der Abteilung Fischwirtschaft gefordert. Auslöser waren die Rückstände in der Fangsollerfüllung, die üblicherweise der schlechten Arbeit der Verwaltung angelastet wurden. Vgl. das Schreiben Raus an Ministerpräsident Höcker, 30.6.1948. SAPMO DY 30 IV 2 / 6.02 / 77.

[39] Zwei weitere Referate betreuten die Binnenfischerei und die Fischindustrie. Vgl. MfHV, Abt. Fischerei an SMA M, Abt. HuV, 6.7.1949. LHAS, 6.11-14, Nr.7434.

[40] Vgl. SBZ-Handbuch (1993), S.123 und Schütt, Geschichte der Fischerei (2004), S.72.

[41] Diese Trennung, die auf zentraler Ebene angeordnet wurde, traf auf heftigen Widerstand der Landesregierung in Schwerin und der Fischwirtschaftsgenossenschaften und ihrer Verbände. Vgl. Zusammenfassung der wichtigsten Punkte der Tagung zur Organisation der Arbeit der mecklenburgischen Fischwirtschaft im Jahre 1951, 2.2.1951. LAG, Rep.233, Nr.8, Bl.157–160.

in der Tätigkeit der beiden Ministerien führe, waren von zentraler Stelle bereits mit dem Hinweis auf die großen Aufgaben der See- und Küstenfischerei im Fünfjahresplan, die eine Konzentration der Verwaltungstätigkeit auf dieses Feld erforderten, abgewiesen worden.[42]

Die Aufgaben des Referats Küstenfischerei bestanden in der Planung des Fischfangs unter Mitwirkung des im Oktober 1947 auf Befehl der SMAD gegründeten Verbandes der Fischwirtschaftsgenossenschaften. Daneben traten die traditionellen Aufgaben der Fischereiverwaltung und Fischereiaufsicht in Zusammenarbeit mit dem Oberfischmeisteramt in Stralsund: die Errichtung und Aufhebung von Schonbezirken und -zeiten, die Erteilung und Entziehung von Fischereigenehmigungen und die Schlichtung von Streitigkeiten unter den Fischern. Das Referat Küstenfischerei sollte die zuständigen Ministerien der DDR in Fischereifragen beraten und die Mitarbeiter auf Kreisebene anleiten und überwachen. Zudem hatte es die Arbeit des Verbandes und der Genossenschaften in fachlicher aber vor allem politischer Hinsicht zu kontrollieren.[43]

Kurz vor der Auflösung der Länder durch die „Verwaltungsreform" von 1952 erfolgte schließlich eine letzte formale Umstrukturierung: Die Hauptabteilung Nahrungsmittel und Genussindustrie wurde kurzfristig beim neugeschaffenen Ministerium für Wirtschaft und Arbeit, vormals Ministerium für Industrie und Aufbau, angegliedert.[44] Die zahlreichen Umstrukturierungen innerhalb der Landesverwaltung erschwerten fraglos eine kontinuierliche und effektive Verwaltungsarbeit ebenso wie der Mangel an kompetenten Fachleuten. Ihre Ursache hatten sie in den häufigen Zuständigkeitswechseln auf zentraler Ebene, denn jede Veränderung der dortigen Verwaltungsgliederung musste auch auf Landesebene vollzogen werden.

Zentralverwaltung

Die Zuständigkeit für die See- und Küstenfischerei lag auf zentraler Ebene zunächst bei der im Juli 1945 auf Befehl der SMAD gegründeten Deutschen Zentral-

42 Vgl. MfHV, Abt. Nahrungs- und Genussmittelindustrie an die Sowjetische Kontrollkommission, 10.11.1951. LHAS, 6.11-14, Nr.7434. Zu den ungünstigen Auswirkungen der Trennung vgl. ausführlich Instrukteur für Fischwirtschaft bei der Koordinierungs- und Kontrollstelle für Binnenhandel (Ball), Vermerk über die bisherige Entwicklung und Vorschlag für eine Reorganisation der Fischwirtschaft in der DDR, 11.7.1952, BArch DC 6 / 25, Bl.358–364.

43 Vgl. Aufgaben des Referates See- und Küstenfischerei, o.D., nach 1951. LHAS, 6.11-14, Nr.7425, Bl.14.

44 Vgl. Ministerium für Wirtschaft und Arbeit, HA Nahrungs- und Genussmittelindustrie an den RdK Wismar, Dez. Wirtschaft und Arbeit, Sachgebiet Nahrungs- und Genussmittelindustrie, 31.3.1952. LHAS, 6.12-1/21, Nr.586/9a und Ministerium für Wirtschaft und Arbeit, HA Nahrung und Genussmittelindustrie, an Fischermeister in Boisendorf, 26.7.1952. LHAS, 6.12-1/21, Nr.586/7. 1952 war keine Fischereiabteilung mehr im Ministerium für HuV ausgewiesen. Vgl. SBZ-Handbuch (1993), S.125. Diese Umorganisation ist der Grund dafür, dass die Akten der Fischereiverwaltung bis 1952 im Landeshauptarchiv Schwerin im Bestand Ministerium für Wirtschaft überliefert sind, obwohl es sich größtenteils um Schriftstücke des Ministeriums für Handel und Versorgung handelt.

verwaltung für Handel und Versorgung.[45] Die dortige Abteilung Fischwirtschaft wurde im Zusammenhang mit der umfassenden Neuorganisation des Fischereiwesens im Januar 1946 eingerichtet.[46] Die Kompetenzen der gegenüber den Ländern nicht weisungsbefugten deutschen Verwaltungen waren allerdings äußerst beschränkt. Sie wurden zwar bei der Erarbeitung der Befehle für das Planungs- und Bewirtschaftungssystem herangezogen, doch letztlich handelte es sich bei ihnen, so Jan Foitzik, um bloße „Hilfsorgane" der SMAD.[47]

Im Juni 1947 wurde die Deutsche Wirtschaftskommission (DWK) als zentrale Koordinationsinstanz der deutschen Verwaltungen in wirtschaftlichen Fragen errichtet.[48] Der entscheidende Schritt zur Vorstufe einer Zentralregierung wurde im Frühling 1948 vollzogen, als nahezu alle bisherigen Zentralverwaltungen als Hauptverwaltungen in die DWK eingegliedert und die DWK mit Weisungsbefugnis gegenüber dem Verwaltungsapparat ausgestattet wurde. Allerdings konnte auch die mit exekutiven und legislativen Vollmachten versehene DWK keine Anordnungen ohne vorherige Abstimmung mit der SMAD treffen.[49] Die Zentralisierung der Wirtschaftslenkung hatte eine dezidiert machtpolitische Dimension. Die SED, auf deren Rolle im Herrschaftsgefüge im Folgenden noch einzugehen sein wird, nahm unverhohlen Einfluss und nutzte die DWK mit Unterstützung der Besatzungsmacht als „ordnungspolitisches Machtinstrument zur Durchsetzung und Formierung der Planwirtschaft".[50]

Die Zuständigkeit für die Fischwirtschaft lag innerhalb der DWK bei der Hauptverwaltung für Handel und Versorgung, wo eine eigene Hauptabteilung installiert wurde. 1949 wurde eine eigenständige Hauptverwaltung Lebensmittelwirtschaft und Fischwirtschaft eingerichtet.[51] Bei der Überleitung in die erste DDR-Regierung wurde die mit der Errichtung der Fischkombinate in Saßnitz und Rostock geschaffene volkseigene Fischwirtschaft in das Ministerium für Industrie überführt. Die gesamte übrige Fischerei, darunter die See- und Küstenfischerei, verblieben im Ministerium für Handel und Versorgung. Bei der Bildung des Staatssekretariats für Nahrungs- und Genussmittelindustrie im November 1950

[45] Vgl. SMAD-Befehl Nr. 17, 27.7.1945: Bildung von Zentralverwaltungen in Berlin. BArch DX 1.

[46] Vgl. SMAD-Befehl Nr. 11, 11.1.1946: Verstärkung und Ordnung des Fischfangs. SAPMO DY 30 IV 2/6.02/77. Zur Kontrollfunktion der DV HV im Bereich Fischwirtschaft vgl. beispielhaft DV HV an MfHV, Ref. Fischerei, 16.6.1947. LHAS, 6.11-14, Nr. 7435.

[47] Foitzik, SMAD (1999), S. 85. Vgl. SBZ-Handbuch (1993), S. 257. Bei der DV HV arbeitete als Hauptreferent des Fischereireferats ein ehemaliger Mitarbeiter des RMEL, A. Reckling; ein weiteres Beispiel für einen Verwaltungsmitarbeiter, der aufgrund seiner Fachkompetenz den Systemwechsel überdauerte. Vgl. Bericht über die Tagung der Referenten für Fischerei bei den Regierungen der Länder und Provinzen am 25. und 26.6.1947 bei der DV HV, 1.7.1947. SAPMO DY 30 IV 2 / 6.02 / 77.

[48] Vgl. zur DWK ausführlich die Beiträge von André Steiner, DWK (2000), S. 85–105 und DWK (2003), S. 153–170.

[49] Foitzik, SED und Besatzungsmacht (2000), S. 61, bezeichnet die SMAD als „fachliche und politische Superlegalisierungsinstanz".

[50] Steiner, DWK (2000), S. 105.

[51] Vgl. SBZ-Handbuch (1993), S. 282 bzw. 286.

wurde die gesamte Fischwirtschaft für kurze Zeit erneut zusammengelegt, die Binnenfischerei und Fischzucht gingen – unter Protest der Landesregierung in Mecklenburg, die diese Trennung ebenfalls vollziehen musste – Anfang 1951 wieder an das Ministerium für Landwirtschaft und Forsten.[52]

Der mit der Gründung der DWK forcierte Zentralisierungsprozess hatte zwangsläufig einen Kompetenzverlust der Länder zur Folge. Die Abhängigkeit von zentralen Weisungen wirkte sich in der auf die Küstenregion Mecklenburgs begrenzten See- und Küstenfischerei besonders negativ aus. In Berlin fehlte es an Verständnis und Interesse an den speziellen Problemen, mit denen sich die Landesverwaltung auseinandersetzen musste. Zu Verstimmungen zwischen Landes- und Zentralebene kam es daher nicht nur in Fragen der Verwaltungsorganisation. Das Ministerium in Schwerin beklagte sich häufig über die schlechte Kooperation, die sich etwa in der verzögerten Bearbeitung der Fischereifragen durch die zuständigen Regierungsstellen zeige.[53]

d) Die Staatspartei SED

Neben SMAD und deutsche Verwaltung trat als dritter Akteur die von Moskau besonders geförderte KPD/SED. Durch die Besetzung wichtiger Posten konnte sie sich entscheidenden Einfluss in Verwaltung, Wirtschaft und Politik sichern. Das Verhältnis zur sowjetischen Besatzungsmacht war dabei durch klare Hierarchien gekennzeichnet: Die von der KPD/SED beanspruchte politische Gestaltung aller staatlichen und gesellschaftlichen Bereiche erfolgte nach Maßgabe Moskaus. Auch die im Sommer 1945 eingesetzte Landesleitung der KPD in Mecklenburg beeinflusste und kontrollierte durch Parteivertreter im administrativen Apparat die Entscheidungen der Landesverwaltung.[54] Der Handlungsspielraum der im April 1946 mit der SPD zur SED zwangsvereinigten Landespartei wurde dabei von sowjetischer Seite und durch den Führungsanspruch der zentralen Parteiorganisation begrenzt, deren Anweisungen die SED-Landesleitung umzusetzen hatte. Während die SED ihre Machtposition auf zonaler Ebene ausbauen konnte, verlor die Lan-

[52] Vgl. Instrukteur für Fischwirtschaft bei der Koordinierungs- und Kontrollstelle für Binnenhandel (Ball), Vermerk über die bisherige Entwicklung und Vorschlag für eine Reorganisation der Fischwirtschaft in der DDR, 11.7.1952, BArch DC 6 / 25, Bl. 358–364.

[53] Vgl. dazu beispielhaft die Äußerungen Gramms in der Zusammenfassung der wichtigsten Punkte der Tagung zur Organisation der Arbeit der mecklenburgischen Fischwirtschaft im Jahre 1951, 2.2.1951. LAG, Rep. 233, Nr. 8, Bl. 157–160.

[54] Zur Rolle der KPD/SED in Mecklenburg vgl. ausführlich Brunner, Schein der Souveränität (2006), S. 150–170. Damian van Melis ist dagegen der Meinung, dass die relevanten politischen Entscheidungen in Mecklenburg eben nicht durch die SED-Landesleitung, sondern durch Regierung und Verwaltung getroffen wurden und dass die dort tätigen Kommunisten in erster Linie als „Vertreter der staatlichen Autorität und nicht als Parteigenossen" agierten. Zu den Gründen für die von ihm konstatierte Schwäche der mecklenburgischen KPD/SED-Landesleitung vgl. Van Melis, Landesregierung und Landesparteiorganisation (2003), S. 49–67, Zitat S. 55. Gegen diese künstliche Trennung von Verwaltungs- und Parteifunktion wendet sich Brunner, Schein der Souveränität (2006), S. 29.

desparteiorganisation im Zuge des Zentralisierungsprozesses zunehmend an Bedeutung.

Der allumfassende Führungsanspruch der Partei erstreckte sich theoretisch auch auf die See- und Küstenfischerei. Die Zuständigkeit lag auf Landes- und Zentralebene bei der jeweiligen Abteilung für Wirtschaft bzw. bei den dort angesiedelten Unterabteilungen für Handel und Versorgung. In der Praxis wurde sie in den ersten Nachkriegsjahren aber kaum wahrgenommen.[55] Die SMAD klärte Fischereifragen zumeist direkt mit den zuständigen deutschen Verwaltungsstellen. Aus Sicht der SED dürfte es sich bei der See- und Küstenfischerei um ein eher randständiges Thema gehandelt haben. Dennoch steht das Desinteresse der Partei in einem Missverhältnis zum Engagement der Besatzungsmacht auf diesem Gebiet.

Personell war die Staatspartei durch den Sozialdemokraten und ehemaligen Fischer Max Fank im Fischereiwesen vertreten. Nach der Zwangsvereinigung der beiden Arbeiterparteien fungierte er als Kreisvorsitzender der SED Stralsund und gehörte zeitweilig dem SED-Parteivorstand an. Fank, der nach Kriegsende 1945 zum Leiter der Stralsunder Stadtverwaltung ernannt und mit dem Wiederaufbau der Fischereiaufsicht im vorpommerschen Landesteil betraut worden war, wurde im Juli 1947 als Oberfischmeister für das gesamte Land Mecklenburg eingesetzt; nahezu zeitgleich übernahm er die Leitung des auf Befehl der SMAD gegründeten Verbands der Fischwirtschaftsgenossenschaften.[56] Informationen über das Fischereiwesen holte die SED-Landesleitung bei Bedarf über Max Fank ein. Dass erst Ende 1949 bei der Abteilung Wirtschaft der Landesleitung der SED Mecklenburg überhaupt ein Fischereiausschuss eingerichtet wurde, spricht für sich. Bis zu diesem Zeitpunkt sei, hieß es selbstkritisch, auch einer intensivierten politischen Arbeit unter den Fischern „*von den Parteieinheiten wenig und gar keine Aufmerksamkeit geschenkt*“ worden.[57]

e) Die Fischereiaufsicht

Zur Wiedererrichtung der Fischereiaufsicht nach 1945

Unmittelbar nach Kriegsende galten die ersten Aktivitäten der Roten Armee und der lokalen Behörden der Wiederaufnahme der Fischerei, um die Versorgung der Truppen und der Bevölkerung zu gewährleisten. Die klassischen Aufgaben der Fischereiaufsicht traten demgegenüber zunächst in den Hintergrund. Im mecklenburgischen Landesteil, wo die beiden Fischereiaufseher in Ribnitz und Wismar

[55] Darauf lässt auch die äußerst spärliche Überlieferung der SED-Landesleitung Mecklenburg zu diesem Thema schließen.

[56] Im Frühjahr 1949 wurde Fank wegen seiner Kontakte zum Ostbüro der SPD verhaftet und zu 25 Jahren Zuchthaus verurteilt. Zu biographischen Informationen zu Max Fank vgl. Malycha, Auf dem Weg zur SED (1996), S. 3 mit FN 1 und Michels, Einheitszwang (1999), S. 211.

[57] Stellungnahme der Abt. Wirtschaft des SED-Landesvorstandes zur Generalversammlung des Verbands der FWG in Stralsund am 18. und 19.12.1949. LHAS, 10.34-2, Nr. 311, Bl. 203–204.

bisher den jeweiligen Landräten und damit der rasch wieder ihre Arbeit aufnehmenden lokalen Verwaltung unterstellt waren, wurde Anfang August 1945 mit der Reorganisation der lokalen Fischereiaufsicht begonnen. Die Kandidaten wurden vor Ort ausgewählt und von der übergeordneten Behörde nur mehr bestätigt.[58]

Die Fischereiaufseher des Bezirks Stralsund im vorpommerschen Landesteil hatten dagegen mit der Flucht der Mitarbeiter des Oberfischmeisteramtes kurz vor Kriegsende ihre übergeordnete Behörde verloren. Die Fischereiaufsicht wurde hier erst auf Initiative der Landesregierung wiedererrichtet. Im Spätsommer 1945 verhandelte die Landesregierung in dieser Angelegenheit mit dem Leiter der Stralsunder Stadtverwaltung, Max Fank. Unter seiner Leitung erfolgte zum 1. Oktober 1945 die Einrichtung eines Fischereiamtes in Stralsund, das – nunmehr der Landesverwaltung in Schwerin unterstellt – die Verantwortung für den Bezirk des ehemaligen Oberfischmeisteramtes Stralsund und die deutsch gebliebenen Teile des Oberfischmeisteramtes Swinemünde, nicht aber für den mecklenburgischen Landesteil übernahm.[59]

Die notgedrungen situativ ausgerichtete Verwaltungsorganisation der frühen Nachkriegszeit führte nicht selten zu Irritationen. Als Anfang 1946 der SMAD-Befehl zum Fischereiwesen erging, mit dem der Landesverwaltung die Sicherstellung der Sollerfüllung übertragen wurde, ernannte der mecklenburgische Vizepräsident Möller kurzerhand die Fischereisachbearbeiter bei den Landräten zur Fischereiaufsichtsbehörde. Zur Kontrolle der Ablieferung sollten von diesen die Fischmeister und Fischereiaufseher mit herangezogen werden.[60] Nach den Vorstellungen Fanks fielen aber gerade Fragen der Fischbewirtschaftung nicht in den Verantwortungsbereich der Fischereiaufsicht.[61] Unklarheit herrschte nun auch über die Unterstellung der Fischereiaufseher. Offenbar fühlten sich nicht wenige lokale Fischereisachbearbeiter als deren Dienstherren, eine Konstellation, die im preußischen Landesteil ohne jede Tradition war. Offiziell beendet wurde diese Situation erst mit der Errichtung des Oberfischmeisteramtes für See- und Küstenfischerei in Stralsund im Juli 1947. Es war nunmehr als übergeordnete Dienststelle

[58] Anfang August 1945 entließ der Landrat des Kreises Wismar Fischmeister Müller aufgrund seiner Mitgliedschaft zur NSDAP, obwohl die Abteilung Landwirtschaft und Forsten in Schwerin darauf hingewiesen hatte, dass eine Wiedereinstellung Müllers nicht nur möglich, sondern in Anbetracht des Mangels an eingearbeitetem Personal zweckmäßig wäre. Vgl. Landrat Wismar an Fischmeister Müller, 9.8.1945 sowie die Schreiben der Abt. Landwirtschaft und Forsten an den Landrat Wismar vom 23.9.1945 und 22.10.1945. LHAS, 5.12-4/2, Nr. 121. Die Stelle wurde mit Fischereiaufseher Alex Völz besetzt. Landrat Wismar an den Fischmeister Völz, 17.11.1945. LHAS, 6.12-1/21, Nr. 586/5b. Der Landrat von Rostock ersuchte die Landesverwaltung im August um die vorläufige Bestellung des Seesteuermanns Friedrich Burmeister zum Fischmeister. Vgl. Landrat Rostock an Abt. Landwirtschaft und Forsten, 19.8.1945. LHAS, 5.12-4/2, Nr. 120, Bl. 95.

[59] Vgl. auch zum Folgenden soweit nicht anders angegeben, den Bericht von Max Fank an den Stadtkommandanten Stralsund, 23.9.1945 und den Bericht des Staatlichen Fischereiamts (Fank), o.A., 26.11.1945. StAS, Nl Fank.

[60] Vgl. Rundschreiben Nr. 343 der Abt. HuV an die Oberbürgermeister und die Landräte, 13.2.1946. AHR, 2.1.0, Nr. 364, Bl. 82.

[61] Vgl. den Bericht des Staatlichen Fischereiamts (Fank), o.A., 26.11.1945. StAS, Nl Fank.

für die Fischereiaufsichtsstellen beider Landesteile zuständig und unterstand direkt der Landesfischereibehörde.[62] Damit war die Organisation der Fischereiaufsicht endgültig vereinheitlicht; sie knüpfte in Struktur und Behördenbezeichnung unverblümt an das preußische Vorbild an.

Doch die Fischereiabteilungen der Kreise hielten sich der veränderten Situation zum Trotz weiterhin für weisungsbefugt gegenüber den Fischereiaufsehern. Die Fischereiaufseher in Ribnitz und Warnemünde fühlten sich oft *„mehr als Organ der Kreise denn als Organ des Oberfischmeisteramtes"*. Nach Aussage des Oberfischmeisters waren fast alle Fischereireferenten bei den Landratsämtern der Ansicht, *„dass die Fischereiaufseher ihnen untergeordnete Dienststellen seien."*[63] Generell war die Zusammenarbeit mit den Fischereisachbearbeitern eher als schlecht zu bezeichnen.[64] Deutlich zeigen sich am Beispiel der Fischereiaufsicht die Probleme der Zusammenführung zweier vollkommen unterschiedlich aufgebauter Verwaltungen.

Im Januar 1948 wies Fank nochmals ausdrücklich auf die Aufgabenteilung hin, nach der die Maßnahmen zur Erfüllung der Planauflagen den Fischereisachbearbeitern der Kreise oblägen, während das Oberfischmeisteramt die klassischen Aufsichts- und Verwaltungsaufgaben wahrzunehmen habe.[65] Darüber hinaus klingt im von Max Fank zusammengestellten Aufgabenkatalog der Fischereiaufsicht eine politische Dimension zumindest an, wenn davon die Rede ist, das „demokratische Verantwortungsgefühl der Fischer zu wecken und zu festigen."[66] Die Zugehörigkeit zur SPD oder KPD war zwar nicht Voraussetzung für die Einstellung, wurde aber zunehmend zur Regel: Im Mai 1946 gehörten von neun Fischereiaufsehern je drei der SPD und der KPD an; 1951 waren von 15 Fischereiaufsehern 13 Mitglied der SED.[67]

Personalprobleme

Der Aufbau einer funktionsfähigen Fischereiaufsicht gestaltete sich in der frühen Nachkriegszeit schwierig.[68] Die Ausstattung und die Arbeitsbedingungen waren

[62] Vgl. Rundschreiben des MfHV, Lebensmittelindustrie, Fischereireferat betr. Neuregelung der Fischereiaufsicht ab 1.7.1947, 23.6.1947. LHAS, 6.11-14, Nr.7454 sowie den Jahresbericht des Oberfischmeisteramtes für 1947. StAS, Rep.21, Nr.7a. Das Stralsunder Fischereiamt wurde im Oktober 1947 als überflüssig gewordene Zwischeninstanz in das Oberfischmeisteramt eingegliedert.

[63] OFMA an MfHV, Abt. Fischereiwesen, 8.7.1947. LAG, Rep.250, Nr.338, Bl.293f.

[64] Vgl. Handschriftlicher Bericht des Oberfischmeisters Fank, o.D. 1947. StAS, Rep.21, Nr.7a.

[65] Vgl. OFMA an FAST Lauterbach, 5.1.1948. LAG, Rep.250, Nr.360.

[66] Jahresbericht des Oberfischmeisteramtes für 1947. StAS, Rep.21, Nr.7a.

[67] Vgl. Fischereiamt Stralsund an Personalamt der Landesregierung, 2.5.1946. LAG, Rep.250, Nr.330 und Auflistung der Fischereiaufsichtsstellen, der Aufsichtsfahrzeuge und des Aufsichtspersonals, o.D., nach 1951. LHAS, 6.11-14, Nr.7425, Bl.18. Bereits 1947 gehörten bis auf wenige Ausnahmen alle Fischereiaufseher der SED an, die Mehrheit der Bootsmänner war jedoch parteilos. Vgl. Aufstellung über die Parteimitgliedschaft des Personals des OFMA am 15.10.1947, LAG Rep.250, Nr.338, Bl.215.

[68] Vgl. den Bericht von Max Fank an den Stadtkommandanten Stralsund, 23.9.1945 und den Bericht des Staatlichen Fischereiamts (Fank), o.A., 26.11.1945. StAS Nl Fank.

noch 1947 katastrophal – so war etwa von 14 Dienstfahrzeugen nur das in Wismar eingesetzte Boot bedingt betriebsfähig.[69]

Ein besonderes Problem stellte die Besetzung der Aufsichtsstellen mit fachlich qualifiziertem Personal dar. Die Zäsur 1945 war für die Fischereiaufsicht mit personellen Brüchen bisher unbekannten Ausmaßes verbunden. Nur in zwei Fällen blieben Fischereiaufseher im Amt.[70] Etliche Fischereiaufsichtsbeamte waren nach Kriegsende nicht zurückgekehrt, andere wurden – wie der Fischmeister Nachbar aus Lauterbach – aus politischen Gründen entlassen.[71] Erst im Mai 1946 waren 13 von den damals 15 Aufsichtsstellen an der Küste mit Fischereiaufsehern besetzt. Doch schon Ende 1947 waren sieben von ihnen wieder unbesetzt und mussten von benachbarten Aufsichtsstellen mitbearbeitet werden. Die Arbeitsbelastung war dementsprechend hoch.[72]

Während die materielle Ausstattung der Fischereiaufsicht über die Jahre verbessert werden konnte, blieben die Personalprobleme akut.[73] Die Fluktuation war unverhältnismäßig hoch. In den seltensten Fällen endete das Beschäftigungsverhältnis, wie vor 1945 üblich, mit der Pensionierung. Eine Aufstellung der zwischen Juli 1945 und Mai 1948 vollzogenen Entlassungen innerhalb des Oberfischmeisteramtes vermittelt einen guten Eindruck der Situation: Bereits 17 Fischereiaufseher und Bootsmänner hatten die Fischereiaufsicht wieder verlassen, davon sieben auf eigenen Wunsch, zwei wegen fachlicher Unfähigkeit und nur einer aufgrund seiner Pensionierung. Drei weitere Entlassungen erfolgten wegen wirtschaftlicher Vergehen (Diebstahl, Schmuggel), ein Fischmeister wurde aus politischen Gründen entlassen.[74]

Mit dem Kontinuitätsbruch nach 1945 waren langjährige Erfahrung und Professionalität verloren gegangen. Besonders wählerisch konnte das Fischereiamt nicht mehr sein, zu viele Stellen waren unbesetzt. Die im August 1947 geltenden Einstellungskriterien für Fischereiaufseher verdeutlichen dies anschaulich: Als unabdingbare Voraussetzung wurde zwar eine mehrjährige Tätigkeit in der Fischerei

[69] Vgl. die anschaulichen Schilderungen der Missstände im Jahresbericht des Oberfischmeisteramtes für 1947. StAS, Rep. 21, Nr. 7a.

[70] Es handelte sich um den Fischmeister Wilhelm Tegge, FAST Breege, und den ehemaligen Schiffsführer Wilhelm Koldevitz, FAST Saßnitz. Beide beendeten ihre Tätigkeit 1947, einer wurde pensioniert, der andere auf eigenen Wunsch entlassen. Vgl. Tabellarische Aufstellung der Personaldaten der Fischereiaufseher, 27. 5. 1946. LAG, Rep. 250, Nr. 330, Bl. 35.

[71] Ebenso erging es Kurt Semmler, vor dem Krieg Bootsmann und Hilfsfischereiaufseher Stralsund, der nach dem Krieg kurze Zeit in Lauterbach tätig war. Vgl. Jahresbericht des Oberfischmeisteramtes für 1947. StAS, Rep. 21, Nr. 7a.

[72] Vgl. Tabellarische Aufstellung der Personaldaten der Fischereiaufseher, 27. 5. 1946. LAG, Rep. 250, Nr. 330, Bl. 35 und Jahresbericht des Oberfischmeisteramtes für 1947. StAS, Rep. 21, Nr. 7a. Neu geschaffen wurden im mecklenburgischen Landesteil die Aufsichtsstellen in Warnemünde und Boltenhagen. Vgl. Berichtsentwurf des Oberfischmeisteramtes von 1948. StAS, Rep. 21, Nr. 10.

[73] Vgl. Niederschrift über die Arbeitstagung betr. Fischereiaufsicht am 21. und 22. 9. 1950 in Hubertushöhe bei Storkow. LHAS MfW, 6.11-14, Nr. 7454.

[74] Vgl. OFMA an MfHV, Abt. Fischerei, Aufstellung der Entlassungen in der Zeit Juli 1945 bis Mai 1948, 28. 5. 1948. LAG, Rep. 250, Nr. 338, Bl. 293f.

verlangt, nur *„erwünscht“* waren hingegen Kenntnisse von Nautik und Bootsmotoren. Die zukünftigen Fischereiaufseher sollten über eine *„gute Auffassungsgabe“* verfügen und *„gute Antifaschisten“* sein. Einseitige Armamputationen waren ausdrücklich *„kein Hinderungsgrund“*.[75]

Die Karriereaussichten innerhalb der Fischereiaufsicht waren daher bei guter Eignung hoch – ein typisches Merkmal der Nachkriegszeit auch in anderen Berufszweigen. Nach der Einstellung als Hilfsaufseher konnte rasch die Beförderung zum Aufseher und schließlich zum Fischmeister erfolgen. Die beiden auf Max Fank folgenden Oberfischmeister hatten als Fischereiaufseher begonnen, der spätere langjährige Oberfischmeister Buth gar als Bootsmann.[76] Ein derartiger Aufstieg wäre vor 1945 undenkbar gewesen, als hoher preußischer Beamter benötigte der Oberfischmeister damals eine wissenschaftliche Ausbildung mit Promotion.[77]

Dass die Fischereiaufsicht trotz der sich bietenden Aufstiegschancen dauerhaft an Personalmangel litt, lag vor allem an den schlechten Verdienstmöglichkeiten oder, anders formuliert, an den guten Verdienstmöglichkeiten, die sich nach dem Krieg in der See- und Küstenfischerei boten. Die Fischer, die nach dem Anforderungsprofil für den Posten eines Fischereiaufsehers bestens geeignet waren, zeigten aus gutem Grund kaum Interesse. Infrage kam eine Beschäftigung in der Fischereiaufsicht höchstens für die in der SBZ Umsiedler genannten Flüchtlinge und Vertriebenen, die ihr Boot und ihre Arbeitsgeräte verloren hatten, oder aber für ältere Fischer, die ihren Beruf nicht mehr ausüben konnten.[78] Wem sich die Möglichkeit bot, wechselte rasch in andere, besser bezahlte Arbeitsverhältnisse. Seit 1949 waren diese vor allem in der volkseigenen Fischerei und in der Werftindustrie zu finden.

Immer wieder verwiesen die mecklenburgischen Oberfischmeister in den folgenden Jahren darauf, dass die Einstellung qualifizierten Personals häufig an der Gehaltsfrage scheitere und die Durchführung einer ordnungemäßen Fischereiaufsicht daher ernsthaft gefährdet sei.[79] Schon die Schreibkräfte in der volkseigenen Industrie oder der staatlichen Verwaltung verdienten weitaus besser als ein Fische-

[75] Richtlinien zur Einstellung von Personal in der Fischereiaufsicht, 26.7.1947. LAG, Rep.250, Nr.338, Bl.366.

[76] Vgl. Tabellarische Aufstellung der Personaldaten der Fischereiaufseher, 27.5.1946. LAG, Rep.250, Nr.330, Bl.35; Aufstellung über die Parteimitgliedschaft des Personals des OFMA am 15.10.1947, LAG Rep.250, Nr.338, Bl.215 und Auflistung der Fischereiaufsichtsstellen, der Aufsichtsfahrzeuge und des Aufsichtspersonals, o.D., nach 1951. LHAS, 6.11-14, Nr.7425, Bl.18.

[77] Vgl. Richter, Fischereiverwaltung (1998), S.385.

[78] Vgl. die diversen handschriftlichen Lebensläufe, Personalbogen, Lohnsteuerkarten und Gehaltsabrechnungen von 1946–1955 in: LAG, Rep.250, Nr.338. Zur Bezeichnung „Umsiedler“ vgl. Schwartz, Vom Umsiedler zum Staatsbürger (2000).

[79] Vgl. OFMA für Binnenfischerei, Schwerin, an MfHV, HA Lebensmittelindustrie und Fischwirtschaft, Abt. Fischwirtschaft, 11.12.1950. LAG, Rep.250, Nr.338, Bl.132. 1952 erinnerte die Betriebsgewerkschaftsleitung des OFMA in einer Resolution daran, dass man sich bereits seit zwei Jahren vergeblich um die Genehmigung eines leistungsgerechten Stellenplans bemühe. Vgl. Resolution der Betriebsgewerkschaftsleitung des OFMA, 30.4.1952. LAG, Rep.250, Nr.338, Bl.183.

reiaufseher, hieß es in einem Schreiben an die Deutsche Plankommission aus dem Jahr 1956, vom Einkommen eines werktätigen Fischers – aus dessen Reihen sich die Fischereiaufseher rekrutieren mussten – ganz zu schweigen.[80] Insbesondere die geringe Bezahlung dürfte also als Ursache für die extrem hohe Fluktuation und überwiegend schlechte Arbeitsmoral auszumachen sein. Nicht selten wurden die Gehälter durch Schiebergeschäfte aufgebessert.[81] Die Fischereiaufseher waren zumeist schlecht qualifiziert, die von ihnen ausgeübte Aufsicht wenig wirksam und in manchen Fällen gar kontraproduktiv.[82]

Auch auf Leitungsebene waren häufige Wechsel zu konstatieren: Der erste Oberfischmeister Max Fank wurde im Oktober 1948 durch den bisherigen Fischmeister Mattner abgelöst.[83] Auf Mattner folgte Hans Last, der wiederum im September 1955 nach Westberlin floh.[84] Dieser Schritt stand in Zusammenhang mit der seit 1955 forcierten Kollektivierung der See- und Küstenfischerei. Erst mit seinem Nachfolger, dem bisherigen Ersten Fischmeister Helmuth Buth, kehrte Beständigkeit ein.[85] Zum Vergleich: Die Dienstzeit des Oberfischmeisters Dr. Rumphorst hatte sich von 1926 bis 1945 über 20 Jahre und zwei politische Systeme erstreckt. Die Fluktuation auf der Leitungsebene dürfte sich nachteilig auf die Zusammenarbeit mit anderen Stellen, aber auch auf das Fischereiaufsichtspersonal ausgewirkt haben. Noch gravierender sind jedoch die Folgen der fehlenden Kontinuität der Aufseher für die Fischer vor Ort einzuschätzen. Ein Vertrauensverhältnis konnte sich unter diesen Umständen nur schwer entwickeln.

Fischereischutz versus Fangsteigerung

Die Fischereiaufsicht hatte die undankbare Aufgabe, die Einhaltung von Regelungen zu überwachen, die im Hinblick auf den Druck, den Fischfangplan zu erfüllen, weder im Interesse der Verwaltung, noch in dem der Besatzungsmacht oder der Fischer lagen. Langfristige Schädigungen des Fischbestands wurden in Kauf

[80] Vgl. RdB Rostock, HR Fischwirtschaft an die Staatliche Stellenplankommission, 13.1.1956. LAG, Rep.250, Nr.338, Bl.105–113. Ein Fischereiaufseher verdiente 1956 im Schnitt 291 DM. Zum Vergleich: Ein Fischer im Kombinat Saßnitz verdiente 1959 monatlich im Durchschnitt 891 DM, der Kutterfischer einer FPG noch 650 DM und ein Kleinfischer immerhin noch 372 DM. Vgl. BL SED Rostock, Vorlage über die Entwicklung der See- und Küstenfischerei bis 1965 (Entwurf), 19.11.1960. LAG, Rep.IV/2/6, Nr.831, Bl.152–162.

[81] Stellvertretend sei hier der Fischereiaufseher Bärwald genannt, der Schwarzhandel mit Fischen betrieb. Vgl. Wasserschutzpolizeirevier Wolgast an Landesbehörde der Volkspolizei, 15.11.1949. LAG, Rep.250, Nr.298, Bl.5f.

[82] Vgl. Handschriftlicher Bericht des Oberfischmeisters Fank, o.D. 1947. StAS, Rep.21, Nr.7a und Bericht über die Tagung der Referenten für Fischerei bei den Regierungen der Länder und Provinzen am 25. und 26.6.1947 bei der DV HV, 1.7.1947. SAPMO DY 30 IV 2 / 6.02 / 77.

[83] Vgl. Max Fank an FAST Lauterbach, 30.10.1948. LAG, Rep.250, Nr.459. Ende November schied Fank offiziell als Oberfischmeister aus. Vgl. Bericht für Monat November 1948, LAG, Rep.250, Nr.117, Bd.2. Bl.53.

[84] Vgl. Hans Last, Berlin, an OFMA, 19.9.1955. LAG, Rep.250, Nr.338, Bl.201.

[85] Vgl. Aufstellung der in der See- und Küstenfischerei im Fischfang Beschäftigten, Stand: 1.3.1965. LAG, Rep.250, Nr.31.

genommen, da die Sollerfüllung alles andere in den Hintergrund drängte. So gaben etwa Fischereisachbearbeiter Erlaubnisscheine für Bezirke aus, in denen die Fischereiaufsicht die Zahl der Fischereitreibenden begrenzen wollte.[86] Die verbotene Schleppnetzfischerei innerhalb der Dreimeilenzone und im Bodden zerstörte nicht nur die Reusen und Stellnetze der stillen Fischerei, sondern hatte vor allem für den Fischbestand katastrophale Folgen. Trotz eindeutiger Gesetzeslage wurde sie von einzelnen Fischereisachbearbeitern und sowjetischen Kreiskommandanten befohlen.[87]

Mit der sowjetischen Besatzungsmacht existierte eine Befehlsinstanz, gegen deren oft willkürliche bzw. widersprüchliche Anordnungen die Fischereiaufseher zumeist machtlos waren. Zum Teil wurden die Fischereiaufseher und sogar der Oberfischmeister von der Besatzungsmacht an der Ausübung ihres Dienstes gehindert.[88] So lehnte es der für Fischerei zuständige Mitarbeiter der Kommandantur Bergen im August 1946 ab, die laut SMA-Befehl festgelegten Schonzeiten einzuhalten und untersagte dem zuständigen Fischereiaufseher, der die Vorschrift durchsetzen wollte, das Betreten des Hafengeländes.[89]

Dass die Fischereiaufsicht zunehmend in den Dienst der Fangertragssteigerung gestellt wurde, verdeutlicht auch ein Schreiben des Oberfischmeisters Mattner vom Dezember 1948. Die gegenwärtige Ernährungslage erfordere von der Fischerei höchste Erträge und eine Intensivierung des Fischfangs. Die Fischereiaufseher sollten deshalb nicht allein die Aufsichtstätigkeit ausüben, sondern sich in enger Zusammenarbeit mit der Besatzungsmacht, den Genossenschaften und den Werften für die Steigerung der Fischfangerträge einsetzen. Bislang sei in dieser Beziehung zu wenig getan worden: *„Ich setze bei allen Mitarbeitern volles Verständnis für die der Fischerei übertragenen Aufgaben voraus und erwarte, dass sich jeder für die Erreichung des gesteckten Zieles voll einsetzt.“*[90]

Autoritätsprobleme der Fischereiaufsicht und ihre Ursachen

Bei ihrer Tätigkeit hatten sich die Fischereiaufseher von jeher immer wieder gegen die Interessen der Fischer durchsetzen müssen. Nicht nur die geschilderten Kompetenzrangeleien mit den Fischereisachbearbeitern und die Untergrabung ihrer Autorität durch die Besatzungsmacht erschwerten diese Aufgabe nun zunehmend. Hinzu kam die erwähnte schlechte Ausstattung der Aufsichtsstellen. So waren die Fischkutter im Greifswalder Bodden schneller unterwegs als das marode Fischereiaufsichtsboot; an anderen Aufsichtsstellen gab es nicht einmal die Möglichkeit zu Kontrollfahrten.[91] Das alles förderte nicht den Respekt vor dem Fischereiauf-

[86] Vgl. OFMA an MfHV, Abt. Fischereiwesen, 8.7.1947. LAG, Rep.250, Nr.338, Bl.293f.
[87] Vgl. Bericht des Oberfischmeisteramtes, o.D., 1948, StAS, Rep.21, Nr.101.
[88] Vgl. ebd.
[89] Vgl. Vizepräsident Mecklenburg, Abt. Fischerei, an den Chef der SMA M, 6.8.1946. LHAS, 6.11-14, Nr.7433.
[90] OFMA an FAST des Bezirks, 17.12.1948. LAG, Rep.250, Nr.459.
[91] Vgl. Bericht des Oberfischmeisteramtes, o.D., 1948, StAS, Rep.21, Nr.101.

sichtspersonal. Dass die Fischereiaufseher auch zur Bekämpfung des Schwarzhandels herangezogen wurden, ließ ihre Beliebtheit zusätzlich sinken. Neben der Überwachung der Fischannahmestellen und unerwarteten Kontrollen der Fischerboote sollten in Verdachtsmomenten – in Absprache mit den Polizeibehörden – auch Hausdurchsuchungen erfolgen.[92]

Die Autoritätsprobleme der Fischereiaufsicht äußerten sich in den ersten Jahren verstärkt in gewalttätigen Übergriffen, die es vor 1945 nur selten gegeben hatte. Im August 1947 wurde der Aufseher Bast aus Greifswald/Wieck von Fischern so schwer misshandelt, dass er mehrere Tage arbeitsunfähig war. Dabei handelte es sich nicht um einen Einzelfall, Tätlichkeiten gegen Fischereiaufseher waren an der Tagesordnung. Im Gegensatz zu früher waren die Aufseher unbewaffnet, ein Umstand, der ihrer Durchsetzungsfähigkeit gegenüber den robusten Fischern nicht gerade förderlich war. So beklagten sich einige der Aufseher, „*dass die Ausübung ihres Berufes mit Gefahr für Leib und Leben verbunden ist, weil eben Schusswaffen fehlen.*“ Gegen einzelne Fischer bei der Staatsanwaltschaft eingereichte Anzeigen wegen Widerstands gegen die Staatsgewalt blieben aber offensichtlich ohne Konsequenz. Fehlende Dienstbekleidung minderte die Autorität des Aufsichtspersonals zusätzlich: „*Einige unserer Fischerei-Aufseher [...] laufen mit zerlumpter Kleidung herum. Alle Anträge auf Zurverfügungstellung von Dienstkleidung sind unverständlicher Weise abgelehnt. Die Aufseher machen also äußerlich auch keinen guten Eindruck.*“[93]

Das zuständige Landesministerium wandte sich in dieser Angelegenheit im Oktober 1948 an die DWK und forderte Uniformierung, Bewaffnung und polizeiliche Befugnisse für die Fischereiaufseher, die – wie vor 1945 üblich – zu Hilfsbeamten der Staatsanwaltschaft ernannt werden sollten.[94] Das Oberfischmeisteramt Stralsund stützte sich 1947 auch ohne ausdrückliche Zustimmung der Landesregierung auf das Preußische Fischereigesetz und nahm für sich die Befugnisse einer Kreispolizeibehörde in Anspruch. Es verhängte Strafen und gebührenpflichtige Verwarnungen. Auch die Fischmeister und Fischereiaufseher übten weiterhin polizeiliche Funktionen aus.[95] Hier wird ein weiteres Problem der Fischereiaufsicht deutlich, der fehlende rechtliche Rahmen. Da bisher keine diesbezüglichen Verordnungen erlassen worden waren, blieben Rechtssituation und Kompetenzzuweisung unklar. Die Befugnisse der Fischereiaufsicht gerieten so in gewisser Weise

92 Vgl. OFMA an FAST des Bezirks, 9.1.1948. LAG, Rep.250, Nr.360. Anlass war eine entsprechende Anordnung der DV HV.

93 Alle Zitate aus dem Bericht des Oberfischmeisteramtes, o.D., 1948, StAS, Rep.21, Nr.101.

94 Vgl. MfHV, Abt. Fischerei an DWK, HV HuV, Abt. Fischwirtschaft, 25.10.1948. LHAS, 6.11-14, Nr.7454.

95 Vgl. ebd. Fank wies 1947 daraufhin, dass er als Oberfischmeister zwar nach dem Preußischen Fischereigesetz handele, eine offizielle Zustimmung der Landesregierung dafür bisher aber nicht bekommen habe. Vgl. den handschriftlichen Bericht des Oberfischmeisters Fank, o.D. 1947. StAS, Rep.21, Nr.7a. Auch 1950 galt in Mecklenburg neben dem Mecklenburgischen Fischereigesetz von 1939 noch das Preußische Fischereigesetz von 1916 für die ehemals preußischen Landesteile. Vgl. Niederschrift über die Arbeitstagung betr. Fischereiaufsicht am 21. und 22.9.1950 in Hubertushöhe bei Storkow. LHAS MfW, 6.11–14, Nr.7454.

zur Interpretationssache. Zwar wurden seit 1946 Vorarbeiten zu einer zentralen Verordnung über die Organisation der Fischereiaufsicht und zu einer Dienstanweisung für Fischereiaufseher geleistet, doch das Inkrafttreten verzögerte sich jahrelang.[96] Erst im Januar 1960 wurde ein Fischereigesetz für die DDR erlassen.[97]

Trotz aller hier geschilderten Probleme überstand die Fischereiaufsicht die Veränderungen in der Fischereiverwaltung nach 1945 zumindest institutionell relativ unbeschadet. Als systemübergreifende Konstante ist ihre Bedeutung für die Fischer gerade in den von Kontinuitätsbrüchen und einem radikalen Ideologiewechsel geprägten, unruhigen Nachkriegsjahren nicht zu unterschätzen. Anders als die Fischereisachbearbeiter der lokalen Verwaltung waren die Fischereiaufseher vor Ort präsent und wie in den Jahrzehnten zuvor bestand ihre Aufgabe nicht nur in der Überwachung, sondern auch in der Unterstützung der Fischer.[98]

2. Die Bildung von Fischwirtschaftsgenossenschaften

a) Das Verbot der Berufsorganisationen

Nach 1945 wurden die Vereine und Verbände der See- und Küstenfischerei als Teil der nationalsozialistischen Reichsnährstandsorganisation auf allen Ebenen aufgelöst.[99] Gerade auf dem Gebiet der See- und Küstenfischerei war die Verwaltung aber seit jeher auf fachliche Unterstützung angewiesen gewesen, ob es sich dabei um bezahlte Sachverständige, verwaltungsnahe, eher paternalistische Vereine wie den Mecklenburgischen Fischereiverein und den Deutschen Seefischereiverein oder um Berufsverbände gehandelt hatte. Das Fehlen einer Berufsorganisation war in dieser Hinsicht nach dem Krieg besonders schmerzlich zu spüren, da die Verwaltung ohnehin unter dem Verlust von Professionalität und Kompetenz litt.

[96] Niederschrift über die Arbeitstagung betr. Fischereiaufsicht am 21./22.9.1950 in Hubertushöhe/Storkow. Als Anlagen der Entwurf einer Verordnung über die Organisation der Fischereiaufsicht in der DDR von 1950 und der Entwurf einer Dienstanweisung für Fischereiaufseher. LHAS, 6.11-14, Nr. 7454. Obwohl die SMAD und die damalige Deutsche Justizverwaltung ihre Zustimmungen gaben, hatte sich die Deutsche Verwaltung des Innern bisher geweigert, der fachlichen Fischereiaufsicht polizeiliche Funktionen zuzuerkennen.

[97] Dabei stand das Preußische Fischereigesetz Pate; es weist viele identische Regelungen, teilweise sogar gleichen Wortlauts auf. Die zugehörige Küstenfischereiordnung, die im Juni 1960 durch die Staatliche Plankommission erlassen wurde, berechtigte das OFMA nunmehr dazu, Ordnungsstrafen auszusprechen. Vgl. Herold, Fischereirecht (1998), S. 403.

[98] Wünsche und Beschwerden der Fischer entgegenzunehmen und ihnen in jeder Hinsicht behilflich zu sein, wird auch im Jahresbericht des Oberfischmeisteramtes für 1947 ausdrücklich als Aufgabe der Fischereiaufsicht genannt. StAS, Rep. 21, Nr. 7a.

[99] Nur in Thüringen und Berlin wurde der RNS in die Landesverwaltung bzw. den Magistrat überführt. Überlegungen zur Schaffung von Bauernkammern in der Tradition der Landwirtschaftskammern wurden anscheinend auf sowjetische Veranlassung fallengelassen. Vgl. dazu Sattler, Wirtschaftsordnung, (2002), Bd. 1, S. 175f. In den Westzonen wurde der RNS erst 1948 aufgelöst, da man sich seiner Dienststellen dort zur Erfassung und Verteilung von Lebensmitteln bediente. Vgl. Weisz, Organisation und Ideologie (1973), S. 196–198.

Experten für die See- und Küstenfischerei waren rar. Der mangelnde Sachverstand der zuständigen Mitarbeiter der deutschen Verwaltung stand immer wieder im Zentrum der Kritik der Besatzungsmacht. Ohne Berufsorganisation fehlte der Verwaltung das Verbindungsglied zu den Fischern. Dass keine Instanz mehr vorhanden war, die die Interessen der Fischer gegenüber der Verwaltung fachlich kompetent vertrat, um Einfluss auf Entscheidungen nehmen zu können, wurde von Minister Alfred Starosson als für Fischer und Landesregierung gleichermaßen belastend empfunden. Die Regierung könne mit niemandem über wichtige Berufsfragen verhandeln. Dies führe dazu, dass man eigenmächtig Entscheidungen über die Fischerei treffen müsse, ohne die Betroffenen einzubeziehen. Mit der Begründung, dass dies dem demokratischen Prinzip widerspreche, bat Starosson daher die SMA Mecklenburg im März 1947 um die Genehmigung eines Interessenverbandes für die See- und Küstenfischerei.[100]

Betroffen waren aber nicht nur der Reichsverband der deutschen Fischerei und seine Landesverbände als Spitzen der Berufsorganisation, sondern zumindest formell auch die lokalen Fischereivereine. Doch konnten alte Zusammenschlüsse örtlich oft unbehelligt weiterexistieren, wie das Beispiel der Wismarschen Fischerzunft zeigt. Anfang 1946 vertrat die Fischerzunft die Wismarer Fischer bei der Übergabe von Booten und Material durch die Rote Armee an die Stadt Wismar. Hier war sogar noch der 1938 von Wilhelm Kühl als Vorsitzendem des Reichsverbandes für deutsche Fischerei eingesetzte und damit eindeutig mit einer NS-Vergangenheit belastete Älteste der Zunft, Willi Koltz, mit von der Partie.[101] Anlässlich der Wahl eines neuen Fischereiältesten im September 1948 waren mit dem Referenten der Fischereiabteilung des Landratsamtes und dem Fischmeister Völz auch offizielle Verwaltungsangehörige bei der Versammlung der Fischerzunft anwesend.[102] Das Weiterbestehen der Zunft wurde nicht nur toleriert, sondern war offensichtlich sogar erwünscht. Der mit großer Mehrheit neu gewählte Älteste Otto Röpcke versprach, die Interessen der Mitglieder stets würdig zu vertreten und bat die Kollegen, in Zukunft ihre Wünsche und Beschwerden frei und offen vorzutragen und nicht durch Einzelgängerei dem Ganzen zu schaden. Die Fischerzunft sollte also weiterhin die Interessen der Fischer bündeln und als Ansprechpartner der Fischereiverwaltung fungieren.

Es spricht vieles dafür, dass auch in den Dörfern des Kreises Wismar lokale Zusammenschlüsse – gegebenenfalls in nicht-institutionalisierter Form – fortbestanden. Das Fischereireferat des Kreises wandte sich mit die Fischerei betreffenden Anweisungen in der Regel noch Anfang der Fünfzigerjahre an die „Fischerei-

100 Vgl. MfHV, Abt. Fischwirtschaft, an den Chef der SMA M, 25.3.1947. LHAS, 6.11-14, Nr.7433. Besonders störend mache sich das Fehlen einer Berufsvertretung in Ausbildungsfragen bemerkbar, so Starosson.

101 Vgl. Protokoll des Landratsamtes Wismar über die Übernahme der Fischerboote und Materialien, 26.1.1946. LHAS, 6.11-14, Nr.7441.

102 Vgl. Protokoll der Versammlung der Fischerzunft Wismar am 5.9.48. AHW, XVI, 28 III.

ältesten" der einzelnen Dörfer.[103] Als Anführer der örtlichen Fischerschaft dürften die Ältesten von Seiten der Verwaltung und der Fischer gleichermaßen als Vermittler akzeptiert worden sein. Sie erfüllten damit ähnliche Aufgaben wie die Kreis- und Ortsfachwarte des Reichsverbandes der deutschen Fischerei während des Nationalsozialismus.[104]

Die Funktion des Fischereiältesten als Ansprechpartner der Verwaltung verlagerte sich in den kommenden Jahren langsam von der Fischerzunft auf die im Herbst 1947 in Wismar gegründete Fischwirtschaftsgenossenschaft, zumal Otto Röpcke, der Fischereiälteste, seit 1950 gleichzeitig deren Geschäftsführer war.[105] Die Existenz der Zunft geriet mehr und mehr in Vergessenheit. Als 1950 das 125jährige Jubiläum anstand, fragte die Stadt Wismar in Schwerin an, ob die Zunft offiziell überhaupt noch bestünde oder aber mit den anderen Vereinen 1945 aufgelöst worden sei. Dort konnte man dazu keine Auskunft geben, hegte jedoch gegen eine Beteiligung des Rates am geplanten Festakt keine Bedenken, solange dort keinerlei Reden gehalten würden, *„welche mit dem demokratischen Aufbau nicht zu vereinbaren wären"*.[106] Auch das Amt der Zeesener in Stralsund beging 1951 sein 350. Jubiläum, scheint aber ansonsten nicht mehr aktiv gewesen zu sein.[107] Möglicherweise konnte diese Form der Zusammenschlüsse auch deshalb überdauern, weil ihre Einbindung in das NS-Herrschaftssystem angesichts der teilweise Jahrhunderte zurückreichenden Tradition als vergleichsweise kurze Phase erschien.

b) Kontinuität im Genossenschaftswesen: Das Beispiel der Fischverwertungsgenossenschaft Warnemünde

Im Gegensatz zu den verbotenen Fischereivereinen waren genossenschaftliche Zusammenschlüsse nach Kriegsende toleriert und wurden durch einen SMAD-Befehl vom 20. November 1945 – früher als in jeder anderen Zone – auch offiziell wieder zugelassen.[108] So bestand eine von sowjetischer und deutscher Seite gebilligte Form des lokalen Zusammenschlusses auch für die Fischer. In den Küstenorten, in denen bereits Verwertungsgenossenschaften bestanden hatten, hörten diese nach Kriegsende offenbar gar nicht auf zu existieren. Die Fischverwertungsgenos-

[103] Vgl. Rundschreiben Nr. 9/47 des Fischereireferats beim Amt für Handel und Versorgung, Kreis Wismar, 7. 11. 1947; RdK Wismar an die Fischerältesten in Wismar und der Dörfer des Kreises, 21. 6. 1949 und RdK Wismar an die Fischerältesten in Wismar und der Dörfer des Kreises, 5. 6. 1950. LHAS, 6.12-1/21, Nr. 586/9a.

[104] Ob hier auch eine personelle Kontinuität vorherrschte, muss aufgrund fehlender Quellen offen bleiben.

[105] Vgl. Personalbogen und Lebenslauf Otto Röpcke, 30. 1. 1953. AHW, XXIV, 16 A, Nr. 8. Zu den Fischwirtschaftsgenossenschaften vgl. Kapitel IV.2.3.

[106] Aktennotiz vom 7. 6. 1950, AHW, XVI, 28 III.

[107] Vgl. StAS, Rep. 19, Nr. 15.

[108] Vgl. SMAD-Befehl Nr. 146, 20. 11. 1945: Wiederaufnahme der Tätigkeit der landwirtschaftlichen Genossenschaften. BArch DX 1. Vgl. Schöne, Frühling auf dem Lande (2005), S. 66. Zur Wiederzulassung der landwirtschaftlichen Genossenschaften im Land Brandenburg vgl. Sattler, Wirtschaftsordnung (2002), Bd. 1, S. 181–194.

senschaft Stralsund wurde bereits im Mai 1945 als einziger Großhandelsbetrieb vom städtischen Fischfangbeauftragten Max Fank wieder zugelassen.[109]

Der Kampf der Fischverwertungsgenossenschaft (FVG) Warnemünde um Wiedereinsetzung in ihre alten Rechte verdeutlicht beispielhaft die Beharrungstendenzen dieser traditionsreichen Vereinigungen. Während vom Fischereiverein Warnemünde von 1896 nach Kriegsende keinerlei Aktivitäten mehr überliefert sind, meldete sich die Genossenschaft frühzeitig und sehr selbstbewusst wieder zu Wort. Die zuvor im Fischereiverein konzentrierte Interessenvertretung verlagerte sich nun auf die ursprünglich rein wirtschaftlich ausgerichtete FVG. In beiden Organisationen waren vor 1945 vornehmlich die Kutterfischer und nicht die kleinen Küstenfischer organisiert gewesen.

Die FVG Warnemünde, die während des Krieges als eine der drei Fischerfassungs- und Verteilungsstellen in Warnemünde fungiert hatte, wurde zwar anscheinend nie verboten, verlor aber in den ersten Monaten nach Kriegsende ihre ursprüngliche Funktion.[110] Mitte Juni 1945 wurde mit der Fischereigenossenschaft Warnemünde ein neuer Zusammenschluss der Berufsfischer gegründet, der eng mit der örtlichen Kommandantur der Roten Armee zusammenarbeiten sollte.[111] Diese provisorische, nicht gemäß eines Statuts verankerte Fischereigenossenschaft wurde als Organisation zur Erfüllung der von den Besatzungstruppen gestellten Aufgaben auf Betreiben der Stadtverwaltung eingesetzt und stand unter deren Aufsicht.[112] Die Rote Armee forderte eine Intensivierung des Fischfangs. Dieser Aufgabe konnte die FVG Warnemünde nach Meinung des von der Stadtverwaltung eingesetzten Leiters der neuen Genossenschaft schon deshalb nicht gerecht werden, da *„unbedingt der Einsatz und die aktive Mitarbeit aller Fischer für diese anspruchsvolle und von der Roten Armee scharf überwachte Arbeit notwendig“* seien.[113]

[109] Vgl. Fischereiamt Stralsund an Stadtkommandanten Stralsund, 23.9.1945. StAS, Nl Fank.

[110] Im Oktober 1945 führte der Rostocker Oberbürgermeister Otto Kuphal diesbezüglich aus, dass die FVG als juristische Person bestünde und weiterbestehen müsse. Vgl. Aktenvermerk über eine Zusammenkunft der Mitglieder der FVG, 11.10.1945. AHR, 2.1.0, Nr. 1652. Der Geschäftsbetrieb der Genossenschaft war bis Kriegsende aufrechterhalten worden. Vgl. das Verzeichnis der Fangabzugsbeträge einiger Fischer als Abtrag ihrer Reichsdarlehen, das die FVG am 6.4.1945 an die Hauptstaatskasse Schwerin sandte. LHAS, 5.12-4/2, Nr. 505, Bl. 161.

[111] Vgl. Protokoll über die Fischerversammlung, 17.6.1945. AHR, 2.1.0, Nr. 1670. Der Leiter der neuen Genossenschaft sah sich selbst als eine Art Verbindungsmann zur Roten Armee, der die dortigen Wünsche bezüglich des Fischfangs, der Beschaffung von Booten u.ä. zu erfüllen hatte. Vgl. Aktenvermerk über eine Zusammenkunft der Mitglieder der FVG, 11.10.1945. AHR, 2.1.0, Nr. 1652.

[112] Vgl. Fischereigenossenschaft Warnemünde an OB Rostock und Stadtverwaltung Warnemünde, 12.10.1945. AHR, 2.1.0, Nr. 303, Bl. 16f. In einem Schreiben der Fischereigenossenschaft Warnemünde an die Stadtkasse Warnemünde vom 1.8.1945 hieß es sogar, die Fischereigenossenschaft sei als Fischerei-Auffang-Organisation der Stadtverwaltung Warnemünde angeschlossen. AHR, 2.1.0, Nr. 1652.

[113] Er beschreibt diese Aufgaben mit der Neuanschaffung bzw. beschleunigten Wiederinstandsetzung der Boote, der Beschaffung von Netzen und Gerät, dem Heranschaffen von Treibstoff, dem Errichten einer Konservenfabrik und der Verteilung der Sonderverpflegung der RA an die Fischer. Vgl. Fischereigenossenschaft Warnemünde an OB Rostock und Stadtverwaltung Warnemünde, 12.10.1945. AHR, 2.1.0, Nr. 303, Bl. 16f.

Auch in der alten FVG war bisher nur ein Teil der Kutterfischer zusammengefasst gewesen. Für die kleinen Küstenfischer hatte der genossenschaftliche Zusammenschluss aufgrund ihrer geringen Fangerträge bisher ohnehin keine Vorteile gebracht. Auch die Interessen beider Fischergruppen waren traditionell nicht gemeinsam vertreten worden. Um den unterschiedlichen Bedürfnissen gerecht zu werden, gab es daher innerhalb der neuen Genossenschaft nun sowohl einen Obmann für die Klein- als auch für die Hochseefischer. Letztlich zeigte aber auch die Fischereigenossenschaft noch die Tendenz zu einer gewissen sozialen Schließung. Die Mitgliedschaft stand laut Gründungsprotokoll ausdrücklich nur Berufsfischern offen, die als Eigentümer von Fahrzeugen mit eigenen Netzen und Geräten definiert wurden, und entweder seit 1939 als berufstätige Fischer in Warnemünde ansässig sein oder eine Berufstätigkeit von mindestens fünf Jahren nachweisen mussten.[114]

Als zum August 1945 ein von der Stadtverwaltung mit der Roten Armee abgeschlossener Ablieferungsvertrag in Kraft trat, war die FVG endgültig aus dem Verwertungsgeschäft ausgeschlossen, bemühte sich jedoch nach eigenen Angaben umgehend um die Wiederaufnahme ihrer Geschäftstätigkeit.[115] Einen Anschluss an die neue Fischereigenossenschaft lehnten ihre Mitglieder ab. Der Forderung nach dem Fortbestand der alten Genossenschaft stimmte im Oktober 1945 schließlich auch der Rostocker Oberbürgermeister Otto Kuphal zu.[116] Vermutlich verbanden sich hier die Interessen der FVG, der Verwaltung und die sich abzeichnende Haltung der Besatzungsmacht zum Genossenschaftswesen auf günstige Weise. Auf Letzteres deutet eine Verfügung der Landesverwaltung Schwerin hin, nach der alle bestehenden Genossenschaften zum 1. Oktober 1945 wieder einzusetzen seien – diese dürfte kaum ohne Zustimmung der sowjetischen Militärverwaltung erlassen worden sein.[117]

Dass die Stadtverwaltung die von ihr selbst eingerichtete Fischereigenossenschaft nun so bereitwillig wieder durch die FVG ersetzen wollte, hatte seine Ursache vor allem darin, dass sie auf die Erfahrung, die die FVG in der NS-Kriegswirtschaft auf dem Gebiet der Fangerfassung gesammelt hatte, nicht verzichten konnte. Eine Fischereigenossenschaft, mit der sich die Besitzer der leistungsstarken Kutter nicht identifizierten, hätte zudem dauerhaft kaum erfolgreich arbeiten können.

Für die Stadt war die wichtigste Voraussetzung für die Wiedereinsetzung der FVG ihre Öffnung für sämtliche Fischer: Es sei *„zweckmäßig, dass alle Warnemün-*

[114] Vgl. Protokoll über die Fischerversammlung, 17. 6. 1945. AHR, 2.1.0, Nr. 1670.

[115] Vgl. Fischereigenossenschaft Warnemünde an OB Rostock und Stadtverwaltung Warnemünde, 12. 10. 1945. AHR, 2.1.0, Nr. 303, Bl. 16f. und Bericht über die ordentliche Generalversammlung der Warnemünder FVG am 19. 11. 1945. AHR, 2.1.0, Nr. 303, Bl. 30.

[116] Vgl. Aktenvermerk über eine Zusammenkunft der Mitglieder der FVG, 11. 10. 1945. AHR, 2.1.0, Nr. 1652 und OB Rostock an Verwaltungsstelle Warnemünde, 11. 10. 1945. AHR, 2.1.0, Nr. 303, Bl. 15.

[117] Vgl. FVG Warnemünde (Wilhelm Harms) an OB Rostock, 27. 10. 1945. AHR, 2.1.0, Nr. 303, Bl. 28. Das Schreiben nimmt Bezug auf eine Verfügung der Landesverwaltung Schwerin vom 29. 9. 1945, die besagt, dass alle bestehenden Genossenschaften ab 1. 10. 1945 wieder einzusetzen sind.

der Fischer der Fischverwertungsgenossenschaft beitreten."[118] Damit erklärte sich die FVG prinzipiell einverstanden, Fahrzeug- und Gerätebesitz blieben aber die Voraussetzung für eine Mitgliedschaft.[119] Ein Mitfischer konnte unter diesen Bedingungen ebenso wenig Mitglied der FVG werden wie ein Flüchtlingsfischer, der sein Boot und Gerät verloren hatte.

Es dauerte noch bis Anfang 1946, bis sich die FVG Warnemünde endgültig gegen die Fischereigenossenschaft durchgesetzt hatte. Der Vorsitzende der FVG, Wilhelm Harms, der 1913 bereits an deren Gründung beteiligt gewesen war, drohte im November 1945 die Wiedereinsetzung bei der Landesverwaltung zu erzwingen.[120] Zu diesem Zeitpunkt gehörten nach dem Beitritt von zwölf weiteren Fischern nahezu alle Hochseefischer der FVG an. Allein der Beitritt der Kleinfischer stünde größtenteils noch aus, es werde aber erwartet, dass auch sie in den nächsten Wochen den Weg zur Genossenschaft fänden, teilte der Landesverband der mecklenburgischen und Raiffeisengenossenschaften mit.[121] Geht man davon aus, dass in der neuen Fischereigenossenschaft hauptsächlich Kleinfischer organisiert waren, setzte sich mit der FVG nicht nur die traditionsreichere Vereinigung, sondern auch die Vorrangstellung der Kutterfischer durch. Generell war die Schnittmenge der jeweiligen Interessenlagen zwischen Kutter- und Kleinfischern eher gering und die Skepsis der Kleinfischer gegenüber der FVG verständlich. Dies dürfte mit dazu beigetragen haben, dass sich die Übergabe des Geschäftsbetriebs durch die Fischereigenossenschaft verzögerte.[122]

Im November hatte die SMAD die Wiederaufnahme der Tätigkeit landwirtschaftlicher Genossenschaften endgültig von höchster Stelle aus sanktioniert.[123]

[118] OB Rostock an Verwaltungsstelle Warnemünde, 20.10.1945. AHR, 2.1.0, Nr.303, Bl.20. Die Stadtverwaltung Warnemünde erhielt den Auftrag, gegebenenfalls der Verwertungsgenossenschaft angehörige ehemalige NSDAP-Mitglieder auf ihre Tragbarkeit hin zu prüfen. Vgl. auch die Stellungnahme des Leiters der neuen Fischereigenossenschaft an OB Rostock und Stadtverwaltung Warnemünde, 12.10.1945. AHR, 2.1.0, Nr.303, Bl.16f.

[119] Vgl. Vorschläge für die Wiedereinsetzung der Warnemünder FVG e.G.m.b.H., 27.10.1945. AHR, 2.1.0, Nr.303, Bl.24 und Landesverband mecklenburgischer landwirtschaftlicher und Raiffeisengenossenschaften an OB Rostock, 20.11.1945, anbei Bericht über die ordentliche Generalversammlung der Warnemünder FVG am 19.11.1945. AHR, 2.1.0, Nr.303, Bl.28f. Fahrzeug- und Gerätebesitz wurden beispielsweise in der Genossenschaftssatzung von 1943 nicht als Voraussetzung genannt. Allerdings konnte der Vorstand damals Aufnahmeanträge ohne Begründung ablehnen. Vgl. Satzung der Warnemünder FVG, e.G.m.b.H., 1.3.1943. AHR, 2.1.0, Nr.303.

[120] Anfang November schickte die Verwertungsgenossenschaft ein Mahnschreiben an Oberbürgermeister Kuphal, da bisher keine Reaktion auf die eingereichten Vorschläge erfolgt sei. Vgl. Warnemünder FVG (Wilhelm Harms) an OB Rostock, 5.11.1945. AHR, 2.1.0, Nr.303, Bl.28.

[121] Vgl. Landesverband mecklenburgischer landwirtschaftlicher und Raiffeisengenossenschaften an OB Rostock, 20.11.1945, anbei ein Bericht über die ordentliche Generalversammlung der Warnemünder FVG vom 19.11.1945. AHR, 2.1.0, Nr.303, Bl.28f.

[122] Der Oberbürgermeister hatte die Fischereigenossenschaft mehrfach vergeblich aufgefordert, den gesamten Betrieb zum 31.12.1945 auf die FVG zu übertragen. Vgl. OB Rostock an FVG Warnemünde, 9.12.1945. AHR, 2.1.0, Nr.303, Bl.34.

[123] Vgl. Abt. HuV an die Oberbürgermeister und die Landräte, 19.12.1945, AHR, 2.1.0, Nr.364, Bl.177.

Doch erst zum 1. Februar 1946 gingen auf Anordnung des Ministerpräsidenten die Aufgaben der Fischereigenossenschaft auf die FVG Warnemünde über, die Traditionsgenossenschaft hatte sich endgültig durchgesetzt.[124] Die FVG baute ihre Macht in den folgenden Wochen kontinuierlich aus. Mit Wilhelm Harms verfügte sie über eine selbstbewusste und starke Führungspersönlichkeit.[125] Auch deshalb sollte sie in den nächsten Jahren noch eine besondere Rolle spielen.

c) Die Funktion der Genossenschaften im Fischereiwesen

Die Anordnung der Landesverwaltung zur Wiedereinsetzung der FVG Warnemünde stand auch in Zusammenhang mit den im Januar 1946 erlassenen Befehlen der SMAD zur Neuorganisation des Fischfangs, die der Landesverwaltung die Einrichtung von Fischerfassungsstellen in Genossenschaften bzw. Großhandelsfirmen auftrug.[126] Schon aus pragmatischen Gründen standen diese zumeist in Kontinuität zu den Annahmestellen der NS-Kriegswirtschaft. Unter den von der Landesverwaltung eingerichteten Erfassungsstellen finden sich die Ribnitzer Fischverwertungsgenossenschaft, die Fischverwertungsgenossenschaft Saßnitz und die Raiffeisen-Fischverwertungsgenossenschaft Stralsund.[127] Auch die Fischverwertungsgenossenschaft in Barth war spätestens 1946 wieder aktiv.[128] Mit Ausnahme von Wismar, wo sich eine Genossenschaft erst später wiederbegründete, überdauerten damit alle im Untersuchungsgebiet existierenden Verwertungsgenossenschaften das Kriegsende. Angelehnt an das Vorbild der NS-Kriegswirtschaft bediente sich nun die Landesverwaltung ihrer Strukturen und Ressourcen zur Erfassung des ablieferungspflichtigen Fisches. Den Genossenschaften wurde auch die Materialversorgung übertragen. Im Zusammenhang mit diesen Aufgaben sind auch die fünf Neugründungen von Genossenschaften an der Ostseeküste im Jahr 1946 zu sehen. Die Fischwirtschaftsgenossenschaften Ückermünde, Karlshagen, Binz, Kamminke und Breege wurden alle in der ersten Jahreshälfte 1946, in zeitlicher Nähe zum SMAD-Befehl Nr. 11, der die Neuorganisation der Fischerei ein-

[124] Vgl. Bestätigung über den Übergang der Geschäfte der Fischereigenossenschaft Warnemünde auf die Warnemünder FVG zum 1.2.1946, 31.1.1946. AHR, 2.1.0, Nr. 303, Bl. 41.

[125] Bis zur Schaffung einer Fischereiaufsichtsstelle zum 1. April wurde Wilhelm Harms von der Landesregierung kommissarisch sogar mit der Oberaufsicht über die Fischerei betraut. Von dieser Position wollte er auch nach dem Amtsantritt des Fischmeisters Otto nicht zurücktreten. Harms erklärte sich weiterhin für zuständig, obgleich eine Erledigung der kommissarischen Vollmacht bereits Mitte März nach Rostock mitgeteilt worden war. Vgl. Abt. HuV an OB Rostock, 19.2.1946 und Auszug aus dem Protokoll der ordentlichen Generalversammlung der Warnemünder FVG, 24.5.1946 sowie Abt. HuV an OB Stadt Rostock, 23.3.1946. AHR 2.1.0, Nr. 1652.

[126] Vgl. SMAD-Befehl Nr. 11, 11.1.1946: Verstärkung und Ordnung des Fischfangs. SAPMO DY 30 IV 2/6.02/77 und SMA M-Befehl Nr. 8, 21.1.1946: Organisierung des Fischereiwesens und Festlegung der Fangpläne für das Jahr 1946 und das 1. Quartal. LHAS, 6.11-2, Nr. 1463.

[127] Vgl. Bericht des Vizepräsidenten Mecklenburg, Abt. HuV, an den Chef der SMA für Zivilangelegenheiten M, 13.3.1946, LHAS, 6.11-14, Nr. 7433.

[128] FVG Barth an Abt. HuV, 12.10.1946. LHAS, 6.11-14, Nr. 7479, Bl. 116.

leitete, ins Leben gerufen.[129] Die Befehle der Besatzungsmacht aus dem Jahr 1946 enthielten zwar keine ausdrückliche Aufforderung zur Gründung von Fischereigenossenschaften, doch die scharfe Kritik am Landrat von Usedom, der angeblich den Zusammenschluss der Fischer zu einer Genossenschaft verboten habe, zeigt, dass diese erwünscht waren.[130]

Im September 1946 beschwerte sich der zuständige Mitarbeiter der SMAD, Alexandr Wakurow, über das mangelnde Engagement der Abteilung Handel und Versorgung im Landesministerium hinsichtlich der Fischereigenossenschaften. Der Landesverband der mecklenburgischen landwirtschaftlichen Genossenschaften hatte offenbar einige der Fischereigenossenschaften auf sein Statut festgelegt. Die Betreuung und Kontrolle der gesamten Fischerei habe aber ausschließlich durch die Abteilung Handel und Versorgung und daher nur durch von ihr *„aufgezogenen Verbände"* zu erfolgen. Der Raiffeisenverband sollte aus der organisatorischen Leitung vollkommen herausgehalten werden. Ein neues Statut für Fischereigenossenschaften sei in Vorbereitung; der Übergang auf das landwirtschaftliche Statut verboten. Unter der Leitung der Abteilung Handel und Versorgung müsse sofort ein neuer Verband aufgezogen werden.[131] Die Besatzungsmacht ließ also keinen Zweifel daran, dass ihr die Entwicklung des Genossenschaftswesens in der Fischwirtschaft wichtig genug war, um ein eigenes Statut zu erarbeiten und eine separate, einheitliche Organisation anzustreben. Anfang Dezember 1946 erklärte die SMAD, dass *„fischgewerbliche Genossenschaften errichtet und diese in einem Genossenschaftsverband als eGmbH. [...] mit wirtschaftlichen und Überwachungsfunktionen zusammengefasst werden sollen."* Einen entsprechenden Satzungsentwurf legte die Deutsche Verwaltung für Handel und Versorgung vor.[132]

Durch das schließlich per SMAD-Befehl Nr. 206 im August 1947 erlassene Musterstatut für Fischwirtschaftsgenossenschaften (FWG) wurden alle vor dem 1. Januar 1946 erlassenen Statute außer Kraft gesetzt. Als Zweck der Genossenschaft legte Paragraph 3 *„die Förderung der Entwicklung der Fischwirtschaft und die Steigerung ihrer Erträge"* fest.[133] Die zu diesem Zweck vorgesehenen Maßnahmen zeigen die von der SMAD gewünschte doppelte Aufgabenstellung: Neben den wirtschaftlichen Aufgaben, die in der Versorgung der Genossen mit Fischerei-

[129] Vgl. Auflistung der nach 1945 gegründeten Fischwirtschaftsgenossenschaften. Teil eines Berichts des Verbandes der FWG Mecklenburg, 28. 7. 1956. LAG, Rep. 233, Nr. 16, Bl. 12.

[130] Vgl. SMA M-Befehl Nr. 37, 28. 2. 1946: Erfüllung des Fischversorgungsplanes im I. Quartal 1946, abgedruckt in: Brunner, Ernannte Landesverwaltung (2003), S. 443–446 (Dokument 103).

[131] Allein die Revisionstätigkeit sollte zunächst noch vom Raiffeisenverband durchgeführt werden. Vgl. MfHV, Abt. Fischerei, Aktenvermerk über die Besprechung mit Herrn Wakurow, 29. 9. 1946. LHAS, 6.11-14, Nr. 7427, Bl. 197. Wakurow bezog sich auf SMAD-Befehl Nr. 108, 8. 4. 1946: Verstärkte Lenkung der Lebensmittelindustrie. BArch, DX 1, der die Fischwirtschaft aus dem Landwirtschaftsbereich herausnahm und ausdrücklich in die Zuständigkeit der DV HV legte.

[132] DV HV an SED Landesvorstand Sachsen, Abt. Landwirtschaft und Ernährung, 20. 12. 1946. BArch, DL 1 / 383.

[133] SMAD-Befehl Nr. 206, 29. 8. 1947: Über das Musterstatut einer Fischwirtschafts-Genossenschaft. BArch DX 1.

bedarfsartikeln, der Organisation von Verarbeitung und Absatz der Fischproduktion, der Kreditvergabe und der Einrichtung einer Versicherungskasse für Fischereifahrzeuge bestand, sollten die Genossenschaften auch als eine Art verlängerter Arm der Verwaltung fungieren. So war die Genossenschaftsleitung dafür verantwortlich, ihre Mitglieder über Anordnungen der örtlichen Selbstverwaltung in Fischereifragen zu unterrichten. Das Statut sah auch Eingriffe in die selbständige Arbeitsorganisation der Genossenschaftsmitglieder vor: Zur Steigerung des Fischfangs war die Genossenschaft etwa berechtigt, Fangpausen zu kürzen und Fangausfahrten anzuordnen.

Darüber hinaus war die Genossenschaft berechtigt, eigene Verarbeitungsbetriebe zu gründen, Produktionsmittel anzukaufen, Kapital zu bilden, Kredite aufzunehmen und Darlehen zu gewähren. Die Fischwirtschaftsgenossenschaften wurden als nach Gewinn strebende Organisationen gegründet, die das Privateigentum ihrer Mitglieder an Fahrzeugen und Geräten nicht antasteten. Ihre Mitglieder erwarben Anteile und wurden über eine sogenannte Warenrückvergütung an den Gewinnen beteiligt.[134] Aufgrund des geringen Eigenkapitals blieben allerdings die meisten FWG zunächst wirtschaftlich instabil.[135] Die Länder wurden aufgefordert, die Arbeit der Genossenschaften finanziell zu unterstützen.[136]

Hinsichtlich der Zusammensetzung gab es eine wichtige Neuerung: Die Mitgliedschaft in der FWG stand ausdrücklich auch Personen offen, die *„über kein eigenes fischwirtschaftliches Inventar“* verfügten und nur als *„Lohnfischer“* arbeiteten. Allerdings handelte es sich um eine Kann-Bestimmung, in der Regel scheinen die Anteilsfischer, Maaten oder Gehilfen nicht in die Genossenschaften eingetreten zu sein.[137] Die SMAD strebte die genossenschaftliche Vollorganisation aller Fischereitreibenden an, das hatte sie Anfang 1947 unmissverständlich zum Ausdruck gebracht: *„1946 ist versucht worden, die Fischer in Genossenschaften zu vereinigen, 1947 muss erreicht werden, alle Fischer in Organisationen zusammenzufassen“.* Alle noch frei arbeitenden Fischer sollten nun sukzessive in Genossenschaften überführt werden.[138]

Da die traditionellen FVG nur einen geringen Teil der Fischer umfassten, mussten weitere Genossenschaften gegründet werden. Der Zeitplan der SMAD sah vor,

[134] Zur Warenrückvergütung vgl. Henning, Die Entwicklung des genossenschaftlichen Sektors (1983), S. 18f.

[135] Vgl. Verband der FWG an MfHV der DDR, HA Lebensmittelverarbeitung, Abt. Fischwirtschaft, 16. 11. 1950. LAG, Rep. 233, Nr. 33.

[136] Vgl. DV HV an Landesregierung Sachsen-Anhalt, MfHV, Abt. Fischereiwirtschaft, 17. 1. 1948. BArch, DL 1 / 383.

[137] Im Zuge der Kollektivierung 1955 erstellte soziale Analysen der See- und Küstenfischer etwa aus Warnemünde legen dies nahe. Vgl. den Bericht der KL SED Rostock/Warnemünde, Abt. Wirtschaft, für das Büro des Genossen Mewis bei der BL SED Rostock über die Arbeit unter den werktätigen Fischern im Kreisgebiet Rostock/Warnemünde vom 1. 8. 1955, der eine Analyse über die soziale Gliederung der werktätigen Fischer Warnemünde enthält. 1. 8. 1955. LAG, Rep. IV/2/6, Nr. 830, Bl. 57–64.

[138] So umschrieb Wakurow im Februar 1947 die Zielsetzung anlässlich einer Besprechung bei der DV HV. Vgl. Aktenvermerk über die Besprechung am 8. 2. 1947. LHAS, 6.11-14, Nr. 7427, Bl. 167–170. Hervorhebung durch die Verfasserin.

die bereits existierenden Genossenschaften bis Ende des Jahres auf das neue Statut festzulegen und bis Februar 1948 an allen geeigneten Küstenorten neue Genossenschaften zu gründen. Nach Abschluss dieses Prozesses sollte ein Landesverband installiert werden. Zuständig dafür waren die Deutsche Verwaltung Handel und Versorgung und die entsprechenden Dienststellen der Länderregierungen. Da die genossenschaftliche Erfassung der Fischer auf „*Grundlage einer breiten individuellen und Gruppen-Aufklärungsarbeit*" erfolgen sollte, setzte die SMAD bei der Anwerbung neuer Mitglieder und der Gründung neuer Zusammenschlüsse zudem auf die örtlichen SED-Parteidienststellen, die zu „*einer breiten Demokratisierung der Fischereibevölkerung Deutschlands*" beitragen sollten. Das Leitungspersonal der Genossenschaften sollte nach Vorschlägen der demokratischen Parteien gewählt werden. Die Besatzungsmacht selbst sicherte sich die Kontrolle durch die Bestimmung, dass bei jeder Versammlung ein Vertreter der Kommandantur anwesend sein musste.[139]

Eine der ersten Gründungen nach Erlass des Musterstatuts war die FWG Wismar. Auf der Gründungsversammlung Ende November 1947 waren neben Vertretern der Landesregierung Schwerin, der Kommandantur Wismar und dem Fischereisachbearbeiter des Kreises auch zwei Vertreter der SMAD, darunter der zuständige Abteilungsleiter Wakurow, anwesend.[140] Die Einschätzung der Stimmung unter den Fischern wollte er wohl nicht untergeordneten Stellen überlassen. Die Anwesenheit eines hohen SMAD-Mitarbeiters streicht die Bedeutung, welche die Besatzungsmacht dem Genossenschaftswesen in der Fischerei und der Fischerei selbst zumaß, noch einmal deutlich heraus. In Wismar war gute Vorarbeit geleistet worden. Laut Protokoll wurden die Statuten verlesen und von der Versammlung einstimmig angenommen.[141] Die FWG Wismar e.G.m.b.H erfasste den Großteil der Fischer der Region um Wismar, Kutterfischer ebenso wie kleine Küstenfischer.[142]

Die genossenschaftliche Zusammenfassung der Fischer ging auch im weiteren Verlauf reibungslos vor sich. Hinweise auf größere Widerstände finden sich nicht. Bereits vor Erlass des Befehls Nr. 206 waren im April und Juli drei neue Genossenschaften in Rankwitz/Usedom, Lauterbach und Freest auf Grundlage eines vorläufigen Statuts gegründet worden. Es folgten von November 1947 bis Oktober

139 Vgl. SMAD Karlshorst an den Vorstand der SED (Walter Ulbricht), Eingangsdatum 21.11. 1948. SAPMO DY 30 IV 2 / 6.02 / 77.

140 Vgl. Auszugsweise Abschrift aus dem Protokoll der Fischerversammlung am 28.11.1947 in Kirchdorf/Poel, AHW, XXIV, 16 A, Nr. 8. Dass die Gründung der FWG Wismar auf Poel erfolgte, mag daran gelegen haben, dass hier eine große Zahl leistungsstarker Kutter beheimatet war, die für die Fischversorgung besonders wichtig waren.

141 Vgl. ebd. Es gibt keine Hinweise darauf, dass das Musterstatut entscheidend abgeändert wurde. Amtsgericht an FWG Wismar, Eintrag in das Genossenschaftsregister vom 15.12.1948, AHW, IV, 2, B, Nr. 27.

142 Vgl. RdS Wismar, Abt. Örtliche Wirtschaft, Kurzbericht über die FWG Wismar, o. D., vermutlich 1954. AHW, XXIV, 16 A, Nr. 6. Das Einzugsgebiet der Genossenschaft umfasste Stadt- und Landkreis Wismar, die Kreise Bad Doberan und Grevesmühlen sowie einige Binnenfischer aus dem Kreis Sternberg.

1948 elf weitere Gründungen.[143] Allein auf Rügen taten sich Probleme auf. Die Fischer der kleinen Orte um Zudar sahen noch 1951 keine Veranlassung, eine eigene Genossenschaft zu gründen oder sich den bestehenden Genossenschaften in Lauterbach oder Stahlbrode anzuschließen; ein Teil der Fischer hielt letzteres schlicht für *„umständehalber nicht durchführbar"*. Ihre Fänge wurden durch einen Aufkäufer erfasst, der sie in Lauterbach ablieferte.[144] Erst zum Jahresbeginn 1952 wurde schließlich die FWG in Zudar als letzte in Mecklenburg-Vorpommern gegründet.[145] Der private Aufkäufer übernahm als Genossenschaftsmitglied auch nach Gründung der FWG den Weiterverkauf der Genossenschaftsfänge und erhielt dafür Provision.[146] Bemerkenswert ist, dass traditionelle Genossenschaften wie Warnemünde und Saßnitz auch nach der Übernahme des neuen Statuts an der alten Bezeichnung Fischverwertungsgenossenschaft festhielten.[147] Die Fischverwertungsgenossenschaft in Ribnitz nannte sich zwar fortan Fischwirtschaftsgenossenschaft, Kontinuität bestand hier aber in der Person des Geschäftsführers, der seit 1938 im Amt war. In etlichen der neu gegründeten Fischwirtschaftsgenossenschaften wurden Besitzer enteigneter Verarbeitungsbetriebe oder ehemalige Fischhändler als Geschäftsführer eingesetzt, da sie die notwendigen fachlichen Kenntnisse mitbrachten. Dieses Vorgehen wurde erst im Zuge der Kollektivierung aus ideologischen Gründen als problematisch angesehen.[148] Anfang 1951 betonte Gramm vom Landesministerium für Handel und Versorgung, dass die Genossenschaftsleiter zwar nicht verpflichtet wären, in der Partei oder einer politischen Organisation zu sein, aber *„fortschrittliche Menschen und gute Fachleute"* sein müssten.[149] Letzteres scheint zunächst weiterhin ausschlaggebend gewesen zu sein.

[143] Im November 1947 bis März 1948 bildeten sich Genossenschaften in Stahlbrode, Wismar, Seedorf/Rügen, Usedom, Greifswald/Wieck, Kröslin, Mönchgut/Gager, Zempin/Usedom und Ahlbeck und im Juli und Oktober 1948 in Lassan und Lietzow/Rügen. Im Zeitraum 1946 bis 1949 gründeten sich außerdem zwölf Genossenschaften der Binnenfischerei. Vgl. Auflistung der nach 1945 gegründeten Fischwirtschaftsgenossenschaften. Teil eines Berichtes des Verbandes der FWG Mecklenburg, 28.7.1956. LAG, Rep. 233, Nr. 16, Bl. 12.

[144] Vgl. FAST Lauterbach an OFMA, 16.4.1951. LAG, Rep. 250, Nr. 448.

[145] Im April 1949 war die Gründung einer FWG in Göhren vorangegangen. Vgl. Auflistung der nach 1945 gegründeten Fischwirtschaftsgenossenschaften. Teil eines Berichtes des Verbandes der FWG Mecklenburg, 28.7.1956. LAG, Rep. 233, Nr. 16, Bl. 12.

[146] Vgl. den Bericht der KL SED Putbus über die Stimmungen und Meinungen der Fischer, nach 28.4.1955. LAG, Rep. IV/4/8, Nr. 142, Bl. 26–28. Von 200 000 DM Jahresumsatz 1953 gingen 10% an den Aufkäufer Behnke. Erst im Zuge der Kollektivierung wollte die Kreisleitung der SED den Genossenschaftsvorstand der FWG Zudar zum Ausschluss Behnkes bewegen.

[147] Vgl. beispielsweise Entschließung der GO FVG Saßnitz, 14.3.1959. LAG, Rep. IV/4/8, Nr. 325 und Übersendung des Verzeichnisses der angeschlossenen FWG mit Anschrift und Anzahl der aktiven Mitglieder durch den Verband der Genossenschaften werktätiger Fischer an die Redaktion „Der Küstenfischer", 24.10.1958. LAG, Rep. 233, Nr. 21, Bl. 1–3. Die Genossenschaften Saßnitz, Lauterbach, Kamminke und Warnemünde firmieren hier als Fischverwertungsgenossenschaften.

[148] Vgl. Wie muss die Arbeit der Partei mit den werktätigen Fischern verbessert werden? Entwurf der BL SED, mit handschriftlichen Notizen. o.D., Frühjahr 1955. LAG, Rep. IV/2/6, Nr. 830, Bl. 16–27.

[149] Zusammenfassung der wichtigsten Punkte der Tagung zur Organisation der Arbeit der mecklenburgischen Fischwirtschaft im Jahre 1951, 2.2.1951. LAG, Rep. 233, Nr. 8, Bl. 157–160. Hervorhebung durch die Verfasserin.

1952 gab es in Mecklenburg-Vorpommern 25 Genossenschaften in der See- und Küstenfischerei, die insgesamt 76 Erfassungsstellen und 17 Verarbeitungsbetriebe unterhielten. Von den 3521 in der See- und Küstenfischerei beschäftigten Personen waren zu diesem Zeitpunkt 78 Prozent genossenschaftlich organisiert. Der Anteil der SED-Mitglieder in den Leitungsgremien war mit 36 von 288 Personen nicht auffallend hoch. Im Schnitt gehörten jeweils ein bis drei SED-Mitglieder den Leitungsgremien an, in einigen Genossenschaften jedoch auch keines.[150] Von einem besonderen Einfluss der Staatspartei auf das Genossenschaftswesen der See- und Küstenfscherei kann mithin wohl kaum gesprochen werden.

Der Zusammenschluss in Genossenschaften ermöglichte den effektiven herrschaftlichen Zugriff auf die See- und Küstenfischerei, der notwendig war, um den Anforderungen der Nachkriegswirtschaft gerecht zu werden. Die Genossenschaften eigneten sich hervorragend dazu, die angesichts der prekären Versorgungslage unverzichtbare zentrale Erfassung und Verteilung der Produktion durchzuführen. Ihnen konnten darüber hinaus weitere organisatorische Aufgaben, etwa die Materialversorgung und Kreditvergabe übertragen werden. Gleichzeitig dienten sie als Schnittstelle zwischen Fischern und deutscher und sowjetischer Verwaltung. Durch die möglichst vollständige Erfassung aller Fischer erhoffte sich letztere eine wirksame Kontrolle der Produzenten. Für schlechte Arbeitsergebnisse wurden in der Folgezeit immer wieder auch die Genossenschaftsleitungen verantwortlich gemacht.

Nachdem das Vereins- und Verbandswesen nach Kriegsende zerschlagen worden war, bot die lokale genossenschaftliche Organisation den Fischern im Gegenzug die einzige Möglichkeit zur Formulierung ihrer Interessen gegenüber den Verwaltungsorganen. Davon machten weniger die noch jungen FWG, als vielmehr die traditionsreichen Genossenschaften in Stralsund, Barth und Warnemünde Gebrauch. In Eingaben an die Landesverwaltung kritisierten sie vor allem die Höhe des Ablieferungssolls.[151] Ihren Höhepunkt erreichte diese Form der Interessenvertretung im Herbst 1948 in Warnemünde, als die dortige FVG die Regierungsstellen mit einer Denkschrift auf die Missstände im Fischereiwesen aufmerksam machte.[152]

d) Der Verband der Fischwirtschaftsgenossenschaften Mecklenburgs

Von sowjetischer Seite war von Anfang an geplant gewesen, die Fischwirtschaftsgenossenschaften in einem eigenen Landesverband zusammenzuschließen. Vehe-

[150] Vgl. Übersicht zur Struktur der genossenschaftlichen und privaten See- und Küstenfischerei (Bezirk Rostock), o.D. (1952) und Liste der FWG mit Mitgliederzahlen, Namen, Vornamen und Parteizugehörigkeit der Geschäftsführer, Vorstandsmitglieder und Aufsichtsratsmitglieder, o.D. (1952). LHAS, 6.11-14, Nr.7425, Bl.2 und Bl.15–17. Zahl errechnet aus beiden Dokumenten. Möglicherweise war auch nicht bei allen genannten Personen die Parteizugehörigkeit bekannt. Vgl. auch Scherer, Entwicklung der genossenschaftlichen See- und Küstenfischerei (1977), S.210.

[151] Vgl. Raiffeisen-Fischverwertung Stralsund an Abt. HuV, 8.10.1946 und FVG Barth an Abt. HuV, 12.10.1946. LHAS, 6.11-14, Nr.7479, Bl.114 und Bl.116.

[152] Vgl. Kapitel IV.3.f).

ment hatte sich Wakurow im September 1946 gegen eine Einbeziehung der FWG/FVG in die Raiffeisenverbände des landwirtschaftlichen Genossenschaftswesens ausgesprochen.[153] Sogar die Bildung eines eigenen Spitzenverbands auf SBZ-Ebene wurde von der SMAD im November 1947 als in absehbarer Zeit wünschenswert erachtet.[154] Im Oktober 1947 erließ die SMAD mit Befehl Nr. 243 das entsprechende Musterstatut für Landesverbände der Fischwirtschaftsgenossenschaften.[155]

Damit trat man auch einer unerwünschten Eigendynamik im fischwirtschaftlichen Genossenschaftswesen entgegen, denn im Mai 1947 hatte sich ein Norddeutscher Fischverwertungsverband mit Sitz in Stralsund als Dachorganisation der zu diesem Zeitpunkt bestehenden FVG und FWG gebildet.[156] Auf die eigentliche Intention dieser Gründung lässt sich aus der Äußerung eines Stralsunder Fischers aus dem Jahr 1951 schließen. Er klagt darüber, dass die Vertretung der Fischer durch den bestehenden Genossenschaftsverband nicht zufriedenstellend sei: „*Anders wäre es, wenn wir ihn [den Verband] hätten so aufbauen können, wie wir es wollten, nämlich als Norddeutschen Berufsfischerverband. Leider ist uns damals die Regierung in den Rücken gefallen.*“[157] Die auch von deutscher Seite im März 1947 durch Minister Starosson geforderte Schaffung eines Berufsverbandes war also offensichtlich von der Besatzungsmacht und der Deutschen Verwaltung für Handel und Versorgung abgelehnt und die Bestrebungen zu einem überregionalen Zusammenschluss in die Gründung eines Genossenschaftsverbands kanalisiert worden. Dass genossenschaftliche Zusammenschlüsse der Bildung von Fischereivereinen vorzuziehen waren, betonte die Deutsche Verwaltung für Handel und Versorgung auch gegenüber der Landesregierung von Sachsen-Anhalt, wo die Binnenfischer die Schaffung einer Berufsvertretung wünschten: „*Wir setzen voraus, dass [...] vorläufig weniger das Bestreben nach Bildung eine[s] Fischereivereins unterstützt, sondern nachdrücklich auf den Zusammenschluss der Interessenten nach dem Musterstatut hingewirkt werden wird.*“[158]

[153] Schon im September 1946 hatte Wakurow gegenüber der Landesverwaltung von einem Landesverband gesprochen. Vgl. Aktenvermerk über die Besprechung mit Herrn Wakurow, 29. 9. 1946. LHAS, 6.11-14, Nr. 7427, Bl. 197.

[154] Vgl. SMAD Karlshorst an Vorstand der SED (Walter Ulbricht), Eingangsdatum 21. 11. 1948, SAPMO DY 30 IV 2 / 6.02 / 77.

[155] Vgl. SMAD-Befehl Nr. 243, 18. 10. 1947: Über die Genehmigung der Gründung von Landes- und zwischenkreislichen Verbänden der Fischwirtschafts-Genossenschaften. BArch DX 1.

[156] Vgl. Scherer, Entwicklung der genossenschaftlichen See- und Küstenfischerei (1977), S. 208 und Henning, Die Entwicklung des genossenschaftlichen Sektors (1983), S. 11.

[157] Zusammenfassung der wichtigsten Punkte der Tagung zur Organisation der Arbeit der mecklenburgischen Fischwirtschaft im Jahre 1951, 2. 2. 1951. LAG, Rep. 233, Nr. 8, Bl. 157–160.

[158] DV HV an Landesregierung Sachsen-Anhalt, MfHV, Abt. Fischereiwirtschaft, 17. 1. 1948. BArch, DL 1 / 383. Die Landesregierung in Sachsen-Anhalt stand der Bildung von FWG generell eher ablehnend gegenüber und wurde für diese Einstellung von der DV HV getadelt. Die geringe Zahl der Berufsfischer sei kein Hinderungsgrund. Vor allem die Rentabilität der Genossenschaften sollte nicht von vorneherein in Zweifel gezogen werden.

Über das weitere Schicksal des Norddeutschen Fischverwertungsverbandes in Mecklenburg gibt es widersprüchliche Aussagen. Während Henning davon spricht, dass der Verband zwar keine eigentliche Geschäftstätigkeit entwickelte, sich aber erst im März 1951 auflöste, sieht Scherer in ihm den Vorläufer des Verbands der Fischwirtschaftsgenossenschaften Mecklenburgs.[159] Dieser wurde im Februar 1948 auf Grundlage des Musterstatuts der SMAD als eingetragene Genossenschaft mit beschränkter Haftung gegründet und hatte seinen Sitz ebenfalls in Stralsund. Er umfasste auch die Binnenfischerei Mecklenburgs.[160] Schon an dieser Stelle sei erwähnt, dass der Verband auch nach der Auflösung der Länder 1952 weiter die Fischer aller drei Nordbezirke umfasste, laut Scherer ein gutes Beispiel dafür, „wie zäh sich Vergangenes im Bereich der damaligen genossenschaftlichen Fischerei hielt."[161]

Im Gegensatz zum Norddeutschen Fischverwertungsverband wurde der Verband der Fischwirtschaftsgenossenschaften *„ohne inneres Mitwirken der Fischer, zum Teil sogar gegen ihren Willen gegründet."*[162] Nicht zuletzt deshalb machten sich Ablehnung und Misstrauen von Seiten der Fischer in den ersten Jahren immer wieder bemerkbar. Vorsitzender des Verbands wurde der mecklenburgische Oberfischmeister Max Fank, der bereits den Vorsitz im Norddeutschen Fischverwertungsverband innegehabt hatte. Zumindest personell bestand also Kontinuität.[163]

Als Hauptziele des Verbandes nennt die Satzung die *„organisatorische Führung der in dem Verband zusammengeschlossenen Fischwirtschafts-Genossenschaften und die Kontrolle und Revision ihrer wirtschaftlichen und finanziellen Tätigkeit"* sowie die *„Entwicklung und Förderung der im Verband vereinigten Fischwirtschafts-Genossenschaften durch versorgungs- und absatzwirtschaftliche und finanzielle Operationen."* Konkretisiert wurde die Aufgabenstellung in der Handels- und Kommissionstätigkeit zur Versorgung der FWG mit Betriebsmitteln und Materialien, der Durchführung von Erfassung und Absatz der Fischproduktion, der Errichtung von Verarbeitungsbetrieben und der Kreditvergabe. Die wirtschaftlichen Aufgaben standen eindeutig im Vordergrund. Mit der Verantwortung für das Ausbildungswesen und der fachlichen Beratung wurden dem Genossenschaftsverband aber auch klassische Funktionen einer Berufsvertretung übertragen. Recht allgemein formulierte die Satzung außerdem eine „gesellschaftliche", sprich politische

[159] Vgl. Scherer, Entwicklung der genossenschaftlichen See- und Küstenfischerei (1977), S. 208 und Henning, Die Entwicklung des genossenschaftlichen Sektors (1983), S. 11. Beide liefern keine bzw. nur eine unbefriedigende Quellenangabe.

[160] Vgl. Statut des Verbandes der Fischwirtschaftsgenossenschaften des Landes Mecklenburg e.G.m.b.H., Stralsund vom 17. 2. 1948. LAG, Rep. 233, Nr. 1, Bl. 1–11.

[161] Vgl. Scherer, Entwicklung der genossenschaftlichen See- und Küstenfischerei (1977), S. 211. Auch die verwaltungsmäßige Trennung der Binnen- und Küstenfischerei 1951 vollzog sich nicht auf der Verbandsebene.

[162] Stellungnahme der Abt. Wirtschaft des SED-Landesvorstands zur Generalversammlung des Verbands der FWG in Stralsund am 18./19. 12. 1949. LHAS, 10.34-2, Nr. 311, Bl. 203f. Der wenig ausgeprägte Genossenschaftssinn selbst der SED-Mitglieder unter den Fischern wurde auf diesen Umstand zurückgeführt.

[163] Vgl. Scherer, Entwicklung der genossenschaftlichen See- und Küstenfischerei (1977), S. 209 und den handschriftlichen Bericht des Oberfischmeisters Fank, o. D. 1947. StAS, Rep. 21, Nr. 7a.

Aufgabe des Verbandes, die darin bestehen sollte, die genossenschaftlichen Grundsätze zu verbreiten und die demokratischen Ideen der Fischwirtschaftsgenossenschaften zu propagieren.[164]

Eine einsatzbereite Fahrzeugflotte war die wichtigste Voraussetzung für die geforderte Ertragssteigerung. Die Organisation der Materialversorgung entwickelte sich daher zur Hauptaufgabe des Verbandes. Die Mängel, die bisher in der Materialversorgung der See- und Küstenfischerei aufgetreten waren, leugnete die Besatzungsmacht keineswegs, dies sei *„ein wunder Punkt"*, der das Fangergebnis beeinflusse. Die Hauptverantwortung dafür sah man jedoch bei den deutschen Stellen: *„Die Vertreter der SMAD werden – wenn nötig – helfen. Immer wird aber erst gefragt werden, was die deutschen Dienststellen getan und erreicht haben."*[165] Da vor allem *„objektive Mängel"* wie unzureichende Lieferungen von Drahtseil und Tauwerk, fehlende Ersatzteile und die schlechte Qualität der Schmiermittel den Fischfang hemmten, sollte die Beschaffung von Motoren, Ersatzteilen, Drahtseil wie bereits die Versorgung mit Netzen ab Sommer 1948 zentral durch die Deutsche Wirtschaftskommission (DWK) in unmittelbarer Zusammenarbeit mit dem Verband der FWG erfolgen.[166] Der Verband fungierte als Zwischenhändler und verteilte das Material an die FWG. Nicht alle betroffenen Genossenschaften sahen darin eine Verbesserung. Die FVG Warnemünde etwa bat schon im September 1948 darum, den Bezug der Betriebsmittel auf der Grundlage alter Geschäftsbeziehungen wieder selber durchführen zu dürfen, da man sich davon mehr Erfolg versprach.[167]

Für die angestrebte Festigung des Genossenschaftsgedankens war eine erfolgreiche wirtschaftliche Tätigkeit zunächst das vielversprechendste Argument. DWK und SMAD forderten den Verband daher auf, den generell eher kapitalschwachen FWG großzügige finanzielle Unterstützung zu gewähren.[168] Der SMAD-Befehl Nr. 17 vom 2. Februar 1948 hatte die Länderregierungen zur Gewährung von Krediten an die FWG verpflichtet.[169] Diese Aufgabe wurde dem Verband übertragen, die Mittel dazu erhielt er von der Landeskreditbank Mecklenburg.[170] Um die wei-

164 Vgl. Statut des Verbandes der Fischwirtschaftsgenossenschaften des Landes Mecklenburg e.G.m.b.H., Stralsund vom 17. 2. 1948. LAG, Rep. 233, Nr. 1, Bl. 1–11.

165 Bericht über die Tagung der Referenten für Fischerei bei den Regierungen der Länder und Provinzen am 25. und 26. 6. 1947 bei der DV HV, 1. 7. 1947. SAPMO DY 30 IV 2 / 6.02 / 77.

166 Vgl. Vorsitzender der DWK, Rau, an Ministerpräsident Höcker, 30. 6. 1948. SAPMO DY 30 IV 2 / 6.02 / 77. Auch das gewählte Verfahren, von den Genossenschaften detaillierte Bedarfsaufstellungen als Grundlage einer Jahresplanung anzufordern, wurde teilweise scharf kritisiert, da der Bedarf zu sehr von unkalkulierbaren Faktoren abhängig sei. Vgl. FWG Stralsund an MfHV, 24. 11. 1948. LHAS, 6.11-14, Nr. 7472, Bl. 40.

167 Vgl. Resolution der Warnemünder FVG, 29. 9. 1948. AHR, 2.1.0, Nr. 318, Bl. 34–40.

168 Vgl. Verband der FWG an MfHV der DDR, HA Lebensmittelverarbeitung, Abt. Fischwirtschaft, betr. Kreditschwierigkeiten im Fischereiwesen, 16. 11. 1950. LAG, Rep. 233, Nr. 33.

169 Vgl. SMAD-Befehl Nr. 17, 2. 2. 1948: Über die Organisation des Fischfangs im Jahre 1948 in der SBZ. BArch DX 1.

170 Vgl. MfHV, Abt. Subvention, an Verband der FWG, 7. 4. 1948. LAG, Rep. 233, Nr. 33. Vgl. zur damaligen Kreditpraxis auch das Schreiben, das der Verband der FWG am 20. 7. 1953 u. a. an die Ministerien für Lebensmittelindustrie und Finanzen der DDR, den RdB Rostock und die BL der SED Rostock richtete. LAG, Rep. 233, Nr. 34, Bl. 56f.

teren satzungsmäßig gestellten Aufgaben wahrnehmen zu können, wurde der Verband im April 1948 zudem mit einem zinslosen Darlehen des Landes Mecklenburg unterstützt, dessen Umwandlung in eine Subvention bereits vorgesehen war.[171] Für einen erfolgreichen Geschäftsbetrieb benötigte der Verband allerdings weitaus mehr Mittel, insbesondere als sich schon Mitte 1948 ein Funktionswandel andeutete, denn die SMAD plante, den Verband der FWG mit eigenen Produktionsmitteln auszustatten.

Der Neubau von Fischereifahrzeugen war angesichts der völlig überalterten Flotte unbedingte Voraussetzung für den weiteren Ausbau der Ostseefischerei. Seit 1946 gab es diesbezügliche Anordnungen der SMAD, deren Umsetzung aber in den ersten Jahren auf nahezu unüberwindliche Schwierigkeiten gestoßen war.[172] Anfang Juni 1948 unterstrich die SMAD nochmals, dass der Ausbau der Fangflotte höchste Priorität hatte. Die Produktionskapazität sollte bis 1950 auf 350 Fahrzeuge jährlich gesteigert werden.[173] Ein Teil der Produktion sollte in die Sowjetunion gehen, doch waren etwa die Hälfte der in der Werft Damgarten in den Jahren 1949 und 1950 fertigzustellenden Kutter auf Befehl der SMAD durch die DWK auf die *„deutschen gewerblichen Fischereiorganisationen der Sowjetischen Besatzungszone"*, also die Fischereigenossenschaften, zu verteilen, ebenso wie alle über das Plansoll hinaus gefertigten Fahrzeuge.[174]

Dass die Besatzungsmacht mit dem Verband der FWG Mecklenburg weiterführende Pläne verfolgte, verdeutlicht ein weiterer Befehl vom 2. August 1948. Darin beauftragte die SMAD die DWK, dem *„Verband der gewerblichen Fischereigenossenschaften des Landes Mecklenburg"* im zweiten Halbjahr 1948 zunächst zwölf im Rahmen des Reparationsbauprogramms gefertigte Kutter zu übergeben und weitere

[171] Vgl. MfHV, Abt. Subvention, an Verband der FWG, 7. 4. 1948. LAG, Rep. 233, Nr. 33.

[172] Der bereits 1946 geplante Bau von 50 Kuttern konnte aufgrund des akuten Materialmangels und der hauptsächlichen Beschäftigung der Werften mit Reparationsaufträgen nicht durchgeführt werden. Vgl. Jahresbericht 1946. LHAS, 6.11-14, Nr. 7435. Auch das umfangreiche Kutterneubauprogramm, das die sowjetische Verwaltung in den Befehlen des Jahres 1947 in Auftrag gab, stagnierte, obwohl die beauftragten Werften von anderen Aufgaben freigestellt wurden. Vgl. SMAD-Befehl Nr. 8, 8. 1. 1947: Organisation des Fischfangs in der SBZ. BArch DX 1; SMA M-Befehl Nr. 18, 4. 2. 1947: Maßnahmen zur Umsetzung des Befehls Nr. 8 des Obersten Chefs der SMAD vom 8. 1. 1947: Über die Erfüllung des Fischfangplans im Jahre 1946. BArch DZ 47 F, Nr. 87687; SMAD-Befehl Nr. 233, 9. 10. 1947: Maßnahmen zur Steigerung des Fischertrages. BArch DX 1; SMA M-Befehl Nr. 85, 25. 5. 1948: Organisation des Baus und der Instandsetzung der Fischereiflotte des Landes. LHAS, 6.11-2, Nr. 1465 und Schütt, Geschichte der Fischerei (2004), S. 59.

[173] Dazu waren bestehende Werften zu erweitern und bis Januar 1949 in Stralsund, Damgarten und Wolgast drei neue Werften in Betrieb zunehmen Vgl. SMAD-Befehl Nr. 103, 7. 6. 1948: Einrichtung von Werften für den Bau von Schiffen für die Fischereiflotte in den Städten: Stralsund, Wolgast und Damgarten und zur Vergrößerung der Produktion der im Betrieb befindlichen Werften, BArch, DX 1. Der (Aus)Bau der Werften sollte hinsichtlich der Versorgung mit notwendigem Material und Arbeitskräften, Lebensmitteln und Wohnraum absolute Priorität haben. Hervorgegangen sind daraus die Volkswerft Stralsund, die Peenewerft Wolgast und die Boddenwerft Damgarten. Letztere existierte nur bis 1952.

[174] SMAD-Befehl Nr. 104, 9. 6. 1948: Über den Bau von Fischereifahrzeugen 1949–1950, BArch, DX 1.

zwanzig für den Verband auf kleineren Mecklenburger Werften bauen zu lassen. Zudem sah der Befehl vor, das in deutschen Betrieben und sowjetischer Verwaltung vorhandene Motoren- und Kuttermaterial beim Verband der FWG zusammenzuführen.[175] Anscheinend sollte nun der Verband Aufgaben in der Koordination der Reparaturen und des Neubaus der Fischkutter übernehmen, die zuvor noch dem mecklenburgischen Ministerium für Handel und Versorgung übertragen worden waren.[176] Diese kurzfristigen organisatorischen Wechsel sprechen dafür, dass hinsichtlich des einzuschlagenden Weges innerhalb der sowjetischen Administration eine gewisse Konfusion herrschte. Immerhin steht aber fest, dass die SMAD vorhatte, den Verband durch die Übernahme der Reparationskutter mit Produktionsmitteln auszurüsten. Wollte die SMAD den Verband so zur „Leitstelle progressiver Genossenschaftsentwicklung" machen, wie Scherer es rückblickend formuliert?[177] Sollten neben den Reparationskuttern auch die Neubaukutter als „echtes" genossenschaftliches Eigentum durch den Verband finanziert und eingesetzt werden oder sollte der Verband diese Kutter nur an die Fischer der FWG vermitteln?[178] Wenn auch diese Fragen nicht zu beantworten sind, bleibt die Erkenntnis, dass dem Verband von Seiten der SMAD zumindest temporär eine führende Rolle beim Auf- und Ausbau der mecklenburgischen Fischerei zugedacht war.

Für die Abnahme der zwölf sogenannten Reparationskutter und zur Finanzierung des Baus weiterer Kutter benötigte der Verband einen Kredit in Millionenhöhe. Doch bei der DWK war der Vorsitzende Heinrich Rau der Ansicht, der Verband sei eine *„Privat (Kapitalistische) Institution"*, deren Unterstützung mit den der DWK zugedachten Aufgaben nicht vereinbar sei, und verweigerte die Zustimmung zu einem Kredit daher zunächst. Der Vertreter des Verbands verwies darauf, dass, wenn durch Befehle der SMAD dem Verband kostenintensive Aufgaben gestellt würden, deren Finanzierung auch durch deutsche und sowjetische Stellen gewährleistet sein müsse. Der Verband wollte die zuständigen Stellen nötigenfalls zur Bereitstellung der notwendigen Mittel zwingen.[179] Schließlich wurde von der

[175] Dies betraf Kutter im Besitz deutscher Firmen ebenso wie Motoren und Fahrzeuge im Besitz der Länder-SMA. In Sachsen sollten in Sowjetischen Aktiengesellschaften 40 Dieselmotoren für den Verband angefertigt werden. Vgl. SMAD-Befehl Nr. 131, 2.8.1948: Über dringende Maßnahmen zum Zwecke der Vergrößerung des Fischfangs im 2. Halbjahr 1948. BArch DX 1.

[176] Vgl. SMA M-Befehl Nr. 85, 25.5.1948: Organisation des Baus und der Instandsetzung der Fischereiflotte des Landes. LHAS, 6.11-2, Nr. 1465.

[177] Scherer, Entwicklung der genossenschaftlichen See- und Küstenfischerei (1977), S. 209.

[178] So bemerkt Henning kritisch, dass der Verband lediglich die Verträge mit den Werften abschloss, jedoch weiterhin einzelne Fischer als Auftraggeber auftraten. Vgl. Henning, Die Entwicklung des genossenschaftlichen Sektors (1983), S. 25.

[179] Der Verband drohte damit, zunächst keine Verpflichtungen gegenüber den Werften einzugehen und so die Arbeiten zeitweilig lahm zu legen. Vgl. Reisebericht über eine Dienstreise am 4./5.11.1948 zur DWK nach Berlin, 6.11.1948. LAG, Rep. 233, Nr. 33, Bl. 306–308. Einen entsprechenden Antrag auf Bewilligung des Kredites mit einer detaillierten Auflistung der zu erfüllenden Aufgaben hatte die Landesregierung Mecklenburg an den DWK-Vorsitzenden Rau gesandt. Starosson und Höcker persönlich unterzeichneten das Schreiben, das zur Erfüllung der in den sowjetischen Befehlen gestellten Aufgaben die Gewährung eines Kredits von 13 Millionen DM an den Verband erbat. Vgl. MfHV, Abt. Subventionen, an den Vorsitzenden der DWK, Rau, 2.10.1948. Ebd., Bl. 311.

Deutschen Investitionsbank ein Kredit in Höhe von 9,5 Millionen Mark gewährt, für den das Land Mecklenburg die Bürgschaft übernahm.[180] Der Verband selbst sah in der im Befehl Nr. 131 gestellten Aufgabe im Übrigen eher eine Belastung und warnte das Ministerium für Handel und Versorgung in Schwerin, dass durch die hohen Anschaffungskosten ein rentabler Betrieb der Kutter nicht zu gewährleisten sei.[181]

Die ablehnende Haltung Raus ist ein deutlicher Hinweis darauf, dass man die sowjetischen Absichten bezüglich des Verbands bei der DWK nicht guthieß. Im Verlauf des zweiten Halbjahres 1948 hatte sich die SED immer deutlicher gegen den privatwirtschaftlichen Sektor, zu dem auch das landwirtschaftliche Genossenschaftswesen gehörte, positioniert. Im Zweijahresplan war eine bedeutende Erweiterung der Fischerei in Mecklenburg vorgesehen,[182] und die DWK favorisierte dafür das Modell des Volkseigenen Betriebs (VEB), das direkte staatliche Lenkung und damit einen effektiveren Zugriff als auf den „gewerblichen" Verband versprach.[183]

Die sowjetische Verwaltung zeigte sich in dieser Hinsicht flexibel. Auf einer Besprechung in Schwerin Ende November 1948 berichtete Wakurow einerseits über die nunmehr erfolgte Freigabe der Kutter aus dem Reparationsprogramm an den Verband der FWG, um gleichzeitig die Bereitschaft der SMAD, den neu zu gründenden volkseigenen Betrieben Kutter und Logger zur Verfügung zu stellen, zu verkünden. Anfang Dezember fiel dann die endgültige Entscheidung zur Gründung der volkseigenen Fischerei in Saßnitz.[184]

Was immer die SMAD mit der Ausstattung des Verbandes mit eigenen Fahrzeugen hatte bezwecken wollen, mit der Zustimmung zur Gründung des ersten volkseigenen Fischereibetriebs VEB Ostseefischerei Mecklenburg, später VVB Saßnitz, im Januar 1949 rückte sie von ihrem Vorhaben ab. Die Reparationskutter wurden dem Verband nach nur wenigen Monaten wieder abgenommen und am 7. Februar 1949 offiziell dem neuen Betrieb in Saßnitz übergeben. Die vorliegenden Veröffentlichungen aus der DDR-Zeit begründen dies mit dem Versagen des Verbandes hinsichtlich einer rentablen Betriebsführung der Kutter oder schlicht mit der „Unfähigkeit und destruktiven Haltung" der damaligen Verbandsleitung.[185] Der

[180] Vgl. Verband der FWG an MfHV, Abt. Subventionen, 21. 12. 1948. LAG, Rep. 233, Nr. 33, Bl. 276 und Deutsche Investitionsbank an Verband der FWG, 18. 1. 1949. Ebd., Bl. 259.

[181] Vgl. Verband der FWG an MfHV, Abt. Subventionen, 21. 12. 1948. LAG, Rep. 233, Nr. 33, Bl. 276.

[182] Vgl. Ciesla, Fischindustrie (1992), S. 157, mit FN 52. Vgl. auch Schwabe, Arroganz der Macht (1997), S. 144.

[183] Ein Hinweis darauf findet sich ohne Quellenangabe in einer Veröffentlichung zur Hochseefischerei der DDR. Hier heißt es, dass die DWK am 6. 10. 1948 beschloss, bis 1950 in Saßnitz Hafenanlagen zu errichten und dafür 110 Holzkutter, Fischereigerät und Wohnungen zur Verfügung zu stellen. Vgl. Hahlbeck/Strobel, Hiev up (1997), S. 13. Vgl. auch Hahlbeck, Geschichte der ostdeutschen Hochseefischerei (1998), S. 162. In der entsprechenden Überlieferung der DWK-Protokolle im Bundesarchiv findet sich ein solcher Beschluss jedoch nicht.

[184] Vgl. die Erinnerungen von Werner Klawitter, Planungsleiter der VVB Nahrungsmittel, der an oben genannter Besprechung teilnahm, in: Hahlbeck/Strobel, Hiev up (1997), S. 13.

[185] Scherer, Entwicklung der genossenschaftlichen See- und Küstenfischerei (1977), S. 209. Vgl. auch Henning, Die Entwicklung des genossenschaftlichen Sektors (1983), S. 23.

Vorwurf der „*Misswirtschaft*“ findet sich auch in zeitgenössischen Parteiquellen.[186] Es bleibt unklar, ob wirklich schlecht gewirtschaftet wurde oder ob dies, was wahrscheinlicher ist, lediglich ein Vorwand war, um die Kutter an den volkseigenen Betrieb geben zu können und die Verbandsleitung auszuschalten. Noch im Dezember hatte man dort ja selbst auf die zu erwartende Unrentabilität des Kutterbetriebs hingewiesen. Und nachdem die Entscheidung zur Gründung eines volkseigenen Fischereibetriebs getroffen war, musste dieser schon aus Prestigegründen so rasch wie möglich mit Produktionsmitteln ausgestattet werden.

Die verantwortliche Verbandsleitung, die geschäftsführenden Vorsitzenden Fank und Freese wurden entfernt, im März 1949 setzte das Ministerium für Handel und Versorgung zur Leitung des Verbandes einen Treuhänder ein.[187] Max Fank, der wegen seiner Kontakte zum Ostbüro der SPD bei der Parteiführung der SED in Ungnade gefallen war, eignete sich vortrefflich als Sündenbock. Er wurde im März 1949 verhaftet.[188] Durch diese Entwicklung geriet der Verband in eine schwere Krise; es dauerte bis Ende 1949, bis endgültig geklärt war, ob und wie er weiterbestehen sollte.

e) Fazit

Die Entscheidung, das Genossenschaftswesen in der See- und Küstenfischerei flächendeckend zu installieren, hatte 1946 in erster Linie pragmatische Gründe. Für die SMAD hatten die Sicherstellung der Fischversorgung und die damit verbundene notwendige Produktionssteigerung Priorität. Beides versprach man sich von der genossenschaftlichen Organisation. Radikale Veränderungen waren hingegen mit Rücksicht auf die offene Deutschlandfrage in Moskau noch nicht erwünscht. Für die Bereitschaft der Fischer zum genossenschaftlichen Zusammenschluss waren die Garantie des Privateigentums und die Beibehaltung ihres Status als selbständige Kleinunternehmer ausschlaggebend. Experimente mit originär sozialistischen Arbeitsformen im primären Sektor waren zu diesem Zeitpunkt nicht opportun. Ob die künftige Transformation des privatwirtschaftlichen Fischereigenossenschaftswesens zu einer genossenschaftlichen Organisation auf sozialistischer Basis in den ersten Nachkriegsjahren bereits mehr als eine mögliche Perspektive war, ist fraglich.

[186] Vgl. Bericht über die Generalversammlung des Verbands der FWG in Stralsund am 18./19.12.1949, LHAS, 10.34-2, Nr.311, Bl.200–202.

[187] Vgl. ebd. Möglicherweise handelte es sich dabei um Walter Freese, ebenfalls ein ehemaliger Sozialdemokrat, dem Kontakte zum Ostbüro der SPD nachgesagt wurden. Vgl. Michels, Einheitszwang (1999), S.236.

[188] Fank wurde zu 25 Jahren Zuchthaus verurteilt. Nach seiner Entlassung 1954 siedelte er in die Bundesrepublik über. Vgl. Malycha, Auf dem Weg zur SED (1996), S.3 mit FN 1. Im Zuge der Transformation der SED zur „Partei neuen Typus“ wurden nach Angaben von Klaus Schwabe zwischen 1947 und 1951 etwa 5000 Sozialdemokraten in Mecklenburg(-Vorpommern) verfolgt und aus der SED ausgeschlossen. Vgl. Schwabe, Zwangsvereinigung (1996), S.100. Vgl. dazu auch Brunner, Schein der Souveränität (2006), S.159f.

Dass dies in der spärlichen DDR-Literatur zur See- und Küstenfischerei rückblickend als eine schon zu diesem Zeitpunkt zielgerichtete und geplante Entwicklung dargestellt wird, ist ideologischen Gründen geschuldet. Henning interpretiert 1983 in diesem Sinne den „Zusammenschluss der zahlreichen privaten Einzelfischer in der Zirkulationsphase" als „Beginn der späteren vollen Anwendung des Leninschen Genossenschaftsplanes in der See- und Küstenfischerei."[189] Die Förderung des Genossenschaftswesens in der Fischerei erinnert tatsächlich an den – von Stalin abgebrochenen – Neuen Ökonomischen Plan (NÖP) Lenins, der die privatwirtschaftlichen Genossenschaften als „Transformationsstrategie für ein kleinbäuerlich strukturiertes Land" favorisierte.[190] Die Struktur der See- und Küstenfischerei, das Vorherrschen der nicht genossenschaftlich organisierten Kleinfischerexistenzen legt rückblickend diesen Vergleich nahe, auch wenn es keine Hinweise gibt, dass der NÖP zeitgenössisch eine Rolle gespielt hätte.

Der Vergleich mit dem landwirtschaftlichen Genossenschaftswesen ist aufgrund der strukturellen Unterschiede schwierig. Die bestehenden landwirtschaftlichen Genossenschaften nutzte die SMAD ebenfalls aus den oben genannten pragmatischen Gründen, forderte und förderte aber Neugründungen nicht im gleichen Maß wie in der Fischerei. Die Umwälzung der Eigentumsverhältnisse durch die Bodenreform 1945 hatte mit den Bauernausschüssen, die später in der Vereinigung der gegenseitigen Bauernhilfe (VdgB) aufgingen, eine Parallelorganisation hervorgebracht, für die es in der Fischerei kein Pendant gab. Die traditionslosen Neugründungen, die sowohl politische als auch ökonomische Funktionen übernahmen, erschienen leichter zu instrumentalisieren als die bestehende Genossenschaftsorganisation. Zwei Schauprozesse gegen leitende Genossenschaftsangestellte und die Verschmelzung mit der VdgB besiegelten 1950/51 das Ende des landwirtschaftlichen Genossenschaftswesens in der DDR.[191]

Da das Genossenschaftswesen in der Fischwirtschaft nicht vergleichbar fest verankert gewesen war, mag man geglaubt haben, dass es beeinflussbar genug sein würde, um einmal die erwünschten Transmissionsfunktionen zu übernehmen, die man in der Landwirtschaft letztlich der VdgB übertrug. Die Besatzungsmacht war auf der Suche nach Strukturen, die „den wirtschafts- und versorgungspolitischen Interessen genügen und gesellschaftspolitisch möglichst flexibel gehandhabt

189 Henning, Die Entwicklung des genossenschaftlichen Sektors (1983), S. 21.

190 Die privatwirtschaftlichen Genossenschaften sollten zu kollektiver Selbsthilfe, Gemeinsinn und Gemeinschaftsarbeit erziehen und so auf den Sozialismus vorbereiten. Stalin beendete das Experiment des NÖP 1929. Vgl. Scherstjanoi, SED-Agrarpolitik (2007), S. 78–82, Zitat S. 78.

191 Vgl. Schöne, Frühling auf dem Lande (2002), S. 65–68 und ausführlich ders. Landwirtschaftliches Genossenschaftswesen (2000) und ders. Raiffeisengenossenschaften (1997), S. 180–186. Während Sabine Marquardt, Entdifferenzierung (2003), S. 38, betont, dass die VdgB ab Mitte 1946 im Hinblick auf das politische Fernziel Kollektivierung gezielt als Konkurrenzorganisation zu den Genossenschaften aufgebaut wurden, sieht Elke Scherstjanoi, SED-Agrarpolitik (2007), S. 82, im parallelen Bestehen von Genossenschaften und VdgB die bis 1947/48 nur verhaltene „gesellschaftsgestaltende[] Absicht" der sowjetischen Seite bestätigt. Detailliert zur Entwicklung des landwirtschaftlichen Genossenschaftswesens im Land Brandenburg vgl. Sattler, Wirtschaftsordnung (2002), Bd. 1, S. 181–199 und 464–491.

werden konnten.“ Zumindest in der Fischerei hatten privatwirtschaftliche Genossenschaften darin nach wie vor ihren Platz.[192] Dass dem so war, belegt auch der Plan der SMAD, den Verband und die FWG mit Produktionsmitteln auszustatten. Die ablehnende Haltung der DWK in dieser Frage weist hingegen schon auf den zukünftigen, radikaleren Kurs in der DDR hin.

3. Die Organisation des Fischereiwesens in der SBZ

a) Im Dienst der Roten Armee: Die See- und Küstenfischerei nach Kriegsende

Nachdem die landwirtschaftlichen Erträge ebenso wie der Nutztierbestand im letzten Kriegsjahr auch durch die Kampfhandlungen drastisch gesunken waren und die Versorgung der Bevölkerung nicht mehr durch Lieferungen aus den ausgebeuteten besetzten Gebieten bestritten werden konnte, stellte sich die Ernährungslage in Mecklenburg und Vorpommern ebenso wie in ganz Deutschland katastrophal dar. Die Bevölkerung wuchs durch den Zustrom von Flüchtlingen und Vertriebenen und auch die sowjetischen Besatzungstruppen mussten versorgt werden.[193] Umso wichtiger war die rasche Wiederaufnahme der See- und Küstenfischerei auch unter ungünstigen Bedingungen: In Folge des Krieges waren zahlreiche Boote zerstört und viele Fischer geflohen oder noch nicht zurückgekehrt; zudem herrschte akuter Materialmangel. Die intensive Befischung während des Krieges hatte die Fischbestände stark dezimiert.[194] Die Fischerei setzte diesen Widrigkeiten zum Trotz unmittelbar nach Ende der Kampfhandlungen wieder ein. Während die deutschen Lokalverwaltungen versuchten, im Auftrag der Militärkommandanten den Fischfang zu reorganisieren, sicherten sich die Truppen der Roten Armee durch Requirierungen den Großteil der verbliebenen Küstenfischereiflotte. Der Interessenkonflikt zwischen Bevölkerungsversorgung und Truppenversorgung sollte die folgenden Monate bestimmen.[195] Wie die Rote Armee

[192] Scherstjanoi, SED-Agrarpolitik (2007), S. 94, stellt dies für die SMAD-Politik gegenüber den Bauernorganisationen bis Anfang 1948 fest. Ihre Sichtweise, so Arnd Bauerkämper, vernachlässige aber die Tatsache, dass ein Übergang zu kollektivwirtschaftlichen Produktionsformen im Agrarsektor zumindest angelegt war. Vgl. Bauerkämper: Rezension, in: sehepunkte 8 (2008). Die geschichtswissenschaftliche Debatte um Motive und Ziele der agrarpolitischen Akteure in der SBZ/DDR kann hier nicht erschöpfend wiedergegeben werden.

[193] Zur Situation in Mecklenburg und Vorpommern, vgl. Brunner, Schein der Souveränität (2006), S. 288; speziell zur Problematik der Flüchtlinge vgl. Holz, Flüchtlinge und Vertriebene (2004), S. 121–125.

[194] Vgl. dazu Ciesla, Fischindustrie (1992), S. 155. Vgl. auch Schütt, Geschichte der Fischerei (2004), S. 52f.

[195] Die Ereignisse des Jahres 1945 werden in der vorliegenden Literatur kaum erhellend und zumeist ideologisch überformt dargestellt. Am ausführlichsten bei Scherer, Entwicklung der genossenschaftlichen See- und Küstenfischerei (1977), S. 203–205. Scherer zeichnet allerdings ein zu idealistisches Bild von der Wiederaufnahme der Fischerei, die Zivilbevölkerung und Roter Armee in gleichem Maße geholfen hätte. Vgl. außerdem: Gries, Zehn Jahre Entwick-

ihre Interessen zu Lasten der Zivilbevölkerung und teilweise gegen den Willen der sowjetischen Militärverwaltung durchzusetzen versuchte, wird im Folgenden am Beispiel von Stralsund, Wismar und Warnemünde näher beleuchtet.

Wenige Tage nachdem Stralsund am 1. Mai 1945 von den Truppen der Roten Armee eingenommen worden war, hatte der zum Oberbürgermeister ernannte Otto Kortüm die Wiederaufnahme der Fischerei in der Stadt Stralsund angeordnet. Erfassung und Verkauf der Fische sollten dabei nach den bisher üblichen kriegswirtschaftlichen Modalitäten ablaufen. Fischereigerät und Reusen nicht ortsanwesender Fischer waren von den anderen Berufsfischern mitzunutzen.[196] Als am Tag darauf Max Fank, Vorsitzender der SPD Stralsund und ehemaliger Fischer, als Beauftragter für das Fischereiwesen der Stadt Stralsund eingesetzt wurde, hieß die ihm gestellte Aufgabe, *„die Fischerei für die Volksernährung in Gang zu bringen."*[197] Angesichts der generell katastrophalen Versorgungslage in der mit Flüchtlingen überfüllten Stadt war dies für Stralsund von besonderer Bedeutung.[198]

Fank gründete zu diesem Zweck eine Arbeitsgemeinschaft Stralsunder Fischer, in der alle verfügbaren Kräfte und Fischereigerätschaften zusammengefasst wurden.[199] Letztlich blieb jedoch der Erfolg dieser Maßnahmen für die Stadt gering. Allein die zwischen dem 6. und 14. Mai 1945 angelandeten Fänge – ca. 25 000 Kilo – kamen zur Versorgung der Zivilbevölkerung zum Einsatz. Seit Mitte Mai lieferte die Verteilerstelle den Fisch fast ausschließlich an die Rote Armee. Zwischen dem 6. Juni und 23. Juli 1945 wurden nur 7680 Kilo Fisch an die Zivilbevölkerung verteilt; höchstens ein Viertel der auf 40 000 Einwohner geschätzten Bevölkerung konnten in diesem Zeitraum überhaupt einmal mit Fisch versorgt werden, wie einer Aufstellung der städtischen Fischereiabteilung zu entnehmen ist. Am 24. Juli 1945 wurde die Fischerei auf Anordnung des Stadtkommandanten schließlich auch offiziell der Roten Armee unterstellt.[200]

In Wismar schloss der Leiter des sogenannten Fischcartells Wismar, das aus den Kuttern dreier ortsansässiger Fischer bestand, am 20. Juli im Auftrag des Oberbür-

lung, S. 136; Henning, Die Entwicklung des genossenschaftlichen Sektors (1983), S. 9. Leider nur skizzenhaft: Hahlbeck, Die Kutter- und Küstenfischerei MVP (1998), S. 39f. Ciesla, Fischindustrie (1992), streift die Jahre 1945 und 1946 nur kurz.

196 Vgl. Scherer, Entwicklung der genossenschaftlichen See- und Küstenfischerei (1977), S. 204, Abb. 1.

197 Fischereiamt Stralsund an Stadtkommandanten Stralsund, 23. 9. 1945, StAS, Nl Fank.

198 Zur Situation in der Stadt vgl. Geschichte Stralsund (1985), S. 340f.

199 Von den für das Stadtgebiet Stralsund durch die Anordnung der Hauptvereinigung der Deutschen Fischwirtschaft festgelegten Fischgroßhandelsfirmen wurde auf Anraten Fanks allein die Stralsunder Fischverwertungsgenossenschaft wieder zugelassen. Vgl. Fischereiamt Stralsund an Stadtkommandanten Stralsund, 23. 9. 1945. StAS, Nl Fank.

200 Vgl. Sekretariat des Industriewesens, Abt. Fischerei (Fank) an Bürgermeister Frost, 24. 7. 1945. StAS Nl Fank. Die von Scherer genannte Zahl von 1400 Zentner Fisch, die der Bevölkerung Stralsunds dank der Wiederingangsetzung der Fischerei durch die sowjetische Militärkommandantur bereits im Mai 1945 wieder zur Verfügung gestanden haben sollen, scheint dem Bedürfnis, die Rolle der Besatzer in positivem Licht darzustellen, entsprungen. Vgl. Scherer, Entwicklung der genossenschaftlichen See- und Küstenfischerei (1977), S. 205 mit FN 3. Als Quelle nennt er die Erinnerungen russischer Kriegsteilnehmer.

germeisters einen bis zum 1. Januar 1946 gültigen Liefervertrag mit dem Vertreter der örtlichen Militäreinheit. Der voraussichtliche Fangertrag der drei Kutter wurde auf 2,5 Tonnen täglich geschätzt. Die Einheit der Roten Armee übernahm laut Vertrag nicht nur die Bezahlung zu ortsüblichen Tagespreisen, sondern auch die Verpflegung und die Versorgung der Fischer mit Berufskleidern, mit Brennstoff und Schmieröl.[201] Das Fischcartell war anscheinend eher eine Zwangsgemeinschaft der einsatzfähigen großen Kutter, die betroffenen Fischer jedenfalls beklagten, der Vertrag sei über ihre Köpfe hinweg abgeschlossen worden.[202]

In Warnemünde wurde im Juni 1945 durch die Stadtverwaltung eine provisorische Fischereigenossenschaft ins Leben gerufen und am 22. Juli 1945 ein Fischablieferungsabkommen zwischen der Stadtverwaltung und dieser Fischereigenossenschaft einerseits und der Roten Armee andererseits geschlossen. Der Vertrag sah die Lieferung von 2500 Tonnen Fisch zwischen August 1945 und Januar 1946 vor. Die gezahlten Preise bewegten sich etwa auf Kriegsniveau. Auch die Abgabe von Diesel- und Schmieröl, die sich die Rote Armee bereitzustellen verpflichtete, sollte zu im Jahr 1944 gültigen Preisen erfolgen. Wie in Wismar waren die Versorgung mit Lebensmitteln und eine Zusatzverpflegung je abgelieferter Tonne vereinbart.[203]

Verträge dieser Art wurden überall an der Küste abgeschlossen, allerdings nicht immer unter Einbezug der lokalen Behörden und nicht überall als Sammelvertrag. Unabhängig von den unterschiedlichen Modalitäten, waren damit die meisten Fischer der Ostseeküste vertraglich an die Rote Armee gebunden.[204] Die Er-

[201] Zusätzlich verpflichtete sich die Rote Armee, den Fischern für jede angelandete Tonne Fisch 50 Kilo Mehl, 100 Kilo Kartoffeln, 1 Kilo Zucker sowie 1 Liter Sprit (Schnaps) zu verkaufen. Vgl. Vertrag über die Fischerei durch das Fischcartell Wismar für die örtliche Militäreinheit der Roten Armee, 20.7.1945. LHAS, 6.11-14, Nr. 7440.

[202] Vgl. Aktenvermerk über die Fischereiwirtschaft an der Ostseeküste, 25.9.1945. LHAS, 6.11-14, Nr. 7440.

[203] Vgl. Fischereigenossenschaft Warnemünde an OB Rostock und Stadtverwaltung Warnemünde, 12.10.1945. AHR, 2.1.0, Nr. 303, Bl. 16f.; Fischereigenossenschaft Warnemünde an die Stadtkasse Warnemünde, 1.8.1945. AHR, 2.1.0, Nr. 1652 und Vertrag zwischen der sowjetischen Militäreinheit Feldpost-Nr. 11296 und dem Bürgermeister der Stadt Warnemünde sowie dem Leiter der Fischereigenossenschaft Warnemünde, 10.8.1945 (rückwirkend zum 1.8.1945). AHR, 2.1.0, Nr. 303, Bl. 4–6.

[204] Um den Bedarf der Truppen zu sichern, hatte der Kriegsrat der sowjetischen Streitkräfte im Juli 1945 einen Beschluss über die Organisation des Fischfangs an der Ostseeküste gefasst, der – so die Erinnerungen Marshall Shukovs – die Truppen der 1. Belorussischen Front aufforderte, im zweiten Halbjahr 1945 21 000 t Fisch einzubringen. Die Bedeutung des anscheinend nicht edierten Beschlusses ist schwer einzuschätzen, möglicherweise war er Auftakt zu den Ende Juli zu konstatierenden Vertragsabschlüssen zwischen Roter Armee und Fischern bzw. lokalen Behörden. Der Befehl wird in der Literatur mehrfach ohne befriedigende Quellenangabe genannt. Vgl. Scherer, Entwicklung der genossenschaftlichen See- und Küstenfischerei (1977), S. 204 mit FN 1, er zitiert den Inhalt des Beschlusses nach den Erinnerungen Marshall Shukovs. (Vgl. Schukow, Erinnerungen und Gedanken (1969), S. 655). Henning, S. 9 mit FN 11 nennt sogar eine falsche Quellenangabe. Darüber hinaus erscheint auch die Zahl von 21 000 t nicht nur für ein Halbjahr als viel zu hoch angesetzt. 1938 hatte der Jahresertrag der gesamten Ostseefischerei (also ohne die Gebietsverluste des Krieges) lediglich 56 000 t betragen. Im Januar 1946 wurde für die See- und Küstenfischerei ein Jahressoll von 19 000 t festgelegt.

träge der Fischerei kamen also der Zivilbevölkerung, wenn überhaupt, nur in geringem Ausmaß zugute.[205]

Anfang September hatte die Abteilung Landwirtschaft und Forsten in Schwerin daher die lokalen Verwaltungen daraufhingewiesen, dass keine generelle Ablieferungspflicht mehr für Fisch bestünde und dieser mithin frei verkauft werden dürfte. Zur Versorgung der Bevölkerung sollten jetzt auch die Stadtverwaltungen mit Fischern Verträge abschließen.[206] Die Erhöhung des Fischfangs als zusätzliche Ernährung der Bevölkerung war die „Empfehlung" des Chefs der SMA Mecklenburg, Skossyrew.[207] Die Umsetzung dieser Anweisung erwies sich jedoch als problematisch, berührte sie doch vitale Interessen der stationierten Truppen. Zudem waren höchstens einige Kleinfischer noch nicht vertraglich gebunden.

Mitte September war Max Fank vom Oberbürgermeister und dem Stadtkommandanten von Stralsund aufgefordert worden, eine Fischerflotte zur Versorgung der Zivilbevölkerung zusammenzustellen. Doch seine Bemühungen, die Fischer, deren Verträge mit der Besatzungsmacht gerade ausliefen, für die Stadt zu gewinnen, scheiterten. Zwar hatten die betreffenden Fischer dem Geschäftsführer der FVG erklärt, sie hätten *„keine Lust mehr"*, neue Verträge mit der Roten Armee abzuschließen, da sie diese zum einen nicht lesen könnten und sie zum anderen zu Lieferungen verpflichtet würden, die nicht einzuhalten seien.[208] Doch eine diesbezügliche Besprechung wurde durch das Erscheinen des für Fischerei zuständigen Hauptmanns Wassilo gestört. Er warf Fank Sabotage vor und drohte ihm mit Inhaftierung, falls er die Fischer nicht auffordere, die Verträge mit der Roten Armee zu unterzeichnen. Fank lehnte dies ab und so wurden die Fischer an den darauffolgenden Tagen aus ihren Wohnungen geholt und ebenfalls unter *„Androhung des Abführens"* zum Unterzeichnen der Verträge gezwungen.[209] Fank – dessen Weigerung offenbar keine schwerwiegenden Konsequenzen hatte – gelang es daher lediglich, eine Flotte aus einigen Ruderbooten zusammenstellen. Deren Fangleistung belief sich nur auf etwa 50 Kilo pro Woche, die sie an die Fischverwertungsgenossenschaft ablieferten. Der Vertrag sah 25 Prozent Eigenbehalt und die Versorgung mit Betriebsmitteln durch die FVG vor. Nachdem Fank zum 1. Oktober seine Arbeit als Oberfischmeister aufnahm und aus dem Dienst der Stadt ausschied, wurden dort anscheinend keinerlei weitere Bemühungen zur Beschaffung von Fisch für die Bevölkerung unternommen. [210]

[205] Vgl. Sitzung der Landesverwaltung mit den Vertretern von SPD, KPD und CDU über die Ernährungslage im Lande, 14.12.1945, abgedruckt in: Brunner, Ernannte Landesverwaltung (2003), S. 418–425 (Dokument 91).

[206] Vgl. ein Schreiben des Staatlichen Fischereiamtes (o. A.), 26.11.1945. StAS Nl Fank.

[207] Vgl. Sitzung bei der SMA mit Vertretern der Landesverwaltung, der Parteien, der Gewerkschaften, des Kulturbundes und der Kirche, 19.9.1945, abgedruckt in: Brunner, Ernannte Landesverwaltung (2003), S. 314–317 (Dokument 57).

[208] Fischereiamt Stralsund an Stadtkommandanten Stralsund, 23.9.1945, StAS, Nl Fank.

[209] Vgl. Fischereiamt Stralsund (Fank) an den Präsidenten des Landes Mecklenburg-Vorpommern, 25.9.1945. LHAS, 6.11-14, Nr. 7436.

[210] Vgl. ein Schreiben des Staatlichen Fischereiamtes (o. A), 26.11.1945. StAS Nl Fank und Raiffeisen-Fischverwertung Stralsund, Vertragsvordruck o. D., August/September 1945, LHAS, 6.11-14, Nr. 7436.

In Warnemünde waren nur 30 Kleinfischer mit etwa 20 Booten nicht vertraglich an die Rote Armee gebunden. Sie lieferten ihre Fänge, die wöchentlich nur wenige hundert Kilo betrugen, zu 50 Prozent an die Kommandantur, die anderen 50 Prozent gingen in den freien Verkauf.[211] Mit diesen Kleinfischern schloss die Stadt Rostock nun nach Aufforderung durch die Landesverwaltung und die SMA Mecklenburg einen Liefervertrag, der sich stark an der nationalsozialistischen Kriegswirtschaft orientierte. So wurden die vor dem 12. Mai 1945 geltenden Preise, Sortierungen und Richtlinien für Verteilung und der Verkauf durch zugelassene Kleinhändler ausdrücklich bestätigt. Der Vertrag sah des Weiteren eine *„angemessene Menge"* für den Eigenbehalt und die Verteilung des durch die Landesverwaltung zur Verfügung gestellten Benzins und Schmieröls nach Fangertrag vor. Als Verteilerstelle fungierte die im Juni gegründete Fischereigenossenschaft Warnemünde.[212] Es dürfte vor allem pragmatische Gründe gehabt haben, dass die Modalitäten des Vertrages denen der nationalsozialistischen Kriegsbewirtschaftung so auffällig ähnelten: Die Anweisungen des Reichsnährstandes entsprachen den Bedürfnissen der unmittelbaren Nachkriegszeit; neue Bestimmungen gab es noch nicht.[213] Die Stadt Rostock verpflichtete sich dazu, den freien Fischfang Tag und Nacht zu garantieren und etwaige weitere Behinderungen der Fischerei durch Verhandlungen mit der Besatzungsmacht abzustellen.[214] Angesichts der zahllosen Zwischenfälle mit Angehörigen der Roten Armee war dieser Punkt von besonderer Wichtigkeit. Im Übrigen kam auch dieser Vertrag nicht ohne Druck zustande; die Einladung zu der dem Vertragsabschluss vorausgehenden Kleinfischerversammlung war mit dem ausdrücklichen Hinweis versehen worden, dass Nichterscheinen den Entzug des Fischereischeins zur Folge haben würde.[215]

Das Landratsamt Wismar hatte im September elf Fischer unter Vertrag genommen, die für die Zivilbevölkerung fischen sollten.[216] Inhaltlich entsprachen die Vertragsbedingungen den oben geschilderten in allen Punkten. Als Verteilerstelle wurde die Fischzentrale Wismar bestimmt, die der Landesverwaltung bzw. dem Landrat Wismar unterstand. Die Verteilung von Treibstoff und Schmieröl sollte auch hier nach der abgelieferten Fangmenge erfolgen.[217] Die Treibstoffversorgung

[211] Vgl. Aktenvermerk über die Fischereiwirtschaft an der Ostseeküste, 25.9.1945. LHAS, 6.11-14, Nr. 7440.

[212] Vgl. den Vertrag zwischen der Fischereigenossenschaft Warnemünde und der Stadt Rostock. 28.9.1945. AHR, 2.1.0, Nr. 303, Bl. 9f.

[213] Vgl. den Jahresbericht der Fischereiabteilung der Landesverwaltung für 1946. LHAS, 6.11-14, Nr. 7435.

[214] Vgl. den Vertrag zwischen der Fischereigenossenschaft Warnemünde und der Stadt Rostock. 28.9.1945. AHR, 2.1.0, Nr. 303, Bl. 9f.

[215] Vgl. das Einladungsschreiben der Fischereigenossenschaft Warnemünde zu einer auf Anordnung des Bürgermeisters Kuphal und der Landesverwaltung einberufenen Kleinfischerversammlung, 26.9.1945. AHR, 2.1.0, Nr. 1652.

[216] Darunter befanden sich jedoch auch die drei Kutter des Fischcartells, die sich an die Verträge mit der Roten Armee nicht gebunden fühlten. Vgl. Aktenvermerk über die Fischereiwirtschaft an der Ostseeküste, 25.9.1945. LHAS, 6.11-14, Nr. 7440.

[217] Vgl. beispielhaft den Liefervertrag zwischen dem Landrat des Kreises Wismar und dem Fischer Otto Röpke, Seestadt Wismar, 21.11.1945. LHAS, 6.12-1/21, Nr. 586/5b.

erwies sich weiterhin als besonders problematisch. Im November 1945 lagen deshalb zeitweise 30 Kutter auf Poel still.[218]

Vergleicht man die Vertragsbedingungen, so erscheinen die der Roten Armee durchaus lukrativer gewesen zu sein, enthielten sie doch zusätzlich das Anrecht auf Lebensmittelversorgung und Prämien. Inwieweit diese jedoch erfüllt wurden, ist fraglich. Auch die Rahmenbedingen waren alles andere als angenehm. Die Fischer der Insel Poel hatten nicht nur bereits seit Wochen keine Bezahlung mehr erhalten, sie wurden trotz ungünstiger Wetterbedingungen mehrfach mit Waffengewalt zum Auslaufen gezwungen. Sie hätten nach eigenen Angaben lieber mit dem Landratsamt Ablieferungsverträge abgeschlossen.[219] Vor den Willkürakten der Besatzungssoldaten schützten allerdings auch diese nicht, selbst wenn sie auf Anordnung der Militäradministration zustande gekommen waren. Denn gerade auf lokaler Ebene herrschte zwischen den Vertretern der SMA Mecklenburg und den hier stationierten Truppen anfänglich eine gewisse „Kompetenzdiffusion" (Jan Foitzik). Als die Verträge der Poeler Fischer mit der Roten Armee Ende September ausliefen, forderte der Stadtkommandant von Wismar sie auf, umgehend für die Zivilbevölkerung zu fischen. Doch noch am selben Tag erschienen zwanzig russische Soldaten, die auf die einzelnen Boote verteilt wurden, um zu garantieren, dass der Fang weiterhin an die Truppen abgegeben wurde. Auch der heimkehrende Fischer Schwartz war vom Stadtkommandanten aufgefordert worden, für die Stadt zu fischen, wurde aber durch zwei russische Offiziere und den „Seekommandanten" zum Fischen für die Truppen abgestellt.[220] Dass die Fischer in Wegelagerermanier ihres Fanges beraubt wurden, war wohl ebenso übliche und geduldete Praxis wie die Beschlagnahme von Booten und Fischern für die Dienste der Roten Armee.[221] Die Landesverwaltung erwog daher, den Chef der SMA Mecklenburg um die Ausstellung von Passierscheinen zu bitten, um die Rote Armee daran zu hindern, den Fischern ihren Fang abzunehmen.[222] Denn eine ausreichende Versorgung der Bevölkerung war unter diesen Umständen nicht zu realisieren.

Für die landwirtschaftliche Produktion waren bereits seit Sommer 1945 Ablieferungsnormen festgesetzt worden, um die Versorgung der Bevölkerung und der sowjetischen Truppen zu sichern. Die totale Ablieferungspflicht der NS-Kriegs-

[218] Vgl. den Entwurf eines Schreibens der Landesverwaltung an den Chef der SMA für Zivilangelegenheiten M, 21.11.1945. LHAS, 6.11-14, Nr.7433 und FVG Warnemünde an OB Rostock, 27.10.1945. AHR, 2.1.0, Nr.303, Bl.26 sowie Landrat Wismar an die Abt. Landwirtschaft und Forsten, 2.10.1945. LHAS, 6.11-14, Nr.7436.

[219] Vgl. Aktenvermerk über die Fischereiwirtschaft an der Ostseeküste, 25.9.1945. LHAS, 6.11-14, Nr.7440.

[220] Vgl. das Schreiben des Landrates Wismar an die Abt. Landwirtschaft und Forsten, 2.10.1945, LHAS, 6.11-14, Nr.7436.

[221] Vgl. beispielhaft das Schreiben des Fischermeisters Gustav Pries aus Warnemünde an die Abt. Landwirtschaft und Forsten, 15.12.1945. AHR, 2.1.0, Nr.303, Bl.40.

[222] Vgl. Vizepräsident Mecklenburg an den Chef der SMA für Zivilangelegenheiten M, (Entwurf), 21.11.1945. LHAS, 6.11-14, Nr.7433. Es ist nicht nachzuvollziehen, ob ein solches Schreiben tatsächlich abging.

wirtschaft war zwar seit Sommer aufgehoben, freier Verkauf aber erst nach der Pflichtablieferung erlaubt.[223] Da schon die Erfüllung der Normen große Schwierigkeiten bereitete, blieb der freie Verkauf eine weitgehend theoretische Angelegenheit. Immer wieder kritisierte die SMA-Führung in Mecklenburg die ungenügenden Ablieferungen und verhängte im August 1945 sogar eine exemplarische Todesstrafe. Die Versorgungslage blieb prekär.[224]

Eine planmäßige Erfassung der Fischfänge fand dagegen bis Ende 1945 überhaupt nicht statt. Aus den akuten Bedürfnissen der Besatzungstruppen hatte sich ein Vertragssystem gebildet, das über 90 Prozent der Fischer an lokale Militäreinheiten der Roten Armee band. Ende 1945 waren von 919 für den Fischfang zur Verfügung stehenden Fahrzeugen allein 861 für die Rote Armee im Einsatz. Für die Versorgung der Zivilbevölkerung blieben nur Ruderboote oder Fahrzeuge mit kleinster Motorisierung.[225] Der in Zeiten der mangelhaften Ernährungslage so bedeutsame Eiweißlieferant Fisch blieb nicht nur der Zivilbevölkerung weitgehend verwehrt, sondern war auch der Kontrolle der zuständigen Abteilung für Handel und Versorgung der sowjetischen Militärverwaltung entzogen. Die Integration der Fischerei in den Versorgungsplan erschien dringend geboten.

Als im Herbst mit den Arbeiten für den Wirtschaftsplan des Jahres 1946 begonnen wurde,[226] fand am 23. Oktober 1945 eine erste Besprechung der damals zuständigen Abteilung Landwirtschaft der Landesverwaltung mit dem stellvertretenden Chef der Abteilung für Handel und Versorgung der SMAD (Shidow) über die Festsetzung von Jahresnormen für die Fischerei statt. Die Jahresplanung des Fischfangs erfolgte unter der Voraussetzung der Auflösung aller bestehenden Verträge mit der Roten Armee.[227] Hier kündigte sich ein baldiges Ende der Sonderstellung der Fischerei an. In Erwartung einer Annullierung der Verträge wies die Landesverwaltung die Kommunalverwaltungen an, nach Ablauf der bestehenden Verträge mit der Roten Armee alle Fischer vertraglich zur Versorgung der Zivilbevölkerung zu verpflichten.[228]

Offenbar ebenfalls in Vorbereitung auf die bevorstehende Neuorganisation des Fischfangs wurde Fisch – entgegen der anderslautenden Anweisung der Landesverwaltung aus dem September – dann Ende des Jahres wieder bewirtschaftet.

223 Vgl. Bauerkämper, Ländliche Gesellschaft (2002), S. 127 und Scherstjanoi, SED-Agrarpolitik (2007), S. 114f. Ab 1946 wurde die Ablieferungspflicht mit Produktionsauflagen gekoppelt.

224 Der Bauer Hans Litz wurde zum Tode verurteilt, da er „böswillig“ 23 ha Aussaatfläche verheimlicht hatte. Vgl. Brunner, Ernannte Landesverwaltung (2003), S. 73f.

225 Vgl. die Aufstellung über die für den Fischfang zur Verfügung stehenden Fischereifahrzeuge (ohne Kreis Usedom) nach PS-Zahl, Segel-/Ruderbooten, 23. 12. 1945. LHAS, 6.11-14, Nr. 7433.

226 Vgl. Brunner, Schein der Souveränität (2006), S. 311.

227 Diese Normen orientierten sich an der PS-Stärke der Fahrzeuge. Vgl. Aktenvermerk der Abt. Landwirtschaft, 23. 10. 1945. LHAS, 6.11-14, Nr. 7427, Bl. 232. Die Einrichtung der Abteilung Handel und Versorgung bei der Landesverwaltung erfolgte wenige Tage später. SMA M-Befehl Nr. 36, 29. 10. 1945: Bildung einer Abteilung für Handel und Versorgung im Bestand der Verwaltung des Landespräsidenten. LHAS, 6.11-2, Nr. 1462.

228 Vgl. das diesbezügliche Telegramm der Landesverwaltung, das als Abschrift mit Bemerkungen u. a. an den Chef der Polizei ging. 12. 12. 1945. AHR, 2.1.0, Nr. 1652. 211, 035.

Freier Verkauf oder Tausch stand unter Strafe, eine Bestimmung, gegen die – zumindest in Warnemünde – *„fortgesetzt verstoßen"* wurde.[229]

b) Die Neuorganisation des Fischfangs durch die SMAD im Januar 1946

Um den *„unbefriedigenden Zustand des Fischereiwesens in der sowjetischen Besatzungszone"*, der nach Ansicht der SMAD vor allem in unkontrolliertem Fischverbrauch, ungenügender Fangaktivität und mangelhafter Arbeit der deutschen Landesbehörden seine Ursache hatte, zu beenden, erließ die SMAD am 11. Januar 1946 Befehl Nr. 11, der für das Land Mecklenburg durch Befehl Nr. 8 der dortigen SMA spezifiziert wurde. Erstmals seit Kriegsende erfuhr das Fischereiwesen in der sowjetischen Besatzungszone damit eine umfassende Regelung.[230]

Erklärtes Ziel war die Ausweitung des Fischfangs zur besseren Versorgung der Bevölkerung der SBZ und der sowjetischen Truppen. Die Befehle übertrugen die gesamte Organisation des Fischfangs der deutschen Verwaltung und ordneten zu diesem Zweck auch die Schaffung zusätzlicher Verwaltungsstellen auf Zentral-, Landes- und Kommunalebene an. Die Arbeit der deutschen Behörden sollte dabei der systematischen Kontrolle der Militärverwaltung unterliegen. Zu diesem Zweck befahl die SMA in Mecklenburg den Einsatz von Kontrolleuren bei den Bezirks- und Ortskommandanturen. Mit insgesamt 17 Planstellen erreichte die SMA hier eine ähnliche Personalstärke wie die deutsche Fischereiverwaltung.[231]

Befehl Nr. 11 stellte erstmals in der Geschichte der deutschen Fischerei zentrale Planvorgaben für den Fischfang auf. Dabei entfiel der Hauptteil des Gesamtfangsolls für das Jahr 1946 von 25 000 Tonnen auf die See- und Küstenfischerei Mecklenburgs (19 000 Tonnen). Als Anreiz für die Fischer sollte ein großzügiges Prämiensystem dienen, das bei Erfüllung und Übererfüllung des Fangsolls den Kauf von rationierten Lebensmitteln in größeren Mengen ermöglichte. Auch dies stellte gegenüber der Kriegswirtschaft der Nationalsozialisten ein Novum dar – mit Prämien und vorgeschriebenen Ablieferungsmindestmengen war seit 1942 nur in der Landwirtschaft gearbeitet worden.[232] Die generelle Lebensmittelzuteilung für die Fischer sollte gemäß der Schwerarbeiterlebensmittelkarte erfolgen. Einen Fanganteil für den Eigenbehalt, wie er in den Verträgen mit der Roten Armee und der deutschen Verwaltung von 1945 noch in *„angemessene[r] Menge"* erlaubt gewesen war,[233] sah der Befehl nicht mehr vor. Stattdessen sollte der Fischer seinen Fisch

229 Vgl. ebd.

230 Vgl. SMAD-Befehl Nr. 11, 11. 1. 1946: Verstärkung und Ordnung des Fischfangs. SAPMO DY 30 IV 2/6.02/77 und SMA M-Befehl Nr. 36, 29. 10. 1945: Bildung einer Abteilung für Handel und Versorgung im Bestand der Verwaltung des Landespräsidenten. LHAS, 6.11-2, Nr. 1462.

231 Vgl. SMA M-Befehl Nr. 18, 31. 1. 1946: Bildung von Gruppen zur Überwachung des Fischfangs an den Militärkommandanturen. BArch DZ 47 F, Nr. 87687.

232 Vgl. Corni/Gies, Ernährungswirtschaft (1997), S. 491.

233 Vgl. beispielsweise den Vertrag zwischen der Fischereigenossenschaft Warnemünde und der Stadt Rostock. 28. 9. 1945. AHR, 2.1.0, Nr. 303, Bl. 9f.

wie jeder andere Bürger über die Lebensmittelkarte beziehen und nur bei Übererfüllung des Monatssolls zehn zusätzliche Kilo erhalten. Angesichts der noch aus der Kriegszeit bekannten Schwierigkeiten musste diese Regelung in der Praxis zu Konflikten führen.

Kontinuität zur nationalsozialistischen Kriegswirtschaft herrschte dagegen nicht nur in der Preisgestaltung – die Preise waren auf dem Niveau von 1944/45 eingefroren worden – und in der vollständigen Ablieferungspflicht, sondern auch in der Organisation der Fangerfassung. Die Landesverwaltung Mecklenburgs richtete Erfassungsstellen in Großhandelsfirmen bzw. Genossenschaften ein, die nun auch für die Materialversorgung zuständig waren.[234] Die Erfassungsstellen sollten wiederum mit den einzelnen Fischern Ablieferungsverträge abschließen. Fischverkauf durfte ausschließlich im Rahmen der „normierten Fleisch- und Fischversorgung" erfolgen, freier Verkauf war nicht erlaubt. Ähnlich wie es die NS-Marktordnung vorgesehen hatte, sollte die deutsche Landesverwaltung bestimmte Vertriebsfirmen zu Verteilung und Versand der Fischwaren autorisieren. Frischer Fisch sollte nur an die Zivilbevölkerung und an die Truppen in den Küstenzonen ausgeliefert werden. Die übrigen Lieferverpflichtungen waren in konservierten Fischen zu erfüllen, um einen Versand der leicht verderblichen Ware zu vermeiden.[235]

Die Landes-SMA war nicht nur für die Kontrolle der deutschen Verwaltung zuständig, sondern hatte auch die notwendigen Rahmenbedingungen für eine erfolgreiche Arbeit zu schaffen. Hemmnisse, wie das Nachtfangverbot oder das Verbot des Überschreitens der Küstenzone waren zu beseitigen, eine ausreichende Brennstoffversorgung zu gewährleisten. Der mecklenburgischen Landesverwaltung wiederum wurde die Ausarbeitung eines Maßnahmenplans zur Vergrößerung der Küstenfischereiflotte durch Bergung, Reparatur und Neubau befohlen. Der eigenmächtige Fischfang war sämtlichen Organisationen, Privatpersonen und Militärdienststellen nunmehr ausdrücklich verboten.

Voraussetzung für die Durchführung aller Anweisungen war es, die Eingriffe der Roten Armee in den Fischfang zu unterbinden. Daher sollten zum 15. Januar alle Verträge zwischen den Kommandeuren der Militäreinheiten und den Fischern annulliert werden, um – wie es in Befehl Nr. 11 beschönigend hieß – *„die Militäreinheiten vom Fischfang zu entlasten"*. Innerhalb von weiteren zwei Wochen waren von den Truppeneinheiten alle Boote, Geräte und auch die Pachtverträge von fischindustriellen Betrieben, Werften und Werkstätten an die deutsche Verwaltung zurückzugeben. Ausdrücklich hieß es, die Versorgung der Truppen mit Fisch habe ab dem 1. Januar 1946 nach der gleichen Ordnung wie die mit anderen Lebens-

[234] Die Annahmestellen stimmten in der Regel mit denen aus dem Zweiten Weltkrieg überein. Vgl. Bericht des Vizepräsidenten Mecklenburg, Abt. HuV an den Chef der SMA für Zivilangelegenheiten M, 13. 3. 1946, LHAS, 6.11-14, Nr. 7433.

[235] Zu diesem Zweck sollten herrenlose Fischverarbeitungsbetriebe an Genossenschaften vermietet werden. Teilweise verfügten diese bereits selbst über Verarbeitungsbetriebe. Vgl. Aktenvermerk der Abt. HuV, Fischerei über die Unterredung mit Herrn Koweljew von der SMAD, Karlshorst,18. 1. 1946. LHAS, 6.11-14, Nr. 7427, Bl. 228.

mitteln zu erfolgen.[236] Dass es notwendig war, noch einmal in aller Deutlichkeit auf die Annullierung aller Verträge mit der Roten Armee hinzuweisen, lag auch daran, dass die Militäreinheiten die neue Situation nur widerwillig akzeptierten. Sowohl aus Wismar als auch aus Stralsund meldete die zuständige deutsche Verwaltung Mitte Januar, dass die Rote Armee – aus Unwissenheit oder Kalkül – massiven Druck auf die Fischer ausübe, um trotz anderslautender Anweisungen den Abschluss neuer Verträge zu erzwingen. In beiden Fällen wurde mit der Enteignung der Fischerboote gedroht. Die Landesregierung wandte sich daher mit der Bitte, die Einheiten schleunigst darauf hinzuweisen, dass die Rote Armee künftig aus dem Aufbringsoll mitversorgt werde, an Major Priluzki von der Abteilung Handel und Versorgung der SMA Mecklenburg.[237] Ende Januar wurde schließlich mit der Übergabe der Fahrzeuge und Materialien an die deutsche Verwaltung begonnen, die bis Anfang März weitestgehend abgeschlossen war.[238] Probleme mit den Besatzungstruppen traten allerdings auch in der Folgezeit auf. Einzelne Militäreinheiten hielten nicht nur Fischkutter zurück, sondern beschlagnahmten weiterhin Fahrzeuge und Fanggeräte.[239] Und noch im September wurden Kühlungsborner Fischer von einer Einheit der Roten Armee unter Beschuss genommen und zur Herausgabe ihres Fanges gezwungen.[240]

Der Befehl Nr. 11 der SMAD legte die Rahmenbedingungen fest, nach denen der Fischfang in Zukunft zu organisieren war. Betrachtet man die Bestimmungen, stößt man auf eine Reihe von Fragen und potentiellen Problemfeldern. Insgesamt erscheint die Festsetzung von Planvorgaben in einem von diversen unkalkulierbaren Faktoren abhängigen Sektor wie der See- und Küstenfischerei mehr als fragwürdig. Schon die natürliche Schwankung der Fischbestände machte auch nur annähernd sichere Prognosen über den Fangertrag unmöglich. Die Vorstellung, dass der Fischfang planmäßig steigerbar sei, basierte auf einem optimistischen, fast schon naiv anmutenden Fortschrittsglauben. Dabei wurde geflissentlich igno-

[236] Vgl. SMAD-Befehl Nr. 11, 11. 1. 1946: Verstärkung und Ordnung des Fischfangs. SAPMO DY 30 IV 2/6.02/77 und SMAD-Befehl Nr. 169, 12. 12. 1945: Regelung der Aufstellung von Versorgungsplänen für landwirtschaftliche Lebensmittel und gewerbliche Ge- und Verbrauchsgüter. BArch DX 1.

[237] Vgl. die beiden Schreiben des Vizepräsidenten Mecklenburgs an den Chef der SMA für Zivilangelegenheiten, z.H. Herrn Priluzki, vom 12. und 14. 1. 1946. LHAS, 6.11-14, Nr. 7433.

[238] Vgl. Protokoll des Landratsamtes Wismar über die Übernahme der Fischerboote und Materialien, 26. 1. 1946. LHAS, 6.11-14, Nr. 7441 sowie eine ähnliche Aufstellung aus Warnemünde, 25. 1. 1946. AHR, 2.1.0, Nr. 1652. Am 13. 3. 1946 konnte die Landesverwaltung der SMA Mecklenburg ein Verzeichnis der seitens der einzelnen Landratsämter von Dienstellen der Roten Armee übernommenen Materialien und Booten übersenden. LHAS, 6.11-14, Nr. 7433.

[239] Die Landesverwaltung setzte sich bei der SMA für eine Rückgabe der Fahrzeuge ein. Vgl. Abt. HuV an den Chef der SMA für Zivilangelegenheiten M, 29. 4. 1946 und Abt. HuV an den Chef der SMA für Zivilangelegenheiten M, 23. 7. 1946. LHAS, 6.11-14, Nr. 7433. Die FVG Warnemünde meldete die Entwendungen von Fischereifahrzeugen und Fischereigeräten durch Truppenangehörige nach Schwerin. Vgl. FVG Warnemünde an Landesverwaltung, Abt. Fischerei, 17. 5. 1946. LHAS, 6.11-14, Nr. 7436.

[240] Vgl. Landratsamt Rostock an die Kreiskommandantur, 12. 9. 1946. LHAS, 6.11-14, Nr. 7435.

riert, dass einer Steigerung der Erträge auch bei einer effizienteren Technik natürliche Grenzen gesetzt waren. Dies galt umso mehr für die in ihrem Aktionsradius beschränkte See- und Küstenfischerei, die durch die denkbar schlechten Bedingungen der Nachkriegszeit – überalterte Fahrzeuge, fehlende Ersatzteile, Material- und Brennstoffmangel – ohnehin nicht in vollem Umfang betrieben werden konnte.

Zur Festsetzung des Fangsolls

Die offenkundigen Probleme des neuen Systems begannen bereits mit der gerechten Festlegung des Ablieferungssolls. Die sowjetische Militäradministration setzte nur das in Quartale aufgeteilte Jahresfangsoll für die einzelnen Länder fest; die schwierige Differenzierung der Vorgaben hatte sie der deutschen Verwaltung übertragen. Die Abteilung Fischerei des Ministeriums für Handel und Versorgung in Schwerin musste die Normen auf die einzelnen Kreise, die Landräte und Bürgermeister wiederum auf die als Erfassungsstellen eingesetzten Fischverwertungsgenossenschaften verteilen. Diesen oblag dann nach einer Anweisung des Ministeriums in Schwerin die letzte Verteilung auf die einzelnen Fischereibetriebe oder Reusengemeinschaften. Wo keine Genossenschaften vorhanden waren, waren wiederum die Landräte und Bürgermeister für diesen Schritt verantwortlich.[241]

Für den Fischer, den (eigentlichen) Adressaten der Planvorgaben der sowjetischen Verwaltung auf unterster Ebene, war ein seiner tatsächlichen Leistungsfähigkeit entsprechendes Soll existentiell, denn die Nichterfüllung konnte harte Konsequenzen nach sich ziehen. Gleichzeitig war die Festsetzung der Ablieferungsnormen angesichts der diversen dabei zu berücksichtigenden Faktoren eine diffizile Aufgabe. Es stellt sich die Frage, nach welchen Kriterien die Differenzierung in der Praxis erfolgte, ob eine gerechte Verteilung des Solls auf den einzelnen Fischer überhaupt zu leisten war und inwieweit den Betroffenen selbst Einflussmöglichkeiten eingeräumt wurden?

Die Beauflagung der einzelnen Erfassungsstellen sollte laut einer Anweisung der SMAD von Ende Januar 1946 nach *„Erfahrungssätzen"* erfolgen.[242] Von den im Herbst 1945 mit der SMAD festgesetzten Jahresnormen für die See- und Küstenfischerei, die sich allein an der PS-Stärke der Fischereifahrzeuge orientiert hatten, war man abgerückt.[243] Der vage Begriff Erfahrungssätze eröffnete zwar mehr individuellen Spielraum, er setzte aber eben diese Erfahrung – etwa die Auswertung langfristiger Fangstatistiken und die Berücksichtigung örtlicher Gegebenhei-

[241] Vgl. Abt. Landwirtschaft und Forsten an die Oberbürgermeister und Landräte in MVP, 7.2.1946. AHR, 2.1.0, Nr. 1652. Anscheinend nahm die SMA nötigenfalls durchaus Einfluss auf die Höhe des Jahressolls der Kreise, etwa in Warnemünde. Vgl. Kapitel IV.3.f).

[242] Vgl. Aktenvermerk der Abt. HuV, Fischerei, über die Unterredung mit Herrn Koweljew von der SMAD, Karlshorst,18.1.1946. LHAS, 6.11-14, Nr. 7427, Bl. 228.

[243] Vgl. Aktenvermerk über Festsetzung der Jahresnormen für die Fischer, die Herr Schitow dem Marschall Shukow vorschlagen will, 23.10.1945. LHAS, 6.11-14, Nr. 7427, Bl. 232 und Abt. Landwirtschaft und Forsten an die Oberbürgermeister und Landräte in MVP, 7.2.1946. AHR, 2.1.0, Nr. 1652.

ten – voraus. Die zuständigen Fischereisachbearbeiter waren mit dieser Aufgabe überfordert. Alexandr Wakurow, zuständiger Mitarbeiter der SMAD, kritisierte im September 1946, dass die Aufteilung des Monatssolls eben nicht nach Erfahrungssätzen, sondern offensichtlich *„nach dem Gesicht der Fischer"* vorgenommen werde. Er bezog sich dabei allerdings vor allem auf zu niedrig festgesetzte Sollauflagen, die zu unverhältnismäßigen Prämienausschüttungen führten.[244] Die Fischverwertungsgenossenschaften Stralsund und Barth bemängelten hingegen in ihrer an die Landesregierung gerichteten Stellungnahme, dass das Soll für Oktober 1946 angesichts der äußerst schlechten Materialausstattung viel zu hoch angesetzt sei. Die FVG Stralsund verwies zudem auf die ungerechte Aufteilung zwischen Stadt- und Landkreis Stralsund.[245] Ungerechte, den Gegebenheiten nicht Rechnung tragende Planauflagen konnten das Resultat eines Mangels an Professionalität und Erfahrung bei den Verwaltungsmitarbeitern sein, die mit den vagen Vorgaben der Sollverteilung überfordert waren. Auch willkürlichen Bevorzugungen und Benachteiligungen einzelner Fischer wurde mit der Aufschlüsselung des Planes nach „Erfahrungssätzen" Vorschub geleistet.

Auf der Fischereireferententagung im Juni 1947 forderte der Referent der Deutschen Verwaltung für Handel und Versorgung die Anwesenden auf, aus den Fehlern der Vergangenheit zu lernen, *„insbesondere in Bezug auf eine Verfeinerung der Planauflage, die individuell zu gestalten ist."* Dazu gehöre beispielweise die Mitwirkung der Fischer durch einen von ihnen gewählten Ausschuss oder die Berücksichtigung längerer Krankheiten von Fischern. Ein Soll, das um mehrere hundert Prozent übererfüllt werde, sei augenscheinlich zu niedrig angesetzt. Andererseits dürfe die pünktliche Erfüllung des Solls nicht zwangsläufig zu einer Erhöhung führen. Den Erlass allgemeiner Richtlinien, die sich sicher nicht wenige Sachbearbeiter wünschten, hielt er aber für kaum möglich. Die Leistungsfähigkeit hänge *„nicht nur von naturgebundenen Verhältnissen und Bedingungen ab, sondern auch von der Leistung der Fahrzeuge, von den Fanggeräten und ihrer Handhabung, letzten Endes von dem Fischer selbst"*.[246]

Die Planung in einem von so vielen unkalkulierbaren Faktoren abhängigen Bereich wie der See- und Küstenfischerei musste generell fehleranfällig sein. Mangelnde Kompetenz und fehlende Informationen vergrößerten dieses Risiko noch. Je früher ein Fehler in der Sollfestsetzung gemacht wurde, desto schwieriger gestaltete sich die weitere Verteilung. Im Prinzip wäre die Fischereiaufsicht als unabhängige und sachkompetente Instanz für eine solche Aufgabe prädestiniert gewesen, doch auch hier fehlte es seit 1945 an erfahrenem Personal. Immerhin bestand dort eine Art Einspruchsrecht gegen ungerechte Sollbeauflagung. Die zuständigen

[244] Vgl. Aktenvermerk der Abt. HuV, Fischerei, über die Besprechung mit Herrn Wakurow, Leiter der Fischerei bei der SMAD Karlshorst, 29.9.1946. LHAS, 6.11-14, Nr.7427, Bl.197.

[245] Vgl. Raiffeisen-Fischverwertung Stralsund an Abt. HuV, Fischerei, 8.10.1946 und FVG Barth an Abt. HuV, Fischerei, 12.10.1946. LHAS, 6.11-14, Nr.7479, Bl.114 und 116.

[246] Bericht über die Tagung der Referenten für Fischerei bei den Regierungen der Länder und Provinzen am 25. und 26. Juni 1947 bei der DV HV, 1.7.1947. SAPMO DY 30 IV 2 / 6.02 / 77.

lokalen Verwaltungsstellen sollten zu diesem Zweck Listen über die Höhe des Fangsolls und die Erfüllung führen und beim Oberfischmeister einreichen.[247] Dieser Verpflichtung kamen bei weitem nicht alle Kreise nach. Wenn das Oberfischmeisteramt nicht über Soll und Ablieferung informiert sei, müsse das Einspruchsrecht der Fischer gegen zu hohe Beauflagung eine Farce bleiben, klagte Max Fank Ende 1947.[248] In die Beauflagung selbst wurden die Fischer in diesen Jahren anscheinend offiziell nur über die Fischwirtschaftsgenossenschaften einbezogen. Es finden sich keine Hinweise darauf, dass etwa Fischereiausschüsse eine institutionalisierte Tätigkeit entfaltet hätten. Existierten keine Genossenschaften, holte der zuständige Fischereisachbearbeiter im besten Fall vor der Sollverteilung Stellungnahmen der Fischer ein. Die Planung auf höherer Ebene entzog sich ihrer Einflussnahme dagegen ganz.

c) Anreize zur Erfüllung und Übererfüllung des Fangsolls: Prämiensystem und Preisgestaltung

Die den Fischern gezahlten Erzeugerpreise blieben bis Ende 1948 auf dem bereits 1944 als zu niedrig befundenen Niveau fixiert.[249] Der Anreiz zur erwünschten Erzeugungssteigerung sollte nicht durch Preissteigerungen, sondern durch ein Prämiensystem geschaffen werden, das dem Fischer ermöglichte, neben den ihm generell zustehenden Versorgungsrationen zusätzliche Lebensmittel zu erwerben. Der grundlegende Befehl Nr. 11 der SMAD sah der Erfüllung der monatlichen Ablieferungspflicht für jeden Zentner (entspricht hier nach sowjetischer Maßeinheit 100 Kilo) Fisch jeweils 5 Kilo Mehl, 10 Kilo Kartoffeln, 100 Gramm Zucker sowie 100 Gramm Schnaps vor. Bei Übererfüllung sollte der Fischer für jeden zusätzlichen Zentner, der über das Fangsoll hinaus abgeliefert wurde, jeweils das Doppelte der oben angegebenen Mengen und zusätzlich einmalig 10 Kilo Fisch erhalten.[250]

Auf den ersten Blick mag es verwundern, dass die Fischer die Lebensmittelprämien nicht umsonst bekamen, sondern Berechtigungsscheine erhielten, mit de-

247 Vgl. RdK Stralsund, Amt für HuV, Fischereiabteilung an OFMA 12.9.1947. StAS, Rep. 21, Nr. 22.

248 Vgl. Handschriftlicher Bericht des Oberfischmeisters Fank, o. D. 1947. StAS, Rep. 21, Nr. 7a.

249 Allerdings erklärte sich die SMA Mecklenburg im Januar 1946 mit der Angleichung der pommerschen an die mecklenburgischen Preise einverstanden, so dass das neu geschaffene politische Territorium Mecklenburg nun ein einheitliches Preisgebiet war. Vgl. den Jahresbericht der Fischereiabteilung der Landesverwaltung für 1946. LHAS, 6.11-14, Nr. 7435. 205, 100. Vgl. Aktenvermerk über die Besprechung mit Herrn Priluzki von der SMA Mecklenburg, 9.1.1946. LHAS, 6.11-14, Nr. 7427, Bl. 233.

250 Vgl. SMAD-Befehl Nr. 11, 11.1.1946: Verstärkung und Ordnung des Fischfangs. SAPMO DY 30 IV 2/6.02/77. Damit lagen die Prämiensätze höher als von der SMA Anfang Januar angekündigt. Damals waren 10 Kilo Mehl, 500 g Zucker, 2 Kilo Salz und 500 g Schnaps je abgelieferter Tonne und je Tonne Übererfüllung die genannten Sätze in dreifacher Menge vorgesehen gewesen. Vgl. Aktenvermerk über die Besprechung mit Herrn Priluzki von der SMA Mecklenburg, 9.1.1946. LHAS, 6.11-14, Nr. 7427, Bl. 233.

nen sie diese zu besonderen Konditionen kaufen konnten.[251] Doch allein der Anspruch auf den Erwerb rationalisierter Lebensmittel war in der Mangelgesellschaft der Nachkriegszeit eine Bevorzugung. Das Ausmaß der Privilegierung wird besonders deutlich, wenn man sich bewusst macht, dass die Fischer zudem über die Schwerarbeiterlebensmittelkarte versorgt wurden.[252] Der zunächst von der SMA Mecklenburg verfolgte Plan, die Versorgung der Fischer nicht über die Lebensmittelkarte, sondern ausschließlich über fangabhängige Lebensmittelzuteilung zu organisieren, war nicht umgesetzt worden.[253] Bis zur Währungsreform 1948 waren Lebensmittel und Alltagswaren ausschließlich über Bezugsscheine erhältlich. Die Rationierung hielt die Preise niedrig und sollte der materiellen Grundsicherung der Bevölkerung dienen. Im November 1945 war in der SBZ ein nach beruflicher Tätigkeit gestaffeltes Lebensmittelkartensystem eingeführt worden. Die Einstufung in die Kartengruppen erfolgte dabei nach „gesellschaftlichem Wert", der wiederum nicht unbedingt gleichbedeutend mit dem tatsächlichen Kalorienbedarf war. So erhielten neben den Arbeitern in Schwerindustrie und Bergbau auch Politiker, Parteifunktionäre und die „technische Intelligenz" Lebensmittelkarten der beiden höchsten Kategorien, in Mecklenburg waren dies im dritten Quartal 1948 6,9 Prozent der Bevölkerung.[254] 36,1 Prozent erhielten dagegen als „Normalverbraucher" nur die wesentlich geringeren Rationen der Gruppe IV für Angestellte. Weitere 23,3 Prozent waren als Selbstversorger eingestuft.[255] Trotz der hohen Ablieferungspflichten waren Landwirte und ihre ständigen Arbeitskräfte als Selbstversorger und die Saisonarbeiter zumindest als Teilselbstversorger eingestuft worden, um den Kreis der zu Versorgenden zu verkleinern.[256] Die Fischer in Mecklenburg konnten dagegen teilweise sogar in eigens für sie eingerichteten Verkaufsstellen einkaufen; ihre Lebensmittelkarten wurden *„bevorzugt beliefert"*.[257]

251 Bereits in den 1945 abgeschlossenen Verträgen einzelner Fischer mit der Roten Armee findet sich dieses ungewöhnliche Prämiensystem. Vgl. Vertrag über die Fischerei durch das Fischcartell Wismar für die örtliche Militäreinheit der Roten Armee, 20.7.1945. LHAS, 6.11-14, Nr.7440. Die genauen Modalitäten des Prämiensystems sind in der Verordnung 5/1846 der DV HV vom 30.3.1948 erläutert. Dort heißt es: *„Die Ausgabe von Lebensmitteln und Industriewaren an die Fischer im Rahmen der Prämienversorgung erfolgt gegen Barzahlung in Geschäften/Firmen gegen Vorlegung der Berechtigungsscheine durch die Fischer"*. SAPMO DY 30 IV 2 / 6.02 / 77, Bl.49.

252 Ausgenommen waren Fischer mit eigener Landwirtschaft.

253 Diesen Vorschlag hatte Major Priluzki auf einer Besprechung am 23.10.45 gemacht, die deutsche Verwaltung stand der Idee ablehnend gegenüber. Vgl. Aktenvermerk der Abt. Landwirtschaft, 23.10.1945. LHAS, 6.11-14, Nr.7427, Bl.232.

254 Vgl. Gries, Rationen-Gesellschaft (1991), S.94–97.

255 Hier macht sich der hohe Anteil ländlicher Bevölkerung in Mecklenburg bemerkbar. SBZ-weit wurden „nur" 13,5 Prozent Selbstversorger ausgewiesen. Prozentzahlen errechnet anhand Tabelle 11, vgl. Boldorf, Sozialfürsorge (1998), S.71f.

256 Vgl. Boldorf, Sozialfürsorge (1998), S.67f.

257 Vizepräsident Möller als Leiter der Abt. HuV an die DV HV, 31.7.1946. LHAS, 6.11-14, Nr.7435. Die Einrichtung dieser Verkaufsstellen wurde angeordnet durch SMA M-Befehl Nr.37, 28.2.1946: Erfüllung des Fischversorgungsplanes im I. Quartal 1946, abgedruckt in: Brunner, Ernannte Landesverwaltung (2003), S.443–446 (Dokument 103). Der diesbezügliche Satz fehlt jedoch in der deutschen Übersetzung. Im russischen Original heißt es:

Die Fischer hatten somit in zweifacher Hinsicht eine Sonderstellung innerhalb der Mangelgesellschaft der Nachkriegszeit inne: Sie verfügten nicht nur über eine Lebensmittelkarte der zweithöchsten Kategorie, sondern kamen bei Erfüllung ihrer Ablieferungspflichten und entsprechender Fangkapazitäten in den Genuss einer großzügigen Zusatzversorgung. Das Naturalprämiensystem der Fischerei scheint in seiner besonderen Form in der SBZ einzigartig gewesen zu sein. Produktionsanreize wurden in der Landwirtschaft nicht über Prämien, sondern über Preise gegeben. Anders als in der Fischerei konnten die Landwirte über einen möglichen Produktionsüberschuss über das Ablieferungssoll hinaus zumindest nominell frei verfügen. Für diese Übersollmengen wurde seit Juli 1946 ein flexibler staatlicher Aufkaufpreis gewährt, der, je nachdem wie groß der Produktionsanreiz sein sollte, um ein zwei- bis dreifaches höher als der auf dem Niveau von 1944 fixierte Erfassungspreis liegen konnte. Zugunsten eines stabilen Verbraucherpreises wurde die Differenz durch Subventionen der Länder finanziert. Die Einführung eines doppelten Preises war auch notwendig, da der Reinerlös aus der Erfassung für eine rentable Betriebsführung zu niedrig gewesen wäre.[258] Auch in der Fischerei mussten Materialien und Brennstoff beschafft werden. Wenn der Anspruch auf Lebensmittel in – je nach Fangkapazität – durchaus erheblichen Mengen einen Ausgleich für die nicht erhöhten Erzeugerpreise bieten sollte, konnte dies letztlich nur durch illegalen Tauschhandel geschehen. Es ist fraglich, ob sich das großzügige Naturalprämiensystem in der Fischerei hinsichtlich der von der SMAD gewünschten Erzeugungssteigerung unter diesen Umständen tatsächlich als zielführend erwies.

Angesichts der allgemeinen Lebensmittelknappheit musste schon die Bereitstellung der Prämien Schwierigkeiten bereiten. Die mecklenburgische Verwaltung geriet bei der Ausgabe zunehmend in Rückstand und wurde dafür von der sowjetischen Militärverwaltung wiederholt kritisiert.[259] Vizepräsident Möller, der damalige Leiter der Abteilung für Handel und Versorgung schilderte die Probleme, die diese Form der Prämierung für das Land Mecklenburg aufwarf, bereits im Juli 1946 in einem Schreiben an die deutsche Zentralverwaltung für Handel und Versorgung. Während sich die im zweiten Quartal 1946 an 4000 Fischer abzugebenden Mengen u.a. auf 451 000 Kilo Mehl, 910 000 Kilo Kartoffeln und 8000 Liter Schnaps beliefen, standen für ebenso viele Angehörige der städtischen Bevölke-

„An Orten, die gute Fangergebnisse erzielen, sind Geschäfte speziell für die Fischer und deren Familien zu eröffnen“. (Ebd. S. 445, FN 2)

[258] Vgl. dazu Schöne, Frühling auf dem Lande (2005), S. 69; Bauerkämper, Ländliche Gesellschaft (2002), S. 127; detailliert zur Erfassung und den Kriterien der Sollfestlegung in der Landwirtschaft vgl. Scherstjanoi, SED-Agrarpolitik (2007), S. 114–116. Zur Agrarpreispolitik vgl. auch Schevardo, Wert des Notwendigen (2006), S. 82–87.

[259] Vgl. beispielhaft MfHV, Abt. Fischerei, Aktenvermerk über die Besprechung mit Herrn Wakurow, Leiter der Fischerei bei der SMAD Karlshorst über die Fischwirtschaft in Mecklenburg, 29. 9. 1946. LHAS, 6.11-14, Nr. 7427, Bl. 197. Nicht nur die deutsche Verwaltung wurde dafür verantwortlich gemacht. Der interne Befehl Nr. 221 der SMA Mecklenburg kritisierte in diesem Zusammenhang auch die Arbeit der lokalen Kommandanturen, die sich der Kontrolle des Fischfangs und der Prämienverteilung nicht mit der gebührenden Aufmerksamkeit widmeten. Vgl. SMA M-Befehl Nr. 221, 20. 11. 1946: Unbefriedigender Stand des Fischfangs im 4. Quartal. BArch DZ 47 F, Nr. 87687.

rung im selben Zeitraum nur 75 000 Kilo Mehl und 160 000 Kilo Kartoffeln zur Verfügung. Diese Verteilung von Lebensmitteln zugunsten weniger Begünstigter beeinflusse die Stimmung innerhalb der *„ebenfalls schwer arbeitenden notleidenden Bevölkerung“* in einer Weise, die von der Landesverwaltung nicht länger ignoriert werden könne.[260] Selbst einzelne Fischer – so Möller – hielten die Zubilligung derartig großer Lebensmittelmengen für *„unsozial“* und hätten zugunsten von Kinderheimen und Krankenhäusern auf die ihnen zustehenden Mengen verzichtet. Dies geschah nicht allein aus karitativen Motiven, sondern auch weil die Fischer im Durchschnitt etwa die Hälfte ihres Gesamteinkommens für die Prämien hätten aufbringen müssen, dies zeigt eine Gegenüberstellung des Reichsmark-Gegenwertes der im zweiten Quartal gefangenen Fische und der zu verausgabenden Prämien.[261] Das bestehende System hatte ein weiteres schwerwiegendes Manko: Es kam in dieser Form besonders den Besitzern der großen Kutter zugute und benachteiligte die Kleinfischer, die nur geringe Fangmengen erzielten. Ein PS-starker Kutter mit einem Jahressoll von bis zu 100 Tonnen erhielt bei Erfüllung ein Vielfaches mehr an Prämien als ein Kleinfischer, der im Jahr mit beispielsweise nur 2 Tonnen beauflagt war.

Zusammenfassend kritisierte Möller das geltende Lebensmittelprämiensystem als gänzlich ungeeignetes Mittel zur Steigerung des Fischfangs. Ein *„bedeutend wertvolleres Mittel“* sei seiner Meinung nach die ausreichende Beschaffung von Netzmaterial und Ausrüstungsgegenständen wie Gummistiefeln und Ölmänteln. Nicht ohne einen gewissen Sarkasmus verwies er darauf, dass die Fischerei ohne die dringend angeforderten Netze demnächst in verschiedenen Bezirken zum Erliegen komme und *„auch durch Lebensmittelprämien, seien sie auch noch so erheblich, nicht gefördert“* werden könne. Um die Prämiengewährung mit den tatsächlichen Bedürfnissen der Fischer und der Fischerei und den Möglichkeiten der Lebensmittelversorgung in Einklang zu bringen, schlug Möller vor, die Prämien nicht nach absoluter, sondern relativer Leistung zu vergeben. Voraussetzung dafür wäre auch ein verfeinertes Sollbeauflagungssystem, das den Wert der einzelnen Fischarten berücksichtige.[262] Für die vor allem hochwertige Fische anlandende Küstenfischerei bestand eine besondere Benachteiligung darin, dass die Zusam-

[260] Vgl. das Schreiben von Vizepräsident Möller als Leiter der Abt. HuV an die DV HV, 31.7.1946. LHAS, 6.11-14, Nr. 7435. Möglicherweise war die Stimmungslage ein Grund dafür, dass der Landrat von Usedom-Wollin Paragraph 3 des Befehls Nr. 11 über die vordringliche Versorgung der Fischer und das Prämiensystem absichtlich nicht zur Kenntnis brachte. Dies wurde ihm jedenfalls seitens der SMA Mecklenburg als Sabotageakt vorgeworfen. Vgl. SMA M-Befehl Nr. 37, 28.2.1946: Erfüllung des Fischversorgungsplanes im I. Quartal 1946, abgedruckt in: Brunner, Ernannte Landesverwaltung (2003), S. 443–446 (Dokument 103).

[261] Für Fische im Wert von 3 000 000 RM wären so Prämien im Wert von 1 353 000 RM zur Ausgabe gekommen. Vgl. Vizepräsident Möller als Leiter der Abt. HuV an die DV HV, 31.7.1946. LHAS, 6.11-14, Nr. 7435.

[262] Als Prämien sollten nach Vorschlag Möllers vor allem Genussmittel und Ausrüstungsgegenstände gewährt werden. Lebensmittel sollten seiner Meinung nach nur noch als Übersollprämien zur Ausgabe kommen und zwar für Kutter- und Reusenfischer je Tonne, für Kleinfischer jedoch je 100 kg. Vgl. ebd.

mensetzung des Fangs bei der Sollerfüllung keinerlei Berücksichtigung fand. Das heißt, das Fangsoll konnte mit Fischen minderer Qualität erfüllt werden, denn nicht der Wert, sondern allein die abgelieferte Menge zählte. Bevorzugt wurden so wiederum die in großen Mengen Massenfisch anlandenden Kutterfischer. Hinzu kam, dass die auf Kriegsniveau fixierten Preise keinen Anreiz boten, Massenfische bester Qualität oder Edelfische abzuliefern. Im Schwarzhandel waren hierfür weitaus bessere Preise zu erzielen.[263]

Allen Einwänden zum Trotz bestätigte die SMA Mecklenburg im November 1946 ausdrücklich das bestehende Prämiensystem und verbot jegliche Abweichung durch die Landesverwaltung.[264] SMAD-Befehl Nr. 8 vom 8. Januar 1947 bestimmte dann, dass die als Prämien vorgesehenen Lebensmittel teilweise durch Industriewaren des gleichen Wertes ersetzt werden konnten. Keine Änderung erfuhr allerdings die so offensichtlich ungerechte Regelung der Prämienausgabe je 100 Kilo Fang. Auch die vorgesehenen Prämienmengen blieben gegenüber dem Vorjahresbefehl weitgehend gleich, hinzu kamen 10 Zigaretten. Die Ausgabe der Prämien sollte unmittelbar nach Erfüllung des Monatsplans erfolgen.[265]

Die Vorschläge der mecklenburgischen Abteilung für Handel und Versorgung waren also in den entscheidenden Punkten unberücksichtigt geblieben: Die Prämienmengen, die nur auf Kosten der Versorgung der übrigen Bevölkerung ausgegeben werden konnten, waren nicht gesenkt worden und auch an der Ausgabe der Prämien nach absoluter Fangmenge hielt die SMAD fest. Eine „gerechte" Behandlung der Fischer hinsichtlich der Prämienverteilung war nicht das vordringliche Ziel der SMAD. Zur absoluten Steigerung der Fänge konnten die Kutterfischer mehr beitragen als die Kleinfischer und nur diese absolute Steigerung zählte.[266]

263 Vorschläge, hochwertigen Fisch wie Aal im Verhältnis 1:3 anzurechnen, wurden abschlägig beschieden. Vgl. Landrat Wismar an die lokale Fischereiabteilung, 3.12.1947 und das dortige Antwortschreiben vom 4.12.1947. LHAS, 6.12-1/21, Nr. 586/4. Erste Modifizierungen betrafen die Anrechnung von Kleinfischen im Herbst 1948. Fische unter dem Mindestmaß sowie Sprotten und Heringe niedrigster Qualität wurden nur noch im Verhältnis 1:3, alle anderen Fische allerdings auch unabhängig von ihrem Wert 1:1 auf das Soll angerechnet. Vgl. Bericht über die Besprechung bei der DWK, Abt. Fischerei am 26.10.1948. LHAS, 10.34-1, Nr. 247, Bl. 206.

264 Vgl. SMA M-Befehl Nr. 221, 20.11.1946: Unbefriedigender Stand des Fischfangs im 4. Quartal. BArch DZ 47 F, Nr. 87687. Allein die Zusammensetzung der Prämien war leicht verändert worden. Vgl. Aktenvermerk über die Besprechung mit Herrn Wakurow, Leiter der Fischerei bei der SMAD Karlshorst über die Fischwirtschaft in Mecklenburg, 29.9.1946. LHAS, 6.11-14, Nr. 7427, Bl. 197.

265 Vgl. SMAD-Befehl Nr. 8, 8.1.1947: Organisation des Fischfangs in der SBZ. BArch DX 1. Die offizielle Pressemitteilung sprach von einer sehr verfeinerten Prämiengewährung. Vgl. Presseinformation Nr. 5 der DV HV über die geordnete Fischereiwirtschaft in der SBZ, 29.1.1947.

266 Auch die bisherigen agrarpolitischen Maßnahmen hatten einseitig die großen, wirtschaftlich starken Betriebe begünstigt, während sich viele klein- und neubäuerliche Betriebe am Existenzminimum bewegten oder aufgeben mussten. Dieser gesellschaftspolitisch nicht gewollten Entwicklung trat man seit 1949 energisch entgegen, u.a. mit steuerlichen Nachteilen, einer Hektarveranlagung in der Tierhaltung und unverhältnismäßig steigenden Sollauflagen für sog. großbäuerliche Betriebe über 20 ha. Vgl. Schöne, Frühling auf dem Lande (2004), S. 69–72. Vgl. auch die etwas andere Sichtweise von Scherstjanoi, SED-Agrarpolitik (2007), S. 115–118.

Auf der ersten Fischereireferententagung der Länder und Provinzen der SBZ im Juni 1947 wurde das Thema Prämien nur am Rande angeschnitten. Sowohl der Referatsleiter der Deutschen Verwaltung für Handel und Versorgung als auch der SMAD-Vertreter betonten, dass die Bedeutung des Prämiensystems nicht allein im Anreiz zur Erfüllung und Übererfüllung des Solls läge, sondern gleichzeitig einen gewissen Ausgleich für die bisher nicht erhöhten Fischpreise bieten und die Lebensbedingungen der Fischer verbessern sollte.[267] Auch dies liest sich wie eine Aufforderung zum Tauschhandel.

Im Sommer 1948 erreichten die sich häufenden Beschwerden über die Auswüchse des Systems schließlich die SED-Zentrale. Die SED-Kreisleitung Greifswald führte in einem ursprünglich an den Landesvorstand Mecklenburg und die DWK gerichteten Schreiben einige markante Fälle an und bezeichnete die Klagen der Bevölkerung als gerechtfertigt. Im Verhältnis zu anderen Werktätigen habe der Fischer einen besonders hohen Lebensstandard, die großzügige Lebensmittelgewährung führe aber nicht zu einer Steigerung der Fänge, sondern vielmehr zu einem regen illegalen Tauschhandel. Die Kreisleitung hielt es für ihre Pflicht, *„einmal energisch Gegenstellung in dieser Hinsicht zu beziehen"*, und forderte ein rasches Eingreifen der DWK. Den von den Fischern geäußerten Wunsch – der im übrigen dem Vorschlag Möllers aus dem Jahr 1946 entsprach –, statt der Prämien Arbeitsmaterial zuzuweisen, unterstrich man nachdrücklich.[268] Ähnlich äußerte sich auch die Industrie- und Handelskammer (IHK) Stralsund in einem Bericht, den der damalige Vorsitzende des FDGB, Hans Jendretzky, für so wichtig hielt, dass er ihn Walter Ulbricht persönlich zukommen ließ.[269] Die jetzige Verteilung der Prämien errege unter der werktätigen Bevölkerung große Missstimmung und werde als offensichtliches Versagen der Verwaltungsorgane, insbesondere der DWK gewertet. Wie bereits Möller 1946, kritisierte auch die IHK, dass die legalen Einnahmen der Fischer zum Erwerb der ihnen zustehenden Prämien in der Regel gar nicht ausreichten und die Mittel zum Ankauf ganz offensichtlich im Schwarzhandel verdient würden. Des weiteren stünden die hohen Freigaben etwa an Stoffen in keinem Verhältnis zu dem, was an die sonstige Bevölkerung zur Ausgabe käme: *„Wenn man berücksichtigt, dass mancher Arbeiter nicht einmal die allernotwendigsten Kleidungsstücke besitzt, so erscheint es einem unverständlich, dass für Prämienzwecke an einen Fischer Stoff zu 62 Anzügen verausgabt wird."* Auch die IHK Stralsund bat dringend, die Schaffung einer Prämienkarte in Erwägung zu

[267] Vgl. Bericht über die Tagung der Referenten für Fischerei bei den Regierungen der Länder und Provinzen am 25. und 26. Juni 1947 bei der DV HV, 1.7.1947.

[268] Vgl. KL SED Greifswald an DWK, HV Leichtindustrie und Landesvorstand der SED Mecklenburg, 17.5.1948, weitergeleitet an die SED-Zentrale. SAPMO DY 30 IV 2 / 6.02 / 77.

[269] Die Industrie- und Handelskammern waren vielerorts nach Kriegsende die einzigen „funktionstüchtigen Institutionen der Wirtschaftsorganisation" und fungierten zunächst weiterhin als Selbstverwaltung und Interessenvertretung der privatwirtschaftlichen Erwerbsgruppen. Zunehmend mutierten sie unter dem Einfluss der SED zum „Promotor der politisch intendierten ökonomischen Transformation." Vgl. Großbölting, IHK in der SBZ und frühen DDR (2002), S. 141–169, Zitat S. 145.

ziehen, die *„auf den tatsächlichen Bedarf“* abgestimmt sei.[270] Im August 1948 reichte Paul Merker eine weitere Aufstellung überhöhter Prämien an Ostseefischer an die Abteilung Wirtschaft des Zentralsekretariats, mit dem Hinweis, möglichst bald eine Änderung herbeizuführen: *„Die Unzufriedenheit über den bestehenden Zustand wächst unter der Bevölkerung an der Küste immer mehr, und es ist politisch nicht zu verantworten, die Regelung der Frage um weitere zwei Monate zu verschieben.“*[271]

Die schlechte Stimmung dürfte wohl mit den Ausschlag gegeben haben, dass das SED-Zentralsekretariat nun in dieser Sache den Bericht der zuständigen Hauptverwaltung für Handel und Versorgung bei der DWK einforderte. Bereits seit Ende 1947 hatte diese (damals noch als Deutsche Verwaltung für Handel und Versorgung) nach eigenen Angaben vergeblich versucht, bei der zuständigen Abteilung der SMAD eine Änderung der Prämiensätze zu erreichen. Doch erst als *„allseitig gegen die Höhe der Fischerprämien Sturm gelaufen wurde“*, beschäftigte sich die SMAD ernsthaft mit dieser Frage. Im Juni 1948 hatte die SMAD eine grundlegende Änderung des Prämiensystems zur Diskussion gestellt. Hauptpunkt war dabei der generelle Wegfall der Lebensmittelkarte für Fischer. Stattdessen sollten unabhängig von der Sollerfüllung für je 100 Kilo abgelieferten Fisch Lebens- und Genussmittel gewährt und diese bei Übererfüllung verdoppelt werden. Gegen den Wegfall der Lebensmittelkarte bestanden seitens der deutschen Hauptverwaltung allerdings erhebliche Bedenken. Ihr Gegenvorschlag sah – *„um den Wünschen der SMAD näherzukommen“* – stattdessen die Herabstufung der See- und Küstenfischer auf Lebensmittelkarte IV vor. Der Ansporn, die Grundverpflegung aufzubessern, sei auch so gegeben. Zudem sollten den leistungsstarken Kuttern Übersollprämien in Zukunft nur noch je Tonne gewährt werden. Schließlich sollten den Fischern ähnlich dem seit Juli 1946 eingeführten doppelten Erzeugerpreis in der Landwirtschaft für die Übererfüllung wahlweise verdreifachte Preise als Prämie gezahlt werden. Die Finanzierung müsse durch Subventionen erfolgen. So könnten nach Ansicht der Hauptverwaltung auch die *„berechtigten Forderungen der Fischer auf Erhöhung des Erzeugerpreises zu einem Teile befriedigt werden.“*[272] Denn die Schere zwischen Betriebsmittelpreisen und Erzeugerpreisen hatte sich längst wieder geöffnet, obwohl Netze und Treibstoff bereits subventioniert wurden.[273]

[270] Vgl. Bericht der IHK Bezirkskammer Stralsund vom 1.7.1948. Von Hans Jendretzky (FDGB-Vertreter bei der DWK) als Abschrift an das ZS der SED zu Händen Walter Ulbricht übersandt, 23.7.1948. SAPMO DY 30 IV 2 / 6.02 / 77. Klagen gleichen Inhalts sandte die KL SED Rügen im Juni und August 1948 an den Landesvorstand der Partei. Vgl. Holz, Flüchtlinge und Vertriebene (2004), S. 508f.

[271] SED-Hausmitteilung, ZS an Abt. Wirtschaft, 6.8.1948. SAPMO DY 30 IV / 6.02 / 77.

[272] DWK, Abt. HuV an ZS der SED, Abt. Wirtschaft, 20.8.1948. SAPMO DY 30 IV 2 / 6.02 / 77.

[273] Vgl. ebd. und Aufstellung des Haushaltsplanes für Mecklenburg für das Rechnungsjahr 1949, 22.11.1948, LHAS, 6.11-14, Nr. 7498 und Aufstellung des Haushaltsplanes für Mecklenburg für das Rechnungsjahr 1948, 8.9.1947. LHAS, 6.11-14, Nr. 7498. Vgl. dazu auch den Punkt Preisfragen der Denkschrift der Warnemünder FVG aus dem September 1948. AHR, 2.1.0, Nr. 318, Bl. 34–40.

Der Beschlussentwurf, den die SMAD Anfang September als Verhandlungsgrundlage an die DWK sandte, berücksichtigte die Vorschläge der deutschen Stellen jedoch nicht. Durch die Streichung der Lebensmittelkarte wollten die sowjetischen Stellen den Druck auf die Fischer weiter erhöhen. Die Lebensmittelversorgung sollte allein von der Ablieferung abhängig sein. Dabei richtete sich die Ausgabe der Versorgungsnormen weiterhin nicht nach der relativen Fangablieferung, sondern nach der absoluten Menge. Industriewaren sollten erst nach der Erfüllung des Fangsolls ausgegeben werden. Preiserhöhungen waren überhaupt nicht vorgesehen.[274]

Offensichtlich aufgrund der schlechten Stimmung in der Bevölkerung wollte die SMAD die angestrebte Änderung möglichst bereits zum Oktober 1948 umgesetzt sehen. Die deutschen Stellen standen dem Vorschlag allerdings skeptisch gegenüber. Anstatt den Druck insbesondere auf die leistungsschwächeren Fischer durch die Kopplung von Ablieferung und Lebensmittelversorgung weiter zu erhöhen, strebte man ein generell gerechteres System an.[275]

Warum die SMAD angesichts der seit 1946 von Seiten der deutschen Verwaltungsstellen immer wieder formulierten Probleme auch noch 1948 an einem Prämiensystem festhielt, das den Schwarzhandel ostentativ förderte, der übrigen Bevölkerung Lebensmittel entzog, die Kleinfischer benachteiligte und letztlich nicht zu einer Ertragssteigerung führte, ist rätselhaft. Möglicherweise war dies auch der späten Reaktion der SED auf die Missstände geschuldet. Nach 1945 waren in vielen Bereichen unausgereifte Systeme der Wirtschaftslenkung eingeführt und im Laufe der Zeit modifiziert worden. In der See- und Küstenfischerei geschah dies verhältnismäßig spät und es bedurfte dazu eines besonderen Anlasses: Im Verlauf des Septembers 1948 veränderten die Ereignisse in Warnemünde die Ausgangssituation und die Verhandlungen über das Prämiensystem wurden unter neuen Vorzeichen wieder aufgenommen.[276]

Die hohen Prämien hatten im Übrigen einen weiteren, möglicherweise sogar beabsichtigten Effekt: Kutter aus Westdeutschland landeten ihre Fänge in die Häfen der SBZ an. Die DWK führte dies auf *„Absatzschwierigkeiten für Dorsch in der Bizone"* zurück, zusätzlich lockten die Prämien die Fischer. Sie verlangten die Bezahlung ihrer Fänge zu einem Drittel in Ostwährung und zu zwei Dritteln in Produkten gemäß den Fischerprämien. Die DWK wies die Landesregierung Mecklenburg im Juli 1948 an, dem zu entsprechen. Gleichzeitig solle man mögliche Übersiedlungsbestrebungen von sogenannten Westfischern mit Kuttern *„nachdrücklichst"* fördern.[277] Die erhoffte Sogwirkung auf die Fischer blieb jedoch

[274] Vgl. DWK, Abt. HuV an ZS der SED, Abt. Wirtschaft, 3.9.1948. SAPMO DY 30 IV 2 / 6.02 / 77.

[275] Vgl. SED, Abt. Wirtschaft, Referat HuV, Beschlussprotokoll betr. Neugestaltung der Fischereiprämien Besprechung mit auf dem Gebiet der Fischerei verantwortlichen Genossen, 10.9.1948. SAPMO DY 30 IV 2 / 6.02 / 77. Anwesend waren u.a. Max Fank als Oberfischmeister sowie Vertreter der DWK und des Zentralsekretariats der SED.

[276] Vgl. Kapitel IV.3.f).

[277] Vgl. das Fernschreiben der DWK, Abt. Handel, an das MfHV, Abt. Fischwirtschaft, 14.7.1948. LAG, Rep. 200, 4.6.4, Nr. 46, Bl. 80.

aus.[278] Generell stand man der Zuwanderung aus dem Westen angesichts der angespannten Versorgungslage in diesen Jahren noch ablehnend gegenüber.[279] Dass in dieser Situation der Zuzug von Westfischern ausdrücklich gefördert werden sollte, unterstreicht ihre ernährungswirtschaftliche Bedeutung.

d) Nichterfüllung des Fangplans: Ursachen, Konsequenzen und Maßnahmen

Die allgegenwärtige Forderung nach Erzeugungssteigerung drückte sich im stetig ansteigenden Plansoll aus. Für das Jahr 1946 war es ungeachtet der schlechten Materialversorgung auf die enorme Menge von 21 600 Tonnen festgesetzt worden, wovon 19 000 Tonnen auf die See- und Küstenfischerei entfielen.[280] Diese Vorgabe musste sich als unerfüllbar erweisen, nur 15 244 Tonnen konnten von der See- und Küstenfischerei angelandet werden. Rückwirkend wurde das Gesamtsoll auf 16 400 Tonnen herabgesetzt, eine kosmetische Korrektur, die eine Planerfüllung ermöglichte. Für das Jahr 1947 war bereits wieder eine Steigerung auf 18 700 Tonnen eingeplant.[281]

Der Druck, den die Militärverwaltung hinsichtlich der Planerfüllung ausübte, war von Anfang an groß. Bereits Ende Februar 1946 erhielt die Landesverwaltung eine erste Abmahnung durch die SMA Mecklenburg. Der Fischversorgungsplan des ersten Quartals war zu diesem Zeitpunkt nur zu 11,5 Prozent erfüllt.[282] Die SMA sah darin das Ergebnis der Sabotage einzelner Landräte und Fischereisachbearbeiter. Die Zwangsablieferung sei ebenso wie das Prämiensystem nicht überall bekannt gegeben, Schwarzverkauf zugelassen und zugeteilte Netze nicht ausgegeben worden. Zudem seien nicht alle fahrbereiten Fischereifahrzeuge im Ein-

[278] Vgl. SED-Landesvorstand, Abt. Wirtschaft, an MfHV, Abt. Fischwirtschaft, 5. 8. 1948. LAG, Rep. 200, 4.6.4, Nr. 46, Bl. 76 und SED-Landesvorstand, Abt. Wirtschaft, an das ZS der SED, Abt. Wirtschaftspolitik, 17. 8. 1948. LHAS, 10.34-1, Nr. 247, Bl. 64.

[279] Vgl. van Melis/Bispinck, „Republikflucht" (2006), S. 24.

[280] Vgl. MfHV, Abt. Fischerei, Bericht über die Fischerei, 14. 3. 1947. LHAS, 6.11-14, Nr. 7427, Bl. 144f. Die Angaben über die Vor- und Nachkriegsfangergebnisse variieren. Ciesla, Fischindustrie (1992), S. 156, mit FN 12, bemerkt, dass der Vorkriegsertrag von 20 000 t aus dem Jahr 1938 erst 1949 wieder erreicht werden konnte. Er stützt sich auf Angaben der Fischereizeitung von 1955. Die BL SED Rostock nennt allerdings 1954 als Fangertrag des Jahres 1949 nur 16 682 t. Vgl. Entwicklung der Jahresfangergebnisse aus den Jahren 1949–1953. LAG, Rep. IV/2/6, Nr. 835. Nach Angaben der DV HV aus dem Jahr 1947 sei in den Jahren 1933–1938 in den der SBZ vorgelagerten Küstengewässern im Schnitt ein Fangertrag von jährlich nur 10 500 to zu verzeichnen gewesen. Vgl. Aktennotiz über telefonische Durchsage des Gen. Wienecke (DV HV) über die Fischereierträge der Ostseegewässer der SBZ, 16. 9. 1947. SAPMO DY 30 IV 2 / 6.02 / 77. Demnach wäre der Ertrag schon 1946 gesteigert worden.

[281] Vgl. MfHV, Abt. Fischerei, Bericht über die Fischerei, 14. 3. 1947. LHAS, 6.11-14, Nr. 7427, Bl. 144f.

[282] Vgl. SMA M-Befehl Nr. 37, 28. 2. 1946: Erfüllung des Fischversorgungsplanes im I. Quartal 1946, abgedruckt in: Brunner, Ernannte Landesverwaltung (2003), S. 443–446 (Dokument 103).

satz.[283] Als Konsequenz wurde der Landrat des Kreises Usedom-Wollin seines Amtes enthoben und die Landräte bzw. Bürgermeister von Stralsund, Barth und Bergen verwarnt. Auch die lokalen Militärkommandanten wurden ermahnt, ihre Kontrollfunktion ernsthafter wahrzunehmen: *„Sie haben die Wichtigkeit der Durchführung des Fischfangplans nicht begriffen, sie bemerken nicht die Mängel in dieser Sache, haben in einigen Fällen die Sabotage nicht verhindert und haben die Fischversorgung untergeordneten Personen übertragen.“*[284]

Als im dritten Quartal der Plan wiederum nur zu 38 Prozent erfüllt werden konnte, verschärfte die SMA Mecklenburg die Gangart. Befehl Nr. 158 zum „Stand der Fischbereitstellung in der Provinz Mecklenburg und Westpommern“ wiederholte den stereotypen Vorwurf des Versagens an die deutsche Verwaltung auf Landes- und Kommunalebene. Wiederum stand das Nichtauslaufen der Fischer im Zentrum der Kritik und wiederum wurde die Begründung, im August lohne das Fischen nicht, zurückgewiesen.[285] Die SMA Mecklenburg befahl, einen täglichen Auslaufplan zu erstellen und forderte, die Fischereiboote an andere, vielversprechendere Einsatzorte zu versetzen.[286] Die Befehle der SMA berührten damit Bereiche, die bisher in der Verantwortung und dem Ermessen der Fischer lagen.[287] Auch der Druck auf die lokalen Verwaltungsstellen wuchs. Der Bürgermeister von Barth und der Landrat von Stralsund waren bereits im Februar ermahnt worden und erhielten wegen der Nichterfüllung des Plans und dem Nichtauslaufen der Boote nunmehr eine strenge Rüge. Gleichzeitig wurde ihnen empfohlen, die zuständigen Genossenschaftsvorsitzenden mit einer Geldstrafe von 1000 Mark zu belegen.

Im Zuge von Kontrollen waren zudem umfangreicher Fischdiebstahl, Schwarzhandel und die Schwarzräucherei von Fischen festgestellt worden; Vergehen, gegen die die deutschen Verwaltungsstellen anscheinend kaum vorgingen. Verstärkte

[283] Am letzten Punkt wird deutlich, dass die Kritik der SMA durchaus auf Fehlinformationen beruhen konnte, denn in Barth war mit 18 Fahrzeugen nur ein Bruchteil der Anzahl an Booten vorhanden, die in den Befehlen Nr. 37 und 158 der SMA Mecklenburg genannt wurde. Vgl. BG Barth an Abt. HuV, Fischerei 3. 11. 1946. Anlage: Abschrift einer Stellungnahme der FVG Barth vom 25. 9. 1946. LHAS, 6.11-14, Nr. 7479, Bl. 49f.

[284] SMA M-Befehl Nr. 37, 28. 2. 1946: Erfüllung des Fischversorgungsplanes im I. Quartal 1946, abgedruckt in: Brunner, Ernannte Landesverwaltung (2003), S. 443–446 (Dokument 103). Nicht nur die Festlegung einer zu erbringenden Fangmenge ging über die aus der Kriegswirtschaft bekannte Ablieferungspflicht weit hinaus. Neu war ebenso, dass einzelne Personen, vom Abteilungsleiter der Abt. HuV in Schwerin über die örtlichen Fischereisachbearbeiter und die Genossenschaftsvorsitzenden bis hinunter zum einzelnen Fischer für schlechte Fangergebnisse verantwortlich gemacht und gegebenenfalls bestraft werden konnten. Die Erklärungen der deutschen Verwaltung wies die SMA zurück. Hinweise auf das schlechte Wetter und das Vorbereiten der Netze für die Heringssaison wurden als Ausreden abgetan.

[285] Vgl. SMA M-Befehl Nr. (1)58, 31. 8. 1946: Stand der Fischbereitstellung in der Provinz. LHAS, 6.11-2, Nr. 1463 und BG Barth an Abt. HuV, Fischerei. 3. 11. 1946. Anlage: Abschrift einer Stellungnahme der FVG Barth vom 25. 9. 1946. LHAS, 6.11-14, Nr. 7479, Bl. 49f. Im Juli und August seien die Ergebnisse des Fischfangs generell gering, so dass in dieser Zeit die Boote und das Geschirr für den Herbstfang hergerichtet würden.

[286] Die gesetzliche Grundlage schuf die Landesregierung mit dem Gesetz über den Fischfang vom 26. 10. 1947, in: Regierungsblatt Mecklenburg, 1947, Nr. 24, S. 267–268.

[287] Vgl. auch Kapitel III.3.5.

Polizeikontrollen und eine strenge Bestrafung des Schwarzhandels hatte die SMA Mecklenburg bereits im Befehl Nr. 37 gefordert.[288] Doch im Zeitraum von März bis Anfang September 1946 waren im ganzen Land Mecklenburg nur 16 Fischereidelikte tatsächlich bestraft worden.[289] Unter dem Druck der sowjetischen Militärverwaltung musste die deutsche Verwaltung die Maßnahmen gegen die Nichterfüllung des Solls und den Schwarzhandel weiter verschärfen.

Bei Nichterfüllung des Fangsolls eines Kreises wurde anfangs nur die verantwortliche Leitung, die Landräte und Genossenschaftsvorsitzenden, bestraft. Bei den Betroffenen traf dies auf Unverständnis. Die Genossenschaftsvorsitzenden sahen ihre Aufgabe nämlich nicht darin, Einfluss auf die Arbeit der einzelnen Fischer zu nehmen, wie es den sowjetischen Vorstellungen entsprach. Der Genossenschaftsvorsitzende sei als Fischer selbst mit der Erfüllung seines Solls beschäftigt und könne sich um andere Sachen wenig kümmern, *„auch würden sich die Fischer von ihm nichts sagen lassen"*, vielmehr sei die Kontrolle Angelegenheit der Fischereiaufsichtsstelle.[290] Die Autorität, die die Fischer am ehesten zu akzeptieren bereit waren, blieb trotz aller Schwierigkeiten die traditionelle Fischereiaufsicht.

In ihrer Stellungnahme zur schlechten Planerfüllung des dritten Quartals 1946 hob die Landesverwaltung im Oktober neben den fraglosen Defiziten in der Arbeit der Kreissachbearbeiter vor allem sachliche Gründe hervor: den Mangel an Tauwerk und Draht, die ungünstigen Witterungsbedingungen und das Ausbleiben der Heringsschwärme.[291] Dessen ungeachtet war man dort schon im selben Monat dazu übergegangen, nun auch einzelne Fischer, die das Quartalssoll nicht erreicht hatten, zu bestrafen. Der Landrat des Kreises Stralsund belegte alle Fischer, die weniger als 80 Prozent ihres Solls erfüllt hatten, mit einer Ordnungsstrafe zwischen 500 und 100 RM, die übrigen Fischer, die das Soll nicht erreicht hatten, wurden verwarnt. Das Restsoll musste bis Ende des Monats nachgeliefert werden.[292] Zeitgleich beschwerte sich die Fischverwertungsgenossenschaft in

[288] Vgl. SMA M-Befehl Nr. 37, 28. 2. 1946: Erfüllung des Fischversorgungsplanes im I. Quartal 1946, abgedruckt in: Brunner, Ernannte Landesverwaltung (2003), S. 443–446 (Dokument 103).

[289] Darunter wiederum nur fünf Ostseefischer wegen unzulässiger Fischabgabe bzw. Nichtablieferung von Fisch in einer Größenordnung von 2 bis 6 Kilo sowie eine Fischereiannahmestelle wegen unzulässiger Fischabgabe. Die Ordnungsstrafen betrugen jeweils 300 bzw. 500 RM. Auch fünf Landräte und Bürgermeister waren wegen der Nichterfüllung des Ablieferungssolls ihres Kreises mit Geldbußen in Höhe von 100 bis 300 RM versehen worden. Vgl. Auflistung der Fischerei-Delikte ab 1. 3. 1946, 16. 9. 1946. LHAS, 6.11-14, Nr. 7479, Bl. 29.

[290] Bürgermeister Barth an Abt. HuV, Fischerei, 3. 11. 1946. Anlage: Abschrift einer Stellungnahme der FVG Barth vom 25. 9. 1946. LHAS, 6.11-14, Nr. 7479, Bl. 49f.

[291] Zudem mache sich auch eine Überfischung der Ostsee bemerkbar. Vgl. Vizepräsident Mecklenburg, Fischerei, an den Chef der SMA M, 25. 10. 1946. LHAS, 6.11-14, Nr. 7433.

[292] Allein in der Stadt Stralsund und auf der Insel Hiddensee hatten 95 Fischer das Soll nicht erfüllt, im übrigen Landkreis waren es weitere 46. Vgl. Landrat Stralsund, Amt HuV, Fischerei, an Abt. Landwirtschaft und Forsten, mit Anlagen: 1. Aufstellung sämtlicher Fischer der Stadt Stralsund und Hiddensee, die ihr Soll nicht erfüllt haben, 2. Aufstellung sämtlicher Fischer des übrigen Landkreises, die ihr Soll nicht erfüllt haben, 3. Aufstellung der Fischer der Insel Hiddensee mit Höhe der Bestrafung, 4. Aufstellung der Bestrafung der Fischer des übrigen Landkreises, 16. 10. 1946. LHAS, 6.11-14, Nr. 7479, Bl. 100–104.

Stralsund bei der Landesregierung darüber, dass die Sollauflage angesichts der schlechten Netzversorgung und des maroden Zustands der Fahrzeuge und Geräte nicht zu erfüllen sei.[293] Der Landrat des Kreises Rügen entließ den zuständigen Sachbearbeiter für Fischerei und bestrafte zehn Fischer mit bis zu 200 RM, wies allerdings darauf hin, dass das dem Kreis auferlegte Quartalssoll von 1770 Tonnen in keinem Verhältnis zu den Durchschnittsanlandungen der Jahre 1940–44 in Höhe von 1100 Tonnen stünde.[294] Strafaktionen dieser Art dienten wohl hauptsächlich dazu, den sowjetischen Behörden das harte Durchgreifen der deutschen Verwaltung zu demonstrieren, denn an den von den Fischern immer wieder vorgetragenen Materialproblemen bestand auch in Schwerin kein Zweifel. Aber nicht alle Landräte gaben den Druck an die Fischer weiter. Für den Kreis Grimmen erklärte der dortige Landrat, er habe gegen das zu hohe Quartalssoll bereits bei Bekanntgabe Beschwerde eingelegt. Dazu hätten ihn eine Rücksprache mit den Fischern und ein Vergleich mit den Durchschnittsanlandungen der letzten Jahre bewogen. Es sei kein einziger Fischer seiner Aufgabe träge oder lasch nachgekommen: „*Ich erkläre dies ausdrücklich und konnte aus Gründen der Vernunft und des menschlichen Anstandes zu keinerlei Strafmaßnahmen gegenüber einzelnen Fischern greifen.*“[295]

Offiziell waren von Seiten der SMAD bisher keine Strafmaßnahmen bei Nichterfüllung des Solls festgelegt worden und auch Befehl Nr. 8, der die Organisation des Fischfangs im Jahr 1947 regelte, sah solche nicht vor. Erst im Juni 1947 teilte die Deutsche Verwaltung für Handel und Versorgung mit, der Befehl sei dahingehend abgeändert worden, dass Fischer, die ihr Soll nicht erfüllen, künftig auf Lebensmittelkarte III herabgestuft werden sollten.[296] Diese Anweisung wurde dann durch einen Befehl der mecklenburgischen SMA vom Oktober 1947 nochmals verschärft. Die Landräte und Bürgermeister wurden beauftragt, die Fischer, die ihre monatliche Fischablieferungspflicht trotz guter Bedingungen nicht erfüllt hatten, in die Verpflegungsgruppe IV herabzusetzen, „*den böswilligsten aber das Fischereirecht zu entziehen und die Fanggeräte zum Tageswert anderen, ehrlichen Fischern zu übermitteln*“. Dieser letzte Punkt – so das Ministerium in Schwerin – sei für die künftige Arbeit der Fischereireferate von besonderer Bedeutung.[297]

[293] Vgl. Raiffeisen-Fischverwertung Stralsund an Abt. HuV, Fischerei, 8.10.1946. Ähnlich äußerte sich die FVG Barth am 12.10.1946. LHAS, 6.11-14, Nr. 7479, Bl. 114 und 116.

[294] Vgl. Landrat Rügen, an Abt. HuV, Fischerei, 12.10.1946. LHAS, 6.11-14, Nr. 7479, Bl. 110.

[295] Landrat Grimmen, Abt. HuV, an Abt. Landwirtschaft und Forsten, Anlage: Auflistung des Fisch-Ablieferungssolls der einzelnen Fischer im Kreis Grimmen, 15.10.1946. LHAS, 6.11-14, Nr. 7479, Bl. 106–107.

[296] Vgl. SMAD-Befehl Nr. 8, 8.1.1947: Organisation des Fischfangs in der SBZ. BArch DX 1 und den diesbezüglichen SMA M-Befehl Nr. 18, 4.2.1947: Maßnahmen zur Umsetzung des Befehls Nr. 8 des Obersten Chefs der SMAD vom 8.1.1947 „Über die Erfüllung des Fischfangplans im Jahre 1946“. BArch DZ 47 F, Nr. 87687 sowie DV HV an MfHV, Abt. Fischerei, 16.6.1947. LHAS, 6.11-14, Nr. 7435.

[297] Vgl. die Bekanntgabe des SMA M-Befehls Nr. 166, 10.10.1947: Kampf gegen den Diebstahl von Fisch und Fischwaren, durch das MfHV, Abt. Lebensmittelindustrie, Ref. Fischerei, 21.10.1947. LHAS, 6.12-1/21, Nr. 586/4. Das Schreiben ging u.a. an die Lokalverwaltungen und die Fischereiaufsichtsstellen.

In Wismar machte man im November tatsächlich von dieser Möglichkeit Gebrauch. Hier wurde sieben Fischern aus Wismar und Rerik die Fischereiberechtigung entzogen, da sie sich trotz mehrfacher Verwarnungen nicht bemüht hätten, ihren Fangverpflichtungen nachzukommen. Ihre Fanggeräte sollten sichergestellt, geschätzt und verkauft, die Fischer und ihre Gehilfen dem Arbeitsamt Wismar zum Arbeitseinsatz an anderer Stelle gemeldet werden.[298] In solchen Fällen bestand die Gefahr einer Abkommandierung zum Uranbergbau der Wismut AG, deren Arbeitskräftebedarf enorm war.[299] Vier Fischer erhoben Einspruch gegen den „Gewerbeentzug". In ihrem an den Landrat persönlich gerichteten Schreiben wehrten sie sich auf über drei Seiten gegen den Vorwurf der Sabotage, sie verwiesen auf unverschuldete Schäden an Booten und Netzen, das ungerechtfertigt hohe Fangsoll und die mangelnde Unterstützung durch den Fischereisachbearbeiter Elsner.[300] Angesichts der *„berechtigten Einwände"* schlug der Landrat die sofortige Wiederzulassung der Fischer vor, die nicht den Eindruck *„böswilliger Querulanten"* erweckten.[301] Nach einer Vorsprache beim Rat des Kreises, an der auch ein Vertreter der SED teilnahm, erhielten die Fischer die Fischereigenehmigung unter Vorbehalt zurück. Ihr Fall sollte als Warnung für die anderen Fischer dienen.[302]

Von dem Entzug der Fischereigenehmigung als Strafmaßnahme scheint insgesamt nicht allzu häufig Gebrauch gemacht worden zu sein, weitaus üblicher war die Herabstufung der Lebensmittelkarte. Die Deutsche Verwaltung Handel und Versorgung wies, nicht ohne die sachlichen Gründe für den Planrückstand anzuerkennen, die Landesregierung im November nochmals auf diese Möglichkeit hin und empfahl auch entsprechende Presseveröffentlichungen zur Abschreckung.[303]

[298] Einer dieser Fischer hatte sein Gewerbe bereits selbst abgemeldet. Weiteren acht Fischern wurde eine letzte Frist gewährt. Vgl. die Verfügung des Landrates Wismar, 18. 11. 1947. LHAS, 6.12-1/21, Nr. 586/4.

[299] So schreibt Erwin Schütt, dass in vielen Fällen junge Fischer, die ihr Fangsoll nicht erfüllt hätten, zum Uranbergbau verpflichtet worden seien. Vgl. Schütt, Geschichte der Fischerei (2004), S. 52. Anhand der vorliegenden Quellen der Fischereiverwaltung kann dies nicht bestätigt werden, eine Sichtung der Akten der Arbeitsämter, die im Rahmen dieser Arbeit nicht möglich war, könnte hier Aufschluss geben. In die Bereitstellung von Arbeitskräften für den sächsischen Uranbergbau wurden seit Herbst 1947 alle Länder einbezogen. Mecklenburg sollte 3000 Arbeitskräfte zur Verfügung stellen. Das mecklenburgische Landesarbeitsamt sprach sich zwar im Dezember 1947 ausdrücklich gegen Zwangseinweisungen aus, konnte auf dieses Instrument jedoch letztlich nicht verzichten. Vgl. dazu Hoffmann, Aufbau und Krise (2002), S. 126–154, besonders S. 131–134.

[300] Vgl. Fischer Bentschneider, Ruge, Sauck, Gertz an Landrat Wismar, 1. 12. 1947. LHAS, 6.12-1/21, Nr. 586/4. Oberfischmeister Fank bestätigte in seinem Bericht für das Jahr 1947, dass der Sachbearbeiter Elsner seine Macht gegenüber den Fischern oft willkürlich anwandte. Vgl. Handschriftlicher Bericht des Oberfischmeisters Fank, o. D. 1947. StAS, Rep. 21, Nr. 7a.

[301] Vgl. die Weiterreichung des Bittgesuchs der Fischer durch den Landrat Wismar an die örtliche Abt. HuV, Fischereiaufsicht, 3. 12. 1947 und die dortige Antwort an den Landrat, 4. 12. 1947. LHAS, 6.12-1/21, Nr. 586/4.

[302] Vgl. Landrat Wismar an die Fischer Bentschneider, Ruge, Sauck, Gertz, 5. 12. 1947 und die Rückerstattung der Fangerlaubnis am 9. 12. 1947. LHAS, 6.12-1/21, Nr. 586/4.

[303] Vgl. das Fernschreiben der DV HV, Abt. IV (Zonenversorgung) an das MfHV, Hauptreferat Fischwirtschaft, 25. 11. 1947. LHAS, 6.11-14, Nr. 7482, Bl. 238.

In Mecklenburg kam es bis Januar 1948 in 1280 Fällen zu einer Herabstufung. Damit dürfte etwa die Hälfte der selbständigen See- und Küstenfischer davon betroffen gewesen sein. Anscheinend war die Herabstufung aber häufig nur eine vorübergehende Maßnahme: In Greifswald erhielten 135 der 152 betroffenen Fischer zum Zeitpunkt der Berichterstattung bereits wieder Kartengruppe II.[304] Die deutsche Verwaltung nutzte die Herabstufung der Lebensmittelkarte offenbar als eine verhältnismäßig moderate Strafmaßnahme, die zwar die Erwartungen der Sowjetischen Militäradministration nach Eingreifen erfüllte, aber andererseits – im Gegensatz zum Entzug der Fischereigenehmigung – nicht existenzbedrohend war und damit den bekannten objektiven Gründen, die zur Nichterfüllung des Ablieferungssolls führen konnten, indirekt Rechnung trug.

Besonders die Betriebe, die nur geringe Erträge ablieferten, gerieten in den Blick der Behörden. Die kleinen Küstenfischer erzielten mit ihren Fängen häufig einen Erlös, der allein kaum zum Leben ausreichte. Im November 1946 hatte das Landratsamt Rostock den Warnemünder Fischereiaufseher Otto beauftragt, eine Reihe Kleinfischer zu vernehmen, um herauszufinden, warum die Anzahl der abgelieferten Fische so gering sei und wovon diese Fischer überhaupt ihren Lebensunterhalt bestritten.[305] Otto vernahm 36 Fischer, von denen der weitaus größte Teil seine geringen Einkünfte – teilweise für 8 Monate nur 622 RM und weniger – nach eigenen Angaben aus Ersparnissen oder durch Zimmervermietung ergänzte. Als Gründe für die niedrigen Fangmengen nannte Otto neben dem allgegenwärtigen Materialmangel in erster Linie die im Vergleich zu früheren Jahren eklatant gestiegene Zahl der Kleinfischer, für die vor allem der Zuzug von Fischerflüchtlingen aus Ostpreußen und Hinterpommern verantwortlich sei. Zudem seien die Fänge der Kleinfischer zwar schon immer relativ gering gewesen, doch hätten im Direktverkauf an den Verbraucher bedeutend höhere Erlöse erzielt werden können. Für diese in der NS-Kriegswirtschaft unter der Bezeichnung „Selbstmarkten" geduldete Form des Verkaufs gab es in der SBZ kein legales Pendant. Sicherlich besserten etliche der Warnemünder Kleinfischer ihren Verdienst durch Schwarz- und Tauschhandel auf. Fischereiaufseher Otto konstatierte, dass die abgelieferte Menge in vielen Fällen durchaus höher sein könnte, und schlug vor, bei der Vergabe des Jahresfischereischeins künftig einen strengeren Maßstab anzulegen.[306]

In der auf unbedingte Ertragssteigerung ausgerichteten Fischfangorganisation war kein Platz mehr für die Kleinfischerexistenzen, denn, so der Landrat von Wismar 1947: „*Wir müssen darauf beharren, entsprechend der Anzahl der Gewerbe-*

304 Die Liste beinhaltete anscheinend nur die selbständigen Fischer, darunter auch ca. 100 Binnenfischer. Vgl. Aufstellung des MfHV, Abt. Lebensmittelindustrie, Fischereireferat, 19. 1. 1948. LHAS, 6.11-14, Nr. 7482, Bl. 239. Anfang 1947 wurden 2400 selbständige Fischer gezählt. Vgl. MfHV, Abt. Fischerei, Bericht über die Fischerei, 14. 3. 1947. LHAS, 6.11-14, Nr. 7427, Bl. 144f.

305 Vgl. Landrat Rostock an Fischmeister Otto, Warnemünde, 9. 11. 1946. StAS, Rep. 21, Nr. 8.

306 Vgl. Fischmeister des Kreises Rostock/Warnemünde an Landrat Rostock, 19. 12. 1946. StAS, Rep. 21, Nr. 8.

treibenden ein entsprechendes Fischfang-Ist aufzuweisen, um nicht vor Regierung und Volk lächerlich zu erscheinen.“[307] Der Fischereiaufseher Ganter in Ribnitz übersandte dem Oberfischmeisteramt eine Aufstellung der Jahresfangergebnisse 1947 der 54 im Bezirk ansässigen Fischer. Die meisten hatten zwar das ihnen auferlegte Soll erfüllt, doch die Erlöse waren in etlichen Fällen so gering, dass die Betriebe eigentlich nicht existenzfähig sein konnten. Ganter schlug vor, das jährliche Mindesteinkommen auf 700 RM festzusetzen und alle Fischer, die dieses Einkommen nicht erreichten, zu verwarnen. Ganter versprach sich von dieser Drohung eine erhöhte Fischablieferung.[308] Ähnlich äußerte sich die DWK im Juni 1948: Die Räte der Kreise und Städte sollten die Fangergebnisse der Kleinfischer aus den Jahren 1947 und 1948 systematisch auf ihre Rentabilität hin überprüfen. Dabei dürfte sich zeigen, so der Vorsitzende der DWK Rau, dass der größte Teil dieser Fischer in Anbetracht der tatsächlich abgelieferten Fischmenge seinen Lebensunterhalt nur durch unzulässigen Verkauf bestreiten könne. Exemplarisch sollte zwei bis drei Fischern deshalb Fischereiberechtigung und Gerät entzogen und an sogenannte Umsiedler weitergegeben werden, um die restlichen Kleinfischer zur restlosen Ablieferung zu bewegen.[309]

1949 wurde im Auftrag der Landesregierung eine systematische Kontrolle der schlecht abliefernden Betriebe durch das Oberfischmeisteramt durchgeführt. Dabei sollte insbesondere die Rentabilität der kleinen Küstenfischerei überprüft und die nicht existenzfähigen Betriebe geschlossen werden.[310] In einem Entwurf formulierte die Abteilung Fischerei in Schwerin das Ziel der Aktion folgendermaßen: Sie solle dazu dienen, *„eine Bereinigung in der Fischerei herbeizuführen und diejenigen Elemente, die die heutige Zeit nicht verstehen wollen [...] aus der Fischerei auszuschließen und in einen anderen Beruf zu überführen.“*[311]

Die Prüfungskommission, die sich aus dem Oberfischmeister, einem Vertreter der Fischereiabteilung des Ministeriums in Schwerin und drei Mitarbeitern der Fischereiaufsicht zusammensetzte, sollte in Zusammenarbeit mit den Fischereisachbearbeitern der Kreise die Gründe für die Nichterfüllung des Fangsolls erfragen. Anschließend sollte entschieden werden, ob diese Fischer weiter in der Fischerei zu beschäftigen seien. Der Bericht der Prüfungskommission listete eine ganze Reihe sachlicher Gründe auf, die zur mangelhaften Sollerfüllung insbesondere der Kleinfischer geführt hatten: das anhaltend schlechte Wetter während des

[307] Landrat Wismar an die Fischer Bentschneider, Ruge, Sauck, Gertz, 5.12.1947. LHAS, 6.12-1/21, Nr.586/4.

[308] Vgl. FAST Ribnitz an OFMA, 18.1.1948. StAS, Rep.21, Nr.22. Unter diesem Einkommen hätten nach Ganters Angaben mindestens 15 Fischer gelegen.

[309] Vgl. das Schreiben Raus an den Ministerpräsidenten des Landes Mecklenburg, Höcker, 30.6.1948. SAPMO DY 30 IV 2 / 6.02 / 77.

[310] Der Jahresverdienst eines Kleinfischerbetriebes variierte stark, während im Kreis Schönberg ein Jahresverdienst von bis zu 4000 DM erreicht wurde, waren es in den Kreisen Rostock Stadt und Land nur 500 bis 600 DM. Vgl. Niederschrift des MfHV, Abt. Fischerei über die Besprechung am 28.12.1948 über den Fischfangplan im ersten Quartal 1949, 30.12.1948. LHAS, 6.11-14, Nr.7476, Bl.78f.

[311] Entwurf der Abteilung Fischerei des MfHV vom 15.6.1949. LHAS, 6.11-14, Nr.7444.

ersten Halbjahres, die Zerstörung der Fanggeräte der Küstenfischer durch die Schleppnetzfischerei und die Frühjahrssturmflut, der Mangel an Angelhaken und anderen Ausrüstungsgegenständen und die Überfischung einzelner Gewässer, etwa des Greifswalder Boddens. Anlass zu hartem Durchgreifen sah man nicht gegeben: *„Im allgemeinen gaben die Fischer sich alle Mühe, um ihr Soll im ersten Halbjahr zu erfüllen. Nur in einzelnen Fällen sollte man einen strengen Maßstab anlegen, um die Fischer, die böswillig ihr Soll nicht erfüllt haben, aus der Fischerei herauszunehmen und in einen anderen Beruf zu überführen.*“[312] Letztlich wurde nur fünf von der Kommission vorgeschlagenen Fischern der Fischereischein entzogen.[313] Die vorab als mit aller Strenge durchzuführende Kontrolle angekündigte Aktion führte also keineswegs zu einer umfassenden *„Bereinigung*“ der Fischerei.

Obwohl die Leistungsfähigkeit der Betriebe angemahnt und zum theoretischen Ausschlusskriterium gemacht wurde, scheint dieser Anspruch in der Praxis nur selten umgesetzt worden zu sein. Die „böswillige“ Nichterfüllung des Ablieferungssolls wurde nach dem Willen der SMAD unter Strafe gestellt, es drohten die Herabstufung der Lebensmittelkarte und der Entzug der Fischereiberechtigung. Für die deutsche Verwaltung war es ein Balanceakt, die Forderungen der Besatzungsmacht nach einem härteren Durchgreifen und die oft berechtigten Einwände der Fischer hinsichtlich der schlechten Materialversorgung und der ungerechtfertigt hohen Sollauflagen miteinander in Einklang zu bringen. Zumeist nutzte sie ihren Ermessensspielraum aber zugunsten der Fischer. Auch die Nischenexistenz der geringverdienenden Kleinfischer, die in der auf unbedingte Ertragssteigerung ausgerichteten Politik der sowjetischen Besatzer zur Disposition stand und immer wieder ins Visier der Verwaltung geriet, wurde trotz anders lautender Vorschläge und Ankündigungen in letzter Konsequenz toleriert, wenn auch in keiner Weise gefördert.

Zur Vergabe von Fischereigenehmigungen

Nachdem ausführlich vom Entzug der Fischereigenehmigung als möglicher Konsequenz der Nichterfüllung des Fangsolls die Rede war, sollen hier kurz das nach 1945 übliche Verfahren der Zulassung zur Fischerei und die dabei ausschlaggebenden Kriterien dargestellt werden. Auch nach Kriegsende unterlag die Zulassung zur Fischerei der staatlichen Kontrolle. Bis die Fischereiabteilung der Landesverwaltung eine geordnete Tätigkeit aufnahm, waren die lokalen Verwaltungsbehörden zuständig. Die Modalitäten lassen sich am Beispiel Wismar aufzeigen. Notwendig war die Vorlage eines polizeilichen Führungszeugnisses, Angaben über die bisherige Tätigkeit in der Fischerei und abgeleistete Prüfungen. Nach der befürwortenden Stellungnahme des Fischereiaufsehers erteilte die Fischereiaufsichtsbehörde beim

[312] MfHV, Abt. Fischerei an OFMA, 16.6.1949. StAS, Rep.21, Nr.22 und Bericht über Überprüfung der Fischereibetriebe in den Kreisen Wismar, Rostock, Stralsund, Rügen, Greifswald, Usedom, Anklam und Ückermünde vom 26.6.–3.7.1949. LHAS, 6.11-14, Nr.7445.

[313] Vgl. Bericht über Sollerfüllung einzelner Fischer des Kreises Rügen, o.D., verm. Juli 1949, und Liste der Fischer, denen nach Überprüfung der Fischereibetriebe der Fischereischein entzogen wurde, 25.8.1949. LHAS, 6.11-14, Nr.7445.

Landratsamt Wismar die Berechtigung gegen eine Gebühr von 22 RM. Bedingung war der Abschluss eines Liefervertrages mit der Stadt.[314] Kurz nach Kriegsende war der angelegte Maßstab nicht immer so streng; in Warnemünde wurden zeitweise auch *„ungeeignete Personen"* zur Fischerei zugelassen.[315]

Seit Herbst 1945 bemühte sich die Landesregierung, die Kontrolle über die Fischereigenehmigungen wieder an sich zu ziehen und schloss dabei sprachlich in der diesbezüglichen Präsidialverordnung deutlich an die Anordnungen des Reichsnährstandes an. Die *„Genehmigung zur Errichtung und Wiederaufnahme nicht nur vorübergehend geschlossener Betriebe der Hochsee- und Küstenfischerei"* wurde von der Zustimmung der Landesregierung abhängig gemacht.[316] So wollte man ein *„Überfluten der Fischerei, des Groß- und Kleinhandels sowie der Fischverarbeitungsindustrie durch Berufsfremde"* verhindern.[317] Problematisch blieb weiterhin, dass das eigentliche Verfahren nicht einheitlich geregelt war und oft genug keinerlei Absprachen zwischen Landesregierung und lokaler Verwaltung stattfanden.[318] Im April 1948 wurde der Ablauf durch die Landesregierung festgelegt. Das Oberfischmeisteramt bearbeitete Anträge auf *„Genehmigung zur selbständigen Ausübung der Küstenfischerei"*, die dortige Entscheidung wurde vom Fischereireferat in Schwerin bestätigt.[319] Die Fischereiaufseher sollten zudem die Meinung der Genossenschaftsvorstände einholen, eine Praxis, die aus der Zeit des Nationalsozialismus bekannt ist.[320] Damals wurde die Berufsorganisation in die Vergabe der Betriebsgenehmigungen und der Fischereischeine einbezogen. [321]

In problematischen Fällen schalteten die Betroffenen auch die SED ein, um ihre Position zu stützen.[322] Politische Unbedenklichkeit spielte bei der Vergabe der Fi-

314 Vgl. beispielhaft die Anfrage des Landrats Wismar an Fischmeister Völz, ob Otto Röpke die beantragte Fischereiberechtigung erteilt werden könne. 17.11.1945. LHAS, 6.12-1/21, Nr. 586/5b.

315 Vgl. Abt. HuV an OB Rostock, weitergeleitet an die Verwaltungsstelle Warnemünde und die dortige FVG, 19.2.1946. AHR, 2.1.0, Nr. 1652.

316 Vgl. Landrat Wismar an Abt. Landwirtschaft und Forsten, 3.1.1946. LHAS, 6.12–1/21, Nr. 586/5b.

317 Jahresbericht des MfHV, Abt. Fischerei für das Jahr 1946. LHAS, 6.11-14, Nr. 7435.

318 Vgl. den Bericht der lokalen Fischereiverwaltung über die Fischerei in den Ostsee- und Binnengewässern, 21.4.1947. LHAS, 6.12-1/21, Nr. 586/9b.

319 Vgl. MfHV, Abt. Fischerei an den Rat des Kreises Stralsund, Amt HuV, Fischerei, 30.4.1948. StAS, Rep. 21, Nr. 8.

320 Vgl. OFMA an die FAST des Bezirks, 7.5.1948. StAS, Rep. 21, Nr. 8.

321 Neben der Genehmigungspflicht für neue Fischereibetriebe bzw. der generellen Zulassung gab es auch in der SBZ/DDR weiterhin einen jährlich zu lösenden Fischereischein. Im März 1947 hatte die DV HV eine Verordnung erlassen, die die Vergabe dieser Fischereischeine zonenweit regelte und dem Gesetz über den Reichsfischereischein von 1939 in vielen Punkten ähnelte. Sie blieb auch nach Gründung der DDR in Kraft. Vgl. Verordnung Nr. 4 vom 27.3.1947 über die Ausgabe von Fischereischeinen. Dazu: Runderlass Nr. 5 vom 27.3.1947, nach Schütt, Geschichte der Fischerei (2004), S. 58.

322 Im Fall der Fischereiberechtigung für Eduard Heinert aus Sellin, die Max Fank als Oberfischmeister verweigerte, da Heinert seit 1937 nicht mehr in der Fischerei tätig gewesen war, blieb die von Sellins Ehefrau erbetene Intervention des SED-Landesvorstands ergebnislos. Vgl. den Schriftwechsel zwischen SED-Landesvorstand und Max Fank im August 1948. LHAS, 10.34-2, Nr. 312, Bl. 21–23.

schereigenehmigung jedoch keine entscheidende Rolle, dies zeigt die Durchsicht der betreffenden Akten aus Wismar.[323] Die Mitgliedschaft in der NSDAP konnte zwar zum Entzug der Fischereigenehmigung genutzt werden, sie stellte aber durchaus kein Hindernis bei der Vergabe dar.[324] Eine umfassende Entnazifierung des Fischereigewerbes verbot sich schon aus pragmatischen Gründen. Es ist indes nicht bekannt, wie hoch der Anteil der NSDAP-Mitglieder unter den See- und Küstenfischern war. Weitaus entscheidendere Kriterien waren die Berufserfahrung des Antragstellers, eine abgelegte Meister- oder Gehilfenprüfung und die zur Verfügung stehenden Fanggeräte und Fahrzeuge, denn diese waren die Voraussetzungen für eine erfolgreiche Sollerfüllung. Alteingesessene Fischer erhielten ausnahmslos eine Genehmigung, die befürwortende Stellungnahme der zuständigen Stellen wurde meist mit dem stereotypen Satz *„Der Fischer XY stammt aus einer alteingesessenen Fischerfamilie…“* eingeleitet. Auch die „Flüchtlingsfischer“ erhielten in der Regel problemlos eine Fischereigenehmigung.[325]

Das Verfahren blieb auch nach der Auflösung der Länder gleich, nun fungierte der Rat des Bezirks als oberste Instanz, doch die Fischereiaufsicht und die Fischwirtschaftsgenossenschaften waren weiterhin entscheidend beteiligt. Neben der fachlichen Qualifikation trat nach 1952 zumindest theoretisch die politisch-ideologische Eignung stärker hervor. Sowohl das fachliche Können als auch die *„gesellschaftliche Einstellung“* des Antragstellers sollten berücksichtigt werden.[326] Gegebenenfalls wurde dazu die lokale SED-Stelle einbezogen, dies scheint aber nicht die Regel gewesen zu sein.[327] Tatsächlich finden sich kaum Hinweise auf die „gesellschaftliche Einstellung“ – in den weitgehend formalisierten Anträgen blieb die fachliche Qualifikation ausschlaggebend.[328] Im Untersuchungszeitraum änderte sich an diesem Verfahren nichts mehr. Obgleich als potentielles Sanktionsmittel vorgesehen, kam der Entzug der Fischereiberechtigung in der Praxis nur selten zum Einsatz.

[323] Vgl. LHAS, 6.12–1/21, Nr. 586/6, Teil 1: Erteilung von Fischereigenehmigungen.

[324] Vgl. MfHV, Abt. Fischerei an Fischer Julius Müller, Wismar, 7.6.1948. LHAS, 6.12–1/21, Nr. 586/4. Die erst zwei Monate zuvor erteilte Genehmigung wurde entzogen, da Müller seit 1930 Mitglied der NSDAP und der SA gewesen war. Dagegen erhielt Hans Saufklever die Fischereigenehmigung, obwohl er seit 1936 Mitglied der NSDAP gewesen war. Vgl. Antrag Hans Saufklever, 27.12.1948. LHAS, 6.12–1/21, Nr. 586/6, Teil 1.

[325] Diese Praxis deckt sich mit der im Fischereibezirk Lauterbach auf Rügen üblichen. Auch hier war der Status „Berufsfischer“ ausschlaggebend. Vgl. beispielhaft OFMA an FAST Lauterbach, 15.10.1951 und FAST Lauterbach an Fischer Reinhold und Otto Looks am 4.1.1949. LAG, Rep. 250, Nr. 36, Bl. 150 und 253.

[326] Vgl. OFMA an die FAST, 11.10.1954, LAG, Rep. 250, Nr. 361.

[327] Vgl. beispielhaft die Befürwortung des Antrags von Hans-Ulrich Behrens auf einen Vertreterschein aufgrund der Arbeitsunfähigkeit seines Vaters. FAST Lauterbach an OFMA, 3.2.1954; Bescheinigung des SED-Ortssekretariats Seedorf, o. D., verm. Februar 1954; Befürwortung der FWG Seedorf, 26.1.1954. LAG, Rep. 250, Nr. 361.

[328] Vgl. beispielhaft OFMA an RdB, Abt. Örtliche Wirtschaft, 25.11.1957. LAG, Rep. 250, Nr. 121.

Verstöße gegen die Ablieferungspflicht: Schwarzhandel und Eigenbehalt

Zwischen den immer wieder kritisierten schlechten Ablieferungsergebnissen und dem Schwarzhandel bestand naturgemäß ein Zusammenhang. Eine auf Befehl der SMA Mecklenburg durchgeführte Großkontrolle der Landesverwaltung deckte 1946 Zustände auf, die an die Schilderungen des Kontrolleurs der Landesbauernschaft aus dem Jahr 1944 erinnern.[329] Vielfach seien die örtlichen Organe nicht in der Lage oder nicht gewillt, die Fischablieferungen zu kontrollieren, oder sogar selbst in die illegalen Geschäfte verwickelt. So hatten in Wismar Fischer mehrere Kilo Fisch an die Bevölkerung verkauft, *„darunter sogar an einen Polizisten in Uniform."* In Dassow und Boltenhagen waren die Fischer über die bevorstehende Kontrolle informiert, dennoch kamen auch hier mehrere Kilogramm nicht zur Ablieferung.[330] Aus einer eher laxen Handhabung der Ablieferungspflicht zogen alle Beteiligten vor Ort ihren Vorteil. Anscheinend verfolgten selbst die lokalen Kommandanten hier eigene Interessen. Auf Kritik aus Schwerin stieß die Tatsache, dass den Fischern in Warnemünde, Greifswald, Usedom, Ückermünde und vielen Orten des Kreises Rügen entgegen der Bestimmungen des SMAD-Befehls Nr. 11 von den Militärkommandanten gestattet worden war, 2 Kilo Fische pro Kopf und Fangtag, teilweise pro Kopf der Familie, vom Fang zurückzuhalten. Dies mindere die Ablieferungsmenge und fördere den Schwarzhandel.[331] Daher bat die Landesverwaltung die SMA Mecklenburg im Oktober, die örtlichen Kommandanten anzuweisen, diese Bestimmung zurückzunehmen und wies die Landräte an, derartige Fangentnahmen zu unterbinden und unter Strafe zu stellen.[332] Dabei entsprach die Genehmigung eines gewissen Eigenbehalts eigentlich nur den Realitäten. Eine völlige Unterbindung dieses Gewohnheitsrechtes – das hatte die Erfahrung der Kriegsjahre gezeigt – war illusorisch. Den deutschen Behörden missfiel vor allem, dass die Regelung unklar war und örtlich unterschiedlich gehandhabt wurde.[333]

Die Anlandungen der Fischer sollten nicht nur von der Polizei, sondern zusätzlich von den örtlichen Fischereisachbearbeitern, den Fischfangbeauftragten der Militärkommandanten und der Fischereiaufsicht überwacht werden.[334] Doch

[329] Vgl. Kapitel III.5.b).

[330] Diese Zustände schildert ein Rundschreibenentwurf des Präsidenten des Landes Mecklenburg an sämtliche Landräte und Oberbürgermeister, 7. 9. 1946. LHAS, 6.11-14, Nr. 7479, Bl. 16–18.

[331] Vgl. ebd. und den Aktenvermerk betr. Befehl Nr. [1]58 des Chefs der Verwaltung der SMA vom 31. 8. 1946 über die Versorgung des Landes mit Fischen, Stellungnahme zum Befehl und zu den gemachten Vorwürfen, 16. 9. 1946. LHAS, 6.11-14, Nr. 7479, Bl. 28.

[332] Vgl. Vizepräsident Mecklenburg, Fischerei, an den Chef der SMA MVP, 18. 10. 1946. und Vizepräsident Mecklenburg, Fischerei, an den Chef der SMA MVP, 25. 10. 1946. LHAS, 6.11-14, Nr. 7433.

[333] So der Referent der DV HV auf der Fischereireferententagung im Juni 1947. Vgl. Bericht über die Tagung der Referenten für Fischerei bei den Regierungen der Länder und Provinzen am 25. und 26. Juni 1947 bei der DV HV, 1. 7. 1947. SAPMO DY 30 IV 2 / 6.02 / 77.

[334] Vgl. Aktenvermerk über die Besprechung mit Herrn Wakurow, Leiter der Fischerei bei der SMAD Karlshorst 29. 9. 1946. LHAS, 6.11-14, Nr. 7427, Bl. 197.

trotz der nachdrücklichen Forderung nach einer Verschärfung der Kontrolltätigkeit durch die deutschen und die sowjetischen Verwaltungsorgane, die 1946 in den Befehlen der SMA Mecklenburg immer wieder zum Ausdruck kam, besserte sich die Situation in den Fischereiorten anscheinend kaum.

Während der SED-Landesvorstand im April 1947 ans Zentralsekretariat nach Berlin beschönigend meldete, Schwarzhandel mit Fischen komme zwar vor, werde aber durch polizeiliche Kontrollen unterbunden,[335] machte der Fischereiaufseher aus Barth, der – als Badegast getarnt – im Auftrag des Oberfischmeisters Nachforschungen über den Schwarzhandel auf Rügen anstellte, die Erfahrung, dass illegale Fischgeschäfte weiter an der Tagesordnung waren. Für ein Pfund untermaßiger Dorsche erhielten die Fischer hier von einem Zwischenhändler 20 RM, dieser wiederum verkaufte sie für 35 RM an Badegäste.[336] Nach den gültigen Preisen wären für diese mindere Qualität regulär 16 Pfennig pro Kilo gezahlt worden.[337] Der Fischereiaufseher beobachtete außerdem diverse Tauschgeschäfte und die markenfreie Ausgabe von Fischgerichten. Er empfahl eine strenge Überwachung der Anlandungen durch die Polizei und das Verbot auch geringster Mengen Eigenbehalts, damit der Schwarzhandel *„schon an dieser Stelle im Keim erstickt"* werde.[338]

Dass Polizeikontrollen allein nicht erfolgversprechend waren, zeigt eine Beschwerde der Wasserschutzpolizei Saßnitz vom Oktober 1947. Sie vermittelt ein anschauliches Bild der herrschenden Verhältnisse und bestätigt die Vermutung, dass eine wirksame Kontrolle einerseits nicht im Interesse, andererseits nicht in der Macht der beteiligten Dienststellen lag. Die Wasserschutzpolizei jedenfalls sah sich hinsichtlich der Bekämpfung der verbotenen Kompensationsgeschäfte und des Schwarzhandels *„alleine auf weiter Flur"*. Die Fischwirtschaftsgenossenschaft, die Fischereiabteilung des Landrates, die Fischereiaufseher und sogar die Parteidienststellen wüssten von derartigen Geschäften und versuchten sogar, die Fischer zu decken. Jeder wolle *„der Vorteile wegen mit den einzelnen Fischern gut Freund zu sein."* Auf SED-Parteiversammlungen würde kritisiert, dass die Wasserschutzpolizei nichts Besseres zu tun habe, als durch die Absperrung des Fischereigeländes der hungernden Bevölkerung die Fische vorzuenthalten. Gleichzeitig verlangten die genannten Dienststellen am Ende des Monats Auskunft über die beschlagnahmten Fischmengen, um diese Zahlen als ihren Erfolg in die Statistiken eintragen zu können.[339] Die Autorität der Wasserschutzpolizei wurde zudem durch das Verhalten des für den Fischfang zuständigen Mitarbeiters der Kommandantur

335 Vgl. SED-Landesvorstand, Abt. Wirtschaft an ZS der SED, Ref. HuV, 10.4.1947. SAPMO DY 30 IV 2 / 6.02 / 77.

336 Vgl. FAST Barth an OFMA, 22.8.1947. LHAS, 6.11-14, Nr.7479, Bl.2. Inkognito war auch der Oberfischmeister Max Fank zur Aufdeckung von Schwarzhandel unterwegs. Vgl. OFMA an Stadtpolizei Stralsund, 8.7.1947. StAS, Rep.21, Nr.102.

337 Vgl. SMAD-Befehl Nr.205, 27.12.1948: Steigerung des Fischfangs 1949 und die Verbesserung der materiellen Lage der Fischer, 27.12.1948. LHAS, 6.12-1/21, Nr.586/3. Hier sind die alten Preise handschriftlich neben die neuen gesetzt.

338 FAST Barth an OFMA, 22.8.1947. LHAS, 6.11-14, Nr.7479, Bl.2.

339 Vgl. Wasserschutzpolizeirevier Saßnitz an Ministerium für Verwaltung, Abt. Polizei, Wasserschutzpolizei, 13.10.1947. LHAS, 6.11-14, Nr.7481, Bl.23.

Rostock, Oberleutnant Romaschwili, untergraben.[340] Bei guten Fängen erlaube Romaschwili den Fischern in Gegenwart der Polizeibeamten die Mitnahme von 10 Kilo und mehr, während die Beamten angehalten seien, jede Mitnahme über 2 Kilo zu bestrafen. Dies führe dazu, dass die Polizei in den Augen der Fischer „*unmenschlich und schlimmer als die Besatzungsmacht*“ sei.[341] Romaschwilis Willkürherrschaft erreichte ihren Höhenpunkt, als er den Angehörigen der Polizei und der Wasserschutzpolizei kurzerhand das Betreten des Hafengeländes untersagte.[342]

Die FAST Saßnitz bemerkte zu den Schwierigkeiten bei der Unterbindung von Kompensationsgeschäften: „*Gegen diese konnte der Wasserschutz oder noch viel weniger ich als Fischerei-Aufseher etwas unternehmen. Diese Geschäfte standen unter dem Schutz eines anderen.*“[343] Bis Mitte Oktober seien mit Kompensationsgeschäften Netz, Garn und Tauwerk sowie Ersatzteile für Motoren beschafft worden. Oberleutnant Romaschwili habe diese Geschäfte gebilligt, um ein Stillliegen der Kutter während des Herbstfangs zu vermeiden.[344] Die typischen Probleme der Mangelwirtschaft konnten so auf unterster Ebene umgangen werden. Dass derartige Kompensationsgeschäfte stillschweigend gebilligt wurden, ist bereits aus dem Zweiten Weltkrieg bekannt. Hier forderte Wilhelm Kühl als Vorsitzender des Reichsverbandes der deutschen Fischerei Verständnis dafür, dass der Fischer entgegen dem Führererlass „ein Fischgericht“ abgebe, um notwendige Materialien zu erlangen.[345] Der Schwarzhandel war deshalb so schwer zu bekämpfen, weil vor Ort wiederum niemand ernsthaft an der Umsetzung der Verbote interessiert war. So gut wie jeder profitierte vom illegalen Fischverkauf: die Einwohner der Küstenorte, zu denen auch die Mitarbeiter der deutschen Verwaltung gehörten, die Hotelbetriebe und Badegäste und die Mitarbeiter der Kommandantur. Wenn durch Tauschgeschäfte der Betrieb der Kutter gewährleistet werden konnte, dienten sie letztlich sogar der von der SMAD angestrebten Ertragssteigerung. Die Verhältnisse ähnelten stark denen während des Zweiten Weltkrieges und selbst die Besatzungsmacht als neu hinzugekommene Kontrollinstanz wurde Teil der Mechanismen, die eine Durchsetzung zentraler Anordnungen von sowjetischer und deutscher Seite auf der lokalen Ebene be- bzw. verhinderten.

Am 10. Oktober 1947 hatte die SMA Mecklenburg mit Befehl Nr. 166 die Maßnahmen gegen den illegalen Fischhandel nochmals verstärkt. Die Fischverarbeitungs- und Erfassungsstellen waren wirksam abzusperren und ein vierundzwan-

340 Oberleutnant Romaschwili war der eigens für die Herbstsaison abkommandierte Mitarbeiter der Kommandantur Rostock. Vgl. SMA M-Befehl Nr. 150, 29. 9. 1947: Maßnahmen zur Gewährleistung des Fischfangplans in der Herbstsaison 1947. LHAS, 6.11-2, Nr. 1464a.

341 Wasserschutzpolizeirevier Saßnitz an Ministerium für Verwaltung, Abt. Polizei, Wasserschutzpolizei, 20. 10. 1947. LHAS, 6.11-14, Nr. 7481, Bl. 31.

342 Vgl. ebd.

343 FAST Saßnitz an OFMA, o. D., Antwort auf Schreiben des OFMA vom 15. 11. 1947. LHAS, 6.11-14, Nr. 7481, Bl. 15.

344 Vgl. FAST Saßnitz an MfHV, Abt. Lebensmittelindustrie, Fischereiverwaltung, 17. 11. 1947. LHAS, 6.11-14, Nr. 7481, Bl. 17.

345 Vgl. Kapitel III.5.b).

zigstündiger Wachdienst einzurichten. Die Verantwortung für Fischdiebstahl lag nun ausdrücklich bei den Betriebsleitern. Auch die Vorsitzenden der Fischereigenossenschaften sollten für Vorkommnisse dieser Art stärker zur Rechenschaft gezogen werden. Für die Fischfangsaison wurden sie nun von der direkten Fangausübung befreit, um *„unmittelbar die Angelegenheiten einer Verstärkung des Fischfangs und der Bekämpfung des Fischraubes zu leiten."* Der Befehl regelte auch erstmals die Frage des Eigenbehalts. Für den eigenen Familienbedarf durfte Fisch in *„minimalen Mengen"* nur entnommen werden, nachdem das Monatssoll erfüllt war.[346] Damit war der Eigenbehalt zwar erstmals offiziell genehmigt, die Bedingung des erfüllten Monatssolls machte die Anweisung allerdings ebenso wie die nicht näher geregelte Menge problematisch. Die 1947 und 1948 von der DWK vorgeschlagenen Modifizierungen – Beschränkung der Eigenentnahme auf eine Höhe von 10 Prozent des Tagesfanges, aber höchstens 5 Kilo am Tag ohne Berücksichtigung der Anzahl der Familienmitglieder – wurden von der SMAD ebenso wenig aufgegriffen wie die Idee der Landesregierung Mecklenburg zur Einrichtung einer Fischkarte, auf der die monatliche Eigenentnahme des Fischers erfasst werden sollte.[347] Zu bürokratische Regelungen waren anscheinend dort nicht erwünscht. Weiterhin wurde vor Ort nach eigenen Regeln gespielt. Das Ministerium für Handel und Versorgung musste auf die Einhaltung des Befehls drängen und wies darauf hin, dass Einzelabsprachen mit Kommandanten hinfällig seien.[348] Die Meinung der Fischer selbst lässt sich der Denkschrift der FVG Warnemünde zur Situation der Fischerei im Herbst 1948 entnehmen: *„Bei dieser Anweisung hätte man von der Undurchführbarkeit von vornherein überzeugt sein können."*[349]

Die SMAD in Karlshorst verschärfte den Druck weiter. Im November 1947 wurden *„unerwartete Kontrollen der Fischereiboote"* angeordnet, die unter Hinzuziehung der Polizeibehörden mindestens zweimal im Monat von Mitarbeitern der Fischereiaufsicht und der Fischerfassungsstellen gemeinsam mit Vertretern der Parteien und Massenorganisationen durchgeführt werden sollten. Bei verdächtigen Fischern sollten außerdem Hausdurchsuchungen stattfinden. Es drohten Ordnungsstrafen in Höhe von mindestens dem zwanzigfachen Wert der unterschlagenen Fische, eine gerichtliche Bestrafung sowie die Beschlagnahme der Boote und Fanggeräte.[350]

346 Vgl. die Bekanntgabe des SMA M-Befehls Nr. 166, 10.10.1947: Kampf gegen den Diebstahl von Fisch und Fischwaren, durch das MfHV, Abt. Lebensmittelindustrie, Ref. Fischerei, 21.10.1947. LHAS, 6.12-1/21, Nr. 586/4.

347 Vgl. Bericht des MfHV, Fischerei über die Besprechung in der DWK, Abt. Fischerei am 26.10.1948. LHAS, 10.34-1, Nr. 247, Bl. 206 und Aktenvermerk über die Einführung einer Fischkarte zur Kontrolle des Selbstbehalts, 4.11.1947. LHAS, 6.11-14, Nr. 7434.

348 Vgl. MfHV, Abt. Fischerei an den RdK Wismar, Amt für HuV, Abt. Fischerei, 17.6.1948. LHAS, 6.12-1/21, Nr. 586/3.

349 Denkschrift zur Warnemünder Hochseefischerei, September 1948. AHR, 2.1.0, Nr. 318, Bl. 34–40.

350 Bekanntgabe des diesbezüglichen Schreibens der SMAD vom 13.11.1947. Vgl. MfHV, Abt. Lebensmittelindustrie, Fischereireferat, an Räte der Kreise Wismar, Rostock, Rügen, Greifswald, Usedom, Stralsund, Ückermünde, Waren und der Städte Rostock und Stralsund,

Bereits im September 1947 hatte in Warnemünde eine große Razzia stattgefunden. 61 Beamte hatten 36 Zentner nicht abgelieferte Fische beschlagnahmt.[351] Dass der Schwarzhandel auf diesem Weg nicht unbedingt effektiver bekämpft wurde, zeigen die vorliegenden Berichte aus anderen Küstenorten. In Wismar und auf Poel wurden bei Kontrollen der Boote durch die Wasserschutzpolizei zumeist nur kleine Mengen von 5 bis 10 Kilo gefunden, die den Fischern für ihren eigenen Gebrauch überlassen wurden, *„da sie nach ihren Aussagen mit der Erfüllung des Ablieferungssolls sehr gut stünden."*[352] In Greifswald wurde dagegen bei Hausdurchsuchungen zwar die nicht unerhebliche Menge von 120 Kilo Salzheringen gefunden. Doch auch hier blieben ernste Konsequenzen aus. Da die betroffenen Fischer ihr Monatssoll weit übererfüllt hatten, erhielten sie lediglich eine Verwarnung. Sie durften sogar die Hälfte der Salzheringe behalten, die andere Hälfte wurde auf Anweisung des Landrats an die zuletzt gekommenen Flüchtlingsfischerfamilien abgegeben.[353] In Stralsund gestaltete sich die Kontrolltätigkeit des Hilfsfischereiaufsehers schwierig. Er vermutete Schwarzhandel im großen Stil, doch bei seinem Auftauchen am Hafen sei alles gleich alarmiert und die 20 bis 30 Personen, die sich dort mit Taschen herumtrieben, sofort verschwunden gewesen. Auch war eine illegale Fischentnahme nicht leicht nachzuweisen. Der Fischer Schohl, den der Aufseher mit etwa 15 Pfund Aalen auf dem Heimweg antraf, gab an, die Fische soeben bei der Genossenschaft abliefern zu wollen.[354] Rigoroses Durchgreifen wie im zur Veröffentlichung an die (SED-)Landeszeitung Mecklenburg gegebenen Fall des Fischers Kaffka aus Wieck/Darß war anscheinend die pressewirksame Ausnahme. Kaffka, der sein Soll nicht annähernd erfüllt hatte, aber etwa 15 Kilo Fisch gegen Stiefel eintauschen wollte, wurde zu einer Geldstrafe von 5000 RM und einer Gefängnisstrafe von sechs Monaten verurteilt.[355]

Im Umgang mit den Verstößen gegen die Ablieferungspflicht gab es lokale Unterschiede. Nicht überall wurden die illegalen Geschäfte toleriert und die Regelung zum Eigenverbrauch gutwillig ausgelegt. Eine Auflistung der laufenden Fischereistrafsachen aus dem September 1948 zeigt, dass in Warnemünde Verstöße gegen die Ablieferungspflicht mit Geldstrafen bis zu 600 DM und Gefängnisstrafen von 1 bis 2 Monaten geahndet wurden.[356] Das Verhältnis zwischen Fischern und Kommandantur bzw. deutscher Verwaltung war in Warnemünde besonders

6.1.1948. LHAS, 6.11-14, Nr. 7482, Bl. 230–231. Vgl. auch Befehl des Militärkommandanten der Stadt und des Kreises Wismar Nr. 63, 11.1.1947. LHAS, 6.12-1/21, Nr. 586/2 und OFMA an FAST Lauterbach, 9.1.1948. LAG, Rep. 250, Nr. 360.

351 Vgl. Aktenvermerk des OFMA, 22.9.1947. StAS, Rep. 21, Nr. 22.

352 Bericht der Wasserschutzpolizei Wismar über die durchgeführten Kontrollen der Fischereifahrzeuge vom 1.–31.12.1947, 15.1.1948. LHAS, 6.12-1/21, Nr. 586/3.

353 Vgl. das Protokoll der FAST Greifswald-Wieck über eine Hausdurchsuchung bei verschiedenen Fischern, 2.2.1948. StAS, Rep. 21, Nr. 94.

354 Vgl. FAST Stralsund an OFMA, 12.2.1948. StAS, Rep. 21, Nr. 102.

355 Das OFMA sandte einen diesbezüglichen Artikel zur Veröffentlichung an die SED-Landeszeitung Schwerin, 2.3.1948. StAS, Rep. 21, Nr. 102.

356 Vgl. Liste laufender Fischerei-Strafsachen beim Amtsgericht Rostock, 30.9.1948. AHR, 2.1.0, Nr. 318, Bl. 68f.

schlecht. Warnemünde war als Heimathafen der größten Kutterflotte von großer Bedeutung für die Fischversorgung und die Fischer standen vermutlich aus diesem Grund unter besonderer Beobachtung.

Obwohl die SMAD und in der Folge die deutschen Behörden auf Zentral- und Landesebene ihre Anweisungen stetig verschärften, gelang es nicht, den Schwarzhandel wirksam einzudämmen. Die DWK kritisierte Ende Juni 1948, die angeordneten Maßnahmen seien nicht ordnungsgemäß durchgeführt worden. Die Landesregierung habe die diesbezügliche Tätigkeit der lokalen Verwaltung nicht überwacht; Versuche *„schlagartiger Polizeikontrollen“* seien an der *„Unzulänglichkeit“* der örtlichen Polizeibeamten gescheitert. Nunmehr sollten diese Kontrollen durch die Landespolizei durchgeführt werden, da man sich durch den Einsatz ortsfremder, den Fischern unbekannter Polizisten mehr Erfolg versprach.[357] Bei Kontrollen im Oktober 1948, die zeitgleich an sechs Anlandestellen des Kreises Wismar durchgeführt wurden, konnten überhaupt keine Verstöße festgestellt werden.[358] Bei einem derart makellosen Ergebnis drängt sich der Verdacht auf, dass die Kontrollen nicht ganz unerwartet kamen. Generell ist aber festzustellen, dass die Sanktionen im Verlauf des Jahres 1948 einen Höhepunkt erreichten. In Warnemünde wurde eine Großrazzia der Landespolizei im November 1948 sogar ohne die Zustimmung der zuständigen Abteilung in Schwerin durchgeführt.[359]

Der Druck auf die Fischer nahm seit Kriegsende stetig zu. Kommandanten, Fischereisachbearbeiter der Landräte, Polizei, Wasserschutzpolizei und Fischereiaufsicht, Vertreter der Parteien und Massenorganisationen, sie alle sollten nach dem Willen der SMAD den Fischfang kontrollieren. Diese Überkontrolle wurde schon früh kritisiert.[360] Doch insbesondere die sowjetische Seite reagierte auf Probleme der Sollerfüllung und des Schwarzhandels einseitig mit verschärften Kontrollregelungen. Die deutsche Verwaltung befand sich in der schwierigen Position, die Befehlsvorgaben mit den tatsächlichen Möglichkeiten abzustimmen. Den Forderungen der Sowjetischen Militäradministration gerecht zu werden und gleichzeitig die widrigen Umstände und die verständlichen Bedürfnisse der Fischer angemessen zu berücksichtigen, war eine unangenehme Aufgabe, die nicht immer erfolgreich gelöst wurde. Wenn auch drastische Konsequenzen für die Fischer meistens ausblieben, das Bedrohungspotential wuchs allein dadurch, dass Straftatbestände wie die „böswillige Nichterfüllung des Solls“ geschaffen wurden und existenzbedrohende Sanktionen wie den Entzug der Fischereigenehmigung nach sich ziehen konnten. Es bestand immer die Gefahr, dass als Reaktion auf den Druck der sow-

[357] Vgl. das Schreiben des DWK-Vorsitzenden Rau an den Ministerpräsidenten des Landes Mecklenburg, Höcker, 30.6.1948. SAPMO DY 30 IV 2 / 6.02 / 77.

[358] Vgl. den Bericht der Fischereiabteilung des Kreises Wismar über die durchgeführten Kontrollen zur Bekämpfung des Diebstahls und des Schwarzhandels vom 1.–31.10.1948, 9.11.1948. LHAS, 6.12-1/21, Nr. 586/4.

[359] Vgl. die Mitteilung Starossons an Innenminister Johannes Warnke über die Razzia am 25./26.11.1948, 4.12.1948. LHAS, 10.34-1, Nr. 247, Bl. 217.

[360] Die FAST Ribnitz bat im Sinne der Fischer schon im Februar 1946 darum, zumindest die Kontrolle durch die Ortskommandantur einzustellen. Vgl. Aktenvermerk der Abt. HuV, 23.2.1946. LHAS, 6.11-14, Nr. 7433.

jetischen Militärverwaltung ein Exempel statuiert wurde. Die Fischer waren darauf angewiesen, dass die zuständigen Verwaltungsorgane zu ihren Gunsten entschieden, wenn es etwa um die Klärung von Gründen für eine schlechte Ablieferung ging. Eine zusätzliche Schwierigkeit bestand darin, dass es den zuständigen Dienststellen häufig an Kompetenz und Professionalität mangelte. Das Fehlen einer organisierten Berufsvertretung, die die Verwaltung im Sinne der Fischer hätte beraten und gegebenenfalls hätte intervenieren können, machte sich in dieser Hinsicht schmerzlich bemerkbar.

e) „Infolge Nichtverhinderung selbständigen Handelns der Fischer": Eingriffe in die Arbeitsautonomie

Bereits im Februar 1946 deutete sich an, dass die Vorstellungen der sowjetischen Besatzungsmacht von effektivem Fischfang mit dem traditionellen Arbeitsrhythmus der Fischer kollidierten. Da in den ohnehin ertragsarmen Wintermonaten die Witterung den Fang erschwerte oder unmöglich machte, widmeten sich die Fischer in dieser Zeit der Instandsetzung des Geräts. Die SMA Mecklenburg sah darin jedoch angesichts des Planrückstandes nur Ausreden und eine unnötige Vergeudung qualifizierter Arbeitskräfte. Die Instandsetzung der Netze und Fahrzeuge konnte nach Ansicht der SMA auch durch „nichtqualifizierte" Arbeitskräfte erfolgen. Zu diesem Zweck befahl sie der Landesverwaltung, einen Reparaturplan vorzulegen und durch einen Auslaufplan zu gewährleisten, dass alle Fahrzeuge und mindestens 90 Prozent aller Fischer am Fischfang teilnahmen.[361] Ganz ähnliche Maßnahmen forderte im August des Jahres der Befehl Nr. 158. Wiederum sollten die Fischer in einer ertragsarmen Zeit durch Auslaufpläne zum Fischfang gezwungen werden.[362]

Die zunehmenden Eingriffe in die Arbeitsorganisation und ihre Auswirkungen auf lokaler Ebene lassen sich am Beispiel Warnemünde nachzeichnen. Als die Warnemünder Kutter am 13. Oktober 1946, einem Sonntag, wegen schlechten Wetters nicht ausliefen, sprach der Ortskommandant von Sabotage und *„gewissenlosem Verhalten von Seiten der Fischer der Fischerei-Genossenschaft der Stadt Warnemünde gegenüber ihren Dienstpflichten."* Ungeachtet der Tatsche, dass bereits in der vorangegangenen Woche fünf Ausfalltage wegen Sturms zu verzeichnen gewesen wären, hätten die Fischer nun auch noch den Sonntag feiern wollen, obwohl die Prognose der meteorologischen Station nach Kenntnis des Kommandanten günstig gewesen sei. Alle Fischer, der Genossenschaftsleiter und der Fischereiaufseher Otto wurden streng verwarnt, in ähnlichen Fällen sollten im Wiederholungsfall *„allerstrengste Maßnahmen ergriffen werden, bis hin zur Konfis-*

[361] Vgl. SMA M-Befehl Nr. 37, 28. 2. 1946: Erfüllung des Fischversorgungsplanes im I. Quartal 1946, abgedruckt in: Brunner, Ernannte Landesverwaltung (2003), S. 443–446 (Dokument 103).

[362] Vgl. SMA M-Befehl Nr. (1)58, 31. 8. 1946: Stand der Fischbereitstellung in der Provinz. LHAS, 6.11-2, Nr. 1463.

kation der Boote". Das rechtzeitige Auslaufen der Boote sollte zukünftig durch die Polizei überwacht werden.[363] Die Polizei Rostock ordnete wenige Tage später an, dass sich jeder Bootsbesitzer bei Nichtauslaufen seines Fahrzeugs bis acht Uhr morgens unter Angabe von Gründen beim Fischmeister zu melden habe.[364] Die Fischer als selbständige Unternehmer mussten solche Eingriffe in die Arbeitsautonomie als Zumutung und Schikane empfinden.

Dass gerade das Nichtauslaufen der Fischerboote an Sonn- und Feiertagen grundsätzlich unter Sabotageverdacht zu stehen schien, hat vermutlich mit dem Symbolcharakter des Ruhetages zu tun. Denn in der Regel arbeiteten die Fischer in den Hauptfangzeiten unabhängig vom üblichen Wochenrhythmus.[365] Ob das Nichtfischen an Sonntagen den sowjetischen Kommandanten nur mehr ins Auge fiel und deshalb immer wieder als Anlass zu Ermahnungen in den Quellen auftaucht oder ob sich dahinter möglicherweise doch eine Art subtiler Widerstand gegen die Versuche einer strikten Reglementierung der Arbeitsorganisation verbirgt, ist kaum zu entscheiden.[366] Nach dem Nichtauslaufen einiger Boote an einem Sonntag im April 1947 forderte der Kommandant, die für die „*schlechte Organisation*" Verantwortlichen, den Genossenschaftsvorsitzenden Harms und den Fischereiaufseher Otto, mit je 500 RM zu bestrafen.[367] Der zur Vernehmung vorgeladene Fischmeister Otto wies die Vorwürfe zurück: Dass ein Teil der Boote gegen seine Anordnung im Hafen geblieben war, sei darauf zurückzuführen, dass der Fang am vorangegangenen Tag sehr gering gewesen sei und in keinem Verhältnis zum Verbrauch an Material und Treibstoff gestanden habe. Die Fischer hätten einen eventuellen Fischwechsel abwarten wollen. „*Letztendlich ist es Sache eines jeden Fischers selbst, ob er auslaufen kann oder nicht. Ich persönlich kann keinen Zwang ausüben.*"[368] Dieser Auffassung schloss sich zwar die deutsche Verwaltung an – von einer Bestrafung Ottos und Harms' sah man anscheinend

[363] Vgl. den Befehl des Militärkommandanten der Stadt Warnemünde, 14.10.1946. AHR, 2.1.0, Nr. 1652.

[364] Der Druck wurde durch tägliche Kontrollen der hochseetauglichen Boote vor dem Aus- und Einlaufen zusätzlich erhöht. Die Warnemünder Fischer hatten wiederholt Personen illegal in den Westen gebracht. Vgl. Stadtpolizei Rostock, IV. Revier an die FVG Warnemünde, 18.10.1946. AHR, 2.1.0, Nr. 1652.

[365] Das Anlassen des Bootsmotors während des Gottesdienstes am Buß- und Bettag im November 1929 hatte den Fischern Schwarz aus Kirchdorf/Poel damals sogar eine Geldstrafe von 3 RM eingebracht, die allerdings zurückgenommen wurde, nachdem der Fischmeister Ebert erklärte hatte, dass die Boote regelmäßig während der Gottesdienstzeiten in den Hafen zurückkehrten und der Propst aus Kirchdorf den Fischern schriftlich bestätigte, dass er „*durch das Rasseln ihres Motors*" nicht gestört worden sei. Vgl. Hochbauamt Wismar an MLDF, 27.1.1930 und Hochbauamt Wismar an MLDF mit Anlagen, 29.1.1930. LHAS, MLDF, 5.12-4/2, Nr. 18349, Bl. 687f.

[366] Zur ähnlichen Situation in Wismar vgl. Rundschreiben Nr. 9/47 des Fischereireferats beim Amt für Handel und Versorgung, Kreis Wismar, 7.11.1947. LHAS, 6.12-1/21, Nr. 586/9a.

[367] Vgl. Befehl des Militärkommandanten des Bezirks und der Stadt Rostock, 28.4.1947. AHR, 2.1.0, Nr. 1652.

[368] Volkspolizei, IV. Revier, Warnemünde, Vernehmungsprotokoll des Fischmeisters Otto und des Fischerei-Obmanns Harms, 10.5.1947. AHR, 2.1.0, Nr. 1652.

ab –,[369] doch genau diese freie Entscheidung wollte die sowjetische Verwaltung den Fischern nicht mehr zugestehen.

Vielmehr reglementierte der Befehl des Kreiskommandanten Rostock nun sogar die Arbeitszeiten. Die ungenügende Sollerfüllung im Monat April in Warnemünde und Ribnitz sei nämlich nicht auf die klimatischen Verhältnisse, sondern vielmehr auf die nicht optimale Ausnutzung des Arbeitstages zurückzuführen. Den Fischern wurde daher ein genauer Zeitplan befohlen: Bis spätestens halb sechs morgens mussten die Kutter ausgelaufen sein, die Rückkehr durfte frühestens um sieben Uhr abends erfolgen. In dieser Zeit sollten vier bis fünf Fischzüge erfolgen. Die Kontrolle der Arbeitszeiten oblag den Fischmeistern.[370] Wenn überhaupt, wurde dieser Befehl nur kurzzeitig befolgt, denn auch im Juni 1948 – nachdem der Fischfangplan im Kreise Rostock ein weiteres Mal nicht zufriedenstellend erfüllt worden war – stand die ungenügende Ausnutzung der Arbeitszeit und die falsche Organisation von Reparaturarbeiten wieder in der Kritik. Alle Fischer in Warnemünde erhielten nochmals genaue Weisungen bezüglich ihrer Arbeitszeit.[371] Fischmeister Otto hatte seine Stelle in Warnemünde zu diesem Zeitpunkt wegen mangelnder Durchsetzungskraft gegenüber den Fischern bereits aufgegeben.[372] Dass eine morgendliche Auslaufkontrolle noch immer nicht stattfand und die Fischer selbst über den Ablauf ihres Arbeitstages entschieden, kritisierte der Militärkommandant im August 1948 als *„vollkommen unzulässig"*. Auch die Instandsetzung der Netze nahmen die Fischer entgegen den Anweisungen der SMA Mecklenburg noch immer selbst vor.[373] Jedes Netz müsse sich den Besonderheiten des jeweiligen Fahrzeugs anpassen, argumentierten die Fischer, daher sei es unumgänglich, dass sie selbst an der Reparatur mitarbeiteten.[374]

Dass die Fischer die Anordnungen des Militärkommandanten so erfolgreich ignorieren konnten, lag letztlich auch am Unvermögen oder aber Unwillen der deutschen Stellen, für die Umsetzung zu sorgen. Der von den Warnemünder Fischern anscheinend nie akzeptierte Fischereiaufseher Robert Otto war jedenfalls dazu nicht in der Lage. Bis 1945 hatte es in Warnemünde eine Fischereiaufsichtsstelle gar nicht gegeben. Das mag ein Grund dafür gewesen sein, dass sich die Warnemünder Fischer so hartnäckig jeder Autorität widersetzten.

369 Dies schlug jedenfalls die Verwaltungsstelle Warnemünde dem Bürgermeister in Anbetracht der geschilderten Sachlage am 17. 5. 1947 vor. AHR, 2.1.0, Nr. 1652.

370 Vgl. Befehl des Militärkommandanten des Bezirks und der Stadt Rostock, 28. 4. 1947. AHR, 2.1.0, Nr. 1652.

371 Vgl. den Bericht des OB Rostock an die Militärkommandantur des Kreises Rostock, 5. 6. 1948. AHR, 2.1.0, Nr. 14, Bl. 9.

372 Mit dem bisherigen Stellvertreter des Oberfischmeisters Burmeister aus Stralsund übernahm eine erfahrenere Kraft diese Stelle. Vgl. Jahresbericht des Oberfischmeisteramtes für 1947. StAS, Rep. 21, Nr. 7a.

373 Vgl. den Befehl Nr. 33 des Militärkommandanten des Kreises Rostock, 6. 9. 1948. AHR, 2.1.0, Nr. 318, Bl. 73f.

374 Vgl. Denkschrift zur Warnemünder Hochseefischerei, September 1948. AHR, 2.1.0, Nr. 318, Bl. 34–40.

Expeditionsfang und Brigadefischerei

Eine Ertragssteigerung versprach sich die sowjetische Besatzungsmacht auch von neuen Arbeitsmethoden, dem Expeditionsfang und der Brigadefischerei. Beidem standen die Fischer von Anfang an ablehnend gegenüber.[375]

Erstmals sah der Befehl Nr. 158 der SMA Mecklenburg vom August 1946 ausdrücklich die Möglichkeit vor, dass die Landesverwaltung die Einsatzorte der Kutter bestimmen konnte.[376] Dass die Fischkutter ihren Heimathafen zeitweise verließen, um von anderen Häfen aus auf Fangreise zu gehen, war durchaus üblich, nicht aber, dass dies auf Befehl geschah.[377] Durch sogenannten Expeditionsfang sollten auf mehrtägigen Fangreisen fischreiche Plätze ausgekundschaftet werden. Die SMAD war insbesondere mit den Ergebnissen der Warnemünder Kutter unzufrieden, die im Vergleich zu Saßnitz trotz fast doppelt so vieler Fahrzeuge deutlich geringere Fangerträge erzielt hatten. Die Kutter müssten dort stationiert werden, wo bessere Fänge zu erzielen seien, auch wenn dabei Schwierigkeiten entstünden.[378] Ohne Zwang waren solche Aktionen nicht durchführbar. Angesichts des schlechten Zustands der Kutter waren mehrtägige Fangreisen zu entfernten Fanggründen nicht ungefährlich.[379] Durch eine unverhältnismäßige Erhöhung des Fangsolls sollten die Warnemünder Kutterfischer dazu gezwungen werden.[380] Im Herbst 1947 erging ein Befehl der SMA Mecklenburg, der vorsah, für den Herbstfang neun Kutter aus Wismar und 19 Kutter aus Warnemünde nach Stralsund zu versetzen, um von dort aus die fischreichere östliche Ostsee zu befischen. Das Anlaufen des Heimathafens war nur einmal im Monat für 3 Tage gestattet.[381] Eine gesetzliche Grundlage für dieses Vorgehen war auf deutscher Seite im Oktober 1947 geschaffen worden. Das im Rahmen der Wirtschaftsplanung erlassene Gesetz über den Fischfang in der See- und Küstenfischerei des Landes Mecklenburg ermöglichte es der Landesregierung, die Flotte der See- und Küstenfischerei

375 Vgl. Scherer, Entwicklung der genossenschaftlichen See- und Küstenfischerei (1977), S. 207.

376 Vgl. SMA M-Befehl Nr. (1)58, 31. 8. 1946: Stand der Fischbereitstellung in der Provinz. LHAS, 6.11-2, Nr. 1463. Die Warnemünder Kutter hatten bereits im Frühjahr 1946 von Saßnitz aus gefischt. Vgl. DV HV an MfHV, Ref. Fischerei, 16. 6. 1947. LHAS, 6.11-14, Nr. 7435.

377 Auch die Hauptvereinigung der deutschen Fischwirtschaft hatte sich 1938 mit der Anordnung 73 ausdrücklich die Möglichkeit vorbehalten, über Einsatz und Fangplätze der Fischereiflotte zu bestimmen, davon aber im Fall der See- und Küstenfischerei keinen systematischen Gebrauch gemacht. Vgl. Anordnung der HV der deutschen Fischwirtschaft Nr. 73, abgedruckt in: JB 1937, S. 447–449.

378 Vgl. die Ausführungen von Oberst Wakurow im Bericht über die Tagung der Referenten für Fischerei bei den Regierungen der Länder und Provinzen am 25. und 26. Juni 1947 bei der DV HV, 1. 7. 1947. SAPMO DY 30 IV 2 / 6.02 / 77.

379 Vgl. Denkschrift zur Warnemünder Hochseefischerei, September 1948. AHR, 2.1.0, Nr. 318, Bl. 34–40.

380 So Dr. Brose, Referatsleiter der DWK, Abt. HV. Vgl. Bericht über die Tagung der Referenten für Fischerei bei den Regierungen der Länder und Provinzen am 25. und 26. Juni 1947 bei der DV HV, 1. 7. 1947. SAPMO DY 30 IV 2 / 6.02 / 77.

381 Vgl. SMA M-Befehl Nr. 150, 29. 9. 1947: Maßnahmen zur Gewährleistung des Fischfangplans in der Herbstsaison 1947. LHAS, 6.11-2, Nr. 1464a. Vgl. SMAD-Befehl Nr. 233, 9. 10. 1947: Maßnahmen zur Steigerung des Fischertrages. BArch DX 1.

auf verschiedene Gebiete der Ostsee aufzuteilen, Fangexpeditionen durchzuführen und den Einsatz der Flotte oder einzelner Fahrzeuge auf bestimmten Fangplätzen und von bestimmten Häfen aus festzulegen. Zuwiderhandlungen konnten mit Gefängnis, Geldstrafen bis zu 50 000 RM, dem Entzug der Fischereiberechtigung sowie der Einziehung von Boot und Gerät sehr hart bestraft werden.[382]

Die gesamte Aktion geriet zum Misserfolg. Ein besonders deutliches Zeichen setzte der Fischer Trede jr. Als im März 1948 wiederum Warnemünder Kutter in Saßnitz stationiert werden sollten, floh er mit seinem Fischkutter in den Westen. Weitere neun Kutter mussten bereits Mitte März wegen Defekten vorzeitig nach Warnemünde zurückkehren.[383] Im Bewusstsein der Problematik versuchte die Landesregierung Mecklenburg vergeblich, zumindest den Einsatz der Wismaraner Kutter zum Expeditionsfang im Frühjahr 1948 zu verhindern. Bei der SMAD hatte man eine Karenzzeit bis zum 1. April erbeten. Nur wenn bis dahin keine wesentliche Fangsteigerung eingetreten sei, wolle man den Expeditionsfang befürworten.[384] Doch wenige Tage später erhielten sieben Fischer aus Poel und Wismar die Aufforderung, vom 31. März 1948 an bis auf Widerruf von Saßnitz aus zu fischen.[385] Weitere Fischer folgten Tredes Beispiel: Zwischen März und November verließen sieben weitere Fischkutter die SBZ, der Großteil aus Warnemünde.[386] Gleichwohl ordnete die SMA auch im August 1948 wiederum Expeditionsfang mit Basis in Stralsund und Saßnitz an.[387]

Auch die bisherige Arbeitsweise auf See wurde von den Sowjets in Frage gestellt. *„Zum Zweck der besten Ausnutzung der Flottille, Fanggeräte und der Erfahrungen guter Fischer"* wurde immer wieder die Bildung von Fangbrigaden empfohlen.[388] Die Warnemünder Hochseekutter waren schon im Juli 1945 erstmals in acht Brigaden zu je zwei Kuttern eingeteilt worden. Diese Fangbrigaden, die auf eine Bestimmung im Vertrag zwischen Stadtverwaltung und Roter Armee zurück-

382 Vgl. Regierungsblatt Mecklenburg, 1947, Nr. 24, S. 267–268. Das Gesetz gab der Landesregierung auch das Recht, Anordnungen über Anlandung, Sortierung und Ablieferung der Fänge zu treffen.

383 Vgl. Bericht der Fischereiabteilung der Stadt Rostock über die Saßnitz-Aktion an den Militärkommandanten, 24. 3. 1948. AHR, 2.1.0, Nr. 14, Bl. 29 und ZS der SED, Abt. Wirtschaftspolitik, an den SED-Landesvorstand, Abt. Wirtschaftspolitik, Übersendung einer Stellungnahme der DWK zur Flucht von Fischkuttern nach Westen, 23. 11. 1948. LHAS, 10.34-1, Nr. 247, Bl. 224–226.

384 Vgl. MfHV, Abt. Lebensmittelindustrie, Fischereireferat an SMAD, 16. 3. 1948. LHAS, 6.11-14, Nr. 7469.

385 Das Anlaufen des Heimathafens war sogar nur noch einmal im Monat für 24 Stunden erlaubt. Vgl. MfHV, Abt. Fischerei, an diverse Fischer der Stadt und des Kreises Wismar, 23. 3. 1948. LHAS, 6.11–14, Nr. 7469.

386 Vgl. ZS der SED, Abt. Wirtschaftspolitik, an den SED-Landesvorstand, Abt. Wirtschaftspolitik, Übersendung einer Stellungnahme der DWK zur Flucht von Fischkuttern nach Westen, 23. 11. 1948. LHAS, 10.34-1, Nr. 247, Bl. 224–226.

387 Vgl. MfHV, Abt. Fischerei, an RdS Rostock, Amt für HuV, Fischerei, Anlage: Auszug des SMA-Befehls Nr. 125, 30. 8. 1948: Maßnahmen zur Umsetzung der Befehle Nr. 118 und Nr. 131 des Obersten Chefs der SMAD vom 7. 6. 1948 und vom 2. 8. 1948 bezüglich der Erfüllung des Fischfangplanes für die 2. Hälfte des Jahres 1948. AHR, 2.1.0, Nr. 14, Bl. 6f.

388 Ebd.

gingen, bestanden aber hauptsächlich auf dem Papier.[389] Anlässlich der Fischereireferententagung bei der Deutschen Verwaltung für Handel und Versorgung im Juni 1947 schlug ein SMAD-Vertreter vor, „gute“ und „schlechte“ Fischer zu Fangpartien zu vereinigen.[390] Der Begriff Brigadefischerei wird in den Quellen nicht immer eindeutig verwendet. Generell verstand man darunter aber die Bildung von größeren Kuttergemeinschaften unter Führung besonders qualifizierter Fischer. Von solchen Fangbrigaden versprach sich die SMAD wohl in erster Linie eine Produktionssteigerung, die „Förderung des sozialistischen Bewusstseins“ stand demgegenüber im Hintergrund.[391] Die deutschen Stellen standen der Brigadefischerei skeptisch gegenüber. So gelang es der DWK im April 1948 zunächst, die SMAD davon zu überzeugen, dass der dort erneut angedachte Zwangszusammenschluss von mehreren Kuttern nicht erfolgversprechend sei.[392] Nachdem aber eine deutliche Steigerung der Fangerträge weiter ausblieb, wurde die Brigadefischerei im Juni 1948 durch SMA-Befehl Nr. 158 verbindlich angeordnet. Um Fischzüge von mehreren Tagen ohne Anlaufen des Heimathafens zu ermöglichen und Leerfahrten zu vermindern, sollten die Fänge schon auf See an ein Transportfahrzeug übergeben werden. Diese Arbeitsweise konnte nur durch Fanggemeinschaften geleistet werden. In Ermangelung eines Transportfahrzeuges sollten Fahrzeuge der Fangflotte eingesetzt werden.[393] Letzteres gab den Ausschlag dafür, dass der Vorsitzende der Warnemünder Fischverwertungsgenossenschaft, Wilhelm Harms, die Brigadefischerei im Namen der Fischer als undurchführbar ablehnte. Eine Übergabe des Fangs, von Kraftstoff oder Netzen auf hoher See war nämlich – wie eine Überprüfung durch Vertreter der Kreiskommandantur und des Amtes für Handel und Versorgung Rostock bestätigte – nur bei Windstärke eins durch-

[389] Vgl. den Vertrag zwischen der sowjetischen Militäreinheit Feldpost-Nr. 11296 und dem Bürgermeister der Stadt Warnemünde sowie dem Leiter der Fischereigenossenschaft Warnemünde, 10. 8. 1945 (rückwirkend zum 1. 8. 1945). AHR, 2.1.0, Nr. 303, Bl. 4–6.

[390] Vgl. Bericht über die Tagung der Referenten für Fischerei bei den Regierungen der Länder und Provinzen am 25. und 26. Juni 1947 bei der DV HV, 1. 7. 1947. SAPMO DY 30 IV 2 / 6.02 / 77.

[391] Zur Brigade als kleinste Produktionseinheit vgl. Roesler, Produktionsbrigaden (1994), S. 144–170. In Betrieben entstanden erste Brigaden 1947/48, ihre Bedeutung blieb bis 1949 gering. Im 1949 gegründeten volkseigenen Fischereibetrieb in Saßnitz wurde seit 1951 Brigadefischerei betrieben. Eine Brigade setzte sich hier aus fünf Kuttern zusammen, die von einem besonders qualifizierten Fischer angeführt wurden. Die Notwendigkeit dazu bestand schon aufgrund der mangelhaften Ausbildung und Unerfahrenheit vieler im VEB als Fischer Tätigen. Vgl. Strobl/Halbeck, Hiev up (1997), S. 15. Die mangelhafte nautische Ausbildung der Besatzungen und Ausstattung der Kutter führte dazu, dass ein Teil der Saßnitzer Flotte nur in Sichtweite der Küste operieren konnte. Vgl. Ciesla, Fischindustrie (1992), S. 158.

[392] Die SMAD erklärte sich einverstanden, wenn auch ohne Brigadebildung eine Erhöhung des Jahresdurchschnittsertrages auf 80 t erreicht würde. Vgl. DWK, HV HuV, Vermerk über eine Besprechung mit der SMAD über die Möglichkeit der Steigerung der Fischfangerträge, 17. 4. 1948. SAPMO DY 30 IV 2 / 6.02 / 77.

[393] Vgl. MfHV, Abt. Fischerei, an RdS Rostock, Amt für HuV, Fischerei, Anlage: Auszug des SMA-Befehls Nr. 125, 30. 8. 1948: Maßnahmen zur Umsetzung der Befehle Nr. 118 und Nr. 131 des Obersten Chefs der SMAD vom 7. 6. 1948 und vom 2. 8. 1948 bezüglich der Erfüllung des Fischfangplanes für die 2. Hälfte des Jahres 1948. AHR, 2.1.0, Nr. 14, Bl. 6f.

zuführen, ohne dass die Gefahr des Zerschellens der Kutter bestand.[394] Der Protest gegen die Bildung von Fangbrigaden konnte hier arbeitstechnisch begründet werden. Er hatte jedoch noch andere Hintergründe. Die Fischer hatten stets in Konkurrenz um die Gewässerressourcen gestanden, gemeinschaftliche Arbeitsformen waren ihnen weitgehend fremd. Eine Ausnahme bildeten nur die traditionsreichen Fischerkommünen auf den Inseln Rügen und Hiddensee.[395] Nicht nur die Brigadefischerei stieß auf Ablehnung, auch die von den Behörden vorgeschlagene Bildung von weiteren Fang- und Reusengemeinschaften in der kleinen Küstenfischerei wurde Anfang 1950 von den Fischern mit dem Hinweis verweigert, dass die kollektive Nutzung eines Gerätes für den Einzelnen weniger Ertrag verspräche. Diese Erklärung ist symptomatisch für die Haltung der meisten Fischer.[396]

Durch neue Arbeits- und Fangmethoden nach sowjetischem Vorbild sollte der Fischfang effektiver gestaltet werden, doch die damit verbundenen Eingriffe in die Arbeitsautonomie der Fischer stießen auf Unverständnis, Ablehnung und Widerstand bis hin zur Flucht in den Westen. Wichtige Entscheidungen wollten sich die Fischer nicht von den sowjetischen oder deutschen Behörden aufzwingen lassen, schon gar nicht, wenn sie offensichtlich von Nichtfachmännern getroffen wurden. Neuerungen hinsichtlich der Reparatur- oder Arbeitsorganisation standen sie grundsätzlich misstrauisch gegenüber. Wie wirkungsmächtig Traditionen in der See- und Küstenfischerei sein konnten, verdeutlicht das Beispiel eines Fischers aus Rerik. Er bestand darauf, an der unrentablen Zeesenfischerei festzuhalten, da seine Vorfahren schon immer „gezeest" hätten.[397] Entgegen den sowjetischen Befehlen versuchten die Fischer in den Jahren nach 1945 an individuellen Arbeitsmethoden und selbständiger Arbeitsorganisation festzuhalten. Die sowjetische Verwaltung wiederum zeigte sich äußerst unflexibel, wenn es darum ging, ihre Vorstellungen von effektivem Fischfang den mecklenburgischen Gegebenheiten anzupassen.

f) Die Krise im Herbst 1948: Von der Warnemünder Denkschrift zum SMAD-Befehl Nr. 205

Im Zuge der geforderten Ertragssteigerung um jeden Preis gerieten die Fischer in Mecklenburg und Vorpommern immer stärker unter Druck. Die Einschränkung der selbständigen Arbeitsgestaltung bot, gepaart mit verschärften Kontrollen, der Androhung rigider Strafen und den permanenten Sabotagevorwürfen, ein nicht

394 Ein großes Transportschiff, das genügend Windschatten hätte bieten können, war nicht vorhanden. Vgl. Bericht über Undurchführbarkeit der Brigadenfischerei, 17. 9. 1948, AHR, 2.1.0, Nr. 318, Bl. 65.

395 Vgl. Kapitel I.4 – Arbeitsformen.

396 Vgl. MfHV, Abt. V, Fischwirtschaft, Zusammenfassung der Versammlungsberichte, 17. 3. 1950. LHAS, 6.11-14, Nr. 7430.

397 Dieses Beispiel stammt allerdings aus dem Jahr 1953. Vgl. Protokoll der Geschäftsführertagung des Verbands der FWG, 11. 5. 1953. LAG, Rep. 233, Nr. 8, Bl. 141–144.

zu unterschätzendes Konfliktpotential, das sich schließlich in Warnemünde entlud.

Im Verlauf des Jahres 1948 hatte sich die Situation dort immer mehr zugespitzt und drohte nun – ausgelöst durch den Befehl Nr. 33 des sowjetischen Kreiskommandanten Rostock – im September zu eskalieren. Anlass für diesen Befehl war das Nichtauslaufen des größten Teils der Warnemünder Fahrzeuge am 4. September 1948, das von der Kommandantur als *„getarnte Sabotage"* seitens der Fischer angesehen wurde. Die *„Nichtverhinderung selbständigen Handelns der Fischer"* durch den zuständigen Sachbearbeiter der Stadt, Düwel, und das Fehlen der *„Kontrolle, Betriebsdisziplin und strengen Führung"* durch den Leiter der Warnemünder Genossenschaft, Harms, seien dafür verantwortlich. Während Düwel wegen *„Untätigkeit"* seines Amtes enthoben werden sollte, erhielt Harms als Konsequenz einen strengen Verweis. Schließlich sollte dem Fischer Trede, der am 4. September *„wegen Schlamperei"* nicht zum Fischfang ausgefahren war, exemplarisch das Fischereirecht entzogen und der Kutter abgenommen werden.[398]

Richard Trede waren schon im Zusammenhang mit der Flucht seines Sohnes im März 1948 die Fischereiberechtigung entzogen und seine beiden Kutter beschlagnahmt worden.[399] Damals hatten Landesregierung und DWK bei der SMAD die Wiederzulassung Tredes erreicht, allerdings unter der Bedingung, dass er unverzüglich seinen Sohn samt Kutter aus dem Westen zurückholen sollte. Ausdrücklich waren Trede jun. damals Straffreiheit und das Eigentumsrecht an seinem Fahrzeug zugesichert worden.[400] Trede sen. jedoch ließ der DWK im Juni durch das Ministerium für Handel und Versorgung in Schwerin mitteilen, dass er eine Fahrt nach Westen zur Rückholung seines Sohnes ablehne.[401] Ein Grund mehr, gerade an ihm ein Exempel zu statuieren. Am 11. September, wenige Tage nachdem der Befehl ergangen war und er von den angekündigten Sanktionen gegen ihn erfahren hatte, zog Trede die Konsequenz und verließ mit seinen beiden

[398] Vgl. Befehl Nr. 33 des Militärkommandanten des Kreises Rostock, 6.9.1948. AHR, 2.1.0, Nr. 318, Bl. 73–74. In diesem Zusammenhang ist auch ein Telegramm des Schweriner MfHV vom 14.9.1948 zu sehen, das vermutlich an alle betroffenen Kreise ging: *„Ergangene Anweisung an Sonn- und Feiertagen zu fischen wird nicht durchgeführt. Veranlasst letztmalig Verpflichtung der Fischer und verstärkt Kontrollen. Verstoesse unnachsichtlich [!] ahnden."* LHAS, 6.12-1/21, Nr. 586/9 b.

[399] Vgl. Bericht der Fischereiabteilung der Stadt Rostock über die Saßnitz-Aktion an den Militärkommandanten, 24.3.1948. AHR, 2.1.0, Nr. 14, Bl. 29. Als Besitzer von zwei Kuttern war Trede das, was man später in der DDR einen Großfischer nannte. Er war im November 1945 in den Aufsichtsrat der wiedereingesetzten Warnemünder FVG gewählt worden. Vgl. Landesverband mecklenburgischer landwirtschaftlicher und Raiffeisen-Genossenschaften an OB Rostock, Bericht über die ordentliche Generalversammlung der Warnemünder Fischverwertungs-Genossenschaft am 19.11.1945. AHR, 2.1.0, Nr. 303, Bl. 30.

[400] Vgl. DWK, HV HuV, Abt. Fischerei, an MfHV, Hauptreferat Fischereiwirtschaft, 8.5.1948. Die Mannschaften beider Kutter Tredes hatten seine Wiederzulassung mit Hinweis auf die seither zurückgegangenen Fänge erbeten. Vgl. Besatzung der Kutter Wa 12 und Wa 32 an MfHV, Fischereireferat, 16.4.1948. LHAS, 6.11-14, Nr. 7487, Bl. 166f.

[401] Vgl. MfHV, Abt. Fischerei, an die DWK, HV HuV, 21.6.1948. LHAS, 6.11-14, Nr. 7487, Bl. 164.

Kuttern ebenfalls die SBZ. Stadtrat Heyden vom Amt für Handel und Versorgung meldete dem Rat der Stadt, dass die Lage in der Fischerei im Moment sehr angespannt und mit weiteren Kutterfluchten zu rechnen sei. Den Grund sah er in dem auch von Seiten der Stadtverwaltung ausgeübten ungeheuren Druck auf die Fischer.[402]

Diese Annahme bestätigte die Stellungnahme von Wilhelm Harms zu dem auf Befehl der Kommandantur an ihn ergangenen Verweis.[403] Er habe unter den gegebenen Verhältnissen alles getan, was zur Steigerung des Fischfangs notwendig sei. Die Vorbedingung der Sollerfüllung des zweiten Quartals bleibe aber die Versorgung der Kutter mit dem notwendigen Ausrüstungsmaterial: *„Unerwähnt möchte ich nicht lassen, dass der ständige Druck auf die Fischerei solange als unberechtigt empfunden wird, solange nicht eine spürbare Erleichterung in der Versorgung, insbesondere mit Ersatzteilen, Herkulestauwerk, Drahtseilen und Ölzeug eintritt."*[404]

Auf der Ratssitzung am gleichen Tag schilderte Stadtrat Heyden eingehend die momentane Lage in Warnemünde und kam zu dem Schluss, dass *„so die Sache nicht weitergeht. Mit Strafandrohungen bzw. mit Strafen werden die Verhältnisse nicht gebessert."* Der Rat beschloss, einen den *„Ernst der Lage"* wiedergebenden Bericht an die Landesregierung zu senden.[405] Auch die Warnemünder Fischer entschlossen sich auf einer Versammlung am 21. September, eine Denkschrift über die Verhältnisse in der Fischerei auszuarbeiten und diese *„bis zu den höchsten Dienststellen zur Kenntnis weiter zu leiten."*[406]

Die Denkschrift zur Warnemünder Hochseefischerei

Die vom Vorstand der Genossenschaft verfasste Denkschrift schildert die *„erheblichen Schwierigkeiten"*, die aus Sicht der Fischer einer Steigerung der Fangergebnisse im Weg standen und von den zuständigen Behörden bei der Beurteilung der Verhältnisse zu wenig Berücksichtigung fanden.[407] Das waren zum einen die bereits angesprochenen Probleme der Materialversorgung. Die Materialbeschaffung durch den Verband der FWG ließ stark zu wünschen übrig: *„Hätte der Fischer sich nur auf offizielle Zuweisungen verlassen, so würde heute kein Boot wegen Motor-*

[402] Anscheinend hatte sich schon zu diesem Zeitpunkt Minister Starosson in die Angelegenheit eingeschaltet. In seinem Bericht an den RdS Rostock begründet das Amt für HuV die Entscheidung Tredes damit, dass dieser im Gespräch mit Starosson von den zu erwartenden Sanktionen erfahren hätte. Vgl. Amt für HuV, Stadtrat Heyden, an den RdS Rostock, 13. 9. 1948. AHR, 2.1.0, Nr. 318, Bl. 32.

[403] Der Verweis ist ebenfalls auf den 15. 9. 1948 datiert. Vgl. Bürgermeister Rostock an Wilhelm Harms, 15. 9. 1948. AHR, 2.1.0, Nr. 318, Bl. 63.

[404] Wilhelm Harms an Bürgermeister Rostock, 15. 9. 1948. AHR, 2.1.0, Nr. 318, Bl. 79.

[405] Abschrift eines Auszugs aus dem Ratsprotokoll vom 15.09. 1948 mit der Bitte um beschleunigte Vorlage eines Entwurfs für den an die Landesregierung zu erstattenden Lagebericht durch das Amt für HuV, 18.09. 1948. AHR, 2.1.0, Nr. 318, Bl. 32 RS.

[406] Denkschrift zur Warnemünder Hochseefischerei, September 1948. AHR, 2.1.0, Nr. 318, Bl. 34–40.

[407] Alle folgenden Zitate sind entnommen aus der Denkschrift zur Warnemünder Hochseefischerei, September 1948. AHR, 2.1.0, Nr. 318, Bl. 34–40.

schaden den Hafen verlassen können." In diesem Zusammenhang wurde auch der Wunsch geäußert, die alten Geschäftsbeziehungen der Genossenschaft zu Lieferfirmen wieder aufzunehmen, um Verzögerungen und falsche Zuteilungen durch den Verband zu verhindern. Ebenfalls in Verbindung zur Materialfrage stand die Forderung nach einer völlig neuen Preisgestaltung. Während die Fischpreise noch immer auf dem Niveau von 1944 stagnierten, waren die Materialkosten um ein Vielfaches gestiegen.[408] Auch deshalb sei der Fischer auf Einkünfte aus illegalen Schwarzhandelsgeschäften angewiesen. Entweder müssten die Verbraucherpreise erhöht oder aber die Fischerei subventioniert werden. Hier zeigt sich erneut, wie sehr die Prämienpolitik der SMAD, an der sie trotz Kritik bisher festhielt, an den realen Bedürfnissen vorbeiging. Wie sollte sich unter diesen Umständen die Option auf den Kauf von Lebensmitteln in haushaltsunüblichen Mengen fangsteigernd auswirken?

Der vielleicht wichtigste Aspekt der Denkschrift war die Kritik am „Herrschaftsstil", dem unflexiblen Befehlssystem der SMAD und der mangelnden Einbeziehung der Fischer in Entscheidungen. „*[Die Fischer] sind der Meinung, dass sich der Fischfang nicht durch Befehle steigern lässt, sondern nur eine Verbesserung erfahren kann, indem alle Stellen, angefangen bei der Besatzungsmacht über die Deutsche Wirtschaftskommission, Landesregierung und örtliche Verwaltungsbehörden, mit dem Fischer ein Zusammenarbeiten erzielen*". Die fachliche Vertretung ihrer Interessen bei den zuständigen Behörden hatten sich die Fischer eigentlich vom Verband der FWG versprochen: „*Die Fischer stellen sich unter dem Verband eine Organisation vor, die gegenüber der Besatzungsmacht und den Regierungsstellen den Fischer vertritt und verteidigt und Maßnahmen bespricht, die tragbar sind. Zum anderen, dass der Verband mitwirkt an der Ausarbeitung von Befehlen der Besatzungsmacht und Beschlüssen der Deutschen Wirtschaftskommission und den Landesregierungen, damit diese sich auch tatsächlich durchführen lassen und den Fischfang steigern, aber nicht, wie es zum Teil der Fall ist, dass sie den Fischer in seiner Arbeit hemmen und ihn gleichgültig werden lassen.*"

Hier wird das klassische Aufgabenfeld eines Interessen- bzw. Berufsverbandes als intermediärer Organisation beschrieben, wie ihn sich die Fischer 1947 ursprünglich mit dem Norddeutschen Berufsfischerverband hatten schaffen wollen. Der ohne ihre Mitwirkung gegründete Verband der FWG ging dagegen bisher vorrangig den ihm per SMAD-Statut übertragenen wirtschaftlichen Tätigkeiten nach. Es ist allerdings fraglich, ob die von den Fischern erwünschte Vermittlungsfunktion gegenüber der deutschen und sowjetischen Verwaltung für den Verband in dieser Form überhaupt vorgesehen war.

Stattdessen schufen rigide Strafandrohungen wie Enteignungen und die ständige Überwachung eine Atmosphäre des Misstrauens. Die mangelnde Anerkennung

[408] Schon im September 1946 hatte die KL SED Stralsund vom Landesvorstand auch im Hinblick auf den bevorstehenden Wahlkampf eine Erklärung für die um das zehn- bis hundertfache gestiegenen Preise für Netze erbeten. Vgl. KL SED Stralsund an SED-Landesvorstand, 23.9.1946. LHAS, 10.34-2, Nr.311, Bl.30.

des Einsatzes und der ständige Rechtfertigungsdruck wurden als extrem belastend empfunden. Dem Fischer müsse endlich Glauben geschenkt werden, dass er selbst aus eigener Initiative heraus die Fangerträge erhöhen will, so die Denkschrift. Aus Angst vor Sanktionen seien bisher vier Warnemünder Fischer mit ihren Kuttern in die Westzone gegangen. Auch hier habe der Verband versagt:„ *[Er] hätte die Regierungsstellen darauf aufmerksam machen müssen, dass bei einem allzu großen Druck gegen die Fischer und bei der Enteignung der Kutter die Gefahr besteht, dass die restlichen Fischer sich zum Westen hin absetzen.*“ Zur Verhinderung weiterer Kutterfluchten und zur Steigerung des Fischfangs forderten die Warnemünder Fischer, dass die bestehenden Anordnungen unter Hinzuziehung von Fachleuten aus der Fischerei überarbeitet und auf die tatsächlichen Verhältnisse und Schwierigkeiten abgestimmt werden sollten. Nur so könnten undurchführbare Anordnungen in Zukunft vermieden werden.

Dass es keine akzeptierte gemeinsame Interessenvertretung gab, dürfte ein Grund dafür sein, dass die Warnemünder FVG im Alleingang aktiv wurde und sich nicht die Unterstützung anderer Genossenschaften, die ja in ähnlicher Weise von Repressalien betroffen waren, sicherte. Andererseits, das hat die Untersuchung bereits gezeigt, trat die FVG Warnemünde stets sehr selbstbewusst auf und wusste um den Druck, den sie durch die Flucht der Fischkutter ausüben konnte. Es sei darauf hingewiesen, dass die Denkschrift sich ausdrücklich auf die Warnemünder Hochseefischerei – gemeint sind die Kutterfischer – bezog, die Interessen der Kleinfischer fanden in ihr keine Berücksichtigung.

Die Denkschrift fand ihren Weg zu den höheren Regierungsstellen. Stadtrat Heyden übergab sie dem Leiter der Abteilung Fischerei des Ministeriums für Handel und Versorgung, der sie am 19. Oktober 1948 an den zuständigen Minister Starosson weiterleitete. Anmerkungen und Unterstreichungen zeugen von einer intensiven Auseinandersetzung.[409] Zur Schadensbegrenzung reiste Starosson selbst nach Warnemünde, berief eine Fischerversammlung ein und erklärte, dass das Ministerium bestrebt sei, die in der Denkschrift aufgeführten Missstände zu beheben. An der öffentlichen Aussprache nahmen mehr als 300 Fischer teil. Als erste gleichsam deeskalierende Maßnahme stellte Starosson milde Strafen für die in der Grauzone zwischen Eigenbehalt und Schwarzhandel zur Anzeige gebrachten Fischer in Aussicht. Seit die Mitnahme von Fisch für den Eigenbehalt offiziell erst nach der Sollerfüllung erlaubt war, waren – so Starosson – auch „*gute und ehrliche Fischer*“ verstärkt bestraft worden.[410] Hier wünschte sich die Landesregierung eindeutig mehr Fingerspitzengefühl von Polizei und Justiz, kein leichtes Unterfangen, wenn andererseits die sowjetische Verwaltung ein hartes Durchgreifen forderte. Dass die Kommandantur Rostock Ende September eine Liste der Ab-

[409] Vgl. MfHV, Abt. Fischerei an Minister Starosson, Weiterleitung einer Abschrift des Protokolls einer Fischerversammlung der Warnemünder Fischer, die ihm bei seiner letzten Anwesenheit in Rostock von Stadtrat Heyden formlos übergeben wurde, Anlage: Abschrift der Denkschrift, 19. 10. 1948. LHAS, 6.11-14, Nr. 7455.

[410] Bericht des Ministers Starosson an den SED-Landesvorstand, Karl Xaver, 4. 12. 1948. LHAS, 6.11-14, Nr. 7455.

lieferungsverstöße der Warnemünder Fischer angefordert hatte, dürfte in diesem Zusammenhang für weitere Unruhe gesorgt haben.[411] Der Verlauf der Versammlung wurde von Johannes Reuter, dem Leiter der Hauptabteilung Fischwirtschaft bei der Hauptverwaltung Handel und Versorgung der DWK, als verhältnismäßig günstig bezeichnet; dem ungeliebten Verband der FWG riet er deshalb, von einer ebenfalls geplanten Veranstaltung Abstand zu nehmen, *„um dieses Bild nicht zu verzerren, zumal gerade Warnemünde äußerst vorsichtig zu behandeln“* sei.[412]

Zur Verbesserung der wirtschaftlichen Lage der Fischer folgte Ende Oktober eine Besprechung der Fischereireferenten der Länder bei der Fischereiabteilung der DWK, um die Marschrichtung für die weiteren Verhandlungen zwischen DWK und SMAD festzulegen. Über die Notwendigkeit einer Preiserhöhung durch Subventionen, eine praktikable Regelung der Eigenbehaltfrage und eine sinnvolle Änderung des Prämiensystems waren sich alle Beteiligten einig.[413]

Ausschlaggebend dafür, dass sich die zuständigen Stellen nunmehr intensiv mit den von den Fischern formulierten Problemen auseinandersetzten und dass die im September von der SMAD vorgeschlagene Änderung des Prämiensystems eben nicht umgesetzt, sondern weiter diskutiert wurde, war sicherlich die Gefahr weiterer Kutterfluchten. Generell tolerierten SED und Besatzungsmacht zu diesem Zeitpunkt die Abwanderung nach Westen noch, allerdings vor allem aus pragmatischen Gründen. In der von Mangel geprägten Nachkriegszeit bedeutete jede Abwanderung eine Entspannung der Versorgungslage.[414] Deshalb überrascht es nur auf den ersten Blick, dass die Flucht der Warnemünder Kutter sogar das Zentralsekretariat der SED beschäftigte. Die Bedeutung der See- und Küstenfischerei war angesichts des Fleischmangels in den ersten Jahren nach Kriegsende einfach zu groß, um eine Abwanderung stillschweigend hinzunehmen. Die Reaktion auf die Flucht von Trede jun., dem bei Rückkehr mit seinem Fahrzeug Straffreiheit und Eigentumsrecht an seinem Kutter zugesichert wurden, zeigt, dass die Fischer hier eine empfindliche Stelle getroffen hatten. Für einen Fischer war es relativ einfach, sich mit seinem Kutter abzusetzen und die SBZ verlor eben nicht nur eine qualifizierte Arbeitskraft, sondern auch das wertvolle Fahrzeug. Jeder Verlust gefährdete die Planerfüllung und Ersatz war nicht in Aussicht, solange auf den Werften hauptsächlich für Reparationsleistungen gearbeitet wurde. Bis Oktober waren insgesamt acht Fischer mit ihrem Kutter geflohen, davon sechs

411 Vgl. Bürgermeister Rostock an den Militärkommandanten, Übersendung einer Liste der laufenden Fischereistrafsachen, 30.9.1948. AHR, 2.1.0, Nr. 318, Bl. 67.

412 Verband der FWG, Reisebericht über eine Dienstreise am 4. und 5.11.1948 zur Deutschen Wirtschaftskommission nach Berlin, 6.11.1948. LAG, Rep. 233, Nr. 33. Die Versammlung fand nicht statt (handschriftliche Notiz). Eigentlicher Grund der Reise waren aber nicht die Spannungen in Warnemünde, sondern Kreditprobleme des Verbandes.

413 Vgl. Bericht über die Besprechung bei der DWK, Abt. Fischerei am 26.10.1948. LHAS, 10.34-1, Nr. 247, Bl. 206 und den Bericht des Ministers Starosson an den SED-Landesvorstand, Karl Xaver, 4.12.1948. LHAS, 6.11-14, Nr. 7455.

414 Die gesellschaftlichen Folgen der Abwanderung in den Westen standen erst ab 1952 im Fokus des Interesses der Partei. Vgl. van Melis/Bispinck, „Republikflucht“ (2006), S. 22–26.

aus Warnemünde.[415] Wenn man bedenkt, dass Ende 1945 gerade 96 Kutter zwischen 25 und 150 PS vorhanden waren und diese Zahl bis 1952 erst auf 140 anwachsen sollte, ist die Besorgnis nachvollziehbar.[416] Der drohende Verlust weiterer Kutter war eine Entwicklung, die man auf höchster Ebene fürchtete. Geschickt spielten die Warnemünder Fischer diesen Trumpf in ihrer Denkschrift aus.[417]

In Schwerin trafen sich Vertreter der DWK, die Minister Starosson und Warnke, der Rostocker Stadtrat Heyden und Wilhelm Harms zu einer Besprechung, um den Ursachen der sich auf Warnemünde konzentrierenden Fluchtbewegung auf die Spur zu kommen. Harms und Heyden als Vertreter der FVG bzw. der Stadt Rostock verwiesen auf die unzureichende Materialversorgung, die ebenso wie die Divergenz zwischen Erzeugerpreis und Entstehungskosten zu Kompensationsgeschäften und Schwarzhandel zwänge. Die dafür drohenden hohen Gefängnisstrafen und die Gefahr der Enteignung führten zur Abwanderung. Auch die Strafbestimmungen des Seefischfanggesetzes von 1947 seien zu hoch. Doch die DWK bezweifelte den entscheidenden Einfluss der angeführten Gründe. Die Materialversorgung sei zwar generell schlecht, aber in Warnemünde eher besser als in anderen Küstenorten und dort gäbe es keine Fluchten. Auch die Preisregelung könne aus diesem Grund nicht ausschlaggebend sein, denn sie sei zwar tatsächlich unbefriedigend, beträfe aber alle Fischer in gleichem Maße. Hinsichtlich der Straffälle sei milde geurteilt worden. Die eigentliche Ursache sah die DWK darin, dass die Fischer bisher durch die Partei gegen den schädlichen Einfluss aus dem Westen nicht ausreichend ideologisch gewappnet worden seien. Die Warnemünder Fischer träfen auf hoher See mit den Fischern aus den Westzonen zusammen, die diese Gelegenheiten nach Ansicht des Berichterstatters dazu nutzten, den Fischern der SBZ immer wieder das *„Gift"* einzuträufeln, *„drüben sei es besser"*.[418] Schlüssig begründen, warum gerade die Warnemünder so anfällig für das „Gift" aus dem Westen waren, konnte der DWK-Bericht jedoch nicht. Die bereits wieder von Absatzschwierigkeiten geprägte wirtschaftliche Situation der See- und Küstenfischer im Westen bot kaum Anreiz zum Verlassen der SBZ. Die Argumentation der DWK ist ein frühes Beispiel für die typische Externalisierung der Fluchtmotive.[419] Gleichzeitig entledigte sich die DWK durch diese Begründung in gewisser Weise der Verantwortung für die Fluchten und verschob das Problem in den Zuständig-

415 Vgl. ZS der SED, Abt. Wirtschaftspolitik, an den SED-Landesvorstand, Abt. Wirtschaftspolitik, als Anlage ein Bericht der DWK, 23.11.1948. LHAS, 10.34-1, Nr. 247, Bl. 224–226.

416 Aufstellung über die für den Fischfang zur Verfügung stehenden Fischereifahrzeuge (ohne Kreis Usedom) nach PS-Zahl, Segel-/Ruderbooten, 23.12.1945. LHAS, 6.11-14, Nr. 7433. Der Jahresbericht der Fischereiabteilung in Schwerin nennt für 1946 119 Kutter. LHAS, 6.11-14, Nr. 7435. Die Zahl für 1952 nennt eine Aufstellung des MfHV über die Struktur der genossenschaftlichen und privaten Fischerei im Bezirk Rostock, die vermutlich 1952 anlässlich der Umstrukturierung der Verwaltung entstand. LHAS, 6.11-14, Nr. 7425, Bl. 2.

417 Dass die eigensinnige Instrumentalisierung der jederzeit gegebenen Fluchtoption in der frühen DDR keine Seltenheit war, zeigt Corey Ross, „Republikflucht" (2001), S. 619–626.

418 ZS der SED, Abt. Wirtschaftspolitik, an den SED-Landesvorstand, Abt. Wirtschaftspolitik, als Anlage ein Bericht der DWK, 23.11.1948. LHAS, 10.34-1, Nr. 247, Bl. 224–226.

419 Vgl. Bispinck, „Republikflucht" (2003), S. 303–305.

keitsbereich der Partei. Künftig, so der DWK-Bericht, müsse die ideologische Arbeit im Vordergrund stehen, auch wenn es schwer werden dürfte, die Bootseigner zu gewinnen, die nach Kenntnis des Verfassers *„privatkapitalistisch eingestellt und überaus konservativ"* seien.[420]

Eine Stellungnahme der Landesleitung der SED Mecklenburg zur Kutterflucht hatte das Zentralsekretariat schon Ende Oktober und wiederholt am 23. November erbeten. Die Fragen, wie Kutterfluchten zukünftig zu vermeiden seien und was die Partei bisher zur ideologischen Beeinflussung der Fischer unternommen habe, seien von *„größter Wichtigkeit"* und sollten möglichst noch zur bevorstehenden Parteikonferenz im Januar 1949 verwertet werden.[421] Besondere Aktivitäten im Bereich Fischerei konnte die SED Mecklenburg kaum vorweisen. So bedient sich das Antwortschreiben einer üblichen Floskel: *„Die Partei selbst steht mit den Fischern in engster Verbindung und hält auch regelmäßig Versammlungen ab."* Zusätzlich plane man nun die Einrichtung von Fischereiausschüssen auf Kreisebene. Der Vorsitzende der FVG Warnemünde, Wilhelm Harms, sei im Übrigen ein langjähriges Mitglied der Partei.[422]

Zusätzlich übersandte die SED-Landesleitung jedoch einen Bericht des Ministers Starosson, der, anders als die DWK, die ideologischen Defizite und den schädlichen Einfluss des Westens offenbar nur der Form halber erwähnte. Der Kontakt mit den Westfischern könne nur einen Teil der Fluchten erklären. Vielmehr sei das Fangsoll im Jahr 1948 mit einer Steigerung von 89 Prozent in Warnemünde im Vergleich zu anderen Küstenorten unverhältnismäßig erhöht worden; der diesbezügliche Einspruch der Landesregierung bei übergeordneten Stellen war erfolglos geblieben. Unter den herrschenden Bedingungen habe das Soll nicht erfüllt werden können: *„Die dauernden Vorhalte gegenüber den Fischern wegen der Nichtsollerfüllung haben dieselben verärgert und mutlos gemacht."*[423] Die ständigen Kontrollen der Fischer müssen in Warnemünde besonders rigide gewesen sein, denn Starosson bemerkte, dass die Polizei hier nicht immer mit glücklicher Hand gearbeitet hätte. Als jüngstes Beispiel verwies er auf eine in der Nacht vom 25. auf den 26. November ohne Wissen des Ministeriums für Handel und Versorgung oder der Fischereiaufsicht durchgeführte Razzia der Landespolizei. Bemühungen um eine *„Befriedung mit den Warnemünder Fischern"* würden auf diese Weise untergraben. Auch der Rat der Stadt Rostock und die FVG waren von der Kontrolle nicht ordnungsgemäß in Kenntnis gesetzt worden. Insbesondere die überzogene Vorgehensweise weckte den Zorn der Betroffenen. Einige Boote seien von vier bis

420 Vgl. ZS der SED, Abt. Wirtschaftspolitik, an den SED-Landesvorstand, Abt. Wirtschaftspolitik, als Anlage ein Bericht der DWK, 23. 11. 1948. LHAS, 10.34-1, Nr. 247, Bl. 224–226.

421 Vgl. ebd. Die Aufforderung wurde schon am nächsten Tag mit Nachdruck wiederholt, da zwischenzeitlich eine weitere Flucht bekannt geworden war. Vgl. ZS der SED, Abt. Wirtschaftspolitik, an SED-Landesvorstand, Abt. Wirtschaftspolitik, 24. 11. 1948. LHAS, 10.34-1, Nr. 247, Bl. 219.

422 Vgl. SED-Landesvorstand, Abt. Wirtschaftspolitik, an ZS der SED, Abt. Wirtschaftspolitik, 7. 12. 1948. LHAS, 10.34-1, Nr. 247, Bl. 223.

423 Dieses und das folgende Zitat aus dem Bericht des Ministers Starosson an den SED-Landesvorstand, Karl Xaver, 4. 12. 1948. LHAS, 6.11-14, Nr. 7455.

fünf Polizisten durchsucht und die Mannschaften am Heimweg gehindert worden. Am nächsten Morgen habe man sogar teilweise die Proviantkörbe kontrolliert, dies hätten die Fischer ganz besonders übel genommen. Verschärfte Kontrollen trügen kaum zur Steigerung der Arbeitsfreude bei, vielmehr erweckten sie das Gefühl, dass man kein *„freier Fischer, sondern ein Gefangener"* sei. Unter diesen Umständen bestehe weiterhin *„die große Gefahr, dass immer wieder der Gedanke aufflammt, dass sich Fischer nach dem Westen absetzen."*[424]

Starosson, der seit der Besprechung über mögliche wirtschaftliche Verbesserungen für die Fischer bei der DWK Ende Oktober keine Nachricht mehr über diese Angelegenheit erhalten hatte, bat dringend darum, *„bei dem Zentralvorstand unserer Partei einzuwirken, damit die DWK noch im Monat Dezember die ganzen Verhandlungen zum Abschluss bringt, um im Jahre 1949 mit geordneten und besseren Verhältnissen auf diesem Gebiet arbeiten zu können."*[425]

„Die Steigerung des Fischfangs und die Verbesserung der materiellen Lage der Fischer": Neuregelung durch SMAD-Befehl Nr. 205

Das Ergebnis dieser Verhandlungen war der Befehl Nr. 205 der SMAD vom 27. Dezember 1948: „Die Steigerung des Fischfangs und die Verbesserung der materiellen Lage der Fischer". Ganz offensichtlich nahm man die von den Fischern und der deutschen Verwaltung angeführten Gründe für die Kutterfluchten endlich ernst. Während die tatsächlichen Bedürfnisse der Fischer in den Vorschlägen der SMAD bisher keine Berücksichtigung gefunden hatten und der Entwurf vom September 1948, der die Streichung der Lebensmittelkarte vorsah, die Situation sogar weiter verschärft hätte, brachte dieser Befehl bedeutende Änderungen.[426] Die Lebensmittelprämien wurden zugunsten einer subventionsfinanzierten Erhöhung der Erzeugerpreise gänzlich abgeschafft. Die Preise wurden in etwa verdoppelt. Ab 1. Januar 1949 erhielten sämtliche Fischer die Lebensmittelkarte der Kategorie I, für Fangtage auf See wurde zusätzliche Verpflegung ausgegeben. Übersollmengen wurden fortan mit zusätzlich 50 Prozent des Wertes der abgelieferten Fische vergütet, also gleichsam eine Art doppelter Erzeugerpreis eingeführt.[427] Die Zuteilung von Industriewaren erfolgte nun über die Industriewarenkarte der Kategorie II unabhängig vom Fangertrag. Durch die Festlegung von Jahresnormen für Berufskleidung erfuhr ein weiterer Kritikpunkt der Warnemünder Denkschrift zu-

424 Bericht über die Razzia am 25./26. 11. 1948, den die FVG Warnemünde am 1. 12. 1948 nach Schwerin sandte. LHAS, 10.34-1, Nr. 247, Bl. 216. Bei der Kontrolle von 35 Kuttern wurden gerade einmal 47 Kilo Fische gefunden.

425 Bericht des Ministers Starosson an den SED-Landesvorstand, Karl Xaver, 4. 12. 1948. LHAS, 6.11-14, Nr. 7455.

426 Vgl. zum Folgenden, wenn nicht anders angegeben, SMAD-Befehl Nr. 205, 27. 12. 1948: Steigerung des Fischfangs 1949 und die Verbesserung der materiellen Lage der Fischer, 27. 12. 1948. LHAS, 6.12-1/21, Nr. 586/3.

427 Fisch blieb allerdings komplett ablieferungspflichtig. Ein wie in der Landwirtschaft üblicher freier Verkauf war nicht vorgesehen, deshalb waren die Übersollpreise auch verhältnismäßig gering.

mindest theoretische Berücksichtigung. Der Befehl markiert eine deutliche Abkehr von der bisherigen Linie der SMAD. Er löste die Verknüpfung von Lebensmittelversorgung und Fangertrag, anstatt sie zu verstärken, wie noch im September vorgesehen. Anreize sollten nun durch Preiserhöhungen geschaffen werden, wie es in der Landwirtschaft bereits seit Juli 1946 üblich war.

Alles andere wäre in der angespannten Lage des Herbstes 1948 nicht mehr opportun gewesen. Die Ereignisse in Warnemünde hatten sich offenbar direkt auf die seit Sommer 1948 zwischen SMAD und DWK ausgehandelte Neugestaltung des Prämiensystems ausgewirkt. Deutlich klingt die Argumentation der Denkschrift der Warnemünder Fischer durch, wenn der Vertreter der SMA Mecklenburg erläuterte, der Befehl ziele darauf ab, durch die Erhöhung der Preise und eine verbesserte Versorgung mit Berufskleidung den Tausch- und Schwarzhandel zu unterbinden. Zudem kündigte er an, dass eine Million Westmark für den Kauf von Motorersatzteilen zur Verfügung gestellt würden.[428] Dass die Besatzungsmacht sich bemühte, die Materialprobleme auch symbolisch anzuerkennen, zeigt die rückwirkende Ermäßigung des Jahressolls der See- und Küstenfischerei für 1948, das durch die Maßnahme nicht mehr unter-, sondern übererfüllt wurde.[429]

Auch die Planung des Jahres 1949 und die Beauflagungspraxis wurde als Reaktion auf die Krise im Herbst des Jahres 1948 modifiziert. Durch falsche Planung sei ein zu großer Druck auf die Kutterfischer ausgeübt worden, insbesondere in Warnemünde. Statt mit einem Monatssoll arbeitete man nun mit einem Quartalssoll, das flexiblere Ausgleichsmöglichkeiten bieten sollte. Gleichzeitig wurde versucht, dem Wunsch nach einer besseren Einbeziehung der Fischer selbst zu entsprechen. Mit dem Jahr 1949 wurde deshalb der Verband der FWG in die Planung einbezogen. Mittlerweile waren einschließlich der Binnenfischer 85 Prozent aller Fischer des Landes in Fischwirtschaftsgenossenschaften organisiert und wurden somit zumindest offiziell vom Verband vertreten. Gemeinsam mit den Genossenschaften sollte der Verband eine Übersicht über die tatsächliche Leistungsfähigkeit der einzelnen Genossenschaften erstellen und Normen für die verschiedenen Fanggeräte ausarbeiten, die als Grundlage für den Quartalsplan dienen und eine ungerechte Beauflagung zukünftig vermeiden sollten.[430] Im zweiten Quartal 1949 wurde vom Ministerium für Handel und Versorgung in Schwerin die Sollbeauflagung nach dieser „Normalausstattung" angeordnet.[431] Dieser Versuch einer Etablierung von objektiven Kriterien setzte sich jedoch nicht durch. Die Differenzierung der Fangauflagen ging in den kommenden Jahren mehr und mehr auf den

[428] Vgl. Niederschrift über die Besprechung am 28.12.1948 über den Fischfangplan im ersten Quartal 1949, 30.12.1948. LHAS, 6.11-14, Nr. 7476, Bl. 78f.

[429] Vgl. MfHV, Abt, Fischerei, an die Verwaltung der SMA, Abt. Handel und Erfassung, 15.1.1949. LHAS, 6.11-14, Nr. 7476. Für das Jahr 1948 wurde nicht der im zweiten Halbjahr zusätzlich erhöhte, sondern der ursprüngliche Plan zugrunde gelegt.

[430] Vgl. Niederschrift über die Besprechung am 28.12.1948 über den Fischfangplan im ersten Quartal 1949, 30.12.1948. LHAS, 6.11-14, Nr. 7476, Bl. 78f.

[431] Vgl. RdK Wismar an die Fischerältesten in Wismar, Rerik, Kirchdorf, Boisendorf, Pepelow, Redentin, 21.6.1949. LHAS, 6.12-1/21, Nr. 586/9a.

Verband über. Er verteilte das Jahressoll auf die einzelnen Genossenschaften, diese wiederum verteilten nach Erfahrungssätzen Monatsauflagen an die einzelnen Fischer.[432] Auch die Funktion des Verbandes wandelte sich in den kommenden Jahren; er entwickelte sich, wie im folgenden Kapitel zu zeigen sein wird, zu einer echten Interessenvertretung der in ihm zusammengeschlossenen Genossenschaften.

g) Fazit

Bis Anfang 1946 gab es in der SBZ keine planmäßige Erfassung der Fischereierträge. Der Großteil der Fischer und Fahrzeuge der Ostsseeküste war spätestens seit Juli 1945 vertraglich an die Truppen der Roten Armee gebunden und den lokalen Kommandanten gelang es bis Anfang 1946, dieses Vorrecht auch gegen ausdrückliche Anweisungen der sowjetischen Militärverwaltung zu verteidigen. Die schlechte Material- und Brennstoffversorgung tat ein Übriges dazu, dass alle Bemühungen um eine ausreichende Fischversorgung der Bevölkerung dürftig blieben.

Als dann im Januar 1946 der Fischfang neu organisiert wurde, bediente sich die SMAD eines problematischen Modells aus Anreiz und Zwang, um die gewünschte Produktionssteigerung zu erreichen. Sie installierte einerseits ein in dieser Form einzigartiges Naturalprämiensystem, das es den Fischern ermöglichte, bei Erfüllung und Übererfüllung des Fangsolls große Mengen rationierter Lebensmittel zu erwerben. Angesichts der allgemeinen Lebensmittelknappheit sah sich die mit der Auszahlung der Prämien beauftragte deutsche Verwaltung allerdings vor enorme Probleme gestellt, nicht zuletzt da die an manche Fischer ausgegebenen Mengen in keinem Verhältnis zu den Rationen der übrigen Bevölkerung standen. Das Prämiensystem bevorzugte zudem einseitig die leistungsstarken Kutterfischer. Angesichts der Probleme der Materialversorgung förderte das Prämiensystem letztlich vor allem den illegalen Tauschhandel.

Andererseits wurde durch die sowjetischen Befehle gerade auf die Betriebe der Kutterfischerei besonderer Druck ausgeübt. Um die Erfüllung der Fangpläne zu gewährleisten, versuchte die sowjetische Besatzungsmacht seit 1946 durch die strikte Festlegung der Arbeitszeiten, die Verlegung der Kutter an entfernte Fangplätze und die Oktroyierung neuer Arbeitsformen in die Arbeitsautonomie der Fischer einzugreifen. In der Qualität gingen diese Eingriffe weit über die aus der NS-Zeit bekannten Reglementierungen hinaus. Auch weil die sowjetischen Vorstellungen von einer effektiven Arbeitsorganisation vielfach an den mecklenburgischen Verhältnissen vorbeigingen, hielten die Fischer soweit wie möglich an

[432] Zum Verfahren vgl. FVG Saßnitz an MfHV, Abt. Fischerei, 10.1.1949. LHAS, 6.11-14, Nr. 7476, Bl. 71. 1955 wurde dem Verband die Sollverteilung wieder entzogen, da es sich bei dieser Aufgabe nach Ansicht des Ministeriums für Lebensmittelindustrie um eine Aufgabe des Staates handele. Nun wurden sog. Differenzierungskommissionen eingesetzt, dazu später ausführlich. Vgl. Protokoll über die genossenschaftliche Arbeitstagung der FWG Mecklenburg, 25.6.1955. LAG, Rep. 233, Nr. 8, Bl. 59–67.

individuellen und traditionellen Arbeitsmethoden fest und wurden dabei vielfach von der deutschen Verwaltung unterstützt.

Die „böswillige" Nichterfüllung des Ablieferungssolls wurde nach dem Willen der SMAD unter Strafe gestellt, es drohte der Entzug der Fischereiberechtigung. Besonders die ertragsschwachen Kleinfischer waren davon bedroht. Die deutschen Verwaltungsstellen hatten die undankbare Aufgabe, einen Ausgleich zwischen den Forderungen der Besatzungsmacht nach einem härteren Durchgreifen und den oft berechtigten Einwänden der Fischer hinsichtlich der schlechten Materialversorgung und der ungerechtfertigt hohen Sollauflagen zu schaffen. In den meisten Fällen entschied die deutsche Verwaltung aber wohl zugunsten der Fischer. Ein besonderes Problem stellten die unzähligen Verstöße gegen die weiterhin bestehende totale Ablieferungspflicht dar. Obwohl die Kontrollen auf Anweisung der SMAD stetig verschärft wurden, gelang es nicht ansatzweise, den florierenden Schwarzhandel mit Fischen einzudämmen. Wie bereits für die Zeit des Zweiten Weltkrieges festzustellen war, profitierte auch in der Nachkriegszeit der Großteil der lokalen Gesellschaft einschließlich der deutschen Kontrollorgane und der sowjetischen Ortskommandanten vom illegalen Tauschhandel, so dass eine rigorose Durchsetzung des Verbots wie in Warnemünde die Ausnahme blieb.

Dass die eher moderate Linie der deutschen Verwaltung und vieler unterer SMA-Dienststellen gegenüber den Fischern letztlich allen Beteiligten zugute kam und den sozialen Frieden vor Ort sicherte, verdeutlicht die Entwicklung in Warnemünde im Jahre 1948. Unter dem Druck einer unverhältnismäßig hohen Sollauflage und dem harten Vorgehen gegen Ablieferungsverstöße hatte sich das Verhältnis zwischen den Fischern, der deutschen Lokalverwaltung und dem sowjetischen Ortskommandanten hier extrem verschlechtert. Immer mehr Fischer widersetzten sich und flohen auf ihren Kuttern in den Westen. Die in diesem Zusammenhang im Herbst 1948 von der Warnemünder Fischverwertungsgenossenschaft verfasste Denkschrift der Warnemünder Hochseefischerei konnte ihre Wirkung über den begrenzten lokalen Rahmen hinaus auf Landes- und Zentralebene entfalten und beeinflusste letztlich sogar einen Befehl der Besatzungsmacht. Das von den Fischern eingesetzte Druckmittel der möglichen Flucht in den Westen hatte somit herrschaftsbegrenzende Wirkung. Der im Dezember 1948 erlassene SMAD-Befehl Nr. 205 ersetzte nicht nur das bisherige Prämiensystem durch die von den Fischern (und der deutschen Verwaltung) geforderten erhöhten Erzeugerpreise. Er ist auch Ausdruck des Eingeständnisses von grundsätzlichen Fehlern bei der Behandlung der Fischer durch deutsche und sowjetische Verwaltungsstellen.

4. Die See- und Küstenfischerei in der frühen DDR 1949 bis 1952

Die Staatsgründung im Oktober 1949 stellte für die Fischerei keinen bedeutenden Einschnitt dar. Der Übergang von der SBZ zur DDR war nicht mit gravierenden Änderungen im Bereich Fischwirtschaft verbunden. Die entscheidenden Anordnungen der SMAD sowie der deutschen Verwaltung blieben weiterhin in Kraft. Auch die Bestimmungen zum Genossenschaftswesen wurden bestätigt.[433] Die staatlichen Stellen legten in den folgenden Jahren ihr Hauptaugenmerk auf den Ausbau der volkseigenen Fischerei.[434] Da die Kutterfischerei, unabhängig ob privatwirtschaftlich oder staatlich organisiert, selbst mit neuer Fangflotte langfristig nicht in der Lage gewesen wäre, den erforderlichen Bedarf für die angestrebte autarke Fischversorgung der DDR zu erwirtschaften, wurde Ende 1949 der Aufbau einer eigenen Hochseefischereiflotte in Rostock beschlossen; in Saßnitz sollte weiter die kleine Hochseefischerei betrieben werden.[435] Die privatwirtschaftlich-genossenschaftlich organisierte See- und Küstenfischerei geriet im Zuge dieser Entwicklung in den kommenden Jahren zunächst aus dem Blickfeld von Staat und Partei.

a) Die Weiterentwicklung des Verbandes der Fischwirtschaftsgenossenschaften Mecklenburgs

Der führungslose Verband der Fischwirtschaftsgenossenschaften war Anfang 1949 nicht aufgelöst worden, sondern stand seit März unter der Leitung eines vom Schweriner Ministerium für Handel und Versorgung eingesetzten Treuhänders. Eine radikale Lösung wie die Zerschlagung des Verbandes und den Anschluss der Genossenschaften an den VEB Saßnitz dürfte für die Verantwortlichen keine Option gewesen sein; eine andere Alternative zur genossenschaftlichen Organisationsform gab es nicht. Damit aber der Verband in Zukunft die ihm zugedachten gesellschaftspolitischen Transmissionsfunktionen wirksam wahrnehmen konnte, war es notwendig, die Akzeptanz der Fischer zu gewinnen und gleichzeitig den Einfluss der Partei geltend zu machen.

Die vielbeachtete Denkschrift der FVG Warnemünde hatte gerade die fehlende Berücksichtigung der Interessen der Fischer bei der Ausarbeitung von Befehlen und Beschlüssen der sowjetischen und deutschen Stellen kritisiert. Als Vermittler und Vertreter gegenüber der Besatzungsmacht und den Regierungsstellen hatte der Verband bisher versagt. Um das erschütterte Vertrauensverhältnis zwischen Fischern und Verwaltung wieder aufzubauen, versuchte man daher offensichtlich, den bisher wenig akzeptierten Verband stärker zu einer – natürlich im Sinne der Partei agierenden – Interessenvertretung umzustrukturieren. Spätestens seit Som-

[433] Vgl. Ministerium für Industrie der DDR, HA Lebensmittelindustrie/Fischwirtschaft an alle Landesministerien für HuV, HA Lebensmittelindustrie/Fischwirtschaft sowie die VVB der Fischwirtschaft Saßnitz, 23.12.1949. BArch, DL 1, Nr.377. Das Schreiben enthält als Anlage eine Zusammenstellung der weiterhin geltenden grundsätzlichen Anordnungen auf dem Gebiete der Fischwirtschaft und das zugrundeliegende Gesetz zur Überleitung der Verwaltung vom 12.10.1949.

[434] Vgl. Scherer, Entwicklung der genossenschaftlichen See- und Küstenfischerei (1977), S.210.

[435] Im Laufe des Jahres 1949 zeigte sich, dass der Fischfang in Saßnitz nicht in der Lage sein würde, den Bedarf der Bevölkerung zu decken. Vgl. Ciesla, Fischindustrie (1992), S.158. Vgl. zur Hochseefischerei der DDR auch Ciesla, Industrieller Fischfang (1999), S.210–216 und den eher nostalgischen Rückblick von Strobel/Hahlbeck, Hiev up (1997).

mer 1949 ist die Mitarbeit von Wilhelm Harms, dem Vorsitzenden der FVG Warnemünde und vermutlichem Verfasser der Denkschrift, im Verband nachweisbar. Das spricht dafür, dass man versuchte, von den Fischern anerkannte Persönlichkeiten für die Verbandsarbeit zu gewinnen.

Der Zustand der Treuhandschaft sollte auf einer Generalversammlung des Verbandes im Dezember 1949 beendet werden. Ziel der SED war es, eine Mehrheit von vertrauenswürdigen Parteimitgliedern in den Gremien der Verbandsleitung zu erlangen.[436] Die Versammlung, deren Niveau als äußerst niedrig bezeichnet wurde, war besonders durch die Folgen des einstimmig gefassten Beschlusses, 500 Liter Schnaps aus Prämienbeständen unter den Anwesenden auszuschenken, geprägt. Die Fischer standen der Arbeit des Verbandes – die Klagen über überteuerte Materialien fanden den *„ungeteilten Beifall"* der Anwesenden – ebenso ablehnend gegenüber wie dem eingesetzten Treuhänder Drewnitzki. *„Es wurde viel geredet. Positiv zur Genossenschaft und zum Verband wurde außer von dem Versammlungsleiter [Drewnitzki] und dem Gen. Harms, Warnemünde, von keinem Fischer Stellung genommen."* Insgesamt habe die Versammlung einen *„unwürdigen Verlauf"* genommen.[437]

Bei der Wahl am nächsten Tag gelang es der SED zwar, die Mehrheit in den Führungsgremien zu stellen und neben Wilhelm Harms, der zum Aufsichtsratsvorsitzenden gewählt wurde, auch den unbeliebten Kandidaten Drewnitzki als Vorstandsmitglied durchzusetzen.[438] Der unschöne Verlauf der Generalversammlung hatte allerdings sehr deutlich gemacht, dass dem Verband als Dachorganisation der FWG noch immer die Akzeptanz in der von ihm vertretenen Klientel fehlte. Eine wichtige Ursache dafür erkannte die Abteilung Wirtschaft des Landesvorstands der SED richtigerweise darin, dass der Verband ohne Mitwirkung und gegen den Willen der Fischer gegründet worden war. Sogar unter den Parteimitgliedern sei der Genossenschaftsgedanke daher wenig ausgeprägt. Abhilfe versprach man sich von einer intensivierten ideologisch-politischen Arbeit unter den Fischern, der bisher von Seiten der Partei zu wenig Aufmerksamkeit geschenkt worden sei.[439]

[436] Vgl. Scherer, Entwicklung der genossenschaftlichen See- und Küstenfischerei (1977), S. 210f.

[437] Angesichts der destruktiven Stimmung wurde seitens der Partei für die anstehende Vorstands- und Aufsichtsratswahl das Schlimmste befürchtet. *„Um etwaigen Fehlentscheidungen aus dem Weg zu gehen"*, organisierte die SED eine Fraktionssitzung. Auch diese Versammlung verlief nicht ohne Diskussionen. Nur durch energische Appelle an die Parteidisziplin war es möglich, die von der Partei vorgesehenen Kandidaten aufzustellen, die bei der Wahl von *„einsichtsvolle[n] Genossen"* vorgeschlagen werden sollten. Vgl. Bericht über die Generalversammlung des Verbands der FWG in Stralsund am 18./19. 12. 1949, LHAS, 10.34-2, Nr. 311, Bl. 200–202.

[438] Ebd. Seit 1949 war auch Otto Röpcke (FWG Wismar) Aufsichtsratsmitglied des Verbandes. Vgl. Personalbogen und Lebenslauf Otto Röpcke, 30. 1. 1953. AHW, XXIV, 16 A, Nr. 8.

[439] Vgl. Stellungnahme der Abt. Wirtschaft des SED-Landesvorstands zur Generalversammlung des Verbands der FWG in Stralsund am 18./19. 12. 1949. LHAS, KL SED ,10.34-2, Nr. 311, Bl. 203f.

Tatsächlich hatte sich die SED in Mecklenburg an der Arbeit des Verbandes eher desinteressiert gezeigt.[440] Das Zentralsekretariat hatte den Landesvorstand schon Ende 1948 zu mehr Initiative in diesem Bereich aufgefordert, allem Anschein nach vergeblich.[441] Selbstkritisch äußerte sich dazu auch der Vertreter des Landesvorstands der SED gegenüber den Fischern auf der Fraktionssitzung im Dezember 1949.[442] Erst jetzt, als Konsequenz der fast gescheiterten Generalversammlung, wurde bei der Abteilung Wirtschaft der Landesparteileitung ein Fischereiausschuss eingerichtet. Die Partei wollte ihre Präsenz und ihren Einfluss auf den Verband verstärken. Vor jeder Vorstands- und Aufsichtsratssitzung sollte zum einen genannter Ausschuss zusammentreten, zum anderen eine verbandsinterne Fraktionssitzung durchgeführt werden, an der wiederum ein Vertreter der Abteilung Wirtschaft teilnehmen sollte. Um die unverzichtbare Arbeit an der Basis zu gewährleisten, wurden die Kreisvorstände verpflichtet, den FWG nunmehr größte Aufmerksamkeit zu schenken. Durch die Gründung von Betriebsgruppen sollten die Fischer enger als bisher an die Partei herangeführt werden.[443]

In der Praxis scheinen alle geforderten Maßnahmen nicht umgesetzt worden zu sein. Der im Statut von 1948 nur vage formulierte „gesellschaftliche Auftrag“ rückte in der praktischen Verbandsarbeit kaum in den Vordergrund. Dass die Fischer den gesellschaftlichen Veränderungen generell eher skeptisch gegenüberstanden, hatte nicht zuletzt die Unruhe, die die Gründung des volkseigenen Fischereibetriebs in Saßnitz ausgelöst hatte, gezeigt. „Werden die Genossenschaften volkseigen?“, diese Frage dominierte die von Verband und Verwaltung abgehaltenen Fischereiversammlungen zu Beginn des Jahres 1950. Dies wurde von Verwaltungsseite zwar verneint; Minister Starosson hatte eigens einen Presseartikel veröffentlicht, um der Furcht vor Enteignung entgegenzuwirken. Nichtsdestotrotz müssten die Fischer sich anstrengen, ihre Genossenschaften in ein *„wirklich demokratisches Organ“* umzubilden und nicht immer gegen den Strom zu schwimmen. In der volkseigenen Wirtschaft sollten sie vielmehr den Fortschritt und die Grundlage der gesamten Wirtschaft der DDR erkennen. Diese Forderung stieß nicht zuletzt deshalb auf Schwierigkeiten, da bei einem Großteil der Fischer mit dem Begriff „Volkseigentum“ zwar diffuse Ängste, aber keine konkreten Vorstel-

[440] Zur Teilnahme an der dort als sehr wichtig angesehenen Arbeitstagung des Verbandes im April 1948 hatte sie von Berlin aus aufgefordert werden müssen. Eine wenige Tage zuvor angeforderte Stellungnahme zu den auf einer Besprechung mit der SMAD erörterten Möglichkeiten zur Steigerung des Fischfangertrages blieb wochenlang unbeantwortet. Dann begnügte man sich damit, eine vom Verband angeforderte Stellungnahme nahezu gleichlautend an das ZS der SED zu übersenden. Vgl. ZS der SED, Abt. Wirtschaftspolitik an SED-Landesvorstand, 16.4.1948; ZS der SED, Abt. Wirtschaftpolitik, an SED-Landesvorstand, Abt. Wirtschaft, 22.4.1948 und SED-Landesvorstand an ZS der SED, Abt. Wirtschaft, 25.6.1948. LHAS, 10.34-1, Nr. 246.

[441] Vgl. ZS der SED, Abt. Wirtschaftspolitik, an SED-Landesvorstand, Abt. Wirtschaftspolitik, als Anlage ein Bericht der DWK, 23.11.1948. LHAS, 10.34-1, Nr. 247, Bl. 224–226.

[442] Vgl. Bericht über die Generalversammlung des Verbands der FWG in Stralsund am 18./19.12.1949, LHAS, KL SED 10.34-2, Nr. 311, Bl. 200–202.

[443] Vgl. Stellungnahme der Abt. Wirtschaft des SED-Landesvorstands zur Generalversammlung des Verbands der FWG in Stralsund am 18./19.12.1949. LHAS,10.34-2, Nr. 311, Bl. 203f.

lungen verbunden waren. Das Leitungspersonal der FWG, das doch den größten Einfluss auf die Fischer habe, wurde nach Ansicht der Fischereiabteilung im Schweriner Ministerium seiner diesbezüglichen Verantwortung noch immer nicht gerecht.[444]

Die Protokolle der Geschäftsführertagungen des Verbandes zeigen, dass in diesen Jahren in erster Linie praktische betriebswirtschaftliche Fragen die Vertreter der FWG beschäftigten. Die Teilnehmer diskutierten über Preise, Handelsspannen, Schwundsätze, Frachtkosten, Kredit– und Steuerfragen, den Eigenverbrauch und freien Verkauf von Übersollmengen, die schlechte Materialversorgung, aber auch über Fragen der Ausbildung und Qualifikation, über überzogene Kontrollen durch die Grenzschutzpolizei und die „sowjetischen Freunde", über Mindestmaße, den Ausschluss von Nebenerwerbsfischern und vieles andere mehr. Immer wieder standen die als unerfüllbar angesehenen Sollauflagen in der Kritik. Auf den Tagungen waren in der Regel die zuständigen Vertreter der staatlichen Stellen, seltener aber der höheren Parteistellen anwesend.[445]

Der Verband übernahm in dieser Zeit die üblichen Aufgaben einer Berufsvertretung. Gegenüber den Regierungsstellen engagierte er sich in allen relevanten Bereichen, wie beispielsweise in Fragen der Sozialversicherung[446] oder dem Kreditwesen. Um die 1946 von der SMAD gestellte Aufgabe des Neubaus von 50 Kuttern für den zivilen Bedarf zu erfüllen, waren von der Landesregierung damals noch Darlehen zum Neubau von Kuttern vergeben worden.[447] Die dem Verband übertragene Aufgabe der Kreditvermittlung an Fischer und Genossenschaften wurde ihm bereits 1950 wieder entzogen. Alternative Möglichkeiten zur Finanzierung von Fahrzeugen, Fischereigerät oder Reparaturen gab es kaum. Vor den Folgen dieser Kreditpolitik warnte der Verband eindringlich, aber vergeblich.[448] Einige Genossenschaften versuchten, ihren Mitgliedern durch die Stellung von Sicherheiten zumindest die Inanspruchnahme von Privatkrediten zu ermöglichen.[449] Im Zuge der wirtschaftlichen und gesellschaftlichen Transformation waren spezielle staatliche Fördermaßnahmen für den privaten Sektor der Fischerei dann

[444] Lehrgänge zu politischen und wirtschaftlichen Fragen sollten künftig Abhilfe schaffen. Vgl. MfHV, Abt. Fischwirtschaft, Zusammenfassung der Versammlungsberichte, 17. 3. 1950. LHAS, 6.11-14, Nr. 7430.

[445] Vgl. die Protokolle der Verbandstagungen in LAG, Rep. 233, Nr. 8.

[446] Seit 1945 waren in der SBZ die Weichen in Richtung einer Einheitssozialversicherung gestellt worden, die auch den Großteil der Fischer als Selbständige mit weniger als fünf Arbeitnehmern einschloss. Der Verband versuchte, für die speziellen Bedürfnisse der Fischer Zusatzleistungen zu erwirken, so etwa in der Frage des Krankengeldes. Vgl. dazu LAG, Rep. 233, Nr. 36. Zur Sozialversicherung in der SBZ/DDR vgl. grundlegend Hoffmann, Sozialpolitische Neuordnung (1996).

[447] Vgl. MfHV an MdF, Abt. Banken, 7. 6. 1948. LHAS, 6.11-17, Nr. 605 und MfHV, Abt. Fischerei, an MdF, 24.04. 1948. LHAS, 6.11-17, Nr. 656.

[448] Vgl. Verband der FWG an das MfHV der DDR, HA Lebensmittelverarbeitung, Abt. Fischwirtschaft, 10. 7. 1950. LAG, Rep. 233, Nr. 34, Bl. 8.

[449] Vgl. Protokoll der Geschäftsführertagung des Verbands der FWG am 18. 4. 1952. LAG, Rep. 233, Nr. 8, Bl. 147–150 und Protokoll der Geschäftsführertagung des Verbandes der FWG am 18. 2. 1953. LAG, Rep. 233, Nr. 8, Bl. 133–136.

ohnehin nicht mehr vorgesehen. Die Aufnahme von Darlehen für den Kauf von Fischereifahrzeugen war 1954 generell nicht mehr möglich.[450]

Im Auftrag der Landesregierung organisierte der Verband das Ausbildungswesen in der See- und Küstenfischerei, bis die Lehrlingsausbildung 1952/53 aus politischen Gründen in die Berufsschule der volkseigenen Fischerei verlagert wurde.[451] Auch an den wenigen bedeutsamen Modifizierungen fischwirtschaftlicher Bestimmungen bis 1952 war der Verband der Fischwirtschaftsgenossenschaften aktiv beteiligt. 1951 wurde vom Ministerium für Handel und Versorgung die seit Jahren geforderte Differenzierung des Fangsolls nach Fischarten eingeführt: *„Um den Fischern, die ihr Hauptaugenmerk auf den Fang hochwertiger Fischarten legen, für ihre Leistungen einen entsprechenden Anreiz zu geben und um für die anderen Fischer einen Anreiz zu schaffen, sich ebenfalls für eine Qualitätssteigerung einzusetzen"*, wurden Aal und Lachs nun im Verhältnis 1:2 auf das Soll angerechnet, weitere Edelfische immerhin noch im Verhältnis 1:1,25.[452] Neben einer allgemeinen Qualitätssteigerung erhoffte man sich eine wirtschaftliche Stärkung der Küstenfischer und nicht zuletzt eine Verminderung des Schwarzhandels.[453] Die vom Staatssekretariat für Nahrungs- und Genussmittelindustrie bestätigten Anrechnungsverhältnisse gingen auf einen Vorschlag des Verbands der FWG zurück.[454] Das Ministerium für Handel und Versorgung in Schwerin verließ sich auf die Kompetenz des Verbandes. Das Zusammenspiel von Verwaltung und Verband funktionierte hier wieder in altbewährter Weise.

Der geforderte Dialog zwischen Regierung und Fischwirtschaftsgenossenschaften wurde nun tatsächlich über den Verband geführt. Gerade weil es sich dabei vorrangig um konkrete fischwirtschaftliche Fragen handelte und der Verband die wirtschaftlichen Interessen der Fischer vertrat, anstatt sie politisch zu erziehen, hatte er sich schließlich Anfang der Fünfzigerjahre als von den Fischern akzeptier-

[450] Nur noch für Reparaturen wurden Gelder gewährt. Unbedingte Voraussetzung war ein Eigenkapitalanteil von 20 Prozent. Über die Darlehensbedingungen für private Fischereifahrzeuge informierte die Deutsche Investitionsbank den Verband der FWG am 22.11.1954. LAG, Rep.233, Nr.33, Bl.31.

[451] Vgl. Verband der FWG, Fachausschuss für Berufsbildung, an MfHV, Abt. Fischerei, Rundschreiben Nr. 1 des Fachausschusses betr. Berufsausbildung der Fischerlehrlinge, 25.7.1949. LAG, Rep.200, 4.6.4, Nr.87 sowie Landesberufsschule Warnemünde, Fachgruppe See- und Küstenfischerei an Verband der FGW, 11.6.1952 und Verband der FGW an die FWG betr. Sicherstellung der Lehrlingsausbildung durch die Berufsschule für See- und Küstenfischer Rostock-Marienehe,12.9.1953. LAG, Rep.233, Nr.47.

[452] MfHV, HA Nahrungs- und Genussmittelindustrie, an alle Räte der Kreise und Genossenschaften, 12.7.1951. LAG, Rep.233, Nr.41.

[453] Die Erfüllung des Fangsolls erfolgte häufig mit minderwertigen Fischen, während die Qualitätsware direkt in den Schwarzhandel ging. Bei den Erfassungsstellen würde ausschließlich Dorsch abgeliefert, während Scholle, Hering und andere Fischarten direkt an den Schwarzhandel gingen. Vgl. FWG Rostock, Verkaufsabteilung, an MfHV, 20.10.1950. LAG, Rep.200, 4.6.4. Nr.155, Bl.20.

[454] Vgl. Verband der FWG an MfHV, HA Lebensmittelindustrie/Fischwirtschaft, Abt. Fischwirtschaft, 6.4.1951. LAG, Rep.233, Nr.41. 224, 65.

te Interessenvertretung etablieren können,[455] während zeitgleich die Organisationsform der privatwirtschaftlichen Genossenschaft in der Landwirtschaft zerschlagen wurde. Der Verband bot den genossenschaftlich organisierten Fischern ein Forum zum Austausch und zur Interessenartikulation und verfügte etwa in Fragen der Solldifferenzierung und Berufsausbildung auch über eigenen Handlungsspielraum. Entscheidend ist, dass die Kontrolle und Anleitung des Verbandes durch die SED nicht konsequent durchgeführt wurde. Dieser Befund widerspricht dem allgemeinen Trend einer institutionellen Entdifferenzierung, den Rainer Lepsius für die DDR konstatiert hat und der sich unter anderem im Fehlen intermediärer Organisationen spiegelt.[456] So bemerkenswert dies auch ist, die naheliegendste Erklärung für dieses Phänomen klingt banal. Das Interesse an der See- und Küstenfischerei, an dem es schon der Landesparteileitung mangelte, war außerhalb Mecklenburgs viel zu gering, als dass diese Entwicklung hätte Anstoß erregen können.

b) Veränderungen in der Verwaltungsorganisation

1949 hatte sich die SED als „Partei neuen Typus" bezeichnet und seither ihren uneingeschränkten Herrschaftsanspruch manifestiert. Der im Juli 1952 auf der 2. Parteikonferenz postulierte „Aufbau des Sozialismus" eröffnete nun eine neue Phase der beschleunigten wirtschaftlichen und gesellschaftlichen Transformation.[457] Auf der administrativen Ebene schlug sich die Umgestaltung in weiteren Zentralisierungsmaßnahmen nieder. Zur „Stärkung der demokratischen Staatsmacht" wurden noch im Juli 1952 die Länder beseitigt und durch Verwaltungsbezirke ersetzt. Die gesamte See- und Küstenfischerei konzentrierte sich im schlauchförmigen Bezirk Rostock, der mit den Landkreisen Bad Doberan, Bergen, Greifswald, Grevesmühlen, Grimmen, Putbus, Ribnitz, Rostock-Land, Stralsund-Land, Wismar-Land, Wolgast und den Stadtkreisen Rostock, Stralsund, Wismar die gesamte Ostseeküste mit den wirtschaftlich bedeutenderen Zentren Mecklenburgs umfasste.[458]

Dem Rat des Bezirks, der nun als mittlere staatliche Verwaltungsebene mit verschiedenen Fachabteilungen fungierte, stand in Rostock von 1952 bis 1959 Johannes Warnke vor. Die Arbeit des Rates wurde durch die Bezirksparteiorganisation

[455] Seine Aufgabe als Interessenvertreter der in ihm zusammengeschlossenen Genossenschaften gegenüber den staatlichen Stellen nahm er dabei durchaus ernst. Als in Fragen der Frachtkosten die Verhandlungen mit der Landesfinanzdirektion in Schwerin stockten, drohte man etwa im April 1952 damit, *„einen genauen Bericht ins ‚Neue Deutschland' zu bringen."* Vgl. Protokoll der Geschäftsführertagung des Verbands der FWG am 18.4.1952. LAG, Rep.233, Nr.8, Bl.147–150.

[456] Vgl. Lepsius, Institutionenordnung (1994), S.28f.

[457] Vgl. Staritz, DDR (1996), S.61–66; 94–100 und Hoffmann, DDR unter Ulbricht (2003), S.39–49.

[458] Vgl. dazu die Studie von Hennig Mielke, Auflösung der Länder (1995). Die Aufteilung erfolgte auch im Bezirk Rostock weniger nach geographischen als nach wirtschaftlichen Kriterien. Vgl. ebd., S.92.

der SED angeleitet und kontrolliert. Erster Sekretär der SED-Bezirksleitung war von 1952 bis 1961 Karl Mewis.

Die Zuständigkeit für die See- und Küstenfischerei lag zunächst bei der Abteilung Industrie und Handwerk.[459] Als Fischereireferent war hier seit April 1953 der ehemalige Fischer und Fischereiaufseher Bruno Schwank tätig.[460] Ab 1954 existierte bei der Abteilung Örtliche Wirtschaft ein Hauptreferat Fischwirtschaft unter der Leitung Gramms, der bereits 1951 der entsprechenden Abteilung im Ministerium für Handel und Versorgung in Schwerin vorgestanden hatte. Auf der unteren Verwaltungsebene waren bei den Räten der Kreise und Städte in der entsprechenden Abteilung Örtliche Wirtschaft Fischereisachbearbeiter eingesetzt.[461]

Die Aufgaben der zuständigen Abteilung beim Rat des Bezirks erweiterten sich im Zuge der Kollektivierung der See- und Küstenfischerei ab Mitte der Fünfzigerjahre. Der Rat des Bezirks sollte den Zusammenschluss der Fischer in Fischereiproduktionsgenossenschaften vorantreiben und wurde zudem mit der Einrichtung von Fischereifahrzeug- und Gerätestationen an der Küste betraut.[462] Auch die Reorganisation des Oberfischmeisteramtes ist in diesem Zusammenhang zu sehen. Die derzeitige Struktur der Fischereiaufsichtsstellen an der Ostseeküste sei der fachlichen und politischen Qualifikation der Fischereiaufseher nicht zuträglich, hieß es im Dezember 1955. Um eine bessere Kontrolle und Anleitung zu ermöglichen, sollte das Oberfischmeisteramt von Stralsund nach Rostock zum Rat des Bezirks verlegt werden. Der tatsächliche Umzug erfolgte im Frühjahr 1957.[463]

Auf zentraler Ebene blieb die Situation weiterhin durch die häufigen organisatorischen Veränderungen im Bereich Wirtschaft gekennzeichnet. Zunächst war das Staatssekretariat für Nahrungs- und Genussmittelindustrie für die See- und Küstenfischerei zuständig. Der Vorschlag der Errichtung eines eigenen Fischereiamtes wurde nicht aufgegriffen.[464] Im 1953 eingerichteten Ministerium für Lebensmittelindustrie wurde – nachdem auch der Verband der Fischwirtschaftsgenossenschaften die mangelnde Unterstützung durch das Ministerium wiederholt

459 Vgl. Scherer, Entwicklung der genossenschaftlichen See- und Küstenfischerei (1977), S. 211. Eine verwaltungsgeschichtliche Untersuchung des Rates des Bezirks Rostock (die auch die See- und Küstenfischerei berücksichtigt) gibt es nicht.

460 Vgl. RdB Rostock, Abt. Industrie und Handwerk an OFMA, 31.3.1953. LAG, Rep. 250, Nr. 338.

461 Vgl. RdB Rostock, Stellvertretender Vorsitzender an alle Räte der Kreise und Städte, Abt. Örtliche Wirtschaft, 10.8.1954. LAG, Rep. 200, 4.6.4. Nr. 160, Bl. 6f.

462 Vgl. Ministerratsbeschluss von 1955 zur Steigerung des Fischfangs der See- und Küstenfischerei sowie zur weiteren Verbesserung der Lebensbedingungen der werktätigen See- und Küstenfischer vom 28.4.1955. GBl. DDR 1955 Teil I, S. 337f. und die handschriftlichen Ergänzungen zu den Aufgaben des Referates See- und Küstenfischerei, o. D., nach 1951. LHAS, 6.11-14, Nr. 7425, Bl. 14.

463 Vgl. RdB Rostock, HR Fischwirtschaft, an die Staatliche Stellenplankommission, 13.1.1956. LAG, Rep. 250, Nr. 338, Bl. 105–113 und Schütt, Geschichte der Fischerei (2004), S. 82.

464 Instrukteur für Fischwirtschaft bei der Koordinierungs- und Kontrollstelle für Binnenhandel (Ball), Vermerk über die bisherige Entwicklung und Vorschlag für eine Reorganisation der Fischwirtschaft in der Deutschen Demokratischen Republik, 11.7.1952, BArch DC 6 / 25, Bl. 358–364.

kritisiert hatte – schließlich Ende 1954 zumindest eine eigene Fachabteilung für Fischerei eingerichtet.[465]

1958 ging die Zuständigkeit für die See- und Küstenfischerei im Zuge des Gesetzes zur „Vervollkommnung und Vereinfachung des Staatsapparates", das acht Ministerien der DDR beseitigte, an die Staatliche Plankommission, Sektor Lebensmittelindustrie, ab 1961 an den Volkswirtschaftsrat über. Bei den Räten der Bezirke wurden Wirtschaftsräte eingerichtet, die dem Rat und der Staatlichen Plankommission zugeordnet waren.[466] Den Vorsitz im Bezirk Rostock übernahm als Stellvertreter des Bezirksvorsitzenden Warnke der bisherige Minister für Lebensmittelindustrie Kurt Westphal. In der dort angesiedelten Abteilung Industrie und Handwerk, Unterabteilung Lebensmittelindustrie wurde nun – weiterhin unter der Leitung Gramms – auch die See- und Küstenfischerei bearbeitet.[467] Auf zentraler Ebene kehrte erst mit der Schaffung des Ministeriums für Bezirksgeleitete Industrie und Lebensmittelindustrie, das den Bereich Fischwirtschaft bis 1989 betreute, eine institutionelle Beständigkeit ein.[468]

[465] Vgl. Minister Kurt Westphal und Vorsitzender des Rates des Bezirks Hans Warnke bei den werktätigen Fischern der mecklenburgischen Ostseeküste, in: Deutsche Fischerei-Zeitung, Jg. 1 Nr. 9, Dezember 1954, S. 269–271.

[466] Vgl. Horstmann, Logik der Willkür (2002), S. 93.

[467] Vgl. beispielhaft RdB Rostock, Vorsitzender des Wirtschaftsrates Kurt Westphal, an Staatliche Plankommission, Sektor Lebensmittelindustrie/Fischwirtschaft, 13. 3. 1959, BARch DE 1 / 28870 und RdB Rostock, Wirtschaftsrat, Abt. Industrie und Handwerk, Abteilungsleiter Gramm, an den Vorsitzenden des RdB Rostock, Warnke, 16. 12. 1958. LAG, Rep. 200, 4.6.4. Nr. 158, Bl. 253–254.

[468] Vgl. Verzeichnis der Bestände der Abteilung DDR (1998), S. 37 f.

V. Die Kollektivierung der See- und Küstenfischerei in der DDR 1953–1960

Die Kollektivierung war zweifellos der weitreichendste Eingriff in die Struktur der See- und Küstenfischerei, nicht nur im Untersuchungszeitraum dieser Arbeit, sondern überhaupt. Sie betraf den sozialen Status als selbständiger Unternehmer und die Eigentumsverhältnisse und ging damit über die bisher bekannten zwangswirtschaftlichen Maßnahmen des Nationalsozialismus und der SBZ/DDR hinaus.[1] Die Agrarpolitik der SED diente trotz struktureller Unterschiede als Vorbild für das Vorgehen in der Fischerei. Als Teil der ländlichen Gesellschaft an der Küste waren die Fischer mit ihren Auswirkungen zudem direkt konfrontiert.

Die Landwirtschaft hatte, anders als die See- und Küstenfischerei, bereits mit der Bodenreform 1945 einen massiven Eingriff in ökonomische und gesellschaftliche Strukturen erfahren müssen.[2] Doch das Zurückdrängen der großbäuerlichen Betriebe hatte verheerende Wirkung auf die angestrebte nachhaltige Steigerung der Produktion. Die neugeschaffenen kleinen Neubauernbetriebe waren zwar politisch gewollt, konnten aber wirtschaftlich nicht konsolidiert werden. Dieser ideologisch-ökonomische Zielkonflikt trat seit 1948 immer deutlicher hervor. Den notwendigen ökonomischen Befreiungsschlag aus der selbstverschuldeten Misere sah die SED in der Kollektivierung, der Schaffung genossenschaftlicher Großbetriebe.[3]

Eine derart weitreichende agrarpolitische Entscheidung bedurfte jedoch der sowjetischen Zustimmung. Erst nach der Ablehnung der „Stalin-Note" durch die Westmächte im März 1952, mit der Stalin den sowjetischen Machtbereich und somit den Aufbau des Sozialismus in der DDR erfolgreich abgesichert hatte, war der Weg schließlich frei.[4] Der sowjetische Staatschef gab Anfang April 1952 seine Zustimmung zu einer umfassenden Transformation der ostdeutschen Agrarstrukturen. Eine kollektivierte Landwirtschaft war für die SED-Führung „nicht mehr nur ideologisch vorgegebenes Fernziel, sondern nun auch konkretes politisches Handlungsfeld."[5] Die Vorbereitungen begannen umgehend. Offiziell verkündet

[1] So konstatiert es auch Jens Schöne, Frühling auf dem Lande (2005), S. 278, für die Landwirtschaft. Die folgenden Ausführungen stützen sich vorrangig auf diese Arbeit. Aus der Vielzahl der Literatur zur Agrarpolitik in der SBZ/DDR sei hier außerdem verwiesen auf Bauerkämper, Ländliche Gesellschaft (2002), S. 51–221; Bauer, Blockpartei und Agrarrevolution (2003) und für die Zeit von 1949 bis 1953 zuletzt Scherstjanoi, SED-Agrarpolitik (2007).

[2] Die Bodenreform hatte die Fischerei nur in soweit berührt, als gütereigene Fischereirechte nun verstaatlicht wurden. Auch in der SBZ und der DDR blieben aber private Fischereirechte erhalten. Vgl. Jahresbericht des Oberfischmeisteramtes für 1947. StAS, Rep. 21, Nr. 7a und Schütt, Geschichte der Fischerei (2004), S. 78.

[3] Vgl. Schöne, Frühling auf dem Lande (2005), S. 87. Zum Verlauf der Bodenreform in Mecklenburg-Vorpommern vgl. Marquardt, „Demokratische Bodenreform" (2003), S. 23–53.

[4] In der Debatte um die Motive der Stalin-Note äußerte sich zuletzt Peter Ruggenthaler. Auf der Grundlage nun zugänglicher Materialen aus dem ehemaligen Parteiarchiv der KPDSU versucht er nachzuweisen, dass es sich um eine bewusste Finte Stalins handelte. Vgl. Ruggenthaler, Stalins großer Bluff (2007).

[5] Schöne, Frühling auf dem Lande (2005), S. 90. Vgl. zum Folgenden ebd., S. 87–109.

wurde der neue Kurs der Agrarpolitik der DDR auf der II. Parteikonferenz der SED vom 9. bis 12. Juli 1952. Bereits im Vorfeld waren erste Produktionsgenossenschaften als „positive Präzedenzfälle" gegründet worden. Mitte August 1952 belief sich die Zahl der LPG schon auf 774, davon 69 im Bezirk Rostock. Die zahlreichen Vergünstigungen, die als Anreiz mit der Gründung einer LPG bzw. dem Beitritt verbunden waren, zeigten Wirkung.[6] Sie waren Teil einer doppelten Strategie, denn gleichzeitig wurden die ökonomischen Handlungsspielräume der privatbäuerlichen Betriebe verengt. Bis Ende des Jahres wuchs die Zahl auf 1815 LPG an. Geschmälert wurde diese Bilanz dadurch, dass bisher nur 2,9 Prozent der landwirtschaftlichen Nutzfläche kollektiv bewirtschaftet wurden. Die Altbauern, von deren wirtschaftlicher Kraft und sozialer Stellung man sich eine Festigung der Genossenschaften versprach, zeigten sich reserviert bis ablehnend.[7] Die ökonomischen Vergünstigungen hatten vor allem Landarbeiter und Neubauern angelockt, die ihrer wirtschaftlich prekären Lage zu entkommen suchten. Trotz der kostenintensiven Förderung der jungen Genossenschaften arbeiteten nahezu alle LPG unrentabel. Der erhoffte Produktivitätsschub blieb aus. Das harte Vorgehen gegen die großbäuerlichen Betriebe, in dessen Folge sich die nicht bewirtschaftete Nutzfläche noch vergrößerte, ließ die landwirtschaftlichen Erträge sogar einbrechen.

Ende 1952 hatte sich die Kollektivierung damit als ökonomischer Fehlschlag erwiesen. Die agrarpolitischen Zielsetzungen der Partei fanden keine Mehrheit in der ländlichen Bevölkerung. Dennoch hielt die SED am eingeschlagenen Kurs fest. Aufgrund der Wirtschaftskrise war der Spielraum für weitere wirtschaftliche Zugeständnisse erschöpft, zur Umsetzung ihrer Ziele musste die Partei nun verstärkt auf Zwang und Repression setzten. Paradigmatisch steht für diesen Politikwechsel die „Verordnung zur Sicherung der landwirtschaftlichen Produktion und der Versorgung der Bevölkerung" vom Februar 1953, die weitreichende Möglichkeiten zur Enteignung privatbäuerlicher Betriebe eröffnete. Die bereits vorher geübte Praxis erhielt eine neue Qualität: Der Druck auf die privatbäuerlichen Betriebe wurde durch Maßnahmen wie die Erhöhung der Pflichtablieferung nochmals verstärkt, die Nichterfüllung der Normen zog die Enteignung nach sich. Bis Ende März 1953 waren bereits zahlreiche Betriebe enteignet.[8]

1. Vorspiel Frühjahr 1953

In diesem angespannten Klima wurde Mitte Februar 1953 erstmals die Bildung von Produktionsgenossenschaften in der See- und Küstenfischerei von Regie-

[6] Dazu zählten die großzügige Kreditgewährung, die bevorzugte Belieferung mit Material, kostenlose veterinärmedizinische Versorgung und zwei Jahre Steuerfreiheit für die Genossenschaft und für das einzelne Mitglied Sollermäßigung, Steuersenkung und Schuldenerlass.

[7] Der Anteil der Altbauern betrug Ende 1952 nur 7 Prozent und auch der Anteil der Neubauern unter den LPG-Mitgliedern blieb mit weniger als 10 Prozent weit hinter den Erwartungen zurück. Vgl. auch zum Folgenden ebd., S. 117–119.

[8] Vgl. ebd., S. 119–122.

rungsseite in Aussicht gestellt. Der zuständige Vertreter des Rates des Bezirks erläuterte auf einer Tagung des Verbandes der Fischwirtschaftsgenossenschaften ausführlich, was zukünftig von den Fischern, den Genossenschaften und dem Verband erwartet werden würde. Das Bekenntnis zum Sozialismus dürfe fortan nicht mehr nur auf den Lippen getragen werden, vielmehr müsse sich das Bewusstsein der Fischer ändern. Auf den Verbandssitzungen dürfe nicht mehr nur über Geld gesprochen werden, die zukünftige Arbeit müsse sich weniger organisatorisch als politisch gestalten. Der Verband befände sich an einem Wendepunkt und müsse klar Stellung beziehen. Produktionsgenossenschaften und sozialistisches Eigentum seien auch in der Fischerei die Grundlagen zur Schaffung des Sozialismus.[9]

Die Ankündigung der bevorstehenden „sozialistischen Umgestaltung" sorgte für Unruhe unter den See- und Küstenfischern. Der Verlust des Eigentums und damit der Selbständigkeit wurde von ihnen stets als besondere Bedrohung empfunden, dies hatten nicht zuletzt die Diskussionen im Zuge der Gründung der volkseigenen Fischerei in Saßnitz gezeigt. Die zeitgleiche Radikalisierung der Kollektivierungspolitik in der Landwirtschaft dürfte die Skepsis gegenüber den Produktionsgenossenschaften noch verstärkt haben. Berichte über Fischereiversammlungen künden von der ablehnenden Haltung der Fischer.[10]

Im Frühjahr 1953 existierten allerdings höchstens vage Vorstellungen, doch keinesfalls ernsthafte Pläne über den möglichen Ablauf einer Kollektivierung in der See- und Küstenfischerei. Es finden sich keine Hinweise auf entsprechende organisatorische Vorarbeiten. Abgesehen von dem oben genannten politischen Referat des Vertreters des Rats des Bezirks auf der Verbandstagung hatte es keine offiziellen Verlautbarungen zu diesem Thema gegeben, weder von Bezirks- noch von Zentralebene, weder von Staat noch von Partei.[11]

Dass eine „sozialistische Umgestaltung" der selbständigen See- und Küstenfischerei zunächst keine Priorität hatte, liegt auf der Hand. Im Vergleich zur Landwirtschaft war die See- und Küstenfischerei von volkswirtschaftlich geringer Bedeutung. Als zahlenmäßig kleine Gruppe, die sich fast ausschließlich auf den Bezirk Rostock beschränkte, boten sich die Ostseefischer kaum als prestigeträchtiges sozialistisches Vorzeigeprojekt an. Nicht zuletzt existierte mit den Kombinaten in Saßnitz und Rostock bereits ein volkseigener Sektor.

[9] Diese Äußerungen sind auch als direkter Seitenhieb auf die Verbandsführung zu verstehen. Der damalige Geschäftsführer des Verbandes der Fischwirtschaftsgenossenschaften, Drewnitzki, hatte die Tagung zwar mit einem formalen Bekenntnis zum Aufbau des Sozialismus eröffnet, jedoch gleichzeitig auf die wirtschaftliche Bedeutung des Verbandes verwiesen. Vgl. Protokoll der Geschäftsführertagung des Verbandes der FWG am 18.2.1953. LAG, Rep. 233, Nr. 8, Bl. 133–136.

[10] Vgl. beispielhaft FAST Lauterbach an das OFMA, Protokoll der Fischereiversammlung am 26.3.1953 in Göhren, 28.3.1953. LAG, Rep. 250, Nr. 448.

[11] Die spärliche Sekundärliteratur datiert den Beginn der Kollektivierungsbemühungen in der See- und Küstenfischerei generell erst auf Anfang 1954. Vgl. Scherer, Entwicklung der genossenschaftlichen See- und Küstenfischerei (1977), S. 214f. und Henning, Die Entwicklung des genossenschaftlichen Sektors (1983), S. 30.

Der ökonomische Aspekt, der der Kollektivierung in der Landwirtschaft zugrunde lag, nämlich große Anbauflächen effektiver bearbeiten zu können, um so die Produktivität zu steigern, ließ sich nicht ohne weiteres auf die Küstenfischerei übertragen. Auch ein ideologisches Konzept musste erst geschaffen bzw. passend gemacht werden. Ein Klassenkampf wie auf dem Lande war in der See- und Küstenfischerei bisher nicht propagiert worden, eine verstärkte politische Arbeit unter den Fischern war zwar formelhaft gefordert worden, hatte jedoch nicht stattgefunden.

a) Die Gründung der ersten FPG „Jonny Scheer" in Warnemünde

Es spricht also alles dafür, dass ein systematisches Vorgehen auf höherer Ebene noch gar nicht angedacht war, als sich am 28. Februar 1953 die erste Produktionsgenossenschaft werktätiger Fischer (FPG) in Warnemünde gründete.[12] Es dürfte sich dabei um eine eigenmächtige Initiative der Kreisleitung der SED in Rostock gehandelt haben. Anders als die vorgeblich spontanen LPG-Gründungen, die auch auf Betreiben regionaler SED-Einheiten zurückgingen,[13] handelte die Kreisleitung in Rostock offenbar ohne eine Vorgabe der Parteiführung. Erst nach der Gründung der FPG, Annahme des Statuts und Eintragung der Genossenschaft beim Rat des Kreises sollten das Statut und das Protokoll der Gründungsversammlung der Bezirksleitung und dem Sekretariat des ZK zur Stellungnahme und Bestätigung vorgelegt werden.[14] Möglicherweise übermotiviert durch die forcierten Kollektivierungsmaßnahmen in der Landwirtschaft, versuchte man, in Warnemünde den „positiven Präzedenzfall" der See- und Küstenfischerei zu schaffen. Dabei orientierte sich die Kreisleitung an den aus der Landwirtschaft bekannten Organisations- und Argumentationsmustern.

„Angeregt von den Erfolgen der werktätigen Bauern bei der Arbeit in den landwirtschaftlichen Produktionsgenossenschaften, haben die werktätigen Fischer, die ebenfalls durch die Hilfe und Unterstützung der Regierung der Deutschen Demokra-

[12] Vgl. KL SED Rostock-Stadt, Abt. Wirtschaft, Vorlage zur Beschlussfassung über das Statut der FPG „Jonny Scheer" Warnemünde, 4.3.1953. LAG, Rep. KL Rostock IV/4/7, Nr. 465, Bl. 5–7. In den Akten finden sich verschiedene Schreibweisen des Namens, korrekt ist eigentlich die Schreibweise „Schehr". John Schehr, 1896 in Altona geboren, war nach der Verhaftung von Ernst Thälmann im März 1933 für kurze Zeit Vorsitzender der KPD. Er wurde im November 1933 selbst verhaftet und im Februar 1934 von der Gestapo erschossen.

[13] Vgl. Schöne, Frühling auf dem Lande (2005), S. 98. In der Literatur findet diese erste FPG keine Erwähnung. Scherer und Henning nennen die FPG „Johann Frehse" in Zingst, gegründet im März 1954, als erste Produktionsgenossenschaft. Vgl. Scherer, Entwicklung der genossenschaftlichen See- und Küstenfischerei (1977), S. 214f. und Henning, Die Entwicklung des genossenschaftlichen Sektors (1983), S. 31.

[14] *„Damit die Bezirksleitung und das Sekretariat des Zentral-Komitees unserer Partei zu diesem Statut und zur Bildung der Fischereiproduktionsgenossenschaft Stellung nehmen kann"*, heißt es wörtlich in der Beschlussvorlage. Vgl. KL SED Rostock-Stadt, Abt. Wirtschaft, Vorlage zur Beschlussfassung über das Statut der FPG „Jonny Scheer" Warnemünde, 4.3.1953. LAG, Rep. KL Rostock IV/4/7, Nr. 465, Bl. 5–7.

tischen Republik ihre Betriebe entwickeln und festigen konnten, erkannt, dass die genossenschaftliche Arbeit zu noch größeren Erfolgen führt", so wurde in der Einleitung des Statuts der FPG „Jonny Scheer" der freiwillige Zusammenschluss der Fischer begründet.[15]

Bei der Bildung von landwirtschaftlichen Produktionsgenossenschaften wurde üblicherweise die Eigeninitiative der Bauern herausgestellt und auch das Statut der FPG „Jonny Scheer" versucht, diesen Eindruck zu vermitteln. Es ist allerdings nicht wahrscheinlich, dass sich die Fischer selbst mit dieser Idee an die lokale SED wandten. Die Freiwilligkeit des Zusammenschlusses wurde fraglos durch materielle Anreize unterstützt.

Denn das Statut suggeriert zwar, ebenfalls entsprechend der ideologisch korrekten Sprachregelung, dass sich hier wirtschaftlich gesunde Existenzen zur Optimierung ihrer Arbeitsleistung zusammenschlossen. Betrachtet man aber die Zusammensetzung der FPG, so bestätigten sich die für die Landwirtschaft getroffenen Feststellungen, denn die ersten LPG wurden ausschließlich von Landarbeitern und Neubauern gegründet, die eben nicht über eine gesicherte Existenz verfügten.[16]

Bei den neun Gründungsmitgliedern handelte es sich in der Mehrheit um unselbständige Fischereigehilfen, Mitfischer oder Maate, nur zwei selbständige Fischer brachten eigene Fahrzeuge mit in die Genossenschaft ein.[17] Da es der Genossenschaft an Fischereifahrzeugen mangelte, wollte die Kreisleitung als erste Unterstützungsmaßnahme einen Kutter der Warnowwerft instandsetzen lassen und des weiteren die Bezirksleitung bitten, der FPG drei Kutter aus Saßnitz unentgeltlich zur Verfügung zu stellen.[18] Die in Aussicht gestellten Kutter dürften der eigentliche Anlass zum Beitritt gewesen sein. Ohne Frage erhofften sich die Fischer vom Zusammenschluss in der Produktionsgenossenschaft vor allem eine Verbesserung ihrer wirtschaftlichen Lage. Gerade für „Umsiedler" und unselbständige Fischereigehilfen ohne Aussicht auf einen eigenen Fangbetrieb bot die Produktionsgenossenschaft die Chance zu sozialem Aufstieg.

Eine strukturelle Veränderung tradierter Arbeitsformen strebten die Mitglieder der FPG nicht an, wie die Änderungsvorschläge des Gründungskollektivs zum Genossenschaftsstatut zeigen. Die in die Genossenschaft eingebrachten Produk-

[15] Statut der FPG Warnemünde, 1.3.1953 (Abschrift vom 5.3.1953). LAG, Rep. KL Rostock IV/4/7, Nr. 465, Bl. 25–35.

[16] Vgl. Schöne, Frühling auf dem Lande (2005), S. 98.

[17] Aus Unterstreichungen auf einer Gesamtauflistung der Warnemünder Fischer konnten die Mitglieder ermittelt werden. Vgl. Liste sämtlicher Warnemünder Fischer (nach Booten, mit Namen, Wohnort, PS-Stärke, Länge des Kutters, Parteizugehörigkeit), 3.3.1953. LAG, Rep. KL Rostock IV/4/7, Nr. 465, Bl. 1–4. Vgl. auch die handschriftlichen Lebensläufe der Vorstandsmitglieder Alfred Stahnke, Paul Freimuth und Hans Budzisch, 2./3.3.1953. LAG, Rep. KL Rostock IV/4/7, Nr. 465, Bl. 8f.

[18] Vgl. KL SED Rostock-Stadt, Abt. Wirtschaft, Vorlage zur Beschlussfassung über das Statut der FPG „Jonny Scheer" Warnemünde, 4.3.1953. LAG, Rep. KL Rostock IV/4/7, Nr. 465, Bl. 5–7. Der Vorsitzende Hans Budzisch besaß einen 15 PS-Kutter und der stellvertretende Vorsitzende Freimuth sogar einen 80 PS-Kutter.

tionsmittel sollten demnach weiterhin Eigentum ihrer Besitzer bleiben, die alle anfallenden Kosten, etwa für die Instandhaltung des Kutters, die Entlohnung der Maate und Steuern selbst zu tragen hätten. Für die Kutter im Eigentum der Produktionsgenossenschaft sollte die jeweilige Besatzung die Pflegschaft des Fahrzeugs mit allen Unterhaltskosten übernehmen. Somit hätte die Verantwortung in der Hauptsache weiterhin beim Besitzer bzw. der Besatzung des jeweiligen Fahrzeugs gelegen. Die Entlohnung der Besatzung sollte zudem nach alter Sitte prozentual am Fangertrag und nicht, wie im Statut vorgesehen, nach Arbeitseinheiten erfolgen. Der Zusammenschluss in der Produktionsgenossenschaft hätte also vorrangig formalen Charakter gehabt und ursprüngliche Eigentumsverhältnisse nicht angetastet.[19]

Im endgültigen Statut wurden diese Vorschläge, fraglos auf Betreiben der Kreisleitung, nicht umgesetzt.[20] Sie unterstreichen jedoch nicht nur die eher banale Erkenntnis, dass die Fischer den Verlust des Eigentums scheuten.[21] Es wird vor allem deutlich, welchen Stellenwert die Eigenverantwortung für den wirtschaftlichen Erfolg in ihrem Denken hatte. Ein Aspekt, den die Partei im Übrigen offensichtlich unterschätzte und der Arbeitsproduktivität und Arbeitsdisziplin in Fischereiproduktionsgenossenschaften wie in der gesamten sozialistischen Wirtschaft nachhaltig schädigte.

Die FPG „Jonny Scheer“ ging allerdings nicht als erste sozialistische Produktionsgenossenschaft der werktätigen Fischer in die Geschichte der DDR ein. Nach der Beschlussvorlage der Kreisleitung der SED Rostock vom März 1953 gibt es keinen einzigen Hinweis mehr auf ein Bestehen der Genossenschaft. Erst zwei Jahre später, am 30. Januar 1955, wurde sie offiziell unter nahezu gleichem Namen und vor allem gleicher Leitung als FPG „John Scheer“ neugegründet.[22]

Über die Gründe für das sang- und klanglose Verschwinden der FPG kann man nur spekulieren.[23] Doch drängt sich der Verdacht auf, dass das eigenmächtige Vorpreschen der Rostocker Kreisleitung auf höherer Ebene keine Zustimmung

19 Vgl. FPG Warnemünde, Vorschläge des Gründungskollektivs der Fischer über Änderungen im Statut der FPG Warnemünde, o. D., verm. März 1953. LAG, Rep. KL Rostock IV/4/7, Nr. 465, Bl. 23.

20 Vgl. Statut der FPG Warnemünde, 1. 3. 1953 (Abschrift vom 5. 3. 1953). LAG, Rep. KL Rostock IV/4/7, Nr. 465, Bl. 25–35.

21 Das Privateigentum an beweglichen Gütern wurde auch in der Landwirtschaft bevorzugt: Mit 87,5 Prozent hatte sich die große Mehrheit der bis Ende 1952 gegründeten LPG für das Statut I entschieden, laut dem nur der Boden als gemeinsames Eigentum eingebracht wurde, nicht aber Maschinen und Vieh. Vgl. Schöne, Frühling auf dem Lande (2005), S. 117.

22 Vgl. FAST Warnemünde an OFMA, Betr. Gründung der FPG „John Scheer“ in Warnemünde, 31. 1. 1955. LAG, Rep. 250, Nr. 142, Bl. 10. Ein Hinweis auf die Gründung des Jahres 1953 findet sich hier nicht.

23 In einer Anlage zum Ministerratsbeschluss aus dem April 1955 heißt es lapidar, die Genossenschaft hätte sich nach einem Monat wieder aufgelöst, Gründe wurden nicht genannt. Zudem wurde die Gründung hier fälschlicherweise auf das Jahr 1952 datiert. Vgl. Protokoll der 10. Sitzung des Präsidiums des Ministerrates vom 28. 4. 1955. Anlage A: Vorschläge zur Einladung von Fischern für die Sitzung, BArch DC 20 I/4 / 110, Bl. 12–15.

fand, möglicherweise sogar als Gefahr empfunden wurde.[24] Die Erstgründung einer Produktionsgenossenschaft werktätiger Fischer war gerade hinsichtlich ihrer Vorbildfunktion eine zu weitreichende Maßnahme, als dass man ihre Vorbereitung und Durchführung allein der Wirtschaftsabteilung einer SED-Kreisleitung überlassen wollte. Mit der voreiligen und unzureichend vorbereiteten Bildung einer Produktionsgenossenschaft ein falsches Signal auszusenden, hätte möglicherweise fatale Folgen gehabt. Zumal die Fischer die Frage der bevorstehenden Kollektivierung anscheinend heftig, aber nicht im Sinne der Partei diskutierten. Im Mai 1953 wies der Geschäftsführer des Verbandes der Fischwirtschaftsgenossenschaften den Vertreter des Staatssekretariats für Nahrungs- und Genussmittelindustrie, Hentschel, auf die *„falsche Diskussion“*, die in Bezug auf die Produktionsgenossenschaften geführt werde, hin. Er forderte mehr Engagement von gesellschaftlichen Organen und dem Staatsapparat, um *„das Niveau der Fischerkollegen zu heben.“*[25]

Die Reaktion erfolgte zügig. In der Bezirksleitung der SED schuf man mit dem Manuskript „Was ist eine Fischereiproduktionsgenossenschaft?“, das die Produktionsgenossenschaften in die Entwicklung des Sozialismus in der DDR einordnete und ihre Funktion im Unterschied zu den bestehenden Fischwirtschaftsgenossenschaften erläuterte, eine erste Arbeitsgrundlage.[26] Um sich ein Bild von der Stimmung unter den Fischern zu machen, lud die Bezirksleitung schon im Juni sieben ausgewählte werktätige Fischer, alle Mitglieder der Partei, zu einem Sondierungsgespräch nach Rostock ein. Anwesend waren außerdem Bruno Schwank vom Rat des Bezirks und Hentschel aus Berlin. Trotz der hochrangigen Besetzung sollte dem Treffen jeglicher offizielle Charakter genommen werden. Karl Namokel, Sekretär für Wirtschaft der Bezirksleitung der SED, betonte in seinen Eröffnungsworten, dass es sich bei der Besprechung lediglich um *„eine Unterhaltung über die Möglichkeit der Bildung von Produktionsgenossenschaften in der Fischerei“* handele.[27]

Als wäre die Produktionsgenossenschaft „Jonny Scheer“ in Warnemünde nie gegründet worden, kündigte Namokel an, es sei geplant, bald an einem geeigneten

[24] Als sich im September 1952 im Bezirk Neubrandenburg eine Produktionsgenossenschaft von Binnenfischern gründen wollte, warnte die Zentrale Kommission für Staatliche Kontrolle: *„Wir möchten darauf hinweisen, dass mit der Bildung von Produktionsgenossenschaften dieser Art sehr vorsichtig zu Werke gegangen werden muss.“* ZKK Berlin an ZKK, Bezirksinspektion Neubrandenburg, 27.9.1952, BArch DC 1 / 1286. Die erste Produktionsgenossenschaft von Binnenfischern gründete sich nach Angabe der Deutschen Fischerei-Zeitung dann auch erst im März 1954. Vgl. Erste Produktionsgenossenschaft werktätiger Fischer, in: Deutsche Fischerei-Zeitung, Jg. 1, Nr. 3, Juni 1954, S. 90.

[25] Vorausgegangen waren Diskussionen über die Sollbeauflagung und damit verbundene Vorwürfe, der Verband komme seinen Aufgaben nicht nach. Vgl. Protokoll der Geschäftsführertagung des Verbands der FWG, 11.5.1953. LAG, Rep. 233, Nr. 8, Bl. 141–144.

[26] Vgl. BL SED Rostock, Was ist eine Fischereiproduktionsgenossenschaft?, o. D., vermutlich Mai/Juni 1953. LAG, Rep. IV/2/6, Nr. 836, Bl. 1–3. Der Zusammenhang und die Einordnung innerhalb der Akte legt diese Datierung nahe.

[27] BL SED, Abt. Wirtschaft, Protokoll über die am 6.6.1953 in der Bezirksleitung der SED Rostock durchgeführte Besprechung mit den werktätigen Fischern. LAG, Rep. IV/2/6, Nr. 830, Bl. 3–11. Unterstreichung im Original.

Ort mit zuverlässigen Genossen eine Beispielgenossenschaft zu schaffen, „*um den werktätigen Fischern erklären zu können, worum es sich bei der Bildung von Fischereiproduktionsgenossenschaften dreht und um festzustellen, welche Schwierigkeiten bei der Bildung von Fischereiproduktionsgenossenschaften entstehen.*"[28]

Grundsätzlich standen die anwesenden Fischer, die von den zuständigen Kreisleitungen ausgewählt worden waren, der Bildung von Produktionsgenossenschaften nicht ablehnend gegenüber, sie hatten allerdings recht eigene Vorstellungen dazu. Im Hinblick auf die Kleinfischerei hielten sie den Zusammenschluss in Produktionsgenossenschaften beispielsweise für völlig ungeeignet, denn jeder Fischer habe seinen eigenen Kopf und seine bevorzugten Fangmethoden und Geräte. Die offen geführte Aussprache widmete sich vielen Detailfragen, etwa zur Verteilung der Einkünfte, der Bewertung von Arbeitsleistung und Ähnlichem. Typischerweise reagierten die Fischer immer dann empfindlich, wenn es um mögliche Einschränkungen selbstbestimmten Arbeitens und den Verlust des Eigentums an ihren Fanggeräten ging. Diese Beobachtung stimmt mit der Haltung der Warnemünder Fischer, die in ihren Änderungsvorschlägen zum Statut der FPG „John Scheer" zum Ausdruck kam, überein. Als Namokel erläuterte, dass die Arbeit in der Genossenschaft nach einem vom Vorsitzenden aufgestellten Plan erfolgen sollte, entstand gar ein „*allgemeiner Tumult*".[29]

Der Fischer Karl Sauck aus Wismar war es schließlich, der das unausgesprochene Problem der Kollektivierung auf den Punkt brachte: Ein Fischer wolle Vorteile sehen, wenn er in die Produktionsgenossenschaft einträte. Der von Hentschel notgedrungen als Gegenargument bemühte Gründungsmythos sozialistischer Produktionsgenossenschaften, die Fischer träten selbst mit dem Wunsch nach der Bildung an den Staatsapparat heran, ließ er nicht gelten. Dies müssten Fischer sein, die bis zum Halse in Schulden steckten und nur darauf warteten, dass Produktionsgenossenschaften gegründet würden und ihre Schulden mit übernähmen.[30]

Von diesen gab es allerdings genug. Der Fischer Walter Itzigehl, ein „Umsiedlerfischer" von der Insel Rügen, wusste von einem Berufskollegen zu berichten, der mit samt seiner sechsköpfigen Familie vor einer Steuernachzahlungsforderung des Finanzamtes geflohen sei, und wies darauf hin, dass viele Fischer so stark verschuldet seien, dass sie ihres Lebens nicht mehr froh würden.[31] Von der Ausspra-

[28] Ebd. Die FPG „Jonny Scheer" wird im gesamten Protokoll nicht erwähnt. Keiner der sieben von den Kreisleitungen ausgewählten Fischer stammte aus Warnemünde oder dem Kreis Rostock.

[29] Ebd.

[30] Karl Sauck war (spätestens) 1955 Vorsitzender des Aufsichtsrates der FWG Wismar und nach Angaben des RdS Wismar, Abt. Örtliche Wirtschaft nicht in der SED. Vgl. RdS Wismar, Abt. Örtliche Wirtschaft, Kurzbericht über die FWG Wismar, o. D., vermutlich 1954 und RdS Wismar, Abt. Örtliche Wirtschaft, Kurzbericht zur FWG Wismar, o. D., 1955. AHW, XXIV, 16 A, Nr. 6.

[31] Ebd. Itzigehl vertrat hier die Flüchtlingsfischer, die in Dranske angesiedelt worden waren und dort unter sehr ungünstigen Bedingungen ihr Leben fristeten. 1954 gründete sich hier mit Itzigehl eine der ersten FPG. Vgl. FAST Breege an OFMA, betr. Gründung einer FPG in Dranske, 26. 10. 1954. LAG, Rep. 250, Nr. 142, Bl. 9. Zur Situation der Fischer in Dranske auch Holz, Flüchtlinge und Vertriebene (2004), S. 516f.

che mit den Fischern blieb somit vor allem die Erkenntnis, dass die Bildung von Produktionsgenossenschaften in der Fischerei wie in der Landwirtschaft kaum ohne besondere Anreize möglich sein würde.

b) Im Zeichen des „Neuen Kurses"

Nur wenige Tage nach diesem Treffen, am 11. Juni 1953, verkündete das Politbüro der SED auf Befehl Moskaus mit dem „Neuen Kurs" eine Abkehr von der forcierten gesellschaftlichen und ökonomischen Transformation. Der Aufbau des Sozialismus hatte die DDR in eine Krise geführt, die im Aufstand des 17. Juni 1953 kulminierte.[32] Mit dem Abbruch des ersten Kollektivierungsschubs in der Landwirtschaft wurden nun auch die Vorbereitungen zur geplanten Schaffung einer Beispielgenossenschaft werktätiger Fischer vorerst auf Eis gelegt.[33]

Stattdessen brachte der „Neue Kurs" einige wirtschaftliche Erleichterungen für alle Fischer, so etwa in der Sollbeauflagung. Denn die Entwicklung der Fänge war zwar seit 1950 rückläufig – 18 139 Tonnen im Jahr 1950 standen nur noch 13 447 Tonnen im Jahr 1953 gegenüber – doch das Jahresplansoll war diesen Zahlen zum Trotz stetig erhöht worden. 1952 betrug es 20 242 Tonnen.[34] Die von den Fischern immer wieder geäußerte Kritik, das Soll sei *„unerträglich und unerfüllbar"*, hatten die zuständigen staatlichen Vertreter bisher als kleinlich zurückgewiesen und die Fischer zu deren großer Empörung auf einer Verbandstagung im Mai 1953 sogar als faul bezeichnet.[35] Doch im Juli 1953 gestanden die Abgesandten des Ministeriums für Lebensmittelindustrie, Liepscher und Hentschel, plötzlich Fehler in der Sollbeauflagung ein und kündigten eine Senkung um 20 Prozent an.[36] Nur diese drastische Reduzierung des Jahressolls auf 13 488 Tonnen machte 1953 eine Planerfüllung noch einmal nahezu möglich.[37] In den kommenden Jahren stieg das Soll zwar zunächst nur langsam an, sollte aber nicht mehr erfüllt werden.[38]

[32] Vgl. Kommuniqué des Politbüros vom 9. Juni 1953, in: Dokumente der SED IV (1955), S. 428–431. Zum „Neuen Kurs" und seinen Folgen vgl. Hoffmann, DDR unter Ulbricht (2003), S. 51–57; Staritz, DDR (1996), S. 100–116, aus wirtschaftsgeschichtlicher Perspektive Steiner, Von Plan zu Plan (2004), S. 73–82.

[33] Vgl. zu den Auswirkungen des „Neuen Kurses" in der Landwirtschaft Bauerkämper, Ländliche Gesellschaft (2002), S. 171–173.

[34] Vgl. Entwicklung der Jahresfangergebnisse aus den Jahren 1949–1953, o. D. 1954. LAG, Rep. IV/2/6, Nr. 835 und Scherer, Entwicklung der genossenschaftlichen See- und Küstenfischerei (1977), S. 210. Vergleich Soll und Ist: 1951: 19 399 zu 16 855 Tonnen, 1952: 20 242 zu 14 874 Tonnen.

[35] Vgl. Protokoll der Geschäftsführertagung des Verbands der FWG, 11. 5. 1953. LAG, Rep. 233, Nr. 8, Bl. 141–144 und Protokoll der Geschäftsführertagung des Verbandes der FWG, 17. 7. 1953 und ebd., Bl. 115, 120–127, hier das Zitat.

[36] Vgl. ebd.

[37] Vgl. Entwicklung der Jahresfangergebnisse aus den Jahren 1949–1953, o. D. 1954. LAG, Rep. IV/2/6, Nr. 835 und Scherer, Entwicklung der genossenschaftlichen See- und Küstenfischerei (1977), S. 210.

[38] Vgl. BL SED Rostock, Vorlage über die Entwicklung der See- und Küstenfischerei bis 1965 (Entwurf), 19. 11. 1960. LAG, Rep. IV/2/6, Nr. 831, Bl. 152–162.

Auch hinsichtlich der Bestrafung von Schwarzhandel gab die Partei nun eine neue Linie gegenüber den Fischern aus. Dieser hatte seit 1949 allen Bemühungen zum Trotz nicht wirksam eingedämmt werden können. Im Sommer herrschte stets besonders hoher Schwund.[39] Kontrollen seien unwirksam, die drohenden Strafmaßnahmen anscheinend nicht abschreckend genug, *„denn die Schwarzhändler gehen mit den Fischen von Haus zu Haus ohne zu befürchten, dabei gefasst zu werden."*[40] Beim Rat des Bezirks empörte man sich besonders, dass weder die Leiter der FWG noch der Erfassungsstellen erkennbar gegen die ihnen bekannten Schwarzverkäufe einschritten, sondern teilweise – wie im Fall der Erfassungsstelle Vitte auf Hiddensee – sogar selbst Schwarzhandel betrieben.[41] Die genossenschaftliche Organisation erwies sich in dieser Hinsicht als ein wenig effektives Herrschaftsinstrument.

Nachdem im Juni 1952 offiziell der Aufbau des Sozialismus ausgerufen worden war, setzte der Rat des Bezirkes Rostock zunächst auf die *„unermüdliche Aufklärungsarbeit"* und wollte *„die Fischer davon überzeugen, dass sie sich durch den Schwarzhandel und die dadurch hervorgerufene Nichterfüllung unserer Fangpläne letzten Endes selber schädigen"*.[42] Doch im März 1953 wurde ein Warnemünder Kutterfischer, der sein Jahressoll 1952 nicht erfüllt und Fisch schwarz verkauft hatte, enteignet und zu Zuchthaus verurteilt. Diese rigide Strafaktion wirkte sich, wie schon 1948, kontraproduktiv aus. Vier Kutter flüchteten nach diesem Vorfall nach Westen. Wilhelm Harms brachte diesen Vorfall auf einer Verbandstagung im Mai 1953 zur Sprache und verwies darauf, dass auch die Strafandrohung bei der Entnahme von Fisch für den Eigenbedarf vor Sollerfüllung nicht geeignet sei, die Fischer in der DDR zu halten.[43] Von strengen Kontrollen und Bestrafungen wurde nun mit Beginn des „Neuen Kurses" abgesehen und man ging erneut dazu über, mit den Fischern in der Frage des Schwarzhandels zu diskutieren und an ihre Vernunft zu appellieren. Dabei blieb der Erfolg allerdings aus, wie die Bezirksleitung der SED selber eingestand.[44]

[39] Die Fischereiabteilung des Kreises Rügen vermeldete im August 1949, dass die Fischablieferung mit Beginn der Badesaison *„schlagartig"* zurückgegangen sei und man annehmen müsse, *„dass der Fang restlos dem schwarzen Markt zufließt"*. Vgl. RdK Rügen, Amt für HuV, an Kreisvolkspolizeiamt, den Kreiskontrollbeauftragten, Kreisprüfstelle, Preisprüfstelle, Gewerbeaufsicht, Räte der Gemeinden Binz, Sellin, Baabe, Göhren, Lobbe, Thießow, Seedorf, Gr. Zicker, Klein-Zicker, Alt-Reddevitz, Neu-Reddevitz, Gager, Lietzow, Saßnitz, Glowe, Wiek, Dranske, Zudar, Lauterbach, 12.8.1949. LHAS, 6.11-14, Nr. 7482, Bl. 171.

[40] FWG Rostock, Verkaufsabteilung, an die LR Mecklenburg, MfHV, 20.10.1950. LAG, Rep. 200, 4.6.4, Nr. 155, Bl. 20; RdS Rostock, Aktenvermerk, 16.8.1951. AHR, 2.1.0, Nr. 93, Bl. 23–31. Das Dokument bietet eine beeindruckende Auflistung der wegen Schwarzhandel oder Einbehaltung von Fischen verurteilten Warnemünder Fischer.

[41] Vgl. RdB Rostock, Abt. Industrie und Handwerk an die FWG, 1.10.1952. LAG, Rep. 200, 4.6.4, Nr. 155, Bl. 18–19.

[42] Ebd.

[43] Vgl. Protokoll der Geschäftsführertagung des Verbands der FWG, 11.5.1953. LAG, Rep. 233, Nr. 8, Bl. 141–144.

[44] Vgl. Entwicklung der Jahresfangergebnisse aus den Jahren 1949–1953, o.D. 1954. LAG, Rep. IV/2/6, Nr. 835.

Die Konzessionsbereitschaft der Regierung im Zuge des „Neuen Kurses" wurde vom Verband der Fischwirtschaftsgenossenschaften, der sich seit Anfang der 50er Jahre als Vertretung der in ihm zusammengeschlossenen Fischwirtschaftsgenossenschaften voll etabliert hatte, ausgiebig genutzt. Selbstbewusster denn je wurde Kritik an der Arbeit der zuständigen Stellen geübt, wurden Versäumnisse aufgelistet und Verbesserungsvorschläge eingereicht. Die Zeiten waren günstig, um in der Behebung seit Jahren diskutierter Missstände zumindest kleine Erfolge zu erzielen. In diesem Sinne sandte der Verband beispielsweise im Juli 1953 einen ausführlichen Änderungsvorschlag zur unbefriedigenden Kreditregelung in der See- und Küstenfischerei an alle relevanten Regierungs- und Parteistellen. Der Maßnahme war allerdings kein Erfolg beschieden.[45]

Eine konkrete Änderung erfuhr dagegen die unbefriedigende Regelung des Eigenverbrauchs, die Wilhelm Harms im Mai 1953 sicher nicht ohne Hintergedanken im Zusammenhang mit den Fluchten aus der DDR angesprochen hatte. Bisher war den Fischern vor der *„mit einiger Sicherheit zu erwartende[n] Erfüllung des Monatssolls"* offiziell keine Mitnahme aus ihrem eigenen Fang erlaubt gewesen, eine Bestimmung, die auf den Tagungen des Verbandes regelmäßig mit Regierungsvertretern verhandelt worden war.[46] Im August 1953, nach Aufhebung der Fischbewirtschaftung, legalisierte das Ministerium für Lebensmittelindustrie diesen Eigenbehalt auch vor Erfüllung des Fangplanes. Die Menge sollte dabei den Bedarf einer Mahlzeit nicht überschreiten und musste bezahlt und versteuert werden, was wiederum Anlass zu Diskussionen gab.[47] In der Praxis war die Mitnahme von Fang im Übrigen auch in weitaus größeren Mengen schon vorher üblich gewesen. Die Beschäftigten des VEB Saßnitz durften nach einer *„stillschweigende[n] Vereinbarung zwischen Arbeitgeber und Arbeitnehmer"* sogar pro Fang jeweils 4kg täglich für den Eigenbedarf mit nach Hause nehmen.[48] Das Verbot des Eigen-

[45] Die Modalitäten der Privatkredite wie des sog. Blanko-Handwerkerkredits waren für die Fischer gänzlich ungeeignet. Der Verband empfahl eine Beschränkung der verlangten Sicherheiten und einen flexiblen, sich an den Fischfangperioden orientierenden Tilgungsplan. Den Genossenschaften selbst müssten Investitionskredite in ausreichender Höhe gewährt werden, um den notwendigen Ausbau der genossenschaftlichen Einrichtungen zu ermöglichen, Kredite seien darüber hinaus zur Aufrechterhaltung des Geschäftsbetriebs generell notwendig. Vgl. Verband der FWG an die Ministerien für Lebensmittelindustrie und Finanzen, Berlin, den RdB Rostock, Abt. Fischerei und Abt. Finanzen, an die BL SED Rostock, die KL SED Stralsund-Stadt, die Zentralkommission für Staatliche Kontrolle, Rostock, Abt. Handel und die FWG Breege, Warnemünde, Stralsund, Karlshagen, Seedorf und Wismar, 20.7.1953. LAG, Rep.233, Nr.34, Bl.56f.

[46] Vgl. z.B. Zusammenfassung der wichtigsten Punkte der Tagung zur Organisation der Arbeit der mecklenburgischen Fischwirtschaft im Jahre 1951, 2.2.1951. LAG, Rep.233, Nr.8, Bl.157–160 und Landesregierung Mecklenburg, HA Nahrungs- und Genussmittelindustrie, an RdK Wismar, Dez. Wirtschaft und Arbeit, Sachgebiet Nahrungs- und Genussmittelindustrie, 31.3.1952. LHAS, 6.12-1/21, Nr.586/9 a.

[47] Vgl. Verband der FWG an alle Mitgliedsgenossenschaften, 24.8.1953. LAG, Rep.233, Nr.31, Bl.68 und Protokoll der Geschäftsführertagung des Verbands der FWG, 15.12.1953. LAG, Rep.233, Nr.8, Bl.94–97.

[48] Nach Aussage des Fischers Heinz Kinow, der wegen Schwarzhandels angezeigt worden war, hatte er auch diese Menge regelmäßig überschritten. Vgl. RdS Stralsund, Rechtsamt, Aussage des Fischers Kinow, 23.2.1950. LAG, Rep.200, 4.6.4, Nr.155, Bl.30 und Volkspolizei Stralsund,

behalts vor der Sollerfüllung wurde durch solche Regelungen im volkseigenen Sektor ad absurdum geführt.

Der Forderung nach freiem Verkauf von Übersollmengen wie in der Landwirtschaft üblich wurde allerdings nicht entsprochen. Eine diesbezügliche Erlaubnis, die das Finanzministerium im Spätsommer 1953 ausgesprochen hatte, war sehr zum Missfallen der Fischer durch das Ministerium für Lebensmittelindustrie wieder kassiert worden.[49] Die Begründung aus dem September 1953, aufgrund der regionalen Begrenzung der Fischerei sei – anders als in der Landwirtschaft – ein regionales Überangebot zu erwarten, befriedigte wohl kaum.[50] Wilhelm Harms, der bereits 1951 für eine diesbezügliche Gleichstellung mit der Landwirtschaft plädiert hatte,[51] verkündete auf der Verbandstagung im Dezember 1953, er werde seine Übersollmengen weiterhin selbst verkaufen.[52]

Auch die ungünstige Besteuerung der Übersollmengen wurde als ungerechte Benachteiligung empfunden. 1951 war die Ermäßigung der Steuersätze für Übersollmengen als Anreiz zur Produktionssteigerung eingeführt worden. Der ursprüngliche Vorschlag eines einkommenssteuerfreien Anteils von 20 Prozent, den auch der Vertreter des Mecklenburgischen Ministeriums als zu niedrig empfunden hatte, war damals auf 50 Prozent erhöht worden.[53] Die Fischer forderten jedoch eine völlige Steuerbefreiung der Übersollmengen und wurden darin im Dezember 1953 vom Referenten für See- und Küstenfischerei, Bruno Schwank, unterstützt. Der Rat des Bezirks sprach gegenüber dem Ministerium der Finanzen wiederholt diesbezügliche Empfehlungen aus.[54] Im März 1954 wurde die völlige Steuerfreiheit der Übersollmengen vom Vertreter des Ministeriums für Lebensmittelindustrie auch tatsächlich angekündigt, die Veröffentlichung im Gesetzblatt stünde kurz bevor.[55] Allerdings erwies sich dies – wie zuvor der Freiverkauf der

Abt. K, Kommission B, Aussage des Fischers Kinow über den von ihm vorgenommenen Schwarzhandel mit Fischen, 1.2.1950. Ebd. Bl. 31.

49 Vgl. Protokoll der Geschäftsführertagung des Verbands der FWG, 15.12.1953. LAG, Rep. 233, Nr. 8, Bl. 94–97.

50 Eine diesbezügliche Anfrage der FWG Wismar wurde vom Ministerium für Lebensmittelindustrie abschlägig beantwortet. Vgl. RdS Wismar, Örtliche Industrie und Handwerk an FWG Wismar: Verkauf von Fischen auf Bauernmärkten, 29.9.1953. AHW, XXIV, 16 A, Nr. 6. und Protokoll der Geschäftsführertagung des Verbands der FWG, 15.12.1953. LAG, Rep. 233, Nr. 8, Bl. 94–97.

51 Vgl. Zusammenfassung der wichtigsten Punkte der Tagung zur Organisation der Arbeit der mecklenburgischen Fischwirtschaft im Jahre 1951, 2.2.1951. LAG, Rep. 233, Nr. 8, Bl. 157–160.

52 Vgl. Protokoll der Geschäftsführertagung des Verbands der FWG, 15.12.1953. LAG, Rep. 233, Nr. 8, Bl. 94–97.

53 Vgl. Zusammenfassung der wichtigsten Punkte der Tagung zur Organisation der Arbeit der mecklenburgischen Fischwirtschaft im Jahre 1951, 2.2.1951. LAG, Rep. 233, Nr. 8, Bl. 157–160 und MdF der DDR, Abgabenverwaltung, Besteuerung Private Wirtschaft, Anweisung über die Besteuerung der abgelieferten Fisch-Übersollmengen, 17. Mai 1954. LAG, Rep. 233, Nr. 31, B. 17. (Änderung der Anordnung Nr. 18 vom 9. Februar 1951).

54 Vgl. Protokoll der Geschäftsführertagung des Verbands der FWG, 15.12.1953. LAG, Rep. 233, Nr. 8, Bl. 94–97 und RdB Rostock, Referent für See- und Küstenfischerei (Bruno Schwank), Bericht über die Entwicklung der privaten genossenschaftlichen See- und Küstenfischerei im Bezirk Rostock (für die BL SED), o. D., Anfang 1954. LAG, Rep. IV/2/6, Nr. 831, Bl. 18f.

55 Vgl. Protokoll der Tagung der FWG am 18.3.1954. LAG, Rep. 233, Nr. 8, Bl. 90.

Übersollmengen – wieder einmal als eine der *„falschen Versprechungen“*, die die Fischer immer wieder kritisierten.[56] Das Finanzministerium plante im Mai 1954 nämlich nur die Begünstigungen für einkommensschwache Fischer mit einem Zweijahresumsatz unter 20000 bzw. 10000 DM auf 60 Prozent bzw. 70 Prozent zu erhöhen,[57] doch der Verband beharrte auf seinem Vorschlag einer völligen Befreiung aller Fischer. Wie üblich, kritisierte er in einem Schreiben an das Finanzministerium, deckten sich Theorie und Praxis nicht, die Vorschläge fänden zwar nach sozialpolitischen Gesichtspunkten die Zustimmung des Verbandes, doch gingen sie an der wirtschaftlichen Eigenart der Fischerei vorbei. Hinsichtlich einer erhofften Steigerung der Fischfangerträge sei eine solche Maßnahme wenig Erfolg versprechend. Dies könne nur *„mit ganzen Maßnahmen“* erreicht werden. Nur so habe auch der Verband eine positive Diskussionsgrundlage, um die Fischer auf Versammlungen politisch und wirtschaftlich zu überzeugen.[58] Eine sozialistischen Grundsätzen entsprechende höhere Belastung einkommensstarker Betriebe lag nicht im Interesse der durch den Verband vertretenen Klientel. Daraufhin revidierte das Finanzministerium den Entwurf, der nunmehr bei einem Zweijahresumsatz unter 20000 DM 80 Prozent und über dieser Summe immerhin 70 Prozent betragen sollte. Von einer auf die einkommensschwachen Fischer beschränkten Begünstigung war man abgerückt. Es gelang dem Verband also, auf die Entscheidungen der zentralen Ebene bis zu einem gewissen Grad Einfluss zu nehmen. Als der Vertreter des Finanzministeriums im Juli die Vorstellungen des Ministeriums erläuterte, brachten Verband und die anwesenden Fischer allerdings ihre Ablehnung auch dieser Kompromissregelung nachdrücklich zum Ausdruck. Sie blieben bei ihrer Forderung nach einer völligen Steuerbefreiung.[59]

In Steuerfragen hoffte der Verband noch in anderer Hinsicht auf überfällige Verbesserungen. Die bisher geltende Regelung, dass Einkommenssteuer und Sozialversicherungsbeiträge durch Vorauszahlungen auf der Grundlage des Vorjahresverdienstes zu entrichten waren, wirkte sich äußerst negativ für den Fischer aus. Aufgrund der jährlichen Schwankungen im Einkommen musste er entweder zu hohe Vorauszahlungen ableisten oder aber erhielt beträchtliche Nachzahlungsaufforderungen. Oft genug war der Fischer nicht in der Lage, diesen nachzukommen. Abgesehen von der Belastung durch die finanzielle Unsicherheit, führte

[56] Vgl. z.B. RdS Wismar, Örtliche Wirtschaft, Protokoll über die Aussprache mit den Fischern am 2.10.1953 und Protokoll über die Fischerversammlung vom 14.11.1955. AHW, XXIV, 16 A, Nr.6.

[57] Vgl. MdF der DDR, Abgabenverwaltung, Besteuerung Private Wirtschaft, Anweisung über die Besteuerung der abgelieferten Fisch-Übersollmengen, 17.5.1954. LAG, Rep.233, Nr.31, B.17. (Änderung der Anordnung Nr.18 vom 9.2.1951).

[58] Vgl. Verband der FWG an MdF der DDR, Abgabenverwaltung, 1.6.1954. LAG, Rep.233, Nr.31, Bl.22.

[59] Vgl. Protokoll der genossenschaftlichen Arbeitstagung der Fischwirtschaft des Landes Mecklenburg, 2.7.1954. LAG, Rep.233, Nr.8, Bl.77–79. Vgl. auch Steuerliche Neuregelung für Küsten- und Hochseefischerei von Kurt Becker, Ministerium der Finanzen/Abgabenverwaltung, in: Deutsche Fischerei-Zeitung, Jg.1, Nr.4, Juli 1954, S.115–117.

diese Praxis durch die notwendig werdenden Mahnungen, Eintreibungen oder Stundungsanträge zudem zu erhöhtem Verwaltungsaufwand.[60]

Grundsätzlich herrschte unter den Fischern die Ansicht, ungerecht hart besteuert zu werden. Für seine Warnemünder Fischerkollegen bat Wilhelm Harms um eine einheitliche Steuerveranlagung, *„damit sie wieder mehr Mut bekommen.“* Unter den herrschenden Bedingungen wollten sie nicht mehr arbeiten. Die *„Steuerschraube“* habe schon viele Fischer *„republikflüchtig“* werden lassen. Zum wiederholten Male argumentierte Harms auf der Verbandstagung im Juli mit der Gefahr von Flucht und Abwanderung. Dass dies eine erfolgversprechende Taktik zur Durchsetzung von Forderungen war, hatte er ja bereits im Herbst 1948 erfahren können. Die auf der Tagung anwesenden Vertreter des Ministeriums für Lebensmittelindustrie und der Parteileitung aus Berlin betonten dann auch, dass gerade in dieser Frage bald Verbesserungen zu erwarten seien.[61]

Diese blieben aber aus und auf der Generalversammlung des Verbandes am 5. November 1953, von der kein Protokoll erhalten ist, müssen so massive Beschwerden gegen die Besteuerung der Fischer erhoben worden sein, dass der Rat des Bezirks daraufhin die Verbandsvertreter nur wenige Tage später zu einer Besprechung über Steuerfragen ins Stralsunder Rathaus lud. Als auf dieser Versammlung lediglich die Frage des vereinfachten Steuereinzugs aufgegriffen wurde, reagierte der Verband empört. Man hatte erwartet, dass dort *„eine Fülle berechtigter, seit Jahren gewünschter Beschwerden und Anträge im Zuge des Neuen Kurses erledigt“* würden. Stattdessen habe man feststellen müssen, dass die Vertretung einseitiger, nämlich staatlicher Interessen, im Vordergrund gestanden habe.[62]

Die Abgabenverwaltung plante, das formale Einzugsverfahren der Steuern zu verändern und statt jährlicher Vorauszahlungen monatliche Steuerabzüge direkt durch die Genossenschaften vornehmen zu lassen. So wäre der Fischer von der komplizierten Buchführung und den ungünstigen Vorauszahlungen bzw. Nachzahlungen der Steuern und Sozialversicherungsbeiträge befreit. Die so erreichte Verwaltungsvereinfachung bedeutete allerdings einen erhöhten Aufwand für die Fischwirtschaftsgenossenschaften.[63] Kein Wunder, dass der Verband kritisierte, die Verwaltung wolle die Fischwirtschaftsgenossenschaften lediglich zum *„Erfüllungsgehilfen“* des Steuereinzugs machen.[64]

[60] Vgl. Vereinfachung der Besteuerung der Küsten- und Hochseefischer, in: Deutsche Finanzwirtschaft, Jg. 6, 1953, Heft 6, S. 319f.

[61] Vgl. Protokoll der Geschäftsführertagung des Verbandes der FWG, 17. 7. 1953. LAG, Rep. 233, Nr. 8, Bl. 115, 120–127. In Folge des „Neuen Kurses“ nahm die Beschwerdebereitschaft der Bevölkerung allgemein zu. Auch Fluchtdrohungen wurden zunehmend kühner geäußert. Gleichzeitig gingen die tatsächlichen Flüchtlingszahlen im Juli 1953 wieder zurück. Vgl. Ross, „Republikflucht“ (2001), S. 622f.

[62] Vgl. Verband der FWG an RdB Rostock, Abt. Abgaben, Unterabt. Steuern, 13. 11. 1953. LAG, Rep. 233, Nr. 31, Bl. 25.

[63] Vgl. Vereinfachung der Besteuerung der Küsten- und Hochseefischer, in: Deutsche Finanzwirtschaft, Jg. 6, 1953, Heft 6, S. 319f.

[64] Vgl. Verband der FWG an RdB Rostock, Abt. Abgaben, Unterabt. Steuern, 13. 11. 1953. LAG, Rep. 233, Nr. 31, Bl. 25.

Der vorgeschlagenen Regelung stimmte man zwar generell zu, doch die Verbandsvertreter hatten sich auf weiter reichende Veränderungen vorbereitet. Sie forderten als Ausgleich für die Überstunden, Feiertagsarbeit und Mitarbeit der Familienangehörigen, die in der Fischerei unvermeidbar seien und die bisher in keiner Weise steuerlich begünstigt würden, einen erhöhten Pauschalbetrag für Werbungskosten von 1000 DM jährlich, einen ebenfalls pauschal abzuziehenden Betrag für die Betriebsausgaben in Höhe von 30 bis 50 Prozent des Umsatzes sowie eine Ausweitung der Sozialversicherungsleistung auf die Zahlung von Krankengeld.[65]

Doch zu weitergehenden Zugeständnissen war das Finanzministerium nicht bereit. Bevor über Steuervergünstigungen gesprochen werden könne, müsse erst die Diskussion um Fragen der Sollerhöhung und Leistungssteigerung beendet werden, hielt der Abgesandte aus Berlin der auf der Geschäftsführertagung im Dezember geäußerten Kritik entgegen. Steuererleichterungen würden zudem einseitig die umsatzstarken Fischer begünstigen. Die anwesenden Genossenschaften stimmten schließlich dem vorgeschlagenen vereinfachten monatlichen Steuerabzug zu,[66] und im Januar konnte der Verband ankündigen, dass die Fischer für 1954 keine Steuervorauszahlungen mehr leisten müssten.[67]

Wenn auch nicht jede seiner Initiativen gleichermaßen von Erfolg gekrönt war, bleibt festzuhalten, dass es dem Verband sehr gut gelang, den Interessen der Fischer im Zuge des „Neuen Kurses“ Gehör zu verschaffen. Dabei nahmen die Vertreter der einzelnen Genossenschaften kein Blatt vor den Mund. Offen wurde im Juli 1953 der generelle Sinn der Sollauflagen in Frage gestellt: *„Über das Wort „Soll“ ist schon sehr viel gesprochen worden; uns hängt das schon zum Hals raus. Es ist doch so: Der Fischer hat von jeher das Bestreben gehabt, so viel zu fangen, wie irgend möglich. Warum werden immer Soll-Zahlen aufgestellt, die gar nicht reali-*

[65] Das geht aus den Vorbereitungen zur Tagung unter der Fragestellung: „Was will der Fischer, was fordert die staatliche Verwaltung, wie sind die zur Debatte stehenden Probleme zu lösen?“ hervor. Zur Begründung der Forderungen wurde wiederholt der Vergleich zu der im Handwerk üblichen Normativsteuer gezogen. Vgl. Verband der FWG, Vorarbeiten für die Versammlung am 12.11.1953 in Stralsund betr. die Steuerfragen des werktätigen Fischers. LAG, Rep.233, Nr.31, Bl.47–52. Zur 1950 beschlossenen Normativsteuer für Handwerksbetriebe mit unter zehn Angestellten vgl. Schmidt, Der gewerbliche Mittelstand in der SBZ (2000), S.240f.

[66] Die Vorschläge zum Krankengeld waren von der Abgabenverwaltung Rostock an den FDGB weitergereicht worden. Vgl. Protokoll der Geschäftsführertagung des Verbands der FWG, 15.12.1953. LAG, Rep.233, Nr.8, Bl.94–97. In dieser Sache kam es zu keinem positiven Ergebnis, es wurde allerdings eine günstige Zusatzversicherung eingeführt. Vgl. Protokoll der genossenschaftlichen Arbeitstagung der Fischwirtschaft des Landes Mecklenburg, 2.7.1954. LAG, Rep.233, Nr.8, Bl.77–79 und Protokoll über die genossenschaftliche Arbeitstagung der FWG Mecklenburg, 25.6.1955. LAG, Rep.233, Nr.8, Bl.59–67.

[67] Vgl. Protokoll der Geschäftsführertagung vom 21.1.1954. LAG, Rep.233, Nr.8, Bl.92f. 1955 berichtete die FWG Stralsund in ihrem Rechenschaftsbericht, das Verfahren habe sich gut bewährt. Vgl. Rechenschaftsbericht des Vorstandes der FWG Stralsund, Dezember 1955. LAG, Rep.233, Nr.17, Bd.1, Bl.277–283 und Steuerliche Neuregelung für Küsten- und Hochseefischerei von Kurt Becker, Ministerium der Finanzen / Abgabenverwaltung, in: Deutsche Fischerei-Zeitung, Jg.1, Nr.4, Juli 1954, S.115–117.

sierbar sind?"[68] Dem von staatlicher Seite erhobenen Vorwurf, ihre Pflicht gegenüber dem Staat nicht zu erfüllen, hielten sie entgegen, dass es zu viele Kutter und zu wenig Fische gäbe. Mit der Natur habe man noch keinen Vertrag abgeschlossen.[69]

Der Verband übte nicht nur in Sachfragen konstruktive Kritik, sondern bemängelte auch ganz allgemein das fehlende Interesse und Engagement der zentralen Regierungsstellen und der Bezirkspartei in Fragen der Fischerei, das sich beispielsweise im Nichterscheinen der geladenen Vertreter auf Verbandsversammlungen äußere. Um gegen die Vernachlässigung der fischwirtschaftlichen Belange zu protestieren, plante man im Dezember 1953, eine Kommission nach Berlin zum Präsidenten der DDR, Wilhelm Pieck, zu schicken. Eine weitere Zusammenarbeit mit einem Vertreter des Ministeriums für Lebensmittelindustrie lehnte der Verband kurzerhand ab und formulierte selbstbewusst: *„Der Verband als größte Fischerei-Organisation der DDR verlangt, zu allen wichtigen Besprechungen in den Ministerien und dergl. herangezogen zu werden, sonst können wir die Beschlüsse nicht anerkennen."*[70]

Mag dieser Äußerung auch eine bewusste Übertreibung zugrunde liegen, der Verband beharrte auf einer autonomen Position. In der Rolle eines Erfüllungsgehilfen von Partei und Staat sah er sich jedenfalls nicht. Eine Veränderung der Arbeitsweise des Verbandes hin zu mehr politischer Beeinflussung der Fischer im Sinne der Partei, wie Anfang 1953 vom Rat des Bezirks gefordert, hatte nicht stattgefunden. Unter diesen Voraussetzungen würde es nicht leicht werden, Verband und Genossenschaften in Mecklenburg zum gewünschten Motor gesellschaftlicher und ökonomischer Transformation im Fischereiwesen zu machen. Denn zu einer generellen Abkehr vom eingeschlagenen Kollektivierungskurs war es nicht gekommen. Schon Ende 1953 entschloss sich die SED-Führung, die Gründung von landwirtschaftlichen Produktionsgenossenschaften wieder offiziell zu protegieren.[71] Die sozialistische Umgestaltung ging weiter und erreichte im Frühjahr 1954 endgültig die See- und Küstenfischerei.

[68] Protokoll der Geschäftsführertagung des Verbandes der FWG, 17.7.1953. LAG, Rep. 233, Nr. 8, Bl. 115, 120–127. Der Vertreter aus Berlin zeigte sich erstaunt über so wenig Verständnis für die Notwendigkeit eines Solls.

[69] Vgl. ebd.

[70] Die Äußerung stammt von Geschäftsführer Tiews. Vgl. Protokoll der Geschäftsführertagung des Verbands der FWG, 15.12.1953. LAG, Rep. 233, Nr. 8, Bl. 94–97. Der kritisierte Mitarbeiter Liepscher scheint daraufhin von der Betreuung der See- und Küstenfischerei entbunden worden zu sein. Das Ministerium für Lebensmittelindustrie wurde in der Folgezeit von seinem Kollegen Hentschel vertreten. Als Folge der Kritik des Verbandes wurde zudem eine eigene Fachabteilung in der zuständigen Hauptverwaltung eingerichtet. Vgl. Minister Kurt Westphal und Vorsitzender des Rates des Bezirks Hans Warnke bei den werktätigen Fischern der mecklenburgischen Ostseeküste, in: Deutsche Fischerei-Zeitung, Jg. 1 Nr. 9, Dezember 1954, S. 269–271. Diese neue Aufmerksamkeit für die Fischerei ist allerdings auch im Zusammenhang mit der beginnenden Kollektivierung zu sehen.

[71] Vgl. Schöne, Frühling auf dem Lande (2005), S. 172.

2. Die erste Kollektivierungsphase 1954–1957

„Hinsichtlich seiner klassenmäßigen Zugehörigkeit muss der See- und Küstenfischer in der Zeit des Übergangs vom Kapitalismus zum Sozialismus in der DDR zur Bauernklasse gerechnet werden.“[72] Der Marxismus-Leninismus hatte sich zwar ausführlich mit der Rolle der Landwirtschaft, nicht aber mit der See- und Küstenfischerei beschäftigt.[73] Dass man zur Begründung der Kollektivierung Analogien in der Landwirtschaft suchte und fand, überrascht nicht. Schließlich hatte es immer unterschiedlich erfolgreiche Versuche gegeben, die Fischerei organisatorisch und auch ideologisch mit der Landwirtschaft zusammenzufassen, hier sei auf den versuchten Anschluss an die Landwirtschaftskammern in der Weimarer Zeit und die Eingliederung in den Reichsnährstand im Nationalsozialismus verwiesen. Als „Seebauer“[74] bezeichnete Karl Mewis, Erster Sekretär der Bezirksleitung, in diesem Sinne den See- und Küstenfischer und erinnerte damit an die im Nationalsozialismus verwendete Formulierung, „der Fischer ist der Bauer des Wassers“, die allerdings gemäß der zugrundeliegenden Ideologie nicht die Klassenzugehörigkeit, sondern das rassische Moment betont hatte.

Die ideologischen Grundlagen des Kollektivierungsprozesses wurden dementsprechend nicht an den tatsächlichen Begebenheiten der See- und Küstenfischerei erarbeitet, sondern schematisch aus der Landwirtschaft übernommen. In seinem Beitrag zur Kollektivierung der See- und Küstenfischerei aus dem Jahr 1977 rechtfertigt Scherer die Zuordnung zur Landwirtschaft mit dem Hinweis auf ähnliche Strukturmerkmale. Wie der Bauer sei der Fischer ein kleiner Warenproduzent im Besitz privater Produktionsmittel, dessen Erzeugnisse zur Land- und Nahrungsgüterwirtschaft zählten. Bedenken hinsichtlich gewisser Unterschiede, etwa zwischen Grundbesitz und gepachteten Fischereirechten, verwirft Scherer als nicht gravierend, um schließlich die Parallelen in der sozialökonomischen Struktur herauszustellen. Groß-, Mittel- und Kleinfischer seien nach sozialer Stellung und politisch-ideologischer Haltung durchaus den Groß-, Mittel- und Kleinbauern vergleichbar. Wenn Scherer abschließend darauf verweist, dass die weitere Entwicklung, nämlich die Kollektivierung, diese Zuordnung bestätigt habe, so handelt es sich um einen lupenreinen Zirkelschluss, der ungewollt die Unsicherheit der Argumentation offen legt.[75]

Die Notwendigkeit der Kollektivierung wurde in der See- und Küstenfischerei wie in der Landwirtschaft mit der zu erwartenden Produktionssteigerung begründet. Um den Rückgang der Fangerträge und damit den Niedergang der See- und Küstenfischerei aufzuhalten, musste sie durch entscheidende Maßnahmen von Staat und Partei aus der „Sackgasse der privatkapitalistischen kleinen Warenpro-

[72] Scherer, Entwicklung der genossenschaftlichen See- und Küstenfischerei (1977), S. 213.

[73] Zur Rolle der Landwirtschaft in der Ideologie des Marxismus-Leninismus vgl. Schöne, Frühling auf dem Lande (2005), S. 50–54 und Bauerkämper, Ländliche Gesellschaft (2002), S. 51–54.

[74] Zitiert nach Henning, Die Entwicklung des genossenschaftlichen Sektors (1983), S. 30.

[75] Vgl. Scherer, Entwicklung der genossenschaftlichen See- und Küstenfischerei (1977), S. 213f.

duktion" geführt werden, formulierte es Scherer ideologisch einwandfrei.[76] Die Erträge sollten durch Modernisierung und Technisierung der Fangmethoden und Ausbau der Fangflotte kontinuierlich gesteigert werden. Der Siebenjahresplan von 1958 sah schließlich für 1965 eine Produktion von 32 000 Tonnen vor. Angesichts von gerade einmal 13 600 Tonnen im Jahr 1954 war dies ein sehr optimistisches Vorhaben.[77]

a) Der Auftakt der „sozialistischen Umgestaltung" 1954

Die Phase der offiziellen Kollektivierung in der See- und Küstenfischerei wurde mit einer öffentlichen Inszenierung eingeleitet. Auf der II. Bezirksdelegiertenkonferenz der SED Rostock vom 26. bis 28. Februar 1954 berichtete der Erste Sekretär der Bezirksleitung Karl Mewis, werktätige Fischer hätten die Frage aufgeworfen, ob die Partei gegen die Bildung von Produktionsgenossenschaften der Fischer sei. Was dem werktätigen Bauern gestattet sei, dürfe dem werktätigen Fischer nicht verwehrt werden, verkündete Mewis und bat den Staatsapparat, die Produktionsgenossenschaften werktätiger Fischer mit modernen Geräten und Fahrzeugen zu unterstützen. Wie auf Bestellung überbrachte dann ein Vertreter einer Delegation werktätiger Fischer die Mitteilung, die Fischer von Zingst hätten die Absicht, eine Produktionsgenossenschaft zu gründen.[78]

Neben der FPG „Johann Frehse" in Zingst, Kreis Ribnitz, im März 1954 gründeten sich im Verlaufe des Jahres 1954 noch vier weitere Genossenschaften: die FPG „Ernst Thälmann" in Glowe, Kreis Rügen, am 26. April, die FPG „Fritz Reuter" in Wismar am 15. Juni, die FPG „Martin Andersen Nexö" in Graal-Müritz im Landkreis Rostock am 24. Juli und die FPG „Karl Marx" in Dranske, Kreis Rügen, am 25. November 1954.[79]

Die beiden Genossenschaften auf Rügen bestanden hauptsächlich aus „Umsiedlern", denen es nur schwer gelang, in den besonderen Arbeitsgemeinschaften der Rügener Fischer Fuß zu fassen. Außerhalb des abgeschlossenen Sozialgefüges der Boots-, Garn- oder Reusengemeinschaften fristeten sie als Kleinfischer ein Dasein am Rande des Existenzminimums.[80] Durch den Zusammenschluss in einer FPG erhofften sich die Fischer von Dranske, *„ihren bisher nicht rosigen Lebensstandard zu heben."* Für den einzelnen Fischer mit kleinem Gerät waren die Gewässer nur ungünstig zu befischen.[81] Ohne die staatliche Förderung der FPG

[76] Vgl. ebd., S. 210. So auch Henning, Die Entwicklung des genossenschaftlichen Sektors (1983), S. 16.

[77] Vgl. Gries, Zehn Jahre Entwicklung (1958/59), S. 138f.

[78] Vgl. Scherer, Entwicklung der genossenschaftlichen See- und Küstenfischerei (1977), S. 214.

[79] Aufstellung über die FPG, Stand 1957, bei Scherer, Entwicklung der genossenschaftlichen See- und Küstenfischerei (1977), S. 224. Gründungdatum Wismar hier fälschlicherweise mit Juli angegeben.

[80] Vgl. ausführlich dazu Holz, Flüchtlinge und Vertriebene (2004), S. 514–517 und Peesch, Fischerkommünen (1961), S. 144f.

[81] Bemerkenswerterweise wandten sich die Fischer mit ihrem Gründungswunsch an den lokalen Fischmeister, der für den einzelnen Fischer weiterhin eine wichtige Verbindungsstelle zu den

wären die Dransker Fischer nicht in der Lage gewesen, die zur gemeinschaftlichen Fischerei notwendigen Reusen und Fahrzeuge anzuschaffen.[82]

Auch in den übrigen FPG schlossen sich fast ausschließlich Kleinfischer zusammen, die vorher die Angel-, Stellnetz- oder Reusenfischerei betrieben hatten.[83] Ihre Motivation bestand, wie der Fischer Sauck Anfang Juni 1953 vorausgesagt hatte, durchgehend in der Verbesserung ihrer wirtschaftlichen Lage durch besondere staatliche Förderung. Neben der Bereitstellung von Fahrzeugen und Gerät zählte dazu insbesondere eine zweijährige Steuerfreiheit. Auch eine bevorzugte Materialversorgung und der freie Verkauf von Übersollmengen wurden in Wismar versprochen. Die Produktionsgenossenschaft sollte außerdem den besonderen Schutz und die Fürsorge des örtlichen Fischmeisters genießen, der den Fischern besonders ertragreiche Reusenplätze zuweisen sollte.[84]

Die Vorbereitungsversammlung zur Gründung der FPG „Fritz Reuter" in Wismar, bei der Vertreter von Staat und Partei auf Bezirks- und Kreisebene, der zuständige Fischmeister Völz und neun Fischer anwesend waren, zeigt, dass der Bildung einer FPG handfeste Verhandlungen vorausgingen, bei denen die Fischer in der Lage waren, Bedingungen zu diktieren.

Die Anwesenden wurden von Bruno Schwank, dem zuständigen Mitarbeiter des Rats des Bezirks, aufgefordert, *„genau aufzuzeigen, welche Fahrzeuge und Geräte sie für ihre Produktionsgenossenschaft haben wollen, damit in Berlin konkrete Vorschläge gemacht werden können."* Die Fischer forderten vier große Kutter und zwei große Reusen, die ihnen unter der Voraussetzung versprochen wurden, dass die Genossenschaft nach Statut arbeiten müsse.[85] Damit waren sie generell einverstanden, der Berechnung nach Arbeitseinheiten standen sie allerdings skeptisch

staatlichen Stellen darstellte. Unter den 13 Gründungsmitgliedern befand sich Walter Itzigehl, der an der ersten Besprechung mit der Bezirksleitung im Juni 1953 teilgenommen hatte. Vgl. FAST Breege an OFMA, betr. Gründung einer FPG in Dranske, 26.10.1954. LAG, Rep.250, Nr.142, Bl.9.

[82] Auch in Glowe konnte sich die FPG Großreusen anschaffen. So sei der Lebensstandard der Fischer gehoben und die Arbeitszeit von 12–18 auf nur noch 8–9 Stunden am Tag verkürzt worden. Vgl. BL SED, Abt. Wirtschaft an ZK, 30.10.1954, LAG, IV/2/6/ Nr.830, Bl.12, zitiert nach Martin Holz. Nach Angaben des Fischers Bernstein, Mitglied der FPG in Glowe, arbeiteten die Fischer tatsächlich aber bis zu 20 Stunden. Vgl. Protokoll über die genossenschaftliche Arbeitstagung der FWG Mecklenburg, 25.6.1955. LAG, Rep.233, Nr.8, Bl.59–67.

[83] Zu den einzelnen FPG vgl. RdB Rostock, Abt. Örtliche Wirtschaft, Bericht über die Festigung der bestehenden und der zu bildenden Produktionsgenossenschaften werktätiger Fischer und über die Einrichtung der FGS, 17.12.1954. LAG, Rep.200, 4.6.1.8, Nr.17, Bl.1–9.

[84] Vgl. Protokoll über Vorbereitungsversammlung zur Gründung einer Produktionsgenossenschaft werktätiger Fischer in Wismar am 18.5.1954. LAG, Rep.IV/2/6, Nr.836, Bl.20–22. Der versprochene Freiverkauf von Übersollmengen musste im Januar wieder zurückgenommen werden. Vgl. Protokoll der Vollversammlung der FPG „Fritz Reuter" Wismar am 21.1.1955, 3.2.1955. AHW, XXIV, 16 A, Nr.7.

[85] Anfang 1954 war ein Musterstatut für Produktionsgenossenschaften werktätiger Fischer in der Binnenfischerei veröffentlicht worden, an dem man sich auch für die See- und Küstenfischerei orientiert haben dürfte. Vgl. GBl.DDR 1954, S.117. Das ZK der SED bestätigte in seinem Beschluss vom August 1954, dass dieses sinngemäß auf die See- und Küstenfischerei anzuwenden sei. Protokoll Nr.16/54 der Sitzung des Sekretariats des ZK vom 19.August 1954 mit Anlage 1. SAPMO DY 30 / J IV 2 / 3 / 438, Bl.1f., 11–14.

gegenüber. Der Fischer könne keinen Acht-Stunden Tag einhalten. Die das Einbringen der Produktionsmittel betreffenden Passagen interpretierten sie recht eigenwillig. Die alten Fahrzeuge und Geräte in die Genossenschaft einzubringen, seien sie wohl gewillt, arbeiten wollten sie damit jedoch nicht mehr, sondern nur mit den neuen Kuttern und Reusen. Ohnehin verfügten nur zwei der Fischer der zukünftigen FPG überhaupt über eigene Fahrzeuge, die anderen waren bisher als Bootsleute tätig gewesen. Die veralteten Boote wurden dann auch nicht in die Genossenschaft eingebracht. Die Fischer drängten auf eine schnelle Lösung der Fahrzeugfrage, da sie nach eigenen Angaben zurzeit kaum in der Lage seien, ihren Lebensunterhalt zu bestreiten und ansonsten die Fischerei verlassen müssten. Angesichts der sinkenden Zahl der Fischereitreibenden sollte dies wohl zusätzlichen Druck ausüben. Denn bevor die Kutter nicht abholbereit zur Verfügung stünden, wollten sie die Genossenschaft um keinen Preis gründen. Das Misstrauen gegenüber den großzügigen Versprechungen war offensichtlich groß.[86]

Tatsächlich wurde die Genossenschaft erst einen Monat später gegründet, als eine Anweisung des Ministers für Lebensmittelindustrie, Kurt Westphal, über die Übergabe von vier einwandfreien 17m-Kuttern des Fischkombinats in Saßnitz am 16. Juni 1954 vorlag. Erst nachdem auch noch einige Fragen zu den Reusen geklärt waren, erklärten sich die Fischer endgültig bereit, das Statut anzunehmen.[87]

Letztendlich muss die Gründung einer FPG als eine Art Handel zwischen zwei Parteien angesehen werden, bei dem vordergründig beide Seiten auf ihre Art profitierten. Bei den Fischern überwog der ökonomische Vorteil mögliche Bedenken gegen die ungewohnte Arbeits- und Eigentumsform, nicht zuletzt, da die meisten von ihnen ohnehin kaum größere Fischereigeräte einbrachten. Partei und Staat gelang es, mit Hilfe materieller Anreize die ideologischen Vorgaben des Sozialismus zu erfüllen. Langfristig würden sich die Investitionen in die Förderung der FPG nur rentieren, wenn auch die wirtschaftlich starken Fischer, die im Besitz eigener Produktionsmittel waren, den Weg in die Produktionsgenossenschaften fänden, doch vorerst setzte man auf die wirtschaftlich schwachen und abhängig beschäftigten Fischer als Träger der Kollektivierung.

1954/55 finden sich in diesem Zusammenhang Versuche, einen klassenkampftauglichen Gegensatz zwischen Groß- und Mittelfischern auf der einen und Kleinfischern auf der anderen Seite zu konstruieren.[88] Ende 1954 berichtete die für die See- und Küstenfischerei zuständige Abteilung des Rats des Bezirks, die Groß-

[86] Vgl. Protokoll über Vorbereitungsversammlung zur Gründung einer Produktionsgenossenschaft werktätiger Fischer in Wismar am 18.5.1954. LAG, Rep. IV/2/6, Nr. 836, Bl. 20–22 und RdB Rostock, Abt. Örtliche Wirtschaft, Bericht über die Festigung der bestehenden und der zu bildenden Produktionsgenossenschaften werktätiger Fischer und über die Einrichtung der FGS, 17.12.1954. LAG, Rep. 200, 4.6.1.8, Nr. 17, Bl. 1–9.

[87] Vgl. FPG „Fritz Reuter“ Wismar, Protokoll über die Gründung der Produktionsgenossenschaft werktätiger Fischer in Wismar, o. D., vor dem 14.6.1954. AHW, XXIV, 16 A, Nr. 8. Nachdem dies feststand, wurden am 14.6.1954 weitere sieben Fischer Mitglied der Genossenschaft.

[88] Die zugrundeliegende ideologische Kategorisierung orientierte sich an den Verhältnissen der Landwirtschaft und basierte auf der Größe der Produktionsmittel und der Zahl der abhängig Beschäftigten. Vgl. Kapitel V.2.c).

und Mittelfischer hintertrieben die Bemühungen der Kleinfischer zur Gründung von FPG, indem sie die Idee der Produktionsgenossenschaften in ein schlechtes Licht stellten. So versuche *„der Klassenfeind mit aller Macht die fortschrittliche Entwicklung aufzuhalten.“* Die Kleinfischer aber hätten ihren Feind in den FWG, die allein die Interessen der größeren Fischer verträten, längst erkannt.[89] Der Versuch, künstlich einen Klassenkampf zu induzieren und die Fischwirtschaftsgenossenschaften auf diesem Weg zu diskreditieren, scheiterte jedoch, wie im Folgenden noch zu zeigen sein wird.

Die mit der besonderen Arbeitsform der selbständigen Anteilsfischerei – von Käte Gries 1957 als „verschleierte Form der Proletarisierung“[90] gedeutet – verbundenen politisch-ideologischen Schwierigkeiten hatte die Partei schon 1948 erkannt, als sie sich mit dem Problem der verstärkten Fluchtbewegung nach Westen auseinandersetzen musste. Da die Bootseigner in weiten Teilen *„privatkapitalistisch eingestellt und überaus konservativ“* seien, müsse mit der ideologischen Arbeit bei den Besatzungsmitgliedern angesetzt werden. Diese seien allerdings *„durch meist langjährige gemeinsame Arbeit und durch prozentuale Beteiligung an den Fangerträgen mit den Schiffseignern verbunden“*, darum müsse hier *„vorsichtig, aber nachhaltig angesetzt werden.“*[91] Auf eine verstärkte politisch-ideologische Arbeit unter den See- und Küstenfischern hatte man damals aber verzichtet. Für einen „sozialen Krieg“ in der See- und Küstenfischerei dürfte sich auch als hinderlich erwiesen haben, dass – zumindest in Warnemünde – gerade die Kutterbesitzer und eben nicht die Anteilsfischer und Maate der SED beigetreten waren. Hier zählte die SED 1953 immerhin 32 der 144 Fischer zu ihren Mitgliedern.[92] Der Rückhalt der Staatspartei unter den Fischern war nicht überall so gut. Von den 373 Fischern des Kreises Putbus/Rügen waren im Frühjahr 1955 nur 21 Mitglieder der Partei.[93]

[89] Vgl. RdB Rostock, Abt. Örtliche Wirtschaft, Bericht über die Festigung der bestehenden und der zu bildenden Produktionsgenossenschaften werktätiger Fischer und über die Einrichtung der FGS, 17.12.1954. LAG, Rep.200, 4.6.1.8, Nr.17, Bl.1–9.

[90] Gries, Die werktätigen See- und Küstenfischer (1957/58), S.294.

[91] Zentralsekretariat der SED, Abt. Wirtschaftspolitik, an den SED-Landesvorstand Mecklenburg, Abt. Wirtschaftspolitik, als Anlage ein Bericht der DWK, 23.11.1948. LHAS, 10.34-1, Nr.247, Bl.224–226.

[92] Fast die Hälfte der Warnemünder Kutterbesitzer war Mitglied der SED. Von 144 Warnemünder Fischern besaßen 1953 nach Angaben der Kreisleitung 57 einen eigenen Kutter, darunter 20 mit einer geringen Leistung von 1–15 PS. 82 Fischer arbeiteten als Besatzungsmitglieder. 23 Kutterbesitzer, aber nur neun Anteilsfischer/Maate waren Mitglied der SED. Vgl. KL SED Rostock-Stadt, Abt. Wirtschaft, Vorlage zur Beschlussfassung über das Statut der FPG „Jonny Scheer“ Warnemünde, 4.3.1953. LAG, Rep.KL Rostock IV/4/7, Nr.465, Bl.5–7.

[93] In den Führungsgremien der sechs FWG hatten daher bisher keine Parteigruppen gegründet werden können. Die politische Arbeit unter den Fischern, so die Kreisleitung im März 1955, sei immer noch ungenügend. Vgl. KL SED Putbus, Abt. Wirtschaft, Maßnahmen zur Durchführung des Beschlusses des Büros der Bezirksleitung über die Verbesserung der Arbeit in den FPG und FWG, 17.3.1955. LAG, Rep.IV/4/8, Nr.142, Bl.38–39. Eine Bezirksübersicht zur SED-Mitgliedschaft unter den Fischern liegt nicht vor.

b) „Zur Steigerung des Fischfangs sowie zur weiteren Verbesserung der Lebensbedingungen der werktätigen See- und Küstenfischer": Zentrale Beschlüsse von Partei und Ministerrat August 1954 bis April 1955

Mit dem Beschluss über die Förderung der Produktionsgenossenschaften werktätiger Fischer der See- und Küstenfischerei, den das Sekretariat des ZK der SED am 19. August 1954 verabschiedete, schuf die Partei auf zentraler Ebene eine erste verbindliche organisatorische Grundlage für das weitere Vorgehen. Der Beschlussentwurf, den das zuständige Ministerium für Lebensmittelindustrie ausgearbeitet hatte, bestätigte die in der Praxis bereits angewandten materiellen Anreize.[94] Zur *„Weiterentwicklung und Festigung der Produktionsgenossenschaften werktätiger Fischer der See- und Küstenfischerei"* sah der Beschluss eine Reihe finanzieller Vergünstigungen vor. Die Produktionsgenossenschaften sollten volle zwei Jahre steuerfrei bleiben, ihre Mitglieder besondere Steuervergünstigungen erfahren. Den Produktionsgenossenschaften sollten Anlaufkredite sowie günstige lang- und kurzfristige Kredite zu erleichterten Modalitäten, den Mitgliedern günstige Baukredite gewährt werden. Auch die bevorzugte Materialversorgung der Produktionsgenossenschaften wurde im Beschluss festgelegt. Die für eine *„ordnungsgemäße Wirtschaftsführung"* notwendigen Produktionspläne, Musterarbeitsnormen und Buchhaltungsrichtlinien sollte das Ministerium für Lebensmittelindustrie bis Monatsende erarbeiten. Die Fischfangkombinate Rostock und Saßnitz wurden verpflichtet, die Produktionsgenossenschaften werktätiger Fischer der See- und Küstenfischerei tatkräftig zu unterstützen, etwa durch die Aushilfe mit Fischereigeräten, Material und Ersatzteilen. Zur Qualifizierung des Nachwuchses sollten den Mitgliedern der Genossenschaften schließlich die schulischen Einrichtungen der Kombinate zugänglich gemacht werden.

Organisatorisches Neuland betrat der Beschlussentwurf mit dem Auftrag an das Ministerium für Lebensmittelindustrie, an den zentralen Orten der See- und Küstenfischerei im Bezirk Rostock noch 1954 zwei und bis April 1955 insgesamt vier Kutterausleihstationen zu errichten. Jeweils bestückt mit vier generalüberholten 17m-Kuttern des Kombinats Saßnitz, sollten die Stationen den Fischern der FPG gegen eine *„unter dem Gesichtspunkt der schnellen wirtschaftlichen Festigung der Produktionsgenossenschaften"* festzulegende Gebühr leistungsstarke Produktionsmittel zur Verfügung stellen. Da die zum Zusammenschluss bereiten Fischer in der Regel keine Produktionsmittel besaßen, war die Ausstattung vor allem mit Kuttern, aber auch mit anderem Fischereigerät eine wichtige Voraussetzung für die Gründung einer Fischereiproduktionsgenossenschaft.[95]

[94] Vgl. zum Folgenden, wenn nicht anders angegeben, Protokoll der Sitzung des Sekretariats des ZK vom 19. 8. 1954. SAPMO DY 30/ J IV 2 / 3 / 438, Bl. 1–2 sowie 11–14 (Anlage 1). Vgl. zum ZK-Beschluss auch Scherer, Entwicklung der genossenschaftlichen See- und Küstenfischerei (1977), S. 215.

[95] Auch die Ende Januar 1955 in Warnemünde wiedergegründete FPG „John Scheer" erhielt vier Kutter aus Saßnitz von der Regierung der DDR zur unentgeltlichen Nutzung zur Verfügung

Mit der Errichtung volkseigener Stationen wurde nun ein Ausleihsystem nach dem Vorbild der Maschinen- und Traktorenausleihstationen (MAS/MTS) in der Landwirtschaft geschaffen. Für die Fischerei gab es zudem das sowjetische Modell der dort seit 1932 existierenden Fischerei-Motorfahrzeugstationen.[96] Die MAS/MTS waren bereits Ende der vierziger Jahre geschaffen worden. Ihre „materielle Dienstleistungsfunktion" wurde im Zuge der Kollektivierung ebenso ausgeweitet wie ihre politisch-ideologische Arbeit. Im Sommer 1952 wurden bei den Stationen eigene politische Abteilungen errichtet.[97]

Auch für die See- und Küstenfischerei versprach man sich von den Kutterausleihstationen neben der Bereitstellung von moderner Technik vor allem politische Einflussnahme. Ein dort eingesetzter politischer Leiter sollte für die „weitere Entwicklung des politischen und kulturellen Lebens in den Fischerdörfern" verantwortlich sein. Als „ökonomisches und politisches Zentrum der Arbeiterklasse in der See- und Küstenfischerei"[98] sollten die Kutterausleihstationen damit zukünftig Aufgaben übernehmen, für die sich der Verband der FWG als nicht geeignet gezeigt hatte.

Als das Präsidium des Ministerrates wenige Tage später den Beschlussentwurf des ZK-Sekretariats bestätigte, fehlte allerdings die Passage über die Kutterausleihstationen.[99] Deren Realisierung gestaltete sich weitaus aufwendiger, als es die der Planeuphorie geschuldete knappe Terminsetzung vorsah, so dass der Punkt zurückgestellt worden war.[100]

gestellt. Vgl. RdS Rostock, Protokoll Ratssitzung: Bestätigung der FPG John Scheer Warnemünde, 17.2.1955. AHR, 2.1.1, Nr.4541. Für die am 18.2.1955 in Göhren gegründete FPG forderte die dortige KL im März die sofortige Freigabe von zwei Kuttern, die noch in der Frühjahrssaison genutzt werden sollten. Vgl. KL SED Putbus, Abt. Wirtschaft, Maßnahmen zur Durchführung des Beschlusses des Büros der Bezirksleitung über die Verbesserung der Arbeit in den FPG und FWG, 17.3.1955. LAG, Rep.IV/4/8, Nr.142, Bl.38–39.

96 Vgl. ZK SED, Abteilung Handel und Versorgung, Vorlage für das Sekretariat des Zentralkomitees, betr. Förderung der Produktionsgenossenschaften werktätiger See- und Küstenfischer mit Anlage 1, 3.8.1954, SAPMO DY 30 / J IV 2 / 3A / 429, Bl.175–182. Über die Ausrüstung und Arbeitsweise der geplanten Kutterstationen sollte erst nach dem Besuch der Landwirtschaftsausstellung in Moskau entschieden werden, zwei Genossen der Abteilung HuV des ZK sollten hier Erfahrungen sammeln. Protokoll Nr.16/54 der Sitzung des Sekretariats des ZK vom 19.8.1954 mit Anlage. SAPMO DY 30 / J IV 2 / 3 / 438, Bl.1–2, 11–14. Zu den sowjetischen FMS vgl. Fischerei-Kolchosen und Fischerei-Motorfahrzeugstationen in der UdSSR von H. Ball, in: Deutsche Fischerei-Zeitung, Jg.3, Nr.5, Mai 1956, S.132–134.

97 Vgl. zu den Strukturen und Funktionen der MTS in der Landwirtschaft Bauerkämper, Ländliche Gesellschaft (2002), S.311–324, Zitat S.313.

98 So die ideologisch korrekte Formulierung, wie sie sich beispielsweise bei Henning, Die Entwicklung des genossenschaftlichen Sektors (1983), auf S.34 findet.

99 Vgl. Beschluss des Präsidiums des Ministerrates Nr.52/4 zur Förderung der Produktionsgenossenschaften werktätiger See- und Küstenfischer vom 26.8.1954. DC 20 /I/4/79, Bl.11–14. Vgl. GBl.DDR 1954, S.735.

100 Im ersten Entwurf des Ministeriums für Lebensmittelindustrie war sogar vorgesehen, alle vier Stationen bis Mitte Januar 1955 einzurichten. ZK SED, Abteilung Handel und Versorgung, Vorlage für das Sekretariat des Zentralkomitees, betr. Förderung der Produktionsgenossenschaften werktätiger See- und Küstenfischer mit Anlage 1, 3.8.1954, SAPMO DY 30 / J IV 2 / 3A / 429, Bl.175–182.

Anfang Februar 1955 lag dem Sekretariat des ZK dann eine detaillierte Beschlussvorlage zu den Kutterstationen vor. Die vier Stationen in Wismar, Warnemünde, Stralsund und Wolgast sollten noch 1955 errichtet werden.[101] Im April 1955 verabschiedete das Präsidium des Ministerrates den entsprechenden Beschluss „Zur Steigerung des Fischfangs sowie zur weiteren Verbesserung der Lebensbedingungen der werktätigen See- und Küstenfischer" und im Mai 1955 wurden mit der Veröffentlichung der Musterstatuten der Fischereifahrzeug- und Gerätestationen (FGS) und des dort vorgesehenen Produktionsrates, eines Mustervertrages zwischen FGS und FPG sowie einer Gebührenordnung durch das Ministerium für Lebensmittelindustrie die gesetzlichen Rahmenbedingungen für die Arbeit der Stationen geschaffen. In diesem Zusammenhang wurde auch ein verbindliches Musterstatut der Produktionsgenossenschaften werktätiger Fischer der See- und Küstenfischer verkündet, bisher hatte man sich mit der sinngemäßen Anwendung des Statuts der Binnenfischerei behelfen müssen.[102]

Als Hauptaufgaben der Stationen benannte der Sekretariatsbeschluss vom Februar 1955 die materielle und politisch-ideologische Hilfe beim genossenschaftlichen Zusammenschluss, die Bereitstellung von Fahrzeugen, Netzwerk und Reusen sowie die Übernahme der Materialversorgung für den von ihnen betreuten Bereich. Die Dienste der FGS sollten dabei nicht allein den Produktionsgenossenschaften, sondern auch den werktätigen Einzelfischern zugute kommen. An Einzelfischer sollten jedoch keine Kutter, sondern nur kleinere offene Boote verliehen werden. Im Vergleich zum ersten Beschluss vom August 1954 war dies eine konsequente Erweiterung, schließlich sollten durch die FGS nicht nur bestehende Produktionsgenossenschaften gefördert und gefestigt, sondern auch werktätige Fischer für die sozialistische Sache gewonnen werden. Durch die Schaffung *„guter Beispiele der genossenschaftlichen Arbeit"* erhoffte man sich eine Sogwirkung auf die werktätigen Einzelfischer.[103] Ganz im Sinne der Systemkonkurrenz sollte durch die erfolgreiche Entwicklung der Produktionsgenossenschaften zudem den westdeutschen Fischern eine Perspektive aufgezeigt werden.[104]

Mit der Errichtung der FGS glaubte man die Grundlage für eine Forcierung der sozialen Transformation der See- und Küstenfischerei zu schaffen. Als staatliche Institutionen sollten die FGS dabei bewusst zu Konkurrenzorganisationen des Verbandes der FWG aufgebaut werden. Dem Verband und den in ihm zusammengeschlossenen Fischwirtschaftsgenossenschaften, in denen nach Ansicht der

[101] Vgl. zum Folgenden ZK SED, Abt. Handel und Versorgung, Vorlage für das Sekretariat des Zentralkomitees, betr. Förderung der Produktionsgenossenschaften werktätiger See- und Küstenfischer, 2.2.1955, SAPMO DY 30 / J IV 2/ 3A/ 447, Bl. 72–86 und Protokoll Nr. 6/55 der Sitzung des Sekretariats des ZK vom 9.2.1955 mit Anlage 1 und 2. SAPMO DY 30 / J IV 2/3/ 455, Bl. 1–3, 11–20.

[102] Vgl. GBl. DDR 1955 Teil I, S. 369.

[103] Vgl. Protokoll Nr. 6/55 der Sitzung des Sekretariats des ZK vom 9.2.1955 mit Anlage 1 und 2. SAPMO DY 30 / J IV 2 / 3 / 455, Bl. 1–3, 11–20.

[104] Vgl. ZK SED, Abteilung Handel und Versorgung, Vorlage für das Sekretariat des Zentralkomitees, betr. Förderung der Produktionsgenossenschaften werktätiger See- und Küstenfischer mit Anlage 1, 3.8.1954, SAPMO DY 30 / J IV 2 / 3A / 429, Bl. 175–182.

Partei die „Großfischer“ den beherrschenden Einfluss ausübten, oblagen bisher die Materialversorgung der Fischer ebenso wie Erfassung der Fänge. Aus dieser „Abhängigkeit“ wollte man die werktätigen Einzelfischer befreien.[105]

Der Verband und die FWG hatten sich, wie gezeigt wurde, seit Ende der Vierzigerjahre nicht zu einem effektiven Herrschaftsinstrument entwickelt. Als nach Gewinn strebende Organisationen von der SMAD erfolgreich installiert, standen sie nun dem Aufbau einer sozialistischen Gesellschaftsordnung im Wege. Partei und Staat war es nicht gelungen, über die Genossenschaftsorganisation in ihrem Sinne Einfluss auf die Fischer zu nehmen. Nun versuchte man also, durch die Schaffung von Parallelstrukturen und den damit verbundenen Entzug von staatlichen Aufgaben, die Bindung der Fischer an den Verband sukzessive zu lösen.

In diesem Sinne ist auch der zweite Teil des Ministerratsbeschlusses vom April 1955 zu sehen. Neben der Errichtung der FGS sah er die Neuregelung der Ablieferungspflicht und der Solldifferenzierung vor.[106] Letztere war bis zu diesem Zeitpunkt ebenfalls hauptsächlich durch den Verband der Fischwirtschaftsgenossenschaften durchgeführt worden und sollte zukünftig staatlichen Differenzierungskommissionen auf Bezirks- bzw. Kreisebene übertragen werden. In diesen sollten neben Vertretern der Verwaltung, der Fischereiaufsicht, der FGS und der FPG auch „fortschrittliche werktätige Einzelfischer“ vertreten sein, aber nicht mehr der Verband.[107]

Begründet wurde diese Entscheidung damit, dass der Verband die *„Sollfestsetzung meist unter völliger Nichtachtung der politischen Erfordernisse durchgeführt und hierbei die größeren Fangmöglichkeiten der wirtschaftlich starken Großfischer nicht beachtet“* habe. Was sich die Partei unter der Beachtung der politischen Erfordernisse vorstellte, zeigt die Beschlussvorlage der Abt. Handel und Versorgung beim ZK. Um die ökonomische Entwicklung und Festigung zu gewährleisten, sollten die FPG nur mit 70 Prozent ihrer bestehenden Fangkapazitäten beauflagt werden. Die werktätigen Einzelfischer wollte man im Vergleich dazu durch eine Beauflagung von 90 Prozent von den Vorteilen des genossenschaftlichen Fischfangs überzeugen, während die Fangmöglichkeiten der Großfischer bei der Sollverteilung mit 100 Prozent voll auszuschöpfen waren.[108] Letztlich fand dieser Punkt in abgemilderter Form Eingang in den Beschluss. Ohnehin waren nur we-

105 Vgl. Protokoll Nr. 6/55 der Sitzung des Sekretariats des ZK vom 9. 2. 1955 mit Anlage 1 und 2. SAPMO DY 30 / J IV 2/3/ 455, Bl. 1–3, 11–20.

106 Vgl. GBl. DDR 1955 Teil I, S. 337f. Eine entsprechende Direktive erarbeitete das Ministerium für Lebensmittelindustrie. Die Differenzierung sollte offiziell nach Gewässerklassen und Produktionsmitteln erfolgen. Inoffiziell sollten natürlich auch politische Gesichtspunkte zum Einsatz kommen. Vgl. Ball, H: Die Differenzierung der Jahresauflagen in der See- und Küstenfischerei, in: Deutsche Fischerei-Zeitung, Jg. 3, Nr. 2, Februar 1956, S, 39f.

107 Protokoll Nr. 13/55 der Sitzung des Sekretariats des ZK vom 16. 3. 1955, SAPMO DY 30 / J IV 2 / 3 / 462, Bl. 7–9.

108 Vgl. ZK SED, Abteilung Handel und Versorgung, Vorlage für das Politbüro des Zentralkomitees, 4. 3. 1955, SAPMO DY 30 / J IV 2 / 3A / 454, Bl. 124–138 und ZK SED, Abteilung Handel und Versorgung, Vorlage für das Politbüro des Zentralkomitees, 4. 3. 1955, SAPMO DY 30 / J IV 2 / 3A / 454, Bl. 124–138.

nige Fischer in die Kategorie Großfischer einzuordnen, und wenn ja, verfügten sie über soziale Anerkennung durch die übrigen Kutterfischer. Eine zu offensichtliche Benachteiligung hätte demnach eher die gegenteilige Wirkung erzielt. Die FPG und die werktätigen Einzelfischer sollten daher bei der Verteilung des Solls gegenüber den Großfischern zwar bevorzugt, doch auch diesen die Möglichkeit der Übererfüllung gegeben werden.[109]

Denn mit der ebenfalls beschlossenen Aufhebung der restlosen Ablieferungspflicht wurde den Fischern nunmehr der freie Verkauf der Übersollmengen auf dafür einzurichtenden Fischmärkten erlaubt. Alternativ konnten die Übersollmengen zu einem zweiten staatlichen Preis, der je nach Qualität und Sortiment zwischen 8–45 Prozent über dem Sollmengenpreis liegen sollte, an das Versorgungs- und Lagerungskontor der Lebensmittelindustrie/Fischwirtschaft (VLK) verkauft werden.[110] Die in diesem Punkt eingeforderte Gleichstellung mit der Landwirtschaft war endlich erreicht. Mit der Erfassung und dem Aufkauf der Soll- und Übersollmengen konnte das Kontor sowohl die bisher zuständigen FWG, aber auch die neugegründeten FGS beauftragen.[111] Die Erfassung der Fänge war die eigentliche Hauptaufgabe der Fischwirtschaftsgenossenschaften, sollten sie diese an die Stationen abgeben, beraubte man sie letztendlich ihrer Existenzgrundlage. Auch diese Bestimmung zielte damit langfristig auf eine Ausschaltung der Fischwirtschaftsgenossenschaften ab.

Die Vergünstigungen durch den freien Verkauf der Übersollmengen wurden jedoch eingeschränkt. Der Ministerratsbeschluss setzte den Anteil der Edelfische am Soll einheitlich auf 10,5 Prozent fest. In den Genuss der Übersollverkäufe kamen die Fischer erst, nachdem auch das Edelfischsoll erfüllt war. Dahinter steckte der erneute Versuch, dem immer noch massiven Schwarzhandel Herr zu werden. Die zu diesem Zweck von der Landesregierung Mecklenburg 1951 erlassene Anordnung, die Edelfische wie Lachs und Aal im Verhältnis 1:2 auf das Soll angerechnet hatte, war ohne Erfolg geblieben. Weiterhin war kaum Qualitätsfisch zur Ablieferung gekommen, die jährlich unter der Hand verkaufte Menge Fisch wurde auf bis zu 5000 Tonnen geschätzt. Vielfach hätten sich die Fischer zur Sollerfüllung gegenseitig mit minderen Sorten ausgeholfen und die qualitativ hochwertigen Fische schwarz verkauft. Der Prozentsatz von 10,5 Prozent lag daher über der tatsächlichen Edelfischablieferung, die im Jahr 1954 nur 7,6 Prozent betragen hatte.[112]

Die auf zentraler Ebene beschlossenen Maßnahmen verfolgten eine ökonomische und eine ideologische Zielsetzung. Durch materielle Anreize wie den Über-

[109] Protokoll Nr. 13/55 der Sitzung des Sekretariats des ZK vom 16. 3. 1955, SAPMO DY 30 / J IV 2 / 3 / 462, Bl. 7–9.

[110] Die finanzielle Mehrbelastung sollte dabei nach dem Willen des ZK Sekretariats nicht durch Subventionen, sondern durch anderweitige Einsparungen des Ministeriums für Lebensmittelindustrie ausglichen werden. Vgl. ebd.

[111] Vgl. ebd. und GBl. DDR 1955 Teil I, S. 337.

[112] Vgl. ZK SED, Abteilung Handel und Versorgung, Vorlage für das Politbüro des Zentralkomitees, 4. 3. 1955, SAPMO DY 30 / J IV 2 / 3A / 454, Bl. 124–138.

sollverkauf und schärfere Bestimmungen wie die Festsetzung des Edelfischsollanteils einerseits und die Ausstattung der Produktionsgenossenschaften mit modernen Fangfahrzeugen andererseits sollte die Fangproduktion der See- und Küstenfischerei in Menge und Wert gesteigert werden. In ökonomischer Hinsicht als Maßnahme zur Steigerung des Fischfangs und in ideologischer Hinsicht als Ausdruck des Bündnisses der Fischer mit der Arbeiterklasse war die „sozialistische Umgestaltung“ wirtschaftspolitischer Weg und gesellschaftspolitisches Ziel. Dementsprechend waren für die FPG deutliche Vorteile gegenüber den werktätigen Einzelfischern vorgesehen. Von einem harten Vorgehen gegenüber den als Mittel- oder gar Großfischer anzusehenden Kutterbesitzern, etwa durch extrem überhöhte Sollauflagen, sah man jedoch ab. Diese Fischer wollte man mehr durch Lockung als durch Zwang für den sozialistischen Weg gewinnen. Nichtsdestotrotz zeichnen sich in den Beschlüssen Vorbereitungen zu einer langfristigen Ausschaltung des Verbandes der Fischwirtschaftsgenossenschaften und seiner Mitgliedsgenossenschaften ab. Stück für Stück sollten deren Kompetenzen an die Fischereifahrzeug- und Gerätestationen als „neue Zentren der Arbeiterklasse“ übertragen werden. Ob und wann dies gelingen würde, hing allerdings ganz davon ab, wie rasch und wie nachhaltig die Stationen ihre intendierte Wirkung würden entfalten können.

Die Realisierung der Fischereifahrzeug- und Gerätestationen fiel in die Zuständigkeit des Rates des Bezirks. In der dortigen Abteilung Fischwirtschaft war man von der Idee der Kutterausleihstationen im Übrigen anfangs nicht überzeugt gewesen. Das sowjetische Vorbild der Kutterstationen sei auf die hiesigen Verhältnisse nicht anwendbar. Wenn überhaupt solle die Ausleihe auf eine Station in Saßnitz beschränkt bleiben, so eine dortige Stellungnahme. Scherer machte in der Ablehnung mangelndes Verständnis für die Bedeutung der Stationen als politische Zentren der Arbeiterklasse aus.[113] Möglicherweise scheute man auch nur die mit dem Aufbau der Stationen verbundene zusätzliche Arbeit, denn als volkseigene Betriebe wurden diese direkt der dortigen Abt. Örtliche Wirtschaft unterstellt.

Doch der Bezirk beugte sich den Vorgaben aus Berlin und ergriff Maßnahmen zur Schaffung der Ausleihstationen. Die ersten FGS in Warnemünde und Wolgast sollten ihre Arbeit pünktlich zum Beschluss des Präsidiums des Ministerrates am 28. April 1955 aufnehmen. Betrachtet man die im Maßnahmenplan des Rates vom 21. April noch durchzuführenden Arbeiten, darunter die Einstellung der notwendigen Kader, die Umsetzung der Kutter, die Erstellung eines Materialplanes und die Bereitstellung der notwendigen Investitionsmittel durch das Ministerium für Lebensmittelindustrie, kann es sich dabei allerdings um kaum mehr als einen symbolischen Akt gehandelt haben. Der Bedeutung der Stationen war man sich sehr wohl bewusst, der Maßnahmenplan betonte ausdrücklich, dass in dieser

[113] Vgl. Scherer, Entwicklung der genossenschaftlichen See- und Küstenfischerei (1977), S. 216. Leider nennt Scherer als Quelle nur die Signatur: LAG, Rep. 200, 4.6.4, Nr. 163, Bd. 2, aber kein Datum oder nähere Angaben. Im Landesarchiv Greifswald findet sich dieser Bd. 2 jedoch nicht.

sensiblen Phase Misserfolge im Aufbau tunlichst zu vermeiden seien.[114] Am 1. Juli und 15. September folgte die Einrichtung der Stationen in Wismar und Stralsund.[115] Um Einfluss im beabsichtigten Sinne auszuüben, bedurfte es allerdings mehr als der formalen Errichtung einer FGS.

Eine besondere Förderung der „sozialistischen Umgestaltung" der See- und Küstenfischerei war im Frühling 1955 aus Sicht der SED nötiger denn je. Die Entwicklung der Produktionsgenossenschaften stagnierte, ohne je Fahrt aufgenommen zu haben. Die vom Sekretariat des ZK beschlossenen materiellen Anreize schlugen sich bisher nicht zahlenmäßig nieder. Ende 1954 hatte der Rat des Bezirks noch gemeldet, dass fast in allen Fischerdörfern des Bezirks Rostock Bestrebungen zur Gründung von FPG vorhanden seien.[116] Die geschönte Berichterstattung entsprach der hohen Erwartungshaltung. Doch bis Mitte Februar 1955 waren nur zwei weitere Produktionsgenossenschaften hinzu gekommen, die nun zum zweiten Mal gegründete FPG „John Scheer" in Warnemünde und die FPG „Karl Liebknecht" in Göhren auf Rügen. Keine der bestehenden Genossenschaften zählte bei ihrer Gründung mehr als 16, die Hälfte sogar unter zehn Mitglieder. Insgesamt bestanden im April 1955 ganze acht Produktionsgenossenschaften der See- und Küstenfischerei an der Küste.[117]

c) Die Reaktion der Fischer auf den Ministerratsbeschluss vom April 1955

Die regionalen und lokalen Partei- und Verwaltungsstellen, die vor Ort die eigentliche Organisations-, Überzeugungs- und Unterstützungsarbeit leisten sollten, waren bisher also weitgehend erfolglos geblieben. Die bisweilen ermüdend zu lesende stereotype Kritik und Selbstkritik an ihrer Arbeit durchzieht alle Berichte dieser Zeit. Der Ministerratsbeschluss vom April sollte in jeglicher Hinsicht die Wende bringen: „Zur Steigerung des Fischfangs sowie zur weiteren Verbesserung der Lebensbedingungen der werktätigen See- und Küstenfischer" – schon der Name war Programm. Der Beschluss sollte als offizielle gesetzliche Maßnahme von Partei und Regierung zum Wohle der Fischer verstanden werden. Damit einher ging eine verstärkte Öffentlichkeitsarbeit. Bereits im September 1954 waren die geplanten Regierungsmaßnahmen den Fischern auf drei großen Fischereiversammlungen an zentralen Orten der Ostseeküste von Minister Westphal vorge-

[114] Vgl. RdB Rostock, Abt. Örtliche Wirtschaft, Maßnahmeplan zur Verbesserung der Arbeit in der privaten See- und Küstenfischerei , 21. 4. 1955. LAG, Rep. 200, 2.2.2.1, Nr. 74, Bl. 103–111.

[115] Vgl. Scherer, Entwicklung der genossenschaftlichen See- und Küstenfischerei (1977), S. 217.

[116] Vgl. RdB Rostock, Abt. Örtliche Wirtschaft, Bericht über die Festigung der bestehenden und der zu bildenden Produktionsgenossenschaften werktätiger Fischer und über die Einrichtung der FGS, 17. 12. 1954. LAG, Rep. 200, 4.6.1.8, Nr. 17, Bl. 1–9.

[117] Vgl. Tabelle bei Scherer, Entwicklung der genossenschaftlichen See- und Küstenfischerei (1977), S. 224.

stellt worden.[118] Neben weiteren Fischereiversammlungen waren nun zur „Popularisierung" des Beschlusses Zeitschriften- und Hörfunkreportagen ebenso vorgesehen wie ein DEFA-Kurzfilm über die staatliche Unterstützung der FPG.[119] Zur Sitzung des Präsidiums waren in diesem Sinne auch einige „zuverlässige" Fischer von der Ostseeküste nach Berlin geladen worden, um das Interesse der Regierung an den Belangen der See- und Küstenfischerei zu unterstreichen.[120] Zumindest bei dem in Berlin anwesenden Fischer Ernst Pisch von der FPG „Karl Liebknecht" in Göhren verfehlte diese Maßnahme ihre Wirkung nicht. Er habe, so ein Stimmungsbericht der Kreisleitung Putbus (Rügen), seine Begeisterung auch auf die anderen Fischer der FPG übertragen: *„So wie unser Staat hat sich noch keiner um uns Fischer gekümmert."*[121]

Der Ministerratsbeschluss wurde allerdings von den wenigsten Fischern so positiv bewertet. In den direkten Aussprachen und Versammlungen mit den Fischern, die die Partei- und Verwaltungsstellen im Frühsommer 1955 mit bisher nicht gekannter Intensität durchführten, trafen sie nicht selten auf Misstrauen und Skepsis gegenüber den angekündigten Maßnahmen. Bisher hätten sich Staat und Partei nicht ausreichend um die Belange der Fischer gekümmert, zu oft habe man ihnen falsche Versprechungen gemacht.[122]

Unklarheit herrschte vor allem über das Verhältnis zwischen Verband und Fischwirtschaftsgenossenschaften und den FGS und Produktionsgenossenschaften. Welche Perspektiven gab es noch für die FWG, sollte ihnen wie geplant die

[118] Westphal und Warnke als Vorsitzender des RdB sprachen in Warnemünde, Binz (Rügen) und Wolgast zu den Themen „Wie können wir der Bevölkerung mehr Fische liefern?" und „Wie erleichtern wir den werktätigen Fischern die Arbeit?" Vgl. Verband der FWG an die FWG, 6.9.1954. LAG, Rep.233, Nr.2, Bd.2, Bl.241. Vgl. auch Minister Kurt Westphal und Vorsitzender des Rates des Bezirks Hans Warnke bei den werktätigen Fischern der mecklenburgischen Ostseeküste, in: Deutsche Fischerei-Zeitung, Jg.1 Nr.9, Dezember 1954, S.269–271.

[119] Protokoll Nr.6/55 der Sitzung des Sekretariats des ZK vom 9.2.1955 mit Anlage 1 und 2. SAPMO DY 30 / J IV 2/3/ 455, Bl.1–3, 11–20.

[120] Protokoll der 10.Sitzung des Präsidiums des Ministerrates vom 28.4.1955, Anlage A: Vorschläge zur Einladung von Fischern für die Sitzung, BArch DC 20 I/4 / 110, Bl.12–15.

[121] Vgl. KL SED Putbus, Bericht über die Stimmungen und Meinungen der Fischer, o.D. nach April 1955. LAG, Rep.IV/4/8, Nr.142, Bl.26–28.

[122] Insbesondere der Fischereireferent Bruno Schwank, der sich – wie Karl Mewis im Juni 1955 auf der Arbeitstagung der Fischwirtschaftsgenossenschaften erwähnte, in einem Kutter nach Westen abgesetzt hatte – war von Seiten der Fischer heftig kritisiert worden, da er seine vollmundigen Versprechungen über eine verbesserte Materialversorgung nicht eingehalten hatte. Ob daraus resultierende Schwierigkeiten Anlass für seine Flucht waren, kann nur vermutet werden. Vgl. Protokoll über die genossenschaftliche Arbeitstagung der FWG Mecklenburg, 25.6.1955. LAG, Rep.233, Nr.8, Bl.59–67. Vgl. zu den Reaktionen der Fischer auf den Ministerratsbeschluss beispielhaft RdS Wismar, Abt. Örtliche Wirtschaft, Auswertung des Ministerratsbeschlusses vom 28.4.1955, o.D.,1955. AHW, XXIV, 16 A, Nr.6; BL SED Rostock, Bericht über die öffentliche Versammlung mit werktätigen Fischern in Kirchdorf auf Poel am 5.6.1955. LAG, Rep.IV/2/6, Nr.830, Bl.30–32 sowie RdS Rostock, Abt. Örtliche Wirtschaft, Bericht über die durchgeführten Maßnahmen zur Verbesserung der Lage unter den Fischern im Stadtgebiet Rostock, 9.8.1955. LAG, Rep.KL Rostock IV/4/7, Nr.465, Bl.41–47. Die Kreisleitung Putbus malte ein positiveres Stimmungsbild, vgl. KL SED Putbus, Bericht über die Stimmungen und Meinungen der Fischer, o.D. nach April 1955. LAG, Rep.IV/4/8, Nr.142, Bl.26–28.

Aufgabe der Erfassung und Materialversorgung genommen werden? Anlässlich der *„Meinungsverschiedenheiten"* in der Auslegung des Beschlusses lud der Verband der FWG daher die zuständigen Vertreter von Regierung und Partei zu einer *„vertrauensvollen Aussprache"* mit den Fischern.[123] An dieser genossenschaftlichen Arbeitstagung vom 25. Juni 1955 nahmen alle für die See- und Küstenfischerei relevanten Stellen mit ihren Vertretern teil: das Ministerium für Lebensmittelindustrie, der Rat des Bezirks und die Räte der Kreise, die Fischereiaufsichtsbehörde, der Bezirksdirektor der FGS und natürlich die Bezirksleitung der SED.

Es fiel dem Vertreter des Rats des Bezirks, Gramm, sichtlich schwer, einerseits zu begründen, warum die Einrichtung der FGS und die Bildung von Produktionsgenossenschaften zur Steigerung des Fischfangs und Sicherung der Existenz der Fischer unbedingt notwendig seien, und andererseits die Bedenken der in den FWG organisierten Fischer zu entkräften. Kursierenden Gerüchten über die bevorstehende Liquidierung der Fischwirtschaftsgenossenschaften traten die Vertreter von Staat und Partei entschieden entgegen. Gramm betonte, dass die Bildung von FPG nur auf freiwilliger Basis erfolge und dass auch die „werktätigen Einzelfischer" von den FGS Unterstützung erhalten würden. Auch Karl Mewis von der Bezirksleitung der SED war bemüht, diesbezügliche Ängste zu zerstreuen. Einzelfischer werde es im Sozialismus und möglicherweise sogar im Kommunismus geben.

Die Tagung zeigte, dass der Großteil der Fischer den FPG weiterhin skeptisch gegenüberstand. Sie sahen darin Zusammenschlüsse von wirtschaftlich schwachen oder unselbständigen Fischern, die durch horrende staatliche Kredite, ein niedrigeres Ablieferungssoll und bessere Materialversorgung bevorzugt wurden. Ein Beitritt zur FPG war für die selbständigen Fischer keine Alternative. Sie forderten stattdessen ausreichendes Material in besserer Qualität, Kredite auch für die private Fischerei und mehr Unterstützung für die kleinen Küstenfischer. Dass mit den FPG *„ein höherer politischer Weg"* beschritten würde, wie Gramm es formulierte, interessierte sie nicht.

Das mag auch daran gelegen haben, dass die Partei in ihrer Agitationsarbeit eher unsensibel vorgegangen war und insbesondere die Bedeutung der Fischwirtschaftsgenossenschaften für die Fischer unterschätzt hatte. Die Aufgabe, die historische Entwicklung des Genossenschaftswesens und die Notwendigkeit zum Übergang zur sozialistischen Arbeitsweise ideologisch korrekt zu formulieren, überforderte die Partei ganz offensichtlich. Ein Argumentationspapier der Bezirksleitung mit dem Titel *„Wie muss die Arbeit der Partei mit den werktätigen Fischern verbessert werden?"* zeugt in vielen Passagen von Unkenntnis der Verhältnisse und einer ideologisch motivierten Verzerrung der Tatsachen.[124]

Die vor 1945 existierenden Fischverwertungsgenossenschaften wurden hier undifferenziert als kapitalistische Organisationen in den Händen von Junkern,

[123] Zum Folgenden, wenn nicht anders angegeben, vgl. Protokoll über die genossenschaftliche Arbeitstagung der FWG Mecklenburg, 25. 6. 1955. LAG, Rep. 233, Nr. 8, Bl. 59–67.

[124] Vgl. zum Folgenden, wenn nicht anders angegeben: Wie muss die Arbeit der Partei mit den werktätigen Fischern verbessert werden? Entwurf der BL SED, mit handschriftlichen Notizen, o. D., Frühjahr 1955. LAG, Rep. IV/2/6, Nr. 830, Bl. 16–27.

Unternehmern, Fischhandel, Fischverarbeitung und Großfischern diffamiert: „*Die Einrichtung dieser kapitalistischen Unternehmen war eine besonders raffinierte Form der Ausplünderung der werktätigen Fischer durch das Kapital in Stadt und Land.*" Dass eine traditionsreiche Genossenschaft wie die FWG Stralsund in ihrem Rechenschaftsbericht des Jahres 1955 ausdrücklich darauf verwies, im Jahr 1916 gegründet worden zu sein, um die Ausbeutung durch Großhändler und Spekulanten zu beenden, liest sich wie ein Reflex auf diese vereinfachte und verfälschende Darstellung.[125]

Eine besondere Herausforderung stellte zweifellos die Einordnung der auf Befehl der SMAD 1947 ins Leben gerufenen Fischwirtschaftsgenossenschaften dar, mit denen eine flächendeckende genossenschaftliche Organisation an der Ostsee ja erst entstanden war. Dass diese FWG von den „sowjetischen Freunden" ausdrücklich als gewinnstrebende Zusammenschlüsse gegründet und mit der Aufgabe der Fangerfassung und Materialversorgung betraut worden waren, passte nun nicht mehr ins ideologische Konzept. Den Schwarzen Peter schob man den Verwaltungsorganen zu. Die Möglichkeit zu echter genossenschaftlicher Tätigkeit sei vertan worden, da diese der Fischerei nicht die gebührende Aufmerksamkeit geschenkt und den FWG und ihrem Verband freie Handhabe gegeben hätten, sämtliche mit der Erfassung und der Materialversorgung zusammenhängenden Funktionen zu übernehmen. Im Zuge dieser Entwicklung hätten dann ehemalige Großhändler, Unternehmer und Großfischer wieder ihre alten Machtpositionen übernehmen können. Tatsächlich waren in vielen FWG ehemalige Großhändler oder Besitzer von Verarbeitungsbetrieben als Geschäftsführer tätig. Auf die betriebswirtschaftliche Kompetenz dieser Fachleute hatte man nach 1945 gerne zurückgegriffen, nun wurden sie als „*kapitalistische Elemente*" verdammt.[126] Noch Anfang 1954 hatte Bruno Schwank lobend hervorgehoben, dass sich die FWG wirtschaftlich gefestigt und Verarbeitungsbetriebe errichtet hätten, „*um mitzuhelfen, unsere Bevölkerung mit guten Fischereizeugnissen [sic!] zu versorgen.*" 19 der 25 Fischwirtschaftsgenossenschaften unterhielten eigene oder gepachtete Betriebe. Nun hieß es, diese seien ausbeuterisch und die Konzentration auf die Fischverarbeitung stünde in Widerspruch zu den originären Aufgaben der FWG.[127]

[125] Vgl. Rechenschaftsbericht des Vorstandes der FWG Stralsund, Dezember 1955. LAG, Rep. 233, Nr. 17, Bd. 1, Bl. 277–283. Zu ähnlichen Reaktionen in Warnemünde vgl. RdS Rostock, Abt. Örtliche Wirtschaft, Bericht über die durchgeführten Maßnahmen zur Verbesserung der Lage unter den Fischern im Stadtgebiet Rostock, 9. 8. 1955. LAG, Rep. KL Rostock IV/4/7, Nr. 465, Bl. 41–47.

[126] Vgl. Wie muss die Arbeit der Partei mit den werktätigen Fischern verbessert werden? Entwurf der BL SED, mit handschriftlichen Notizen, o. D., vermutlich Frühjahr 1955. LAG, Rep. IV/2/6, Nr. 830, Bl. 16–27.

[127] Vgl. RdB Rostock, Referent für See- und Küstenfischer, (Bruno Schwank), Bericht über die Entwicklung der privaten genossenschaftlichen See- und Küstenfischerei im Bezirk Rostock (für die BL SED), o. D., Anfang 1954. LAG, Rep. IV/2/6, Nr. 831, Bl. 18f. und Sitzung und Protokoll über die genossenschaftliche Arbeitstagung der FWG Mecklenburg, 25. 6. 1955. LAG, Rep. 233, Nr. 8, Bl. 59–67.

Diskussionen auf dieser Basis dürften schwerlich dazu beigetragen haben, die Arbeit der Partei mit den werktätigen Fischern zu verbessern. Durch den Wegfall jeglicher Absatzschwierigkeiten und die festen Fischpreise hatten sich viele Fischwirtschaftsgenossenschaften wirtschaftlich konsolidieren können und die Fischer waren durchaus stolz auf diese Entwicklung.[128] In Form von Warenrückvergütung floss der Gewinn anteilig an sie zurück oder wurde in die den FWG angeschlossenen Verarbeitungsbetriebe investiert. Angesichts der wirtschaftlichen Notlage, in der sich die meisten Ostseefischer jahrzehntelang befunden hatten, empfanden sie es empörend, dass gegen ihre rentabel arbeitenden Genossenschaften nun der Vorwurf der Ausbeutung erhoben wurde.

Die Reaktion der Poeler Fischer auf einer Fischereiversammlung Anfang Juni 1955 verdeutlicht dies anschaulich. Sie empfingen einen Vertreter der Bezirksleitung der SED mit der Aufforderung, er solle *„ihnen mal erklären, ob sie Kapitalisten wären."* Als dieser die Frage der Fischwirtschaftsgenossenschaften anschnitt und ausführte, dort gäbe es Kräfte, die nicht für die Sache, sondern für sich arbeiten würden, traten die Fischer *„einmütig dagegen auf und erklärten, dass sie durch die Bildung ihrer Genossenschaft mehr Sozialismus aufgebaut hätten, als es sonst durch Worte geschehen kann."* Der Mitarbeiter bat daher dringend darum, dass die Abteilung Wirtschaft kläre, wie in dieser Sache mit den Fischern argumentiert werden müsse.[129]

Mit den Folgen der ungelenken Agitationsversuche sahen sich die Vertreter von Partei und Regierung nun auf der genossenschaftlichen Arbeitstagung im Juni 1955 konfrontiert.[130] Auch die mit den Kategorien Groß-, Mittel- und Kleinfischer verbundene Klassenkampfrhetorik, die die Angehörigen der Bezirks- und Kreisleitung und in der Folge sicher auch mancher Mitarbeiter der Verwaltung bei ihrer Arbeit verwendeten, wirkte sich in diesem Zusammenhang kontraproduktiv aus.

Schon im Frühsommer 1953, als sich die Partei erstmals mit der Frage der Kollektivierung der See- und Küstenfischerei beschäftigte, trifft man auf diese an den Verhältnissen der Landwirtschaft orientierte ideologische Kategorisierung.[131] Doch eine schablonenhafte Anwendung der Begrifflichkeiten auf die See- und Küstenfischerei mit ihren besonderen Arbeits- und Existenzformen erwies sich als schwierig. Kleinfischer waren demnach Küstenfischer mit kleinen Produktionsmitteln wie Stellnetze, Angeln und Kleinreusen. Kutter-, Reusen- und Garnfischer ohne eigene Arbeitskräfte zählten zu den Mittelfischern. Als Großfischer wurden

[128] Der Geschäftsführer der FWG Wismar, Otto Röpcke, erklärte, die FWG und ihre Erfolge sehe der Fischer als sein Werk an. Vgl. Protokoll über die Fischerversammlung vom 14.11.1955. AHW, XXIV, 16 A, Nr.6.

[129] Vgl. BL SED Rostock, Bericht über die öffentliche Versammlung mit werktätigen Fischern in Kirchdorf auf Poel am 5.6.1955. LAG, Rep.IV/2/6, Nr.830, Bl.30–32. Er wies zudem darauf hin, dass *„ungenügend erfahrene[] Genossen"* nicht zu solchen Fischereiversammlungen geschickt werden sollten.

[130] Vgl. Protokoll über die genossenschaftliche Arbeitstagung der FWG Mecklenburg, 25.6.1955. LAG, Rep.233, Nr.8, Bl.59–67.

[131] Vgl. BL SED Rostock, Was ist eine Fischereiproduktionsgenossenschaft?, o.D., vermutlich Mai/Juni 1953. LAG, Rep.IV/2/6, Nr.836, Bl.1–3.

schließlich Kutter-, Großreusen- und Garnfischer bezeichnet, die in ihren Betrieben fremde Arbeitskräfte beschäftigten. Nach dieser Definition wären etliche Fischer als Großfischer einzuordnen gewesen, die nach Angaben des Verbandes im Vergleich kaum das Niveau eines Mittelbauern erreichten. Der Verband verwies daher bereits im März 1954 darauf, dass alle sogenannten Großfischer in der See- und Küstenfischerei in ihren Betrieben selbst aktiv und somit als „werktätige Fischer" anzusehen seien. Größere Reusen und Garne würden zudem oft gemeinschaftlich in Reusengemeinschaften und Kommünen bewirtschaftet. Auch die manchmal als Fischereiarbeiter bezeichneten Gehilfen und Maate, Arbeitskräfte ohne eigene Produktionsmittel, waren nicht ohne weiteres mit den Landarbeitern gleichzusetzen. Es handele sich bei ihnen, so der Verband, fast ausschließlich um Anteilsfischer, die auch im steuerlichen Sinn selbständige Fischer waren.[132] Ein Blick auf die Entwicklung in der Landwirtschaft zeigt, warum der Verband die Analogie zum Großbauern unbedingt vermieden wissen wollte. Die SED hatte die Großbauern, zu denen undifferenziert alle Betriebe mit mehr als 20 ha Wirtschaftsfläche gezählt wurden, seit 1948 konsequent zum Klassenfeind stilisiert. Dieser „Klassenkampf auf dem Lande" zog massive wirtschaftliche Benachteiligungen und politische und soziale Ausgrenzung nach sich.[133]

1955 versuchte die Partei die Kategorien an die Verhältnisse der See- und Küstenfischerei anzupassen. Als Großfischer galt nun, wer drei oder mehr Arbeitskräfte beschäftigte. Da die meisten Kutterbesitzer üblicherweise mit zwei Arbeitskräften, nicht selten Familienangehörige, fischten, wurde der weitaus größere Teil von ihnen nun als Mittelfischer eingestuft. Nach Angaben der Bezirksleitung waren 1955 von den insgesamt 2550 Mitgliedern der Fischwirtschaftsgenossenschaften des Ostseebezirks 27 als Großfischer und 457 als Mittelfischer einzustufen. Diese beschäftigten 170 Anteilsfischer, die prozentual am Fang beteiligt wurden. Der überwiegende Teil der Fischer war somit als Kleinfischer anzusehen.[134]

[132] Der Besitz eines Kutters oder einer Großreuse sei bestenfalls mit dem lebenden und toten Inventar eines Mittelbauern zu vergleichen. Vgl. Verband der FWG, Stralsund an die BL SED Rostock, Abt. Wirtschaft, Gen. Namokel, Soziale Aufgliederung der See- und Küstenfischer, 26.3.1954. LAG, Rep. 233, Nr. 2, Bd. 1, Bl. 14.

[133] Steuerliche Benachteiligungen und überhöhte Pflichtablieferungsauflagen, die Zerschlagung des landwirtschaftlichen Genossenschaftswesens und die Verdrängung der Großbauern aus den Führungspositionen der VdgB sind hier zu nennen. Folge dieser Marginalisierung war in vielen Fällen die Flucht aus der DDR, über 10 Prozent der großbäuerlichen Betriebe wurden so zwischen 1950 und 1952 der landwirtschaftlichen Produktion entzogen und lagen brach. Vgl. Schöne, Frühling auf dem Lande (2005), S. 70f.

[134] Vgl. Wie muss die Arbeit der Partei mit den werktätigen Fischern verbessert werden? Entwurf der BL SED, mit handschriftlichen Notizen, o. D., vermutlich Frühjahr 1955. LAG, Rep. IV/2/6, Nr. 830, Bl. 16–27. Eine Aufstellung des RdB aus dem gleichen Jahr liefert abweichende Zahlen. 1955 wurden 1889 selbständige Fischer gezählt, 109 mithelfende Angehörige und 342 fremde Arbeitskräfte. Angabe nach Gries, Zehn Jahre (1958/59), S. 139. Verlässliche Zahlenangaben, etwa aus einer Betriebszählung, fehlen. Als problematisch bei der Bewertung des Zahlenmaterials erweist sich auch das Fehlen jeglicher Hinweise auf die Erhebungsmethoden. So ist beispielsweise nicht klar, ob die Anteilsfischer hier unter selbständige Fischer oder fremde Arbeitskräfte gelistet sind.

Im Verlauf des Jahres 1955 übersandten die Mitarbeiter der Kreisleitungen Aufstellungen über die soziale Gliederung der Fischer an die Bezirksleitung.[135] Für die teilweise detaillierten Analysen über die Besitzverhältnisse der Fischer griffen die Mitarbeiter der Kreisleitungen offensichtlich auch auf das Wissen des Fischereiaufsichtspersonals zurück, das in engem Kontakt zu den Fischern stand. Das für eine erfolgreiche Überzeugungsarbeit notwendige Vertrauen der Fischer in die Mitarbeiter der Partei dürfte durch solche Maßnahmen kaum gefördert worden sein.[136]

Dass mit der Verwendung der Begriffskategorien noch immer Unruhe in die Fischerei hineingetragen wurde, wie es der Hauptgeschäftsführer des Verbandes, Tiews, formulierte, bestätigen die Fragen und Äußerungen der Fischer auf der Arbeitstagung im Juni 1955. Über die genaue Abgrenzung des Begriffs „Großfischer" herrschte weiterhin Unklarheit und der Fischer Schack aus Zempin, der seiner Wortmeldung vorausschickte, er spreche als Kleinfischer, wehrte sich vehement gegen die Behauptung, der Fischer sei ein Kapitalist: *„Mit dieser ganzen Sache habe man den Fischer sehr vor den Kopf gestoßen."* Der Abgesandte des Ministeriums für Lebensmittelindustrie, Holz, war sichtlich darum bemüht, Schadensbegrenzung zu betreiben. Er definierte den Großfischer noch einmal als jemanden, der ständig mehrere fremde Arbeitskräfte im Lohnverhältnis beschäftige und über größere Produktionsmittel verfügte. Im Küstengebiet gäbe es davon jedoch nur einen ganz geringen Prozentsatz. Der Großteil der Fischer seien Mittel- und Kleinfischer. Die Einteilung sei jedoch so schwierig, dass man mit diesen Begriffen gar nicht arbeiten wolle. Er verwies darauf, dass auch die Großfischer durch die Maßnahmen der Regierung keinerlei Nachteile hätten.

Auch von Seiten der Partei erkannte man spätestens jetzt, dass die bisher gewählte Argumentationsweise nicht zielführend war. Karl Mewis äußerte Verständnis für den Standpunkt der Fischer und versuchte, die offensichtlich kontraproduktive Diskussion zu beenden: *„Die werktätigen Fischer sind im großen und ganzen solche, die an ihrem Beruf hängen und sich dagegen wehren, sie seien Ausbeuter."* Er räumte ein, dass sich Vertreter der Bezirksleitung unklar ausgedrückt haben könnten und so Missverständnisse entstanden seien. Die Fischverwertungsgenossenschaften seien berechtigte, nun aber nicht mehr zeitgemäße Einrichtungen gewesen. *„Das Gerede über kapitalistische Genossenschaften oder nicht wollen wir nicht in den Vordergrund stellen. Eure Genossenschaften habt ihr euch geschaffen gegen die Händler und Spekulanten. Heute ist die Lage eine andere."*[137]

135 Vgl. KL SED Rostock-Warnemünde, Abt. Wirtschaft, Analyse über die soziale Gliederung der werktätigen Fischer Warnemünde, 1.8.1955. LAG, Rep.IV/2/6, Nr.830, Bl.57–64 und KL SED Putbus, Abt. Wirtschaft, Maßnahmen zur Durchführung des Beschlusses des Büros der Bezirksleitung über die Verbesserung der Arbeit in den FPG und FWG, 17.3.1955. LAG, Rep.IV/4/8, Nr.142, Bl.38–39.

136 In Wismar verweigerte der Aufsichtsbeamte Völz diesbezügliche Angaben mit dem Hinweis, er könne nicht in das Privatleben der Fischer eindringen. Vgl. Protokoll über eine Fischerversammlung vom 14.11.1955. AHW, XXIV, 16 A, Nr.6.

137 Protokoll über die genossenschaftliche Arbeitstagung der FWG Mecklenburg, 25.6.1955. LAG, Rep.233, Nr.8, Bl.59–67.

Zumindest vordergründig scheint sich die Parteilinie in dieser Hinsicht in den folgenden Jahren verändert zu haben. Für die nicht in einer Produktionsgenossenschaft organisierten Klein- und Mittelfischer setzte sich der bereits gebräuchliche Begriff „werktätiger Einzelfischer" durch, der den Fischer in die Nähe der Arbeiterklasse rückte.[138] Daneben findet sich die Bezeichnung „Privatfischer". Der Begriff Großfischer fand seither in Verlautbarungen gegenüber den Fischern aber auch intern nur noch selten Verwendung. Für die Mitglieder der Produktionsgenossenschaften war eine Differenzierung ohnehin obsolet, sie etablierten die neue „Klasse der Genossenschaftsfischer".[139]

Die Arbeitstagung hatte unmissverständlich klargemacht, dass das Verhältnis zwischen den selbständigen Fischern und Staat und Partei belastet war. Um die noch herrschenden Unklarheiten bezüglich des Ministerratsbeschlusses zu beseitigen, führte der Rat des Bezirks im Herbst 1955 eine Versammlungskampagne durch, deren Ziel es war, die Fischer über die Aufgaben der FGS aufzuklären, „*klassenfeindliche Tendenzen*" zu zerschlagen und das „*Vertrauen zur Staatsmacht*" weiter zu festigen.[140] Dass in Wismar nur drei Fischer zu einer solchen Veranstaltung erschienen, spricht für sich.[141]

d) „Die Interessen der Fischer sind die Interessen der Regierung und der Partei der Arbeiterklasse": Der Verband und die Fischwirtschaftsgenossenschaften bis Ende 1956

Die Erfahrungen der Arbeitstagung führten auch hinsichtlich der Politik gegenüber dem Verband und der in ihm zusammengeschlossenen Fischwirtschaftsgenossenschaften zu leichten Kurskorrekturen. Am 22. und 23. Juni 1955, kurz vor der gemeinsamen Tagung, hatten der Rat und die Bezirksleitung eine Überprüfung des Verbandes durchgeführt, die in erster Linie dazu dienen sollte, die bereits festgelegte Parteilinie zu stützen. Das Ergebnis ist daher nicht überraschend. Verband und Fischwirtschaftsgenossenschaften arbeiteten nach rein kapitalistischen Prinzipien und verträten einseitig die Interessen der wirtschaftlich starken Fi-

[138] Unter „werktätigen Fischern" wurden, analog zum „werktätigen Bauern", kleine Selbständige, die von eigener Erwerbsarbeit lebten und keine oder nur wenige Arbeitskräfte beschäftigten, verstanden. Die Bezeichnung sollte diese kleinen Selbständigen von als kapitalistisch einzustufenden Unternehmern abgrenzen. Vgl. den Eintrag „Werktätiger" im offiziösen Kleinen Politischen Wörterbuch (1973), S. 960.

[139] Vgl. den Eintrag „Klasse der Genossenschaftsbauern" im Kleinen Politischen Wörterbuch (1973), S. 404–406.

[140] Vgl. Ratsvorlage über die Entwicklung und Förderung der Fischerei-Fahrzeug- und Gerätestationen und der Produktionsgenossenschaften werktätiger See- und Küstenfischer, 15. 12. 1955. LAG, Rep. 200, 2.2.2.1, Nr. 74, Bl. 49–61.

[141] Vgl. Protokoll über die Fischerversammlung vom 14. 11. 1955. AHW, XXIV, 16 A, Nr. 6. In Stralsund und auf Rügen stießen die Mitarbeiter der FGS und der Verwaltung im Jahr 1955 bereits bei der Erwähnung des Wortes FPG auf heftigen Widerstand der Fischer. Vgl. Vorlage für die Ratssitzung am 23. 8. 1956, Bericht über das Fischereiwesen und Bericht über die Entwicklung der FGS Stralsund. LAG, Rep. 250, Nr. 126, Bl. 1–9.

scher.[142] Der Verband hemme die fortschreitende Entwicklung in der Fischereiwirtschaft: „*Es vernotwendigt sich eine Demokratisierung des Verbandes und eine Umwandlung in eine Institution, die den Charakter ähnlich der VdgB (BHG) trägt, vorzunehmen, worin die Großfischer nicht wie jetzt zur Zeit im Verband die wirtschaftlichen Machtpositionen inne haben, sondern die werktätigen Fischer.*“ Die letzte Passage des Berichts, die eine breite Aufklärungskampagne über die Unzulänglichkeiten und Machenschaften des Verbandes unter den werktätigen Fischern vorsah, um auf diesem Wege eine Umwandlung zu erreichen, wurde nachträglich gestrichen. Nach den Erkenntnissen der Arbeitstagung schien der Partei eine etwas subtilere Vorgehensweise dringend angeraten.[143]

Damit war jedoch keine Abkehr von der eigentlichen Zielsetzung verbunden. Der Verband sollte in seiner jetzigen Form nicht weiterbestehen. Der erste in solchen Fällen übliche Schritt bestand darin, die Kontrolle über die Gremien des Verbandes zu gewinnen.[144] Nach der Tagung vom Juni erschienen Zeitungsartikel, in denen unter anderem die angebliche Inkompetenz des Geschäftsführers Tiews angeprangert wurde.[145] So sollte der geplante Austausch von Geschäftsführung, Vorstand und Aufsichtsrat auf der Generalversammlung im November 1955 vorbereitet werden. Da kein Protokoll überliefert ist, fehlen Informationen über den Ablauf der Sitzung. Vermutlich handelte es sich um eine turnusmäßige Neuwahl der Gremien.[146] Neuer Geschäftsführer wurde ein Genosse Büge, der mit dem

[142] Auf die Beweisführung soll hier nicht im Einzelnen eingegangen werden, es wird u.a. darauf verwiesen, dass von 25 Geschäftsführern der FWG acht ehemalige Fischgroßhändler und Besitzer von Verarbeitungsbetrieben seien. Vgl. Bericht über die Überprüfung des Verbandes der Fischwirtschaftsgenossenschaften des Landes Mecklenburg GmbH Stralsund in der Zeit vom 22. bis 23.6.1955 durch die BL SED Rostock und den RdB Rostock, 24.6.1955. LAG, Rep.IV/2/6, Nr.836, Bl.53–56.

[143] Ebd. Der Abschlussbericht der Überprüfung datiert nur einen Tag vor der eben skizzierten genossenschaftlichen Arbeitstagung vom 25.6.1955.

[144] Auch auf lokaler Ebene sollten die Kreisleitungen dafür sorgen, dass bei Aufsichtsrats- und Vorstandswahlen Personen zum Zuge kämen, die das Vertrauen der Partei besitzen. Vgl. Wie muss die Arbeit der Partei mit den werktätigen Fischern verbessert werden? Entwurf der BL SED, mit handschriftlichen Notizen, o.D., Frühjahr 1955. LAG, Rep.IV/2/6, Nr.830, Bl.16–27.

[145] Vgl. Die Sorgen der Fischer sind auch die Sorgen der Partei und Regierung. Genosse Mewis sprach zu den Küstenfischern unseres Bezirks, Ausschnitt eines Zeitungsartikels unbekannter Provinienz, o.D., 1955. AHW, XXIV, 16 A, Nr.6. Hier wurde bemängelt, dass Tiews die Beschlüsse von Partei und Regierung nur ungenügend studiert habe. In einem weiteren Artikel wählte man die bestehenden Probleme in der Materialversorgung zum Thema. Der Verband habe versucht, sich hinter Partei und Regierung zu verschanzen, um die Mängel der eigenen Arbeit zu vertuschen. Vgl. Warum haben die Fischer unseres Bezirks Materialsorgen? Manuskript eines Artikels für die Ostseezeitung, o.D., 2. Hälfte 1955. LAG, Rep.200, 4.6.4, Nr.163, Bd.2, Bl.123–126. Artur Tiews war ursprünglich Fischer und gehörte der FWG Ahlbeck an. Spätestens seit Dezember 1953 ist er als Geschäftsführer und Vorstandsmitglied im Verband nachweisbar. Vgl. Protokoll der Geschäftsführertagung des Verbands der FWG, 15.12.1953. LAG, Rep.233, Nr.8, Bl.94–97 und Aufstellung über die Verwaltungsorgane des Verbandes der FWG, o.D., vermutlich 1955. LAG, Rep.233, Nr.16, Bl.17.

[146] Vgl. auch Ratsvorlage über die Entwicklung und Förderung der Fischerei-Fahrzeug- und Gerätestationen und der Produktionsgenossenschaften werktätiger See- und Küstenfischer, 15.12.1955. LAG, Rep.200, 2.2.2.1, Nr.74, Bl.49–61.

gleichnamigen Fischereisachbearbeiter des Kreises Putbus/Rügen identisch sein könnte.[147] Die neue Besetzung der Verwaltungsorgane erfolgte mit *„fortschrittlich ausgerichtete[n]"* Fischern, von denen der Vorstand komplett der SED angehörte.[148] Dies war jedoch kein Garant dafür, dass sich der Verband im gewünschten Sinne entwickelte. Der Rat des Bezirks musste im Oktober 1956 konstatieren, dass die Änderung der Geschäftsführung des Verbandes sowie die Neubesetzung von Vorstand und Aufsichtsrat die Erwartungen weder in ökonomischer noch in politischer Hinsicht erfüllt hätten.[149] Überraschend ist diese Einschätzung nicht, schließlich verlangte man vom Verband im Prinzip nicht weniger, als sich selbst überflüssig zu machen.

Denn entgegen der Äußerung des Vertreters des Ministeriums für Lebensmittelindustrie, der im Juni 1955 noch beschwichtigend versichert hatte, die Materialversorgung verbleibe nach wie vor beim Verband,[150] stand für den Rat des Bezirks längst fest, die FGS zum 1. Januar 1957 vollständig mit dieser Aufgabe zu betrauen. Der Verband sollte die Stationen zu diesem Zweck gleichsam anlernen.[151] Geschäftsführer Büge befürchtete aufgrund der mangelnden Erfahrung der Stationen Fehlplanungen.[152] Vor den weiteren Folgen warnte der Verband Mitte Juni 1956 in eigenem Interesse noch einmal nachdrücklich. Sollte er seine einzige Einnahmequelle verlieren, könne die Durchführung der ihm zugedachten politischen, ökonomischen und gesellschaftlichen Aufgaben nicht gewährleistet werden.[153]

Die Vorbereitungen zur Übergabe der Materialversorgung an die FGS gaben den berechtigten Ängsten der Fischer vor einer Auflösung des Verbandes und der Fischwirtschaftsgenossenschaften neuen Auftrieb, ebenso wie die Tatsache, dass die FGS seit Januar 1956 schrittweise die Fangerfassung von den FWG ihres Einzugsbereichs übernahmen. Durch den Ministerratsbeschluss war die Erfassung

147 Vgl. KL SED Putbus an BL SED Rostock, Bericht über die Arbeit mit den werktätigen Fischern, 28.7.1955. LAG, Rep. IV/2/6, Nr. 830, Bl. 48–53. Unter den Fischern war Büge jedenfalls unbekannt, er wurde von Vorstand und Aufsichtsrat angestellt. Vgl. Protokoll der Generalversammlung des Verbandes der FWG vom 14.12.1956. LAG, Rep. 200, 4.6.4, Nr. 166, Bl. 141–156.

148 Im Verband bestand eine Betriebsparteiorganisation, der fünf der 18 Belegschaftsmitglieder des Verbandes angehörten. Vgl. Bericht über die Genossenschaften und den Verband der FWG (für die BL), 28.7.1956. LAG, Rep. 233, Nr. 16, Bl. 3–5.

149 Vgl. RdB Rostock. Abt. Örtliche Wirtschaft, Bericht über die Entwicklung der FGS und der FPG, Datum der Weiterleitung 2.10.1956. LAG, Rep. 200, 4.6.4, Nr. 166, Bl. 38–46 und Politische Beurteilung von Verbandsvorstand und Aufsichtsrat des Verbandes der FWG, Dezember 1956. LAG, Rep. 200, 2.2.2.1, Nr. 74, Bl. 11.

150 Vgl. Protokoll über die genossenschaftliche Arbeitstagung der FWG Mecklenburg, 25.6.1955. LAG, Rep. 233, Nr. 8, Bl. 59–67.

151 Vgl. Protokoll über den Erfahrungsaustausch an der FGS Wolgast am 16.4.1956. LAG, Rep. 250, Nr. 83, Bl. 5–11. Anwesend waren u. a. Vertreter des RdB, der FGS, der Oberfischmeister und auch der Geschäftsführer des Verbandes der FWG Büge.

152 Vgl. Niederschrift über den Erfahrungsaustausch der FGS am 15.5.1956 in Wismar. LAG, Rep. 250, Nr. 83, Bl. 21–31.

153 Vgl. Bericht über die Genossenschaften und den Verband der FWG (für die BL), 28.7.1956. LAG, Rep. 233, Nr. 16, Bl. 3–5.

der Fänge an das staatliche Versorgungs- und Lagerungskontor der Lebensmittelindustrie (VLK) übergegangen, das diese Aufgabe an die Stationen oder die Fischwirtschaftsgenossenschaften delegieren konnte. Politischer Wille war allerdings, die Erfassung soweit wie möglich in die Hände der Stationen zu legen. Bis Oktober war dies in insgesamt zwölf Küstenorten erfolgt.[154] Der Verband prophezeite, diese Umstrukturierung werde sich als Verlustquelle herausstellen.[155] Nicht überall war die Übernahme problemlos vonstattengegangen. Zum einen traten logistische Probleme auf, so etwa im Bereich der Station Wolgast, wo die FWG zur Erfassung der Fänge der verstreut wohnenden Fischer teilweise bis zu sechs Nebenstellen unterhalten hatten.[156] In Wismar, Barth und Stralsund hatten die FWG die Erfassung offenbar unter Zwang an die dortige FGS abgeben müssen.[157]

Die Übernahme der Erfassung durch die Stationen geschah keineswegs *„im Interesse der Fischer"*, wie ein Bericht des Rats des Bezirks Anfang Oktober 1956 glauben machen wollte.[158] Durch den Verlust der Gewinnausschüttung in Form der Warenrückvergütung hatten die Fischer handfeste finanzielle Nachteile. Die Mitglieder der FWG Stralsund brachten zum Leidwesen der dortigen FGS sehr offen zum Ausdruck, dass die Station dem Fischer keine Vorteile, sondern nur Nachteile brächte. Es sei ihr bisher nicht gelungen, die Fischer davon zu überzeugen, dass die Abgabe der Erfassung den Bestand der FWG nicht gefährden würde, bekannte die FGS. Diese verträten vielmehr die Meinung, der Staat habe ihnen die Erfassung genommen und versuche nun, *„auch noch die Fischer selbst zu verstaatlichen."*[159]

Im Übrigen erschwerten Kommunikationsprobleme mit der Zentralebene die Arbeit des Rats des Bezirks. Eine Rücksprache mit dem Genossen Holz vom Ministerium für Lebensmittelindustrie hatte die Fischer darin bestärkt, dass sowohl Erfassung als auch Materialversorgung bei den FWG belassen werden müssten. Nun weigerten sich die Fischer in Kamminke und Rankwitz, die Erfassung an die FGS Wolgast abzugeben, an anderen Orten wurde gefordert, bereits erfolgte Umstrukturierungen rückgängig zu machen.[160]

[154] Darunter Warnemünde, Barth, Ribnitz, Wismar, Stralsund, Stahlbrode, Freest, Greifswald, Zempin, Usedom, Kröslin.Vgl. RdB Rostock. Abt. Örtliche Wirtschaft, Bericht über die Entwicklung der FGS und der FPG, 2.10.1956. LAG, Rep.200, 4.6.4, Nr.166, Bl.38–46.

[155] Vgl. Bericht über die Genossenschaften und den Verband der FWG (für die BL), 28.7.1956. LAG, Rep.233, Nr.16, Bl.3–5.

[156] Vgl. Protokoll über den Erfahrungsaustausch an der FGS Wolgast am 16.4.1956. LAG, Rep.250, Nr.83, Bl.5–11.

[157] Vgl. Protokoll der Generalversammlung des Verbandes der FWG vom 14.12.1956. LAG, Rep.200, 4.6.4, Nr.166, Bl.141–156.

[158] Vgl. RdB Rostock. Abt. Örtliche Wirtschaft, Bericht über die Entwicklung der FGS und der FPG, 2.10.1956. LAG, Rep.200, 4.6.4, Nr.166, Bl.38–46.

[159] Vgl. Vorlage für die Ratssitzung am 23.8.1956, Bericht über das Fischereiwesen und Bericht über die Entwicklung der FGS Stralsund. LAG, Rep.250, Nr.126, Bl.1–9.

[160] Vgl. RdB Rostock. Abt. Örtliche Wirtschaft, Bericht über die Entwicklung der FGS und der FPG, 2.10.1956. LAG, Rep.200, 4.6.4, Nr.166, Bl.38–46. Holz war in diesem Sinne bereits auf der genossenschaftlichen Arbeitstagung im Juni 1955 beschwichtigend in Erscheinung getreten.

Die Missstimmung unter den Fischern zeigte Wirkung. Nachdem sich im Oktober die Zentrale Kommission für Staatliche Kontrolle (ZKK) eingeschaltet hatte, sah sich der Rat des Bezirks genötigt, die bisherige Vorgehensweise zu modifizieren.[161] Die ZKK sprach sich nach Gesprächen mit Vertretern von Rat und Bezirksleitung über die Situation in den Fischwirtschaftsgenossenschaften und eigenen Kontrollen dafür aus, den Termin der Übergabe der Materialversorgung an die Stationen zum 1. Januar 1957 zurückzunehmen. Ein solcher Schritt solle keinesfalls *„plötzlich und administrativ, sondern schrittweise, politisch und wirtschaftlich gut vorbereitet"* durchgeführt werden. Gleiches gelte für die Übernahme der Erfassung. Um die bestehenden Spannungen aufzulösen, regte die ZKK zudem eine Aussprache über die weitere Entwicklung der Genossenschaften und des Verbandes auf einer erweiterten Vorstandssitzung des Verbandes an.[162]

Die „Empfehlungen" der ZKK wurden in einer neuen Ratsvorlage vom Dezember 1956 umgesetzt. Für die Probleme, die mit der Übernahme der Erfassung vielerorts entstanden waren, machte man nun die Stationen verantwortlich. Der Kontakt zu „werktätigen Einzelfischern" sei dort nicht immer gut, dies hätte der Versuch, die Übernahme der Erfassung mit *„administrativen Maßnahmen"* zu erreichen, gezeigt. So seien Gegensätze zwischen FGS und FWG konstruiert worden und unüberwindliche Schwierigkeiten in der Zusammenarbeit entstanden. Auch das VLK geriet in die Kritik. Die Übergabe sämtlicher Erfassungstätigkeiten von den FWG an die Stationen, die für 1956 geplant gewesen war, habe sich nicht als zweckmäßig erwiesen. Teilweise sei dies ohne Rücksprache mit den Fischern geschehen, in einigen Fällen seien – dies hatte der Verband vorausgesagt – die Erfassungskosten durch diese Maßnahme gestiegen. Gerade in abgelegenen Gebieten müsse die Erfassung bei den Genossenschaften verbleiben. Das Hauptreferat Fischwirtschaft des Rates des Bezirks sei ebenso wie der Großteil der Fischer der Ansicht, dass die Erfassung nicht Aufgabe der Fahrzeug- und Gerätestationen sei. Im Verlauf des Jahres 1957 sollten diese darum die von ihnen geschaffenen Erfassungsstellen an das VLK zurückgeben.[163]

Demonstrativ stellte sich der Rat des Bezirks auf die Seite der Fischer und fiel den Stationen, die seiner eigenen Zuständigkeit unterstanden, in den Rücken. An der Aussprache mit dem Verband hatten die Leiter der FGS auf Anweisung des Rats des Bezirks nicht teilnehmen dürfen. In wichtigen Fragen, die politische Auswirkungen auf das Verhältnis zwischen Fischern und Station hätten, würden durch den Rat des Bezirks grundsätzliche Entscheidungen ohne Rücksprache mit

161 Zu Struktur und Aufgaben der Zentralen Kommission für Staatliche Kontrolle als von der SED gesteuerte Sonderbehörde vgl. Horstmann, Logik der Willkür (2002) und Braun, Die Zentrale Kommission für Staatliche Kontrolle (2000).

162 Vgl. Stellv. Bevollmächtigter Griesebach an die ZKK Berlin, Bericht über die Situation in den FWG des Bezirkes Rostock, 31. 10. 1956. LAG, Rep. 200, 4.6.4, Nr. 158, Bl. 23f. Auslöser war eine Untersuchung der ZKK im Kreis Usedom gewesen. Die erweiterte Vorstandssitzung fand statt, es ist allerdings kein Protokoll erhalten.

163 Vgl. RdB Rostock. Abt. Örtliche Wirtschaft, Bericht über die Entwicklung der Fischwirtschaft im Bezirk Rostock seit 1945 und die Entstehung der FPG, 18. 12. 1956. LAG, Rep. 200, 4.6.4, Nr. 166, Bl. 86–109.

der Station und ohne Kenntnis der örtlichen Lage gefällt, beklagte sich die FGS Wismar bei der Bezirksleitung der SED.[164] Die Beziehung zwischen den Stationen und den Verwaltungsorganen war gespannt.

Wie zerrüttet wiederum das Verhältnis zwischen den Fischern und der Regierung bereits war, zeigt die Generalversammlung des Verbandes am 14. Dezember, auf der sich der zuständige Abteilungsleiter Gramm dem Unmut der Fischer stellen musste. „*Wir sprechen sehr oft davon, dass wir als Vertreter der Staatsmacht die Interessen der werktätigen Fischer vertreten. [...] Ich habe manchmal den Eindruck, dass einige Fischerfreunde dies nicht glauben. Die Interessen der Fischer sind die Interessen der Regierung und der Partei der Arbeiterklasse*“, warb er um das Vertrauen der Fischer. Obwohl Gramm die modifizierte Linie in den Fragen der Erfassung und der Materialversorgung bekannt gab, fiel das Urteil des uns schon bekannten Fischers Schack aus Zempin vernichtend aus. Auf die Frage, wie die Fischer zur FGS und zum Staatsapparat stünden, antwortete er, in seiner Genossenschaft sei man sich einig, „*dass alles geändert werden muss, vom Staatsapparat angefangen.*“ Der Ministerratsbeschluss hätte nicht ohne Mitarbeit der Fischer entstehen dürfen, so ein weiterer Fischer. Den Genossenschaften die Erfassung zu nehmen, sei der falsche Weg: „*Dies ist eine Zwangsjacke und keine demokratische Entscheidung. Da kann man keine freudige Mitarbeit von Seiten der Fischer erwarten.*“ [165]

Auch hinsichtlich der Materialversorgung hatte der Rat des Bezirks, wie von der ZKK gefordert, einen Rückzieher gemacht. Vorerst sollte sie zum 1. Januar 1957 nur im Bereich der FGS Warnemünde von der dortigen Station übernommen werden und ansonsten beim Verband verbleiben. Im direkten Vergleich werde sich erweisen, welche Variante zweckmäßiger sei.[166] Diesen Kompromiss wussten die Fischer nicht zu würdigen. Er kenne keinen einzigen Fischer, der bei der FGS kaufen wolle, so der Fischer Schack. Dass die Fischer der FWG Barth, Warnemünde und Ribnitz nun bei der FGS ihr Material kaufen mussten, wurde als Bevormundung empfunden. Das Ziel des Vergleichs zwischen Verband und Stationen enttarnte ein Fischer aus Stralsund: „*Es soll ein kleiner Wettbewerb stattfinden. Wie dieser ausfällt, darüber brauchen wir uns nicht unterhalten, denn die FGS hat den längeren Arm.*“ [167]

Im Vergleich zur Situation des Vorjahres Ende 1956 war man hinsichtlich der Popularisierung und Durchsetzung des Ministerratsbeschlusses keinen Schritt vorwärts gekommen. Obschon die Probleme auf der genossenschaftlichen Arbeitstagung im Juni 1955 in aller Deutlichkeit hervorgetreten waren, hatten es

[164] Vgl. Politischer Situationsbericht der FGS Wismar, o. D., Ende 1956. LAG, Rep. IV/2/6, Nr. 834, Bl. 57 f.

[165] Protokoll der Generalversammlung des Verbandes der FWG vom 14. 12. 1956. LAG, Rep. 200, 4.6.4, Nr. 166, Bl. 141–156.

[166] Vgl. RdB Rostock. Abt. Örtliche Wirtschaft, Bericht über die Entwicklung der Fischwirtschaft im Bezirk Rostock seit 1945 und die Entstehung der FPG, 18. 12. 1956. LAG, Rep. 200, 4.6.4, Nr. 166, Bl. 86–109.

[167] Protokoll der Generalversammlung des Verbandes der FWG vom 14. 12. 1956. LAG, Rep. 200, 4.6.4, Nr. 166, Bl. 141–156.

Staat und Partei nicht geschafft, das Misstrauen der Fischer gegen die neuen Strukturen abzubauen, unüberlegte Maßnahmen hatten es sogar eher verstärkt. Das Verhältnis zwischen den Stationen und den Fischwirtschaftsgenossenschaften blieb weiterhin ungeklärt, die Gerüchte über eine Zwangsauflösung der FWG und des Verbandes hielten sich hartnäckig. Den Verantwortlichen, in diesem Fall Abteilungsleiter Gramm, blieb nichts übrig, als immer wieder zu beteuern: „*Der Verband bleibt und muss bestehen bleiben, ebenso müssen die Fischwirtschafts-Genossenschaften bestehen bleiben.*“[168]

Der Plan, die Fischer durch die Übertragung entscheidender Aufgaben an die FGS aus der privatgenossenschaftlichen Organisation zu lösen, war bisher nicht aufgegangen. Die Fischer setzten sich erfolgreich gegen eine Betreuung durch die FGS zur Wehr. Ihr beharrliches Festhalten an Verband und Fischwirtschaftsgenossenschaften gefährdete die „sozialistische Umgestaltung“. Eine organisatorische Trennung der Fischer musste unbedingt vermieden werden, wollte man die bereits entstandene Spaltung nicht manifestieren. Denn der weitaus größte Teil der Fischer war noch in den FWG und damit im Verband organisiert.

Nachdem sich im Verlauf des Jahres 1956 gezeigt hatte, dass die Stationen diese Fischer nicht zu erreichen vermochten, entschied man sich daher, die gemeinsame Betreuung auf anderem Wege zu organisieren. Der Verband der Fischwirtschaftsgenossenschaften sollte zu diesem Zweck in einen Verband der Genossenschaften werktätiger See- und Küstenfischer umgewandelt werden, der die Interessen der Fischwirtschaftsgenossenschaften und der Fischereiproduktionsgenossenschaften gleichermaßen vertreten sollte. Dieser Verband sollte kein Genossenschaftsverband im eigentlichen Sinne mehr sein, sondern eine „*Berufsorganisation für die werktätigen Fischer*“. Die Materialversorgung und andere Handelstätigkeiten sollte ein so reorganisierter Verband langfristig möglichst nicht mehr wahrnehmen. Stattdessen bestanden seine Aufgaben nach der Vorstellung des Rats des Bezirks in der politischen und kulturellen Betreuung sowie der Beratung und Unterstützung in fachlichen Fragen, etwa bei der Einführung neuer Technik und moderner Fangmethoden.[169] Das erinnert auffällig an die Aufgaben der Fischereifahrzeug- und Gerätestationen. In der Hoffnung, die Fischer auf diesem Wege zu erreichen, nahm man die Doppelstruktur offenbar bewusst in Kauf. Indem man ihnen vordergründig eine eigene Interessenvertretung zubilligte, sollte den Fischern die

[168] Ebd.

[169] Vgl. RdB Rostock. Abt. Örtliche Wirtschaft, Bericht über die Entwicklung der Fischereifahrzeug- und Gerätestationen und der Produktionsgenossenschaften werktätiger See- und Küstenfischer, 2.10.1956. LAG, Rep.200, 4.6.4, Nr.166, Bl.38–46 und RdB Rostock. Abt. Örtliche Wirtschaft, Bericht über die Entwicklung der Fischwirtschaft im Bezirk Rostock seit 1945 und die Entstehung der FPG, 18.12.1956. LAG, Rep.200, 4.6.4, Nr.166, Bl.86–109. Unklarheit herrschte jedoch über die Finanzierung des Verbandes nach Wegfall der Handelstätigkeit. Die Fischer, das wurde immer wieder angesprochen, waren zur Zahlung von Beiträgen in der Regel nicht bereit und die FGS verschlangen bereits Unsummen an staatlichen Mitteln. Vgl. BL SED Rostock, Abt. Wirtschaftspolitik, Bericht über das politisch-ökonomische Verhältnis zwischen den FGS, den FPG und dem Staatsapparat, 21.5.1958, BArch DE 1/ 28870 und Geschäftsbericht der FGS Warnemünde für das Jahr 1957, 31.1.1958, BArch DE 1 / 28870.

Loslösung von den alten Genossenschaftsstrukturen erleichtert werden. Nur scheinbar wurde so eine Perspektive auch für die Fischwirtschaftsgenossenschaften aufgezeigt. Denn das eigentliche Ziel war, über den Verband Einfluss auf eine rasche „sozialistische Umgestaltung" zu nehmen. Die Förderung der sozialistischen Entwicklung in der See- und Küstenfischerei hatte der Verband nämlich bisher eher halbherzig zu seinen Aufgaben erklärt.[170]

Zur Umwandlung waren die Erarbeitung eines neuen Statuts und ein erneuter Austausch von Vorstand, Aufsichtsrat und Geschäftsführer notwendig. Realitätsfern wie immer hatte der Rat des Bezirks im Oktober den Termin für die offizielle Umwandlung des Verbandes auf Ende 1956 festgesetzt.[171] Diese Terminierung war natürlich völlig illusorisch, zudem schien es angeraten, auch in diesem Punkt der „Empfehlung" der ZKK zu folgen und das Projekt „Umwandlung des Verbandes" schrittweise und gut vorbereitet in Angriff zu nehmen. Bis zur endgültigen Reorganisation sollten gut anderthalb Jahre vergehen.

Auf der Generalversammlung im Dezember 1956 wurde das Thema des neuen Verbandes daher nur angerissen: *„Wir sind werktätige Fischer"*, verkündete Gramm in seiner Eröffnungsrede, *„und es kann nicht geduldet werden, dass nicht alle in einen Verband zusammengeschlossen werden, in <u>einen</u> Verband unter <u>einer</u> Führung, die von euch gewählt wird."* [172]

Das Jahr 1956 war damit von unkoordinierten Maßnahmen und Strategiewechseln geprägt und brachte letztlich eine Verlangsamung des Transformationsprozesses in der See- und Küstenfischerei. Möglicherweise war dies auch eine Folge der Entstalinisierung in der UdSSR. Auf dem XX. Parteitag hatte sich die KPdSU unter anderem von Stalins Lehre des fortschreitenden Klassenkampfs distanziert und die Vielgestaltigkeit der Wege zum Sozialismus anerkannt. Daraufhin hatte die SED-Führung auf der III. Parteikonferenz im März die Zielstellung ihrer Agrarpolitik zwar nicht grundsätzlich geändert, aber vorübergehend den Druck aus der Kollektivierung herausgenommen.[173]

[170] Vgl. Verband der FWG, Fischwirtschaftliche Berichterstattung gemäß Auflage des RdB Rostock , 24.1.1956. LAG, Rep. 200, 4.6.4, Nr. 163, Bd. 2, Bl. 97–100.

[171] Vgl. RdB Rostock. Abt. Örtliche Wirtschaft, Bericht über die Entwicklung der FGS und FPG, 2.10.1956. LAG, Rep. 200, 4.6.4, Nr. 166, Bl. 38–46.

[172] Protokoll der Generalversammlung des Verbandes der FWG vom 14.12.1956. LAG, Rep. 200, 4.6.4, Nr. 166, Bl. 141–156. Hervorhebung im Original.

[173] Polen dagegen verließ im Herbst 1956 unter Wladislaw Gomulka den alternativlosen Weg der Kollektivierung und förderte fortan auch privatbäuerliche Betriebe. Auch in der DDR wurden Stimmen laut, die eine Korrektur der Agrarpolitik forderten. Ende 1959 legte der Agrarökonom Kurt Vieweg ein Agrarprogramm vor, das eine *„dualistische Struktur von staatlichen und genossenschaftlichen Betrieben und einzelbäuerlichen Höfen"* vorsah. Im Januar 1957 wurde es von Walter Ulbricht als „konterrevolutionär" verurteilt. Vgl. Bauerkämper, Ländliche Gesellschaft (2002), S. 174–181, Zitat S. 178. Zu Vieweg vgl. Scholz, Bauernopfer (1997). Vgl. allgemein zu den Folgen des XX. Parteitags der KPdSU und der kurzen intellektuellen Tauwetterperiode in der DDR Staritz, DDR (1996), S. 144–169; Hoffmann, DDR unter Ulbricht (2003), S. 64–72.

e) „Gemeinsamer Fang brachte volle Netze": Zur Entwicklung der Produktionsgenossenschaften bis zur Ersten Bezirkskonferenz der FPG im Juli 1957

Die bestehenden FPG sollten als gute Beispiele für die Überlegenheit der sozialistischen Arbeitsform den Fortgang der Kollektivierung positiv beeinflussen. Tatsächlich beobachteten die selbständigen Fischer die Entwicklung in den Produktionsgenossenschaften sehr genau, aber was sie sahen, war nicht unbedingt dazu angetan, ihnen ihre Skepsis zu nehmen.[174]

In nahezu allen bestehenden FPG zeigten sich ähnliche Probleme in unterschiedlich starker Ausprägung. Insbesondere die Organisierung der Arbeit beim Fang und an Land ließ zu wünschen übrig. Die Fischer nahmen zwar die materiellen Vorzüge entgegen, die Bereitschaft zu einer Umstellung auf eine sozialistische Produktionsweise war jedoch wenig ausgeprägt. Diese Haltung hatte sich bereits bei der Gründung der ersten Genossenschaften angekündigt. Der Rat des Bezirks wies bereits im April 1955 nachdrücklich auf die Notwendigkeit einer konsequenten Einhaltung des Statuts hin. Regelmäßige Produktionsberatungen in Anwesenheit von Vertretern der Räte der Kreise und der zuständigen Fischereiaufsichtsbeamten, Produktionspläne und Produktionsbrigaden, die ausschließlich eine bestimmte Fangarbeit durchzuführen hatten, sollten Abhilfe schaffen.[175] Eine Überprüfung in Zingst, Dranske und Glowe im August 1955 ergab, dass in keiner FPG *„sozialistisch-genossenschaftlich"* gearbeitet wurde,[176] und auch Ende des Jahres 1956 waren in dieser Hinsicht keine Veränderungen festzustellen. Kritisch bemerkte der Rat des Bezirks erneut, dass der Genossenschaftssinn der Mitglieder der Produktionsgenossenschaften nur ungenügend ausgeprägt sei. Gemeinsame Arbeit und gemeinsamer Besitz hatten sich nicht zu Leitgedanken der FPG entwickelt.[177] Immer wieder musste in Berichten auch die mangelhafte Arbeitsmoral und Disziplin angesprochen werden, vor allem Unpünktlichkeit, *„Arbeitsbummelei"* und Vernachlässigung des Fischfangs finden Erwähnung.[178]

174 Nach der Gründung einer FPG in Göhren im Februar verfolgten die Fischer *„genauestens die Entwicklung und Unterstützung"* der Genossenschaft. Vgl. KL SED Putbus, Abt. Wirtschaft, Maßnahmen zur Durchführung des Beschlusses des Büros der Bezirksleitung über die Verbesserung der Arbeit in den FPG und FWG, 17. 3. 1955. LAG, Rep. IV/4/8, Nr. 142, Bl. 38f.

175 Vgl. zum Folgenden RdB Rostock, Abt. Örtliche Wirtschaft, Maßnahmeplan zur Verbesserung der Arbeit in der privaten See- und Küstenfischerei , 21. 4. 1955. LAG, Rep. 200, 2.2.2.1, Nr. 74, Bl. 103–111.

176 Vgl. Ergebnis der Überprüfung der FPG „Johann Frehse" (Zingst), „Karl Marx" (Dranske), „Ernst Thälmann" (Glowe), 17. 8. 1955. LAG, Rep. 200, 2.2.2.1, Nr. 74, Bl. 33f.

177 RdB Rostock. Abt. Örtliche Wirtschaft, Bericht über die Entwicklung der Fischwirtschaft im Bezirk Rostock seit 1945 und die Entstehung der FPG, 18. 12. 1956. LAG, Rep. 200, 4.6.4, Nr. 166, Bl. 86–109. In Wismar hieß es hinsichtlich der mangelnden Entwicklung eines sozialistischen Bewusstseins in der FPG: *„In vielen Handlungen erkennt man den Geist des kleinen Warenproduzenten."* Vgl. Plan zur Entwicklung des sozialistischen Sektors der Fischerei im Bereich der Stadt Wismar (Entwurf, Verfasser unbekannt), o. D. Frühjahr 1957. LAG, Rep. IV/4/10, Nr. 620, Bl. 23–28.

178 Vgl. beispielhaft Protokoll der Jahresabschlussversammlung der FPG „Fritz Reuter" Wismar am 2. 3. 1956 12. 3. 1956. AHW, XXIV, 16 A, Nr. 7; Niederschrift über den Erfahrungsaustausch

In diesem Zusammenhang wurde regelmäßig Kritik am Engagement der zuständigen Verwaltungsorgane geübt, die sicherzustellen hatten, dass den Produktionsgenossenschaften die notwendige Unterstützung zuteil wurde, um sich *„organisatorisch, politisch und wirtschaftlich festigen"* zu können.[179] Die Anleitung und Kontrolle durch den Staatsapparat sei, so der Rat des Bezirks im April 1955 in der üblichen selbstkritischen Art, noch nicht ausreichend.[180] Nicht nur die Sachbearbeiter in den Kreisen, auch die Mitarbeiter der FGS waren aufgrund mangelnder Qualifikation oft genug überfordert, wenn es etwa um die ökonomische oder technische Beratung ging. Auch die Vorsitzenden der FPG zeichneten sich nicht immer durch Sachkompetenz aus.[181] Anscheinend waren die Produktionsgenossenschaften in vielerlei Hinsicht sich selbst überlassen, eine statutentreue Arbeitsweise konnte man unter diesen Umständen kaum erwarten.

Die Fischer der FPG, so ein vertraulicher Bericht der FGS Warnemünde an die Bezirksleitung der SED aus dem Jahr 1957, seien von *„einer großen Gleichgültigkeit und Lustlosigkeit beherrscht."* Ungeachtet der Fangmöglichkeiten seien sie bestrebt, nicht mehr als acht Stunden täglich zu arbeiten. Wenn die werktätigen Fischer morgens um drei oder vier zum Fang ausführen, folgten ihnen die Fischer der FPG Zingst nicht vor sieben oder acht Uhr. Mit der Aussicht auf weniger Arbeit und mehr Verdienst hatten Staat und Partei für den Eintritt in die FPG geworben. Die selbständigen Fischer hatten stets bezweifelt, dass in der Fischerei ein Acht-Stunden-Tag überhaupt möglich sei.[182] Unterstützt wurde die schlechte Arbeitsmoral dadurch, dass die Bezahlung in Zingst nach dem Vorbild der volkseigenen Betriebe mit einem Stundenlohn und zusätzlichen Überstunden-, Sonn- und Feiertagszuschlägen durchgeführt wurde. Natürlich verstieß diese Form der Entlohnung gegen das Genossenschaftsstatut und es verwundert nicht, dass die FPG in Zingst hoch verschuldet war.[183]

der FGS am 15.5.1956 in Wismar. LAG, Rep.250, Nr.83, Bl.21–31; Rat des Kreises Rügen, Abt. See- und Küstenfischerei, Bericht über die Entwicklung der FPG im Kreis Rügen, 28.8.1956. LAG, Rep.200, 4.6.4, Nr.5, Bl.8–11. Ganz ähnliche Probleme gab es in den landwirtschaftlichen Produktionsgenossenschaften. Vgl. Osmond, Kontinuität und Konflikt (1996), S.152f.

179 Vgl. Protokoll der Sitzung des Sekretariats des ZK vom 19.8.1954. SAPMO DY 30/J IV 2 / 3 438, Bl.1–2 sowie 11–14 (Anlage 1).

180 Vgl. RdB Rostock, Abt. Örtliche Wirtschaft, Maßnahmeplan zur Verbesserung der Arbeit in der privaten See- und Küstenfischerei, 21.4.1955. LAG, Rep.200, 2.2.2.1, Nr.74, Bl.103–111. Vgl. auch Ergebnis der Überprüfung der FPG „Johann Frehse" (Zingst), „Karl Marx" (Dranske), „Ernst Thälmann" (Glowe), 17.8.1955. LAG, Rep.200, 2.2.2.1, Nr.74, Bl.33f.

181 Vgl. Protokoll über einen Erfahrungsaustausch an der FGS Wolgast am 16.4.1956. LAG, Rep.250, Nr.83, Bl.5–11 und RdB Rostock. Abt. Örtliche Wirtschaft, Bericht über die Entwicklung der FGS und der FPG, 2.10.1956. LAG, Rep.200, 4.6.4, Nr.166, Bl.38–46.

182 Auf Zingst arbeiteten die privaten Fischer in der Saison 16 bis 20 Stunden am Tag und waren dabei auf die Unterstützung durch Familienangehörige angewiesen. Vgl. FGS Warnemünde, Instrukteur der Politabteilung, Bericht über die ökonomische und politische Lage der FPG Zingst (vertraulich), 31.5.1957. LAG, Rep.200, 4.6.4, Nr.110. Auch die Fischer der FPG Glowe bekannten, bis zu 20 Stunden arbeiten zu müssen. Vgl. Protokoll über die genossenschaftliche Arbeitstagung der FWG Mecklenburg, 25.6.1955. LAG, Rep.233, Nr.8, Bl.59–67.

183 Im Jahr 1955 nahm die FPG statt der geplanten 80000 nur 20000 DM ein, zahlte jedoch 40000 DM als Vergütung an ihre Mitarbeiter aus. Vgl. FGS Warnemünde, Instrukteur der

Die Einführung einer korrekten Entlohnung wurde durch das Fehlen von verbindlichen Vorgaben zusätzlich erschwert. Die bereits 1954 in Auftrag gegebenen Arbeitsrichtlinien und Arbeitsnormen für die Produktionsgenossenschaften werktätiger Fischer waren vom Ministerium für Lebensmittelindustrie noch nicht ausgearbeitet worden.[184] Schon im August 1955 hatte der Rat die Einführung einer Musterarbeitsordnung angekündigt, zum ersten Quartal des Jahres 1956 sollte diese ebenso wie die Bezahlung nach Arbeitseinheiten endgültig eingeführt werden. Eine falsche Entlohnung sei dann nicht mehr zulässig.[185] Die Termine wurden jedoch immer weiter verschoben und auch Anfang 1957 verteilte jede FPG die Einkünfte noch nach ihrem eigenen Prinzip und nicht nach festgelegten Arbeitseinheiten.[186] Die korrekte Berechnung der Arbeitseinheiten war äußert kompliziert und eine schematische Übernahme der in den LPG üblichen Berechnung hatte sich als untauglich erwiesen.[187] Nicht alle FPG hatten sich wie Zingst zu einer *„bequeme[n] Versorgungsstation"* entwickelt.[188] In Wismar erhielten die Mitglieder 1955 einen Garantielohn, der ebenso wie der zusätzliche prozentuale Fanganteil nach Qualifikation und Art der Arbeit variierte und damit dem geforderten Leistungsprinzip entsprach. Dass die FPG allerdings einer 1956 angenommenen Arbeitsordnung zum Trotz Besatzungsmitglieder beschäftigte, die nicht zur Genossenschaft gehörten, war ein grober Verstoß gegen das Statut und führte den Sinn einer sozialistischen Genossenschaft letztlich ad absurdum.[189]

Durch die Einführung von Arbeitsordnungen versprach man sich auch in einem weiteren Punkt Abhilfe. Denn die entliehenen Fahrzeuge, die die volkseigene

Politabteilung, Bericht über die ökonomische und politische Lage der FPG Zingst (vertraulich), 31.5.1957. LAG, Rep. 200, 4.6.4, Nr. 110.

184 Vgl. Protokoll Nr. 16/54 der Sitzung des Sekretariats des ZK vom 19. August 1954 mit Anlage 1. SAPMO DY 30 / J IV 2 / 3 / 438, Bl. 1–2, 11–14. Bis zum Juni 1955 sollten die Richtlinien ausgearbeitet sein, ihr Fehlen bemängelte Ende Juli 1955 die KL SED Putbus in ihrem Bericht über die Arbeit mit den werktätigen Fischern an die BL der SED, 28.7.1955. LAG, Rep. IV/2/6, Nr. 830, Bl. 48–53.

185 Vgl. Ergebnis der Überprüfung der FPG „Johann Frehse" (Zingst), „Karl Marx" (Dranske), „Ernst Thälmann" (Glowe), 17.8.1955. LAG, Rep. 200, 2.2.2.1, Nr. 74, Bl. 33–34 und Ratsvorlage über die Entwicklung und Förderung der FGS und FPG, 15.12.1955. Ebd., Bl. 49–61.

186 Vgl. Bericht über die in der See- und Küstenfischerei des Bezirkes durchgeführte Untersuchung durch Mitarbeiter der Staatlichen Plankommission und der Arbeitsgruppe Lebensmittelindustrie ZK SED (8.–13.7.1957), 29.7.1957, BArch DE 1 / 28883, Bl. 239–256.

187 Vgl. Gries, Die werktätigen See- und Küstenfischer (1957/58), S. 296f.

188 Vgl. RdB, Protokoll über die Sitzung bei der FPG Zingst am 1.11.1955 (Anlage: Einschätzung der Mitglieder der FPG). LAG, Rep. 200, 2.2.2.1, Nr. 74, Bl. 40–44.

189 Ein Kutterführer erhielt nach diesem Prinzip einen Lohn von 350 DM und 40 Prozent Fangertragsanteil, für den Decksmann ohne Gehilfenbrief gab es 270 DM und 15 Prozent. Vgl. Protokoll der Vollversammlung der FPG „Fritz Reuter" Wismar am 21.1.1955, 3.2.1955. AHW, XXIV, 16 A, Nr. 7. Ähnlich entlohnte die FPG Karl Marx in Dranske ihre Mitglieder, keine Bezahlung nach Leistung gab es dagegen in der FPG Karl Liebknecht in Göhren. Vgl. Rat des Kreises Rügen, Abt. See- und Küstenfischerei, Bericht über die Entwicklung der FPG im Kreis Rügen, mit Schlussfolgerungen, 28.8.1956. LAG, Rep. 200, 4.6.4, Nr. 5, Bl. 8–11. Zur Beschäftigung von Nichtgenossenschaftsmitgliedern in Wismar vgl. Plan zur Entwicklung des sozialistischen Sektors der Fischerei im Bereich der Stadt Wismar, o. D. Frühjahr 1957. LAG, Rep. IV/4/10, Nr. 620, Bl. 23–28.

Fischerei in Saßnitz ohnehin oft in marodem Zustand an die FGS übergab, wurden in den Produktionsgenossenschaften nicht ausreichend gewartet und gepflegt, was die Ausfallzeiten der Kutter zusätzlich erhöhte.[190] Die fehlende persönliche Verantwortung für die Fahrzeuge und Geräte, für die die Fischer aus Warnemünde bei der Erstgründung der FPG „John Scheer" noch eingetreten waren, machte sich hier unangenehm bemerkbar. Der Bericht über die FPG in Zingst liefert erneut ein anschauliches Beispiel. Die Fischer der Produktionsgenossenschaft ließen Leinen und Netze am Strand herumliegen, bis sie unbrauchbar waren, die Motoren der Fahrzeuge waren ungeschützt dem Flugsand und dem Wetter ausgesetzt. Die werktätigen Fischer und Teile der Bevölkerung sprächen aus diesem Grund nur verächtlich über die Fischer der FPG.[191] Um die Mitglieder der Produktionsgenossenschaften dazu anzuhalten, die wertvollen Produktionsmittel wie ihr Eigentum zu behandeln, wurde der Pflegschaftsgedanke entwickelt.[192] Die erste Bezirkskonferenz der FPG am 13. Juli 1957 verabschiedete in diesem Sinne öffentlichkeitswirksam eine Entschließung, in der sich die Fischer verpflichteten, die Arbeitsdisziplin und Arbeitsmoral zu erhöhen und alle Fangeräte in persönliche Pflegschaft zu übernehmen.[193] Die in diesem Zusammenhang erarbeitete Musterarbeits- und Disziplinarordnung machte die Bezahlung nach Arbeitseinheiten und die Durchführung der Arbeiten durch Brigaden verbindlich. Schlechte Arbeitsleistungen sollten durch Abzüge sanktioniert und für die in Pflegschaft genommenen Fanggeräte die persönliche Verantwortung und Haftung übernommen werden.[194] Umgesetzt wurde die Arbeitsordnung jedoch weiterhin nur in den wenigsten FPG. Im Mai 1958 musste die Bezirksleitung der SED die Kreissachbearbeiter und Mitarbeiter der Stationen erneut dazu auffordern, die Fischer von *„der Notwendigkeit nach Vergütung nach Leistung"* zu überzeugen.[195]

Als problematisch erwies sich hinsichtlich der Arbeitsmoral auch, dass die Finanzierung des Unterhalts der entliehenen Fahrzeuge fast ausschließlich von den FGS bestritten wurde. Für die vergleichsweise geringe Grundgebühr von 6000 DM im Jahr sowie einem Fangwertanteil von 13 Prozent, der bei Übererfüllung des Fangsolls auf 8 Prozent sank, konnten die FPG beispielsweise einen 17-Meter-Kutter bei der FGS entleihen. Alle anfallenden Kosten für den Unterhalt der Fahr-

[190] Vgl. RdB Rostock. Abt. Örtliche Wirtschaft, Bericht über die Entwicklung der Fischwirtschaft im Bezirk Rostock seit 1945 und die Entstehung der FPG, 18.12.1956. LAG, Rep. 200, 4.6.4, Nr. 166, Bl. 86–109.

[191] Vgl. FGS Warnemünde, Instrukteur der Politabteilung, Bericht über die ökonomische und politische Lage der FPG Zingst (vertraulich), 31.5.1957. LAG, Rep. 200, 4.6.4, Nr. 110.

[192] Vgl. u.a. Niederschrift über den Erfahrungsaustausch der FGS am 15.5.1956 in Wismar. LAG, Rep. 250, Nr. 83, Bl. 21–31.

[193] MfLMI, Bericht über die Realisierung des Ministerratsbeschlusses vom 28.4.1955, o.D., Dezember 1957. BARch DE 1 / 28870.

[194] Vgl. Arbeits- und Disziplinarordnung für die FPG (Muster), o.D., 1957, BArch DE 1 / 28870.

[195] Vgl. BL SED Rostock, Abt. Wirtschaftspolitik, Bericht über das politisch-ökonomische Verhältnis zwischen den FGS, den FPG und dem Staatsapparat, 21.5.1958, BArch DE 1 / 28870.

zeuge übernahm die Station. Dazu zählten Reparaturen über 500 DM, die vollständige Erstausrüstung sowie laufende jährliche Ergänzungen und eine unbegrenzte Brennstoffmenge. Die Stationen bezahlten außerdem die Löhne der Maschinisten und Kutterführer, die auf den größeren Fahrzeugen eingesetzt wurden. Diese Regelung war nicht nur schädlich für das Verantwortungsbewusstsein der FPG-Mitglieder gegenüber den Fahrzeugen und Betriebsmitteln, sie war finanziell eine Katastrophe. Nach Berechnungen der FGS Wismar subventionierte sie im Jahr 1955 jede Tonne gefangenen Fisch mit 1900 DM.[196] Ein 17m-Kutter arbeitete 1957 nach Angaben der FGS Warnemünde mit einem jährlichen Verlust von 50 000 Mark, bei einem 24m-Kutter betrug er sogar 130 000 Mark. Insgesamt musste der Betrieb der vier Stationen 1957 mit 4,3 Millionen Mark subventioniert werden.[197] Die Rentabilität, die für die meisten der FPG konstatiert wurde, war teuer erkauft.[198] Seit 1959 ging man daher dazu über, die Kosten zumindest anteilig an die FPG auszulagern.[199]

Dass der Staat mit den FGS und FPG ein Verlustgeschäft betrieb, blieb den privaten Fischern natürlich nicht verborgen. Die großzügige Kreditvergabe an die FPG war ihnen suspekt, und in die Stationen wurde ihrer Meinung nach unnötig viel Geld gesteckt, obwohl sie nach Aussage der Bezirksleitung der SED doch erst in acht bis zehn Jahren rentabel arbeiten würden.[200] Allein die Kosten für die geplanten Stationsneubauten beliefen sich insgesamt auf etwa 10 Millionen DM.[201]

[196] 1956 waren es 1100 DM. Vgl. Bericht des Leiters und des Politleiters der FGS Wismar über ihre bisherige Arbeit, besonders vom Standpunkt der politisch-ideologischen Arbeit unter den See- und Küstenfischern, Juni 1957. LAG, Rep. IV/4/10, Nr. 620, Bl. 16–22.

[197] Vgl. BL SED Rostock, Abt. Wirtschaftspolitik, Bericht über das politisch-ökonomische Verhältnis zwischen den FGS, den FPG und dem Staatsapparat, 21. 5. 1958, BArch DE 1 / 28870 und Geschäftsbericht der FGS Warnemünde für das Jahr 1957, 31. 1. 1958, BArch DE 1 / 28870.

[198] Vgl. Staatliche Plankommission, Bericht über die in der See- und Küstenfischerei des Bezirkes durchgeführte Untersuchung (8.–13. 7. 1957), 29. 7. 1957, BArch DE 1 / 28883, Bl. 239–256. Als Ausnahmen werden die FPG Dranske und Zingst genannt.

[199] Die FGS in Warnemünde und Wismar baten bereits 1957 darum, zu prüfen, ob nicht Teile der Kosten auf die FPG umgelegt werden könnten, um sie zu größerer Sparsamkeit zu erziehen. Diesen Gedanken griff die BL der SED im Mai 1958 auf, als sie eine Änderung der Gebührenordnung hin zu einem *„aktiven ökonomischen Hebel zur Senkung der Kosten"* vorschlug. Realisiert wurde die anteilige Auslagerung von 20 Prozent der laufenden Kosten mit Jahresbeginn 1959. Vgl. Bericht des Leiters und des Politleiters der FGS Wismar über ihre bisherige Arbeit, besonders vom Standpunkt der politisch-ideologischen Arbeit unter den See- und Küstenfischern, Juni 1957. LAG, Rep. IV/4/10, Nr. 620, Bl. 16–22. 224, 145–58; Geschäftsbericht der FGS Warnemünde für das Jahr 1957, 31. 1. 1958. BArch DE 1/ 28870; BL SED Rostock, Abt. Wirtschaftspolitik, Bericht über das politisch-ökonomische Verhältnis zwischen den FGS, den FPG und dem Staatsapparat, 21. 5. 1958, BArch DE 1 / 28870 sowie Vorlage der BL der SED Rostock zur See- und Küstenfischerei, unvollständig in der Akte, o. D., Ende 1959. LAG, Rep. 200, 4.6.4, Nr. 45, Bl. 10–24.

[200] Vgl. Protokoll über die genossenschaftliche Arbeitstagung der FWG Mecklenburg, 25. 6. 1955. LAG, Rep. 233, Nr. 8, Bl. 59–67. 223, 018–034 und Protokoll der Generalversammlung des Verbandes der FWG vom 14. 12. 1956. LAG, Rep. 200, 4.6.4, Nr. 166, Bl. 141–156.

[201] Vgl. RdB Rostock. Abt. Örtliche Wirtschaft, Bericht über die Entwicklung der FGS und der FPG, 2. 10. 1956. LAG, Rep. 200, 4.6.4, Nr. 166, Bl. 38–46.

Diese Investitionen mussten umso unverständlicher erscheinen, da viele der Fischwirtschaftsgenossenschaften Gewinn erwirtschafteten.

Einige FPG befanden sich trotz der staatlichen Unterstützung in wirtschaftlichen Schwierigkeiten. In Zingst arbeitete die FPG seit ihrer Gründung 1954 mit Verlust. Die Umstellung auf Großreusenfischerei, von der man sich eine effektive Fangsteigerung versprochen hatte, erwies sich als ungeeignet. Die FPG verlor über die Jahre immer wieder teures Fanggerät.[202] Auch in Dranske entpuppte sich der Einsatz von Großreusen als Fehlschlag, der zusätzliche Ausfall von Kuttern ließ die Fangerträge weiter sinken.[203] Ende des Jahres 1956 stand diese FPG vor der Auflösung, die Bezahlung der Mitglieder war nicht mehr garantiert. Nur ein weiterer Kredit erhielt die Genossenschaft am Leben.[204] Die FPG in Dranske und in Zingst waren 1957 auf weitere Unterstützung angewiesen, für Sturmschäden stellte ihnen der Staat Beihilfen in Höhe von etwa 50 000 Mark zur Verfügung.[205] Eine Auflösung der unrentablen Genossenschaften verbot sich aus politischen Gründen.[206]

Von staatlicher Seite wurde im Zusammenhang mit den Genossenschaften in Dranske und Zingst auch erstmals Kritik an der schematischen Orientierung auf die Großreusen- und Kutterfischerei laut, die die natürlichen Verhältnisse nicht ausreichend berücksichtige. Auch der Entwicklung der traditionellen Methoden der Küstenfischerei, etwa der Angelfischerei, müsse wieder mehr Aufmerksamkeit geschenkt werden. Wenn die Staatliche Plankommission insbesondere für Rügen eine zweckmäßige Kombination von Hochsee- und Küstenfischerei unter Ausnutzung des Saisonbetriebs oder zweckmäßiger Nebenerwerbe empfahl, dann markiert das eine deutliche Abkehr vom bisher verfolgten Kurs.[207] Der Einsatz leistungsstarker Kutter und Großreusen war nicht überall sinnvoll. Die arbeits- und zeitintensive Küstenfischerei konnte er nicht ersetzen. Dies hatten im Übrigen die Fischer auf den Tagungen des Verbandes der FWG immer wieder betont. Die Volkswirtschaftslehre der DDR vertrat weiterhin die These von Wohlstand und

[202] Vgl. Ergebnis der Überprüfung der FPG „Johann Frehse" (Zingst), „Karl Marx" (Dranske), „Ernst Thälmann" (Glowe), 17. 8. 1955. LAG, Rep. 200, 2.2.2.1, Nr. 74, Bl. 33–34 (222, 261–262) und FGS Warnemünde, Instrukteur der Politabteilung, Bericht über die ökonomische und politische Lage der FPG Zingst (vertraulich), 31. 5. 1957. LAG, Rep. 200, 4.6.4, Nr. 110.

[203] Vgl. RdK Rügen, Abt. See- und Küstenfischerei, Bericht über die Entwicklung der FPG im Kreis Rügen, mit Schlussfolgerungen, 28. 8. 1956. LAG, Rep. 200, 4.6.4, Nr. 5, Bl. 8–11.

[204] Vgl. RdB Rostock. Abt. Örtliche Wirtschaft, Bericht über die Entwicklung der Fischwirtschaft im Bezirk Rostock seit 1945 und die Entstehung der FPG, 18. 12. 1956. LAG, Rep. 200, 4.6.4, Nr. 166, Bl. 86–109. Die Schulden der FPG wurden bis 1960 gestundet. Vgl. KL SED Rügen, Bericht über die Lage in der Küstenfischerei Kreis Rügen, Bürovorlage für die KL Bergen, Stand 30. 6. 1957, 30. 7. 1957. LAG, Rep. IV/4/8, Nr. 324, Bl. 28.

[205] Auch eine Reusengemeinschaft wurde mit immerhin 5000 DM bedacht. Vgl. RdB, Abt. See- und Küstenfischerei, Bericht über die Abdeckung der durch Sturmschäden entstandenen Verluste der FPG, 28. 8. 1957. LAG, Rep. 200, 4.6.4, Nr. 110.

[206] Die FPG Zingst wurde allerdings im Laufe des Jahres 1957 der im Februar 1956 gegründeten FPG Barth als Fangbrigade einverleibt. Vgl. Geschäftsbericht der FGS Warnemünde für das Jahr 1957, 31. 1. 1958, BArch DE 1 / 28870.

[207] Vgl. Staatliche Plankommission, Bericht über die in der See- und Küstenfischerei des Bezirkes durchgeführte Untersuchung (8.–13. 7. 1957), 29. 7. 1957, BArch DE 1 / 28883, Bl. 239–256.

Arbeitserleichterung durch unaufhaltsamen technischen Fortschritt auf dem Weg zur sozialistischen Großfischerei, schränkte allerdings nunmehr ein, dass nicht die gesamte Küstenfischerei zur kleinen Hochseefischerei werden könne.[208]

Die geschilderten Disziplinprobleme lassen vermuten, dass nicht zuletzt die politische Einstellung vieler FPG-Mitglieder nicht den Erwartungen an eine sozialistische Genossenschaft entsprach. Die *„primitive[n] Ansichten"* der Fischer der FPG Zingst, auch der SED-Mitglieder unter ihnen, spiegelten nach Angaben der FGS Warnemünde die Meinung des Klassenfeindes. Der Vorsitzende der FPG wagte es nicht, vor seinen Kollegen als Mitglied der Partei aufzutreten. Für sein Engagement in der Kreisleitung Ribnitz wurde er von seinen Kollegen ausgelacht.[209] Die Situation in der FPG Zingst war sicher besonders schwierig, aber kein Einzelfall.[210] Die politischen und moralischen Zustände in den Produktionsgenossenschaften, fasste der Rat des Bezirks Ende 1957 zusammen, könnten oft nicht als gut bezeichnet werden.[211]

Natürlich gab es auch Ausnahmen. Die Entwicklung der FPG „John Scheer" in Warnemünde wurde nach anfänglichen Schwierigkeiten von Staat und Partei mehrfach positiv eingeschätzt, die Arbeitsmoral der Mitglieder sei gut und die wirtschaftliche Entwicklung – natürlich dank der staatlichen Vergünstigungen – zufriedenstellend. Nichtsdestotrotz übte sie keinerlei Anziehung auf die selbständigen Fischer in Warnemünde aus. Einen Vorteil gegenüber ihrer eigenen Situation konnten sie nicht erkennen.[212] Nicht anders verhielt es sich in Wismar. Auch die FPG „Fritz Reuter" hatte sich *„trotz ihrer Erfolge noch nicht zum Anziehungspunkt für die selbständigen Einzelfischer im Bereich der FGS"* entwickelt.[213] Und Produktionsgenossenschaften wie die FPG „Johann Frehse" in Zingst waren ohnehin alles andere als die erhofften *„Bahnbrecher des Sozialismus auf dem Gebiet der Fischerei."*[214]

[208] Vgl. Gries, Zehn Jahre Entwicklung (1958/59), S. 144.

[209] Vgl. FGS Warnemünde, Instrukteur der Politabteilung, Bericht über die ökonomische und politische Lage der FPG Zingst (vertraulich), 31. 5. 1957. LAG, Rep. 200, 4.6.4, Nr. 110.

[210] Für alle FPG des Kreises Rügen, mit Ausnahme von Glowe, musste eine mangelhafte oder nicht vorhandene politische Arbeit konstatiert werden. Vgl. KL SED Rügen, Bericht über die Lage in der Küstenfischerei Kreis Rügen, Bürovorlage für die KL Bergen, Stand 30. 6. 1957, 30. 7. 1957. LAG, Rep. IV/4/8, Nr. 324, Bl. 28.

[211] RdB Rostock. Abt. Örtliche Wirtschaft, Bericht über die Entwicklung der Fischwirtschaft im Bezirk Rostock seit 1945 und die Entstehung der FPG, 18. 12. 1956. LAG, Rep. 200, 4.6.4, Nr. 166, Bl. 86–109.

[212] Vgl. RdS Rostock, Abt. Örtliche Wirtschaft, Bericht über die durchgeführten Maßnahmen zur Verbesserung der Lage unter den Fischern im Stadtgebiet Rostock, 9. 8. 1955. LAG, Rep. KL Rostock IV/4/7, Nr. 465, Bl. 41–47 und Vgl. Stadtleitung SED Rostock, Stadtteil Warnemünde, Bericht über die Lage der Fischer in Warnemünde, 6. 5. 1958. LAG, Rep. KL Rostock IV/4/7, Nr. 465, Bl. 56–58.

[213] Bericht des Leiters und des Politleiters der FGS Wismar über ihre bisherige Arbeit, besonders vom Standpunkt der politisch-ideologischen Arbeit unter den See- und Küstenfischern, Juni 1957. LAG, Rep. IV/4/10, Nr. 620, Bl. 16–22.

[214] FGS Warnemünde, Instrukteur der Politabteilung, Bericht über die ökonomische und politische Lage der FPG Zingst (vertraulich), 31. 5. 1957. LAG, Rep. 200, 4.6.4, Nr. 110.

Gerade die wenig überzeugenden Arbeitsergebnisse vieler Produktionsgenossenschaften verstärkten die Vorbehalte der ohnehin traditionsverhafteten Fischer zusätzlich. „*Leider sind die bisherigen Beispiele bestehender Produktionsgenossenschaften in vielen Fällen nicht dazu geeignet, dass sie beispielgebend auf die bisher noch abseits stehenden Fischer wirken*", hieß es aus dem Stationsbereich Stralsund.[215] Die schlechte Arbeitsmoral und Misserfolge bei der Anwendung neuer Fangtechniken hielten selbst wirtschaftlich schwache Fischer von einem Eintritt in die FPG ab. Der Fischer Kölpin aus Ribnitz, der nach hohen Steuerrückzahlungen diesen Schritt erwogen hatte, entschied sich mit der Begründung dagegen, dass man als selbständiger Fischer mehr Interesse an der Arbeit habe, denn in einer FPG würde sich einer auf den anderen verlassen und keiner etwas tun.[216]

Angesichts der unverkennbaren inneren Probleme vieler FPG versuchte man von staatlicher Seite die Überlegenheit der sozialistischen Genossenschaften zumindest anhand von statistischem Material nachzuweisen.[217] Die Zahlen scheinen das auf den ersten Blick zu bestätigen. Die durchschnittliche Pro-Kopf-Anlandung eines FPG-Fischers betrug 1956 etwa 14 Tonnen, die eines selbständigen Fischers nur 4 Tonnen.[218] Natürlich verfügten die wenigen FPG dank der leistungsstarken Kutter über die effektiveren Fangmethoden. Der Vergleich suggeriert, dass sich die Fangerträge durch moderne Großfischerei mit modernen Fahrzeugen und Großreusen immer weiter steigern lassen würden, während diese einseitige Entwicklung zeitgleich bereits wieder in der Kritik stand.[219]

Auch die bessere Planerfüllung der sozialistischen Genossenschaften – im ersten Halbjahr 1957 hatten die FPG das ihnen auferlegte Soll bereits zu 122 Prozent erfüllt, die FWG dagegen nur mit 68 Prozent – verdankte sich vor allem der bewussten Bevorzugung der FPG bei der Sollbeauflagung. Für 1958 wurde von der Staatlichen Plankommission eine Überprüfung der Beauflagung der FPG-Kutter

215 Vorlage für die Ratssitzung am 23.8.1956, Bericht über das Fischereiwesen und Bericht über die Entwicklung der FGS Stralsund. LAG, Rep.250, Nr.126, Bl.1–9.

216 Vgl. Protokoll über die genossenschaftliche Arbeitstagung der FWG Mecklenburg, 25.6.1955. LAG, Rep.233, Nr.8, Bl.59–67. 223, 018–034. Ähnliche Argumente brachten auch Landwirte gegen den Zusammenschluss in LPG vor. Vgl. Langenhahn, Kollektivierung und Eigen-Sinn (1999), S.130. Langenhahn untersucht auf der lokalen Ebene, ob und inwieweit die Bauern bereit waren, den agrar- und gesellschaftspolitischen Forderungen der SED zu entsprechen.

217 Vgl. MfLMI (Kurt Westphal), Bericht über die Realisierung des Ministerratsbeschlusses vom 28.4.1955, o.D., nach dem 5.12.1957. BArch DE 1 / 28870. So auch Gries, Die werktätigen See- und Küstenfischer (1957/58), S.296. Scherer, Entwicklung der genossenschaftlichen See- und Küstenfischerei (1977), S.225 und Henning, Die Entwicklung des genossenschaftlichen Sektors (1983), S.50 übernehmen diese Angaben und die dazugehörige Interpretation.

218 Vgl. Gries, Die werktätigen See- und Küstenfischer (1957/58), S.296.

219 Vgl. Gemeinsamer Fang brachte volle Netze. Zur ersten Konferenz der Genossenschaftsfischer von G. Griese, in: Ostsee-Zeitung (13.7.1957). LAG, Rep.200, 4.6.4, Nr.33, Bl.108 und Staatliche Plankommission, Bericht über die in der See- und Küstenfischerei des Bezirkes durchgeführte Untersuchung (8.–13.7.1957), 29.7.1957, BArch DE 1 / 28883, Bl.239–256. Die absoluten Zahlen (FPG Soll 1809 Tonnen und Ist 2207 Tonnen, FWG Soll 7551 Tonnen und Ist 5139 Tonnen) zeigen die unterschiedlichen Dimensionen. Zu diesem Zeitpunkt verfügten die 250 Fischer in 17 FPG über 47 leistungsstarke Kutter (24m, 18m und 17m), 16 Mehrzweckkutter, 17 Reusenboote, und 27 Großreusen.

angeregt, da hier bereits im ersten Halbjahr 1957 erhebliche Übererfüllungen zu verzeichnen seien.[220]

Für die schlechte Sollerfüllung der Fischwirtschaftsgenossenschaften gab es noch einen weiteren Grund. Im Juni 1957 meldete die staatliche Erfassung, das VLK, eine ungewöhnliche Beobachtung an das Ministerium für Lebensmittelindustrie nach Berlin. Die gesamte See- und Küstenfischerei hatte ihren Fangplan im Jahr 1956 zwar nur zu 68,9 Prozent erfüllt, dennoch hatte das VLK Übersollmengen im Wert von über einer halben Million Mark abnehmen müssen. 11522 Tonnen regulären Fangs standen Übersollmengen in Höhe von 1802 Tonnen gegenüber. Der weitaus größte Teil dieser Übersollmengen, etwa 1500 Tonnen, kam von den FWG. Dies war umso verwunderlicher, da diese ihren Plananteil nur zu 68 Prozent, die FPG immerhin zu 96 Prozent erfüllt hatten. Die Erklärung dieses Phänomens lieferte das VLK gleich mit. Um in den Genuss der seit dem Ministerratsbeschluss eingeführten Übersollpreise zu gelangen, bedienten sich die Fischer einer besonderen Form der kollektiven Hilfe, sie bildeten sogenannte „Übersollgemeinschaften". Dabei lieferten mehrere Fischer ihren Fang gemeinsam über einen Fischer ab und teilten die Erträge unter sich auf. Den Fischern in den FPG war dies nicht möglich, da sie nicht mit einem persönlichen Soll, sondern mit einem Genossenschaftssoll versehen waren. Eine derartig offensichtliche materielle Bevorzugung der FWG sei der weiteren Entwicklung der FPG nicht dienlich, so das VLK, das einen deutlichen Widerspruch zwischen Intention und Wirkung des Ministerratsbeschlusses konstatierte.[221] Weder wurde so ein Anreiz für den Eintritt in eine Produktionsgenossenschaft geschaffen, noch die staatlich erfasste Fangmenge gesteigert, denn von den materiellen Vergünstigungen für Übersollmengen profitierten in erster Linie illegale Fanggemeinschaften. Eine besondere Arbeitsform wie die „Übersollgemeinschaft" war allerdings nur möglich, da die Fischereisachbearbeiter der Kreise und die Fischereiaufsichtsbeamten gegen die mutwillige Nichterfüllung des Solls nicht mehr konsequent vorgingen. Von der Möglichkeit des Entzugs der Fischereigenehmigung wurde kein Gebrauch gemacht, geschweige denn, dass es zu Enteignungen wie in der Landwirtschaft gekommen wäre.[222] Im Übrigen erfüllte die Regelung des Übersollmengenverkaufs auch hinsichtlich des Schwarzhandels nicht die Erwartungen. Viele Fischer, für die das Erreichen ihres Solls und damit der Übersollvergünstigungen ohnehin aussichtslos war, verkauften weiterhin ihre Edelfischfänge an staatlicher Erfassung und Steuer, die in ihren Augen ohnehin viel zu hoch war, vorbei. Und wie bisher tolerierten

220 Vgl. ebd.

221 Vgl. VE Versorgungs- und Lagerungskontor der Lebensmittelindustrie, Fischwirtschaft an MfLMI, HV Fischwirtschaft, Fischfang und Erfassung in der Küstenfischerei, 8.6.1957, BArch DE 1/ 28883, Bl. 264f.

222 Bei groben Verstößen gegen die Sollerfüllung sollte nach Meinung des Ministeriums für Lebensmittelindustrie wieder von der Möglichkeit, die Fischereierlaubnis zeitweilig zu entziehen, Gebrauch gemacht werden. Vgl. MfLMI der DDR, HV Fischwirtschaft (Instrukteur für See- und Küstenfischerei Dietrich), Bericht über die in der See- und Küstenfischerei des Bezirkes durchgeführte Untersuchung vom 20. bis 23.1. und 6.2.1958, 18.2.1958, BArch, DE 1/ 28883, Bl. 404–415.

und nutzten die lokal zuständigen Stellen, Bürgermeister, Fischereisachbearbeiter und Parteifunktionäre ebenso wie Vorstände und Geschäftsführer der FWG, diesen Schwarzhandel. [223]

f) Zur Belebung des Kollektivierungsprozesses: Das Musterstatut Typ I

Die distanzierte Haltung der Fischer ist an der anhaltenden Stagnation der Entwicklung der Produktionsgenossenschaften gut abzulesen. 1955 wurde nur eine einzige weitere FPG gebildet und auch die sechs im Jahr 1956 folgenden Gründungen entsprachen nicht den Erwartungen.[224] Im Mai 1956 musste man beim Rat des Bezirks feststellen, dass die Entwicklung zum Stillstand gekommen war.[225] Die wenigen neugegründeten Produktionsgenossenschaften setzten sich weiterhin hauptsächlich aus wirtschaftlich schwachen Kleinfischern, unselbständigen oder zwischenzeitlich aus dem Beruf ausgeschiedenen Fischern zusammen.[226] Oft genug wurde für die FPG auch völlig berufsfremdes und damit unqualifiziertes Personal rekrutiert. *„Man könne diese Genossenschaften doch nicht mit Gewalt aufbauen“*, bemerkte dazu der Verband der FWG.[227] Voraussetzung für eine Gründung war unter diesen Umständen weiterhin die Bereitstellung von Fahrzeugen und Geräten durch den Staat. Der Rat des Bezirks, so die Station in Stralsund, sollte unbedingt Investitionsmittel für weitere Kutter bereitzustellen, *„um den Forderungen und Wünschen der Fischer in Zukunft weitgehend gerecht werden zu können“*.[228] Dies war allerdings eine auf Dauer kostspielige Angelegenheit. Beim Rat des Bezirks teilte man daher diese Ansicht nicht, sondern hatte vielmehr schon im Mai 1956 betont, dass in Zukunft verstärkt auf die werktätigen Einzelfischer einzuwirken sei, bei der Bildung von Genossenschaften ihr persönliches Eigentum mitzubringen. Bekanntlich sahen aber gerade diese Fischer, die sich nach 1945 wirtschaftlich konsolidiert hatten, keinen Anlass, sich in Produktionsgenossenschaften zusammenzuschließen. Der Verlust der Selbständigkeit und des Eigentums an ihren Fangfahrzeugen und

[223] Vgl. ebd.; Staatliche Plankommission, Bericht über die in der See- und Küstenfischerei des Bezirkes durchgeführte Untersuchung (8.–13.7.1957), 29.7.1957, BArch DE 1 / 28883, Bl. 239–256 und Protokoll über die Stationsleitertagung, 4.8.1958. LAG, Rep. 200, 4.6.4, Nr. 158. 223, 278–285.

[224] Vgl. Scherer, Entwicklung der genossenschaftlichen See- und Küstenfischerei (1977), Tabelle S. 224. Die FPG „1. Mai“ in Peenemünde wurde am 1. August 1955 mit sechs Mitgliedern gegründet und im März 1957 wieder aufgelöst.

[225] Vgl. Niederschrift über den Erfahrungsaustausch der FGS, 15.5.1956 in Wismar. LAG, Rep. 250, Nr. 83, Bl. 21–31.

[226] RdB Rostock. Abt. Örtliche Wirtschaft, Bericht über die Entwicklung der Fischwirtschaft im Bezirk Rostock seit 1945 und die Entstehung der FPG, 18.12.1956. LAG, Rep. 200, 4.6.4, Nr. 166, Bl. 86–109.

[227] Sitzung des Vorstands und des Aufsichtsrats des Verbands der FWG, 15.11.1957. LAG, Rep. 233, Nr. 8, Bl. 2–7.

[228] Bericht des Leiters und des Politleiters der FGS Stralsund über ihre Arbeit besonders von dem Standpunkt der politischen ideologischen Arbeit unter den werktätigen See- und Küstenfischern, Anlage: Über die Entwicklung und den Stand der Fischereiproduktionsgenossenschaften, 28.6.1957. LAG, Rep. IV/4/8, Nr. 324.

Geräten war ohne Frage ein besonders schwerwiegendes Gegenargument. „*Es könnte noch einmal wieder anders kommen*", mit diesem Argument lehnten die Fischer in Wismar die Bildung einer Produktionsgenossenschaft ab.[229] Die Fischer aus dem FGS-Bereich Stralsund glaubten, in der FPG „verstaatlicht" und in ihrer persönlichen Freiheit eingeschränkt zu werden, den meisten war auch nicht klar, in welcher Weise die Einbringung der eigenen Produktionsmittel überhaupt vonstattengehen sollte.[230] Um diese Gruppe für die FPG zu gewinnen, musste ihr ein auf ihre Bedürfnisse zugeschnittenes Angebot unterbreitet werden.

Schon im April 1955 hatte der Rat des Bezirks die Bildung von Arbeits- und Ablieferungsgemeinschaften als gleichsam niederschwelligen Einstieg in die genossenschaftliche Arbeit anregt. Durch gemeinsames Fischen sollten die werktätigen Einzelfischer die Arbeitsproduktivität erhöhen, ohne dass ihr Privateigentum angetastet würde. Auch diese Arbeitsgemeinschaften sollten von den FGS bevorzugt beliefert werden.[231]

Diesen Weg hatte man seit 1954 auch in der Landwirtschaft beschritten.[232] Inspiriert wurde die Idee aber sicherlich auch durch die an der Küste existierenden Reusengemeinschaften und Kommünen, die man als Vorstufen zur sozialistischen Arbeitsform betrachtete.[233] Die Bedingungen für diese Form des gemeinsamen Fischens waren aber nicht überall gegeben. Darüber, ob Gemeinschaften dieser Art dauerhaft zustande kamen und die erhoffte Wirkung entfalteten, ist wenig bekannt. In der Stadt Wismar scheiterte der Zusammenschluss von Kleinfischern zu einer Arbeitsgemeinschaft daran, dass kein ertragreicher Reusenplatz für die ihnen zur Verfügung gestellte Großreuse gefunden wurde.[234] Zusammenschlüsse zu „Übersollgemeinschaften" konterkarierten diese Bemühungen zudem.

[229] Niederschrift über den Erfahrungsaustausch der FGS, 15.5.1956 in Wismar. LAG, Rep.250, Nr.83, Bl.21–31.

[230] Vgl. Vorlage für die Ratssitzung am 23.8.1956, Bericht über das Fischereiwesen und Bericht über die Entwicklung der FGS Stralsund. LAG, Rep.250, Nr.126, Bl.1–9.

[231] Vgl. RdB Rostock, Abt. Örtliche Wirtschaft, Maßnahmeplan zur Verbesserung der Arbeit in der privaten See- und Küstenfischerei , 21.4.1955. LAG, Rep.200, 2.2.2.1, Nr.74, Bl.103–111. Im Kreis Wolgast sollte eine Musterarbeitsgemeinschaft gebildet werden.

[232] Diese Arbeitsgemeinschaften wurden von der VdgB gebildet. Vgl. Bauerkämper, Ländliche Gesellschaft (2002), S.162 und 175. Ab 1957 lehnte die SED die Bildung der Gemeinschaften aber ab, da sie sich als Hemmnis auf dem Weg der Kollektivierung erwiesen hätten. Vgl. ebd. S.183.

[233] Diesen Arbeitsgemeinschaften, in denen kooperative Arbeitsformen und gemeinschaftliches Eigentum Tradition hatten, wandte man sich im Zusammenhang mit der Kollektivierung damit eher spät zu, obgleich doch gerade hier Anknüpfungspunkte zu finden gewesen wären. Erst in der zweiten Hälfte der Fünfzigerjahre beschrieb Käte Gries vom Institut für politische Ökonomie der Universität Rostock sie als „unmittelbare Vorstufe der sozialistischen Produktionsgenossenschaften" und forderte, diese Fischer verstärkt für die sozialistische Produktion zu gewinnen. Gries, Zehn Jahre Entwicklung (1958/59), S.142.

[234] Vgl. Plan zur Entwicklung des sozialistischen Sektors der Fischerei im Bereich der Stadt Wismar, o.D. Frühjahr 1957. LAG, Rep.IV/4/10, Nr.620, Bl.23–28. Auf Rügen existierten Mitte 1957 sieben solcher Arbeitsgemeinschaften, die von den FGS zehn Großreusen und fünf Küstenboote entliehen hatten. Unklar ist jedoch, ob sie nicht teilweise aus alten Reusengemeinschaften hervorgegangen oder gar mit ihnen identisch waren. Vgl. KL SED Rügen, Bericht über die Lage in der Küstenfischerei Kreis Rügen, Bürovorlage für die Kreisleitung Bergen, Stand 30.6.1957, 30.7.1957. LAG, Rep.IV/4/8, Nr.324, Bl.28.

Mit seiner Einschätzung lag der Rat des Bezirks aber generell richtig. Die wirtschaftlich gefestigten Fischer mit eigenem Fanggerät und Fahrzeug würden den Weg in die Produktionsgenossenschaften nur unter Wahrung des Privatbesitzes finden. Die rasche Ausarbeitung eines entsprechenden Musterstatuts hielt im Januar 1956 auch der Verband der FWG für dringend erforderlich, um den Sozialisierungsprozess zu beschleunigen.[235] Einen entsprechenden Auftrag zur Erarbeitung und Beratung eines solchen Statuts gab die Bezirksleitung der SED zu Jahresbeginn.[236]

Gestufte Varianten von Produktionsgenossenschaften gab es in der Landwirtschaft bereits seit Beginn der Kollektivierung 1952. In den LPG des Typs I wurde nur der Boden unter Wahrung der Eigentumsverhältnisse gemeinschaftlich bewirtschaftet, in die LPG Typ II mussten darüber hinaus Geräte und Maschinen eingebracht werden. Die LPG Typ III stellte schließlich die reinste Form einer sozialistischen Produktionsgenossenschaft, sie schloss auch die genossenschaftliche Viehwirtschaft mit ein. Seit 1956 wurde die Bildung von LPG Typ I, die den wirtschaftsstarken Mittelbauern den Weg zur kollektiven Arbeit erleichtern sollten, besonders gefördert. [237]

Als gleichsam „*niedere Form der sozialistischen Produktionsgenossenschaften*" sollte das neue Musterstatut Typ I der „*stark ausgeprägte[n] konservative[n] Einstellung*" der Fischer zum Eigentum entgegenkommen.[238] Während das ursprüngliche, nun als Typ II bezeichnete Statut vorsah, dass die Fischereigeräte und Fahrzeuge der Mitglieder in das Eigentum der Genossenschaft übergingen, sollten diese nach dem neuen Statut zwar zur gemeinsamen Nutzung eingebracht werden, verblieben aber persönliches Eigentum der ursprünglichen Besitzer. Diese schlossen mit der FPG einen Nutzungsvertrag und erhielten Gebühren, die sich an die Tarife der FGS anlehnten.[239] „*Mit diesen Bestimmungen werden die historisch entwickelten Lebensgewohnheiten der werktätigen Fischer ihre Berücksichtigung finden*", so das Ministerium für Lebensmittelindustrie in seiner Stellungnahme zum Entwurf des Statuts. Diese Einschätzung steht paradigmatisch für die Erkenntnis, dass sich die Kollektivierung nicht rücksichtslos über gewachsene Strukturen würde hinwegsetzen können.

In diesem Sinne ist auch eine weitere vorgesehene Statuterweiterung zu verstehen. Noch immer existierten in vielen der Reusengemeinschaften und Kommü-

[235] Vgl. Verband der FWG, Fischwirtschaftliche Berichterstattung gemäß Auflage des RdB Rostock, 24.1.1956. LAG, Rep.200, 4.6.4, Nr.163, Bd.2, Bl.97–100.

[236] Vgl. Scherer, Entwicklung der genossenschaftlichen See- und Küstenfischerei (1977), S.223.

[237] Vgl. Bauerkämper, Ländliche Gesellschaft (2002), S.166f. und S.175. Die Unterstützung der LPG Typ I kennzeichnet ebenso wie die Förderung „sozialistischer Arbeitsgemeinschaften" die Abschwächung des Kollektivierungsdrucks im Zuge der Entstalinisierung.

[238] MfLMI, Umlauf des Musterstatuts der FPG Typ I sowie der vor dem Kollegium des Ministeriums durch die HV Fischwirtschaft gegebenen Begründung, 14.2.1957, BArch DE 1 / 28883, Bl.333–353.

[239] Bei einem Austritt erhielte das Mitglied nach dem ursprünglichen Statut nur den Inventarbetrag abzüglich Wertminderung zurückgezahlt. Vgl. GBl.DDR 1955 Teil I , S.345 und GBl.DDR 1957 Teil II, S.103.

nen Rügens und Hiddensees überkommene Formen der sozialen Sicherung. Um eine behutsame Veränderung der Alters- und Invalidenvorsorge zu ermöglichen, sollte den FPG erlaubt werden, zusätzlich zur gesetzlichen Sozialversicherung einen Hilfsfonds für Invaliden, alte Leute, bedürftige Familien und Kinderbetreuung einzurichten.[240] Ein nicht unbeträchtlicher Teil der Fischer, etwa 25 Prozent, waren ständig oder saisonal in solchen traditionellen Arbeitsgemeinschaften organisiert.[241] Auf Fischereiversammlungen zur Besprechung des neuen Statuts war deutlich geworden, dass bei ihnen gerade hinsichtlich der speziellen Alterssicherung große Vorbehalte bestanden. Sie hatten Angst, ihre Ansprüche bei einem Eintritt in die FPG zu verlieren. Für diese Gemeinschaften kam je nach Lage der Arbeits- und Eigentumsverhältnisse oft nur ein kollektiver Übergang in eine FPG in Frage. Es war aus Sicht von Staat und Partei durchaus sinnvoll, lokale Besonderheiten zu berücksichtigen, um den Schritt in die FPG formal zu erleichtern. Ein weiteres Zugeständnis bestand schließlich darin, den Fischern der FPG nach Ableistung ihrer Arbeitseinheiten den individuellen Fischfang mit kleinem Gerät zu erlauben, dessen Erlös ihnen in voller Höhe zugutekam. Eine ähnliche Regelung bestand auch in der Landwirtschaft.[242]

Offiziell bestätigt wurde das neue Musterstatut erst im März 1957. Der Rat des Bezirks, der es bereits Anfang 1956 ausgearbeitet hatte, bemängelte die fehlende Unterstützung durch die Regierung, die die Bestätigung und Veröffentlichung des Statuts unnötig hinausgezögert hätte.[243] Dies ist wiederum nur ein weiteres Beispiel für die insgesamt schlechte Zusammenarbeit zwischen Bezirks- und Zentralebene. Der Rat des Bezirks erhob 1957 schwere Vorwürfe. Die zentralen Regierungsstellen, insbesondere die Staatliche Plankommission, würden sich nicht genügend mit den Problemen der See- und Küstenfischerei beschäftigen, vermutlich da sie sich nur in einem Bezirk stellten. Die Bedeutung der sozialistischen Genossenschaften in der See- und Küstenfischerei in politischer und ökonomischer Hinsicht müsse dort mehr Anerkennung finden.[244] Die zentralistische Struktur der DDR wirkte sich in einem regional begrenzten Bereich wie der See- und Küstenfischerei besonders hinderlich aus.

240 Vgl. MfLMI, Umlauf des Musterstatuts der FPG Typ I sowie der vor dem Kollegium des Ministeriums durch die HV Fischwirtschaft gegebenen Begründung, 14.2.1957, BArch DE 1 / 28883, Bl. 333–353.

241 Die Angabe für 1955/56 nach Gries, Zehn Jahre Entwicklung (1958/59), S. 142.

242 Vgl. MfLMI, Umlauf des Musterstatuts der FPG Typ I sowie der vor dem Kollegium des Ministeriums durch die HV Fischwirtschaft gegebenen Begründung, 14.2.1957, BArch DE 1 / 28883, Bl. 333–353 und Scherer, Entwicklung der genossenschaftlichen See- und Küstenfischerei (1977), S. 223.

243 RdB Rostock. Abt. Örtliche Wirtschaft, Bericht über die Entwicklung der Fischwirtschaft im Bezirk Rostock seit 1945 und die Entstehung der FPG, 18.12.1956. LAG, Rep. 200, 4.6.4, Nr. 166, Bl. 86–109.

244 Vgl. RdB, Bericht an die BL SED über die Lage der werktätigen Genossenschafts- und Einzelfischer und die sich daraus ergebenden Vorschläge zur weiteren Stärkung des sozialistischen Sektors in der See- und Küstenfischerei, September 1957. LAG, Rep. 200, 4.6.4, Nr. 93, Bd. 2, Bl. 145–158.

Noch vor der Veröffentlichung waren im Verlauf des Jahres 1956, im Februar in Barth, Kreis Ribnitz und im Oktober in Stralsund, zwei Produktionsgenossenschaften nach dem neuen Statut gegründet worden. Beide Genossenschaften betrieben Reusenfischerei, in Stralsund kamen auch Kutter zum Einsatz, die allerdings wiederum vom Staat zur Verfügung gestellt wurden.[245] Obwohl die Eigentumsregelung des neuen Statuts formal eine entscheidende Hürde beseitigt hatte, war ihm ein durchschlagender Erfolg zunächst nicht beschieden. 1957 wurde im Bezirk Rostock keine weitere Genossenschaft des neuen Typs gebildet, dagegen fünf FPG des Typs II, die bei der Gründung wiederum nur eine geringe Mitgliederzahl aufwiesen und auf staatliche Unterstützung in Form von Fangfahrzeugen angewiesen waren.[246] Auf Poel waren fünf Fischer, die sich bereits zur Gründung einer FPG Typ I entschlossen hatten, im entscheidenden Moment abgesprungen. Das Misstrauen gegenüber dem Statut war zu groß. Übrig blieben zwei Fischer ohne Fahrzeuge. Auch die FPG „Claus Störtebecker" musste daher mit staatlichen Kuttern ausgestattet werden.[247] Anfang Juli schlossen sich schließlich sieben Fischer aus Groß-Zicker zur FPG „Mönchsgut" zusammen. Sie stellten den Überrest der Reusengemeinschaft Groß-Zicker dar. Über die Hälfte der Mitglieder war im vorangegangenen Jahr wegen der schlechten Verdienste oder aus Altersgründen ausgeschieden. Auch diese FPG war auf zusätzliche Materialien zur Reusen- und Kleinfischerei dringend angewiesen.[248]

Dem erklärten Ziel, verstärkt die rentabel arbeitenden selbständigen Fischer für die Produktionsgenossenschaften zu gewinnen, war man also nicht nähergerückt, als Mitte Juli 1957 in Rostock die erste Bezirkskonferenz der Produktionsgenossenschaften werktätiger See- und Küstenfischerei durchgeführt wurde. Im Bezirk Rostock bestanden zu diesem Zeitpunkt 17 Produktionsgenossenschaften. Mit 250 Mitgliedern waren aber noch immer weniger als 15 Prozent der Fischer in sozialistischen Genossenschaften organisiert.[249] Die Veranstaltung selbst war eine typische sozialistische Inszenierung, die dazu diente, die Richtigkeit des Ministerratsbeschlusses vom April 1955 ostentativ nachzuweisen. Nicht zu leugnende Probleme, etwa die politischen und moralischen Defizite in den FPG oder der schlechte Zustand der vom Kombinat Saßnitz übergebenen Kutter, wurden nicht ver-

[245] Vgl. RdB Rostock. Abt. Örtliche Wirtschaft, Bericht über die Entwicklung der FGS und der FPG, 2.10.1956. LAG, Rep.200, 4.6.4, Nr.166, Bl.38–46. 223, 336–344. Hier wird allerdings fälschlicherweise nicht Stralsund, sondern Warnemünde als zweite Genossenschaft Typ I genannt. Vgl. Scherer, Entwicklung der genossenschaftlichen See- und Küstenfischerei (1977), S.223f. Vgl. FGS Stralsund, Politleiter Heise, Bericht über die Arbeit der Politabteilung der FGS Stralsund im Monat September 1956, 9.10.1956. LAG, Rep.IV/2/6, Nr.834, Bl.54.

[246] So auch in Binz im März 1957. Vgl. ebd.

[247] Vgl. Bericht des Leiters und des Politleiters der FGS Wismar über ihre bisherige Arbeit, besonders vom Standpunkt der politisch-ideologischen Arbeit unter den See- und Küstenfischern, Juni 1957. LAG, Rep.IV/4/10, Nr.620, Bl.16–22.

[248] Vgl. OFMA Rostock an RdB Rostock, Abt. Örtliche Wirtschaft, HR Fischwirtschaft, Betr. Gründung einer FPG in Groß-Zicker auf Rügen, 9.7.1957. LAG, Rep.250, Nr.142, Bl.3.

[249] Vgl. Staatliche Plankommission, Bericht über die in der See- und Küstenfischerei des Bezirkes durchgeführte Untersuchung (8.–13.7.1957), 29.7.1957, BArch DE 1 / 28883, Bl.239–256.

schwiegen, aber organisierte Diskussionsbeiträge garantierten eine wohldosierte Mischung aus Lob, Kritik und Selbstkritik. Allein die extra zusammengestellte Delegation der den Sozialismus bejahenden „werktätigen Einzelfischer" enttäuschte.[250] Nicht alle von den Stationen ausgewählten Fischer waren der Einladung nachgekommen. Die FGS Stralsund vermutete, dass sie von den Geschäftsführern der FWG in diesem Sinne beeinflusst worden seien.[251]

Auch Vertreter der Staatlichen Plankommission, die im Juli 1957 eine Untersuchung der See- und Küstenfischerei im Bezirk Rostock durchführten, hatten an der FPG-Konferenz teilgenommen. Den Stand der sozialistischen Entwicklung bemängelten sie in ihrem Abschlussbericht ebenso wie die Zustände innerhalb der FPG. Es fehle eine klare Linie der „sozialistischen Umgestaltung" in der Fischwirtschaft.[252]

3. Die zweite Kollektivierungsphase 1957/58 bis 1960

Die Fischer in den rentabel arbeitenden Fischwirtschaftsgenossenschaften hielten sich hartnäckig abseits der sozialistischen Genossenschaften.[253] So überrascht es umso mehr, dass der Rat des Bezirks im September 1957 mit der Gründung der FPG Breege einen besonderen, für die gesamte Ostseeküste als wegweisend bezeichneten Erfolg vermelden konnte. Erstmals war eine FWG geschlossen den Weg zur sozialistischen Produktionsgenossenschaft gegangen.[254] Die Umwandlung der FWG in Breege ist Ausdruck einer neuen Strategie. Nicht mehr einzelne Fischer sollten für den Beitritt oder die Gründung einer FPG gewonnen werden, sondern die bestehende Organisationsform der FWG ausgenutzt werden. Wirtschaftlich gefestigte, rentabel arbeitende Fischwirtschaftsgenossenschaften sollten fortan den Kern neuer Produktionsgenossenschaften bilden. Diese Taktik hatte vielerlei Vorteile. So konnte man nicht nur eine große Anzahl von Fischern mit eigenen Produktionsmitteln gewinnen, sondern auch auf die unternehmerischen Erfahrungen der Fischwirtschaftsgenossenschaften zurückgreifen. Faktisch war aber die Umwandlung der Fischwirtschaftsgenossenschaften nicht ohne weitreichende Konzessionen möglich, wie die folgenden Fallbeispiele zeigen.

250 Vgl. Protokoll der ersten Beratung der Kommission zur Vorbereitung und Durchführung der Bezirkskonferenz der FPG, 23.5.1957. LAG, Rep. 200, 4.6.4, Nr. 33, Bl. 86–88. 223, 124–126 und „Gemeinsamer Fang brachte volle Netze. Zur ersten Konferenz der Genossenschaftsfischer" von G. Griese, in: Ostsee-Zeitung vom 13.7.1957. LAG, Rep. 200, 4.6.4, Nr. 33, Bl. 108.

251 Vgl. FGS Stralsund, Politabteilung an KL SED Rügen, Abt. Wirtschaft, Bericht der Politabteilung über die Tätigkeit im Monat Juli 1957, 6.8.1957. LAG, Rep. IV/4/8, Nr. 324, Bl. 33.

252 Vgl. Staatliche Plankommission, Bericht über die in der See- und Küstenfischerei des Bezirkes durchgeführte Untersuchung (8.–13.7.1957), 29.7.1957, BArch DE 1 / 28883, Bl. 239–256.

253 Eine Verhaltensweise, die sich ebenso bei den erfolgreich arbeitenden Einzelbauern zeigte. Vgl. Schöne, Frühling auf dem Lande (2005), S. 275.

254 Vgl. RdB Rostock, (Wirtschaftsrat), Abteilungsleiter Gramm, Bericht über die Durchführung des Bezirkstagsbeschlusses vom 23.1.1957 über das Fischereiwesen im Bezirk Rostock, vermutlich September 1957. LAG, Rep. 200, 4.6.4, Nr. 93, Bd. 2, Bl. 139–144.

a) Vom Kapitalismus zum Sozialismus? Zwei Fallbeispiele

Die Umwandlung der FWG Breege in die FPG „Wittow" im August 1957

Das Einzugsgebiet der im Juni 1946 gegründeten FWG Breege umfasste die im Norden Rügens gelegene Halbinsel Wittow mit den Fangorten Breege, Vitt und Wiek, zudem die Fischer aus Glowe auf der Halbinsel Jasmund und die Fischer des unterhalb Wittows gelegenen Ortes Neuenkirchen. Auch die Umsiedlerfischer von Dranske hatten zur FWG gehört, bis sich dort im November 1954 eine FPG mit 16 Mitgliedern gegründet hatte. Ende 1954 zählte die FWG Breege 85 Mitglieder, davon 70 selbständige Fischer, zwölf Gehilfen (Anteilsfischer) und drei Fischereiarbeiter. Die FWG Breege war damit eine mittelgroße Genossenschaft, deren sehr verstreut wohnende Fischer ausschließlich Küstenfischerei mit Reusen und Netzen betrieben. Die Fischer waren in verschiedenen Fanggemeinschaften organisiert. Den Kern bildete die Reusengemeinschaft in Breege, dazu kamen die alte Bootskommüne Vitt und kleinere Gemeinschaften aus Wiek, Glowe und Neuenkirchen. Zur Genossenschaft gehörte auch ein Verarbeitungsbetrieb.[255]

Als sich die FPG „Wittow" am 10. August 1957 im Kulturhaus der FWG gründete, nahmen 55 Fischer teil. Damit hatten sich mehr als zwei Drittel der Fischer zum Eintritt in die FPG entschieden. Sie bildeten Fangbrigaden entsprechend der bereits bestehenden Fanggemeinschaften. Nie zuvor hatte eine FPG dieser Größenordnung gebildet werden können. Ein weiteres Novum war die Übernahme der Arbeiter des zur FWG gehörenden Verarbeitungsbetriebes, so dass die FPG insgesamt 77 Mitglieder zählte. Die Genossenschaft entschied sich für das Musterstatut Typ II.[256] Vorangegangen waren intensive Besprechungen mit den Fischern an den einzelnen Fangplätzen und den Arbeitern der Verarbeitungsbetriebe durch die Mitarbeiter der zuständigen FGS Stralsund und der Kreisleitung der SED. Bereits im November 1955 hieß es, dass gerade die Fischer aus Breege, anders als die Fischer aus Vitt und Neuenkirchen, der Gründung einer FPG nicht völlig ableh-

[255] Vgl. Auflistung der nach 1945 gegründeten Fischwirtschaftsgenossenschaften. Teil eines Berichts des Verbandes der FWG Mecklenburg, 28. 7. 1956. LAG, Rep. 233, Nr. 16, Bl. 12. 223, 108; Auflistung der FWG des Bezirks Rostock, Material zur 31. Bürositzung des Sekretariats der BL SED Rostock am 21. 12. 1954. LAG, Rep. IV/2/3, Nr. 103, Bl. 203–204. 222, 246 und Scherer, Entwicklung der genossenschaftlichen See- und Küstenfischerei (1977), S. 224. 1952 waren es noch 114 Mitglieder gewesen, der Rückgang erklärt sich durch Abwanderung und das Ausscheiden der Fischer aus Dranske. Vgl. MfHV, Abteilung Fischerei, Schwerin, Auflistung der Fischwirtschafts-Genossenschaften 1951. LHAS, 6.11-14, Nr. 7425, Bl. 15–17 und Peesch, Fischerkommünen (1961), S. 146f. zu den in der FWG zusammengeschlossenen Fanggemeinschaften.

[256] Es waren 55 der mittlerweile noch 79 Mitglieder der FWG, darunter 28 Fischer aus Breege, sieben Fischer aus Wiek, neun Fischer aus Vitt, fünf Fischer aus Glowe, drei Fischer aus Neuenkirchen. Sie bildeten die Brigaden Breege I und II, Wiek, Vitt, Glowe und Neuenkirchen. Vgl. Protokoll über die Gründungsversammlung der Fischereiproduktionsgenossenschaft „Wittow" am 10. 8. 1957. LAG, Rep. IV/4/8, Nr. 325, Bl. 33.

nend gegenüberstünden.[257] Im Juli 1957 war schließlich der Großteil der Fischer dazu bereit.[258]

Sicherlich hat zu dieser Entwicklung beigetragen, dass die SED mit Walter Krüger in der FWG Breege den seltenen Fall eines verlässlichen und anerkannten Vertreters ihrer Ideen hatte, der das Vertrauen der Partei und den Respekt der Fischer besaß. Krüger trat seit langem offen für die Gründung einer FPG in Breege ein.[259] *„Das Beispiel von Breege zeigt"*, so Abteilungsleiter Gramm in seiner Berichterstattung für den Rat des Bezirks im September 1957, *„dass die Umbildung zur sozialistischen Produktionsform schneller erreicht werden kann, wenn durch planmäßige Überzeugungsarbeit Weg und Ziel richtig erläutert wird. Es bestehen keine Zweifel, dass dadurch die sozialistische Entwicklung in der Fischwirtschaft schneller vorwärts gehen wird."*[260]

Die tatsächlichen Umstände der Gründung der FPG sind mit „planmäßiger Überzeugungsarbeit" allerdings euphemistisch umschrieben. Der zeitgleich entstandene, weitaus offenere Bericht für die Bezirksleitung der SED deckt auf, was sich dahinter wirklich verbarg. Die Neubildung in Breege sei erst dadurch möglich geworden, *„dass den Fischern von der Kreisleitung Rügen unserer Partei einige Konzessionen gemacht wurden, wie sie bei der Bildung von anderen Produktionsgenossenschaften bisher noch nicht erfolgten."*

Zu diesen Zugeständnissen zählten neben der üblichen Steuererleichterung eine dreißigprozentige Kürzung des Fangsolls, der Erlass der Pachtgebühren für die Reusenplätze auf Lebenszeit und die Anerkennung getrennter Brigadeabrechnungen hinsichtlich des Übersolls, die unabhängig von Gesamterfüllung der FPG wa-

257 KL SED Bergen, Abt. Wirtschaftspolitik, Bericht über Aussprache zwischen werktätigen Einzelfischern, dem 1. Kreissekretär, dem Sekretär für Wirtschaft und dem Fischereisachbearbeiter beim Rat des Kreises, 3.11.1955. LAG, Rep. IV/2/6, Nr. 830, Bl. 65–66.

258 Vgl. Bericht des Leiters und des Politleiters der FGS Stralsund über ihre Arbeit besonders von dem Standpunkt der politischen ideologischen Arbeit unter den werktätigen See- und Küstenfischern, Anlage: Über die Entwicklung und den Stand der Fischereiproduktionsgenossenschaften, 28.6.1957. LAG, Rep. IV/4/8, Nr. 324. 222, 19–29 und FGS Stralsund, Politabteilung an KL SED Rügen, Abt. Wirtschaft, Bericht der Politabteilung über die Tätigkeit im Monat Juli 1957, 6.8.1957. LAG, Rep. IV/4/8, Nr. 324, Bl. 33.

259 Walter Krüger, Jahrgang 1903, war 1945 bis 1949 als Bürgermeister in Breege tätig gewesen und danach in seinen Beruf als Fischer zurückgekehrt. Er war weiterhin Mitglied der Gemeindevertretung, besaß die Aufbaunadel in Gold und engagierte sich als Schulungsleiter aktiv in der Partei und im Verband der FWG. 1958 warb er in einer Broschüre der Nationalen Front aktiv für den Eintritt in die Produktionsgenossenschaften. Krüger hatte im April 1955 an der Präsidiumssitzung des Ministerrates teilgenommen. Er sei ein sehr aktiver Genosse und gelte als fortschrittlichster Fischer der Insel Rügen, hieß es in der Begründung. Vor allem, und das war wohl keineswegs selbstverständlich, sei er in der Lage, vor dem Ministerrat Ausführungen zur wirtschaftlichen und politischen Lage in der Fischerei zu machen. Vgl. Protokoll der 10. Sitzung des Präsidiums des Ministerrates vom 28.4.1955. Anlage A: Vorschläge zur Einladung von Fischern für die Sitzung, BArch DC 20 I /4 / 110, Bl. 12–15 und Auf ein Wort – Fischer des Ostseebezirks, Broschüre hg. v. der Nationalen Front des Demokratischen Deutschland, Bezirksausschuss Rostock 1958. AHW, SM 6.06.

260 RdB (Wirtschaftsrat), Abteilungsleiter Gramm, Bericht über die Durchführung des Bezirkstagsbeschlusses vom 23.1.1957 über das Fischereiwesen im Bezirk Rostock, vermutlich September 1957. LAG, Rep. 200, 4.6.4, Nr. 93, Bd. 2, Bl. 139–144.

ren. „*Zu solchen Bedingungen*", bemerkt der Bericht lakonisch, „*dürften weitere Umbildungen von FWG zu FPG nicht schwierig sein.*"[261]

Diese Vergünstigungen hatten nicht nur in anderen Produktionsgenossenschaften, insbesondere der benachbarten FPG in Glowe zu Verärgerung geführt,[262] auch das Ministerium für Lebensmittelindustrie äußerte sich kritisch. Die FPG Breege kam in den Genuss einer jährlichen Steuerermäßigung in Höhe von 35 000 DM, durch die Ermäßigung der Pflichtablieferung um 30 Prozent hatte sie bereits Ende Januar 1958 Übersolleinnahmen von 248 000 DM erzielt. Im Fall einer vermögenden und rentabel arbeitenden Genossenschaft wie in Breege seien dies unverhältnismäßige Erleichterungen, es bestünde die Gefahr eines volkswirtschaftlichen Schadens durch unberechtigte Übersollprämien.[263]

Es mutet durchaus befremdlich an, wenn die Kreisleitung in Rügen im Frühjahr 1959 in Hinblick auf die Übererfüllung und das Gesamtvermögen der Genossenschaft stolz erklärte: „*Das Ziel, 1959 Millionär zu werden, wird von der FPG erreicht.*"[264]Aber mit dem Sozialismus nahm man es im Fall Breege ohnehin nicht so genau. Der Geschäftsführer der FWG, Walter Thurow, als ehemaliger Fischgroßhändler im Jahr 1955 noch als „kapitalistisches Element" bezeichnet, überstand die Umwandlung in eine sozialistische Produktionsgenossenschaft unbeschadet.[265] Er wurde Vorsitzender der neuen FPG. Thurow gehörten mit Ausnahme des Kulturhauses alle Gebäude der FWG, neben der üblichen Auszahlung für die in die FPG eingebrachten Werte sollte er „*eine zusätzliche Unterstützung*" erhalten.[266] Es drängt sich der Eindruck auf, dass sich die Kreisleitung die Zustimmung des einflussreichen Geschäftsführers regelrecht erkaufte.

261 RdB, Bericht an die BL SED über die Lage der werktätigen Genossenschafts- und Einzelfischer und die sich daraus ergebenden Vorschläge zur weiteren Stärkung des sozialistischen Sektors in der See- und Küstenfischerei, September 1957. LAG, Rep. 200, 4.6.4, Nr. 93, Bd. 2, Bl. 145–158.

262 Vgl. Bericht (der FGS) vor dem Plenum der KL Bergen in Saßnitz am 4. 9. 1957 über die Entwicklung der FPG, die Möglichkeiten der Stärkung bzw. Neugründung von FPG, die Hilfe für Genossenschaftsmitglieder durch die FGS, 3. 9. 1957. LAG, Rep. IV/4/8, Nr. 324, Bl. 29.

263 Vgl. MfLMI, HV Fischwirtschaft (Instrukteur für See- und Küstenfischerei Dietrich), Bericht über die in der See- und Küstenfischerei des Bezirkes durchgeführte Untersuchung vom 20. bis 23. 1. und 6. 2. 1958, 18. 2. 1958, BArch, DE 1/ 28883, Bl. 404–415.

264 KL SED Rügen, Abt. Wirtschaft, Einschätzung und Beurteilung der FPG Breege/ Rügen, o. D. Ende März 1959 LAG, Rep. IV/4/8, Nr. 324.

265 Vgl. Wie muss die Arbeit der Partei mit den werktätigen Fischern verbessert werden? Entwurf der BL SED, mit handschriftlichen Notizen. o. D., Frühjahr 1955. LAG, Rep. IV/2/6, Nr. 830, Bl. 16–27. Thurow hätte nach dem ursprünglichen Musterstatut, das 1955 veröffentlicht worden war, als ehemaliger Großhändler und „Spekulant" gar nicht Mitglied einer Produktionsgenossenschaft werden dürfen. Dieser Passus, der auch Großfischern den Eintritt in die FPG verwehrte, entfiel 1957 mit der Veröffentlichung des Statuts Typ I. Vgl. GBl. DDR 1957 Teil II, S. 103.

266 Protokoll über die Gründungsversammlung der FPG „Wittow" am 10. 8. 1957, 13. 8. 1957. LAG, Rep. IV/4/8, Nr. 325, Bl. 33 und RdB, Bericht an die BL SED über die Lage der werktätigen Genossenschafts- und Einzelfischer und die sich daraus ergebenden Vorschläge zur weiteren Stärkung des sozialistischen Sektors in der See- und Küstenfischerei, September 1957. LAG, Rep. 200, 4.6.4, Nr. 93, Bd. 2, Bl. 145–158. Vgl. auch Peesch, Fischerkommünen (1961), S. 147. Er lobt die Kenntnisse und organisatorischen Fähigkeiten Thurows, der maßgeblich

Und auch für die Genossenschaftsmitglieder lohnte sich der Wechsel zur Produktionsgenossenschaft schon allein durch die zu erwartenden Übersolleinnahmen. Durch die getrennten Abrechnungen waren die Fischer der einzelnen Brigaden unabhängig vom Gesamterfolg der FPG. Peesch verweist ausdrücklich darauf, dass sich die tradierten Arbeitsformen trotz des Übergangs zur FPG nicht veränderten. Die alten Gemeinschaften arbeiteten nun als Brigaden weiterhin mit dem gleichen Gerät und nach den gleichen Arbeitsordnungen wie zuvor. Auch die Veränderung der Eigentumsverhältnisse durch die Annahme des Statuts Typ II hatte daher nur geringe Auswirkungen. Soweit es sich nicht ohnehin schon um Gemeinschaftseigentum handelte, kümmerten sich die Fischer wie zuvor um „ihre Netze". Die übliche Eigentumsmarke, ein Namenskürzel auf den Geräten, wurde zur Pflegschaftsmarke.[267] Moderne Großgeräte oder Kutter kamen in der FPG „Wittow" nicht zum Einsatz, die Fischer betrieben entsprechend der natürlichen Begebenheiten weiterhin ausschließlich Küstenfischerei.

Auch ein nachweisbarer politischer Bewusstseinswandel der Fischer ging mit dem offiziellen Übergang zur sozialistischen Arbeitsweise nicht einher. Trotz intensiver Bemühungen der Genossen der Grundorganisation der SED und der Unterstützung durch Parteifunktionäre konnten in der neuen FPG keine Kandidaten für die Partei gewonnen werden.[268] Letztendlich handelte es sich bei der Umwandlung zur sozialistischen Produktionsgenossenschaft also vorrangig um eine formale Veränderung.

Die neue FPG nahm ihre Arbeit zum 1. September 1957 auf, die vollständige Umwandlung und Übernahme der FWG sollte aus verwaltungstechnischen Gründen allerdings frühestens zum 1. Oktober folgen und verzögerte sich letztlich aufgrund anhaltender Diskussionen bis Mitte des Jahres 1958. Obwohl sie noch nicht nach dem Statut abrechnete, erhielt die Genossenschaft seit September alle vorgesehenen Vergünstigungen.[269]

Für die Schaffung eines neuen Präzedenzfalles zahlte man also einen hohen Preis. Andererseits war es in Breege erstmals gelungen, eine sozialistische Genossenschaft zu schaffen, deren Arbeitsmoral und Disziplin als vorbildlich gelten durften, die ohne staatliche Kredite auskam und durch gute Arbeitsergebnisse und hohe Übersolleinnahmen überzeugte. Im Juni 1958 waren bis auf zwei alte Fischer alle Fischer des Einzugsbereichs in der FPG „Wittow" erfasst, und so be-

für den wirtschaftlichen Erfolg der neugegründeten FPG verantwortlich sei. Die umfangreichen Zugeständnisse an die FPG erwähnt Peesch nicht.

[267] Vgl. Peesch, Fischerkommünen (1961), S. 150f. Die traditionell mitarbeitenden Fischerfrauen wurden in der FPG zu „vorübergehend Beschäftigten" und entlohnt.

[268] Ebenso wenig gelang es, Kinder von FPG-Mitgliedern für die Jugendweihe zu werben. Vgl. GO SED, FPG Breege, Rechenschaftsbericht 1957/58 vom 20.2.1958, 20.2.1958. LAG, Rep. IV/4/8, Nr. 325, Bl. 53–56.

[269] Bericht (der FGS) vor dem Plenum der KL Bergen in Saßnitz am 4.9.1957 über die Entwicklung der FPG, die Möglichkeiten der Stärkung bzw. Neugründung von FPG und die Hilfe für Genossenschaftsmitglieder durch die FGS, 3.9.1957. LAG, Rep. IV/4/8, Nr. 324, Bl. 29 und KL SED Rügen, Abt. Wirtschaft, Einschätzung und Beurteilung der FPG Breege/ Rügen, o. D. Ende März 1959 LAG, Rep. IV/4/8, Nr. 324.

tonten insbesondere die zuständigen Parteistellen auf Kreis- und Bezirksebene immer wieder die beispielhafte Wirkung auf die übrigen „werktätigen Fischer" des Ostseebezirks. Und tatsächlich markierte Breege den Auftakt für eine neue Phase in der Kollektivierung der See- und Küstenfischerei, die im Jahr 1958 begann.[270] Gerade auf der Insel Rügen entwickelte die FPG Breege eine Sogwirkung; im Verlauf des Jahres 1958 gründeten sich dort sechs neue Produktionsgenossenschaften. Zumeist handelte es sich wie etwa im Fall Alt-Reddevitz im Februar 1958 und Neu-Reddevitz im August 1958 um kleinere Reusengemeinschaften. Es gründeten sich aber auch neue, auf staatliche Förderung angewiesene Kuttergemeinschaften. Im Kreis Wolgast entstanden 1958 ebenfalls sechs neue Genossenschaften, teils Kleinfischerei, teils Kutter.[271] Diese Zusammenschlüsse entsprachen allerdings nicht der von der Partei vorgegebenen Leitlinie, nach dem Beispiel der FPG Breege bereits bestehende Genossenschaften umzuwandeln, und wurden daher von der Partei kritisiert.[272] Von besonderer Bedeutung war deshalb die Gründung der FPG „V. Parteitag" in Wismar im Juli 1958, mit der es zum zweiten Mal gelang, eine große Fischwirtschaftsgenossenschaft in eine FPG zu überführen.

Die Umwandlung der FWG Wismar in die FPG „V. Parteitag" im Juli 1958

Die Genossenschaft in Wismar war eine der Traditionsgenossenschaften der Ostseeküste. Zwar war sie nach dem Zweiten Weltkrieg erst 1947 als Fischwirtschaftsgenossenschaft wiedergegründet worden, stand aber auch für die örtliche Verwaltung in der Nachfolge der 1914 ins Leben gerufenen Fischverwertungsgenossenschaft. Die FWG unterhielt einen Verarbeitungsbetrieb, Fischverkaufsstellen und eine Werft auf der Insel Poel. Mit über 170 Mitgliedern im Jahr 1954 zählte die FWG Wismar zu den großen Genossenschaften, sie vereinte nicht nur die Fischer der See- und Küstenfischerei aus den Kreisen Wismar Stadt und Land, Bad Doberan und Grevesmühlen, sondern auch einige Binnenfischer aus dem Kreis Sternberg. Die Mitglieder der FWG betrieben verschiedenste Arten des Fischfangs, die Bandbreite reichte vom kleinen Küstenfischer bis hin zum Kutterfischer. Diese Genossenschaftsstruktur wurde von den Verantwortlichen sicherlich zu Recht als besonderes Hemmnis beim Übergang zu einer sozialistischen Produktionsgenos-

270 Vgl. FGS Stralsund, Politabteilung an KL SED Rügen, Abt. Wirtschaft, Bericht der Politabteilung über die Tätigkeit im Monat Juli 1957, 6.8.1957. LAG, Rep.IV/4/8, Nr.324, Bl.33; BL SED Rostock, Abt. Wirtschaftspolitik, Bericht über das politisch-ökonomische Verhältnis zwischen den FGS, den FPG und dem Staatsapparat, 21.5.1958, BArch DE 1 / 28870; KL SED Rügen, Abt. Wirtschaft, Einschätzung und Beurteilung der Fischereiproduktionsgenossenschaft Breege/ Rügen, o.D. Ende März 1959 LAG, Rep.IV/4/8, Nr.324.

271 Vgl. Aufstellung der Produktionsgenossenschaften werktätiger See- und Küstenfischer des Bezirkes Rostock, 26.5.1959. LAG, Rep.200, 4.6.4, Nr.153 und Peesch, Fischerkommünen (1961), S.147 zur Entwicklung auf Rügen.

272 Vgl. Beschlussprotokoll Nr.206 des Büros der KL SED Rügen vom 15.8.1958 in Saßnitz, VEB Fischfang, vertrauliche Verschlusssache, 15.8.1958. LAG, Rep.IV/4/8, Nr.210, Bl.181–184.

senschaft erkannt.[273] Andererseits ließ sich mit diesem Argument gut begründen, warum die Bemühungen um eine Ausweitung des sozialistischen Sektors in Wismar und Umgebung bisher weitgehend erfolglos geblieben waren.[274] Die Mitarbeiter der Fischereifahrzeug- und Gerätestation, die mit den Fischern über die Produktionsgenossenschaften und das neue Statut Typ I zu diskutieren versuchten, stießen im Bereich Wismar auf besonders heftigen Widerstand: „*Die Fischer wollen mit der FPG nichts zu tun haben. Dies liegt auch vielfach daran, dass gewisse Elemente gegen die FPGen hetzen*", hieß es im April 1956.[275]

Mit einem dieser „Elemente" dürfte ohne Frage der Geschäftsführer der FWG, Otto Röpcke, gemeint gewesen sein. Die Zusammenarbeit zwischen der Station und der FWG gestaltete sich in Wismar bis Mitte des Jahres 1957 außerordentlich schwierig. Röpcke, Jahrgang 1902, war seit 1950 Geschäftsführer und Vorstand der Genossenschaft, seit 1949 Fischereiältester der Fischerzunft und zeitweise Mitglied im Aufsichtsrat des Verbandes der FWG.[276] Er war anscheinend nicht Mitglied der SED.[277]

Was Röpcke von staatlichen Eingriffen in die von ihm geführte Fischwirtschaftsgenossenschaft hielt, zeigt ein Briefwechsel mit der lokalen Verwaltung im Zuge des Ministerratsbeschlusses von 1955. Die Abteilung Örtliche Wirtschaft der Stadt Wismar bat den Vorstandsvorsitzenden und Geschäftsführer der FWG im Oktober 1955 zu einer Aussprache, zu der Unterlagen über die Ablieferung der einzelnen Fischer, die jeweiligen Genossenschaftsanteile und das Protokoll der letzten Generalversammlung mitgebracht werden sollten. Röpcke antwortete, dieser Bitte nicht nachkommen zu können, da er aufgrund der Verordnung über die Regelung und Kontrolle des Berichtswesens vom 28. Mai 1954 ohne Erlaubnis der Staatlichen Zentralverwaltung nicht befugt sei, Auskunft zu erteilen. Die Stadt

273 Vgl. Auszugsweise Abschrift aus dem Protokoll der Fischerversammlung am 28.11.1947 in Kirchdorf Poel, AHW, XXIV, 16 A, Nr. 8; RdS Wismar, Abt. Örtliche Wirtschaft, Kurzbericht über die FWG Wismar, o. D., vermutlich 1954. AHW, XXIV, 16 A, Nr. 6; RdS Wismar, Abt. Örtliche Wirtschaft, Kurzbericht zur FWG Wismar, o. D., 1955. AHW, XXIV, 16 A, Nr. 6 und Plan zur Entwicklung des sozialistischen Sektors der Fischerei im Bereich der Stadt Wismar (Entwurf, Verfasser unbekannt, vermutlich FGS), o. D., Frühjahr 1957. LAG, Rep. IV/4/10, Nr. 620, Bl. 23–28.

274 Außer der 1954 gegründeten FPG „Fritz Reuter" existierte nur die im April 1957 mit wenigen Mitgliedern ins Leben gerufene Kuttergenossenschaft „Claus Störtebecker" auf Poel.

275 Protokoll über einen Erfahrungsaustausch an der Station Wolgast am 16. 4. 1956. LAG, Rep. 250, Nr. 83, Bl. 5–11.

276 Röpcke stammte aus Kirchdorf/Poel, sein Lebenslauf ist typisch für die Fischer seiner Generation. Auch sein Vater war Fischer. Nach dem Besuch der Volksschule ging er als 15jähriger in die Lehre und arbeitete seit 1924 als selbständiger Fischer, der sich im Winter Geld in der Zuckerraffinerie Wismar dazuverdiente. 1935 schieden Röpcke und zwölf weitere Fischer aus der Fischerei aus, als wegen der Wehrmachtsbauten in Rerik und Tarnewitz Gewässer gesperrt wurden. Er arbeitete fortan bei den Norddeutschen Dornierwerken. 1940 wurde er zur Kriegsmarine eingezogen und kehrte 1946 in seinen Beruf als Fischer zurück. Röpcke war verheiratet und hatte drei Kinder, von denen keines den Fischereiberuf ergriffen hat. Vgl. Personalbogen und Lebenslauf von Otto Röpcke, 30. 1. 1953. AHW, XXIV, 16 A, Nr. 8.

277 Vgl. RdS Wismar, Abt. Örtliche Wirtschaft, Kurzbericht über die FWG Wismar, o. D., vermutlich 1954. AHW, XXIV, 16 A, Nr. 6.

solle bei der Kreisstelle Wismar der Staatlichen Verwaltung für Statistik eine diesbezügliche Erlaubnis einholen und bei der Genossenschaft einreichen.[278]

Nur einen Monat später erschienen zu einer vom Rat der Stadt durchgeführten Fischereiversammlung neben Röpcke nur drei weitere Fischer. Auf dieser Versammlung forderte Röpcke die wenige Monate zuvor gegründete FGS Wismar zwar noch zu guter Zusammenarbeit mit der Genossenschaft auf.[279] Doch zu dieser Zeit versuchte man von Seiten der Stationen, einen Gegensatz zu den Fischwirtschaftsgenossenschaften und ihrem Verband aufzubauen. Dass die Station ohne Absprache mit der FWG 1956 die Erfassung der Fänge übernahm, markierte in diesem Zusammenhang den Tiefpunkt der Beziehungen.[280]

Die Leitung der FGS Wismar klagte im Juni 1957 explizit über Probleme mit dem Geschäftsführer der Fischwirtschaftsgenossenschaft. Röpcke habe unter einigen Fischern ein falsches Bild der Station und der Arbeit der staatlichen Verwaltung entstehen lassen. Auch bei den Mitgliedern der Partei innerhalb der Genossenschaft bestünden deshalb Unklarheiten über die sozialistische Entwicklung. Immerhin hatte die Station aus den Fehlern in der Erfassungsfrage gelernt. Einschneidende Maßnahmen sollten zukünftig mit den Führungsgremien der FWG abgesprochen werden.[281]

Für die „sozialistische Umgestaltung" war es unumgänglich, einflussreiche und von den Fischern anerkannte Führungspersönlichkeiten zu gewinnen. In Breege war man an der Einbeziehung des Geschäftsführers Thurow nicht vorbeigekommen und auch in Wismar würde man nur in Zusammenarbeit mit dem Vorstand der FWG erfolgreich sein, dies hatte die Politabteilung der FGS erkannt.[282]

Dass FGS und FWG Wismar im Zuge dieses Strategiewechsels bereits zur „Volkswahl" am 23. Juni 1957 gemeinsam einen von der Kreisleitung abgesegneten und möglicherweise auch initiierten offenen Brief an alle Fischer des Kreises aufsetzten, verwundert nur auf den ersten Blick. Die anschaulichen Schilderungen über die Absatzschwierigkeiten vergangener Jahrzehnte und das Lob der staatlich garantierten Preise in der DDR waren konsensfähig. Der Brief rief zudem nicht offen zur Bildung von Produktionsgenossenschaften auf und er würdigte die Arbeit, die die Fischer in der FWG geleistet hatten. Nur sehr vorsichtig wurde darauf hingewiesen, dass die Tätigkeit der FWG in wirtschaftlicher Hinsicht *„bestimmte*

278 Vgl. RdS Wismar, Örtliche Wirtschaft, an die FWG Wismar, 12.10.1955 und FWG Wismar an den RdS Wismar, Örtliche Wirtschaft, 17.10.1955. AHW, XXIV, 16 A, Nr. 6. 230, 037b.

279 Vgl. Protokoll über die Fischerversammlung vom 14.11.1955. AHW, XXIV, 16 A, Nr. 6.

280 Vgl. Protokoll der Generalversammlung des Verbandes der FWG vom 14.12.1956. LAG, Rep. 200, 4.6.4, Nr. 166, Bl. 141–156.

281 Vgl. Bericht des Leiters und des Politleiters der FGS Wismar über ihre bisherige Arbeit, besonders vom Standpunkt der politisch-ideologischen Arbeit unter den See- und Küstenfischern, Juni 1957. LAG, Rep. IV/4/10, Nr. 620, Bl. 16–22.

282 Vgl. Plan zur Entwicklung des sozialistischen Sektors der Fischerei im Bereich der Stadt Wismar (Entwurf, Verfasser unbekannt, vermutlich FGS), o. D., Frühjahr 1957. LAG, Rep. IV/4/10, Nr. 620, Bl. 23–28 und Der Weg zum Sozialismus. Einige Gedanken zur Umbildung der FWG Wismar in eine sozialistische Produktionsgenossenschaft von der Politabteilung der VE Fischereifahrzeug- und Gerätestation Wismar, o. D. 1957. LAG, Rep. IV/4/10, Nr. 620, Bl. 209–212.

Grenzen" habe. Als Partner der Station wurden FPG und FWG gleichrangig genannt.[283]

Ein etwa zeitgleich entstandenes Strategiepapier der FGS mit dem Titel „*Weg zum Sozialismus*", schlägt ebenfalls einen ganz anderen Ton an, als er noch 1955 zu Beginn der forcierten Agitation üblich gewesen war. Die moderate, die Erfolge der Fischer betonende Darstellung und die vom allzu harschen Kapitalismusvorwurf befreite Interpretation der Funktionen der FWG zeigen, dass die negativen Erfahrungen aus der praktischen Arbeit nicht ohne Auswirkung geblieben waren.[284]

Der offene Brief anlässlich der Wahl ist das erste Zeichen dafür, dass die führenden Genossenschaftsvertreter begannen, sich der Idee einer Produktionsgenossenschaft zu öffnen. In der zweiten Jahreshälfte 1957 kam man, zunächst in kleiner Runde auf den Vorstands- und Aufsichtsratssitzungen der FWG, miteinander ins Gespräch. Im Oktober 1957 reagierten Röpcke und der Vorstandsvorsitzende Bobzin noch zurückhaltend, aber nicht mehr ablehnend auf das vom Politleiter der Station, Cunitz, angeführte Beispiel der FPG in Breege. Sie bemerkten allerdings, es werde außerordentlich schwierig sein, die Fischerkollegen zur Gründung einer Produktionsgenossenschaft zu bewegen.[285] Zwei Monate später, im Dezember 1957, bekannte sich Röpcke schließlich offen zur Umwandlung. Der Weg gehe zur sozialistischen Form des Zusammenschlusses, man dürfe sich dieser zwangsläufigen Entwicklung nicht entgegenstemmen. Vorstand und Aufsichtsrat seien dazu verpflichtet, diesen Gedanken an die Mitglieder heranzutragen.[286] Die Umwandlung der Genossenschaft beherrschte auch in der ersten Jahreshälfte 1958 die Vorstandssitzungen. Dabei ging es nun hauptsächlich um die Frage, wie die Genossenschaftsmitglieder von diesem Schritt überzeugt werden könnten.[287]

Es gab einen konkreten Grund dafür, dass der Vorstand in der Frage der FPG plötzlich so bereitwillig mit der FGS kooperierte. Die Genossenschaft war hoffnungslos überschuldet. Dies war durch die im Frühjahr 1958 durch den Verband durchgeführte Revision für die Jahre 1956 und 1957 endgültig bestätigt worden. Den Vorstandsmitgliedern war die angespannte Finanzlage natürlich schon länger bekannt. Dass in den Jahren 1956 und 1957 keine Generalversammlungen stattgefunden hatten, spricht für sich. Letztendlich stand die Genossenschaft zu diesem Zeitpunkt vor dem Aus.[288] Allein beim Verband hatte sie zum 31. Dezember 1957 fast 83 000 DM Schulden, davon waren 45 000 DM durch ein „Stillhalteabkom-

[283] Vgl. FGS Wismar und FWG Wismar, Offener Brief an die Fischer anlässlich der Wahl am 23.6.1957. LAG, Rep. IV/4/10, Nr. 620, Bl. 60–61.

[284] Der Weg zum Sozialismus. Einige Gedanken zur Umbildung der FWG Wismar in eine sozialistische Produktionsgenossenschaft von der Politabteilung der VE Fischereifahrzeug- und Gerätestation Wismar, o. D. 1957. LAG, Rep. IV/4/10, Nr. 620, Bl. 209–212.

[285] Vgl. Protokoll der Vorstandssitzung der FWG Wismar am 12.10.1957. AHW, IV, 2, B, Nr. 32.

[286] Vgl. Protokoll der Vorstandssitzung der FWG Wismar am 21.12.1957. AHW, IV, 2, B, Nr. 32.

[287] Protokoll der Vorstands- und Aufsichtsratssitzung der FWG Wismar am 29.3.1958. AHW, IV, 2, B, Nr. 32.

[288] Vgl. Protokoll der Generalversammlung der FWG Wismar am 27.7.1958, 31.3.1958. AHW, IV, 2, B, Nr. 27, im Besonderen die Ausführungen des Kollegen Töpfer vom Verband der FWG zum Rechenschaftsbericht 1956/57. Auf die Ursachen der Verschuldung kann hier nicht näher eingegangen werden.

men" bis zum 30. Juni 1958 gestundet. Die FWG hatte sich im Gegenzug zu einer Schuldentilgung von 1500 DM monatlich verpflichtet. Da die Zahlungen ausblieben, drohte der Verband damit, das Abkommen nicht über Juni 1958 hinaus zu verlängern.[289] In der akuten Finanzkrise lockten nicht nur die steuerlichen Vergünstigungen der FPG, der Staat würde auch in der Kreditfrage zugunsten der Genossenschaft eintreten. Auf der Vorstandssitzung Ende Juni 1958 hieß es in diesem Sinne, *„dass die Genossenschaft bei einer Umwandlung nichts verlieren, aber alles gewinnen kann.*"[290]

Kein Wunder, dass sich die für die Misere verantwortlichen Führungsgremien auf einen Handel mit dem Rat des Bezirks und der Station Wismar einließen und fortan alles daran setzten, die Genossenschaftsmitglieder von der Richtigkeit dieses Schrittes zu überzeugen. Einfach war dies nicht. Die Fischer standen den Produktionsgenossenschaften weiterhin misstrauisch gegenüber, wozu ja nicht zuletzt auch die bisherige Haltung der Genossenschaftsführung beigetragen hatte. Sicherlich war der Einfluss von Männern wie Otto Röpcke groß, doch ein Kurswechsel dieser Art war nur schwer zu verkaufen.

Im März 1958 hatte Röpcke daher ein vorsichtiges Vorgehen angemahnt, keinesfalls dürfe man die Fischer auf einer Generalversammlung vor vollendete Tatsachen stellen.[291] Zu den Vorbereitungen gehörte auch, dass sich am 6. Juli in Wismar fünf Fischer der Genossenschaft zur FPG „V. Parteitag" nach dem Statut Typ I zusammenschlossen. Mit dieser FPG sollte die FWG Wismar nach erfolgreicher Umwandlung zusammengelegt werden.[292]

Als es am 27. Juli 1958 zu der entscheidenden Generalversammlung kam, war die Zustimmung der Fischer aber keineswegs sicher.[293] Das tatsächliche Ausmaß der finanziellen Probleme der Genossenschaft, über das Geschäftsführer Röpcke und der für die Revision zuständige Mitarbeiter des Verbands, Töpfer, nun ausführlich referierten, war einem Teil der Mitglieder offenbar gar nicht bekannt gewesen. Ihre Wut richtete sich gegen die Vorstands- und Aufsichtsratsmitglieder und die Untätigkeit des Verbands in Stralsund. Dennoch wurden Vorstand und Aufsichtsrat entlastet.

Dass die Umwandlung in eine FPG, als Punkt 6 bereits in die Tagesordnung aufgenommen, der einzige Ausweg aus der Misere sei, betonte jeder der offiziellen

[289] Vgl. Verband der FWG an FWG Wismar, 30. 1. 1958. LAG, Rep. 233, Nr. 35.

[290] Protokoll der Vorstands- und Aufsichtsratssitzung der FWG Wismar am 28. 6. 1958. AHW, IV, 2, B, Nr. 32. Und tatsächlich konnte die neugegründete FPG Ende 1958 den langfristigen Kredit beim Verband der FWG ablösen. Vgl. FPG „V. Parteitag" Wismar an Verband der FWG, 18. 12. 1958 und Bank für Handwerk und Gewerbe, Wismar, an Verband der FWG, Stralsund, betr. FPG „V. Parteitag" Wismar, 18. 12. 1958. LAG, Rep. 233, Nr. 35.

[291] Vgl. Protokoll der Vorstands- und Aufsichtsratssitzung der FWG Wismar am 29. 3. 1958. AHW, IV, 2, B, Nr. 32.

[292] Vgl. Bericht über die Entwicklung des Fischereiwesens Wismar Stadt, 10. 7. 1958. AHW, XXIV, 16 A, Nr. 30 und Protokoll der Generalversammlung der FWG Wismar am 27. 7. 1958, 31. 3. 1958. AHW, IV, 2, B, Nr. 27.

[293] Vgl. Protokoll der erweiterten Vorstands- und Aufsichtsratssitzung der FWG Wismar am 20. 7. 1958. AHW, IV, 2, B, Nr. 32.

Redner. Das Wort „Produktionsgenossenschaft" vermieden sie dabei, so gut es ging. Für die Fischer sei es *„wie ein rotes Tuch"*, stellte der Politleiter der FGS, Cunitz, fest. Und so sprach der Versammlungsleiter davon, dem auf Grund gegangenen Schiff wieder die richtige Fahrt zu geben, Abteilungsleiter Gramm vom Rat des Bezirks beschwor die Bedeutung des bevorstehenden *„Beschlusses"* und der Revisor Töpfer verwies kryptisch auf den *„neuen Weg"*, der in Tagesordnungspunkt 6 verhandelt würde und der nach Ansicht des Verbandes der gangbarste sei.

In finanzieller Hinsicht stimmte dies. Der Beschlussentwurf sah vor, dass die FPG nach der Umwandlung alle Forderungen und Verbindlichkeiten der FWG übernehmen sollte. Statt eines Totalverlusts würden die Fischer ihre Genossenschaftsanteile und die bisher als Kredit von der FWG genutzte Warenrückvergütung ausgezahlt bekommen. In der prekären Situation blieb den Fischern kaum etwas übrig, als zuzustimmen und genau darauf hatte man wohl spekuliert. Als besonderen Anreiz versprach Gramm zusätzlich eine Sollermäßigung von 10 Prozent, ein Entgegenkommen von staatlicher Seite, das nicht als *„Kuhhandel"* zu verstehen sei.

Kurz vor der Abstimmung über den vorbereiteten Beschlussentwurf verkündete der Fischer Saufklever, die meisten der Poeler Fischer würden *„nie und nimmer Produktionsgenossenschaftsfischer"*. Mit den Worten: *„Es liegt uns nicht, das haben wir von unseren Großvätern übernommen"*, schickte er sich an, den Saal zu verlassen. Er konnte zurückgehalten werden; denn einen Eklat, der möglicherweise die gesamte Veranstaltung gesprengt hätte, wollte man unbedingt vermeiden. Saufklever war nicht der einzige Fischer, der skeptisch blieb, das zeigt nicht nur die im Protokoll festgehaltene Diskussion, sondern auch, dass die Abstimmung auf ausdrücklichen Wunsch der Fischer geheim durchgeführt wurde. Das Ergebnis war schließlich eine deutliche Zweidrittelmehrheit für die Umwandlung. 69 Ja-Stimmen standen 24 Nein-Stimmen und zwei Enthaltungen gegenüber. Ob das kursierende Gerücht, dass Fischern, die gegen den Beschluss stimmten, die Verhaftung drohe, sich im Ergebnis niedergeschlagen hat, kann nur vermutet werden. Es entbehrte sicherlich jeder Grundlage und wurde von Gramm energisch dementiert. Nichtsdestotrotz zeigt es, welches Bild die Fischer von der Staatsmacht hatten.

Der Umwandlung sollte jeder Anschein von Zwang genommen werden. Fischer, die sich gegen den Beitritt zur FPG entschieden, würden keinerlei Nachteile erfahren, hieß es auf Nachfragen. In diesem Sinne ist auch der letzte Punkt des Beschlussentwurfs zu verstehen, in dem sich die neue FPG ausdrücklich verpflichtete, weiterhin die Interessen und Rechte aller werktätigen Fischer im Bereich der bisherigen FWG zu vertreten. Auf keinen Fall wollte man eine Spaltung der Fischer riskieren.[294] Tatsächlich traten bei weitem nicht alle Fi-

[294] Vgl. Protokoll der Generalversammlung der FWG Wismar am 27.7.1958, 31.3.1958. AHW, IV, 2, B, Nr.27, hieraus Zitate, und Beschluss der Generalversammlung der FWG Stadt und Kreis Wismar über die Umwandlung in eine Produktionsgenossenschaft, 27.7.1958. AHW, XXIV, 16 A, Nr.8.

scher der neuen FPG bei, insbesondere die Fischer der Insel Poel hielten sich abseits.[295]

Mit Wismar war damit die erste der Traditionsgenossenschaften an der Ostsee in eine Produktionsgenossenschaft umgewandelt worden. Die prekäre finanzielle Situation bot den Vertretern von Staat und Partei hier einen optimalen Ansatzpunkt. Wie in Breege suchte man erfolgreich den Weg über die einflussreichen Genossenschaftsgremien, den Geschäftsführer und den Vorstand. In der FWG Wismar, deren Genossenschaftsstruktur sich von der in Breege deutlich unterschied, war die Wahrung der Eigentumsverhältnisse nach Musterstatut Typ I eine entscheidende Voraussetzung für die Zustimmung zur Umwandlung.

Auf der Stationsleitersitzung im August 1958 berichtete ein Vertreter der FGS Wismar über den Verlauf der entscheidenden Generalversammlung. Über den klaren Ausgang der geheimen Wahl sei man selbst überrascht gewesen. Entscheidend für die Zustimmung der Fischer sei die vorangegangene Gründung der FPG „V. Parteitag“ und die gute Zusammenarbeit mit Röpcke gewesen, „*denn auf seine Worte hörten die Fischer.*“ Vom politisch-ideologischen Standpunkt aus wurden die im Zusammenhang mit den Gründungen in Breege und Wismar gemachten Konzessionen allerdings scharf kritisiert. In Wismar habe man den Sozialismus verbogen. Der Leiter der Station Wolgast bemerkte, dort sei man nicht einen Schritt vorwärtsgegangen, sondern zurück. Es dürften nur Produktionsgenossenschaften gegründet werden, wenn sie auf einer festen Grundlage stünden.[296]

Und doch scheint von der Bildung der FPG „V. Parteitag“ eine Signalwirkung ausgegangen zu sein, ablesbar an den Gründungen des kommenden Jahres. Bis Ende 1959 bildeten sich weitere 25 Produktionsgenossenschaften, darunter etliche Umwandlungen von ehemaligen FWG. Mit Wirkung zum Januar 1959 wurde die FWG Stralsund zur FPG „Strelasund“, in der zweiten Jahreshälfte folgten unter anderem die FWG in Ahlbeck, Seedorf, Mönchgut, Barth und Saßnitz. Inwieweit auch diesen Genossenschaften weitreichende Zugeständnisse gemacht wurden, bliebe noch zu untersuchen. Der weitaus größte Teil der neuen FPG griff auf das Musterstatut Typ I zurück.[297]

[295] Ende 1959 waren noch 48 Fischer im Kreis Bad Doberan, davon 30 aus Rerik, 15 Fischer im Kreis Grevesmühlen, 46 Fischer im Kreis Wismar Land, davon 30 aus Kirchdorf/Poel, und fünf Kleinfischer aus der Stadt Wismar als „Privatfischer“ anzusehen. Nur 46 der insgesamt 97 FPG-Mitglieder waren Fischer, die übrigen waren in der Verarbeitung beschäftigt. Vgl. Auflistung der Privatfischer im Bezirk Rostock, 16.11.1959. LAG, Rep.200, 4.6.4, Nr.111, Bl.6f.

[296] Vgl. Protokoll über die Stationsleitertagung, 4.8.1958. LAG, Rep.200, 4.6.4, Nr.158.

[297] Vgl. Aufstellung der FPG des Bezirks Rostock am 31.1.1960. LAG, Rep.200, 4.6.4, Nr.111, Bl.1–3. Zur Umwandlung der FWG Stralsund vgl. Neue FPG an der Ostseeküste gegründet, in: Deutsche Fischereizeitung, Jg.5, November 1958, Nr.11, S.348f. ; zur Umwandlung der FWG Barth in die FPG „Barther Bodden“ vgl. Rossow, Von Fischern, Fischen und Booten (1988), S.29–31. Beide Veröffentlichungen geben leider keinen Einblick in die Methoden der Überzeugungsarbeit.

b) „Verband der Genossenschaften werktätiger Fischer": Die Reorganisation und Auflösung des Verbandes der Fischwirtschaftsgenossenschaften

Im Mai 1958, kurz vor der Gründung der FPG „V. Parteitag", wurde auch die bereits 1956 beschlossene Umbildung des Verbandes der Fischwirtschaftsgenossenschaften zum Verband der Genossenschaften werktätiger Fischer endgültig vollzogen. Die neue Dachorganisation sollte zukünftig die Interessen der Fischer beider Genossenschaftsformen, FPG und FWG, wahrnehmen.

Vom Entschluss bis zur Realisierung der Reorganisation des Verbandes vergingen gut anderthalb Jahre lebhafter Diskussion über die konkrete Ausgestaltung des neuen Verbandsstatuts, an der die üblichen Vertreter des Rates des Bezirks, der Bezirksleitung der SED, der Stationen, des zuständigen Ministeriums und der Führungsgremien des Verbandes beteiligt waren. Dabei ging es insbesondere um die zukünftige Aufgabenstellung und Finanzierung des Verbandes. Einig waren sich die Verantwortlichen darin, dass der Verband die Handelstätigkeit in Zukunft aufzugeben und die Materialversorgung vollständig an die FGS zu übergeben habe. Statt der ökonomischen müsse er nunmehr politische Aufgaben wahrnehmen. Worin diese bestehen sollten, war weniger klar zu definieren, nicht zuletzt, da sie zumindest dem Anschein nach sinnvoll von den Aufgaben der Stationen abgegrenzt werden mussten.[298]

Mehr und mehr brach sich zudem die Erkenntnis Bahn, dass die Zeit für eine vollständige Übernahme der Materialversorgung durch die Stationen noch nicht reif sei. Erst 15 Prozent der Fischer hatten bisher für den kollektiven Zusammenschluss gewonnen werden können, nach Ansicht des Rats des Bezirks keine ausreichende politische Grundlage für eine solch einschneidende Maßnahme. Die Belassung einer eingeschränkten Handelstätigkeit habe zudem den entscheidenden Vorteil, die Finanzierung nicht auf eine Beitragsfinanzierung durch die Fischer umstellen zu müssen.[299] Von Seiten des Verbandes und seiner Mitgliedsgenossenschaften wurde die ungeklärte Situation hinsichtlich der zukünftigen Finanzierung und Handelstätigkeit in den folgenden Monaten wiederholt beanstandet.[300]

298 Vgl. Protokoll über die Besprechung zur Ausarbeitung des Statuts des Verbands der Genossenschaften werktätiger See- und Küstenfischer, 20. 3. 1957. LAG, Rep. 200, 4.6.4, Nr. 158, Bl. 54–57. 223.

299 Vgl. RdB, Bericht an die BL SED über die Lage der werktätigen Genossenschafts- und Einzelfischer und die sich daraus ergebenden Vorschläge zur weiteren Stärkung des sozialistischen Sektors in der See- und Küstenfischerei, September 1957. LAG, Rep. 200, 4.6.4, Nr. 93, Bd. 2, Bl. 145–158.

300 Auf der Arbeitstagung des FWG-Verbandes im Oktober übten die anwesenden Vertreter der Genossenschaften harsche Kritik an der Rolle des RdB und auch auf der Vorstands- und Aufsichtsratsitzung im November, auf der man mit Vertretern des RdB und der BL den Entwurf des Statuts diskutierte, musste festgestellt werden, dass die offenen Fragen noch immer nicht befriedigend geklärt seien. Vgl. Arbeitstagung der Geschäftsführer und Vorstands- und Aufsichtsratsmitglieder des Verbands der FWG, 15. 10. 1957. LAG, Rep. 233, Nr. 8, Bl. 13–36 und Sitzung des Vorstands- und des Aufsichtsrats des Verbands der FWG, 15. 11. 1957. LAG, Rep. 233, Nr. 8, Bl. 2–7 und Arbeitstagung der Genossenschaften und FPG über eine gemein-

Die Unentschlossenheit von Staat und Partei spiegelte sich schließlich im endgültigen Verbandsstatut wider, das eine Mischfinanzierung aus Beiträgen, Revisionsgebühren und Handelsspannen vorsah. Zu einer endgültigen Absage an die Handelstätigkeit des Verbandes hatte man sich nicht durchringen können; sich *„für bedarfsgerechte Versorgung der Mitglieder mit Fischereibedarfsartikeln einzusetzen"*, wie es diffus formuliert wurde, gehörte weiterhin zu den Aufgaben des Verbandes.[301]

Als Grundziele des neuen „Verbandes der Genossenschaften werktätiger Fischer eGmbH" nannte das Statut drei Allgemeinplätze: Die ständige Festigung und Stärkung der Arbeiter- und Bauernmacht, die Verbesserung der Fischversorgung der Bevölkerung und die Verbesserung der Lebenslage der werktätigen Fischer. Der Verband sollte durch planmäßige Zusammenarbeit mit den FGS und den staatlichen Organen alle Genossenschaften in den Aufbau des Sozialismus einbeziehen, die bestehenden FPG stärken und die Bildung neuer Produktionsgenossenschaften fördern. Perspektiven für die Fischwirtschaftsgenossenschaften, die sich nicht dem sozialistischen Weg anschließen wollten, enthielt das Statut nicht.[302]

Deshalb waren einige der Fischer, die auf der Generalversammlung im Mai 1958 über das neue Statut abstimmen sollten, skeptisch. Der Vertreter der Bezirksleitung, Griese, betonte, es gäbe kein Zurück auf dem Weg zum Sozialismus, die Zukunft des werktätigen Fischers liege in den sozialistischen Produktionsgenossenschaften. In den Diskussionsbeiträgen wurde diese einseitige Entwicklungslinie kritisiert. Auch der Passus des Statuts, der sich mit dem Fall der Liquidation des Verbandes beschäftigte, stieß auf Widerstand. *„Wenn wir eine Interessenvertretung haben, dann kann ich nicht verstehen, dass über Liquidation gesprochen wird"*, bemerkte ein Fischer fast hellsichtig. Allen Einwänden zum Trotz wurde das neue Statut von der Generalversammlung angenommen.[303]

Die in ihn gesetzten Erwartungen erfüllte der neue Verband zu keinem Zeitpunkt. Im November wurde der bisherige Geschäftsführer Büge auf Beschluss der Parteibetriebsgruppe des Verbandes abgelöst. Man warf ihm vor, er agiere wie ein typischer Manager und führe den Verband wie einen kapitalistischen Privatbetrieb. Die Zusammenarbeit mit den Genossenschaften, den Stationen und die politische Arbeit wurden bemängelt.[304]

schaftliche Beratung und Aussprache über den Entwurf des neuen Verbandsstatuts. 5.12.1957. LAG, Rep. 200, 4.6.4, Nr. 158, Bl. 131–149.

301 Verband der FWG an die FPG und FWG, 30.4.1958. LAG, Rep. 233, Nr. 2, Bd. 1, Bl. 8–10 und Statut des Verbands der Genossenschaften werktätiger See- und Küstenfischer, o.D., 1958. LAG, Rep. 200, 4.6.4. Nr. 158, Bl. 193–203.

302 Vgl. ebd.

303 Vgl. Protokoll der Generalversammlung des Verbands der FWG, 20.5.1958. LAG, Rep. 200, 4.6.4, Nr. 158, Bl. 213–222 und Henning, Die Entwicklung des genossenschaftlichen Sektors (1983), S. 60.

304 Vgl. Protokoll über die Aussprache beim Verband der Genossenschaften werktätiger Fischer in Stralsund am 14.10.1958. LAG, Rep. 200, 4.6.4, Nr. 158, Bl. 235–242 und Niederschrift über die Vorstands- und Revisionskommissionssitzung des Verbandes der Genossenschaften werktätiger Fischer, 15.10.1958. LAG, Rep. 200, 4.6.4, Nr. 158.

Ende des Jahres 1958 zog der Rat des Bezirks eine negative Bilanz. Als problematisch erwies sich, dass viele Produktionsgenossenschaften dem Verband ferngeblieben waren. Einige FPG verweigerten sogar prinzipiell den Eintritt.[305] Schon im Vorfeld der Umbildung war die Zukunft des Verbandes vornehmlich in den Fischwirtschaftsgenossenschaften erörtert worden, während die Produktionsgenossenschaften nur wenig Interesse an der Bildung einer gemeinsamen Organisation erkennen ließen. Von den 24 bestehenden FPG hatten nur neun überhaupt Vertreter zur Arbeitstagung entsandt, auf der das Verbandsstatut zur Diskussion stand.[306] Der Verband wurde weiterhin als Organ der Fischwirtschaftsgenossenschaften wahrgenommen, ein Zeichen für die befürchtete und beklagte Spaltung der Fischer. Dass die FPG-Fischer den neuen Verband bisher noch nicht als ihre „Massenorganisation" anerkannt hätten, führte der Rat des Bezirks wie üblich auch auf die mangelnde Überzeugungsarbeit der Mitarbeiter der lokalen Verwaltungsorgane und der FGS zurück, denen in dieser Sache oft die *„richtige politische Argumentation"* gegenüber den Fischern fehle.[307]

Auch sein Hauptziel, die Forcierung der sozialistischen Entwicklung durch die Umbildung möglichst vieler Fischwirtschaftsgenossenschaften in Produktionsgenossenschaften, erfüllte der Verband nicht zur Zufriedenheit des Rates. Der im November abgesetzte Geschäftsführer Büge habe diese Aufgabe völlig planlos durchgeführt. Ihm wurde u.a. angelastet, dass er sich auf Gespräche mit den Geschäftsführern der FWG und nicht auf die Arbeit mit den Fischern selbst konzentriert habe, ein Vorgehen, das immerhin im Fall der FWG in Breege und Wismar bereits Erfolg gezeitigt hatte.[308] Anscheinend hatte man erwartet, dass sich die Umwandlung der Fischwirtschaftsgenossenschaften nach der Reorganisation als Selbstläufer erweisen würde. Seit Mai 1958 waren zwar mehr Produktionsgenossenschaften gegründet worden, als in den gesamten Jahren zuvor, doch seit März 1959 war eine neuerliche Stagnation eingetreten, die der Rat des Bezirks auch auf das mangelnde Engagement des Verbandes zurückführte.[309]

[305] Von den neuen Vorstandsmitgliedern und der Revisionskommission stammten von 15 Mitgliedern elf aus sozialistischen Produktionsgenossenschaften. Vgl. RdB Rostock, Wirtschaftsrat, Abt. Industrie und Handwerk an den Vorsitzenden des RdB Rostock, Warnke, 16.12.1958. LAG, Rep. 200, 4.6.4, Nr. 158, Bl. 253f.

[306] Vgl. Arbeitstagung der Genossenschaften und FPG über eine gemeinschaftliche Beratung und Aussprache über den Entwurf des neuen Verbandsstatuts. 5.12.1957. LAG, Rep. 200, 4.6.4, Nr. 158, Bl. 131–149.

[307] RdB Rostock, Wirtschaftsrat, Abt. Industrie und Handwerk an den Vorsitzenden des RdB Rostock, Warnke, 16.12.1958. LAG, Rep. 200, 4.6.4, Nr. 158, Bl. 253f.

[308] RdB Rostock, Wirtschaftsrat, Abt. Industrie und Handwerk an den Vorsitzenden des RdB Rostock, Warnke, 16.12.1958. LAG, Rep. 200, 4.6.4, Nr. 158, Bl. 253f. und Einschätzung der Arbeitsweise des Verbandes seit seiner Umwandlung am 20.5.1958, 4.3.1959. LAG, Rep. 200, 4.6.4, Nr. 158, Bl. 269–273.

[309] Vgl. Stellungnahme zu den Vorschlägen der Verwaltungsorgane des Verbandes der Genossenschaften werktätiger Fischer vom 11.4.1959, 29.5.1959. LAG, Rep. 200, 4.6.4, Nr. 158, Bl. 258–260 und Aufstellung der FPG des Bezirks Rostock am 31.1.1960. LAG, Rep. 200, 4.6.4, Nr. 111, Bl. 1–3.

Wie nicht anders zu erwarten, ergaben sich schließlich insbesondere aus der ungenauen Abgrenzung zu den Aufgaben der FGS Schwierigkeiten in der Arbeit des Verbandes.[310] Der Rat des Bezirks wies die diesbezüglich von den Verbandsgremien im April 1959 erhobenen Vorwürfe zwar zurück, kritisierte aber die Haltung der Mitarbeiter und Leiter der Stationen, die sich anscheinend offen für die Auflösung des Verbandes aussprachen und seine Berechtigung als Interessenvertretung nicht anerkannten.[311]

Die zweite Konferenz der Fischereiproduktionsgenossenschaften Mitte März 1959 hatte man bereits genutzt, um offiziell Kritik an der Arbeit des Verbandes zu üben, aber noch hielt der Rat des Bezirks prinzipiell an dieser Organisationsform fest. Die politische Notwendigkeit seiner Existenz bestehe weiter, auch wenn der Verband sich bisher nicht zu einer echten gesellschaftspolitischen Interessenvertretung entfaltet habe, hieß es im Mai.[312] Seit Büges Absetzung hatte zunächst ein Kollektiv mit persönlicher Verantwortung die Geschäfte geleitet, doch nun wurde der bisherige Hauptreferent für die Kontrolle und Anleitung der FGS beim Rat des Bezirks, Hasemann, an die Spitze des Verbandes gesetzt.[313] Dass der Verband weiterhin als Interessenvertretung der Fischwirtschaftsgenossenschaften aufgetreten war und etwaige Benachteiligungen scharf kritisiert hatte, etwa im April 1959, als eine Preissubvention für die Herstellung von Dorschfilets nur den FPG, aber nicht den FWG gewährt werden sollte, wird ein Übriges zu dieser Entscheidung beigetragen haben.[314] Während die Bildung neuer FPG weiter stagnierte, änderte sich die Haltung der verantwortlichen Stellen zum Verband in den kommenden Monaten schließlich gravierend. Im September 1959 erklärten Partei und Staat ihn und seine Arbeit im Perspektiv- und Rekonstruktionsplan der See- und Küstenfischerei für überflüssig. Der Verband beschleunige das Tempo der „sozialistischen Umgestaltung" in keiner Weise, die politische und ideologische Arbeit werde allein von den Stationen und den Mitarbeitern der Kreise geleistet. Zum 1. Januar 1960 sollte der Verband daher aufgelöst, seine bisherigen Aufgaben an die FGS übertragen werden.[315]

[310] Vgl. Protokoll über die Stationsleitertagung, 4.8.1958. LAG, Rep. 200, 4.6.4, Nr. 158.

[311] Vgl. Stellungnahme zu den Vorschlägen der Verwaltungsorgane des Verbandes der Genossenschaften werktätiger Fischer vom 11.4.1959, 29.5.1959. LAG, Rep. 200, 4.6.4, Nr. 158, Bl. 258–260 und Aufstellung der FPG des Bezirks Rostock am 31.1.1960. LAG, Rep. 200, 4.6.4, Nr. 111, Bl. 1–3.

[312] Vgl. Henning, Die Entwicklung des genossenschaftlichen Sektors (1983), S. 60 und Stellungnahme zu den Vorschlägen der Verwaltungsorgane des Verbandes der Genossenschaften werktätiger Fischer vom 11.4.1959, 29.5.1959. LAG, Rep. 200, 4.6.4, Nr. 158, Bl. 258–260.

[313] Vgl. Einschätzung der Arbeitsweise des Verbandes seit seiner Umwandlung am 20.5.1958, 4.3.1959. LAG, Rep. 200, 4.6.4, Nr. 158, Bl. 269–273 und Beschlussvorlage des Rates des Bezirks Rostock, Wirtschaftsrat vom April 1959. LAG, Rep. 200, 4.6.4, Nr. 158, Bl. 256.

[314] Vgl. Verband der Genossenschaften werktätiger Fischer an RdB Rostock, Abt. Preisbildung, 4.4.1959. LAG, Rep. 233, Nr. 43.

[315] Vgl. BL SED Rostock, Die Entwicklung der See- und Küstenfischerei im Siebenjahrplan, 18.9.1959. LAG, Rep. IV/2/6, Nr. 831, Bl. 141–151; Rekonstruktionsprogramm des RdB Rostock für den Fischfang in der See- und Küstenfischerei, 17.9.1959. LAG, Rep. 200, 4.6.4, Nr. 104 und Perspektiv- und Rekonstruktionsplan der See- und Küstenfischerei, o. D., 1959,

Warum gab man den neuen Verband nach der mühsamen Erarbeitung des Statuts und kaum anderthalb Jahren Arbeit wieder auf? Bei der Beurteilung ist zunächst die generelle Konzeptionslosigkeit der im Bereich der See- und Küstenfischerei zuständigen Stellen zu berücksichtigen. Staat und Partei verfolgten hinsichtlich der „sozialistischen Umgestaltung" keine klare Linie, viele Fragen stellten sich erst während des Prozesses, der dementsprechend oft modifiziert werden musste. Letztendlich scheint auch der reorganisierte Verband mehr Probleme aufgeworfen als gelöst zu haben. Die Entscheidung zu einer Umstrukturierung des Verbandes war 1956 getroffen worden, da er in seiner damaligen Form als Zusammenschluss der Fischwirtschaftsgenossenschaften die sozialistische Entwicklung notwendigerweise hemmen musste und andererseits eine vollständige Auflösung angesichts des Misstrauens der Fischer gegen die „sozialistische Umgestaltung" nicht opportun war. Die Parallelstruktur zu den Fahrzeug- und Gerätestationen hatte man für eine Übergangszeit billigend in Kauf genommen. Es ist fraglich, ob der Verband je mehr als eine Zwischenlösung auf dem Weg zum Abschluss der Kollektivierung sein sollte. Doch selbst wenn, der Versuch, eine alte Organisationsform innerhalb kurzer Zeit mit neuem Inhalt zu erfüllen, war gescheitert. Das Verhältnis zwischen Verband und Stationen blieb unklar, die Produktionsgenossenschaften hielten sich fern, die langfristige Finanzierung war nicht gesichert und nach einer zwischenzeitlich guten Phase stagnierte auch die sozialistische Entwicklung seit dem Frühjahr 1959 wieder.

Die Entscheidung gegen den Verband der werktätigen Fischer läutete den Beginn der letzten Kollektivierungsphase ein. Im September 1959 waren gerade 39 Prozent aller Fischer in Produktionsgenossenschaften organisiert.[316] In den kommenden Monaten sollte die „sozialistische Umgestaltung" endgültig durchgesetzt werden. Der Beschluss zur Auflösung des Verbandes bekräftigte in diesem Zusammenhang, dass es in der DDR zukünftig keine Perspektiven mehr für die private Fischerei geben würde.

Die eigentliche Auflösung des Verbands vollzog sich erst nach dem offiziellen Abschluss der Kollektivierung im Frühjahr 1960 auf unspektakuläre, vermutlich rechtswidrige Weise. Denn eine Generalversammlung wollte man nicht mehr einberufen, da zu befürchten stand, dass diese nicht das gewünschte Ergebnis brin-

LAG, Rep. IV/2/6, Nr. 831, Bl. 105–118. Da die Fischer der Meinung seien, eine besondere gesellschaftliche Organisation zur Wahrnehmung ihrer Interessen zu benötigen, weil sie anders als die Mitarbeiter der Verarbeitungsbetriebe eben nicht im FDGB organisiert waren, wurden weiterhin Überlegungen zur Schaffung einer alternativen Interessenvertretung angeregt. Dies wurde auch von Seiten der Bezirkspartei als sinnvoll und notwendig erkannt. Die Idee einer „Vereinigung werktätiger Fischer Deutschlands" wurde aber allem Anschein nach nicht weiterverfolgt. Vgl. Vorlage der BL der SED Rostock zur See- und Küstenfischerei. Unvollständig in der Akte, o. D., Ende 1959. LAG, Rep. 200, 4.6.4, Nr. 45, Bl. 10–24.

316 Zum 18. September 1959 waren von 2094 aktiven See- und Küstenfischern 807 Mitglieder einer FPG und 1287 Einzelfischer. In den FPG waren weitere 184 Mitglieder in der Fischverarbeitung beschäftigt. Vgl. BL SED Rostock (?), Die Entwicklung der See- und Küstenfischerei im Siebenjahrplan, 18. 9. 1959. LAG, Rep. IV/2/6, Nr. 831, Bl. 141–151.

gen würde.[317] In dieser letzten Entscheidung wird deutlich, dass man davon ausging, dass die Fischer ihren Verband auch nach „dem Sieg der sozialistischen Produktionsverhältnisse“ nicht ohne Widerstand aufgeben würden.

c) „Sozialistischer Frühling“ in der Fischerei? Der Abschluss der Kollektivierung 1959/1960

In den Jahren 1957 bis 1960 vollzog sich im sozialistischen Sektor der See- und Küstenfischerei ein enormer Entwicklungsschub. Im Erfolgsjahr 1958 hatte sich die Zahl der FPG im Bezirk Rostock fast verdoppelt, sie stieg von nur 19 FPG im Jahr 1957 auf 37. Ende 1959 waren es schließlich 46 Produktionsgenossenschaften. Die Mitgliederzahlen zeigen, dass auch die bereits bestehenden FPG Zuwachs erhielten. Waren es 1958 noch 793 Mitglieder, hatte sich die Zahl bis Ende 1959 auf 1330, darunter etwa 320 Mitarbeiter in Verarbeitungsbetrieben, erhöht. Und doch waren zu diesem Zeitpunkt nur 50 Prozent der See- und Küstenfischer des Bezirks in Produktionsgenossenschaften organisiert. Im November 1959 existierten im Bezirk noch über 1100 Einzelfischer, überwiegend Kleinfischer. Mitte März 1960 waren dann bereits etwa 84 Prozent der Fischer in 54 FPG, mehrheitlich des Typs I, organisiert und Mitte April konnte der Rat des Bezirks schließlich vermelden, dass im Bezirk Rostock nur noch 150 „werktätige Einzelfischer“ verblieben seien.[318] Nach der Gründung von FPG auf Hiddensee im Februar 1960 hatte zunächst der FGS-Bereich Stralsund, nach der Umbildung der FWG in Warnemünde Ende März auch der FGS-Bereich Warnemünde für „vollgenossenschaftlich“ erklärt werden können. Mit einem Organisationsgrad von 92 Prozent wurde die „sozialistische Umgestaltung“ vom Rat des Bezirks für praktisch abgeschlossen erklärt.[319]

Der Abschluss der Kollektivierung in der See- und Küstenfischerei fiel sicher nicht zufällig mit der beschönigend als „sozialistischer Frühling“ bezeichneten Zwangskollektivierung in der Landwirtschaft zusammen. Die SED-Führung war von ihrem agrarpolitischen Ziel nie wirklich abgewichen und hatte die „sozialisti-

[317] In dem Schreiben ging es um die Frage nach dem Weg der rechtsgültigen Liquidierung. Das Restvermögen des Verbandes sollte in die Nachwuchsförderung gehen. Vgl. Verband der Genossenschaften werktätiger Fischer Stralsund, gez. Hasemann, an die Fischerkollegen, 18.10.1960. LAG, Rep.200, 4.6.4, Nr.158, Bl.274f.

[318] Vgl. RdB Rostock, Übersicht über die Entwicklung der sozialistischen Umgestaltung in der See- und Küstenfischerei, April 1960. LAG, Rep.200, 4.6.4, Nr.93, Bd.2, Bl.27–29. Zur Zahl der Einzelfischer im November 1959 vgl. Auflistung der Privatfischer im Bezirk Rostock, 16.11.1959. LAG, Rep.200, 4.6.4, Nr.111, Bl.6f. Es wurden 1111 Einzelfischer, davon 911 Kleinfischer, 75 Mittelfischer und 125 Großfischer gezählt. Von ihnen waren 254 als Altersfischer anzusehen. Der Schwerpunkt der privaten Fischerei lag in den Kreisen Wolgast (459 Fischer) und Rügen (332 Fischer). Bemerkenswerterweise kam zu diesem Zeitpunkt forcierter Agitation wieder die Kategorisierung nach Klassen zum Einsatz.

[319] Vgl. Henning, Die Entwicklung des genossenschaftlichen Sektors (1983), S.64f. und RdB Rostock, Vorsitzender des Wirtschaftsrates, Entwicklung der See- und Küstenfischerei, der FPG und der Beziehungen zwischen den staatlichen Organen und den FPG, 1.11.1960. LAG, Rep.200, 4.6.4, Nr.93, Bd.2, Bl.55–61.

sche Umgestaltung" seit 1957 wieder forciert, doch sie musste feststellen, dass die ökonomisch gefestigten Bauern weiterhin nicht bereit waren, ihre Betriebe freiwillig in die Produktionsgenossenschaften einzubringen. Ende 1959 bewirtschafteten die LPG nur 45,1 Prozent der landwirtschaftlichen Nutzfläche, ihre Produktivität entsprach weder den Erwartungen der Partei noch den Erfordernissen der akuten Versorgungskrise. Der einzig mögliche Ausweg lag nach Meinung der SED in der raschen Beseitigung der verbliebenen privaten Landwirtschaftsbetriebe und einer damit einhergehenden Konsolidierung der Produktionsgenossenschaften. Im Januar 1960 entschied die SED-Führung, das Ziel Vollkollektivierung mit Zwangsmaßnahmen durchzusetzen. Agitationstrupps, bestehend aus Funktionären der Bezirks- und Kreisleitungen der SED, der Blockparteien, Massenorganisationen und Vorsitzende der LPG, gingen mit Unterstützung von Volkspolizei, Staatssicherheit und Staatsanwälten „vielerorts mit Gewalt gegen widerstrebende Bauern vor und schüchterten die Landbevölkerung ein." Der Bezirk Rostock nahm dabei eine Vorreiterrolle ein. Die Bezirkskonferenz der SED Rostock unter Leitung von Karl Mewis beschloss bereits Mitte Januar, die verbliebenen Einzelbauern nunmehr innerhalb kürzester Zeit vom Eintritt in die Produktionsgenossenschaften zu „überzeugen". Der massive Druck durch die Agitationsbrigaden führte dazu, dass Mewis am 4. März 1960 den ersten vollgenossenschaftlichen Bezirk nach Berlin melden konnte. Zumindest in struktureller Hinsicht verlief die „totale Mobilmachung" (Schöne) erfolgreich. Mitte April 1960 hatte sich in der DDR die Mitgliederzahl der LPG mehr als verdoppelt, die von ihnen bewirtschaftete Nutzfläche war auf 83,7 Prozent gestiegen. Die Kollektivierung galt als abgeschlossen.[320]

Zwang oder Zugeständnisse? Ursachen für die rasche Entwicklung seit Herbst 1959

Als die Weiterentwicklung des sozialistischen Sektors in der See- und Küstenfischerei seit Frühjahr 1959 wieder stagnierte und die Planerfüllung zu wünschen übrig ließ, führte die ZKK des Bezirks Rostock in der zweiten Jahreshälfte 1959 eine Überprüfung der See- und Küstenfischerei durch. Der im September vorgelegte Bericht kam insbesondere hinsichtlich der Arbeit des „Staatsapparates" zu einer negativen Einschätzung. Demzufolge waren in einigen Kreisen Planstellen der Fischereisachbearbeiter nicht besetzt oder diese mit anderen Aufgaben beschäftigt, die Fachabteilung beim Rat des Bezirks war unterbesetzt und entschied in Grundsatzfragen oftmals verzögernd. Der Bericht legte verschiedene Ursachen

[320] Vgl. allgemein Schöne, Frühling auf dem Lande (2005), S. 194–220 und Bauerkämper, Ländliche Gesellschaft (2002), 184–189, hieraus das Zitat S. 187. Speziell zum Bezirk Rostock, Schöne, Frühling auf dem Lande (2005), S. 209. Jens Schöne hat aufgezeigt, dass Karl Mewis, Erster Sekretär der dortigen Bezirksleitung, bei der Durchführung nicht auf eigene Initiative, sondern auf Anweisung der SED-Spitze handelte. Vgl. dazu ebd., S. 200–206. Zu den negativen ökonomischen Folgen der Vollkollektivierung vgl. ebd., S. 217f. Der Eintritt in LPG war mit Steuererleichterungen und Ablieferungsminderungen verbunden. Daraus resultierte ein Einbruch bei den landwirtschaftlichen Erzeugnissen und Steuereinnahmen.

der mangelhaften Planerfüllung offen: die aus der schlechten technischen Wartung in den FGS resultierenden langen Liegezeiten der FPG-Kutter, die aus Altersgründen oder wegen fehlender Arbeitskräfte stillgelegten Fahrzeuge der privaten Fischerei und das Desinteresse der Fischer in den vom Badeverkehr geprägten Kreisen der FGS-Bereiche Wolgast und Stralsund, die den Fischfang teilweise nur noch als Nebenbeschäftigung ausübten. Kritik wurde an den schlechten politisch-moralischen Zuständen in den FPG ebenso geübt wie an dem fehlenden organisierten Einfluss auf die Steigerung des Fischfangs in den noch bestehenden FWG. Auch wenn diese Interpretation im Einzelfall nicht immer zutraf, wurde entsprechend der politisch-ideologischen Vorgabe der Partei die private Fischerei für die Planrückstände verantwortlich gemacht.[321]

Eine erneute Forcierung der „sozialistischen Umgestaltung" war die logische Konsequenz dieser Schlussfolgerung. Die Bezirksleitung gab Ende 1959 den Anstoß dazu. Die *„Festigung und Stärkung der sozialistischen Entwicklung der Küstenfischerei"* sollte nunmehr endgültig im Mittelpunkt der Arbeit der Partei und der Staatsorgane stehen. Zielvorgabe für die Kreisleitungen war die Schaffung von Grundorganisationen in allen FPG und die Gewinnung der noch etwa 90 Einzelfischer, die zwar Mitglied der Partei waren, aber den Beitritt zu einer FPG ablehnten. Sie sollten den übrigen parteilosen Einzelfischern als Vorbild dienen, so hoffte man.[322] Dass die Parteimitgliedschaft auch bei den Fischern kein Garant für Linientreue war, hatte sich im Verlauf der Kollektivierung gezeigt. Die ideologischen Schwächen der Genossen standen immer wieder in der Kritik, nicht selten kam es zu ernüchternden Feststellungen wie dieser aus dem Jahr 1957: *„Einige parteilose Kleinfischer sind politisch weiter entwickelt als Mitglieder unserer Partei auf Poel."*[323] Unter den SED-Mitgliedern fanden sich streitbare Persönlichkeiten wie Wilhelm Harms, Geschäftsführer und Vorsitzender der FVG Warnemünde, und leuchtende Vorbilder wie der Genosse Walter Krüger aus Breege. Nicht selten zeigten sich Parteimitglieder als härteste Gegner der Kollektivierung, wie in Zempin auf Usedom. In der Fischverwertungsgenossenschaft Warnemünde bestand zwar eine starke Parteiorganisation, die Genossen waren von der Bildung einer Produktionsgenossenschaft jedoch nicht zu überzeugen.[324] In vielen FPG konnte dagegen aus

[321] Die Gesamtzahlen des Bezirks wiesen zum 31.8.1959 einen Erfüllungsstand von 83 Prozent auf, davon entfielen 68,3 Prozent auf die private Fischerei, 98,2 Prozent auf die FPG. Dahinter verbergen sich aber auch Beispiele wie in Wismar. Dort hatten die beiden bereits länger bestehenden FPG der Stadt ihre Auflage nur zu 69 Prozent, die privaten Fischer dagegen mit 109 Prozent und die erst ein Jahr zuvor aus der FWG hervorgegangene FPG des Kreises Wismar sogar mit 134 Prozent erfüllt. Vgl. Bevollmächtigter der ZKK im Bezirk Rostock, Bericht über die Überprüfung der See- und Küstenfischerei im Bezirk Rostock,18.9.1959. LAG, Rep.200, 4.6.4, Nr.45, Bl.25–35.

[322] Vgl. Vorlage der BL der SED Rostock zur See- und Küstenfischerei, unvollständig in der Akte, o.D., Ende 1959. LAG, Rep.200, 4.6.4, Nr.45, Bl.10–24.

[323] Bericht des Leiters und des Politleiters der FGS Wismar über ihre bisherige Arbeit, besonders vom Standpunkt der politisch-ideologischen Arbeit unter den See- und Küstenfischern, Juni 1957. LAG, Rep.IV/4/10, Nr.620, Bl.16–22.

[324] Vgl. Entwicklung der See- und Küstenfischerei im Siebenjahrplan, verm. BL SED Rostock oder RdB, 18.9.1959. LAG, Rep.IV/2/6, Nr.831, Bl.141–151.

Mangel an Genossen noch nicht einmal eine Grundorganisation gegründet werden.[325] Zustimmung oder Ablehnung der „sozialistischen Umgestaltung" hatte nur wenig mit der (offiziellen) politischen Überzeugung, aber viel mit der persönlichen wirtschaftlichen und sozialen Situation und den daraus resultierenden Interessen zu tun.

Auch die staatlichen Organe, „*angefangen beim Rat des Bezirks bis zu den Räten der Gemeinden*", sollten sich nach dem Willen der Partei nun endlich umfassend mit den Problemen der See- und Küstenfischerei befassen und bis zum Jahresende politisch-ökonomische Maßnahmen zur Beschleunigung der „sozialistischen Umgestaltung" beschließen. Auch in organisatorischen Veränderungen im Verwaltungsbereich schlug sich die Intensivierung der Arbeit nieder. Die Bezirksleitung empfahl die Einrichtung von Fachreferaten bei den Räten der Kreise und die Schaffung einer eigenen Unterabteilung Fischwirtschaft bei der zuständigen Abteilung Industrie und Handwerk beim Rat des Bezirks. Zudem sollten auf Kreisebene FPG-Beiräte und ständige Kommissionen für das Fischereiwesen geschaffen werden. In diesen Zusammenhang ist auch der bereits behandelte Entschluss zur Auflösung des Verbandes der werktätigen Fischer einzuordnen.

Die Vorlage der Bezirksleitung sah einige Fördermaßnahmen zur Festigung der FPG vor, die mit gleichzeitigen Nachteilen für die verbliebenen Privatfischer verbunden waren und so den Beitrittswillen wecken sollten. So sollte der Rat des Bezirks veranlassen, dass die einträglichsten Reusenstellen zukünftig ausschließlich den Produktionsgenossenschaften zur Verfügung gestellt würden. Bei der Verteilung des Fangsolls sollten sich die Differenzierungskommissionen gerade auf Gemeindeebene wieder verstärkt nach politischen Gesichtspunkten und nicht allein nach Gewässerklassen und Fangmöglichkeiten richten. Um die Bildung von „Übersollgemeinschaften" zukünftig zu verhindern, wurden die Kriterien der Sollanrechnung für die „werktätigen Einzelfischer" verschärft. Übersollverkauf war ihnen nur noch nach der „sortimentsmäßigen" Erfüllung des Jahressolls erlaubt, während die FPG weiterhin nach der quartalsmäßigen Planerfüllung dazu berechtigt waren. Auf die illegalen Fanggemeinschaften war das damalige Ministerium für Lebensmittelindustrie bereits im Juni 1957 hingewiesen worden, ohne dass die Auflagenpraxis modifiziert worden wäre – ein weiteres Beispiel für das ausgeprägte Desinteresse der Zentralinstanzen gegenüber den Fragen der See- und Küstenfischerei. Die Nichterfüllung des Jahressolls hatte für die Fischer bisher keinerlei Sanktionen nach sich gezogen. Nun legte die Bezirksleitung fest, dass die Planrückstände des Vorjahres auf das nächste Jahr zu übertragen seien. Somit entfiel ein wichtiger materieller Anreiz, *nicht* in eine Produktionsgenossenschaft einzutreten. Wie lukrativ diese „*spekulative[n] Gemeinschaften*" für die Fischer gewesen waren, zeigt ein Beispiel aus Warnemünde. Dort hatten elf Fischer (vermutlich im laufenden Jahr 1959) insgesamt 77 000 DM Übersollprämie erhalten.

[325] Vgl. RdB Rostock, Abt. Örtliche Wirtschaft, Bericht über die Festigung der bestehenden und der zu bildenden Produktionsgenossenschaften werktätiger Fischer und über die Einrichtung der FGS, 17. 12. 1954. LAG, Rep. 200, 4.6.1.8, Nr. 17, Bl. 1–9.

Schließlich forderte die Bezirksleitung eine Beseitigung der in den FPG bestehenden *„finanzpolitischen Hemmnisse"*. Anlass war eine durch den Rat des Bezirks im Herbst 1959 durchgeführte Untersuchung, die ergeben hatte, dass die FPG im Vergleich zu den LPG in den Bereichen Kreditierung, Entschuldung und Sozialversicherung eindeutig schlechter gestellt waren.[326] Seit 1954/55 waren die gesetzlichen Fördermaßnahmen im Bereich der See- und Küstenfischerei nicht erweitert oder überarbeitet worden. Insbesondere hinsichtlich der Sozialversicherungsbeiträge gab es eine deutliche Benachteiligung der „Genossenschaftsfischer" gegenüber den „Genossenschaftsbauern". Die Beiträge der Letzteren betrugen nur neun Prozent ihres Einkommens, die der FPG-Fischer aber 20 Prozent. Die Fischer im Kombinat Saßnitz, deren Einkommen ohnehin höher als das in den FPG war, zahlten dagegen nur zehn Prozent.[327]

So verwundert es nicht, dass man bei der Bezirksleitung die Meinung des Rates teilte, dass nicht wenige Fischer den FPG fernblieben, da sie materielle Nachteile befürchteten. Um den sozialistischen Sektor zu festigen und die FPG in *„jeder Beziehung zum Anziehungspunkt für die noch vorhandenen werktätigen Einzelfischer"* zu machen, sei es daher dringend erforderlich, die gesetzlichen Bestimmungen an die für die LPG geltenden Regelungen anzugleichen. Dass dies bisher nicht geschehen sei, wurde ein weiteres Mal mit der mangelnden Aufmerksamkeit für die Belange der regional begrenzten See- und Küstenfischerei auf zentraler Ebene begründet.[328]

Die vom Rat erarbeiteten Vorschläge wurden noch Ende 1959 von der Bezirksleitung an das Finanzministerium weitergereicht. Doch wieder einmal verzögerte sich eine rasche Umsetzung auf der zentralen Ebene. Die Maßnahmen seien *„erst jetzt, nach fast einjähriger Bearbeitung […] vom Finanzministerium bestätigt und dem Ministerrat zur Beschlussfassung vorgelegt"* worden, bemerkte der Vorsitzende des Wirtschaftsrates des Bezirks Rostock im November 1960 spitz. Zudem war die

[326] Vgl. Vorlage der BL der SED Rostock zur See- und Küstenfischerei, unvollständig in der Akte, o. D., Ende 1959. LAG, Rep. 200, 4.6.4, Nr. 45, Bl. 10–24.

[327] Die Regelung der Sozialversicherung der FPG orientierte sich an der der Produktionsgenossenschaften des Handwerks (PGH); bei der DVA waren beide in einem Beirat zusammengefasst. Die monatlichen Durchschnittseinkünfte der Fischer im Kombinat Saßnitz werden hier mit 891 DM, in einer Kutter-FPG mit 650 DM und in einer FPG mit Kleinfischerei mit 372 DM angegeben. Die Folge der ungerechten Beitragserhebung war, dass sich Fischer als Fischfangbrigaden den bestehenden LPGs anschlossen, um so in den Genuss der nur neunprozentigen Beitragspflicht zu kommen. Vgl. BL SED Rostock, Entwurf, Vorlage über die Entwicklung der See- und Küstenfischerei bis 1965, 19. 11. 1960. LAG, Rep. IV/2/6, Nr. 831, Bl. 152–162. Vgl. auch Neuregelung der Sozialversicherung der Mitglieder der Produktionsgenossenschaften werktätiger Fischer, in: Deutsche Fischerei-Zeitung, Jg. 4, Nr. 10, Oktober 1957, S. 305 und Neuregelung der Sozialversicherung der Mitglieder der Produktionsgenossenschaften werktätiger Fischer, in: Deutsche Fischerei-Zeitung, Jg. 6, Nr. 9, September 1959, S. 274–276. Seit April 1959 wurde die Versicherung von der Deutschen Versicherungs-Anstalt durchgeführt, an der Beitragshöhe von 20% hatte sich aber nichts geändert.

[328] Vgl. Vorlage der BL der SED Rostock zur See- und Küstenfischerei, unvollständig in der Akte, o. D., Ende 1959. LAG, Rep. 200, 4.6.4, Nr. 45, Bl. 10–24. Vgl. auch GBl. DDR 1959 Teil I, S. 513.

Herabsetzung der Sozialversicherungsbeiträge vom Finanzministerium abgelehnt worden.[329] Auch die Bezirksparteileitung hatte im November noch einmal vergeblich auf die Notwendigkeit einer Angleichung der Beiträge hingewiesen.[330] Doch nur die Vergabe von Produktionshilfen zur Erweiterung bzw. Erneuerung der Produktionsmittel, zur finanziellen Entschädigungen bei Sturmschäden zur Unterstützung wirtschaftlich schwacher FPG sowie eine großzügigere Kreditgewährung wurden vom Ministerrat beschlossen und traten zum 1. Januar 1961 in Kraft.[331]

Mit der negativen Entscheidung des Finanzministeriums in der Frage der Sozialversicherungsbeiträge blieb eine Hauptforderung der Fischer unerfüllt. Für den Rat des Bezirks und die Bezirksleitung der SED war dies auch deshalb problematisch, da ihre Mitarbeiter im Frühjahr 1960 fraglos mit diesem Pfund gewuchert hatten und nun ein weiteres Mal nichterfüllter Versprechungen bezichtigt werden konnten. Der angestrebten Stabilisierung der FPG war ein derart inkonsistentes Vorgehen jedenfalls nicht förderlich.[332]

Nach Angaben des Rates des Bezirks spielten bei der Überzeugung und Gewinnung der Fischer in dieser letzten Phase der Kollektivierung insbesondere *„die in Aussicht gestellten finanzpolitischen Fördermaßnahmen"* eine Rolle.[333] Neben der Ankündigung materieller Verbesserungen in den FPG dürften sich allerdings auch die vorgesehenen Änderungen der Soll- und Übersollbestimmungen, die eine eigensinnige Auslegung der Regelungen durch die Einzelfischer zukünftig verhindern sollten, positiv auf das angestrebte Ziel der Vollkollektivierung ausgewirkt haben.

Bei der Durchsetzung der Zwangskollektivierung in der Landwirtschaft hatte sich im Frühjahr 1960 der Einsatz eines in den Fünfzigerjahren kontinuierlich aus- und aufgebauten Sicherheitsapparats, bestehend aus offiziellen und inoffiziellen Mitarbeitern der Staatssicherheit und den Abschnittsbevollmächtigten (ABV) als Vertreter der Volkspolizei auf dem Land, bewährt. Das Staatssekretariat resp. Ministerium für Staatssicherheit (SfS/MfS) hatte nach 1953 seine bisher

329 Vgl. Henning, Die Entwicklung des genossenschaftlichen Sektors (1983), S. 63 und RdB Rostock, Vorsitzender des Wirtschaftsrates, Entwicklung der See- und Küstenfischerei, der FPG und der Beziehungen zwischen den staatlichen Organen und den FPG, 1.11.1960. LAG, Rep. 200, 4.6.4, Nr. 93, Bd. 2, Bl. 55–61.

330 Ausführlich wird begründet, warum die FPG eben nicht mit den PGH gleichzusetzen seien. Vgl. BL SED Rostock, Entwurf, Vorlage über die Entwicklung der See- und Küstenfischerei bis 1965, 19.11.1960. LAG, Rep. IV/2/6, Nr. 831, Bl. 152–162.

331 Vgl. Beschluss des Präsidiums des Ministerrates über die Einführung und Regelung von staatlichen Vergünstigungen und Fördermaßnahmen für die Fischereiproduktionsgenossenschaften (FPG und PwF) vom 24. November 1960, BArch, DC 20 / I / 4 / 414, Bl. 32–40.

332 Ende 1960 drohten Fischer auf Mönchgut aus der FPG auszutreten, sollte die Frage der SV-Beiträge nicht in ihrem Interesse geregelt werden. Nach Angaben der KL Rügen trat das Problem dank gestiegener Einnahmen durch eine veränderte Planauflage im folgenden Jahr in den Hintergrund. Vgl. KL SED Rügen, Abt. Wirtschaftspolitik, Einschätzung der Arbeit mit den FPG, 1.9.1961. LAG, Rep. IV/4/8, Nr. 324.

333 RdB Rostock, Übersicht über die Entwicklung der sozialistischen Umgestaltung in der See- und Küstenfischerei, April 1960. LAG, Rep. 200, 4.6.4, Nr. 93, Bd. 2, Bl. 27–29.

wenig erfolgreiche Tätigkeit im Bereich Landwirtschaft modifiziert. Die Mitarbeiter traten nun beispielsweise in den MTS erkennbar in Erscheinung. Der Ausbau des Netzes hauptamtlicher Mitarbeiter und insbesondere geheimer Informanten gestaltete sich allerdings schwierig, die Dorfgemeinschaften entzogen sich einer umfassenden Durchdringung durch die Staatssicherheit. Dennoch agierten die Arbeitsgruppen Landwirtschaft seit Mitte der Fünfzigerjahre zunehmend professioneller.[334] Ob das MfS sich auch im Bereich der See- und Küstenfischerei engagierte, kann nur vermutet, aber aufgrund der Quellenlage nicht belegt werden. Möglicherweise sollten die Belange der See- und Küstenfischerei von den für die Landwirtschaft zuständigen Mitarbeitern mitbearbeitet werden.[335]

Große Bedeutung für die Herrschaftssicherung der SED im ländlichen Raum kam den 1952 nach sowjetischem Vorbild installierten Abschnittsbevollmächtigten (ABV) zu. Sie bildeten die Schnittstelle zwischen politischem System und Polizeiapparat und kontrollierten bzw. vollzogen die Umsetzung obrigkeitlicher Vorgaben auf lokaler Ebene. Von Anfang an gehörte der Schutz des Volkseigentums und der LPG zu ihren Hauptaufgaben. Ihre Zuverlässigkeit, Bereitschaft und Befähigung zur aktiven Förderung der „sozialistischen Umgestaltung“ ließen in der Praxis jedoch oft zu wünschen übrig. Ab 1958 wurde daher der Qualifizierung der ABV und ihrer einheitlichen Ausrichtung auf die Politikziele der SED besonderer Wert beigemessen.[336]

Auch wenn graduelle Unterschiede in den einzelnen Kreisen bestanden haben dürften, scheinen die ABV in den Küstendörfern den Verhältnissen in der See- und Küstenfischerei im Allgemeinen und der Kollektivierung im Besonderen vor 1959 kaum Aufmerksamkeit geschenkt zu haben. Erst in diesem Jahr wurde zum aktiven Einsatz der Volkspolizei zum „*Schutz der Sozialisierung der See- und Küstenfischerei im Bezirk Rostock und Bekämpfung des Schwarzhandels mit Fischen*“ aufgerufen. Die Abteilungsleiter Schutzpolizei und Volkseigentum der Bezirksbehörde der Deutschen Volkspolizei (BDVP) Rostock setzten die zuständigen Kreispolizeibehörden im Februar 1959 über die zu ergreifenden Maßnahmen in diesem Bereich in Kenntnis. Die Volkspolizei könne zwar nicht unmittelbar auf die Belange des Fischereiwesens einwirken, es obliege ihr aber, dafür Sorge zu tragen, dass zum einen der Arbeitsablauf und die Bildung von Fischereiproduktionsgenossenschaften nicht durch gegnerische Arbeit gehemmt würden und zum anderen die angelandeten Fänge nicht durch strafbare Handlungen der Volkswirtschaft entzogen würden. Dass man diesen Aufgaben bisher nur ungenügend nachge-

[334] Vgl. Schöne, Frühling auf dem Lande (2005), S. 175f.

[335] Einer der wenigen Hinweise stammt aus einem Bericht der KL der SED Rügen. Hier wird berichtet, dass 1955 ein Kutterführer K. aus der FPG Göhren ausgeschlossen wurde, weil er ein weiteres Mitglied zur „Republikflucht“ mit dem Kutter überreden wollte. Die Mitglieder der FPG wandten sich an das SfS, das eine Verhaftung jedoch zur Empörung der FPG-Fischer ablehnte. K. floh danach in den Westen. Vgl. KL SED Putbus an BL SED Rostock, Bericht über die Arbeit mit den werktätigen Fischern, 28. 7. 1955.

[336] Vgl. Schöne, Frühling auf dem Lande (2005), S. 176f. und ausführlich zur Rolle der ABV in der Landwirtschaft Lindenberger, Der ABV als Landwirt (1999).

kommen sei, wurde vor allem mit der mangelhaften Zusammenarbeit mit den Fischmeistern und den zuständigen ABV sowie einer allgemeinen „*Unterschätzung des Fischereiwesens und seiner Bedeutung für die Erfüllung des Volkwirtschaftsplanes*“ begründet. Das Schreiben enthält eine ausführliche Darstellung der See- und Küstenfischerei im Bezirk Rostock und der bisher bekannten Methoden und Möglichkeiten des Schwarzhandels (private Räucheröfen, privater Verkauf durch die Erfassungsstellen der FWG, Verkauf von Edelfisch im Westen, illegale Fanggemeinschaften der privaten Fischer). Es fehlt auch nicht der Hinweis, dass in der Vergangenheit ABV und Angehörige der Volkpolizei selbst aktiv oder passiv in den Schwarzhandel involviert waren. Fortan sei die Kontrolltätigkeit der ABV zu erhöhen und die Zusammenarbeit mit den Fischmeistern zu intensivieren.

Auch zum Schutz der „sozialistischen Umgestaltung“ gab das Schreiben der BDVP einige Arbeitshinweise. Der Stand der sozialistischen Entwicklung im jeweiligen Kreis sollte festgestellt und Gründungsversammlungen von Produktionsgenossenschaften und Informationsveranstaltungen vor Störungen „*reaktionäre[r] Elemente*“ geschützt werden. In diesem Zusammenhang sei zu überprüfen, inwieweit kirchliche Kreise die Gründung der FPG hintertrieben, und die Arbeit nach den Befehlen 49/55 und 45/55 zu intensivieren.[337] Diese beiden Befehle aus dem Jahr 1955 regelten den Einsatz wissentlicher und unwissentlicher Informanten, letztere wurden in den Berichten als „Vertrauenspersonen“ geführt.[338] Interessant ist auch der Hinweis auf die bisher unzureichende Zusammenarbeit mit der Fischereiaufsicht. Dabei handelte es sich um eine Institution, die sich geradezu anbot, zur Herrschaftssicherung genutzt zu werden. Das Aufsichtspersonal stand wie in den Jahrzehnten zuvor in engem Kontakt zu den Fischern und verfügte über besondere Kenntnisse ihrer privaten und wirtschaftlichen Verhältnisse. Die Kreisleitungen versuchten, sich das Wissen der Fischmeister zunutze zu machen, nicht immer mit Erfolg. In Wismar hatte der Aufsichtsbeamte Völz Angaben mit dem Hinweis verweigert, er könne nicht in das Privatleben der Fischer eindringen.[339] Die Aufgaben der Fischereiaufsicht waren nach 1945, nicht immer zur Freude der Betroffenen, zunehmend politisiert worden. Auch die Aufklärung über die wirtschaftliche Ausübung der Fischerei nach „*neuzeitlichen Grundsätzen*“, die Festigung des „*demokratischen Verantwortungsgefühls*“ der Fischer und die Förderung des Genossenschaftswesens gehörten seit 1947 dazu.[340] Fischereiaufseher sollten die Sollerfüllung kontrollieren und gegen

[337] Vgl. Bezirksbehörde Deutsche Volkspolizei, Abteilung VE Dez. I, an Abteilung VE/ HS VE, S-Abteilung, Betr. Schutz der sozialistischen Umgestaltung der See- und Küstenfischerei im Bezirk Rostock und Bekämpfung des Schwarzhandels mit Fischen, 10.2.1959. LAG, Rep.202/1, Nr.109, Bl.29–40. Vgl. auch Bezirksbehörde Deutsche Volkspolizei, Abteilung Volkseigentum, an die Dienststelle der Deutschen Grenzpolizei, Rostock, Betr. Schutz der sozialistischen Umgestaltung der See- und Küstenfischerei im Bezirk Rostock und Bekämpfung des Schwarzhandels mit Fischen, 3.9.1959. LAG, Rep.202/1, Nr.109, Bl.29–40.

[338] Vgl. Lindenberger, Der ABV als Landwirt (1999), S.174f.

[339] Vgl. Protokoll über eine Fischerversammlung vom 14.11.1955. AHW, XXIV, 16 A, Nr.6.

[340] Vgl. Jahresbericht 1947 des Oberfischmeisteramtes. StAS, Rep.21, Nr.7a.

den Schwarzhandel vorgehen.[341] Die Kollektivierung brachte eine weitere Politisierung. Der Oberfischmeister Hans Last floh im September 1955 in den Westteil Berlins, da er mit der Entwicklung in der Fischerei nicht einverstanden war.[342] Besonderen Ehrgeiz entwickelte die Fischereiaufsicht auf diesem Gebiet allerdings nicht. Abgesehen von der Teilnahme an entsprechenden Fischereiversammlungen deutet nichts darauf hin, dass das Aufsichtspersonal die Bildung von Fischereigenossenschaften in besonderem Maße politisch unterstützt hätte. Auch die Kontrolle der Sollerfüllung und der Kampf gegen den Schwarzhandel wurden eher lax gehandhabt. Dem Selbstverständnis nach standen weiterhin die originär fischereipolizeilichen Aufgaben im Vordergrund.

Illegale Fanggemeinschaften, die Nichterfüllung des Solls und saisonale Nebentätigkeiten wie Strandkorbvermietung und Badegästesegeln wurden vor Ort ebenso geduldet wie der Betrieb privater Räucheröfen und der Schwarzverkauf von Fisch. Obwohl es an möglichen Anlässen kaum mangelte, kann von einem erhöhten Druck durch Kriminalisierung der Einzelfischer nicht gesprochen werden. Repressalien hatten die Fischer also nicht zu befürchten, bis auf wenige Einzelfälle änderte sich daran auch nach der Anweisung der BDVP im Februar 1959 nichts. Im September musste die ZKK des Bezirks nochmals auf die herrschenden Missstände und die Passivität der Räte der Kreise, der Volkspolizeikreisämter und der Fischereiaufsicht in der Bekämpfung des Schwarzhandels und der Kontrolle der Sollerfüllung hinweisen.[343]

Der Schwarzhandel erfuhr eine gewisse Legitimation durch die Tatsache, dass es nicht gelang, in den Küstenkreisen eine angemessene Frischfischversorgung zu gewährleisten. Trotz der großen Nachfrage gab es viel zu wenige Verkaufsstellen.[344] Der Bevollmächtigte des Abschnitts Lubmin im Kreis Wolgast zog daraus seine eigenen Konsequenzen. Er wolle erst gegen den Schwarzhandel einschreiten, wenn auch in seinem Ort eine Fischverkaufsstelle eingerichtet worden sei. Der Bericht der Kreispolizeibehörde in Wolgast aus dem November 1959, dem dieser Fall entnommen ist, musste feststellen, dass die Zusammenarbeit zwischen ABV und den Fischmeistern auch im Hinblick auf die Planerfüllung und die „sozialis-

341 Der damalige Oberfischmeister Max Fank hatte 1948 die Kontrolle der Sollerfüllung als Aufgabe der Fischereiaufsicht abgelehnt. Vgl. OFM an FAST Lauterbach, 5.1.1948. LAG, Rep. 250, Nr. 360. Im Juni 1960, nachdem starke Planrückstände festzustellen waren, hielt der Oberfischmeister die Mitarbeiter der FAST an, zukünftig das Hauptaugenmerk auf die Planerfüllung zu legen. Vgl. OFM an FAST des Bezirks, 14.6.1960. LAG, Rep. 250, Nr. 235, Bl. 63.

342 Vgl. LAG, Rep. 250, Nr. 338, Bl. 201, Hans Last, ehem. Oberfischmeister, Berlin an Oberfischmeisteramt Stralsund, Abschrift, Abschiedsbrief nach Republikflucht, 19.9.1955.

343 Vgl. Bevollmächtigter der ZKK im Bezirk Rostock, Bericht über die Überprüfung der See- und Küstenfischerei im Bezirk Rostock,18.9.1959. LAG, Rep. 200, 4.6.4, Nr. 45, Bl. 25–35. In Reaktion darauf meldete die FAST Wismar im Oktober 1959 einen Rückgang des Schwarzhandels durch verstärkte Kontrollen in Zusammenarbeit mit der Volkspolizei und den Abschnittsbevollmächtigten. Vgl. FAST Wismar an OFMA Rostock, 5.10.1959. AHW, XXIV, 16 A, Nr. 42.

344 Der Schwarzhandel war nach Meinung des Fischmeisters Völz in seinem Aufsichtsbereich Wismar besonders dadurch zurückgegangen, dass in einzelnen Küstenorten den Erfassungsstellen die Erlaubnis erteilt worden war, Fisch direkt an die Badegäste zu verkaufen. Vgl. FAST Wismar an OFMA Rostock, 5.10.1959. AHW, XXIV, 16 A, Nr. 42.

tische Umgestaltung" weiterhin nicht wirksam sei. In welcher Form die ABV die Festigung und Neubildung von FPG konkret vorangetrieben haben, geht aus dem Bericht nicht hervor. Vielmehr heißt es dort, der Schwerpunkt der Arbeit der ABV und des Hauptsachgebiets Volkseigentum habe generell mehr auf der Tätigkeit im Bereich der Landwirtschaft gelegen.[345] Die Prioritätensetzung dürfte in vielen Kreisen ähnlich gewesen sein.

Anfang 1960 erfuhr die Arbeit der Volkspolizei aber schließlich doch eine Intensivierung. Auf der Bezirksebene (vermutlich bei der BDVP Rostock) war eine Sozialistische Arbeitsgemeinschaft „Fischfang" ins Leben gerufen worden, die den Fortgang der Kollektivierung forcierte und die Arbeit der Volkspolizeikreisämter und der zuständigen ABV den Erfordernissen entsprechend koordinierte.

Das Vorgehen der Arbeitsgruppe lässt sich am Beispiel der Insel Hiddensee aufzeigen. Während die „sozialistische Umgestaltung" auf Rügen auf der *„operativen Beratung"* der Arbeitsgruppe am 18. Januar 1960 für *„im wesentlichen abgeschlossen"* erklärt werden konnte, hatte auf dem benachbarten Hiddensee bisher keine FPG gegründet werden können.[346] Die Bemühungen des auf Hiddensee geborenen Bergener Bürgermeisters Hannes Präkel, der von der SED-Kreisleitung Rügen beauftragt worden war, die Fischer von der Bildung einer FPG zu überzeugen, waren im November 1959 erfolglos geblieben.[347] Um die Gründe für die ablehnende Haltung der Fischer zu ermitteln, wurde der zuständige ABV angewiesen, die Fischer *„strukturmäßig"* zu überprüfen und mit *„fortschrittlichen"* Fischern Aussprachen darüber zu führen, ob *„feindliche Elemente"* die Bildung der FPG hintertrieben. Der ABV wusste zu berichten, dass zumindest ein Teil der Fischer der Insel nicht abgeneigt sei, eine Genossenschaft zu gründen, so habe sich im Ort Vitte bereits ein Gründungskomitee gebildet. Durch eine „Vertrauensperson" habe er außerdem erfahren, dass auch in Neuendorf einige Fischer die Bereitschaft zur Bildung einer FPG hätten *„durchblicken lassen"*. Daraufhin wurde eine Abordnung bestehend aus Angehörigen der Bezirksleitung der SED, der zuständigen FGS Stralsund und der Arbeitsgemeinschaft nach Hiddensee entsandt, die die Gründung einer FPG in Neuendorf durch die Diskussion eines Statutentwurfs forcieren sollte. Der ABV sollte seine Ermittlungen und Aussprachen zur Vorbereitung der Gründung fortsetzen.[348] Es ist davon auszugehen, dass bei diesen Aus-

[345] Vgl. Abteilungsleiter Schutzpolizei Kreis Wolgast an Bezirksbehörde Deutsche Volkspolizei, Abteilung Schutzpolizei, Rostock, Betr. Bericht über den Stand und die Entwicklung des Fischereiwesens im Kreise Wolgast, 12.11.1959. LAG, Rep. 202/1, Nr. 109, Bl. 29–40. Der Bericht bezieht sich auf das Schreiben der BDVP Rostock vom Februar.

[346] Sozialistische Arbeitsgemeinschaft Fischfang, Rostock, Protokoll betr. Bildung von Fischereiproduktionsgenossenschaften auf der Insel Hiddensee, 3.2.1960. LAG, Rep. 202/1, Nr. 109, Bl. 65. Zum 1.1.1960 war auch die FWG Saßnitz zu einer FPG gleichen Namens umgebildet worden.

[347] Vgl. Faust, Capri von Pommern (2001), S. 312–315, zur schwierigen FPG-Gründung auf Hiddensee.

[348] Vgl. Sozialistische Arbeitsgemeinschaft Fischfang, Rostock, Protokoll betr. Bildung von Fischereiproduktionsgenossenschaften auf der Insel Hiddensee, 3.2.1960. LAG, Rep. 202/1, Nr. 109, Bl. 65.

sprachen ein gewisser Druck auf die Fischer ausgeübt worden ist. Dies liegt nicht zuletzt deshalb nahe, da zeitgleich die Einsätze der Agitationsbrigaden in der Landwirtschaft erfolgten. Sicherlich steht die Bildung oder zumindest der verstärkte Einsatz der Sozialistischen Arbeitsgruppe „Fischfang“ mit dem Entschluss zur Zwangskollektivierung der privaten Agrarbetriebe im Zusammenhang. Letztlich mussten aber auch den Fischern von Hiddensee deutliche Zugeständnisse hinsichtlich des Ablieferungssolls gemacht werden, um sie zur Gründung zu bewegen, und auch hier blieben unter dem Deckmantel der sozialistischen Produktionsgenossenschaft die traditionellen Arbeitsformen in Garnpartien und Reusenkommünen erhalten. Noch 1964 gab es in beiden FPG kein einziges SED-Mitglied.[349]

Auf die Gründung der Hiddenseer FPG „Svantevit“ in Vitte mit 22 und „De Süder“ in Neuendorf mit 45 Mitgliedern am 25. Februar 1960 folgten im Februar und März weitere FPG-Bildungen vor allem im Kreis Wolgast, darunter die vom Volkspolizeikreisamt Wolgast im November 1959 als stark verschuldet und der klassengegnerischen Tätigkeit bezichtigten FWG in Freest, Kröslin und Rankwitz.[350] Ende März 1960 vollzog schließlich nach langem Zögern auch die traditionsreiche Fischverwertungsgenossenschaft Warnemünde mit dem angeschlossenen Verarbeitungsbetrieb den Übergang zur Produktionsgenossenschaft „Ostsee“.[351]

Die in Warnemünde beheimateten FPG „John Scheer“ und „III. Parteitag“ hatten bis zuletzt keinerlei Anziehungskraft auf die Fischer der FWG ausgeübt. Die Stadtleitung der SED musste 1958 feststellen, dass die werktätigen Einzelfischer der Bildung einer Produktionsgenossenschaft ausnahmslos ablehnend gegenüberstanden, obgleich 19 von ihnen Mitglied der SED waren. Unter den mittlerweile 44 Mitgliedern der FPG „John Scheer“ fanden sich dagegen nur acht, in der FPG „III. Parteitag“ unter neun Mitgliedern sogar kein Parteimitglied. Auf politische Fragen gingen die FWG-Fischer zum Leidwesen der lokalen SED nicht in der gewünschten Weise ein, stattdessen äußerten sie den Verdacht, dass man sie durch eine höhere Beauflagung zum Beitritt zur FPG zwingen wolle. Die erfolgreiche Arbeit der Genossenschaft bot zudem zunächst wenig Anknüpfungspunkte für die Überzeugungsarbeit. 1957 war das Soll mit 137 Prozent übererfüllt worden. Obwohl ein Teil der in der Planung vorgesehenen Fischer in Folge von Überalterung, Krankheit und schlechtem Zustand der Kutter ausgefallen waren, betrug die

349 Vgl. Faust, Capri von Pommern (2001), S. 314f. Den Fischern, die vielfach auch eine kleine Landwirtschaft betrieben, wurde zudem das Milchablieferungssoll erlassen. Dies ermöglichte es ihnen, die Ställe zu Fremdenzimmern auszubauen, um am lukrativen Nebenerwerb Fremdenverkehr zu partizipieren. Zur SED-Mitgliedschaft, vgl. ebd., S. 266.

350 Vgl. Aufstellung der bestehenden FPG im Bezirk Rostock am 6. 5. 1960. LAG, Rep. 200, 4.6.4, Nr. 111, Bl. 22–25 und Abteilungsleiter Schutzpolizei Kreis Wolgast an Bezirksbehörde Deutsche Volkspolizei, Abteilung Schutzpolizei, Rostock, Betr. Bericht über den Stand und die Entwicklung des Fischereiwesens im Kreise Wolgast, 12. 11. 1959. LAG, Rep. 202/1, Nr. 109, Bl. 29–40.

351 Vgl. RdS Rostock, Abt. Industrie, Vorlage über die Umbildung der privaten FWG Warnemünde in die FPG „Ostsee“, 30. 3. 1960. LAG, Rep. KL Rostock IV/4/7, Nr. 465, Bl. 59–61.

Erfüllung im Jahr 1959 noch immerhin 92 Prozent, während die FPG „John Scheer" nur noch 86 Prozent erreichte. Dass die FWG unter der Überalterung ihrer Mitglieder und Fahrzeuge litt, zeigt sich an der Mitgliederzahl. Zwischen Mai 1958 und Februar 1960 verlor sie 22 Prozent ihrer Mitglieder und umfasste nur noch 17 Kutterfischer und 16 *„Kleinstfischer"*.[352]

Gerade die Kutterfischer scheuten den Weg vom „weitgehend entscheidungsfreien Eigentümer zum abhängigen Lohnempfänger"[353] zwar in besonderem Maße, doch die letzten Wochen hatten gezeigt, dass die Fischwirtschaftsgenossenschaften unwiderruflich zum Auslaufmodell geworden waren. Während Staat und Partei umfassende Fördermaßnahmen für die Produktionsgenossenschaften in Aussicht stellten, wurden die Spielräume der privatwirtschaftlichen Fischereibetriebe verengt. Ob es in Warnemünde darüber hinaus noch weitere „Entscheidungshilfen" gab, etwa durch den Einsatz einer Agitationsgruppe wie auf Hiddensee, muss aufgrund der Quellenlage offen bleiben.

Im Februar 1960 konstatierte ein Ratsbericht über das Fischereiwesen, dass sich in den zahlreichen Aussprachen mit den Fischern der FWG erstmals Erfolge abzeichneten und sich der Genossenschaftsvorstand nun intensiver mit *„dem Problem der sozialistischen Umwandlung"* befasse.[354] Schon wenige Wochen später, am 13. März, beschloss die Mitgliederversammlung der 47 Jahre zuvor gegründeten Genossenschaft die Umbildung zu einer FPG Typ I.[355] Wilhelm Harms, langjähriger Leiter und Gründungsmitglied der Genossenschaft, war zu diesem Zeitpunkt anscheinend bereits abgetreten.[356]

Die quasi vollständige Kollektivierung der See- und Küstenfischereibetriebe im Frühjahr 1960 ist also das Ergebnis der seit Ende 1959 wieder intensivierten Tätigkeit der staatlichen Organe und der Partei. Dabei wurde durchaus erfolgreich versucht, die bisher nicht konsequent genutzten Kräfte der Volkspolizei und Fischereiaufsicht einzubeziehen. Fraglos erhielt die Arbeit durch die zeitgleichen Vorgänge in der Landwirtschaft eine besondere Dynamik. Durch verschärftes Vor-

[352] Stadtleitung SED Rostock, Stadtteil Warnemünde, Bericht über die Lage der Fischer in Warnemünde, 6. 5. 1958. LAG, Rep. KL Rostock IV/4/7, Nr. 465, Bl. 56–58; Bericht über den Stand der See- und Küstenfischerei und der Entwicklung der FPG der Stadt, 29. 10. 1959. AHR, 2.1.1, Nr. 4607, Bl. 112–120; Programm zur sozialistischen Entwicklung des Fischereiwesens in der Stadt Rostock, 25. 2. 1960. AHR, 2.1.1, Nr. 4614, Bl. 30–41.

[353] Schöne, Frühling auf dem Lande (2005), S. 221, hier ist allerdings der selbständige Landwirt gemeint. Vgl. auch Programm zur sozialistischen Entwicklung des Fischereiwesens in der Stadt Rostock, 25. 2. 1960. AHR, 2.1.1, Nr. 4614, Bl. 30–41.

[354] Vgl. ebd.

[355] Sie umfasste 20 Kutterfischer mit ihren Maaten (17 Kutter), 16 kleine Küstenfischer (11 Boote), 34 Arbeiter des Verarbeitungsbetriebes, außerdem zwei Schlepper und einen Fahrgastschifffahrtsbetrieb. Vgl. RdS Rostock, Abt. Industrie, Vorlage über die Umbildung der privaten FWG Warnemünde in die FPG „Ostsee", 30. 3. 1960. LAG, Rep. KL Rostock IV/4/7, Nr. 465, Bl. 59–61.

[356] Harms, der als „Bahnbrecher des Genossenschaftsgedankens an der Ostsee" gefeiert wurde, war kurz vor seinem 70. Geburtstag 1957 infolge einer „tückischen Krankheit" ein Bein amputiert worden. Vgl. Fischermeister Wilhelm Harms (Warnemünde) 70 Jahre alt, in: Deutsche Fischerei-Zeitung, Jg. 4, Nr. 4, April 1957, S. 126.

gehen gegen bisher tolerierte Praktiken wie den Schwarzhandel und die Übersollgemeinschaften wurde der Druck auf die „werktätigen Einzelfischer" erhöht. Die materiellen Vorteile, die sich die selbständigen Fischer durch die eigensinnige Auslegung geltender Bestimmungen verschaffen konnten, wurden eingeschränkt, während gleichzeitig für die FPG umfassende Fördermaßnahmen beschlossen wurden. Nicht zuletzt die Auflösung des Verbandes der werktätigen Fischer setzte das Signal, dass der Weg zur sozialistischen Produktionsweise unumkehrbar war. Eine entscheidende Rolle dürfte auch der Generationenwechsel gespielt haben. Ein Großteil der alten, vor der Jahrhundertwende geborenen Fischer scheute den Eintritt in die FPG aus Prinzip. Seit Anfang der Fünfzigerjahre waren immer mehr von ihnen aus der Fischerei ausgeschieden, viele blieben den FPG auch nach 1960 fern, dies bestätigt ein Blick auf die Altersstruktur der „werktätigen Einzelfischer" Anfang 1962.[357] Ihre Söhne, die über kein eigenes Fahrzeug oder Gerät verfügten, hatten diese Fischer dagegen oft in die FPG geschickt, da sie ihnen materielle Vorteile bot.[358]

Der Zusammenschluss des überwiegenden Teils der Fischer bedeutete allerdings nicht, dass die Arbeit in den Produktionsgenossenschaften nun streng nach sozialistischen Prinzipien organisiert worden wäre. In der Entschließung der 3. Bezirkskonferenz der FPG im Februar 1961 wurde zwar zum wiederholten Mal dazu aufgerufen, *„die alten, aus der individuellen Produktion noch vorhandenen Arbeitsmethoden zu überwinden und zur höheren Form der Arbeit, zu Brigadearbeit"* überzugehen.[359] In die Praxis umgesetzt wurde diese Forderung nicht. „LPG Typ I – jeder macht seins" lautet eine bekannte Redewendung aus dieser Zeit, die fraglos auch auf die meisten FPG anzuwenden war. Die ZKK bemerkte im Juli 1961, dass es in vielen FPG noch immer keine verbindliche, der sozialistischen Produktionsweise entsprechende Arbeitsordnung gäbe.[360] Klagen über mangelnde Arbeitsmoral, Alkoholmissbrauch, Schwarzhandel und die mangelhafte politisch-ideologische Festigung der FPG füllten auch weiterhin die Berichte der Staats- und Parteiorgane.[361] Gleichzeitig stiegen die Einnahmen vieler FPG durch

[357] Vgl. beispielhaft die Meldungen der FAST Lauterbach, Saßnitz, Stralsund, Ückermünde, Karlshagen, Lubmin an das OFMA im Januar 1962. LAG, Rep. 250, Nr. 235, Bl. 20–32. Fast immer sind die Geburtsdaten der Fischer angegeben. Die wenigen jüngeren Einzelfischer waren zumeist innerhalb der eigenen Familie als Mitfischer tätig.

[358] Vgl. Plan zur Entwicklung des sozialistischen Sektors der Fischerei im Bereich der Stadt Wismar (Entwurf, Verfasser unbekannt), o. D. Frühjahr 1957. LAG, Rep. IV/4/10, Nr. 620, Bl. 23–28.

[359] Entschließung der 3. Bezirkskonferenz der FPG am 25. 2. 1961 in Rostock-Marienehe. LAG, Rep. 200, 4.6.4, Nr. 35, Bl. 11–14.

[360] Vgl. Bevollmächtigter der ZKK Bezirk Rostock, Bericht über die Realisierung des Beschlusses des Ministerrates vom 18. 5. 1961 zur Entwicklung der See- und Küstenfischerei, vertraulich, 15. 7. 1961. LAG, Rep. 200, 4.6.4, Nr. 93, Bd. 2, Bl. 1–9.

[361] Nur in 22 der 52 FPG bestanden im November 1960 Parteiorganisationen. Vgl. RdB Rostock, Vorsitzender des Wirtschaftsrates, Entwicklung der See- und Küstenfischerei, der FPG und der Beziehungen zwischen den staatlichen Organen und den FPG, 1. 11. 1960. LAG, Rep. 200, 4.6.4, Nr. 93, Bd. 2, Bl. 55–61. Beispielhaft zu den aufgeführten Problemen vgl. Protokoll der Mitgliederversammlung der SED GO FPG „John Scheer", 27. 3. 1962. LAG, Rep. IV/4/7,

eine veränderte Beauflagung, die prinzipiell 20, in Ausnahmefällen bis zu 30 Prozent der erwarteten Gesamtproduktion für den freien Aufkauf vorsah. Das Plansoll der verbliebenen Privatfischer wurde dagegen so hoch veranschlagt, dass sie nicht mehr in den Genuss von Übersollmengen kamen.[362]

Die Gründung oder der Beitritt zu einer FPG war demnach in den meisten Fällen ein formaler Akt. Vordergründig entsprach man den Wünschen der Parteiführung, partizipierte an den wirtschaftlichen Vorteilen, gab aber traditionelle Arbeits- und Eigentumsformen nicht auf. Ende 1972 bestanden nach einem Konzentrationsprozess zwar nur noch 31 FPG, doch noch 22 von ihnen, insbesondere die FPG der Küstenfischerei, arbeiteten nach Musterstatut Typ I und setzten sich gegen einen Übergang zur „höheren Genossenschaftsform" des Typs II häufig massiv zur Wehr. In diesen FPG bestimmte, so Henning im Rückblick 1983, der Privatbesitz weiterhin den sozialen Status.[363] Die von der SED angestrebte ökonomische und gesellschaftliche Transformation im Bereich der See- und Küstenfischerei kann daher zumindest bis in die frühen Siebzigerjahre nur als Teilerfolg gewertet werden.

4. Fazit

Nach ersten, durch die Ereignisse um den 17. Juni 1953 zunächst unterbrochenen Vorbereitungen zur Bildung von Fischereiproduktionsgenossenschaften (FPG) verlief die Kollektivierung ab 1954 bis 1960 in zwei Phasen.

Den ersten, vorgeblich spontanen Gründungen von Mustergenossenschaften im Frühjahr 1954 folgten bis April 1955 zentrale Beschlüsse von Partei und Staat. Sie sahen neben den üblichen finanziellen Vergünstigungen insbesondere die Bil-

Nr. 466 und KL SED Rügen, Abt. Wirtschaftspolitik, Einschätzung der Arbeit mit den FPG, 1. 9. 1961. LAG, Rep. IV/4/8, Nr. 324, Bl. 29f. Es sei darauf hingewiesen, dass Schwarzhandel während der gesamten DDR-Zeit nicht wirksam bekämpft werden konnte. Der Fischmeister Schädel aus Wismar berichtete beispielsweise im Mai 1970 ausführlich über den Schwarzhandel mit Aal. Die Fischer bestritten den Verkauf nicht einmal. Ein Mitglied der FPG „Fritz Reuter" wies den Fischmeister darauf hin, dass er gegen den illegalen Verkauf nichts würde ausrichten können, da die Käufer des Aals *„hohe Tiere"* seien. Vgl. FAST Wismar an das OFMA Rostock, 26. 5. 1970. AHW, XXIV, 16 A, Nr. 123. *„In der Honecker-Ära war der Rügener Aal wie 'ne Währung"*, berichtet auch der Fischer Martin Pretzel, seit 1962 Vorsitzender der Thiessower FPG „Leuchtfeuer", die nach der Wende in eine Fischereigenossenschaft umgewandelt wurde, rückblickend. Vgl. „Leuchtfeuer" in der Ostsee, in: mare, Nr. 3, Aug/Sept 1997, S. 106–113.

362 Diese Änderung ging auf die BL der SED aus dem November 1960 zurück. Bisher hatten die Räte der Kreise das Verhältnis zwischen Pflichtablieferung und freiem Aufkauf selbst festgelegt. So hatte der eingeplante Übersollanteil in manchen Kreisen sogar 50 Prozent betragen, war in anderen aber gar nicht berücksichtigt worden. Vgl. Bevollmächtigter der ZKK Bezirk Rostock, Bericht über die Sicherung des Anlaufs des Siebenjahrplans in der See- und Küstenfischerei, 1. 3. 1961. LAG, Rep. 200, 4.6.4, Nr. 45, Bl. 2–10. Zu Mehreinahmen kam es beispielsweise im Kreis Rügen. Vgl. KL SED Rügen, Abt. Wirtschaftspolitik, Einschätzung der Arbeit mit den FPG, 1. 9. 1961. LAG, Rep. IV/4/8, Nr. 324, Bl. 29f.

363 Vgl. Henning, Die Entwicklung des genossenschaftlichen Sektors (1983), S. 78f.

dung von sogenannten Fischereifahrzeug- und Gerätestationen (FGS) – analog zu den Maschinen-Traktoren-Stationen in der Landwirtschaft – an der Küste vor. Diese Stationen sollten den Zusammenschluss der Fischer in Produktionsgenossenschaften in materieller und politisch-ideologischer Hinsicht unterstützen. Sie wurden ganz bewusst in Konkurrenz zum Verband der Fischwirtschaftsgenossenschaften installiert, denn mit der Materialversorgung und Fangerfassung wurden ihnen Aufgaben übertragen, die bisher ausschließlich durch den Verband organisiert worden waren. Die Versuche, diese Zuständigkeiten ganz vom Verband auf die Stationen zu übertragen, trafen auf den Widerstand der Fischer, die sich über die eigentliche Absicht einer langfristigen Ausschaltung ihres Verbandes nicht hinwegtäuschen ließen.

Dass bei den Verantwortlichen selbst keine klare Linie zu erkennen war und wiederholt Kurskorrekturen durchgeführt werden mussten, belastete das Verhältnis zwischen Fischern und den Instanzen von Staat und Partei. Die erhoffte Forcierung der „sozialistischen Umgestaltung" blieb aus, die Mehrzahl der Fischer reagierte ablehnend auf die Maßnahmen der Regierung. Die selbständigen Fischer verspürten wenig Neigung, sich in sozialistischen Genossenschaften zusammenzuschließen und diese Haltung wurde durch ungelenke politische Agitation gegen die bestehenden Fischwirtschaftsgenossenschaften noch zusätzlich bestärkt.

Die wenigen neugegründeten FPG setzten sich hauptsächlich aus wirtschaftlich schwachen oder bisher unselbständigen Fischern, teilweise sogar aus berufsfremden Personen zusammen, die kein persönliches Eigentum in die Genossenschaft einbrachten. Nur diesen Fischern bot der Zusammenschluss offensichtliche Vorteile, denn der Staat stellte ihnen Fahrzeuge und Geräte zu einer minimalen Leihgebühr zur Verfügung und übernahm auch die laufenden Unterhaltskosten. Als dauerhafte Maßnahme war ein derart kostenintensives staatliches Vorgehen kaum geeignet und auch die Arbeitsmoral in diesen Produktionsgenossenschaften, in denen sich letztlich niemand für die Pflege der Geräte und den Arbeitserfolg verantwortlich fühlte, ließ zu wünschen übrig.

Um die Kollektivierung voranzutreiben, mussten langfristig vor allem die wirtschaftlich starken, bisher selbständigen Fischer gewonnen werden. Da sich der drohende Verlust der Selbständigkeit und des Eigentums als größtes Hindernis erwiesen hatten, wurde im März 1957 ein neues Musterstatut veröffentlicht, das vorsah, Fahrzeuge und Geräte nur zur gemeinsamen Nutzung in die Genossenschaft einzubringen, dabei aber die ursprünglichen Besitzverhältnisse zu wahren. Doch auch dieser Maßnahme, die als Abschluss der ersten Kollektivierungsphase zu sehen ist, war zunächst kein durchschlagender Erfolg vergönnt.

Die zweite Phase der Kollektivierung wurde in der zweiten Jahreshälfte 1957 durch einen Strategiewechsel eingeleitet. Fortan wollte man nicht mehr einzelne Fischer für den Beitritt oder die Gründung einer FPG werben, sondern versuchte gezielt, bestehende Fischwirtschaftsgenossenschaften zum kollektiven Übergang zur Produktionsgenossenschaft zu gewinnen. Dass dies allein durch weitreichende Konzessionen möglich war, haben die Fallbeispiele Breege (August 1957) und Wismar (Juli 1958) gezeigt. Die Entscheidung für die FPG wurde beispielweise in

Breege nicht nur durch massive materielle Zugeständnisse erleichtert, auch das Weiterleben traditionaler Arbeits- und Eigentumsformen musste geduldet werden.

Die teuer erkaufte Umwandlung der beiden traditionsreichen Genossenschaften entwickelte eine gewisse Sogwirkung. Zwischen 1957 und Ende 1959 erhöhte sich die Zahl der FPG im Bezirk Rostock von 17 auf 46, etwa 50 Prozent der See- und Küstenfischer waren nun in sozialistischen Genossenschaften organisiert. Zeitgleich signalisierte die schließlich in seine Auflösung mündende „Reorganisation" des Verbandes der Fischwirtschaftsgenossenschaften, dass es zur sozialistischen Entwicklung in der See- und Küstenfischerei langfristig keine Alternative mehr geben würde. Die Spielräume der privatwirtschaftlich organisierten Fischerei wurden zunehmend eingeengt, während den Produktionsgenossenschaften weitere Fördermaßnahmen in Aussicht gestellt wurden.

Im Zuge der Zwangskollektivierung in der Landwirtschaft intensivierten die Staats- und Parteiorgane ihre Bemühungen zur Kollektivierung der Fischerei noch einmal. Auch in der See- und Küstenfischerei kamen dabei Agitationsbrigaden zum Einsatz, etwa auf der Insel Hiddensee, gleichzeitig waren aber auch hier weitreichende Konzessionen erforderlich, um die Fischer von der Gründung einer FPG zu überzeugen. In welchem Verhältnis Zwang und Zugeständnisse in dieser letzten Kollektivierungsphase standen, muss aufgrund der Quellenlage offen bleiben.

In den hochsubventionierten Produktionsgenossenschaften wurde allerdings weiterhin nicht nach sozialistischen Prinzipien gearbeitet, der Abschluss der „sozialistischen Umgestaltung" der See- und Küstenfischerei im April 1960 blieb somit rein formaler Natur.

VI. Schlussbetrachtung

1. Kontinuität und Wandel in der Fischereiverwaltung

Beim Übergang vom Kaiserreich zur Republik überwogen in der Fischereiverwaltung die Kontinuitäten. Die Zuständigkeit für die See- und Küstenfischerei verblieb in der Weimarer Republik im Aufgabenbereich der Länder. Die im Zuge der Kriegswirtschaft eingeleitete Ausdifferenzierung der zentralen Verwaltungsinstanzen führte zwar zur Schaffung des Reichsministeriums für Ernährung und Landwirtschaft (RMEL), das nunmehr auf Reichsebene für die See- und Küstenfischerei zuständig war. Doch das Reich griff nicht gesetzgeberisch in die Belange der See- und Küstenfischerei ein, sondern engagierte sich weiterhin vor allem finanziell in der Fischereiförderung. Etliche Verwaltungsaufgaben, so auch die Bearbeitung der Reichsdarlehen, waren weiterhin an den Deutschen Seefischereiverein (DSV), der aus Reichs- und Landesmitteln finanziert wurde, ausgelagert. Eine enge Verbindung zwischen RMEL und DSV war durch personellen Austausch garantiert.

Auch auf Landesebene gab es letztlich nur wenige Veränderungen. Die Verwaltung war und blieb unterschiedlich professionell organisiert: Während das preußische Vorpommern mit dem Oberfischmeisteramt traditionell über eine bestens organisierte Fischereiverwaltung verfügte, blieb das mecklenburgische Ministerium für Landwirtschaft, Domänen und Forsten auf die fachliche Beratung durch den Mecklenburgischen Fischereiverein angewiesen. Versuche, hier grundsätzliche Defizite der Fischereiverwaltung zu beseitigen, scheiterten. Es kam weder zum Erlass eines mecklenburgischen Fischereigesetzes noch zur Einrichtung einer flächendeckenden Fischereiaufsicht.

Erst unter der nationalsozialistischen Herrschaft nahm im Zuge der Gleichschaltung der Länder die Bedeutung der zentralen Verwaltungsebene für die Fischerei zu. Die angekündigte Vereinheitlichung der Fischereigesetzgebung und -förderung schlug sich formal in der Zusammenfassung der Reichs- und preußischen Dienststellen für Fischereiverwaltung nieder. Es kam zu einigen gesetzgeberischen Maßnahmen – am bedeutendsten darunter das Gesetz über den Reichsfischereischein – ein einheitliches Reichsfischereigesetz wurde jedoch nicht erlassen. Dagegen konnte 1939 in Mecklenburg endlich ein Landesfischereigesetz auf den Weg gebracht werden. Das Vorhaben, die Organisation der Fischereiverwaltung auf Landesebene zu vereinheitlichen, scheiterte allerdings. Nicht zuletzt aus finanziellen Gründen gelang es nicht, in Mecklenburg einen Oberfischmeister nach preußischem Vorbild zu installieren.

Insgesamt ist für die Zeit des Nationalsozialismus eine Zunahme an gesetzlichen Regelungen und an Zuständigkeiten für die See- und Küstenfischerei zu beobachten, die vor allem durch die nationalsozialistische Neuordnung der Ernährungswirtschaft notwendig wurde. Neben die bestehende Fischereiverwaltung trat der Reichsnährstand (RNS), der fortan die Betreuung der Fischerei in wirtschaftlichen und berufsständischen Fragen übernahm und zentrale Verordnungen traf. Die beratende Funktion des Deutschen Seefischereivereins hatte sich damit erübrigt; der Verein wurde nach und nach von seinen Aufgaben entbunden und 1939 aufgelöst.

In der DDR wurden schließlich alle föderalen Strukturen beseitigt. Der durch die Gründung der DWK eingeleitete Kompetenzverlust der Länder mündete 1952 in deren Auflösung. Die Abhängigkeit von zentralen Weisungen war gerade im auf die Küstenregion begrenzten Bereich der See- und Küstenfischerei mit großen Nachteilen verbunden. Die Verzögerung von Entscheidungen und das mangelnde Interesse an den Belangen der See- und Küstenfischerei wurden von der Landesregierung Mecklenburg ebenso bemängelt wie später vom Rat des Bezirks Rostock. Erschwert wurde eine kontinuierliche Arbeit auch durch die häufigen organisatorischen Veränderungen auf zentraler Ebene. Mit der dem sowjetischen Vorbild folgenden Zuordnung der See- und Küstenfischerei zum Bereich Handel und Versorgung wurde die traditionelle institutionelle Zusammenfassung der Fischerei mit der Landwirtschaft in der SBZ/DDR zumindest formal beendet. Die genuin fischereipolizeilichen Aufgaben nahm weiterhin das Oberfischmeisteramt in Stralsund wahr, das 1947 unter gleichem Namen reinstalliert und der Fischereiabteilung im Ministerium für Handel und Versorgung unterstellt worden war. Seine Zuständigkeit erstreckte sich nun auch auf den mecklenburgischen Landesteil.

Die Fischereiaufsicht bildet damit eine systemübergreifende Konstante, deren fischereipolizeiliches Aufgabengebiet sich über die Jahrzehnte kaum veränderte. Die enge Bindung, die die Fischereiaufseher im täglichen Kontakt vor Ort zu den Fischern aufbauten, versuchten vor allem die diktatorischen Systeme in ihrem Sinne zu nutzen. Die Fischereiaufseher sollten zusätzliche Kontrollfunktionen – etwa im Bereich Ablieferung und Sollerfüllung – wahrnehmen und im Zuge der „sozialistischen Umgestaltung“ auch politischen Einfluss auf die Fischer nehmen. Ihrem Selbstverständnis nach sah sich die Fischereiaufsicht aber in erster Linie immer als „Fischereipolizei“. Die beabsichtigte Politisierung des Aufseheramtes blieb erfolglos. Schon aufgrund der anspruchsvollen Tätigkeit rangierte Fachkompetenz als entscheidendes Einstellungskriterium vor politischer Eignung.

Dass sich die Übergänge von Monarchie zur Republik, aber auch zum „Dritten Reich“ in der Fischereiverwaltung in weitgehender personeller Kontinuität vollzogen haben, ist nicht überraschend und auch der Bruch, der hier nach 1945 eintrat, entspricht den Erwartungen. Letzterer scheint jedoch in vielerlei Hinsicht mehr den Kriegsereignissen als einem systematischen, politisch motivierten Austausch geschuldet gewesen zu sein. Fachlich kompetente Verwaltungsmitarbeiter wurden dringend gesucht und waren gerade im Bereich der Fischerei rar. So konnte der Fischereiexperte Krämer, der in der Weimarer Republik bei der Landwirtschaftskammer und im Nationalsozialismus im RNS beschäftigt gewesen war, seine Karriere nach 1945 im mecklenburgischen Ministerium für Handel und Versorgung fortsetzen.

2. Organisationsformen in Demokratie und Diktatur

Mit der Friedenswirtschaft nach dem Ersten Weltkrieg begann für die See- und Küstenfischerei eine Phase anhaltenden wirtschaftlichen Niedergangs. Der Weimarer Staat hatte angesichts der geringen Bedeutung der Fischerei kein vitales Eigeninteresse am Erhalt des Gewerbes; die Fischereiorganisationen hatten Mühe, die staatlichen Stellen für die Probleme der See- und Küstenfischerei zu interessieren. Die Gründung der Republik und die damit einhergehenden Demokratisierungs- und Verreichlichungsprozesse veränderten das Organisationswesen der See- und Küstenfischerei, das ausgesprochene Berufsvereine bisher nur auf lokaler Ebene kannte. Die bisher auf Landes- und Zentralebene agierenden verwaltungsnahen Vereine mit paternalistischem Charakter – der DSV und der Mecklenburgische Fischereiverein – hatten für die Fischer gesprochen und gehandelt, ohne diese zu beteiligen. Wilhelm Dröscher, unermüdlicher Mentor der Ostseefischerei, erkannte die Notwendigkeit einer überregionalen Interessenvertretung. Seine Bemühungen mündeten 1920 in den Zusammenschluss der bestehenden Fischereivereine im Reichsverband der deutschen See- und Küstenfischer, für den jedoch kein einheitlicher organisatorischer Mittel- und Unterbau geschaffen wurde. Im Reichsverband, der sich in finanzieller Abhängigkeit vom DSV befand, wurden die Interessen der Fischer durch seinen Geschäftsführer Dröscher vertreten. Alle Initiativen dieser Zeit liefen über Dröscher, der bereits das Genossenschaftswesen in der See- und Küstenfischerei etabliert hatte – auch der letztlich gescheiterte Versuch, in Mecklenburg einen Landesfischereiausschuss mit demokratischer Beteiligung der Fischer ins Leben zu rufen. Die zentrale Interessenvertretung der See- und Küstenfischer war damit in hohem Grad an eine einzige, berufsfremde Person gebunden. Die fehlenden finanziellen und personellen Ressourcen und die geringe Zahl der Interessenten hätten eine andere Form der Interessenvertretung kaum möglich gemacht.

Über die Einbindung in den DSV konnte Dröscher seine Verbindungen ins RMEL nutzen, der Einfluss des Verbandes musste jedoch aufgrund der ungünstigen Voraussetzungen – in erster Linie der geringen gesamtwirtschaftlichen Bedeutung – äußerst begrenzt bleiben. Den spezifischen wirtschaftlichen Interessen der See- und Küstenfischerei standen zudem mit Fischindustrie und -handel weitaus potentere Interessengruppen gegenüber. Auf Reichs-, Landes- und Lokalebene wurde hauptsächlich mit fürsorgerischen Maßnahmen auf die Krise der Fischerei reagiert. Die wirtschaftliche Notlage zwang die Fischer Ende der Zwanzigerjahre dazu, gegenüber den Verwaltungen als Bittsteller aufzutreten. Dabei traten in Mecklenburg nicht nur lokal, sondern auch auf Landesebene nur einzelne Vereine in Erscheinung. Eine Interessenbündelung ist in Mecklenburg gar nicht, in Vorpommern über den Fischereiverband Vorpommern und Rügen zumindest begrenzt nachweisbar.

Für die See- und Küstenfischer, die unter den Bedingungen eines freien Marktes keine Chance auf eine wesentliche Verbesserung ihrer wirtschaftlichen Lage hatten, musste die von den Nationalsozialisten propagierte Abkehr von der liberalen Wirtschaftsordnung der Weimarer Republik vielversprechend klingen. Mit der Umsetzung der angekündigten Marktordnung wurde an der Ostsee allerdings erst kurz vor Ausbruch des Zweiten Weltkrieges begonnen und sie wurde umgehend in eine kriegsbedingte Zwangswirtschaft überführt, in der Verbraucherinteressen stets Vorrang vor Erzeugerinteressen hatten. In wirtschaftlicher Hinsicht profitierten die Fischer damit in einem weitaus geringeren Maße als angenommen. Für das NS-Regime war ein gelenkter Markt in der See- und Küstenfischerei nur hinsichtlich einer möglichst effektiven Steuerung der Kriegsernährungswirtschaft interessant. In diesem Sinne ist auch die Einbeziehung der Fischerei in den Reichsnährstand zu verstehen.

Die Schwierigkeiten, die den Nationalsozialisten bei der Integration des Verbandswesens der See- und Küstenfischerei in den Reichsnährstand entgegentraten, resultierten nicht zuletzt aus den aus der Weimarer Republik überkommenen organisatorischen Defiziten. Im Zuge einer straffen „Reorganisation" wurden die – in Abgrenzung zur Hochseefischerei – als berufsständisch bezeichneten Fischereizweige See- und Küstenfischerei, Binnenfischerei und Fischzucht deshalb 1936 im Reichsverband der deutschen Fischerei zusammengefasst und ein einheitlicher Mittel- und Unterbau geschaffen. Dass die Fischereivereine dabei als unterste Organisationsebene in ihrer ursprünglichen Form erhalten blieben und die bisherigen Vereinsvorsitzenden ohne personelle Veränderungen als Kreis- und Ortsfachwarte in die neue Berufsorganisation eingebunden wurden, zielte darauf ab, die nationalsozialistische Herrschaft an der Basis zu legitimieren. Sich in dieser Weise vorhandener Strukturen zu bemächtigen und sie in seinem Sinne umzufunktionieren, ist ein spezifisches Merkmal des Nationalsozialismus. Mit dem Argument, erstmals eine wirklich berufsständische Organisation für die See- und Küstenfischer verwirklicht zu haben, warb der Reichsverband um die Zustimmung und Mitarbeit der Fischer, die sich traditionell abseits hielten. Auf der höheren Ebene bot der Reichsverband den bisher im Organisationswesen der Fischerei tätigen und der NSDAP nahestehenden Kräften gute Karrierechancen.

Die Integration ins Herrschaftssystem erwies sich als Vorteil bei der Durchsetzung von berufsständischen Forderungen, die nicht in Widerspruch zu nationalsozialistischen Zielsetzungen standen, etwa der überfälligen gesetzlichen Ausbildungsregelung oder der Einschränkung des Berufszugangs. In der Kompetenzerweiterung der Kreis- und Ortsfachwarte zeigt sich der Autoritätszuwachs des Verbandes auch auf unterer Ebene. Überschneidungen mit den Aufgaben der staatlichen Fischereiverwaltung weisen auf die für den Nationalsozialismus typischen polykratischen Strukturen. Wie viel Macht die Berufsorganisation auf Landesebene tatsächlich entfalten konnte, war abhängig von der Durchsetzungskraft der Fischereiverwaltung. Das preußische Oberfischmeisteramt in Stralsund begrenzte den Einfluss des Landesfischereiverbandes in weitaus größerem Maß als dies der zuständigen Ministerialabteilung in Mecklenburg gelang.

Die zu konstatierende binnenorientierte Machtsteigerung des Reichsverbandes zielte einerseits auf den kommenden Einsatz der Berufsorganisation in der Kriegsernährungswirtschaft und diente andererseits als Kompensation für nicht zu erreichende verbandspolitische Ziele. Denn der Reichsverband stieß generell an Grenzen, wenn es um Fragen von übergeordnetem Interesse ging. Seine Bemühungen um marktordnende Eingriffe zugunsten der See- und Küstenfischer blieben bis zum Kriegsausbruch folgenlos, die angekündigte Verbesserung der wirtschaftlichen Lage der Fischer trat nicht ein. Auch die vergeblichen Bemühungen um deutliche Erzeugerpreissteigerungen im Krieg zeigen die nach außen geringen Einflussmöglichkeiten. Dies mag ausschlaggebend dafür gewesen sein, dass der Reichsverband unter zwangswirtschaftlichen Bedingungen nicht immer im Sinne des NS-Systems agierte. Allen ideologischen Indoktrinierungen zum Trotz ordnete der Verband die materiellen Interessen der Fischer nur vordergründig den ernährungspolitischen Anforderungen des Krieges unter. Die Berichte über das Ausmaß des Schwarzhandels zeigen, dass die Funktionsträger der unteren Ebene selten Anlass sahen, gegen die Ablieferungsverstöße ihrer Berufskollegen vorzugehen. In dieser Hinsicht erwies sich die Mischform aus Herrschaftsinstrument und Interessenvertretung als durchaus problematisch. Dass der Reichsverband der deutschen Fischerei dem RNS nicht eingegliedert, sondern nur angegliedert war, ermöglichte ihm zusätzlich ein gewisses Maß an Autonomie.

In der SBZ brach die Tradition des Verbands- und Vereinswesens der See- und Küstenfischerei ab. Als einzige Organisationsform überdauerten genossenschaftliche Zusammenschlüsse den Umbruch des Jahres 1945. Die Besatzungsmacht setzte aus pragmatischen Gründen auf die Genossenschaften und bediente sich damit einer überkommenen, wenn auch an der Ostseeküste nicht weit verbreiteten Organisationsform. Nach sowjetischen Vorstellungen sollte das Genossenschaftswesen nun flächendeckend installiert werden. Bis 1948 entstanden über 20 neue sogenannte Fischwirtschaftsgenossenschaften nach einem von der SMAD im August 1947 herausgegebenen Musterstatut. Im Oktober 1947 folgte das Musterstatut für einen genossenschaftlichen Landesverband. Bestrebungen zur Neugründung eines Berufsverbandes, wie ihn auch die Landesverwaltung in Schwerin gefordert hatte, waren von sowjetischer Seite dagegen unterbunden worden.

Für die Besatzungsmacht standen die Sicherstellung der Fischversorgung und die Steigerung der Produktion im Vordergrund. Privatwirtschaftliche Genossenschaften, die Fangerfassung und -verteilung, Materialversorgung und zeitweise die Kreditvergabe organisierten, schienen dazu unter den gegebenen Umständen am besten geeignet. Dezidiert politische Aufgaben klangen im Statut nur an. Die Eigentumsformen wurden nicht angetastet, die Einrichtung von Verarbeitungsbetrieben war ausdrücklich erwünscht. Die Entwicklung hin zu einer sozialistischen Arbeitsform war zu diesem Zeitpunkt weder vorgegeben noch absehbar.

Dem Verband sollte als wirtschaftlichem Zusammenschluss nicht in erster Linie die Funktion einer Interessenvertretung zukommen, wie es die Warnemünder Fischverwertungsgenossenschaft in ihrer Denkschrift aus dem September 1948 gefordert hatte. Die dort angeprangerten Missstände im Fischereiwesen führten die Autoren der Denkschrift auf die mangelhafte Vertretung der Interessen der Fischer gegenüber den Regierungsstellen und der Besatzungsmacht zurück. Dass sich der Verband in der Folgezeit nicht nur seinem Selbstverständnis nach ungehindert zu einer Interessenvertretung entwickeln konnte, hatte seine Ursache vor allem darin, dass er nach 1949 sich selbst überlassen wurde. Die SED zeigte sich desinteressiert und für die Landesverwaltung gab es keinen Anlass, diese Entwicklung zu unterbinden, schließlich entlastete die Arbeit des Verbandes sie in vielerlei Hinsicht. Der Verband bot den Fischern damit zumindest zeitweise eine weitgehend herrschaftsfreie Plattform zur Formulierung ihrer Interessen.

Erst als 1954 die Kollektivierung der See- und Küstenfischer in Angriff genommen werden sollte, trat der Verband aus dem „toten Winkel" der zentralen Herrschaftsebene heraus. Bis zu diesem Zeitpunkt hatten Verband und Genossenschaften genügend Zeit gehabt, feste Strukturen auszubilden, die das ökonomische und gesellschaftliche Transformationsvorhaben der SED nachhaltig hemmten. Was den Zielen der Besatzungsmacht nach 1945 zunächst dienlich gewesen war, erwies sich nun als Hindernis. Ihre auf Festpreise und Absatzgarantie zurückzuführende weitgehende wirtschaftliche Stabilisierung stärkte die Position der bestehenden Genossenschaften ebenso wie die ungeschickte Agitation der Parteifunktionäre. Alle Versuche, den Verband der Fischwirtschaftsgenossenschaften als Transmissionsriemen in den Dienst der „sozialistischen Umgestaltung" zu stellen, scheiterten. Der Verband wirkte unter diesen Umständen auf die Kollektivierung vielmehr retardierend – seine bloße Existenz legitimierte das Weiterbestehen der privatwirtschaftlichen Genossenschaften. Mit den Fischereifahrzeug- und Gerätestationen wurde seit 1955 eine Konkurrenzorganisation aufgebaut, die sukzessive die Aufgaben des Verbandes übernehmen sollte. Die Identifikation der Fischer mit dem Verband war jedoch so groß, dass ein kompromissloses Vorgehen nicht in Frage kam und Staat und Partei bei der Entmachtung und Auflösung des Verbandes Ende der Fünfzigerjahre vorsichtig agieren mussten.

3. Herrschaft und Gesellschaft im Konflikt

Die See- und Küstenfischerei geriet nur unter bestimmten Bedingungen in den Fokus überregionalen staatlichen Interesses. In der Regel war dies in Phasen angespannter Versorgungslagen – in Kriegs- und Nachkriegszeiten – der Fall. Die kriegswirtschaftlichen Bestimmungen zur Preis- und Absatzlenkung und zur Ablieferungspflicht berührten in besonderem Maße die wirtschaftlichen Interessen der Fischer. Sie beschränkten die guten Verdienstmöglichkeiten, die sich angesichts der Versorgungsengpässe boten. Die rasante Steigerung der Fischpreise im Ersten Weltkrieg wurde 1916 durch die Einführung der Kriegsbewirtschaftung, die über das Kriegsende hinaus fortgeführt wurde, gestoppt. Zu welchen Konflikten die gegenläufigen Interessen von Verbrauchern und Erzeugern während und nach dem Ersten Krieg führen konnten, ist am Beispiel Stralsunds aufgezeigt worden. Den Fischern boten sich hier zumindest lokal durchaus Handlungsspielräume zur Durchsetzung ihrer Preisvorstellungen. Ihre ökonomischen Interessen wahrten sie darüber hinaus durch den Schwarzhandel. Eine entscheidende Voraussetzung dafür, dass es den Fischern gelang, die zwangswirtschaftlichen Bestimmungen legal oder illegal zu umgehen, war die ihrem Gewerbe eigene Mobilität. So konnten sie in Zeiten lokaler Höchstpreisfestsetzungen ihre Fänge an Orten mit besseren Preisen anlanden. Als während der Währungskrise Anfang der Zwanzigerjahre die Ausfuhr von Fisch und anderen Nahrungsmitteln verboten war, konnten sich die Fischer diesem Verbot relativ leicht entziehen und löschten ihre Fänge zu hohen Preisen in ausländischen Häfen.

Dass die See- und Küstenfischerei, die unter normalen Marktbedingungen kaum konkurrenzfähig war, in Phasen bester Verdienstmöglichkeiten strengen staatlichen Regulierungen unterworfen wurde, eröffnete auch unter nationalsozialistischer Herrschaft ein besonderes Konfliktfeld. Marktordnende Eingriffe zugunsten der See- und Küstenfischerei wurden zwar angekündigt, jedoch in Friedenszeiten nicht umgesetzt. Die späte Einführung von Preis- und Absatzlenkung ist in direktem Zusammenhang mit den Vorbereitungen auf die Kriegswirtschaft zu sehen und kam den Fischern in wirtschaftlicher Hinsicht nicht mehr zu Gute. Die Disziplinierungsversuche durch die Volkstumsideologie blieben erfolglos. Die Fischer stellten ihre wirtschaftlichen Interessen über die der Volksernährung: Sie verstießen gegen die Ablieferungspflicht oder legten geltende Bestimmungen eigensinnig aus. Wiederum kam der Mobilität der Kutterfischer besondere Bedeutung zu. Die regional unterschiedlich festgesetzten Preise führten dazu, dass pommersche Fischer ihre Fänge in den Häfen des benachbarten Mecklenburgs ablieferten. Ein kompromissloses Durchgreifen gegen die Ablieferungsverstöße war einerseits nicht möglich, da Gefängnisstrafen für die Fischer die gesamte regionale Fischversorgung gefährdet hätten, und andererseits nicht erwünscht, um Unruhe in der Bevölkerung zu vermeiden, die durchaus vom Schwarzhandel profitierte. Dass das Regime Toleranz gegenüber den ohnehin kaum zu verhindernden Ablieferungsverstößen üben musste, zeigt erneut die Grenzen der Herrschaftsdurchsetzung auf. Der Bedeutungszuwachs, den die See- und Küstenfischerei in Zeiten der Nahrungsmittelknappheit erfuhr, eröffnete den Fischern die Möglichkeit, sich ökonomische Vorteile zu sichern.

Aus den weitreichenden Kontroll- und Steuerungsmaßnahmen, die das NS-Regime zur Regulierung des Berufszugangs und der Berufsausübung traf – etwa der Genehmigungspflicht für Neueröffnungen und Erweiterungen von Fischereibetrieben – scheinen keine Konflikte erwachsen zu sein. Aufgrund mangelnder Quellen sind sichere Aussagen darüber aber nicht möglich. Entscheidend dürfte gewesen sein, dass der NS-Staat keine tiefgreifenden strukturellen Veränderungen anstrebte. Er behielt sich regulierende Eingriffe vor, stellte den Status des Fischers als selbständiger Kleinunternehmer jedoch nicht prinzipiell in Frage. Wenn in Einzelfällen negative Entscheidungen etwa bezüglich der Erteilung einer Fischereigenehmigung gefällt wurden, berührte dies eben nicht die Interessen der Mehrheit der Fischer.

Nach Kriegsende wurde in der SBZ die Zwangswirtschaft fortgeführt: Fisch blieb ablieferungspflichtig. Die Einführung von Sollauflagen und die mit der Nichterfüllung verbundenen Strafandrohungen gingen über die aus der NS-Zeit bekannten zwangswirtschaftlichen Maßnahmen allerdings weit hinaus. Hatten

Dissens und abweichendes Verhalten bisher im Wesentlichen auf die Sicherung eines wirtschaftlichen Vorteils gezielt, so zeigt sich unter sowjetischer Besatzungsherrschaft ein neuer Aspekt. Der Herrschaftsstil der sowjetischen Besatzer war geprägt durch ständige Kontrollen, Sabotagevorwürfe und vermehrte Eingriffe in die Arbeitsautonomie der Fischer. Dem wachsenden Druck begegneten einige Fischer aus Warnemünde 1948 mit einer radikalen Absage an das Herrschaftssystem: Sie flohen mit ihren Kuttern in den Westen. Dass sie dabei nicht nur ihr Know-how, sondern auch ihr Arbeitsgerät mitnahmen, verlieh den Vorgängen auch auf höchster Ebene eine besondere Relevanz. Die Beschränkung der unternehmerischen Freiheit gepaart mit dem steigenden Druck durch überhöhte Sollauflagen und der Furcht vor Enteignungen waren die Motive, die den „Kutterfluchten" zugrunde lagen. Den zurückgebliebenen Fischern gelang es, die jederzeit mögliche Flucht als Druckmittel einzusetzen: Die Abschaffung des unzulänglichen Prämiensystems durch die SMAD, die Erhöhung der Erzeugerpreise, die Einbeziehung des Verbandes der Fischwirtschaftsgenossenschaften in die Solldifferenzierung waren letztlich auch das Resultat der drohenden Abwanderung in den Westen.

Der Schwarzhandel als typisches Phänomen einer rationierten Lebensmittelversorgung konnte allerdings weder durch die Androhung von Strafen noch die Verdopplung der Fischpreise Ende 1948 wirksam eingedämmt werden. Vielfach waren es in der SBZ die lokalen Militärkommandanten selbst, die ihn protegierten. Die zuständigen deutschen Kontrollorgane sahen ihre Bemühungen von den örtlichen Verwaltungs- und Parteistellen sowie den Fischwirtschaftsgenossenschaften hintertrieben, die den Schwarzhandel tolerierten oder deckten. Die unzulängliche Frischfischversorgung an der Küste verlieh dem Schwarzverkauf von Fischen in der DDR eine zusätzliche Legitimität. Auch durch die eigensinnige Interpretation der Übersollprämienregelung durch illegale Fanggemeinschaften konnten sich die Fischer wirtschaftliche Vorteile verschaffen. Dass die Nichterfüllung des Fangsolls in der DDR kaum mehr Konsequenzen nach sich zog, begünstigte diese Entwicklung.

In den Jahren nach 1949 verlor die See- und Küstenfischerei ihre große Bedeutung für die Fischversorgung; das staatliche Interesse konzentrierte sich auf den Aufbau der volkseigenen Hochseefischerei. Als sich Staat und Partei 1954 der See- und Küstenfischerei im Zuge der Kollektivierungsbemühungen wieder zuwandten, hatten sich die Strukturen des privatwirtschaftlich organisierten Genossenschaftswesens soweit gefestigt, dass es sich einer widerstandslosen Instrumentalisierung entzog. Das ideologische Ziel einer „sozialistischen Umgestaltung" der See- und Küstenfischerei konnte nur mühsam und nur durch massive Zugeständnisse erreicht werden. Gerade weil die wirtschaftliche Lage der See- und Küstenfischer sich in der frühen DDR stabilisiert hatte, war es für die Parteifunktionäre schwierig, die Notwendigkeit des sozialistischen Zusammenschlusses ökonomisch zu begründen. Dass sie in ihren Argumentationen schematisch auf den Kapitalismusvorwurf zurückgriffen, ohne die Bedürfnisse und Befindlichkeiten der Zielgruppe zu berücksichtigen, erwies sich als kontraproduktiv. Im Gegensatz zum

Nationalsozialismus strebte das SED-Regime eine grundlegende strukturelle Veränderung der Gesellschaft an und stand sich dabei durch die Unflexibilität der kommunistischen Ideologie oft selbst im Weg. Dagegen hatte die nationalsozialistische Ideologie den See- und Küstenfischern mit der Hervorhebung ihres „rassischen Wertes“ und der Aussicht auf wirtschaftliche und soziale Verbesserungen ein prinzipiell positives Integrationsangebot unterbreitet, auch wenn diese Versprechen letztlich nicht eingelöst wurden.

Der Gründung der Fischereiproduktionsgenossenschaft gingen Aushandlungsprozesse voraus, in denen die Fischer Bedingungen stellen und diese durchsetzen konnten. Dass von der SED ideologische über ökonomische Prinzipien gestellt wurden, eröffnete den Fischern einen Handlungsspielraum, der in der DDR-Diktatur paradoxerweise weitaus größer war als in der vordergründig mehr Freiraum versprechenden demokratisch verfassten Weimarer Republik. Hier hatte die gesamtwirtschaftliche Bedeutungslosigkeit die Verhandlungsposition des Fischereiverbands gegenüber der Herrschaftsebene erheblich geschwächt.

Das starre Festhalten an der ideologischen Zielvorgabe zwang Staat und Partei im Zuge der Kollektivierung weitgehende Zugeständnisse gegenüber den Forderungen der Fischer ab. Allein die wirtschaftlich schwachen und abhängig beschäftigten Fischer, unter ihnen häufig „Umsiedler“, die in der Aufnahmegesellschaft noch nicht hatten Fuß fassen können, waren verhältnismäßig leicht zur Bildung einer FPG zu bewegen, indem ihnen von staatlicher Seite Kutter und Fanggerät zu Verfügung gestellt wurden. Anders verhielt es sich mit den traditionell selbständigen Fischern, die im Besitz eigener Kutter oder Fanggeräte waren. Die schlechten Arbeitsergebnisse und Disziplinprobleme vieler FPG bestätigten das prinzipielle Misstrauen, das die selbständigen Fischer gegen die neuen Arbeits- und Eigentumsformen hegten. Obwohl das SED-Regime mit der Einführung eines neuen Musterstatuts 1957 die Bedingungen zur Gründung einer FPG modifizierte – in den FPG des Typs I konnten fortan die ursprünglichen Eigentumsverhältnisse bewahrt werden – hielten sich die Fischer abseits. Massive finanzielle Vergünstigungen und weitreichende Zugeständnisse hinsichtlich der inneren Struktur der FPG waren notwendig, um die Widerstände zu überwinden. Das Beispiel der Umwandlung der FWG Breege hat dies besonders anschaulich verdeutlicht: Bestehende Reusengemeinschaften wurden zu Brigaden der neuen FPG, ohne dass sich an ihrer traditionellen Arbeitsorganisation etwas änderte. Die einzelnen Brigaden rechneten sogar getrennt ab und waren damit hinsichtlich der Übersollprämien unabhängig von der Sollerfüllung der gesamten Genossenschaft. Hinzu kamen die üblichen materiellen Vergünstigungen: die Kürzung der Sollauflagen, Steuervergünstigungen und in Breege auch der Erlass der Pachtgebühren auf Lebenszeit. Die Durchsetzung der Kollektivierung war nur durch erhebliche Konzessionen möglich. Die wirtschaftlichen Rahmenbedingungen für die noch selbständigen Fischer wurden seit Ende 1959 zwar zunehmend verengt, doch auch während der forcierten Zwangskollektivierung im „sozialistischen Frühling“ 1960 finden sich keine Hinweise darauf, dass massiver Zwang oder gar Gewalt ausgeübt worden wäre, um die Fischer „vom sozialistischen Weg“ zu überzeugen.

Der Abschluss der Kollektivierung 1960 war nur ein formaler Erfolg für das SED-Regime. Der Schritt „vom Ich zum Wir“ wurde in den meisten FPG nur vordergründig vollzogen, traditionelle Arbeits- und Eigentumsformen hielten sich hartnäckig. Der Fischer muss auf dem Wasser selbständig bleiben, hatte Wilhelm Dröscher 1918 formuliert, und dies blieb er in vielen Fällen auch über 1960 hinaus.

VII. Anhang

1. Tabellen

Tabelle 1: Ergebnisse der Betriebszählungen 1907 bis 1939

a) Anzahl der Betriebe

	1907*	1925	1933	1939
RB Stralsund	1024	1221	1171	865
Mecklenburg	432	391	347	251
Insgesamt	1456	1612	1518	1116

* Es wurden Haupt- und Nebenbetriebe erfasst.

b) Anzahl der Beschäftigten

	1907	1925	1933	1939
RB Stralsund	1367	1642	1581	1258
Mecklenburg	590	635	534	368
Insgesamt	1957	2277	2115	1626

c) Personen pro Betrieb

	1907	1925	1933	1939
RB Stralsund	1,3	1,3	1,4	1,5
Mecklenburg	1,4	1,6	1,5	1,5
Insgesamt	1,3	1,4	1,4	1,5

Anmerkung: Aufgrund unterschiedlicher Erhebungskriterien sind die hier angegebenen Zahlen nach streng statistischen Maßstäben nicht vergleichbar. Dennoch vermitteln sie einen ungefähren Eindruck von der Betriebsstruktur der See- und Küstenfischerei Mecklenburgs und Vorpommerns. Die Betriebszählung von 1925 erfasste die Küstenfischerei in der Landwirtschaftlichen Betriebszählung, die Hochseefischerei, zu der auch die Betriebe der Kleinen Hochseefischerei in Mecklenburg und im RB Stralsund gezählt wurden, aber wie bisher in der Gewerblichen Betriebszählung. Die Einstufung nahm der Betriebsinhaber selbst vor. Vgl. dazu ausführlich die Erläuterungen in: Landwirtschaftliche Betriebszählung, Textband (1931), S. 176f. Die Zahlen wurden hier der Erhebungsproblematik zum Trotz addiert; Doppelzählungen sind möglich. Die Zahlen für den 1932 aufgelösten RB Stralsund setzen sich für die Jahre 1933 und 1939 aus den Angaben für die entsprechenden Landkreise zusammen.

Quellen: Dröscher, Fischereigewerbe nach der Berufs- und Betriebszählung 1907, Tabelle 6a, S. 171. Landwirtschaftliche Betriebszählung 1925 (1929), Tabelle 16, S. 287 und S. 296, Gewerbliche Betriebszählung 1925 (1929), Tabelle 1a, S. 155 und 6a, S. 84f. Die deutsche Fischwirtschaft im Spiegel der letzten Betriebszählung, S. 277–280. Nichtlandwirtschaftliche Arbeitsstättenzählung 1939, Heft 2, Pommern (1942), S. 2f. und S. 17–20, Nichtlandwirtschaftliche Arbeitsstättenzählung 1939, Heft 8, Mecklenburg, S. 22f. und S. 59.

Tabelle 2: Die Fangergebnisse der deutschen Seefischerei 1913 bis 1938

Jahr	Gesamt in Tonnen	Hochseefischerei		Große Heringsfischerei		Kutterhochseefischerei		Küstenfischerei Gesamt		Küstenfischerei davon Ostsee	
		in Tonnen	in Prozent	in Tonnen	in Prozent	in Tonnen	in Prozent	in Tonnen	in Prozent	in Tonnen	in Prozent
1913	180 000	k.A.		k.A.		k.A.		k.A.		k.A.	
1924	217 482	128 000	58,9%	20 554	9,5%	2000	0,9%	68 000	31,3%	44 000	20,2%
1925	207 815	136 000	65,4%	10 727	5,2%	2000	1,0%	61 500	29,6%	44 000	21,2%
1926	236 264	160 000	67,7%	10 727	4,5%	2500	1,1%	58 000	24,5%	35 000	14,8%
1927	247 250	166 000	67,1%	19 500	7,9%	2500	1,0%	59 000	23,9%	33 000	13,3%
1928	270 903	170 500	62,9%	27 000	10,0%	2700	1,0%	70 800	26,1%	38 100	14,1%
1929	292.007	205 400	70,3%	25 400	8,7%	2700	0,9%	58 500	20,0%	31 400	10,8%
1930	313 827	224 700	71,6%	25 800	8,2%	2600	0,8%	57 900	18,4%	32 000	10,2%
1931	347 198	244 800	70,5%	33 300	9,6%	2400	0,7%	63 700	18,3%	32 300	9,3%
1932	339 030	231 400	68,3%	30 900	9,1%	2300	0,7%	71 600	21,1%	36 900	10,9%
1933	387 346	270 200	69,8%	41 900	10,8%	3700	1,0%	68 700	17,7%	34 600	8,9%
1934	401 168	265 400	66,2%	53 700	13,4%	3700	0,9%	74 900	18,7%	39 700	9,9%
1935	476 814	340 600	71,4%	55 400	11,6%	3800	0,8%	73 200	15,4%	47 200	9,9%
1936	596 523	414 700	69,5%	60 500	10,1%	3900	0,7%	113 600	19,0%	52 000	8,7%
1937	672 436	481 700	71,6%	72 000	10,7%	4400	0,7%	107 600	16,0%	51 700	7,7%
1938	717 697	553 900	77,2%	51 600	7,2%	4800	0,7%	100 300	14,0%	56 400	7,9%

Quelle: Jahresbericht über die deutsche Fischerei 1924–1938.

Tabelle 3: Die See- und Küstenfischerei nach Art der Betriebe, Zahl der Beschäftigten und durchschnittlicher Personenzahl pro Betrieb 1952

	Zahl der Betriebe	Zahl der Beschäftigten	Personen pro Betrieb
Kutterfischerei	132	448	3,4
Reusenfischerei	220	719	3,3
Küstenfischerei	1632	2357	1,4
Insgesamt	1984	3524	1,8

Anmerkung: Beim Vergleich der Zahl der Beschäftigten mit den Ergebnissen der Betriebszählung 1939 ist zu berücksichtigen, dass die Fischer der nach 1945 deutsch gebliebenen Teile des ehemaligen OFMA-Bezirks Swinemünde zum neugegründeten Land Mecklenburg kamen.

Quelle: Struktur der genossenschaftlichen und privaten See- und Küstenfischerei (Bezirk Rostock), Stand 31.12.1952. LHAS, 6.11.–14, Nr.7425, Bl.2.

Tabelle 4: Entwicklung der FPG und ihrer Mitgliederzahl nach FGS-Bezirken 1955 bis 1960*

FGS-Bereich	1955		1956		1957		1958	
	FPG	Mitgl.	FPG	Mitgl.	FPG	Mitgl.	FPG	Mitgl.
Wismar	1	27	1	27	2	39	4	153
Warnemünde	3	80	6	119	6	119	6	119
Stralsund	3	64	4	92	7	202	14	308
Wolgast	0	0	2	62	4	111	13	213
Insgesamt	7	171	13	300	19	471	37	793

FGS-Bereich	18.09.1959		31.12.1959		1960	
	FPG	Mitgl.	FPG	Mitgl.	FPG	Mitgl.
Wismar	4	153	4	153	4	163
Warnemünde	7	124	9	224	9	245
Stralsund	19	463	21	582	21	763
Wolgast	18	251	20	371	20	536
Insgesamt	48	991**	54	1330***	54	1707

* einschließlich Verarbeitungsbetriebe ** davon 807 im Fischfang *** davon 1007 im Fischfang

Quelle: Die Entwicklung der See- und Küstenfischerei im Siebenjahrplan, 18.09.1959. LAG, Rep.IV/2/6, Nr.831, Bl.141–151 und RdB Rostock, Übersicht über die Entwicklung der sozialistischen Umgestaltung in der See- und Küstenfischerei, April 1960. LAG, Rep.200, 4.6.4, Nr.93, Bd.2, Bl.27–29.

Tabelle 5: Die See- und Küstenfischerei nach sozialistischem und privatem Sektor 1959/65

	18.09.1959		31.12.1959		01.03.1965	
	Anzahl	in %	Anzahl	in %	Anzahl	in %
Fischer in FPG	807	38,5%	1007	49,1%	1880*	91,5%
Private Fischer	1287	61,5%	1043	50,9%	174	8,5%
Insgesamt	2094	100,0%	2050	100,0%	2054	100,0%

* davon 26 Fischer in einer LPG

Quelle: Die Entwicklung der See- und Küstenfischerei im Siebenjahrplan, 18.9.1959. LAG, Rep.IV/2/6, Nr.831, Bl.141–151; RdB Rostock, Übersicht über die Entwicklung der sozialistischen Umgestaltung in der See- und Küstenfischerei, o.D., April 1960. LAG, Rep.200, 4.6.4, Nr.93, Bd.2, Bl.27–29; Aufstellung der in der See- und Küstenfischerei im Fischfang Beschäftigten, Stand: 1.3.1965. LAG, Rep.250, Nr.31.

Tabelle 6: Die Fänge der Seefischerei in der SBZ/DDR 1946 bis 1960

Jahr	Gesamt in Tonnen	Fischkombinate		FPG		Private Fischerei	
		Tonnen	Prozent	Tonnen	Prozent	Tonnen	Prozent
1946	7231					7231	100,0%
1947	13 550					13 550	100,0%
1948	17 680					17 680	100,0%
1949	20 233	1979	9,8%			18 254	90,2%
1950	29 459	10 056	34,1%			19 493	66,2%
1951	38 275	21 959	57,4%			16 316	42,6%
1952	48 885	33 347	68,2%			15 538	31,8%
1953	55 120	41 239	74,8%			13 881	25,2%
1954	55 800	42 443	76,1%	151	0,3%	13 206	23,7%
1955	61 312	50 197	81,9%	1199	2,0%	9913	16,2%
1956	68 113	56 109	82,4%	2407	3,5%	9957	14,6%
1957	88 730	74 139	83,6%	3291	3,7%	11 300	12,7%
1958	84 655	70 181	82,9%	5174	6,1%	9300	11,0%
1959	97 223	78 620	80,9%	18 603	19,1%		
1960	106 629	88 836	83,3%	17 793	16,7%		

Quelle: Ökonomik des Industriezweiges Fischwirtschaft (VVB Hochseefischerei Rostock 1961). Nach Hahlbeck, Kutter- und Küstenfischerei (1998), S. 42. Die „auf eine unbedeutende Größe" zurückgegangenen Fänge der privaten Fischerei wurden in dieser Aufstellung bereits ab 1959 denen der FPG zugeschlagen.

Tabelle 7: FPG im Bezirk Rostock, Stand 6. Mai 1960

Nr.	Name	Ort	Kreis	Mitglieder 6.5.1960	Typ	Gründungsdatum	Fischereiart
1.	Ernst Thälmann	Glowe	Rügen	24	II	12.4.1954	Kutter, Reusen
2.	Fritz Reuter	Wismar	Wismar-Stadt	21	II	15.7.1954	Kutter
3.	M.A. Nexö	Graal Müritz	Rostock-Land	15	II	24.7.1954	Kutter
4.	Karl Marx	Dranske	Rügen	21	II	25.11.1954	Kutter
5.	John Scheer	Warnemünde	Rostock-Stadt	65	II	30.1.1955	Kutter
6.	Einheit und Frieden	Greifswald/Wiek	Greifswald	56	II	7.1.1956	Kutter
7.	Freiheit und Freundschaft	Karlshagen	Wolgast	41	II	30.1.1956	Kutter
8.	Stadt Barth	Barth	Ribnitz	17	I	18.2.1956	Reusen
9.	III. Parteikonferenz	Warnemünde	Rostock-Stadt	8	II	12.3.1956	Kutter
10.	Frieden	Prerow	Ribnitz	11	II	22.8.1956	Reusen
11.	Vorwärts	Stralsund	Stralsund-Stadt	44	II	15.11.1956	Kutter
12.	Frohe Zukunft	Binz	Rügen	21	II	2.3.1957	Kutter
13.	Klaus Störtebecker	Kirchdorf/Poel	Wismar-Land	17	II	1.4.1957	Kutter
14.	Vorwärts am Kleinen Haff	Kamminke	Wolgast	25	I	22.7.1957	Reusen
15.	Wittow	Breege	Rügen	79	II	13.8.1957	Reusen
16.	Maxim Gorki	Heringsdorf	Wolgast	7	I	3.6.1958	Kleinfischerei
17.	V. Parteitag	Lassan	Wolgast	56	II	7.6.1958	Kutter
18.	V. Parteitag	Wismar	Wismar-Stadt	124	I	6.7.1958	Kutter
19.	Gute Hoffnung	Lauterbach	Rügen	7	II	7.7.1958	Kutter
20.	Einheit	Ummanz	Rügen	24	I	21.7.1958	Reusen
21.	Frischer Wind	Sassnitz	Rügen	8	I	4.8.1958	Kutter
22.	Drei Möwen	Kühlungsborn	Doberan	29	I	13.8.1958	Stellnetze
23.	Peenestrom	Wolgast	Wolgast	35	I	17.10.1958	Kutter, Reusen
24.	Sturmvogel	Zecherin	Wolgast	10	II	1.11.1958	Kutter
25.	Am Ryck	Groß Wieck	Greifswald	29	I	23.10.1958	Kutter
26.	Am Haff	Usedom	Wolgast	55	I	5.11.1958	Kutter, Reusen
27.	Am Sund	Stahlbrode	Grimmen	26	I	1.1.1959	Reusen
28.	Strelasund	Stralsund	Stralsund-Stadt	111	I	1.1.1959	Reusen
29.	Ernst Moritz Arndt	Zudar	Rügen	17	I	15.1.1959	Reusen
30.	Seeadler	Rankwitz	Wolgast	8	II	2.2.1959	Kutter
31.	Jasmund	Lietzow	Rügen	31	I	5.3.1959	Reusen
32.	Am Streckelsberg	Koserow	Wolgast	12	II	4.3.1959	Kutter
33.	Klaus Störtebecker	Bansin	Wolgast	14	I	16.3.1959	Strandfischer
34.	Fischland	Ribnitz	Ribnitz	34	I	1.9.1959	Reusen, Kleinfischerei
35.	10. Jahrestag	Ahlbeck	Wolgast	85	I	6.10.1959	Kleinfischerei
36.	Heimatland	Freest	Wolgast	9	II	6.10.1959	k.A.

Nr.	Name	Ort	Kreis	Mitglieder 6.5.1960	Typ	Gründungs-datum	Fischerei-art
37.	Having	Seedorf	Rügen	76	I	1.11.1959	Reusen
38.	Mönchgut	Gager	Rügen	72	I	5.12.1959	Kutter, Reusen
39.	Barther Bodden	Barth	Ribnitz	92	I	14.12.1959	Reusen, Klein-fischerei
40.	Insel Vilm	Lauterbach	Rügen	18	I	17.12.1959	Reusen
41.	Hol di ran	Mesekenhagen	Greifswald	4	I	22.12.1959	k.A.
42.	Gold des Meeres	Zempin	Wolgast	107	I	29.12.1959	k.A.
43.	Saaler Bodden	Dierhagen	Ribnitz	6	I	29.12.1959	Netze, Reusen
44.	Sassnitz	Sassnitz	Rügen	66	I	1.1.1960	Netze, Reusen
45.	Karl Liebknecht	Göhren	Rügen	33	I	24.1.1960	Kutter
46.	Neues Bollwerk	Ückeritz	Wolgast	6	k.A.	29.1.1960	k.A.
47.	Am Struck	Lubmin	Wolgast	4	k.A.	4.2.1960	k.A.
48.	De Süder	Neuendorf	Rügen	45	k.A.	25.2.1960	Kutter, Reusen
49.	Svantevit	Vitte/Hiddensee	Rügen	22	k.A.	25.2.1960	Kutter, Reusen
50.	Inselfisch	Karlshagen	Wolgast	52	k.A.	1.3.1960	k.A.
51.	Blinklicht	Hohensee	Wolgast	6	k.A.	15.3.1960	k.A.
52.	Peenemünde	Freest	Wolgast	81	k.A.	16.3.1960	k.A.
53.	Gute Hoffnung	Kröslin	Wolgast	26	k.A.	18.3.1960	k.A.
54.	An der Peene	Rankwitz	Wolgast	41	k.A.	11.4.1960	k.A.
55.	Ostsee	Warnemünde	Rostock-Stadt	96	I	Ende März 1960	Kutter, Klein-fischerei
Bereits aufgelöst oder mit anderen FPG zusammengelegt:							
	Johann Frehse	Zingst	Ribnitz		II	März 1954	k.A.
	Karl Liebknecht	Göhren	Rügen		II	18.2.1955	Kutter
	Erster Mai	Peenemünde	Wolgast		II	1.8.1955	k.A.
	Claus Jesup	Boltenhagen	Wismar-Land		II	6.7.1957	k.A.
	Mönchgut	Groß-Zicker	Rügen		II	8.7.1957	Reusen

Quelle: Aufstellung der bestehenden FPG im Bezirk Rostock am 6.5.1960. LAG, Rep. 200, 4.6.4, Nr. 111, Bl. 22–25; Scherer, Entwicklung der genossenschaftlichen See- und Küstenfischerei (1977), S. 224f.

2. Quellen- und Literaturverzeichnis

Quellen

Archiv der Hansestadt Rostock (AHR)

Bestand 1.1.3.20, Bürgermeister und Rat (Handel und Gewerbe): Nr. 535, 604.

Bestand 1.1.3.23, Bürgermeister und Rat (Warnemünde): Nr. 86.

Bestand 1.1.12.2, Gewett: Nr. 1280, 1324, 1325, 1326, 1327, 1330, 1331, 1332, 1334.

Bestand 2.1.0, Stadtverordnetenversammlung und Rat der Stadt: Nr. 14, 93, 303, 318, 364, 1652, 1670.

Bestand 2.1.1, Stadtverordnetenversammlung und Rat der Stadt: Nr. 4541, 4607, 4614.

Archiv der Hansestadt Wismar (AHW)

Bestand XXIV 16 A, Ratsakten Fischerei: Nr. 6, 7, 8, 30, 42, 123.

Bestand XVI, Ratsakten: Nr. 28 III, 28 IV.

Bestand Abt. IV, Rep. 2 B. Wirtschaftsarchiv, Fischwirtschaftsgenossenschaft e.G.m.b.H. Wismar Stadt und Kreis: Nr. 27, 32.

Zeitgeschichtliche Sammlung VIII, 3, F 1949–1990, Ortschronik: SM 6.06.

Bundesarchiv Berlin (BArch)

Bestand R 17 III, Hauptvereinigung der deutschen Fischwirtschaft: Nr. 6, 7, 12, 120.

Bestand R 162, Deutscher Seefischereiverein/Reichsanstalt für Fischerei/Deutsche wissenschaftliche Kommission für Meeresforschung.

Bestand 3601, Reichsministerium für Ernährung und Landwirtschaft: Nr. 263, 264, 320.

Bestand R 4901, Reichsministerium für Wissenschaft, Erziehung und Volksbildung: Nr. 4484.

Bestand R 8094, Reichsverband der deutschen Fischerei.

Bestand R 8838, Reichskommissar für Fischversorgung: Nr. 9, 11, 13, 108, 109, 151.

Bestand DC 1, Zentrale Kommission für Staatliche Kontrolle: Nr. 1286.

Bestand DC 6, Staatliche Kommission für Handel und Versorgung beim Ministerrat der DDR: Nr. 25.

Bestand DC 20 – I/4, Ministerrat der DDR – Sitzungen des Präsidiums: Nr. 110, 414.

Bestand DE 1, Staatliche Plankommission: Nr. 28870, 28883.

Bestand DG 5, Ministerium für Bezirksgeleitete Industrie und Lebensmittelindustrie: Nr. 75.

Bestand DL 1, Ministerium für Handel und Versorgung: Nr. 383.

Bestand DX 1, Sammlung SMAD-Befehle.

Bestand DZ 47 F, SMAD: Nr. 87687.

Landesarchiv Greifswald (LAG)

Bestand Rep. 200, 2.2.2.1, Rat des Bezirks Rostock, Stellvertreter für Örtliche Wirtschaft: Nr. 74.

Bestand Rep. 200, 4.6.1.8, Rat des Bezirks Rostock, Referat Binnenfischerei: Nr. 17.

Bestand Rep. 200, 4.6.4, Rat des Bezirks Rostock, Abteilung See- und Küstenfischerei: Nr. 5, 33, 35, 45, 46, 87, 93, 104, 110, 111, 133, 153, 155, 158, 160, 163, 166.

Bestand Rep. 202/1, Bezirksbehörde der Volkspolizei Rostock: Nr. 109.

Bestand Rep. 233, Verband der Genossenschaften werktätiger Küstenfischer Mecklenburgs: Nr. 1, 2, 8, 16, 17, 21, 31, 33, 34, 35, 41, 43, 47.

Bestand Rep. 250, Oberfischmeisteramt/Fischereiaufsichtsstelle Lauterbach: Nr. 31, 36, 43, 83, 117, 121, 126, 142, 235, 298, 330, 338, 356, 357, 358, 360, 361, 362, 365, 376, 385, 395, 396, 397, 398, 402, 403, 431, 448, 459, 468.

Bestand Rep. IV/2/3, Bezirksleitung der SED Rostock, Büro des Sekretariats: Nr. 103.

Bestand Rep. IV/2/6, Bezirksleitung SED Rostock, Abt. Wirtschaftspolitik/Lebensmittelindustrie, Nr. 830, 831, 834, 835, 836.

Bestand Rep. IV/4/7, Kreisleitung der SED Rostock: Nr. 465, 466.

Bestand Rep. IV/4/8, Kreisleitung der SED Rügen: Nr. 142, 210, 324, 325.

Bestand Rep. IV/4/10, Kreisleitung der SED Wismar: Nr. 620.

Landeshauptarchiv Schwerin (LHAS)

Bestand 5.12-3/1, Mecklenburg-Schwerinsches Ministerium des Innern: Nr. 13342.

Bestand 5.12-4/2, Ministerium für Landwirtschaft, Domänen und Forsten: Nr. 119, 120, 121, 122, 416, 417, 418, 425, 430, 438, 439, 440, 442, 443, 447, 459, 460, 466, 494, 498, 499, 500, 501, 502, 504, 505, 512, 513, 520, 522, 583, 10642, 18226, 18348, 18349.

Bestand 6.11-2, Ministerpräsident: Nr. 1462, 1463, 1464a, 1465.

Bestand 6.11-14, Ministerium für Wirtschaft: Nr. 7425, 7427, 7430, 7433, 7434, 7435, 7436, 7440, 7441, 7444, 7445, 7454, 7455, 7469, 7473, 7476, 7479, 7481, 7482, 7487, 7498.

Bestand 6.11-17, Ministerium für Handel und Versorgung: Nr. 605, 656.

Bestand 6.12-1/21, Kreistag und Rat des Kreises Wismar: Nr. 586.

Bestand 10.34-1, SED Landesvorstand bzw. Landesleitung Mecklenburg: Nr. 246, 247.

Bestand 10.34-2, Kreisleitungen der SED: Nr. 311.

Stadtarchiv Stralsund (StAS)

Bestand Rep. 19, Amt der Zeesener: Nr. 6, 15.

Bestand Rep. 20, Städtische Fischerei: Nr. 1, 28, 29, 53, 60, 61, 63, 66, 78, 79, 97.

Bestand Rep. 21, Fischmeisterei: Nr. 7a, 10, 8, 17, 20, 22, 29, 94, 99, 101, 102.

Nachlass Max Fank

Stiftung Archiv der Parteien und Massenorganisationen der DDR im Bundesarchiv Berlin (SAPMO)

Bestand DY 30/ J IV 2 / 3/, Sekretariat des Zentralkomitees der SED: Nr. 438, 455, 462.

Bestand DY 30/ J IV 2 / 3A, Sekretariat des Zentralkomitees der SED: Nr. 429, 454.

Bestand DY 30/ IV 2 / 6.02, SED, Abteilung Wirtschaftspolitik: Nr. 77.

Periodika

Amtsblatt der Landesregierung Mecklenburg-Vorpommern, Schwerin 1946–1947.

Deutsche Fischerei-Zeitung. Binnenfischerei, Seefischerei, Fischverarbeitung, Radebeul/Berlin 1954–1960.

Die Deutsche Fischwirtschaft. Zeitschrift des Reichsnährstandes für die deutsche Fischwirtschaft, Berlin 1934–1945.

Gesetzblatt der Deutschen Demokratischen Republik, Berlin 1949 ff.

Handbuch über den Preußischen Staat, Berlin 1912–1928.

Jahresbericht über die deutsche Fischerei, hg. v. Ministerium für Ernährung und Landwirtschaft, Berlin 1925–1941.

Mecklenburg-Schwerinsches Staatshandbuch, Schwerin 1918–1937.

Mitteilungen des Deutschen Seefischerei-Vereins, Berlin 1894–1934.

Ministerialblatt der Preußischen Verwaltung für Landwirtschaft, Domänen und Forsten, Berlin 1918–1933.

NSG. Nationalsozialistischer Gaudienst. Gau Mecklenburg, 1939–1945.

Nationalsozialistische Landpost, Parteiamtliches Organ des Reichsamtes für Agrarpolitik der Reichsleitung der NSDAP, Berlin 1931–1943.

Regierungsblatt für Mecklenburg-Schwerin, Schwerin 1850–1933.

Regierungsblatt für Mecklenburg, Schwerin 1934–1945, 1947–1952.

Reichsgesetzblatt, Berlin 1918–1945.

Stralsunder Tageblatt. Allgemeine Zeitung für Stadt und Land, 1916–1943.

Stralsundische Zeitung, 1916–1934.

Der Vorpommer. Organ der Vereinigten Sozialdemokratischen Partei für Vorpommern und Rügen, 1920–1933.

Zeitgenössische Veröffentlichungen[1]

Die Arbeiterversicherungsgesetze des Deutschen Reiches, erläutert von Franz Hoffmann, Berlin 1902.

Ausrichtung für die weitere Arbeit, in: DFW, Bd. 6, Heft 21, 21. Mai 1939, S. 447–456.

Buddenböhmer: Die Hauptvereinigung der Deutschen Fischwirtschaft, in: Jahresbericht über die Deutsche Fischerei 1936, hg. v. Reichs- und Preußischen Ministerium für Ernährung und Landwirtschaft, Berlin 1937, S. 243–251.

Die deutsche Fischwirtschaft im Spiegel der letzten Betriebszählung, in: DFW, Bd. 3, 1936, Heft 18, 3. Mai 1936, S. 277–280.

Dokumente der Sozialistischen Einheitspartei Deutschlands. Beschlüsse und Erklärungen des Zentralkomitees sowie seines Politbüros und seines Sekretariats, Bd. IV, Berlin 1954.

Dröscher, Erich: Die Seefischerei-Genossenschaften in Zahlen, in: Jahresbericht über die Deutsche Fischerei 1932, hg. v. Reichsministerium für Ernährung und Landwirtschaft, Berlin 1933, S. 204–223.

Dröscher, Erich: Das Wohlfahrtswesen in der See- und Küstenfischerei, in: Mitteilungen des DSV, Bd. 45, Nr. 6, Juni 1929, S. 229–236.

Dröscher, Wilhelm: Die Altersversorgung der See- und Küstenfischer, in: Mitteilungen des DSV, Nr. 6, Juni 1928, S. 263–280.

Dröscher, Wilhelm: Der Anschluss der Küstenfischerei an die preußischen Landwirtschaftskammern, in: Mitteilungen des DSV, Bd. 45, Nr. 6, Juni 1929, S. 232–236 und Bd. 45, Nr. 10/11, Okt/Nov 1929, S. 436–459.

Dröscher, Wilhelm: Die Berufsvertretung der preußischen See- und Küstenfischerei, in: Mitteilungen des DSV, Nr. 1/2, Jan/Feb 1930, Berlin, S. 37–45.

Dröscher, Wilhelm: Das deutsche Fischereigewerbe nach der Berufs- und Betriebszählung von 1907, in: Jahrbuch der deutschen Binnenfischerei für das Jahr 1912, hg. v. Deutschen Fischereiverein, Berlin 1914, S. 137–212.

Dröscher, Wilhelm: Eignet sich die See- und Küstenfischerei für die Arbeitslosenversicherung?, in: Mitteilungen des DSV, Nr. 3, März 22, S. 62–69.

[1] Aus den zeitgenössischen Periodika wurden nur Artikel ins Literaturverzeichnis aufgenommen, die mehr als drei Seiten umfassen. Im Anmerkungsapparat werden diese mit Kurztitel, alle Artikel mit weniger als drei Seiten mit vollständiger Angabe zitiert.

Dröscher, Wilhelm: Die Fischverwertungsgenossenschaften in der deutschen See- und Küstenfischerei. Eine Antwort auf die Frage: Haben die Fischverwertungsgenossenschaften zur Hebung der See- und Küstenfischerei beigetragen, in: Mitteilungen des DSV, Bd. 42, Nr. 11, November 1926, S. 380–408 und Bd. 42, Nr. 12, Dezember 1926, S. 444–461.

Dröscher, Wilhelm: Zum Geschäftsbetrieb der Fischverwertungsgenossenschaften, in: Mitteilungen des DSV Nr. 1/2, Jan/Feb 1932, S. 2–6.

Dröscher, Wilhelm: Die Küstenfischerei, in: Jahresbericht über die Deutsche Fischerei 1924, hg. v. Reichsministerium für Ernährung und Landwirtschaft, Berlin 1925, S. 234–271.

Dröscher, Wilhelm: Die Küstenfischerei, in: Jahresbericht über die Deutsche Fischerei 1925, hg. v. Reichsministerium für Ernährung und Landwirtschaft, Berlin 1926, S. 238–286.

Eichelbaum, Eberhard: Die Seefischerei, in: Jahresbericht über die Deutsche Fischerei 1924, hg. v. Reichsministerium für Ernährung und Landwirtschaft, Berlin 1925, S. 11–170.

Eichelbaum, Eberhard: Die Seefischerei, in: Jahresbericht über die Deutsche Fischerei 1925, hg. v. Reichsministerium für Ernährung und Landwirtschaft, Berlin 1926, S. 11–172.

Eichelbaum, Eberhard: Die Seefischerei, in: Jahresbericht über die Deutsche Fischerei 1926, hg. v. Reichsministerium für Ernährung und Landwirtschaft, Berlin 1927, S. 11–166.

Eichelbaum, Eberhard: Die Seefischerei, in: Jahresbericht über die Deutsche Fischerei 1927, hg. v. Reichsministerium für Ernährung und Landwirtschaft, Berlin 1928, S. 11–178.

Eichelbaum, Eberhard: Die Seefischerei, in: Jahresbericht über die Deutsche Fischerei 1937, hg. v. Reichs- und Preußischen Ministerium für Ernährung und Landwirtschaft, Berlin 1938, S. 5–175.

Ellersiek: Über die Notlage und das Kreditwesen der Küstenfischerei (Aus dem Gebiet des Bundes schleswig-holsteinischer Ostseefischer), in: Mitteilungen des DSV, Bd. 37, Nr. 4, April 1921, S. 93–94.

Feder, Gottfried: Das Programm der NSDAP und seine weltanschaulichen Grundgedanken, 126.–135. Auflage, München 1933.

Finzel, W.: Aufgaben und Tätigkeit der Hauptvereinigung der Deutschen Fischwirtschaft, in: Jahresbericht über die Deutsche Fischerei 1935, hg. v. Reichs- und Preußischen Ministerium für Ernährung und Landwirtschaft, Berlin 1936, S. 224–233.

Finzel, W.: Die deutsche Fischwirtschaft im Reichsnährstand, in: Jahresbericht über die Deutsche Fischerei 1934, hg. v. Reichs- und Preußischen Ministerium für Ernährung und Landwirtschaft, Berlin 1935, S. 178–189.

Fischer, Erich: Die Fangerträge der Ostsee- und Küstenfischerei in der DDR in den Jahren 1946–1951, in: Deutsche Fischerei-Zeitung, Jg. 2, Nr. 8, August 1955, S. 228–235.

Fischer, Erich: Die Küstenfischerei, in: Jahresbericht über die Deutsche Fischerei 1927, hg. v. Reichsministerium für Ernährung und Landwirtschaft, Berlin 1928, S. 242–253.

Fischer, Erich: Die Küstenfischerei, in: Jahresbericht über die Deutsche Fischerei 1928, hg. v. Reichsministerium für Ernährung und Landwirtschaft, Berlin 1929, S. 242–254.

Fischer, Erich: Die Küstenfischerei, in: Jahresbericht über die Deutsche Fischerei 1929, hg. v. Reichsministerium für Ernährung und Landwirtschaft, Berlin 1930, S. 222–238.

Fischer, Erich: Die Küstenfischerei und Kutter-Hochseefischerei, in: Jahresbericht über die Deutsche Fischerei 1932, hg. v. Reichsministerium für Ernährung und Landwirtschaft, Berlin 1933, S. 170–187.

Fischer, Erich: Die Küstenfischerei und Kutter-Hochseefischerei, in: Jahresbericht über die Deutsche Fischerei 1934, hg. v. Reichs- und Preußischen Ministerium für Ernährung und Landwirtschaft, Berlin 1935, S. 229–247.

Fischer, Erich: Die Küstenfischerei und Kutter-Hochseefischerei, in: Jahresbericht über die Deutsche Fischerei 1935, hg. v. Reichs- und Preußischen Ministerium für Ernährung und Landwirtschaft, Berlin 1936, S. 280–301.

Fischer, Erich: Die Küstenfischerei und Kutter-Hochseefischerei, in: Jahresbericht über die Deutsche Fischerei 1937, hg. v. Reichs- und Preußischen Ministerium für Ernährung und Landwirtschaft, Berlin 1938, S. 303–328.

Flügge, Wilhelm von: Die Fische in der Kriegswirtschaft, Berlin 1918.

Die gewerblichen Niederlassungen und die technischen Betriebseinheiten in den Ländern und Landesteilen (Volks-, Berufs- und Betriebszählungen vom 16. Juni 1925), Heft 1a, Land Preußen und Nordwestdeutschland (Ostpreußen, Pommern und Grenzmark Posen-Westpreußen). Die Gewerblichen Niederlassungen (Örtliche Betriebseinheiten), hg. v. Statistischen Reichsamt, Berlin 1929. (Statistik des Deutschen Reichs, Bd. 416, 1a)

Giese, A. R.: Die deutsche Fischwirtschaft im Reichsnährstand, in: Jahresbericht über die Deutsche Fischerei 1933, hg. v. Reichsministerium für Ernährung und Landwirtschaft, Berlin 1934, S. 149–163.

Gries, Käte: Die werktätigen See- und Küstenfischer im kapitalistischen Deutschland und ihre Perspektiven in der Deutschen Demokratischen Republik. Eine Untersuchung am Beispiel der werktätigen Küstenfischer Mecklenburgs. Wirtschaftswissenschaftliche Habilitationsschrift, Rostock 1957.

Gries, Käte: Die werktätigen See- und Küstenfischer im kapitalistischen Deutschland und ihre Perspektiven in der DDR, in: Wissenschaftliche Zeitung der Universität Rostock, Jg. 7, 1957/58, S. 293–298.

Gries, Käte: Zehn Jahre Entwicklung der See- und Küstenfischerei in der DDR, in: Wissenschaftliche Zeitung der Universität Rostock, Jg. 8, 1958/59, S. 135–145.

Henking, Hermann: Die Ostseefischerei, Stuttgart 1929.

Henking, Herrmann: Festschrift 25 Jahre im Dienste der deutschen Seefischerei. Ein Rückblick auf die Tätigkeit des Deutschen Seefischerei-Vereins, Berlin 1910.

Jahresbericht über die See- und Küstenfischerei Preußens für die Zeit vom 1. April 1915 bis Ende März 1916, in: Mitteilungen des DSV, Bd. 34, Nr. 3/5, März/Mai 1918, S. 57–85.

Jahresbericht über die See- und Küstenfischerei Preußens für die Zeit vom 1. April 1916 bis Ende März 1917, in: Mitteilungen des DSV, Bd. 34, Nr. 9/11, Sep/Nov 1918, S. 164–193.

Jahresbericht über die See- und Küstenfischerei Preußens für die Zeit vom 1. April 1917 bis Ende März 1918, in: Mitteilungen des DSV, Bd. 35, Nr. 8/10, Aug/Okt 1919, S. 92–129.

Jahresberichte über die See- und Küstenfischerei Preußens für die Zeit vom 1. April 1918 bis Ende März 1920, in: Mitteilungen des DSV, Bd. 37, Nr. 12, Dezember 1921, S. 274–323.

Krämer, Dr.: Die Berufsvertretung der preußischen See- und Küstenfischerei, in: Mitteilungen des DSV, Bd. 46, Nr. 1/2, Jan/Feb 1930, Berlin, S. 31–36.

Kühl, Wilhelm: Jahresbericht über die Tätigkeit des Reichsverbandes der Deutschen Fischerei, in: Jahresbericht über die Deutsche Fischerei 1938, hg. v. Reichs- und Preußischen Ministerium für Ernährung und Landwirtschaft, Berlin 1939, S. 197- 209.

Landwirtschaftliche Betriebszählung. Forstwirtschaft, Weinbau, Gartenbau, Binnen- und Küstenfischerei, Nebengewerbe, Allmende (Volks-, Berufs- und Betriebszählung vom 16. Juni 1925), hg. v. Statistischen Reichsamt, Berlin 1929. (Statistik des Deutschen Reichs, Bd. 411).

Landwirtschaftliche Betriebszählung. Die Landwirtschaft im Deutschen Reich. Textband, hg. v. Statistischen Reichsamt, Berlin 1931 (Statistik des Deutschen Reiches, Bd. 412, II).

Lengerich, Hanns: 25 Jahre Verein der Fischindustriellen Deutschlands, Altona 1928.

Marquard, Dr.: Motoren in der deutschen See- und Küstenfischerei, in: Mitteilungen des DSV, Bd. 44, Nr. 5, Mai 1928, S. 228–229.

Moellendorff, Wichard von: Deutsche Gemeinwirtschaft. Berlin 1916.

Nichtlandwirtschaftliche Arbeitsstättenzählung. Die nichtlandwirtschaftlichen Arbeitsstätten in den Reichsteilen und Verwaltungsbezirken (Volks-, Berufs-, und Betriebszählung vom 17. Mai 1939), Heft 2: Pommern, hg. v. Statistischen Reichsamt, Berlin 1942 (Statistik des Deutschen Reiches Bd. 568, 2).

Nichtlandwirtschaftliche Arbeitsstättenzählung. Die nichtlandwirtschaftlichen Arbeitsstätten in den Reichsteilen und Verwaltungsbezirken (Volks-, Berufs-, und Betriebszählung vom 17. Mai 1939), Heft 8: Provinz Schleswig-Holstein, Hamburg, Mecklenburg, hg. v. Statistischen Reichsamt, Berlin 1942 (Statistik des Deutschen Reiches Bd. 568, 8).

Das Parteiprogramm. Wesen, Grundsätze und Ziele der NSDAP, hg. und erläutert von Alfred Rosenberg, 24. Auflage, München 1942.

Plesse, Margarethe, Die Deutsche Fischwirtschaft im Kriege. 2. Kriegsjahr, o.O, o. J.

Preußisches Fischereigesetz vom 11. Mai 1916, 4. Auflage, Neudamm 1938.

Reckling, A.: Reichsdarlehen und Beihilfen zur Förderung der deutschen Seefischerei, in: Jahresbericht über die Deutsche Fischerei 1935, hg. v. Reichs- und Preußischen Ministerium für Ernährung und Landwirtschaft, Berlin 1936, S. 336–344.

Reckling, A.: Reichsdarlehen und Beihilfen an See- und Küstenfischer, in: Jahresbericht über die Deutsche Fischerei 1936, hg. v. Reichs- und Preußischen Ministerium für Ernährung und Landwirtschaft, Berlin 1937, S. 345–381.

Reckling, A.: Reichsdarlehen und Beihilfen zur Förderung der deutschen Seefischerei, in: Jahresbericht über die Deutsche Fischerei 1938, hg. v. Reichs- und Preußischen Ministerium für Ernährung und Landwirtschaft, Berlin 1939, S. 402–403.

Reckling, A.: Reichsdarlehen und Beihilfen zur Förderung der deutschen Seefischerei, in: Jahresbericht über die Deutsche Fischerei 1939, hg. v. Reichs- und Preußischen Ministerium für Ernährung und Landwirtschaft, Berlin 1941, S. 275–276.

Satzungen des Deutschen Seefischereivereins, in: Mitteilungen des DSV, Bd. 1, Nr. 1, Januar 1894, S. 242–249.

Schnakenbeck, Werner: Die Deutsche Seefischerei, Hamburg 1939.

Skalweit, August: Die deutsche Kriegsernährungswirtschaft, Stuttgart/Berlin/Leipzig 1927.

Tätigkeitsbericht des Deutschen Seefischerei-Vereins für die Zeit vom 1. April 1917 bis einschließlich 31. März 1918, in: Mitteilungen des deutschen Seefischerei-Vereins, Bd. 34, März/Mai 1918, Nr. 3/5, S. 51–55.

Tätigkeitsbericht des Deutschen Seefischerei-Vereins für die Zeit vom 1. April 1918 bis zum 31. März 1919, in: Mitteilungen des DSV, Bd. 35, Nr. 4/7, April/Juli 1919, S. 53–59.

Tätigkeitsbericht des Deutschen Seefischerei-Vereins für die Zeit vom 1. April 1919 bis zum 31. März 1920, in: Mitteilungen des DSV, Bd. 36, Nr. 5/7, Mai/Juli 1920, S. 140–149.

Tätigkeitsbericht des Deutschen Seefischerei-Vereins für die Zeit vom 1. April 1920 bis Ende März 1921, in: Mitteilungen des DSV, Bd. 37, Nr. 4, April 1921, S. 83–92.

Tätigkeitsbericht des Deutschen Seefischerei-Vereins für die Zeit vom 1. April 1921 bis Ende März 1922, in: Mitteilungen des DSV, Bd. 38, Nr. 4, April 1922, S. 98–112.

Tätigkeitsbericht des Deutschen Seefischerei-Vereins für 1922/23, in: Mitteilungen des DSV, Bd. 39, Nr. 4/5, April/Mai 1923, S. 43–54.

Tätigkeitsbericht des Deutschen Seefischerei-Vereins 1923/24, in: Mitteilungen des DSV, Bd. 40, Nr. 3/4, März/April 1924, S. 12–17.

Tätigkeitsbericht des Deutschen Seefischerei-Vereins für 1924/25, in: Mitteilungen des DSV, Bd. 41, Nr. 4, April 1925, S. 49–56.

Tätigkeitsbericht des Deutschen Seefischerei-Vereins 1925/26, in: MLHA, MfLDF, 5.12-4/2, Nr. 440, S. 1–11.

Tätigkeitsbericht des Deutschen Seefischerei-Vereins 1926/27, in: MLHA, MfLDF, 5.12-4/2, Nr. 440, S. 1–10.

Tätigkeitsbericht des Deutschen Seefischerei-Vereins 1927/28, in: MLHA, MfLDF, 5.12-4/2, Nr. 440, S. 1–11.

Tätigkeitsbericht des Deutschen Seefischerei-Vereins 1928/29, in: MLHA, MfLDF, 5.12-4/2, Nr. 440, S. 1–11.

Tätigkeitsbericht des Deutschen Seefischerei-Vereins 1929/30, in: MLHA, MfLDF, 5.12-4/2, Nr. 440, S. 1–13.

Tätigkeitsbericht des Deutschen Seefischerei-Vereins für das Geschäftsjahr 1930/31, in: MLHA, MfLDF, 5.12-4/2, Nr. 440, S. 1–11.

Tätigkeitsbericht des Deutschen Seefischerei-Vereins für das Geschäftsjahr 1931/32, in: MLHA, MfLDF, 5.12-4/2, Nr. 440, S. 1–6.

Tätigkeitsbericht des Deutschen Seefischerei-Vereins für das Geschäftsjahr 1932/33. Sonderabdruck aus den Mitteilungen des DSV, Bd. 49, Nr. 2, MLHA, MfLDF, 5.12-4/2, Nr. 440, S. 45–54.

Voigt, Karl: Die Seefischerei, in: Jahresbericht über die Deutsche Fischerei 1938, hg. v. Reichs- und Preußischen Ministerium für Ernährung und Landwirtschaft, Berlin 1939, S. 7–86.

Der Volks-Brockhaus. Sachwörterbuch für jedermann, 10. Auflage, Leipzig 1943.

Winkler, Paul: Reichsfischkammer. Einrichtung einer Berufskammer für die gesamte deutsche Fischwirtschaft (Produktion, Industrie und Handel), Berlin 1932.

Zirkel, O.: Die Kassen zur Versicherung von Fischereifahrzeugen, in: Jahresbericht über die Deutsche Fischerei 1924, hg. v. Reichsministerium für Ernährung und Landwirtschaft, Berlin 1925, S. 379–384.

Zörner, H.: Die fischwirtschaftliche Marktordnung im Jahre 1938/39. Die Tätigkeit der Hauptvereinigung der deutschen Fischwirtschaft, in: Jahresbericht über die Deutsche Fischerei 1938, hg. v. Reichs- und Preußischen Ministerium für Ernährung und Landwirtschaft, Berlin 1939, S. 176–196.

Literatur

50 Jahre Fischerei in Deutschland 1948–1998, hg. v. Verband Deutscher Fischereiverwaltungsbeamter und Fischereiwissenschaftler e.V., o.O. [1998].

Adler, Heinz: Vom Alex zum Eismeer. Erinnerungen an die Hochseefischerei der DDR, Hamburg 2000.

Alwardt, Werner: Zur Geschichte der Barther Fischerei. Aus der Barther Chronik und aus eigenem Erleben, Barth, 1988.

Aly, Götz: Hitlers Volksstaat. Raub, Rassenkrieg und nationaler Sozialismus, Bonn 2005.

Bahr, Klaus: Die Fischwirtschaft der DDR mit vergleichenden Betrachtungen zur BRD, Berlin 1975.

Bauer, Theresia: Blockpartei und Agrarrevolution von oben. Die Demokratische Bauernpartei Deutschlands 1948–1963, München 2003.

Bauerkämper, Arnd: Ländliche Gesellschaft in der kommunistischen Diktatur. Zwangsmodernisierung und Tradition in Brandenburg 1945–1963, Köln/Weimar/Wien 2002.

Bauerkämper, Arnd: Rezension von: Elke Scherstjanoi: SED-Agrarpolitik unter sowjetischer Kontrolle 1949–1953, München 2007, in: sehepunkte 8 (2008), Nr. 1, 15. 1. 2008 [URL: http://www.sehepunkte.de/2008/01/13628.html 27.09.08].

Bayern in der NS-Zeit. Soziale Lage und politisches Verhalten der Bevölkerung im Spiegel vertraulicher Berichte, hg. v. Martin Broszat/Elke Fröhlich/Falk Wiesemann, München/Wien 1977.

Beate Behrens, Mit Hitler zur Macht. Aufstieg des Nationalsozialismus in Mecklenburg und Lübeck 1922–1933, Rostock, 1998.

Becker, Bert: Verwaltung und höhere Beamtenschaft in Pommern 1918/19, in: Pommern zwischen Zäsur und Kontinuität: 1918, 1933, 1945, 1989, hg, v. Bert Becker und Kyra T. Inachin, Schwerin, 1999, S. 39–68.

Bei der Wieden, Helge: Kurzer Abriss der mecklenburgischen Verfassungsgeschichte. Sechshundert Jahre mecklenburgische Verfassungen, Schwerin 1994.

Die Bestände des Landeshauptarchivs Schwerin, Bd. 1: Urkunden- und Aktenbestände 1158–1945, bearbeitet von Peter-Joachim Rakow, Christel Schütt und Christa Sieverkropp, Schwerin 1999.

Biographisches Lexikon zum Dritten Reich, hg. v. Hermann Weiß, Frankfurt a. M. 1998.

Bispinck, Henrik: Bildungsbürger in Demokratie und Diktatur. Lehrer an höheren Schulen in Mecklenburg 1918–1961. München 2011.

Bispinck, Henrik: „Republikflucht“: Flucht und Ausreise als Problem für die DDR-Führung, in: Vor dem Mauerbau. Politik und Gesellschaft in der DDR der fünfziger Jahre, hg. v. Dierk Hoffmann/Michael Schwartz/Hermann Wentker, München 2003, S. 285–309.

„Blut und Boden“. Rassenideologie und Agrarpolitik im Staat Hitlers, hg. v. Gustavo Corni/Horst Gies, Idstein 1994.

Boldorf, Marcel: Sozialfürsorge in der SBZ/DDR 1945–1953. Ursachen, Ausmaß und Bewältigung der Nachkriegsarmut, Stuttgart 1998.

Borchardt, Knut: Wachstum, Krisen, Handlungsspielräume der Wirtschaftspolitik. Studien zur Wirtschaftsgeschichte des 19. und 20. Jahrhunderts, Göttingen 1982.

Braun, Jutta: Die Zentrale Kommission für Staatliche Kontrolle. Wirtschaftsstrafrecht und Enteignungspolitik in der Gründungs- und Frühphase der DDR, in: Das letzte Jahr der SBZ. Politische Weichenstellungen und Kontinuitäten im Prozess der Gründung der DDR, hg. v. Dierk Hoffmann und Hermann Wentker, München 2000, S. 169–184.

Braun, Thomas: Ost- und Westpreußische Fischer in Schleswig-Holstein, in: Jahrbuch für ostdeutsche Volkskunde 34 (1991), S. 340–353.

Broszat, Martin: Der Staat Hitlers. Grundlegung und Entwicklung seiner inneren Verfassung, 14. Auflage, München 1995.

Brunner, Detlev: Der Schein der Souveränität. Landesregierung und Besatzungspolitik in Mecklenburg-Vorpommern 1945–1949, Köln/Weimar/Wien 2006.

Brunner, Detlev: Die Landesregierung Mecklenburg Vorpommern unter sowjetischer Besatzung 1945–1949. Bd. 1: Die ernannte Landesverwaltung Mai 1945 bis Dezember 1946, Bremen 2003.

Brunner, Detlev: Die Landesverwaltung/Landesregierung Mecklenburg Vorpommerns 1945–1949. Struktur, Funktion, Kompetenz, in: Land – Zentrale – Besatzungsmacht. Landesverwaltung und Landesregierung in der Sowjetischen Besatzungszone, hg. v. Detlev Brunner/Werner Müller/Andreas Röpcke, Frankfurt a. M. u. a. 2003, S. 21–47.

Brunner, Detlev: Stralsund. Eine Stadt im Systemwandel vom Ende des Kaiserreichs bis in die 1960er Jahre. München 2010.

Buchführer, E.: Probleme der Entwicklung der Neuererbewegung in der Flotte des VEB Fischkombinates Rostock, Rostock 1977.

Buchsteiner, Ilona: Bruch oder gradueller Wandel? Ämterbesetzung in den pommerschen Verwaltungs- und Selbstverwaltungsorganen, in: Pommern zwischen Zäsur und Kontinuität: 1918, 1933, 1945, 1989, hg. v. Bert Becker und Kyra T. Inachin, Schwerin, 1999, S. 69–84.

Buddrus, Michael: Biographisches Lexikon der NS-Funktionsträger des Gaues Mecklenburg, noch nicht erschienen.

Ciesla, Burghard: Die Reproduktions- und Effektivitätsentwicklung der zentralgeleiteten Fischindustrie der DDR im Zeitraum 1945 bis 1985, Berlin 1990.

Ciesla, Burghard: Die Ausgangslage und Entwicklung der zentral geleiteten Fischindustrie in der SBZ/DDR von 1945–1989, in: Aspekte deutscher Unternehmens- und Industriegeschichte im 20. Jahrhundert, hg. v. Werner Plumpe und Christian Kleinschmidt, Essen 1992, S. 154–166.

Ciesla, Burghard: Eine sich selbst versorgende Konsumgesellschaft? Industrieller Fischfang, Fischverarbeitung und Fischwarenkonsum in der DDR, in: Herrschaft und Eigen-Sinn in der Diktatur. Studien zur Gesellschaftsgeschichte der DDR, hg. v. Thomas Lindenberger, Köln/Weimar/Wien 1999, S. 205–233.

Ciesla Burghard/Poutrus, Patrice G.: Food Supply in a Planned Economy: SED Nutrition Policy between Crisis Response and Popular Needs, in: Dictatorship as Experience. Towards a Socio-Cultural History of the GDR, hg. v. Konrad H. Jarausch, New York/Oxford 1999, S. 143–162.

Conrad, Christoph: Alterssicherung, in: Drei Wege deutscher Sozialstaatlichkeit, NS-Diktatur, Bundesrepublik und DDR im Vergleich, hg. v. Hans Günter Hockerts, München 1998.

Corni, Gustavo/Gies, Horst: Brot – Butter – Kanonen. Die Ernährungswirtschaft in Deutschland unter der Diktatur Hitlers, Berlin 1997.

Corni, Gustavo: Richard Walther Darré – Der ‚Blut-und-Boden‘-Ideologe, in: Die braune Elite I. 22 biographische Skizzen, hg. v. Ronald Smelser und Rainer Zittelmann, 3. Auflage, Darmstadt 1994, S. 15–27.

Deutsche Verwaltungsgeschichte, Bd. 4: Das alte Reich als Republik und in der Zeit des Nationalsozialismus, hg. v. Kurt G. A. Jeserich, Stuttgart 1985.

Döring, Ralf: Die Zukunft der Fischerei im Biosphärenreservat Südost-Rügen, Frankfurt a.M. u.a. 2001, S.150–155.

Die Errichtung der Diktatur. Transformationsprozesse in der Sowjetischen Besatzungszone und in der frühen DDR, hg. v. Thomas Großbölting und Hans-Ulrich Thamer, Münster 2003.

Faust, Manfred: Das Capri von Pommern. Geschichte der Insel Hiddensee von den Anfängen bis 1990, 3.Auflage, Rostock 2001.

Findbuch zum Bestand R 162, Deutscher Seefischerei-Verein / Reichsanstalt für Fischerei / Deutsche Wissenschaftliche Kommission für Meeresforschung, bearbeitet von Annegret Schöttler (Teil I) und Kerstin Schenke (Teil II), Bundesarchiv Koblenz 1979 und 1992.

Findbuch zum Bestand R 17 III, Hauptvereinigung der Deutschen Fischwirtschaft, bearbeitet von Ulrich Ringsdorf, Bundesarchiv Koblenz 1981.

Findbuch zum Bestand R 3601, Reichsministerium für Ernährung und Landwirtschaft, bearbeitet von Wilhelm Lenz, Bundesarchiv Koblenz 1978.

Flemming, Jens: Landwirtschaftliche Interessen und Demokratie. Ländliche Gesellschaft, Agrarverbände und Staat 1890–1925, Bonn 1978.

Foitzik, Jan: Die Sowjetische Militäradministration in Deutschland. Aspekte ihrer Tätigkeit aus landespolitischer Sicht, in: Land – Zentrale – Besatzungsmacht. Landesverwaltung und Landesregierung in der Sowjetischen Besatzungszone, hg. v. Detlev Brunner/Werner Müller/Andreas Röpcke, Frankfurt a.M. u.a. 2003, S.171–186.

Foitzik, Jan: Sowjetische Militäradministration in Deutschland (SMAD) 1945–1949. Struktur und Funktion, Berlin 1999.

Foitzik, Jan: Zum Verhältnis zwischen SED und Besatzungsmacht: Konkordanz und Dissenz, in: Das letzte Jahr der SBZ. Politische Weichenstellungen und Kontinuitäten im Prozess der Gründung der DDR, hg. v. Dierk Hoffmann und Hermann Wentker, München 2000, S.55–64.

Geschichte der Stadt Stralsund, im Auftrag des Rates der Stadt Stralsund hg. v. Herbert Ewe, Weimar 1985.

Gies, Horst: NSDAP und landwirtschaftliche Organisation in der Endphase der Weimarer Republik, in: VfZ 15, 1967, S.341–376.

Gries, Rainer: Die Rationen-Gesellschaft. Versorgungskampf und Vergleichsmentalität: Leipzig, München und Köln nach dem Kriege, Münster 1991.

Die Grenzen der Diktatur. Staat und Gesellschaft in der DDR, hg. v. Richard Bessel und Ralph Jessen Göttingen 1996.

Großbölting, Thomas: Vom institutionellen Rückgrat des Mittelstandes zum Transmissionsriemen der SED-Wirtschaftspolitik: Die Industrie- und Handelskammern in der Sowjetischen Besatzungszone und frühen DDR, in: Unternehmerwirtschaft zwischen Markt und Lenkung. Organisationsformen, politischer Einfluss und ökonomisches Verhalten 1930–1960, hg. v. Thomas Großbölting und Rüdiger Schmidt, München 2002, S.141–169.

Grundriss der deutschen Verwaltungsgeschichte 1815–1945, Bd.22: Bundes- und Reichsbehörden, hg. v. Walther Hubatsch, Marburg 1983.

Hahlbeck, Wulf-Heinrich, Die Kutter- und Küstenfischerei Mecklenburg-Vorpommerns, in: Zur Geschichte der Fischerei in Mecklenburg-Vorpommern (Protokollband zum Symposium der Schifffahrtsgeschichtlichen Gesellschaft Ostsee e.V.), Rostock 1998, S.37–48.

Hahlbeck, Wulf-Heinrich: Die Geschichte der ostdeutschen Hochseefischerei, in: 50 Jahre Fischerei in Deutschland 1948–1998, hg. v. Verband Deutscher Fischereiverwaltungsbeamter und Fischereiwissenschaftler e.V., o.O. [1998], S.161–170.

Hamann, Manfred: Das staatliche Werden Mecklenburgs, Köln/Graz 1962.

Haushofer, Heinz/Recke, Hans-Joachim: 50 Jahre Reichsernährungsministerium – Bundesernährungsministerium, hg. v. Bundesministerium für Ernährung, Landwirtschaft u. Forsten, Bonn 1969.

Henning, Friedrich-Wilhelm: Handbuch der Wirtschafts- und Sozialgeschichte Deutschlands, Bd.3: Deutsche Wirtschafts- und Sozialgeschichte in der ersten Hälfte des 20.Jahrhunderts. Teil

1: Deutsche Wirtschafts- und Sozialgeschichte im Ersten Weltkrieg und in der Weimarer Republik 1914 bis 1932, Paderborn u.a., 2003.

Henning, Wolfgang, Die Entwicklung des genossenschaftlichen Sektors der See- und Küstenfischerei (1945–1982), Berlin (Diss. agr.) 1983.

Hentschel, Volker, Deutsche Wirtschafts- und Sozialpolitik 1815–1945, Düsseldorf 1980.

Hentschel, Volker: Geschichte der deutschen Sozialpolitik 1880–1980, Frankfurt a.M. 1983.

Herbst, Ludolf: Das nationalsozialistische Deutschland 1933–1945. Die Entfesselung der Gewalt: Rassismus und Krieg, Darmstadt 1997.

Herold, H.: Fischereirecht in der ehemaligen DDR und den neuen Bundesländern, in: 50 Jahre Fischerei in Deutschland 1948–1998, hg. v. Verband Deutscher Fischereiverwaltungsbeamter und Fischereiwissenschaftler e.V., o.O. [1998], S.403–408.

Herrschaft als soziale Praxis. Historische und sozialanthropologische Studien, hg. v. Alf Lüdtke, Göttingen 1991.

Herrschaft und Eigen-Sinn in der Diktatur. Studien zur Gesellschaftsgeschichte der DDR, hg. v. Thomas Lindenberger, Köln/Weimar/Wien 1999.

Hoffman, Dierk: Aufbau und Krise der Planwirtschaft. Die Arbeitskräftelenkung in der SBZ/DDR 1945 bis 1963. München 2002.

Hoffmann, Dierk: Die DDR unter Ulbricht. Gewaltsame Neuordnung und gescheiterte Modernisierung, Zürich 2003.

Hoffmann, Dierk: Sozialpolitische Neuordnung in der SBZ/DDR. Der Umbau der Sozialversicherung 1945–1956. München 1996.

Holz, Martin: Evakuierte, Flüchtlinge und Vertriebene in Mecklenburg-Vorpommern 1945 bis 1961 am Beispiel der Insel Rügen, Schwerin 2004.

Holz, Martin: Insulaner wider Willen. Zu den Aufnahmebedingungen für die Flüchtlinge und Vertriebenen in Mecklenburg-Vorpommern, dargestellt am Kreis Rügen 1943–1948, in: Pommern zwischen Zäsur und Kontinuität: 1918, 1933, 1945, 1989, hg, v. Bert Becker und Kyra T. Inachin, Schwerin, 1999, S.213–251.

Horstmann, Thomas: Logik der Willkür. Die Zentrale Kommission für Staatliche Kontrolle in der SBZ/DDR 1948–1958, Köln/Weimar/Wien 2002.

Huegel, Arnulf: Kriegsernährungswirtschaft Deutschlands während des Ersten und Zweiten Weltkrieges im Vergleich, Konstanz 2003.

Inachin, Kyra T.: Der Aufstieg der Nationalsozialisten in Pommern. Persönlichkeitsprofil und Karriereverlauf der Führungskader der pommerschen NSDAP, in: Nationalsozialismus in Mecklenburg und Vorpommern, hg. v. Henrik Bispinck/Damian van Melis/Andreas Wagner, Schwerin 2001, S.111–135.

Inachin, Kyra T.: Durchbruch zur demokratischen Moderne – Die Landtage von Mecklenburg-Schwerin, Mecklenburg-Strelitz und Pommern während der Weimarer Republik, Bremen 2004.

Inventar der Befehle der Sowjetischen Militäradministration Mecklenburg(-Vorpommern) 1945–1949, im Auftrag des Instituts für Zeitgeschichte zusammengestellt, bearbeitet und eingeleitet von Detlev Brunner, München 2003.

Inventar der Befehle des Obersten Chefs der Sowjetischen Militäradministration in Deutschland (SMAD) 1945–1949, im Auftrag des Instituts für Zeitgeschichte zusammengestellt und bearbeitet von Jan Foitzik, München u.a. 1995.

Kasten, Bernd: Konflikte zwischen dem Gauleiter Friedrich Hildebrandt und dem Staatsministerium in Mecklenburg 1933–1939, in: Mecklenburgische Jahrbücher, Jg.112 (1997), S.157–175.

Kleines Politisches Wörterbuch, 2.Auflage, Berlin (Ost) 1973.

Kluge, Ulrich: Agrarwirtschaft und ländliche Gesellschaft im 20.Jahrhundert, München 2005.

Kluge, Ulrich: Die deutsche Revolution 1918/19. Staat, Politik und Gesellschaft zwischen Weltkrieg und Kapp-Putsch, Darmstadt 1997.

Koeller, Hans Wolf von: Die pommersche Landwirtschaftskammer. Entwicklung und Leistung von der Gründung bis zum Ausbruch des Ersten Weltkriegs, Köln/Weimar/Wien 1999.

Kolb, Eberhard: Die Weimarer Republik, 6., überarbeitete und erweiterte Auflage, München 2002.

Kotzian, Gerhard: Ein Rostocker Hochseefischer erzählt, Rostock 2000.

Krohn, M./Krohn, K.-H.: Markt und Absatz von Fischen und Fischwaren, Berlin 1963.

Land – Zentrale – Besatzungsmacht. Landesverwaltung und Landesregierung in der Sowjetischen Besatzungszone, hg. v. Detlev Brunner/Werner Müller/Andreas Röpcke, Frankfurt a.M. u.a. 2003.

Langenhahn, Dagmar: „Halte Dich fern von den Kommunisten, die wollen nicht arbeiten!" Kollektivierung der Landwirtschaft und bäuerlicher Eigen-Sinn am Beispiel Niederlausitzer Dörfer (1952 bis Mitte der 60er Jahre), in: Herrschaft und Eigen-Sinn in der Diktatur. Studien zur Gesellschaftsgeschichte der DDR, hg. v. Thomas Lindenberger, Köln/Weimar/Wien 1999, S. 119–165.

Lehmann, Joachim: Herbert Backe – Technokrat und Agrarideologe, in: Die braune Elite II. 21 weitere biographische Skizzen, hg. v. Ronald Smelser/Enrico Syring/Rainer Zitelmann, Darmstadt 1993, S. 1–12.

Das letzte Jahr der SBZ. Politische Weichenstellungen und Kontinuitäten im Prozess der Gründung der DDR, hg. v. Dierk Hoffmann und Hermann Wentker, München 2000.

Lepsius, Rainer M.: Die Institutionenordnung als Rahmenbedingung der Sozialgeschichte der DDR, in: Sozialgeschichte der DDR, hg. v. Hartmut Kaelble/Jürgen Kocka/Hartmut Zwahr, Stuttgart 1994, S. 17–30.

Lindenberger, Thomas: Der ABV als Landwirt. Zur Mitwirkung der Deutschen Volkspolizei bei der Kollektivierung der Landwirtschaft, in: Herrschaft und Eigen-Sinn in der Diktatur. Studien zur Gesellschaftsgeschichte der DDR, hg. v. Thomas Lindenberger, Köln/Weimar/Wien 1999, S. 167–203.

Lindenberger, Thomas: Die Diktatur der Grenzen. Zur Einleitung, in: Herrschaft und Eigen-Sinn in der Diktatur. Studien zur Gesellschaftsgeschichte der DDR, hg. v. Thomas Lindenberger, Köln/Weimar/Wien 1999, S. 13–44.

Lorenzen-Schmidt, Angrit: Zur sozialen Lage der Warnemünder Fischer 1928–1935, in: Beiträge zur Geschichte der Stadt Rostock, Bd. 28 (2007), S. 69–86.

Lüdtke, Alf: Eigen-Sinn. Fabrikalltag, Arbeitserfahrungen und Politik vom Kaiserreich bis in den Faschismus, Hamburg 1993.

Lüdtke, Alf: Einleitung: Herrschaft als soziale Praxis, in: Herrschaft als soziale Praxis. Historische und sozial-anthropologische Studien, hg. v. Alf Lüdtke, Göttingen 1991, S. 9–63.

Mai, Joachim: Die Sowjetische Militäradministration des Landes Mecklenburg-Vorpommern (SMAM), in: Land – Zentrale – Besatzungsmacht. Landesverwaltung und Landesregierung in der Sowjetischen Besatzungszone, hg. v. Detlev Brunner/Werner Müller/Andreas Röpcke, Frankfurt a.M. u.a. 2003, S. 187–200.

Malycha, Andreas: Auf dem Weg zur SED. Die Sozialdemokratie und die Bildung einer Einheitspartei in den Ländern der SBZ. Eine Quellenedition, Bonn 1996.

Marquardt, Sabine: Die Entdifferenzierung der Gesellschaftsordnung durch die „Demokratische Bodenreform": Das Beispiel Mecklenburg-Vorpommern, in: Die Errichtung der Diktatur. Transformationsprozesse in der Sowjetischen Besatzungszone und in der frühen DDR, hg. v. Thomas Großbölting und Hans-Ulrich Thamer, Münster 2003, S. 23–53.

Melis, Damian van: Der Aufbau der Landesverwaltung in Mecklenburg-Vorpommern, in: Sozialismus auf dem platten Land. Tradition und Transformation in Mecklenburg-Vorpommern von 1945 bis 1952, hg. v. Damian van Melis, S. 59–106.

Melis, Damian van: Landesregierung und Landesparteiorganisation der KPD/SED in der Zusammenbruchsgesellschaft von Mecklenburg-Vorpommern, in: Land – Zentrale – Besatzungsmacht. Landesverwaltung und Landesregierung in der Sowjetischen Besatzungszone, hg. v. Detlev Brunner/Werner Müller/Andreas Röpcke, Frankfurt a.M. u.a. 2003, S. 49–67.

Meuschel. Sigrid: Legitimation und Parteiherrschaft in der DDR. Zum Paradox von Stabilität und Revolution in der DDR, Frankfurt a.M. 1992.

Meuschel, Sigrid: Machtmonopol und homogenisierte Gesellschaft. Anmerkungen zu Detlev Pollack, in: Geschichte und Gesellschaft 26 (2000), S. 171–183.

Michels, Marko: Einheitszwang oder Einheitsdrang?! Der Vereinigungsprozess von KPD und SPD zwischen 1945 und 1950 in Mecklenburg-Vorpommern, Schwerin 1999.

Mielke, Henning: Die Auflösung der Länder in der SBZ/DDR 1945–1952, Stuttgart 1995.

Mommsen, Hans: Nationalsozialismus und Stalinismus. Diktaturen im Vergleich, in: Vergangenheitsbewältigung 1945 und 1989: Ein unmöglicher Vergleich?, hg. v. Klaus Sühl, Berlin 1994, S. 109–126.

Münkel, Daniela: Nationalsozialistische Agrarpolitik und Bauernalltag, Frankfurt/New York 1996.

Naimark, Norman: Die Russen in Deutschland. Die sowjetische Besatzungszone 1945 bis 1949, Berlin 1997.

Nationalsozialismus in der Region, hg. v. Horst Möller/Andreas Wirsching/Walter Ziegler, München 1996.

Osmond, Jonathan: Kontinuität und Konflikt in der Landwirtschaft der SBZ/DDR zur Zeit der Bodenreform und der Vergenossenschaftlichung, 1945–1960, in: Die Grenzen der Diktatur. Staat und Gesellschaft in der DDR, hg. v. Richard Bessel und Ralph Jessen Göttingen 1996, S. 137–169.

Peesch, Reinhard: Die Fischerkommünen auf Rügen und Hiddensee, Berlin 1961.

Peukert, Detlev J. K.: Die Weimarer Republik. Krisenjahre der klassischen Moderne, Darmstadt 1997.

Pohl, Dieter: Justiz in Brandenburg 1945–1955. Gleichschaltung und Anpassung, München 2001.

Pommern zwischen Zäsur und Kontinuität: 1918, 1933, 1945, 1989, hg, v. Bert Becker und Kyra T. Inachin, Schwerin, 1999.

Preispolitik und Lebensstandard. Nationalsozialismus, DDR und Bundesrepublik im Vergleich, hg. v. André Steiner, Köln/Weimar/Wien 2006.

Reinicke, Rolf: Am Ostseestrand: Die Bodden. Natur und Landschaft im Überblick, hg. v. Deutschen Meeresmuseum, Stralsund 1997.

Reinicke, Rolf: Am Ostseestrand: Küstenfischerei in Mecklenburg-Vorpommern, hg. vom Deutschen Meeresmuseum, Neuauflage Stralsund 1999.

„Republikflucht“. Flucht und Abwanderung aus der SBZ/DDR 1945 bis 1961, hg. v. Damian van Melis und Henrik Bispinck, München 2006.

Richter, Th.: Fischereiverwaltung in der DDR und Mecklenburg-Vorpommern, in: 50 Jahre Fischerei in Deutschland 1948–1998, hg. v. Verband Deutscher Fischereiverwaltungsbeamter und Fischereiwissenschaftler e.V., o.O. [1998], S. 385–391.

Roesler, Jörg: Die Produktionsbrigaden in der Industrie der DDR. Zentrum der Arbeitswelt?, in: Sozialgeschichte der DDR, hg. v. Hartmut Kaelble/Jürgen Kocka/Hartmut Zwahr, Stuttgart 1994, S. 144–170.

Ross, Corey: „...sonst sehe ich mich veranlasst auch nach dem Westen zu ziehen“. „Republikflucht“, SED-Herrschaft und Bevölkerung vor dem Mauerbau, in: Deutschland Archiv 34 (2001), S. 613–627.

Rossow, Michael/Scheffelke, Jörg/Kühne, Klaus: Von Fischern, Fischen und Booten. Ein Beitrag zur Fischereigeschichte im Gebiet Barth – Zingst – Darß, Zingst 1988.

Rossow, Michael: Die Fischerei der Insel Hiddensee, in: Seewirtschaft. Fachorgan für Schiffbau, Schiffahrt, Hochseefischerei, Meerestechnik 19 (1987) 1, S. 35–42.

Rossow, Michael: Die Fischerei von Mönchgut (Teil 1), in: Seewirtschaft. Fachorgan für Schiffbau, Schiffahrt, Hochseefischerei, Meerestechnik 21 (1989) 8, S. 397–402.

Rossow, Michael: Die Fischerei von Mönchgut (Teil 2), in: Seewirtschaft. Fachorgan für Schiffbau, Schiffahrt, Hochseefischerei, Meerestechnik 21 (1989) 9, S. 452–457.

Rossow, Michael: Die Fischerei von Warnemünde (Teil 1), in: Seewirtschaft. Fachorgan für Schiffbau, Schiffahrt, Hochseefischerei, Meerestechnik. 20 (1988), 4, S. 197–202.

Rossow, Michael: Die Fischerei von Warnemünde (Teil 2), in: Seewirtschaft. Fachorgan für Schiffbau, Schiffahrt, Hochseefischerei, Meerestechnik. 20 (1988), 5, S. 245–251.

Saldern, Adelheid von: Mittelstand im „Dritten Reich“: Handwerker, Einzelhändler, Bauern, Frankfurt/Main 1979.

Sarrazin, Jenny: War, Public Intervention and Structural Changes in the German Fishing Industry, 1914–1930, in: Maritime Industries and Public Intervention (Fourth North Sea History Conference 18–20. August 1995, Stavanger, Norway), edited by Randi Ertesvag/David J. Starkey/Anne Tove Austbo, Stavanger 2002, S. 137–155.

Sattler, Friederike: Wirtschaftsordnung im Übergang. Politik, Organisation und Funktion der KPD/SED im Land Brandenburg bei der Etablierung der zentralen Planwirtschaft in der SBZ/DDR 1945–1952, 2 Bde., Münster 2002.

SBZ-Handbuch. Staatliche Verwaltungen, Parteien, gesellschaftliche Organisationen und ihre Führungskräfte in der Sowjetischen Besatzungszone Deutschlands 1945–1949, im Auftrag des Arbeitsbereiches Geschichte und Politik der DDR an der Universität Mannheim und des Instituts für Zeitgeschichte München, hg. v. Martin Broszat und Hermann Weber, 2. Auflage, München 1993.

Scherer, Franz: Zur Entwicklung der genossenschaftlichen See- und Küstenfischerei in der DDR von 1945 bis zur Ersten Konferenz der Fischereiproduktionsgenossenschaften 1957, in: Greifswald-Stralsunder Jahrbuch 11 (1977), S. 203–227.

Scherstjanoi, Elke: SED-Agrarpolitik unter sowjetischer Kontrolle 1949–1953, München 2007.

Schevardo, Jennifer: Vom Wert des Notwendigen. Preispolitik und Lebensstandard in der DDR der fünfziger Jahre, Stuttgart 2006.

Schmidt, Rüdiger: Vom „autoritären Korporatismus“ zur Planökonomie: Der gewerbliche Mittelstand in der Sowjetischen Besatzungszone Deutschlands, in: Das letzte Jahr der SBZ. Politische Weichenstellungen und Kontinuitäten im Prozess der Gründung der DDR, hg. v. Dierk Hoffmann und Hermann Wentker, München 2000, S. 221–224.

Scholz, Michael F.: Bauernopfer der deutschen Frage: Der Kommunist Kurt Vieweg im Dschungel der Geheimdienste, Berlin 1997.

Schöne, Jens: Das landwirtschaftliche Genossenschaftswesen der SBZ/DDR 1945–1950/51, in: Zwischen Bodenreform und Kollektivierung. Vor- und Frühgeschichte der „sozialistischen Landwirtschaft“ in der SBZ/DDR vom Kriegsende bis in die fünfziger Jahre, hg. v. Ulrich Kluge/Winfried Halder/Katja Schlenker, Stuttgart 2001, S. 157–174.

Schöne, Jens: Die Raiffeisengenossenschaften in der SBZ/DDR 1945–1954, in: Zeitschrift für das gesamte Genossenschaftswesen 47 (1997), S. 180–186.

Schöne, Jens: Frühling auf dem Lande? Die Kollektivierung der DDR-Landwirtschaft, Berlin 2005.

Schöne, Jens: Landwirtschaftliches Genossenschaftswesen und Agrarpolitik in der SBZ/DDR 1945–1950/51, Stuttgart 2000.

Schröder, H.: Am Ostseestrand: Fische in Ostsee und Bodden, hg. v. Deutschen Meeresmuseum, Stralsund 1999.

Schukow, Georgi K., Erinnerungen und Gedanken, Stuttgart 1969.

Schütt, Erwin: Geschichte der Fischerei und des Fischereirechts im deutschen Ostseeraum. Ein Abriss 1971–1995, 2., durchgesehene und erweiterte Auflage, Rostock 2004.

Schwabe, Klaus: Arroganz der Macht. Herrschaftsgeschichte von KPD und SED in Mecklenburg und Vorpommern 1945–1952, Schwerin 1997.

Schwabe, Klaus: Die Zwangsvereinigung von KPD und SED in Mecklenburg-Vorpommern, 3., erweiterte Auflage, Schwerin 1996.

Schwabe, Klaus: Zwischen Krone und Hakenkreuz. Die Tätigkeit der sozialdemokratischen Fraktion im Mecklenburg-Schwerinschen Landtag 1919–1932, Sindelfingen 1994.

Schwartz, Michael: Regionalgeschichte und NS-Forschung. Über Resistenz – und darüber hinaus, in: Dillmann, Edwin (Hrsg.): Regionales Prisma der Vergangenheit. Perspektiven der modernen Regionalgeschichte (19./20. Jahrhundert), St. Ingbert 1996, S. 197–218.

Schwartz, Michael: „Vom Umsiedler zum Staatsbürger". Totalitäres und Subversives in der Sprachpolitik der SBZ/DDR, in: Vertriebene in Deutschland. Interdisziplinäre Ergebnisse und Forschungsperspektiven, hg. v. Dierk Hoffmann/Marita Krauss/Michael Schwartz, München 2000, S. 135–166.

Das SKK-Statut. Zur Geschichte der Sowjetischen Kontrollkommission in Deutschland 1949 bis 1953. Eine Dokumentation, bearbeitet v. Elke Scherstjanoi, hg. v. Institut für Zeitgeschichte, München 1998.

SMAD-Handbuch. Die Sowjetische Militäradministration in Deutschland 1945–1949, bearbeitet von Jan Foitzik und Tatjana W. Zarewskaja Djakina, hg. v. Horst Möller und Alexandr O. Tschurbajan, München 2009.

Smelser, Ronald: Robert Ley – Der braune Kollektivist, in: Die braune Elite I. 22 biographische Skizzen, hg. v. Ronald Smelser und Rainer Zittelmann, 3., unveränderte Auflage, Darmstadt 1994, S. 173–187.

Sozialgeschichte der DDR, hg. v. Hartmut Kaelble/Jürgen Kocka/Hartmut Zwahr, Stuttgart 1994.

Stalins großer Bluff. Die Geschichte der Stalin-Note in Dokumenten der sowjetischen Führung, hg. v. Peter Ruggenthaler, München 2007.

Staritz, Dietrich: Geschichte der DDR 1949–1990, erweiterte Neuausgabe, Darmstadt 1996.

Steiner, André: Die Deutsche Wirtschaftskommission – Ein ordnungspolitisches Machtinstrument?, in: Das letzte Jahr der SBZ. Politische Weichenstellungen und Kontinuitäten im Prozess der Gründung der DDR, hg. v. Dierk Hoffman und Hermann Wentker, München 2000, S. 85–105.

Steiner, André: Die deutsche Wirtschaftskommission zwischen realwirtschaftlichen Zwängen und machtpolitischen Ambitionen, in: Land – Zentrale – Besatzungsmacht. Landesverwaltung und Landesregierung in der Sowjetischen Besatzungszone, hg. v. Detlev Brunner/Werner Müller/Andreas Röpcke, Frankfurt a. M. u. a. 2003, S. 153–170.

Steiner, André: Einleitung: Staatliche Preispolitik und ihre historischen Wurzeln, in: Preispolitik und Lebensstandard. Nationalsozialismus, DDR und Bundesrepublik im Vergleich, hg. v. André Steiner, Köln/Weimar/Wien 2006, S. 9–21.

Steiner, André: Preispolitik und ihre Folgen unter den Bedingungen von Diktatur und Demokratie im Vergleich, in: Preispolitik und Lebensstandard. Nationalsozialismus, DDR und Bundesrepublik im Vergleich, hg. v. André Steiner, Köln/Weimar/Wien 2006, S. 171–203.

Steiner, André: Von der Preisüberwachung zur staatlichen Preisbildung. Verbraucherpreispolitik und ihre Konsequenzen für den Lebensstandard unter dem Nationalsozialismus der Vorkriegszeit, in: Preispolitik und Lebensstandard. Nationalsozialismus, DDR und Bundesrepublik im Vergleich, hg. v. André Steiner, Köln/Weimar/Wien 2006, S. 23–85.

Steiner, André: Von Plan zu Plan. Eine Wirtschaftsgeschichte der DDR, München 2004.

Stolleis, Michael: Historische Grundlagen, Sozialpolitik in Deutschland bis 1945, in: Geschichte der Sozialpolitik in Deutschland seit 1945, Bd. 1: Grundlagen der Sozialpolitik, Baden-Baden 2001.

Strobel, Dietrich/Hahlbeck, Wulf-Heinrich: Hiev up. So war die Hochseefischerei der DDR, 2., überarbeitete und erweiterte Auflage, Hamburg 1997.

Tenfelde, Klaus: Die Entfaltung des Vereinswesens während der Industriellen Revolution in Deutschland (1850–1873), in: Vereinswesen und bürgerliche Gesellschaft in Deutschland, hg. v. Otto Dann, München 1984, S. 55–114.

Ullmann, Hans-Peter: Interessenverbände in Deutschland, Frankfurt a. M. 1988.

Unternehmerwirtschaft zwischen Markt und Lenkung. Organisationsformen, politischer Einfluss und ökonomisches Verhalten 1930–1960, hg. v. Thomas Großbölting und Rüdiger Schmidt, München 2002.

Vergangenheitsbewältigung 1945 und 1989: Ein unmöglicher Vergleich?, hg. v. Klaus Sühl, Berlin 1994.

Verwaltungsgeschichte Ostdeutschlands 1815–1945. Organisation – Aufgaben – Leistungen der Verwaltung, hg. v. Gerd Heinrich /Friedrich-Wilhelm Henning/Kurt G.A. Jeserich, Stuttgart 1993.

Verzeichnis der Bestände der Abteilung DDR, bearbeitet v. Doris Boissier u.a., Bundesarchiv Koblenz 1998.

Vorländer, Herwart: Die NSV. Darstellung und Dokumentation einer nationalsozialistischen Organisation, Boppard 1988.

Vorländer, Herwart: Erich Hilgenfeldt – Reichswalter der NSV, in: Die braune Elite II. 21 weitere biographische Skizzen, hg. v. Ronald Smelser/Enrico Syring/Rainer Zitelmann, Darmstadt 1993, S. 166–178.

Wächter, Joachim: Änderung der Verwaltungsgebiete Vorpommerns seit 1945, in: Pommern zwischen Zäsur und Kontinuität: 1918, 1933, 1945, 1989, hg, v. Bert Becker und Kyra T. Inachin, Schwerin, 1999, S. 269–281.

Wehler, Hans-Ulrich: Deutsche Gesellschaftsgeschichte, Bd. 3: Von der „Deutschen Doppelrevolution" bis zum Beginn des Ersten Weltkriegs 1849 bis 1914, München 1995.

Wehler, Hans-Ulrich: Deutsche Gesellschaftsgeschichte, Bd. 4: Vom Beginn des Ersten Weltkriegs bis zur Gründung der beiden deutschen Staaten 1914–1949, München 2003.

Wirsching, Andreas: Nationalsozialismus in der Region. Tendenzen der Forschung und methodische Probleme, in: Nationalsozialismus in der Region, hg. v. Horst Möller/Andreas Wirsching/ Walter Ziegler, München 1996, S. 25–46.

Zwischen Bodenreform und Kollektivierung. Vor- und Frühgeschichte der „sozialistischen Landwirtschaft" in der SBZ/DDR vom Kriegsende bis in die fünfziger Jahre, hg. v. Ulrich Kluge/Winfried Halder/Katja Schlenker, Stuttgart 2001.

3. Abkürzungsverzeichnis

ABV	Abschnittsbevollmächtigter
AHR	Archiv der Hansestadt Rostock
AHW	Archiv der Hansestadt Wismar
BArch	Bundesarchiv Berlin
BHG	Bäuerliche Handelsgenossenschaft
BDVP	Bezirksbehörde der Deutschen Volkspolizei
BL	Bezirksleitung
BMBBF	Bund Mecklenburgischer Berufsfischer
BStU	Bundesbeauftragte für die Unterlagen des Staatssicherheitsdienstes der ehemaligen DDR
DDR	Deutsche Demokratische Republik
DFW	Die deutsche Fischwirtschaft
DSV	Deutscher Seefischereiverein
DVA	Deutsche Versicherungsanstalt
DV HV	Deutsche Verwaltung für Handel und Versorgung
DWK	Deutsche Wirtschaftskommission
FAST	Fischereiaufsichtsstelle
FM	Fischmeister
FGS	Fischereifahrzeug- und Gerätestation
FS	Festschrift
FVG	Fischverwertungsgenossenschaft
FWG	Fischwirtschaftsgenossenschaft
FPG	Fischereiproduktionsgenossenschaft
GARF	Staatliches Archiv der Russischen Föderation
GBl.	Gesetzblatt
GO	Grundorganisation
HA	Hauptabteilung
HuV	Handel und Versorgung
HV	Hauptvereinigung
JB	Jahresbericht über die deutsche Fischerei
k.A.	Keine Angabe
KL	Kreisleitung
KPD	Kommunistische Partei Deutschlands
LR	Landrat
LAG	Landesarchiv Greifswald
LFV	Landesfischereiverband
LHAS	Landeshauptarchiv Schwerin
LPG	Landwirtschaftliche Produktionsgenossenschaft
LWK	Landwirtschaftskammer
MAS	Maschinenausleihstation
MdI	Ministerium des Innern

MfHV	Ministerium für Handel und Versorgung
MfLDF	Ministerium für Landwirtschaft, Domänen und Forsten
MfLMI	Ministerium für Lebensmittelindustrie
MfS	Ministerium für Staatssicherheit
MfW	Ministerium für Wirtschaft
MFV	Mecklenburgischer Fischereiverein
MVP	Mecklenburg-Vorpommern
MP	Ministerpräsident
MTS	Maschinentraktorenstation
NÖP	Neuer Ökonomischer Plan
ns	nationalsozialistisch
NS	Nationalsozialismus
NSDAP	Nationalsozialistische Partei Deutschlands
NSG	Nationalsozialistischer Gaudienst
NSV	Nationalsozialistische Volkswohlfahrt
OB	Oberbürgermeister
OFMA	Oberfischmeisteramt
OG	Ortsgruppe
OP	Oberpräsident
Pg.	Parteigenosse
RB	Regierungsbezirk
RdS	Rat der Stadt
RdK	Rat des Kreises
RGBl.	Reichsgesetzblatt
RMEL	Reichsministerium für Ernährung und Landwirtschaft
RNS	Reichsnährstand
RP	Regierungspräsident
RV	Reichsverband
RVO	Reichsversicherungsordnung
RWM	Reichswirtschaftsministerium
SAG	Sowjetische Aktiengesellschaft
SAPMO	Stiftung Archiv der Parteien und Massenorganisationen der DDR
SBZ	Sowjetische Besatzungszone
SED	Sozialistische Einheitspartei Deutschlands
SfS	Staatssekretariat für Staatssicherheit
SMAD	Sowjetische Militäradministration in Deutschland
SMA M	Sowjetische Militäradministration Mecklenburg
StAS	Stadtarchiv Stralsund
TU	Technische Universität
Uk	Unabkömmlichkeit
VdgB	Verein der gegenseitigen Bauernhilfe
VEB	Volkseigener Betrieb
VLK	Versorgungs- und Lagerungskontor der Lebensmittelindustrie
VPKA	Volkspolizeikreisamt

VVB	Vereinigung Volkseigener Betriebe
WHW	Winterhilfswerk
ZK	Zentralkomitee
ZKK	Zentrale Kommission für Staatliche Kontrolle
ZS	Zentralsekretariat

4. Personenregister